发展中的银川市

绿城新貌

陕西省商洛市飞播林一角

中国的交通心脏—郑州

从拉萨出发的首发列车穿越拉萨河特大桥

汉口江滩

坐落在哈尔滨开发区南岗管理服务

吉林省通化钢铁集团公司夜景

攀钢主厂区弄弄坪夜景

的国际高尔夫球场

广西南宁至钦州高速公路南宁三岸邕江大桥

黄河大桥

昆明经济技术开发区

西安高新区全景

赣粤高速公路泰和至赣州段

施工中的呼准铁路黄河特大桥

恩施机场

2006

中国中西部地区开发年鉴

CHINA CENTRAL WESTERN AREA DEVELOPMENT YEARBOOK

杜 鹰 主编

中国财政经济出版社

图书在版编目（CIP）数据

中国中西部地区开发年鉴．2006/杜鹰主编．—北京：中国财政经济出版社，2007．1
ISBN 978－7－5005－9575－5

Ⅰ．中…　Ⅱ．杜…　Ⅲ．地区开发-中国-2006-年鉴　Ⅳ．F127－54

中国版本图书馆 CIP 数据核字（2006）第 151358 号

责任编辑：安建军　武志庆

中国财政经济出版社出版
URL：http：//www.cfeph.cn
E－mail：cfeph@cfeph.cn

社址：北京市海淀区阜成路甲 28 号　邮政编码：100036
发行处电话：88190406　财经书店电话：64033436
北京外文印刷厂印刷　各地新华书店经销
787×1092 毫米　16 开　33.5 印张　835 000 字
2007 年 5 月第 1 版　2007 年 5 月北京第 1 次印刷
定价：250.00 元
ISBN 978－7－5005－9575－5/F·8312
（图书出现印装问题，本社负责调换）

《中国中西部地区开发年鉴》

编　委　会

保明虎　云南省发展和改革委员会　副主任
金世洵　西藏自治区发展和改革委员会主任、副书记
权永生　陕西省发展和改革委员会　总工程师
邵克文　甘肃省政协副主席、甘肃省发展和改革委员会　主任
罗朝阳　青海省发展和改革委员会　主任
马　明　宁夏回族自治区发展和改革委员会　副主任
刘晏良　新疆维吾尔自治区发展计划委员会　主任
傅仲保　新疆生产建设兵团发展和改革委员会　主任

特约编辑（按姓氏笔划排序）

丁生莲	王志兵	王新民	王善秀	韦坚祥	尹晓芬
仪庆林	孙　洁	孙　鸣	孙志文	李　凡	李伏军
李荣凯	杨志强	金志光	郎道先	肖　挺	陈世平
周　霖	郗海明	米玛平措	章新平	焦广辉	樊维斌

编写人员名单（按姓氏笔划排序）

丁永峰	丁生莲	马　明	马永利	马素梅	才让杰
王　龙	王　为	王　乔	王　莹	王凤艳	王生宝
王庆卫	王光耀	王克宇	王志兵	王青云	王宏耀
王雨顺	王青云	王晓非	王新民	王新怀	王善秀
王尊江	王德强	方长能	方曙光	韦坚祥	尹晓芬
毛永庆	毛腾飞	巴桑旦周	牛剑平	龙　勤	龙增琪
叶红专	叶柏青	兰光东	仪庆林	布尼周	玄　武
玄　磊	冯天元	冯长海	石　磊	石芝萍	史志刚
孙　洁	孙　鸣	孙志文	孙世义	孙书游	孙峻峰
师荣耀	吉仁太	达育玲	朱　江	朱　彬	朱建军
朱洪伟	朱爱群	任志斌	朴哲赫	刘　贞	刘　冰
刘　通	刘　捷	刘永存	刘光伦	刘学增	刘远坤
刘君信	刘国庆	刘晏良	刘剑勇	刘维宁	刘耀方
米玛平措	安俊义	杜长棣	李　凡	李长佰	李　军
李　忠	李　晶	李大治	李小兵	李由大	李伏军
李伟红	李和平	李环泉	李建春	李琴华	李富科
杨　勇	杨　辉	杨志强	杨华为	杨荫凯	杨雅莉
杜　平	肖新明	严铁军	严佛元	苏　亚	邹　军
邹　勇	汪金船	何国林	余永红	邵克文	吴铁林

吴婉秋	陈　升	陈　炜	陈世宁	陈世平	陈龙桂
陈学斌	陈荣宣	陈朝富	陈德革	陆发安	沙玉岚
张继光	张道新	张晓惠	张清华	张智军	隶庆华
郎道先	罗朝阳	罗祖勇	范　锐	范恒山	欧阳旭
陕镇海	郑　钢	郑立新	郑丽萍	周　霖	金志光
金世洵	赵立新	娄源钊	保明虎	耿　霁	郗海明
索朗平措	贾广和	莫福文	柴　冰	耿　霁	郭桂珍
高　妍	殷永林	徐国弟	曹天明	唐　斌	黄　琴
黄沛怀	黄选高	章远新	章新平	龚百林	梁　波
蒋　莉	蒋升涌	温志刚	傅仲保	谢鸿浔	焦广辉
程　俊	程春生	程晓庆	董海燕	曾宪华	雷　电
赖红军	鄢朝庭	解守志	蔡汝斌	谭　敏	谭显武
熊茂浩	潘桂双	缪　为	樊维斌	霍　民	魏耘平
魏琨铭					

编辑小组

组长：邹　勇　　安建军

成员：郭桂珍　徐国弟　杨荫凯　陈学斌　宋　丹
武志庆　马静贤　马　真　张德林　陆宗祥
肖　蕾　汤兰英　温　忠

地址：北京市海淀区阜成路甲28号新知大厦7层
邮编：100036
电话：010－88190702　88190747
传真：010－88190749　88190756
网址：http：//www.cfeph.com.cn
E－mail：nianjian912@sina.com
wuzq@cfeph.cn

序言

2005年，是我国“十五”计划胜利完成之年，也是我国区域发展总体战略全面推进的一年。10月，党的十六届五中全会通过了“关于制定国民经济和社会发展第十一个五年规划的建议”，明确提出要继续推进西部大开发，振兴东北地区等老工业基地，促进中部地区崛起，鼓励东部地区率先发展，形成合理的区域发展格局。在中央区域发展总体战略指引下，2005年，西部大开发进展顺利，东北地区等老工业基地振兴战略扎实推进，促进中部崛起政策措施着手安排，东部地区继续保持了快速发展的良好态势，可以说，以东部、东北、中部、西部四大发展战略板块为框架的我国区域协调发展格局初步形成。

一年来，中西部地区各省、区、市认真贯彻落实科学发展观和党中央、国务院的各项战略决策，努力解决经济社会发展中的突出矛盾和问题，加强东、中、西互动，地区经济保持了良好的发展态势。西部地区加快大开发步伐，生产总值比上一年增长11.5%，固定资产投资继续保持高位运行，一批重大工程建设取得的突破性进展：青藏铁路基本建成、西气东输工程提前一年投入商业运营、西电东送工程形成了送电能力2500万千瓦、新增公路里程24.7万公里。与此同时，西部地区吸收国内外资金的能力大大增强，产业结构调整进展顺利，城乡居民收入持续增加，生态环境保护和建设稳步地推进。中部地区积极贯彻中央关于促进中部崛起的战略要求，努力发挥中部地区的比较优势，地区生产总值比上年增长13%，在粮食、能源、原材料等优势产业方面，进一步提升了在全国的重要地位。中部地区以省会城市和交通枢纽城市为中心，积极开展区域经济合作，各项事业取得了长足进展，总体经济实力有所增强。

缩小中西部地区与东部地区的发展差距，是一项长期的任务，中西部地区的发展仍然面临着不少问题和困难。我们要按照中央的要求，进一步落实区域发展总体战略，加快西部大开发步伐，努力促进中部地区崛起。加快中西部地区的发展，不仅关系到中西部地区7亿多人民的大事，而且也为东部地区提供了巨大的需求商机，是全国13亿人民的共同事业。当前，加快中西部地区发展最紧迫的任务是，扶持中西部地区优势产业项目建设，加快中西部地区资源优势向经济优势转变；尽快使中西部地区基础设施和教育、卫生等公共服务设施得到改善，逐步缩小地区间基本公共服务的差距；加快中西部地区的发展，是贯彻落实科学发展观的历史性任务，也是构建社会主义和谐社会的重大课题。

《中国中西部地区开发年鉴（2006卷）》的编纂，继续鼎承了为区域协调发展战略目标服务，为地区经济工作服务的宗旨。在编撰体例上除了保留以往的栏目外，还专门增加了中西部各省（区、市）“十五”计划完成情况和“十一五”规划简介，以便于读者对中西部地区分省情况有更全面、更具体的了解。在内容上，既力求全面反映中西部地区经济社会发展取得的成就，也对中西部地区开发开放中存在的重大问题进行了深入的研究，并提出了建议。希望《中国中西部地区开发年鉴（2006卷）》的出版，能够对有关部门和地方的工作有所裨益，今后我们将不遗余力地继续做好这项工作。由于编辑水平有限，难免有疏漏之处，敬请广大读者批评指正。

杜鹰

2007 年 3 月

目录

文献法规篇

综　合　篇

中部地区篇

西部地区篇

省会城市篇

民族自治州篇

专　题　篇

研　究　篇

统计资料篇

附　录

文献法规篇

政府工作报告

——2006年3月5日在第十届全国人民代表大会第四次会议上

国务院总理　温家宝

各位代表：

现在，我代表国务院，向大会作政府工作报告，请予审议，并请全国政协各位委员提出意见。

一、去年工作回顾

2005年，我国社会主义现代化事业取得显著成就。

——经济平稳较快发展。全年国内生产总值达到18.23万亿元，比上年增长9.9%；财政收入突破3万亿元，增加5232亿元；居民消费价格总水平上涨1.8%。国民经济呈现增长较快、效益较好、价格较稳的良好局面。

——改革开放迈出重大步伐。一些重点领域和关键环节的改革取得新突破；进出口贸易总额达到1.42万亿美元，增长23.2%；实际利用外商直接投资603亿美元；年末国家外汇储备达到8189亿美元。

——社会事业取得新进步。科技、教育、文化、卫生、体育等事业全面发展。神舟六号载人航天飞行圆满成功，标志着我国在一些重要科技领域达到世界先进水平。

——人民生活进一步改善。城镇新增就业970万人；城镇居民人均可支配收入达到10493元，农村农居人均纯收入达到3255元，扣除价格因素，分别增长9.6%和6.2%。

我国在全面建设小康社会道路上迈出了新的坚实步伐。

一年来，我们以科学发展观统领经济社会发展全局，主要做了以下几方面工作：

（一）着力解决经济运行中的突出问题

继续搞好宏观调控，坚持区别对待、有保有压的原则，综合运用财税、货币、土地等手段，控制固定资产投资过快增长，遏制房地产投资过快增长和房价过快上涨的势头。进一步增加农业、能源、交通、社会事业等薄弱环节投入，促进协调发展，增强发展后劲。加强经济运行调节，继续缓解煤电油运紧张状况，保障了经济平稳较快增长。

（二）积极推进经济结构调整和增长方式转变

继续加强“三农”工作。28个省（区、市）全部免征了农业税，全国取消了牧业税。增加对种粮农民的补贴和对产粮大县及财政困难县的转移支付，对部分粮食主产区的重点粮食品种实行最低收购价政策，多渠道增加农民收入。全年中央财政用于“三农”的支出达到2975亿元，比上年增加349亿元。粮食总产量在上年大幅度增长的基础上，又增产1454万吨，达到48401万吨。农业综合生产能力得到加强，粮食稳定增产和农民持续增收，为经济平稳较快发展和社会稳定奠定了基础。

在产业结构调整方面，制定和实施了能源、重要原材料和装备制造等行业发展规划和产业政策，提出了促进流通业发展的政策措施，引导和支持重点行业健康发展；淘汰了一批高耗能、高污染和不符合安全生产条件的落后生产能力。

为推进经济增长方式转变，突出抓了能源资源节约和环境保护，提出了建设资源节约型社会、发展循环经济的任务和政策措施，启动了178项节能、节水和资源综合利用等重大项目。加强了矿产开发、土地利用和城乡规划管理。去年投入国债资金152亿元，主要用于淮河、太湖等重点流域污染防治和天然林保护、退耕还林还草、防沙治沙等重点生态工程。深入开展环保专项治理，解决了一些危害群众健康的环境问题。

（三）深化体制改革和推进对外开放

农村综合改革试点继续推进。国有商业银行股份制改革和农村信用社改革取得重要进展，上市公司股权分置改革稳步推进，完善人民币汇率形成机制改革顺利实施。国有企业建立现代企业制度步伐加快。中央财政安排219亿元支持116户国有企业实施政策性关闭破产，企业分离办社会职能工作继续进行。财税、投资、价格改革继续深化。邮政体制改革开始启动。铁路、民航体制改革取得新进展。制定并实施了鼓励、支持和引导非公有制经济发展的政策措施。一些重点领域和关键环节的改革，取得了突破性进展。

我们积极应对对外开放中出现的新情况新问题。调整出口退税、关税和加工贸易政策，优化对外贸易结构。完善出口退税机制。稳步推进服务业对外开放。全面部署了加入世界贸易组织后过渡期的各项工作。

（四）加快发展各项社会事业

2005年中央财政用于科技、教育、卫生、文化等方面的支出1168亿元，比上年增长18.3%；投入国债建设资金95.4亿元。

在科技方面，加强了国家创新体系、基础研究和基础设施建设。集成电路芯片设计开发、第三代移动通信、高性能复合材料、高档数控机床研制等重大科技专项取得重要进展。在国务院领导下，组织和动员各方面力量，经过两年多的深入研究和广泛论证，制定了《国家中长期科学和技术发展规划纲要》。

在教育方面，重点加强了义务教育特别是农村义务教育。中央和地方财政安排专项资金70多亿元，对592个重点贫困县1700万名贫困家庭学生免除学杂费、免费提供教科书和补助寄宿生生活费，还为中西部地区1700多万名贫困家庭学生免费提供教科书，许多辍学儿童重新回到学校。继续实施西部地区“两基”攻坚计划。两年来新建、改建、扩建农村寄宿制学校2400多所，为16万个农村中小学校和教学点配备了远程教育设施。职业教育得到进一步加强。高等教育持续发展。

在卫生方面，着力加强公共卫生体系建设和农村卫生工作。近三年，中央和地方投入105亿元，基本建成了覆盖省市县三级的疾病预防控制体系；总投资为164亿元的突发公共卫生事件医疗救治体系建设进展顺利。中央安排30亿元国债资金支持中西部乡镇卫生院建设，改善农村医疗卫生条件。新型农村合作医疗制度试点已扩大到671个县，惠及1.77亿农民。加强艾滋病等重大疾病防治。高度重视高致病性禽流感疫情防控工作，有效遏制了疫情蔓延和对人的传播。人口和计划生育工作取得新进展。

在文化方面，积极开展文化体制改革试点工作，公共文化基础设施建设进一步加强，文化信息资源共享工程顺利实施。对外文化交流日益活跃。体育事业取得新成绩。社会主义精神文明建设得到加强。

（五）努力做好就业和社会保障工作

加大对就业再就业的政策支持和资金投入。去年中央财政安排国有企业下岗职工基本生活保障专项补助、再就业补助209亿元，比上年增加29亿元。统筹做好城镇新增劳动力、高校毕业生、复员退伍军人等就业工作。中央财政还安排专项资金支持农村劳动力转移培训和城镇退役士兵自谋职业。

社会保障体系不断完善，覆盖面进一步扩大。已有17个省（区、市）完成国有企业下岗职工基本生活保障向失业保险并轨。城市低保对象基本实现应保尽保。重点优抚对象抚恤补助标准明显提高，中央财政安排优抚事业费74.6亿元，比上年增长90%。28个省（区、市）、2300个县（市）已初步建立社会救助体系的基本框架。救灾和扶贫工作力度加大。全年中央财政用于抗灾救灾的资金89亿元，救助受灾群众9000多万人次。中央和地方财政安排扶贫资金162亿元，农村贫困人口比上年减少245万人。

（六）切实加强民主法制建设

基层民主政治建设继续推进，21个省（区、市）完成了村委会换届选举。政务公开、厂务公开和村务公开不断扩大。加强了政府决策科学化、民主化工作，对涉及群众利益的重大事项实行公示、听证等制度。重视政府法制建设，国务院提出了劳动合同法、妇女权益保障法和个人所得税法修正案（草案）等7部法律议案，制定并颁布了《重大动物疫情应急条例》、《关于预防煤矿生产安全事故的特别规定》等22部行政法规。制定和实施了《国家突发公共事件总体应急预案》和专项预案，应对突发事件的能力不断提高。审计、监察监督进一步强化。认真做好实施《中华人民共和国公务员法》的准备工作。实施新的《信访条例》，畅通了信访渠道，规范了信访秩序。稳步推进司法体制改革。深入开展规范执法行为、促进执法公正的专项整改活动，保障公民合法权益。继续加强社会治安综合治理，依法严厉打击各种违法犯罪活动，刑事发案数有所下降，社会保持稳定。

民族、宗教、侨务和对台工作进一步加强。国防和军队现代化建设取得新进展。外交工作成果显著。

一年来的成就，是以胡锦涛同志为总书记的党中央驾驭全局、正确领导的结果，是广大干部群众共同奋斗、辛勤劳动的结果。在这里，我代表国务院，向全国各族人民，向各民主党派、各人民团体和各界人士，表示诚挚的感谢！向香港特别行政区同胞、澳门特别行政区同胞和台湾同胞以及广大侨胞，表示诚挚的感谢！向一切关心和支持中国现代化建设的各国朋友，表示诚挚的感谢！

在看到成绩的同时，我们也清醒地认识到，经济社会生活中的困难和问题还不少。一些长期积累的和深层次的矛盾尚未根本解决，又出现了一些不容忽视的新问题。一是粮食增产和农民增收难度加大。当前粮价走低和农业生产资料价格上涨的压力都不小，影响农民增加收入和种粮积极性。耕地不断减少，农业综合生产能力不强，粮食安全存在隐患。二是固定资产投资增幅仍然偏高。有些行业投资增长过快，新开工项目偏多，投资结构不合理，投资反弹的压力比较大。三是部分行业过度投资的不良后果开始显现。产能过剩问题日趋突出，相关产品价格下跌，库存上升，企业利润减少，亏损增加，潜在的金融风险加大。四是涉及群众切身利益的不少问题还没有得到很好解决。看病难、看病贵和上学难、上学贵等问题突出，群众反映比较强烈；在土地征用、房屋拆迁、库区移民、企业改制、环境保护等方面，还存在一些违反法规和政策而损害群众利益的问题。五是安全生产形势严峻。煤矿、交通等重特大事故频繁发生，给人民群众生命财产造成严重损失。

我们还认识到，各级政府工作中存在不少缺点和不足。政府职能转变滞后，一些工作落实不够，办事效率不高，形式主义、做表面文章的现象还比较突出，一些政府工作人员弄虚作假、奢侈浪费，甚至贪污腐败。

我们要进一步增强使命感和紧迫感，发扬成绩，改进工作，以更加昂扬的斗志，更加奋发有为的精神状态，更加扎实的工作作风，努力把政府各项工作做得更好，绝不辜负人民的厚望和国家的重托。

二、今年主要任务

2006年是实施“十一五”规划的第一年，改革发展稳定的任务十分繁重。做好政府工作的基本思路是：以邓小平理论和“三个代表”

重要思想为指导，认真贯彻党的十六大和十六届三中、四中、五中全会精神，全面落实科学发展观，坚持加快改革开放和自主创新，坚持推进经济结构调整和增长方式转变，坚持把解决涉及人民群众切身利益问题放在突出位置，全面加强社会主义经济建设、政治建设、文化建设与和谐社会建设，为“十一五”开好局、起好步。

综合考虑各种因素，2006年国民经济和社会发展的主要预期目标是：国内生产总值增长8%左右，单位国内生产总值能耗降低4%左右；居民消费价格总水平涨幅控制在3%；城镇新增就业900万人，城镇登记失业率控制在4.6%；国际收支基本平衡。

通观全局，做好今年政府工作必须把握好以下原则：一是稳定政策，适度微调。继续搞好宏观调控，保持宏观经济政策的连续性和稳定性，正确把握宏观调控的方向和力度，注重区别对待、分类指导，有针对性地解决经济发展中的突出矛盾。二是把握大局，抓好重点。正确处理改革发展稳定的关系，以改革开放为动力推动各项工作，着力解决事关全局的重大问题，促进经济社会全面发展。三是统筹兼顾，关注民生。坚持以人为本，搞好“五个统筹”，更加注重城乡、区域协调发展，更加注重社会事业建设，更加注重社会公平和社会稳定，让全体人民共享改革发展成果。四是立足当前，着眼长远。把做好今年工作和实现“十一五”规划目标结合起来，积极进取，量力而行，注重实效。

今年要着力做好以下几方面的工作。

（一）继续保持经济平衡较快发展

从当前国际环境和国内形势看，今年经济发展的有利条件很多，但制约发展的矛盾也不少，还有一些不确定因素，需要采取正确的应对之策，防止经济出现大的起落。

稳定宏观经济政策，主要是继续实施稳健的财政政策和稳健的货币政策。鉴于当前经济增长势头较好，社会投资活跃，今年要继续适当减少长期建设国债发行规模和财政赤字。拟发行长期建设国债600亿元，比上年减少200亿元，同时增加中央预算内经常性建设投资100亿元；拟安排中央财政赤字2950亿元，比上年预算减少50亿元。长期建设国债资金和预算内投资，主要用于农林水利、科教文卫、生态建设、环境保护和西部开发等方面，保证重点续建项目，适当开工建设关系发展全局的重大项目。从今年开始，参照国际通行做法，采取国债余额管理方式管理国债发行。大力推进依法治税，切实加强税收征管，规范非税收入管理。财政支出要统筹兼顾、量入为出、确保重点、厉行节约。加强财政监管，控制行政经费增长。要保持货币信贷适度增长，优化信贷结构，创新金融产品，加大对“三农”、中小企业、就业、助学的信贷支持，合理控制中长期贷款。健全利率形成和传导机制。完善有管理的浮动汇率制度，保持人民币汇率在合理、均衡水平上的基本稳定。

坚持扩大内需的战略方针，重点是扩大消费需求，增强消费对经济发展的拉动作用。一是努力增加城乡居民收入。要调整收入分配关系，规范收入分配秩序，增加中低收入者的收入。坚持“多予少取放活”，特别要在“多予”上采取更多措施，增加农民收入。各地都要合理调整和严格执行最低工资制度，制定和推行最低小时工资标准。逐步解决农民工工资偏低的问题。建立并完善防止工资拖欠的法规和机制。认真实施修改后的个人所得税法，减轻中低收入者的税负。今年国家将适当提高企业离退休人员基本养老金标准、优抚对象抚恤补助标准、城市居民最低生活保障补助标准。改革公务员工资制度，在清理规范津贴补贴的基础上，建立国家统一的职务与级别相结合的工资制度和工资正常增长机制，完善艰苦边远地区津贴制度。同时，推进事业单位收入分配制度改革。二是稳定居民支出预期，扩大即期消费。通过加快完善社会保障体系和解决教育、医疗卫生、住房等领域的突出问题，减轻居民增加消费的后顾之忧。三是大力开拓农村消费市场。加强农村流通体系和市场建设，充分发挥农村现有流通网络的作用，支持城市流通企业经营网络向农村延伸，为农民增加消费提供便利。四是完善消费环境和政策。改善居民住、行条件，积极发展旅游、文化、健身等服务性消费。切实保障消费者合法权益。合理调整消费税，规范和发展消费信贷，抓紧清理、修订现行抑制消费的不合理规定和政策，促进居民消费结构升级。

保持固定资产投资适当规模，坚持有保有压，优化投资结构，防止投资过快增长。继续把好土地、信贷两个闸门，坚持实行最严格的土地管理制度，坚持按照贷款条件和市场准入标准发放贷款。从严控制新开工项目。同时，进一步加强经济社会发展薄弱环节和重点领域的建设。继续解决部分城市房地产投资规模过大和房价上涨过快的问题。要着力调整住房供应结构，严格控制高档房地产开发，重点发展普通商品房和经济适用房。建立健全廉租房制度和住房租赁制度。整顿规范房地产和建设市场秩序，基本完成建设领域清理拖欠工程款任务，促进房地产业和建筑业健康发展。

（二）扎实推进社会主义新农村建设

建设社会主义新农村，是党的十六届五中全会提出的重大历史任务，事关全面建设小康社会和现代化建设全局。要贯彻工业反哺农业、城市支持农村的方针，加大对“三农”的支持力度，推进农村体制改革和制度创新，尽快使广大农村面貌有比较明显的变化。

建设社会主义新农村，首先要发展现代农业，促进粮食生产稳定发展和农民持续增收。稳定、完善和强化对农业的扶持政策。进一步增加对农民的种粮直接补贴、良种补贴、农机具补贴，增加对产粮大县和财政困难县的转移支付。坚持和完善重点粮食品种最低收购价政策，抑制农业生产资料价格上涨。今年中央财政用于“三农”的支出达到3397亿元，比上年增加422亿元。要切实保护耕地特别是基本农田，稳定粮食播种面积，不断提高粮食综合生产能力。增强农业科技创新和转化能力，加强农业技术推广和服务。加快兽医管理体制改革和动物疫病防控体系建设。继续调整农业结构，积极发展畜牧业，推进农业产业化，大力发展农村二、三产业特别是农产品加工业，壮大县域经济，推进农村劳动力向非农产业和城镇有序转移，多渠道增加农民收入。

建设社会主义新农村，必须加强农村基础设施建设。要下决心调整投资方向，把国家对基础设施建设投入的重点转向农村，这是一个重大转变。主要是加强以小型水利设施为重点的农田基本建设，加强防汛抗旱和减灾体系建设，加强农村道路、饮水、沼气、电网、通信等基础设施和人居环境建设，加强教育、卫生、文化等农村公共事业建设。主要措施是：逐年加大国家财政投资和信贷资金对农业、农村的投入；整合各种渠道的支农资金，提高资金使用效益；积极引导农民对直接受益的公益设施建设投资投劳；鼓励和引导社会各类资金投向农村建设，逐步建立合理、稳定和有效的资金投入机制。通过坚持不懈努力，使农村基础设施有一个大的改善。

建设社会主义新农村，必须全面推进农村综合改革。今年在全国彻底取消农业税，标志着在我国实行了长达2600年的这个古老税种从此退出历史舞台，这是具有划时代意义的重大变革。农村税费改革不仅取消了原先336亿元的农业税赋，而且取消了700多亿元的“三提五统”和农村教育集资等，还取消了各种不合理收费，农民得到了很大的实惠。为保证基层政权正常运转和农村义务教育的需要，从今年起，国家财政将每年安排支出1030多亿元，其中中央财政转移支付每年将达到780多亿元，地方财政每年将安排支出250多亿元。需要指出，全部取消农业税后，巩固和发展农村税费改革成果的任务仍然十分艰巨，关键是要全面推进农村综合改革，包括深化乡镇机构、农村义务教育和县乡财政管理体制等改革。这些改革，既涉及农村生产关系调整，也直接触及农村上层建筑变革，意义更深刻，工作更艰难，一定要坚定不移地推进。

建设社会主义新农村是一项长期而艰巨的

任务。要坚持从实际出发，因地制宜，分类指导，搞好规划；要尊重农民意愿，不能搞形式主义和强迫命令，防止一哄而起；要发扬自力更生、艰苦奋斗精神，求真务实，真抓实干。

（三）加大产业结构调整、资源节约和环境保护力度

推进产业结构调整和优化升级，是转变经济增长方式、提高经济增长质量的重要途径和迫切任务。一要着力提升产业层次和技术水平。要加快发展先进制造业、高新技术产业和现代服务业，继续加强交通、能源、水利等基础产业和基础设施建设，推进国民经济和社会信息化。提高产业技术水平，关键是要全面增强自主创新能力。要在一些重要产业尽快掌握核心技术和提高系统集成能力，形成一批拥有自主知识产权的技术、产品和标准。主要措施是：强化企业在自主创新中的主体地位，建立以市场为导向、产学研相结合的技术创新体系；大力实施品牌战略，鼓励开发具有自主知识产权的知名品牌；健全知识产权保护体系，加大知识产权保护的执法力度；完善自主创新的激励机制，实行支持企业创新的财税、金融和政府采购等政策；改善市场环境，发展创业风险投资，支持中小企业提升自主创新能力。二要推进部分产能过剩行业调整。进行这项调整，要综合运用经济、法律和必要的行政手段，充分发挥市场机制的作用。主要措施是：认真贯彻国家产业政策，严格市场准入标准，控制新增产能；推动企业并购、重组、联合，支持优势企业做强做大，提高产业集中度；依法关闭那些破坏资源、污染环境和不符合安全生产条件的企业，淘汰落后生产能力；通过调整投资结构、扩大消费需求等措施，合理利用和消化一些已经形成的生产能力。这项工作涉及面广，政策性强，要积极而有序地进行。

抓好资源节约工作。一要综合运用各种手段，特别是价格、税收等经济手段，促进资源合理开发和节约使用。二要抓紧制定和完善各行业节能、节水、节地、节材标准，推进节能降耗重点项目建设，促进土地集约利用。鼓励发展节能降耗产品和节能省地型建筑。三要大力推动以节能降耗为重点的设备更新和技术改造，加快淘汰高耗能、高耗水、高耗材的工艺、设备和产品。四要大力发展循环经济。在重点行业、产业园区、城市和农村实施一批循环经济试点。完善资源综合利用和再生资源回收的税收优惠政策，推进废物综合利用和废旧资源回收利用。五要全面加强管理，把节能降耗纳入经济社会发展的统计、评价考核体系，建立信息发布制度。从今年开始，每年都要公布各地区和主要行业的单位产值能源消耗情况。六要在全社会广泛持久地开展资源节约活动，使建设资源节约型社会深入人心，蔚成风气。

加快建设环境友好型社会。加强对水源、土地、森林、草原、海洋等自然资源的生态保护。重点搞好“三河三湖”（淮河海河辽河、太湖巢湖滇池）、南水北调水源及沿线、三峡库区、松花江等流域污染防治。大力推行清洁生产，加强工业废水治理工程建设。抓好大气污染防治和重点城市污水处理、生活垃圾无害化处理。综合防治农业面源污染和畜禽养殖污染。继续实施自然生态保防工程。抓紧建立生态补偿机制。强化环境和生态保护执法检查，健全环境保护的监测体系、评价考核和责任追究制度。

（四）继续推动区域协调发展

进一步推进西部大开发。着力支持重点地带、重点城市和重点产业加快发展。确保青藏铁路、三峡三期工程等一批重点工程建成投产，新开工一批重大建设项目。巩固和发展退耕还林、退牧还草成果，抓紧研究制定后续相关政策。继续实施天然林保护、风沙源和石漠化治理等生态工程。支持发展优势产业和建设特色资源加工基地。加快科技、教育发展。加大政策扶持和财政转移支付力度，加快建立长期稳定的西部开发资金渠道。

继续实施东北地区等老工业基地振兴战略。重点加强大型粮食基地建设，推进重点行业改革重组和技术改造。搞好资源枯竭型城市

经济转型和采煤沉陷区治理、棚户区改造，抓紧研究建立资源开发补偿机制、衰退产业援助机制。做好部分城市和国有企业厂办大集体改革试点工作。认真落实扩大对外开放的政策措施，在加快改革开放中走出振兴的新路子。

积极促进中部地区崛起。充分发挥中部区位、资源、产业和人才优势，重点加强现代农业特别是粮食主产区商品粮基地建设，加强能源和重要原材料基地建设，加强现代综合交通运输体系、现代流通体系和现代市场体系建设。支持老工业基地振兴和资源型城市转型，建设现代装备制造基地和高技术产业基地。增强中心城市辐射功能，带动周边地区发展。

鼓励东部地区率先发展。着力增强自主创新能力，推进产业结构优化升级，增强国际竞争力和可持续发展能力，更加注重节约利用土地、水、能源等资源和环境保护，实现既快又好发展，在科学发展道路上走在全国前面。继续发挥经济特区、上海浦东新区的作用，推进天津滨海新区开发开放。

进一步支持革命老区、少数民族地区、边疆地区和贫困地区加快经济社会发展。加大对人口较少民族的扶持力度，推进兴边富民行动。发达地区要采取多种方式帮助和带动欠发达地区。

（五）实施科教兴国战略和人才强国战略，加强文化建设

我国已进入必须更多地依靠科技进步和创新推动经济社会发展的历史阶段，要把加快科技发展放在更加突出的战略地位。要以建设创新型国家为目标，全面实施《国家中长期科学和技术发展规划纲要》。抓紧启动一批重大科技专项和重点项目，集中力量在重点领域和关键环节取得突破。继续加强基础研究、前沿技术研究和社会公益性科技研究。建设国家重大科技基础设施和一批产业技术研发试验设施。加强国家创新体系建设。深化科技体制改革，有效整合全社会科技资源，促进科技成果向现实生产力转化。建立财政性科技投入稳定增长机制。今年中央财政安排科技投入716亿元，比上年增长19.2%，地方和企业也都要增加科技投入。要进一步繁荣和发展哲学社会科学，推动理论创新。

要大力普及和巩固九年义务教育。从今年起用两年时间，全部免除农村义务教育阶段学生学杂费，今年在西部地区实施，明年扩大到中部和东部地区；继续对贫困家庭学生免费提供教科书并补助寄宿生生活费。将农村义务教育全面纳入国家财政保障范围，建立中央和地方分担的农村义务教育经费保障机制。主要是：提高农村义务教育阶段中小学公用经费保障水平，建立农村中小学校舍维修改造投入机制，完善农村中小学教师工资经费保障机制。为此，今后五年国家财政新增义务教育经费累计将达2182亿元。在全国农村普遍实行免除学杂费的义务教育，这是我国教育发展史上的一个重要里程碑，必将对全面提高国民素质产生重大而深远的影响。要解决城市低收入家庭和农民工子女义务教育阶段上学困难问题，让每个孩子都有平等接受义务教育的机会。继续扎实推进西部地区“两基”攻坚计划，确保到2007年如期实现计划目标。发展职业教育是一项重要而紧迫的任务，今后五年中央财政将投入100亿元支持职业教育发展。高等教育要创新教育教学模式和方法，着力提高教育质量，推进高水平大学和重点学科建设。各级各类学校都要全面推进素质教育。要培养一支德才兼备的教师队伍，造就一批杰出的教育家。

实施人才强国战略，加强人才队伍建设。要多渠道增加对人力资源开发的投入，推进市场配置人才资源，规范人才市场管理。

加强社会主义文化建设。抓好理想信念教育，特别是青少年的思想道德教育。深入开展群众性精神文明创建活动。深化文化体制改革，发展文化事业和文化产业。加强文化基础设施建设尤其是农村基层文化建设，完善公共文化服务体系。繁荣文学艺术、广播影视、新闻出版事业。加强文化遗产和自然遗产保护。大力扶持民族文化艺术，扩大国际文化交流。加强文化市场管理，坚持开展“扫黄打非”。

广泛开展全民健身运动，提高竞技体育水平。继续做好北京奥运会和上海世博会筹办工作。

（六）进一步推进改革开放

改革开放是决定中国命运的重大决策。当前改革正处于攻坚阶段，必须以更大的决心加快推进各项改革。今年一些关系全局的重大体制改革要取得新进展。

要认真贯彻《中华人民共和国公司法》，加快国有大型企业股份制改革。着力完善产权结构、公司治理结构和激励约束机制，加快形成一批具有国际竞争力的大公司大企业集团。加大国有独资企业和垄断行业的改革力度，放宽市场准入，推进投资主体和产权多元化。完善国有资产监管体制，健全国有资本经营预算制度、经营业绩考核体系和国有资产重大损失责任追究制度。规范国有企业改制和产权转让行为，防止国有资产流失，维护职工合法权益。推进集体企业改革和发展。认真落实鼓励、支持和引导非公有制经济发展的政策措施，进一步为各类所有制企业创造公平竞争的法治环境、政策环境和市场环境。

要加快金融体制改革。一是坚定不移地推进国有商业银行股份制改革。坚持国家绝对控股，改善产权结构，引进借鉴国外先进管理经验，规范公司治理结构，完善内控机制与管理制度，推进制度创新。二是大力发展资本市场。认真贯彻《中华人民共和国证券法》，切实加强证券市场基础性制度建设。要着力提高上市公司质量，继续搞好证券公司综合治理，依法强化市场监管，努力营造公开、公正、公平、透明的市场环境。继续推进上市公司股权分置改革。积极稳妥地发展债券市场和期货市场。三是深化农村金融改革。完善农村信用社体制，推进农业银行、农业发展银行改革，加快农村金融创新，健全农村金融体系，改进农村金融服务。同时，要深化保险业改革，拓宽服务领域；推进政策性银行、邮政储蓄机构等其他金融机构改革。加强和改进金融监管，强化银行资本充足率约束。依法严厉打击金融领域的违法犯罪行为，防范系统性金融风险，维护金融稳定和安全。

要深化财税、投资、价格改革。财政体制改革的重点，是健全公共财政体系，完善转移支付制度，实施政府收支分类改革，完善预算管理制度。积极推进增值税转型改革。调整和完善资源税。研究统一各类企业税收制度。投资体制改革的重点，是落实投资主体的自主权和风险承担机制，改进项目核准和备案制度，加强产业投资信息发布，完善并认真执行市场准入制度，健全投资宏观调控体系。价格改革的重点，是逐步理顺和完善资源性产品和要素价格形成机制，改革要兼顾各方面的利益，尤其要考虑低收入群众的基本生活。

继续深入整顿和规范市场秩序。要强化市场法治，加快社会信用体系建设。依法严惩制假售假、商业欺诈、走私贩私、偷逃骗税、金融证券犯罪和侵犯知识产权等行为。坚决打击传销和变相传销活动。集中力量开展食品安全专项整治，严把市场准入关，加强生产和流通全过程的监管，让人民群众吃上安全、放心的食品。

进一步扩大对外开放，更好地利用国内国外两个市场、两种资源。要转变贸易增长方式，注重优化进出口结构，努力改善进出口不平衡状况。支持具有自主知识产权、自主品牌、高附加值的产品和服务产品出口，继续控制高耗能、高污染和资源性产品出口。推动加工贸易转型升级和合理布局。适当扩大进口，增加先进技术、关键设备和国内短缺资源进口。继续积极有效利用外资，着力提高利用外资质量。扩大服务领域对外开放。支持有条件的企业“走出去”，按照国际通行规则对外投资和跨国经营，在境外建立加工基地、营销服务网络和研发机构。建立政策支持和服务体系，完善境外投资协调机制和风险控制机制。

今年，我国加入世贸组织过渡期将基本结束，要增强做好各项应对工作的紧迫感。进一步完善涉外经济管理体制和机制，提高贸易和投资便利化水平。运用世贸组织规则，支持重点产业提高抗风险能力和国际竞争力。健全应对贸易争端的有效机制，妥善处理贸易摩擦。有步骤、有重点地推进区域经济合作和自由贸易区谈判。在世贸组织新一轮谈判中发挥建设性作用。

（七）高度重视解决涉及群众切身利益的问题

我们要牢记执政为民的宗旨，坚持一切为了人民。要抓紧解决广大群众最关心、最直接、最现实的利益问题，尤其要切实做好就业、社保、医疗、安全生产等工作。

继续实施积极的就业政策，千方百计扩大就业。进一步解决体制转轨遗留的下岗失业人员再就业问题和重组改制、关闭破产企业的职工安置问题。国有企业下岗失业人员再就业扶持政策再延长三年，并根据各地实际将适用范围逐步扩大到城镇集体企业下岗职工。加大对军工、森工等困难行业下岗职工再就业的支持力度。中央财政今年安排再就业补助资金251亿元，比上年增加42亿元。地方财政也要增加这方面的投入。重视做好高等学校毕业生就业、退役军人的安置工作，搞好城镇新增劳动力和进城农民工就业工作。加强职业培训和就业服务体系建设。切实维护劳动者的合法权益。

加快推进社会保障体系建设。切实保证各项社会保险金的及时支付。完善城镇职工基本养老保险制度，搞好做实个人账户试点工作，扩大试点范围；改革养老金计发办法，建立参保缴费的激励约束机制。提高各类所有制企业的参保率，统一城镇个体工商户和灵活就业人员的参保办法，扩大社会保险覆盖范围。加大社会保险费征缴和基金监管力度，多渠道筹集社会保障基金。同时，加强城镇职工基本医疗保险和失业、工伤、生育保险制度建设。继续完善城市低保制度。研究制定机关事业单位养老保险制度改革方案。研究适合农民工特点的社会保障办法。完善农村“五保户”供养、特困户救助、灾民救济等制度，增加资金支持并适当提高救助标准。有条件的地方要探索建立农村居民最低生活保障制度。各地都要加快城乡特殊困难群众社会救助体系建设。加强防灾减灾救灾工作。加大扶贫投入和工作力度，进一步减少贫困人口。落实军烈属优抚政策。积极发展社会福利事业和慈善事业，开展多种形式的捐助和帮扶活动。要使失去父母的儿童、没有生活来源的老人和残疾人，得到更多的关爱和帮助，让他们感受到社会主义大家庭的温暖。

突出抓好医疗卫生工作。着眼于逐步解决群众看病难、看病贵问题，主要抓好三个方面：一是加快农村医疗卫生服务体系建设。启动《农村卫生服务体系建设与发展规划》，健全县、乡、村三级医疗卫生服务体系和网络；五年内国家财政将投入200多亿元，对乡镇卫生院和部分县医院房屋和设备进行改造。加快推进新型农村合作医疗制度建设，今年把试点范围扩大到全国40%的县，中央和地方财政对参加合作医疗农民的补助标准由20元提高到40元，中央财政为此将增加支出42亿元。到2008年，要在全国农村基本建立新型合作医疗制度和医疗救助制度。实行城市医疗卫生人员定期到农村服务的制度。二是大力发展城市社区卫生服务。要通过调整城市医疗卫生资源、加大政府投入、加强人才培养、完善服务功能、推进机制创新等措施，加快构建以社区为基础的新型城市医疗卫生服务体系。将符合条件的社区卫生服务机构纳入城镇基本医疗保险定点范围，实行社区首诊制度试点，逐步实现小病不出社区、大病才上医院。探索建立城市医疗救助制度。三是深化医疗卫生体制改革，深入整顿和规范医疗服务、药品生产流通秩序。加强对药品、医疗服务的价格监管。规范医院、医生的医疗和用药行为，加强医德医风建设，提高医疗服务质量，控制医药费用。要支持中医药事业发展，充分发挥中医药在防病治病中的重要作用。加强严重危害人民群众健康的重大疾病预防工作，认真落实艾滋病、结核病、血吸虫病等重大传染病防治措施。高度重视防控人感染高致病性禽流感工作。

稳定现行生育政策和低生育水平，提高出

生人口质量，有效治理出生人口性别比偏高的问题。扩大农村计划生育家庭奖励扶助制度的覆盖面和西部地区“少生快富工程”的实施范围。重视做好老龄工作。保障妇女儿童权益。积极发展残疾人事业。

切实加强安全生产工作。安全生产责任重于泰山，经济发展必须建立在安全生产的基础上。近几年，我们在安全生产方面采取了一系列措施，取得了一定成效。但是，问题还很突出。主要原因是：安全措施没有真正落实，企业安全主体责任不到位，生产安全设施设备落后；煤炭需求过旺，生产和运输绷得过紧；企业基础工作薄弱，管理松弛，有的严重违法违规生产。一些地方领导干部和工作人员严重失职渎职，甚至徇私舞弊。

加强安全生产必须标本兼治、重在治本。第一，各级政府要把安全生产摆在更加重要的位置，主要领导亲自抓、负总责，强化企业安全生产主体责任，层层落实安全生产责任制。第二，实行有利于安全生产的经济政策。健全激励和约束机制，促进企业重视安全生产。第三，加快煤炭等行业改革重组步伐。加强大型煤炭基地建设，鼓励大型煤炭企业集团兼并改造中小煤矿。第四，加大安全生产投入。国家今年再安排30亿元国债资金，重点支持煤矿瓦斯综合治理和利用的科技攻关试点工程。地方和企业也要加大这方面的投入。第五，深入开展安全生产专项整治。继续打好煤矿瓦斯治理和矿山整顿两个攻坚战。同时，要抓好其他矿山、危险化学品、烟花爆竹、道路和水上交通、建筑施工、消防安全等专项整治。第六，强化企业管理。加强企业安全生产基础工作，完善安全生产技术规范和质量工作标准。加强安全技术人才培养和职工安全技能培训。充分发挥职工群众对安全生产的参与和监督作用。第七，加强安全生产法制建设。尤其要严格执法和监管。加大安全生产事故责任追究和处罚力度。严肃查处安全生产领域的失职渎职和腐败问题。通过采取综合措施，坚决遏制重特大事故频发的势头。

（八）加强民主政治建设和维护社会稳定

我们要巩固和发展民主团结、生动活泼、安定和谐的政治局面。健全民主制度，丰富民主形式，扩大公民有序的政治参与，保证人民依法实行民主选举、民主决策、民主管理、民主监督。全面推进依法行政，加强和改进政府立法工作，重点加强节约资源、保护生态环境、就业和社会保障、应对和处置突发公共事件、促进社会稳定、维护市场秩序等方面的立法。完善公众参与立法的机制、程序和方法。积极开展法律法规实施的跟踪检查。继续强化审计、监察等专项监督。深入开展普法教育。做好法律服务和法律援助工作，为困难群众打官司提供有效帮助。落实司法体制改革各项措施，进一步规范执法行为，促进司法公正，维护司法权威，实现严格、公正、文明执法。

高度重视社会稳定工作，广泛深入推进平安建设。正确处理新时期社会矛盾，认真落实涉及群众利益的各项政策。重视解决群众反映的问题，及时化解矛盾。做好信访工作。加强和巩固基层政权，推进和谐社区、和谐村镇建设。完善社会稳定预警体系和应急处理机制。搞好社会治安综合治理，加快建设社会治安防控体系，依法严厉打击严重暴力性犯罪、经济犯罪和盗窃、抢劫等多发性侵财犯罪。加强国家安全工作。

加强民族团结、维护祖国统一和社会稳定，是全国各族人民的共同愿望。要全面贯彻民族政策和有关法律法规，认真落实国务院颁布的实施民族区域自治法若干规定，促进各民族共同团结奋斗、共同繁荣发展。大力培养少数民族干部和各方面人才。贯彻党的宗教工作基本方针，提高依法管理宗教事务的能力。进一步做好新形势下的侨务工作。

各位代表！

加强国防和军队建设，是社会主义现代化建设的重要战略任务。坚持以毛泽东军事思想、邓小平新时期军队建设思想、江泽民国防和军队建设思想为指导，坚持把科学发展观作为加强国防和军队建设的重要指导方针，坚持党对军队绝对领导的根本原则和制度，着眼于有效履行新世纪新阶段军队的历史使命，加速推进中国特色军事变革，提高军队信息化条件下的整体防卫作战能力。狠抓军事训练，培养高素质军事人才。深化后勤建设和改革。加强国防科研和高新技术武器装备研制。坚持从严治军，依法治军，提高军队正规化水平。全面加强人民武装警察部队建设，增强执勤和处置突发事件的能力。完善国防动员体制机制，注重民兵预备役部队质量建设。深入开展“双拥”活动，巩固和发展军政军民团结。

各位代表！

我们要继续贯彻“一国两制”、“港人治港”、“澳人治澳”、高度自治的方针，严格按照特别行政区基本法办事，全力支持香港、澳门两个特别行政区行政长官和政府依法施政。继续实施内地与香港、澳门更紧密经贸关系安排，进一步加强和推动内地同港澳在经贸、科教、文化、卫生、体育等领域的交流和合作。我们坚信，香港、澳门一定能够保持长期繁荣稳定。

我们坚持“和平统一、一国两制”的基本方针和现阶段发展两岸关系、推动祖国和平统一进程的八项主张，坚持一个中国原则决不动摇、争取和平统一的努力决不放弃、贯彻寄希望于台湾人民的方针决不改变、反对“台独”分裂活动决不妥协。我们将继续和台湾同胞一道，促进两岸人员往来和经济、科技、文化交流与合作，构建和平稳定的两岸关系。我们将努力争取在一个中国原则基础上恢复两岸对话与谈判；推动全面、直接、双向“三通”进程；支持海峡西岸和其他台商投资相对集中地区的经济发展；依法保障台湾同胞正当权益，竭诚为台湾同胞服务。两岸关系朝着和平稳定、互利共赢方向发展是人心所向，任何人妄图破坏这种大趋势是注定要失败的。最终完成祖国统一大业是全体中国人的共同愿望，是任何人都阻挡不了的。

各位代表！

一年来，我们高举和平、发展、合作的旗帜，坚持奉行独立自主的和平外交政策，维护国家和人民的根本利益，发展同世界各国的友好与互利合作关系，为维护世界和平、促进共同发展作出了贡献。

新的一年，我们将继续坚定不移地走和平发展道路。在国际事务中，坚持民主公正，推进协调合作；坚持和睦互信，维护共同安全；坚持平等互利，促进共同繁荣；坚持开放包容，推动文明对话，积极促进国际秩序向公正合理方向发展。

我们要在和平共处五项原则基础上加强全方位外交。巩固和加强同广大发展中国家的友好合作。坚持与邻为善、以邻为伴的周边外交方针，推动区域合作机制建设，把务实合作上升到新水平。扩大同发达国家的共同利益，妥善处理分歧，推进交流与合作。积极参与和开展多边外交，在国际和地区事务中发挥建设性作用。扩大和深化对外文化交流，增进同世界各国人民之间的了解与友谊。保护我国公民和法人在海外的合法权益。中国政府和人民愿与世界各国人民一道，为建立和平、公正、和谐的新世界而不懈奋斗！

三、关于《国民经济和社会发展第十一个五年规划纲要（草案）》的说明

党的十六届五中全会通过的《中共中央关于制定国民经济和社会发展第十一个五年规划的建议》，提出了未来五年国民经济和社会发展的奋斗目标、指导方针和主要任务。根据《建议》精神，国务院制定了《国民经济和社会发展第十一个五年规划纲要（草案）》，已提请大会审查。下面，我就几个问题作简要说明。

（一）“十一五”规划《纲要（草案）》的编制过程和主要特点

党中央、国务院对制定“十一五”规划工作高度重视。早在2003年7月，国务院就开始部署相关准备工作。组织有关部门、地方、研究机构和各方面专家，对经济社会发展面临的若干重大问题开展专题研究，为编制

《纲要（草案）》提供了基础。党的十六届五中全会后，国务院根据中央《建议》精神，深入研究和编制“十一五”规划，成立了由各领域专家组成的专家委员会进行咨询论证，在全国范围内开展多种形式的为“十一五”规划建言献策活动，人大代表、政协委员和各界人士提出了许多建议。《纲要（草案）》的编制过程，是发扬民主、集思广益、科学决策的过程。

《纲要（草案）》力求反映社会主义市场经济发展和改革开放新形势的要求，体现宏观性、战略性和政策性，并明确政府的工作重点和责任。从内容到形式都有所创新。在规划内容上，贯穿了落实科学发展观和构建社会主义和谐社会的战略思想，突出了“五个统筹”，突出了加强经济社会发展薄弱环节，突出了解决人民群众关注的切身利益问题，注意处理好市场机制与宏观调控的关系。在规划指标上，分为预期性和约束性两大类。预期性指标，是预计和期望达到的目标，主要通过引导市场主体行为来实现；约束性指标，是必须实现的目标，主要通过依法加强管理和提供服务来实现。在规划形式上，《纲要（草案）》采取正文加专栏的形式，在专栏中列举了有关发展指标和重点工程，使规划内容更加直观、清晰。

《纲要（草案）》的制定以第一次全国经济普查数据为基础。历时两年多的经济普查工作，进一步摸清了我国经济社会发展的基本情况，查实了国内生产总值总量和三次产业的比重，更加全面、准确地反映了国情国力。依据新的经济普查数据制定“十一五”规划，更符合实际情况，更具有科学性。

（二）“十五”时期国民经济和社会发展主要情况

过去五年，是我国发展进程中很不平凡的五年，是继往开来、与时俱进的五年。我们摆脱了亚洲金融危机带来的冲击，战胜了非典疫情和重大自然灾害，不失时机地推进改革开放，进一步发挥市场配置资源的基础性作用，加强和改善宏观调控，保持了经济平稳较快发展。我国工业化、城镇化、市场化、国际化进程明显加快，社会生产力、综合国力和人民生活水平都跃上一个新台阶，城乡面貌发生了很大变化。

五年来，我国经济实力显著增强。2005年与2000年相比，国内生产总值增长57.3%，年均增长9.5%；财政收入增长1.36倍，年均增加3647亿元。农业特别是粮食生产出现重要转机，主要工业产品产量大幅度增长，高技术产业快速发展，基础产业和基础设施建设成就斐然，在水利、能源、交通、通信等领域建成或新开工一大批重大工程。经济社会信息化程度迅速提高。

五年来，改革开放成果丰硕。农村、国有企业、金融、财税、投资等改革和市场体系、社会保障体系建设都取得重大进展。我国加入世界贸易组织，对外开放进入新的阶段。五年间，进出口贸易总额增长两倍，实际利用外商直接投资累计2740.8亿美元。一批有竞争力的企业走向世界。

五年来，人民生活明显改善。城镇居民人均可支配收入和农村居民人均纯收入，分别实际增长58.3%和29.2%。城镇新增就业4200万人。住房、通信、汽车和服务消费大幅度增加。科技、教育、文化、卫生、体育等社会事业加快发展。

五年来，社会主义政治建设、文化建设、社会建设取得新进展。

这些辉煌成就，极大地增强了全国各族人民沿着中国特色社会主义道路奋勇前进的信心。

“十五”时期经济社会发展中也存在不少矛盾和问题。主要是：经济结构不合理，自主创新能力不强，经济增长方式转变缓慢，能源资源消耗过大，环境污染加剧；就业矛盾比较突出；投资和消费的关系不协调；城乡、区域发展差距和部分社会成员之间收入差距继续扩大；社会事业发展仍然滞后。这些问题都需要我们努力加以解决。

（三）“十一五”时期经济社会发展的指

导原则和主要目标

“十一五”时期是全面建设小康社会的关键时期。综合分析各种因素，未来五年国际环境总体上对我国发展有利，但不稳定不确定因素比较多；国内有许多有利条件，同时存在不少制约因素和困难。我们要抓住机遇，趋利避害，增强忧患意识，做好克服各种困难、应对各种风险和挑战的充分准备，奋力把改革开放和现代化事业推向前进。

《纲要（草案）》全面贯彻落实科学发展观，体现了中央《建议》提出的重要原则，这就是：必须保持经济平稳较快发展，必须加快转变经济增长方式，必须提高自主创新能力，必须促进城乡区域协调发展，必须加强和谐社会建设，必须不断深化改革开放。贯彻这些原则，就要转变发展观念、创新发展模式、提高发展质量，切实把经济社会发展转入以人为本、全面协调可持续发展的轨道。

根据中央《建议》确定的指导思想和原则，《纲要（草案）》提出了“十一五”时期经济社会发展的主要目标。这些目标既与全面建设小康社会的目标相衔接，又反映了经济社会发展的阶段性特征和客观要求。这里，我仅就其中两个方面的重要目标作简要说明。

一是关于经济增长速度问题。《纲要（草案）》提出，今后五年国内生产总值年均增长7.5%，这里综合考虑各方面因素，根据需要和可能提出的。按照新近公布的第一次全国经济普查数据和2005年经济增长实际结果，“十五”期间国内生产总值增长速度比原来预计的高一些，“十一五”年均增长7.5%，将会超过中央《建议》提出的2010年人均国内生产总值比2000年翻一番的要求。这个目标是积极的，经过努力是可以实现的。还需要指出，这个目标是建立在优化结构、提高效益和降低消耗基础上的。在实际执行中，各地要处理好速度和结构、效益的关系，不要片面追求和盲目攀比速度。历史经验和现实情况表明，保持经济平稳较快发展至关重要。

二是关于节能和环保问题。《纲要（草案）》提出了“十一五”期间单位国内生产总值能源消耗降低20%左右、主要污染物排放总量减少10%等目标。这是针对资源环境压力日益加大的突出问题提出来的，体现了建设资源节约型、环境友好型社会的要求，是现实和长远利益的需要，具有明确的政策导向。尽管实现这一目标的难度很大，但我们有信心、有决心完成。

（四）“十一五”时期的战略重点和主要任务

《纲要（草案）》对“十一五”时期的经济建设、社会发展、改革开放等方面，都作出了全面部署，提出了明确的任务和政策措施。

一是建设社会主义新农村。《纲要（草案）》把解决“三农”问题放在各项战略任务的首位。强调坚持统筹城乡经济社会发展，按照生产发展、生活宽裕、乡风文明、村容整洁、管理民主的要求，扎实稳步地推进社会主义新农村建设。要进一步提高农业综合生产能力，推进农业结构调整，加强农村基础设施建设，增加农民收入。着力抓好大型粮棉油生产基地、优质粮食产业、农田水利、饮水安全、公路、沼气和农村教育、文化、卫生建设等重点工程。全面推进农村综合改革，基本完成乡镇机构、农村义务教育和县乡财政管理体制等改革任务。培养造就有文化、懂技术、会经营的新型农民。各地方、各部门必须在经济工作思路和重点上有一个大的转变。建设资金要更多地向“三农”倾斜，公共服务要更大范围地覆盖农村，全社会都要大力支持农村发展。

二是加快推进经济结构调整和增长方式转变。我国当前经济发展中诸多问题的症结，在于结构不合理和增长方式粗放。必须按照走新型工业化道路的要求，从优化产业结构中求发展，从节约资源、保护环境中求发展。《纲要（草案）》提出，要推进工业结构优化升级，促进工业由大变强。这是针对我国工业规模已经不小，但总体素质不高、竞争力不强的现状，而提出的一个重大任务。《纲要（草案）》对推进信息化、发展高技术产业、振兴装备制造业、发展能源原材料工业等方面的主要任务和建设布局作了部署，规划了一批重大建设项目。提出要加快发展服务业特别是信息、金融、保险、物流、旅游和社区服务业，不断提高服务业的比重和水平。

《纲要（草案）》把建设资源节约型、环境友好型社会摆在突出位置，提出了明确任务和措施，规划了一批节能重点工程、循环经济示范试点工程、生态保护和环境治理重点工程。认真落实这些任务和措施，将会明显提高资源利用效率，基本遏制生态环境恶化的趋势。我们一定要坚持不懈地努力，为人民群众创造清洁、良好的生活和工作环境，为子孙后代留下蓝天绿地、碧水青山。

三是促进区域协调发展。《纲要（草案）》分别提出了不同区域发展的重点任务，要求健全协调互动的市场机制、合作机制、互助机制和扶持机制。《纲要（草案）》根据各个区域资源、环境承载能力和发展潜力，将国土空间划分为优化开发、重点开发、限制开发和禁止开发四类主体功能区，实施不同的区域政策。同时，强调积极稳妥地推进城镇化，发挥城市群的带动和辐射作用。

四是着力增强自主创新能力。这是《纲要（草案）》的一个特点。要按照自主创新、重点跨越、支撑发展、引领未来的方针，加快建设创新型国家，全面提高原始创新能力、集成创能力和引进消化吸收再创新能力。《纲要（草案）》提出，适应国家战略需求，启动一批重大科技专项，涉及信息、生物等战略产业领域，能源、资源、环境和人民健康等重大紧迫问题，以及军民两用技术。实施好这些重大专项，对于整合有限的科技资源、加快攻克事关全局和长远的科技难关，带动相关领域技术水平的整体提升，具有重大的现实意义和深远的战略意义。提高自主创新能力，最根本的是加快科技教育发展和人才队伍建设，《纲要（草案）》对此也作了全面部署。

五是深化改革和扩大开放。过去二十多年，我国经济社会发展取得的一切成就，都是同坚定地推进改革开放分不开的。要完成新阶段的发展任务，也必须坚定不移地全面深化改革和扩大开放。《纲要（草案）》提出，要加快完善社会主义市场经济体制，形成有利于转变经济增长方式、促进全面协调可持续发展的体制机制。要加强对改革的总体指导和统筹协调，在推进经济体制改革的同时，继续推进政治体制改革、文化体制改革和社会管理体制改革。正确处理改革发展稳定的关系。要按照统筹国内发展和对外开放的要求，实施互利共赢的开放战略，以开放促改革促发展。在扩大开放中重视维护国家经济安全。

六是努力建设和谐社会。这是推进经济社会发展的重要目标和保障。《纲要（草案）》提出，要做好人口工作，扩大就业，健全社会保障体系，不断提高人民生活水平和健康水平，加强公共安全建设，加强社会主义民主政治建设和文化建设，完善社会管理体制。经过今后五年的努力，使我们的社会更加和谐，让人民群众生活得更加美好。

各位代表！

全面完成今年和“十一五”期间的任务，对各级政府提出了更高的要求。必须大力加强政府自身改革和建设。

我们要加快推进行政管理体制改革，进一步转变政府职能。继续推进政企分开，减少和规范行政许可和行政审批。坚决把不该由政府管理的事交给市场、企业、社会组织和中介机构。切实转变政府管理经济方式，加强社会管理和公共服务职能。大力推行政务公开，完善政府新闻发布制度和信息公布制度，提高工作透明度和办事效率。建立健全行政问责制，提高政府执行力和公信力。

我们要深入开展廉政建设和反腐败斗争。认真落实惩治和预防腐败的各项任务和措施。今年要集中开展治理商业贿赂专项工作，重点治理工程建设、土地出让、产权交易、医药购销和政府采购等领域的商业贿赂问题，坚决纠正不正当交易行为，依法查处商业贿赂案件。要继续纠正损害群众利益的不正之风，着力解决教育乱收费、医疗高收费等突出问题。

我们要认真贯彻实施公务员法，加强对公务员的教育、管理和监督。坚持从严治政，赏罚分明。各级政府工作人员特别是领导干部要忠于职守，勤勉尽责，全心全意为人民服务；要顾全大局，加强纪律性，做到令行禁止，不折不扣地执行国家的法律法规、方针政策；要艰苦奋斗，勤俭节约，反对铺张浪费；要求真务实，力戒空谈，克服官僚主义、形式主义、弄虚作假和浮夸作风，把各项任务和部署真正落到实处。

各位代表！

我们国家正站在新的历史起点上，朝着全面建设小康社会的目标阔步前进。我们要更加紧密地团结在以胡锦涛同志为总书记的党中央周围，高举邓小平理论和“三个代表”重要思想伟大旗帜，凝聚13亿人民的智慧和力量，坚定信心，奋发图强，努力把“十一五”规划的宏伟蓝图变为美好现实，谱写社会主义现代化事业的新篇章。任何艰难险阻都挡不住我们前进的步伐。我们的目标一定要达到！我们的目标一定能够达到！

高度重视　加强领导
加快建设节约型社会

国务院总理　温家宝

一、充分认识建设节约型社会的重大战略意义

能源、矿产、水、土地等自然资源，是经济社会可持续发展的物质基础和保障。新中国成立后特别是改革开放以来，我国经济社会发展取得了举世瞩目的巨大成就，但是，我们在资源和环境方面也付出了巨大代价。经济增长方式粗放，资源消耗高，浪费大，污染重。党中央、国务院提出转变经济增长方式以来，各地方、各部门做出了很大努力，也取得了一定成效，但由于种种原因，问题并没有从根本上得到解决。目前，我国单位国内生产总值能源、原材料和水资源消耗大大高于世界平均水平。生产、建设、流通、消费领域浪费资源的现象相当严重。一些城市建设贪大求洋，汽车消费追求豪华型、大排量，住房消费追求大面积、高标准，有的产品过分包装，一些活动讲究排场、大吃大喝。这样，不仅造成资源供求矛盾日趋尖锐，煤电油运紧张，环境污染加重，导致一些重要矿产资源对外依存度不断上升，而且助长了不良的社会风气。我国资源支撑这种粗放的经济增长已经难以承受。在我国经济社会发展进入新的历史阶段，中央明确提出建设节约型社会，就是要在社会生产、建设、流通、消费的各个领域，在经济和社会发展的各个方面，切实保护和合理利用各种资源，提高资源利用效率，以尽可能少的资源消耗获得最大的经济效益和社会效益。这是关系到我国经济社会发展和中华民族兴衰，具有全局性和战略性的重大决策。

加快建设节约型社会，是由我国基本国情决定的。人口众多、资源相对不足、环境承载能力较弱，是中国的基本国情。今后一个时期，人口还要增长，人均资源占有量少的矛盾将更加突出。能源短缺是我国经济社会发展的“软肋”，淡水和耕地紧缺是中华民族的心腹之患。这种基本国情，决定了我国必须走建设节约型社会的路子。

加快建设节约型社会，是贯彻科学发展观的必然要求。科学发展观是我们党对我国现代化建设指导思想的重大发展。贯彻落实科学发展观的一个重要方面，就是要处理好经济建设、人口增长、资源利用、环境保护的关系。在节约资源、保护环境的前提下实现经济较快发展，促进人与自然和谐相处，提高人民生活水平和生活质量。在发展经济的同时，加强环境保护和治理，让人民群众喝上干净的水、呼吸清洁的空气、吃上放心的食物，在良好的环境中生产和生活。

加快建设节约型社会，是全面建设小康社会的重要保障。我国在全面建设小康社会进程中，经济规模将进一步扩大，工业化不断推进，居民消费结构逐步升级，城市化步伐加快，资源需求持续增加，资源供需矛盾和环境压力将越来越大。解决这些问题的根本出路在于节约资源。加快建设节约型社会，既是当前保持经济平稳较快发展的迫切需要，也是实现

全面建设小康社会宏伟目标的重要保障。

加快建设节约型社会，是保障经济安全和国家安全的重要举措。解决我国现代化建设需要的资源问题，着眼点和立足点必须放在国内。近年来，我国石油、矿产等重要资源进口越来越多，对国外市场依赖程度越来越大。过多地进口资源，不仅耗费大量资金，而且会加剧国际市场供求矛盾，带来一系列经济、政治、外交方面的问题。加快建设节约型社会，控制和降低对国外资源的依赖程度，对于确保经济安全和国家安全有着重要意义。

总之，加快建设节约型社会，事关现代化建设事业，事关人民群众根本利益，事关中华民族生存和长远发展。我们一定要从全局和战略的高度，充分认识加快建设节约型社会的极端重要性和紧迫性，增强忧患意识和危机意识，增强历史责任感和使命感，以对国家和人民高度负责、对子孙后代高度负责的精神，把加快建设节约型社会的工作摆在突出的重要位置，切实用大力气抓紧抓好。

加快建设节约型社会总的要求是：以邓小平理论和"三个代表"重要思想为指导，认真落实科学发展观，走新型工业化道路，坚持资源开发与节约并重、把节约放在首位的方针，以节约使用资源和提高资源利用效率为核心，以节能、节水、节材、节地、资源综合利用和发展循环经济为重点，以改革开放和科技进步为动力，推动体制创新、机制创新、技术创新和管理创新，综合运用经济、法律、行政、科技和教育等多种手段，采取更加有力的措施全面节约资源，加快经济发展模式转变，建立节约型的生产模式、消费模式和城市建设模式，务求建设节约型社会尽快取得实质性进展和明显成效。

二、近期建设节约型社会需要抓好的重点工作

建设节约型社会，是伴随我国整个现代化进程的长期任务。今明两年，要着力抓好以下几个方面的重点工作：

大力节约能源。认真实施《节能中长期专项规划》中提出的十大重点节能工程，抓紧启动节约和替代石油、热电联产、余热利用、建筑节能、绿色照明等重点节能工程。突出抓好钢铁、有色、电力、建材等重点耗能行业和企业的节能。大力发展节能型交通运输工具和农业机械，优先发展城市公共交通系统，控制高耗油汽车的发展。推动新建住宅、公共建筑节能和现有建筑节能改造。推广节能环保型空调、冰箱等家电产品，在公用设施、宾馆商厦、居民住宅和全社会推广采用节能照明产品。严格执行公共建筑夏季空调室内温度最低标准。在农村大力发展户用沼气工程。积极开发利用水能、风能、太阳能、生物质能等可再生能源。

大力节约用水。积极推广节水设备和器具，加快供水管网改造，推进污水处理及再生利用。加快大中型灌区节水改造，搞好农业节水灌溉。大力实施高耗水行业节水技术改造，推进沿海缺水城市海水淡化和海水直接利用。加强地下水资源管理，严格限制超采、滥采地下水。

大力节约原材料。加强重点行业原材料消耗管理，严格设计、施工、生产等技术标准和材料消耗核算制度，使用再生材料，提高原材料利用率。推行木材节约代用。大力节约包装材料，解决社会反映强烈的食品和用品等过度包装问题，大力推广散装水泥。

大力节约和集约利用土地。坚持实行最严格的土地保护制度。按照节约和集约利用土地的要求，修订城市建设和基础设施建设用地定额指标，完善土地使用市场准入制度，推进土地复垦。开展农村集体建设用地整理试点。严格限制毁田烧砖，大搞墙体材料革新，实施第二批城市禁止使用实心粘土砖计划。

大力推进资源综合利用。以煤矿瓦斯利用为重点，推进共伴生矿产资源的综合开发利用。以粉煤灰、煤矸石、有机废水为重点，推进工业废物综合利用。以再生金属、废旧轮胎、废旧农膜、废旧家电及电子产品为重点，推进再生资源回收利用。积极开展生活垃圾资源化利用和秸秆综合利用。

大力发展循环经济。按照“减量化、再利用、资源化”的原则，促进资源循环式利用，鼓励企业循环式生产，推动产业循环式组合，倡导社会循环式消费。全面推行清洁生产，从源头减少废物的产生。在重点行业、领域、产业园区和城市积极开展循环经济试点。按照循环经济的要求，促进产业转型、老工业基地和重化工业集中地区的调整和改造。

三、抓紧制定和实施建设节约型社会的保障措施

全面推进资源节约，加快建设节约型社会，必须采取综合措施，形成长效机制，建立强有力的保障和支撑体系。

加强宏观指导和规划，建立节约型国民经济体系。建设节约型社会必须形成有利于节约资源的生产模式、消费模式和城市建设模式。在生产领域，推行节约型增长方式，着力构建节约型产业结构。注重发展服务业和高新技术产业，加速国民经济信息化，用先进适用技术改造提升传统产业，严格控制高耗能、高耗材、高耗水产业的发展，坚决淘汰严重耗费资源和污染环境的落后生产能力。在消费领域，大力倡导合理消费、适度消费的消费观念和消费行为，特别是在服务行业、公用设施、公务活动、住房、汽车及日常生活消费中，要大力倡导节约风尚，使节能、节水、节材、节粮、垃圾分类回收、减少使用一次性用品成为全社会的自觉行动，逐步形成与国情相适应的节约型消费模式。在城市建设方面，必须充分考虑资源条件和环境承载能力，节约和集约使用土地、淡水、能源等资源。要严格控制城市建设用地，把城市建设用地的集约利用和改善环境结合起来，大力发展城市集中供热，建设节约型的交通运输体系，充分利用各种可用水资源，建设规范的再生资源回收利用体系。目前正在编制国民经济和社会发展“十一五”规划和各类专项规划，各地区、各部门都要把加快建设节约型社会作为规划的重要内容，提出明确的目标、任务和政策措施。同时，要加快制定节水、节能、资源综合利用等专项规划和发展循环经济推进计划。

依靠科技进步和创新，构建节约资源的技术支撑体系。加大对资源节约和循环利用关键技术的攻关力度，组织开发和示范有重大推广意义的资源节约和替代技术，大力推广应用节约资源的新技术、新工艺、新设备和新材料。国家要加大对节约资源和发展循环经济的重大项目建设支持力度。各地区、各部门要重点支持一批资源节约和综合利用的技术开发和改造项目。

深化改革，建立节约资源的体制机制和政策体系。要充分发挥市场机制和经济杠杆的作用，注重运用价格、财税、金融手段促进资源的节约和有效利用。逐步理顺资源性产品价格，建立能够反映资源稀缺程度的价格形成机制，积极稳妥地推进水价、电价和油气价格改革。制定鼓励生产和使用节能节水产品的税收政策和发展节能节地型建筑的经济政策，取消一切不合理的限制低油耗、小排量、低排放汽车使用和运营的规定，完善资源综合利用和废旧物资回收利用的税收优惠措施，继续实行限制高耗能、高耗材、高污染产品出口的政策措施。

强化监督管理，坚决制止一切浪费资源的行为。目前，我国在资源开采、储运、生产、消费等各个环节普遍存在着大量损失浪费现象，重要的原因是管理松懈，监督不力。要建立健全各项规章制度，采取切实有效的措施，坚持科学管理和严格管理，各地方、各部门、各单位在近期内都要认真开展资源使用情况的大检查，找出存在问题和薄弱环节，认真整改，坚决改变各种浪费资源的现象。建立资源节约的统计制度和信息发布制度，为企业和各个方面节约资源提供良好的服务。当前，正值用电高峰，电力供需矛盾突出，要加强协调调度，强化需求侧管理，鼓励节约用电和提高用电效率，确保安全迎峰度夏。

加强法制建设，完善节约资源的法律法规体系。抓紧制定和修订促进资源节约使用和有效利用的法律法规。制定更加严格的节能、节材、节水、节地等各项国家标准。建立高耗能、高耗材、高耗水的落后工艺、技术和设备强制淘汰制度，完善重点耗能产品和新建建筑的市场准入制度，建立新上建设项目的资源评价体系。特别要加大资源保护和节约的执法力度，严肃查处各种破坏和浪费资源的违法违规行为。

四、切实加强领导，务求节约型社会建设取得实效

高度重视，明确责任。各地方、各部门、各单位要进一步提高对加快建设节约型社会的认识，切实把这项工作作为一件大事，放在重要议事日程。要按照国务院的部署和要求，结合本地区、本部门、本单位的实际，抓紧制定具体方案、目标、任务和措施，落实工作责任。地方各级政府特别是省级政府要对本地区建设节约型社会负总责，主要领导同志要亲自抓，层层抓落实，建立健全工作责任制。要把资源节约纳入政绩考核指标，建立节约型政府绩效评估体系，更好地推动建设节约型社会的工作。

加强协调，密切配合。国务院各有关部门都要认真履行职能，按照职责分工，围绕做好建设节约型社会近期重点工作，尽快制定具体政策措施，指导各地方、各方面节约资源工作。要加强协调配合，形成工作合力。充分发挥行业协会的作用，发挥大型企业和企业集团的作用，共同搞好资源节约活动。

政府带头，做好表率。政府带头节约资源，既是建设节约型社会的重点任务，又是加强政府自身建设的重要内容。要加大建设节约型政府的工作力度。严禁滥用公款消费，杜绝办公浪费，实行“阳光”采购。国务院各部门要在建设节约型社会中走在全国前面，自觉做资源节约的表率。地方各级政府也要带头做好节约工作。各级领导干部和所有公务员都要率先垂范，厉行节约，反对浪费。当前，所有政府机构都要采取严格的节约措施，突出抓好节约用电工作。要合理设置空调温度，夏季办公室、会议室等办公区域的空调温度设置不得低于26摄氏度，除重要活动和外事活动，其他公务活动可不着正装，以利节约能源。要养成随手关灯习惯，杜绝白昼灯、长明灯。

加强宣传，营造氛围。建设节约型社会是全社会的共同责任，需要动员全社会的力量积极参与。要在全社会树立节约意识、建设节约文化、倡导节约文明，教育每个公民过文明健康科学的生活，形成“节约光荣、浪费可耻”的社会风尚。要广泛开展内容丰富、形式多样的资源节约活动，从现在做起、从我做起、从点滴做起，节约每一度电、每一滴水、每一张纸、每一粒粮。要充分发挥新闻媒体的重要作用，正确发挥舆论引导和监督作用，努力营造浓厚的节约资源社会氛围。宣传我国面临的资源形势，进行资源“国情”教育；宣传节约资源、建设节约型社会的重大意义；宣传党和国家关于资源节约的方针政策、法律法规和标准标识；宣传普及节约的基本知识和方式方法；宣传节约资源的先进技术、管理经验和先进单位、个人的事迹，揭露严重浪费资源的现象。教育部门要将建设节约型社会的内容纳入中小学教育、高等教育、职业教育和技术培训体系。工会组织要充分发挥广大职工群众的聪明才智，大力开展群众性的资源节约合理化建议、技术革新等活动。共青团组织要在青少年中开展资源节约宣传和实践活动，教育青少年从小养成节约资源的良好习惯。要广泛组织开展创建节约型城市、节约型政府、节约型企业、节约型社区活动。

狠抓落实，注重实效。在新的形势下加快建设节约型社会，对各地方、各部门特别是各级领导干部的工作提出了新的更高的要求。要切实转变作风，深入调查研究，认真总结和推广本地区、本部门资源节约的经验，注意发挥典型示范作用，及时解决存在的问题。要真抓实干，创新工作思路和工作方法，加强监督检查，把各项工作和措施落到实处，务必使建设节约型社会工作取得实实在在的效果。

让我们高举邓小平理论和“三个代表”重要思想伟大旗帜，紧密团结在以胡锦涛同志为总书记的党中央周围，迅速行动起来，在全国范围内大张旗鼓地、深入持久地开展资源节约活动，为加快建设节约型社会，促进经济社会全面协调可持续发展而努力奋斗。

（本文是温家宝总理2005年6月30日在全国建设节约型社会电视电话会议上的讲话摘要）

关于当前农业和农村工作的几个问题

国务院总理 温家宝

党的十六届五中全会提出了推进社会主义新农村建设的任务，具有重大的历史意义和现实意义。我国在总体上已经进入以工促农、以城带乡的发展阶段，我们必须适应经济社会发展新阶段的要求，实行工业反哺农业、城市支持农村的方针。在现阶段，只有实行统筹城乡经济社会发展的方略，才能切实优化经济结构，实现全面协调可持续发展，才能使广大人民群众共享经济社会发展的成果，才能如期实现全面建设小康社会和现代化的宏伟目标。因此，建设社会主义新农村，不仅关系到农业、农村的发展和农民的富裕，而且关系到实现国家的长治久安和民族的伟大复兴。必须站在全局的高度，把建设社会主义新农村作为我们在现代化进程中的一项重要历史使命，使之成为全党全社会的共同认识和共同行动。

建设社会主义新农村，必须按照十六届五中全会《建议》提出的“生产发展、生活宽裕、乡风文明、村容整洁、管理民主”的要求，全面推进农村的经济、政治、文化、社会和党的建设。要认真贯彻党在农村的一系列方针政策，坚持农村基本经济制度，坚持“多予少取放活”，特别是要在“多予”上下功夫。经过全党全国坚持不懈的努力，使农业生产力水平有一个较大的提高，使广大农民的生活有比较明显的改善，使农村基础设施建设得到切实加强，使农村各项社会事业全面发展，使农村基层民主建设继续推进。归根到底，要切实保障农民的民主权利，使农民得到实实在在的物质利益。建设社会主义新农村，是一个全面的目标，是一项长期的任务，必须因地制宜，从实际出发，尊重农民意愿，注重实效，着力解决农民生产生活中最迫切的实际问题。只有这样，才能使新农村建设带给农民实惠、受到农民拥护，扎实稳步地推向前进。

下面，我就当前“三农”工作中必须引起高度重视的问题，讲几点意见。

一、关于农村基础设施建设问题

长期以来，我国城乡经济社会发展很不平衡。城市发展很快，农村发展滞后。从经济社会发展全局考虑，必须改变这种状况。这就要求我们从思想认识到工作部署都必须有一个大的转变，要扩大公共财政覆盖农村的范围，调动各方面投入的积极性，大力加强农村基础设施建设。这不仅会改善农村的基础设施条件，提高农业的综合生产能力，而且会增加农民的就业机会和收入，是一举多得的好事情，要作为今后几年基础设施建设的重点。力争通过“十一五”时期的努力，使农村生产生活条件和整体面貌有比较明显的变化。在这方面，2006 年要迈出要大的步伐。

首先，财政性建设资金要向农村倾斜。关键是要下决心调整国民收入分配格局，特别是调整国家建设资金的投向和结构，向更多地支持农村建设转变。这是今后几年经济工作的一个战略性举措，直接关系到促进农村经济社会的发展，关系到扩大国内需求，对国家的长期发展也将产生深远的影响。2006 年，国家财政支农资金的增量要高于上年，国债和预算内建设资金用于农村建设的比重要高于上年，其中直接用于改善农村生产生活条件的资金总量要高于上年。各地区各部门尤其是基础产业和公共服务部门，要更多地关注和支持农村，把工作重心逐步地转向农村，把掌握的资源更多地投向农村，把基础设施建设重点转向农村。在制定发展规划、安排建设项目、增加资金投入时都要向农村倾斜。有条件的地方，步子要迈得更大一些。各部门要相互配合，加大支农资金协调整合的力度，提高使用效率，集中力量办大事。各类金融机构也要调整信贷投放结构，切实改善金融服务，加强对“三农”的支持。

其次，要重视发挥城市对农村的带动作用。实行市管县体制的初衷，就是为了发挥城市的带动效应，促进城乡协调发展。经过这些年的建设，城市经济实力和财力大为增强，基础设施建设有很大改善，城市面貌日新月异。但也要看到，城乡差距在明显拉大。今后，各大中城市都要切实履行市带县、市帮县的责任，通盘制定城乡发展规划，加大市级财政性建设资金对郊区和所属县乡的投入，加大公共基础设施向农村的延伸，同时组织城市有关单位和企业帮扶农村，增强城市对农村的辐射和带动作用，形成城乡协调发展、共同繁荣的局面。

第三，要充分发挥农民和社会各方面的作用。加强农村基础设施建设，要充分调动广大农民群众的积极性，引导他们发扬自力更生、艰苦奋斗的精神，通过自己的辛勤劳动改善生产生活条件。同时，国家财政要通过直接补助资金、补助原材料或“以奖代补”等方式给予鼓励，引导农民对直接受益的公共设施建设投工投劳。要加快建立全社会参与的激励机制，鼓励各种社会力量参与农村基础设施建设。

二、关于农村综合改革问题

2006 年全面取消农业税，农村税费改革走到今天这一步很不容易，但巩固成果的任务更为艰巨。全面推进以乡镇机构、农村义务教育和县乡财政体制改革为主要内容的农村综合改革，既是巩固农村税费改革成果的紧迫任务，又是解决农村一系列深层次矛盾的关键所在。千万不要以为农业税取消后，农民负担问题就从此解决了。如果改革不彻底，我们可能面临两种严重情况：一种是各种乱收费乱摊派乱罚款卷土重来，农民负担出现反弹；一种是基层组织难以正常运转，无法履行应尽的职责。防止这个问题，必须坚定不移地将农村综合改革推向前进。只有大力推进乡镇机构改革，下决心转变职能，精简机构和人员，加快事业单位整合，妥善安排分流人员，从体制机制上解决农村上层建筑的某些环节不适应经济基础的问题，才能最终走出“黄宗羲定律”的怪圈。这与取消农业税本身相比，任务更艰巨，意义更深远。

我着重讲一下乡镇机构改革问题。推进乡镇机构改革的出发点和目的，是为了转变乡镇政府职能，加强社会管理和公共服务，说到底是为了更好地发挥行政效能，更好地为“三农”服务。乡镇机构该履行的职能、该提供的服务，不仅不能削弱，还要逐步加强。乡镇机构改革要按照“统一思想、明确方向，坚定不移、有序推进，积极稳妥、试点先行”的总体要求，做到机构编制只减不增和确保社会稳定。在乡镇机构改革试点中，要着力抓好三方面的工作：

一是抓转变职能，努力建设服务型、法制型政府。要按照有所为、有所不为的原则，适当调整乡镇在经济管理上的职能。切实把工作重点从直接抓招商引资、生产经营、催种催收等具体事务转到对农户和各类经济主体进行示范引导、提供政策服务以及营造发展环境上来。同时要努力提高社会管理和公共服务水平。按照依法行政的原则，宣传、落实好党和国家的政策、法律，规范自身的行为，保障农民的合法权益，维护农村社会稳定，巩固党在农村的执政基础。

二是抓事业单位整合与改革。关键是要合

理区分公益性事业和经营性活动，实行分类管理。公益性的，要强化服务功能，经费主要由财政保障；经营性的，要强化自我发展能力，逐步走向市场。要通过整合现有事业站所，提高服务资源的利用效率，做到既减轻农民负担，又增强为农服务能力。

三是妥善安排分流人员。这在乡镇机构改革中既是重要环节，又是难点问题。要在严格定编定岗的基础上，由省级政府统一制定政策、方案和操作程序，根据公开、公平、公正的原则择优选用、竞争上岗，严禁搞暗箱操作。要积极探索多种分流方式，帮助分流人员重新就业，妥善解决他们的实际问题。

各级党委和政府必须高度重视农村综合改革工作，主要领导同志要亲自抓。有关部门要抓紧总结试点经验，不断完善方案，把改革引向深入。同时，还要继续推进农村金融体制、粮食流通体制和征地制度等改革，为农村经济社会发展提供体制保障。

三、关于粮食问题

粮食始终是经济发展、社会稳定和国家自立的基础，任何时候都不能出现闪失。近两年，中央针对前几年粮食主产连年下滑、供求关系趋紧的情况，出台了一系列更直接、更有力的扶持政策措施。主要是实行“三减免、三补贴”，加强对粮食主产区的扶持，同时坚决推进粮食流通体制改革，全面放开粮食收购市场。实践证明，这些改革和政策是正确的，作用是明显的。粮食生产出现了重大转机，对防止通货膨胀、保障人民生活、保持社会稳定发挥了重要作用，为实现宏观调控目标创造了有利条件。

但要清醒地看到，当前粮食生产的基础并不稳固。这两年粮食产需仍然存在一定缺口，每年都要挖几百亿斤库存。从今后长期趋势看，我国人口增长、耕地减少、水资源短缺的矛盾将越来越突出，粮食增产的难度越来越大，保持粮食长期供求平衡的任务十分艰巨。粮食如果出问题，就是全局性的问题，就会影响经济平稳较快发展和社会稳定。在粮食问题上必须把握两点：一是基本立足国内保障粮食供给，这是要始终坚持的方针；二是努力保持粮食供求的紧平衡，这是宏观调控的目标。粮食产量过低，粮食安全就会受到威胁。粮食供大于求，就会造成粮价下跌，影响农民收入和粮食生产稳定发展。使粮食供求保持紧平衡不是一件容易的事情，最根本的是要加强粮食综合生产能力建设，加强国家粮食储备体系建设，做到藏粮于地和藏粮于库相结合。同时还要善于把握吞吐调节和粮食进出口的时机和力度，加强和改进对粮食市场的调控。

2006 年的粮食生产存在一些不利因素。市场价格是刺激农民种粮积极性的最主要因素，但保持粮价平稳或略有回升难度很大。由于农资价格上涨，使粮食生产效益有所下降，直接影响农民种粮积极性。建设用地每年仍以 400 万亩的速度在占用耕地，而且占的多是好地，增加粮食播种面积的余地越来越小。这两年粮食连续增产与气候总体有利有很大关系，2006 年气候条件还难以预测，一遇天灾粮食产量就可能下来。另外，由于连续两年丰收，一些地方不同程度地对粮食生产有所放松。这些问题都值得我们注意。促进粮食生产的稳定和发展，关键有两条：一要认真落实最严格的耕地保护制度，切实保护好基本农田，稳定粮食播种面积，加强农田水利建设，大力推进科技进步，不断提高粮食综合生产能力；二要认真落实扶持粮食生产的各项政策措施，保持合理的粮价水平，保护种粮农民利益，调动农民种粮积极性。

四、关于土地问题

加强土地管理，是改革和发展进程中必须始终把握好的一个关键环节。这既关系到农业的发展和农村的稳定，又关系到工业化、城镇化的可持续推进。在土地问题上，我们决不能犯历史性错误。

要坚持土地基本经营制度不动摇。我国的改革首先从农村开始，而农村的改革又发端于土地承包。土地承包调动了亿万农民的积极性，促进了农村和整个经济的繁荣。承包地不仅是农民重要的生产资料，而且是农民最基本的生活保障。以家庭承包经营为基础、统分结合的双层经营体制，具有广泛的适应性和旺盛的生命力，有利于而不妨碍农业现代化的推进。在家庭承包经营的基础上，可以通过产业化经营等方式引导农民进入市场，可以在土地承包经营权自愿、依法、有偿流转的基础上逐步扩大土地的经营规模。这是一个渐进的过程，不能不顾条件强制推行。稳定农村基本经营制度，保护农民的土地承包权益，是党在农村的基本政策，是国家宪法的规定，是一项必须长期坚持的方针。

要严格控制建设占地。近些年，大量农用地转为非农用地，不仅为工业和城市发展提供了土地资源，而且通过土地征用和出让，为城市建设筹集了大量资金，这是一些地方城市建设之所以能快速发展的一个重要原因。但这也是以对农民补偿偏低、牺牲大批良田为代价的。如果不清醒地看到这一点，就会盲目圈占耕地，使投资规模膨胀和投资结构失衡，并产生大量失地农民，给农村和整个经济社会的可持续发展和稳定带来严重的问题。因此，我们在宏观调控中启用了土地和信贷两个“闸门”，其中土地这个闸门对抑制部分地区、部分行业投资过热具有釜底抽薪的作用，既控制了投资的盲目过快增长，也保护了最珍贵的土地资源，效果是显著的。但我们也必须看到，现在固定资产投资反弹的压力仍然很大，一些地方占用土地的冲动仍然十分强烈，保护耕地特别是保护基本农田的任务仍然十分艰巨。特别需要指出的是，一些地方违法征占农民耕地，不给农民合理的经济补偿和生计安置，引发农村群体性事件，仍然是影响农村乃至社会不稳定的一个突出问题，必须引起各级党委和政府的高度重视。我们要长期坚持最严格的土地管理制度，严格控制建设用地的占用规模。严格执行耕地占补平衡制度，而且决不能搞账面平衡，必须做到面积和产能的双平衡。

要依法加强土地管理。无论是土地承包、流转，还是土地征收征用，我们都已经有了比较完备的法律法规。要充分运用法律手段管好土地，切实保障农民的土地财产权利。

五、关于农民工问题

农民工已成为我国产业工人的重要组成部分，是工业化、城镇化、现代化的重要推动力量。如何对待农民工，不是一件小事，而是关系全局和长远的大事。

近几年来，中央在改善农民进城务工环境、保护农民工权益等方面，出台了一系列政策措施，收到了一定成效。但农民工工资偏低、被克扣和拖欠，劳动条件差，享受公共服务少，缺乏基本社会保障等问题仍然很突出。这些问题，不仅大中城市存在，一些小城市和小城镇乃至在乡村的企业中也很突出。各地区各部门要切实把解决好农民工问题作为事关改革发展稳定全局的一件大事来抓。解决农民工问题要坚持五条原则：一是公平对待，一视同仁；二是强化管理，完善服务；三是统筹规划，合理引导；四是因地制宜，分类指导；五是立足当前，着眼长远。当前要重点抓好以下几项工作：

第一，抓紧解决农民工工资偏低和拖欠问题。这是农民工反映最强烈的问题。要建立农民工工资支付保障制度，确保农民工工资按时足额发放。合理确定和提高农民工工资水平，严格执行最低工资制度。第二，依法规范农民工劳动管理。所有用人单位招用农民工都必须依法订立并履行劳动合同，尊重和维护农民工的合法权益。特别要依法保障农民工职业安全卫生权益。第三，搞好农民工就业服务和培训。要清理和取消各种针对农民工的歧视性规定和不合理限制，真正做到一视同仁。加强农民工职业技能培训，提高农民转移就业能力和外出适应能力。第四，积极稳妥地解决农民工社会保障问题。这个问题比较复杂，要坚持分类指导，稳步推进，优先解决工伤保险和大病医疗保障问题。第五，切实为农民工提供公共服务和社会管理。特别要保障农民工子女平等接受义务教育。第六，健全维护农民工权益的保障机制。劳动保障和有关部门要加大维护农民工权益的执法力度，认真受理农民工举报投诉并及时调查处理。坚持农村基本经营制度，保障农民工土地承包权益。第七，促进农村劳动力就地就近转移就业。实行农村劳动力异地转移与就地转移相结合，既要积极引导农民进城务工，又要大力发展乡镇企业和县域经济，扩大农村劳动力在当地转移就业。要鼓励各地区从实际出发，探索促进农村富余劳动力合理有序流动的办法。

六、关于农村社会事业发展问题

长期以来，我们在经济与社会发展中存在着一条腿长、一条腿短的问题，而农村社会发展这条腿更短。农村教育、卫生等社会事业发展滞后，公共服务严重不足，是农村发展中最薄弱的环节，也是农民反映最强烈的问题。这两年我们在农村教育和卫生方面已采取了不少措施，成效很大，但问题依然突出。加快农村社会事业发展，对于提高广大农民的生活质量和综合素质，对于实现社会公平和正义，十分紧迫和重要。

要从多方面加强农村公共服务，增加对农村教育、卫生等社会事业的投入。各级政府都要认真落实国务院关于将每年新增教育、卫生、文化等事业经费主要用于农村的规定，促进义务教育和基本医疗等服务的平等化。让每个义务教育阶段的农民子女都能上得起学，让每个患病的农民都能得到治疗，这是我们应当努力实现的目标。从 2006 年起，用两年时间在全国范围内实现农村义务教育阶段学生全部免除学杂费，并继续对贫困家庭学生免费提供课本和补助寄宿生生活费。2006 年还将加大对新型农村合作医疗制度试点工作的推进力度，较大幅度提高中央和地方财政对参加合作医疗农民的补助标准，扩大合作医疗试点县范围，争取到 2008 年在全国农村基本普及。同时，要重视教育、卫生资源在城乡之间的合理配置。完善教师交流制度，制定相关政策和措施，引导和鼓励城市教师及具备教师资格的人员到农村中小学任教。鼓励城市医生到农村服务。

以上这些问题，都是“三农”工作所面临的突出问题，也是关系全局的重大问题。如果解决得好，农业和农村就会实现又快又好的发展，整个经济和社会发展也会有一个良好的基础。目前，中央关于农村工作的大政方针已经明确，政策措施陆续出台。能否取得预期效果，关键在于统一思想、加强领导、狠抓落实。各地区各部门必须充分认识“三农”工作对全局的重大意义，切实把解决好“三农”问题作为全部工作的重中之重，领导干部要经常到农村做全面深入的调查研究，真正掌握农村的真实情况，了解农民的愿望和要求，认真研究制定和落实促进农村发展的具体措施。

解决“三农”问题难度很大、任务艰巨，但也面临着难得的历史机遇。我们要在以胡锦涛同志为总书记的党中央正确领导下，坚持以邓小平理论和“三个代表”重要思想为指导，全面落实科学发展观，以对党和人民高度负责的精神，切实增强责任感和使命感，求真务实，开拓进取，扎实工作，推动城乡经济社会协调发展，为建设社会主义新农村作出更大贡献。

（本文是温家宝总理 2005 年 12 月 29 日在中央农村工作会议上的讲话摘要）

中共中央　国务院关于推进社会主义新农村建设的若干意见

2005年12月31日　中发［2006］1号

党的十六届五中全会通过的《中共中央关于制定国民经济和社会发展第十一个五年规划的建议》，明确了今后5年我国经济社会发展的奋斗目标和行动纲领，提出了建设社会主义新农村的重大历史任务，为做好当前和今后一个时期的“三农”工作指明了方向。

近几年，党中央、国务院以科学发展观统领经济社会发展全局，按照统筹城乡发展的要求，采取了一系列支农惠农的重大政策。各地区各部门认真落实中央部署，切实加强“三农”工作，农业和农村发展出现了积极变化，迎来了新的发展机遇。粮食连续两年较大幅度增产，农业结构调整向纵深推进，农民收入较快增长，农村税费改革取得重大成果，社会事业进一步发展，农村基层组织建设得到加强，干群关系明显改善。农业和农村发展的好形势，对保持国民经济平稳较快增长和社会稳定，发挥了重要的支撑作用。但必须看到，当前农业和农村发展仍然处在艰难的爬坡阶段，农业基础设施脆弱、农村社会事业发展滞后、城乡居民收入差距扩大的矛盾依然突出，解决好“三农”问题仍然是工业化、城镇化进程中重大而艰巨的历史任务。各级党委和政府必须按照党的十六届五中全会的战略部署，始终把“三农”工作放在重中之重，切实把建设社会主义新农村的各项任务落到实处，加快农村全面小康和现代化建设步伐。

一、统筹城乡经济社会发展，扎实推进社会主义新农村建设

（1）建设社会主义新农村是我国现代化进程中的重大历史任务。全面建设小康社会，最艰巨最繁重的任务在农村。加速推进现代化，必须妥善处理工农城乡关系。构建社会主义和谐社会，必须促进农村经济社会全面进步。农村人口众多是我国的国情，只有发展好农村经济，建设好农民的家园，让农民过上宽裕的生活，才能保障全体人民共享经济社会发展成果，才能不断扩大内需和促进国民经济持续发展。当前，我国总体上已进入以工促农、以城带乡的发展阶段，初步具备了加大力度扶持“三农”的能力和条件。“十一五”时期，必须抓住机遇，加快改变农村经济社会发展滞后的局面，扎实稳步推进社会主义新农村建设。

（2）围绕社会主义新农村建设做好农业和农村工作。“十一五”时期是社会主义新农村建设打下坚实基础的关键时期，是推进现代农业建设迈出重大步伐的关键时期，是构建新型工农城乡关系取得突破进展的关键时期，也是农村全面建设小康加速推进的关键时期。“十一五”时期要高举邓小平理论和“三个代表”重要思想伟大旗帜，全面贯彻落实科学发展观，统筹城乡经济社会发展，实行工业反哺农业、城市支持农村和“多予少取放活”的方针，按照“生产发展、生活宽裕、乡风文明、村容整洁、管理民主”的要求，协调

推进农村经济建设、政治建设、文化建设、社会建设和党的建设。当前，要完善强化支农政策，建设现代农业，稳定发展粮食生产，积极调整农业结构，加强基础设施建设，加强农村民主政治建设和精神文明建设，加快社会事业发展，推进农村综合改革，促进农民持续增收，确保社会主义新农村建设有良好开局。

（3）扎实稳步推进社会主义新农村建设。推进新农村建设是一项长期而繁重的历史任务，必须坚持以发展农村经济为中心，进一步解放和发展农村生产力，促进粮食稳定发展、农民持续增收；必须坚持农村基本经营制度，尊重农民的主体地位，不断创新农村体制机制；必须坚持以人为本，着力解决农民生产生活中最迫切的实际问题，切实让农民得到实惠；必须坚持科学规划，实行因地制宜、分类指导，有计划有步骤有重点地逐步推进；必须坚持发挥各方面积极性，依靠农民辛勤劳动、国家扶持和社会力量的广泛参与，使新农村建设成为全党全社会的共同行动。在推进新农村建设工作中，要注重实效，不搞形式主义；要量力而行，不盲目攀比；要民主商议，不强迫命令；要突出特色，不强求一律；要引导扶持，不包办代替。

（4）加快建立以工促农、以城带乡的长效机制。顺应经济社会发展阶段性变化和建设社会主义新农村的要求，坚持“多予少取放活”的方针，重点在“多予”上下功夫。调整国民收入分配格局，国家财政支出、预算内固定资产投资和信贷投放，要按照存量适度调整、增量重点倾斜的原则，不断增加对农业和农村的投入。扩大公共财政覆盖农村的范围，建立健全财政支农资金稳定增长机制。2006年，国家财政支农资金增量要高于上年，国债和预算内资金用于农村建设的比重要高于上年，其中直接用于改善农村生产生活条件的资金要高于上年，并逐步形成新农村建设稳定的资金来源。要把国家对基础设施建设投入的重点转向农村。提高耕地占用税税率，新增税收应主要用于“三农”。抓紧制定将土地出让金一部分收入用于农业土地开发的管理和监督办法，依法严格收缴土地出让金和新增建设用地有偿使用费，土地出让金用于农业土地开发的部分和新增建设用地有偿使用费安排的土地开发整理项目，都要将小型农田水利设施建设作为重要内容，建设标准农田。进一步加大支农资金整合力度，提高资金使用效率。金融机构要不断改善服务，加强对“三农”的支持。要加快建立有利于逐步改变城乡二元结构的体制，实行城乡劳动者平等就业的制度，建立健全与经济发展水平相适应的多种形式的农村社会保障制度。充分发挥市场配置资源的基础性作用，推进征地、户籍等制度改革，逐步形成城乡统一的要素市场，增强农村经济发展活力。

二、推进现代农业建设，强化社会主义新农村建设的产业支撑

（5）大力提高农业科技创新和转化能力。深化农业科研体制改革，加快建设国家创新基地和区域性农业科研中心，在机构设置、人员聘任和投资建设等方面实行新的运行机制。鼓励企业建立农业科技研发中心，国家在财税、金融和技术改造等方面给予扶持。改善农业技术创新的投资环境，发展农业科技创新风险投资。加强农业高技术研究，继续实施现代农业高技术产业化项目，尽快取得一批具有自主知识产权的重大农业科技成果。针对农业生产的迫切需要，加快农作物和畜禽良种繁育、动植物疫病防控、节约资源和防治污染技术的研发、推广。把农业科研投入放在公共财政支持的优先位置，提高农业科技在国家科技投入中的比重。继续安排农业科技成果转化资金和国外先进农业技术引进资金。加强种质资源和知识产权保护。要加快农业技术推广体系改革和建设，积极探索对公益性职能与经营性服务实行分类管理的办法，完善农技推广的社会化服务机制。深入实施农业科技入户工程，扩大重大农业技术推广项目专项补贴规模。鼓励各类农科教机构和社会力量参与多元化的农技推广服务。加强气象为农业服务，保障农业生产和农民生命财产安全。大力推进农业机械化，提高重要农时、重点作物、关键生产环节和粮食主产区的机械化作业水平。

（6）加强农村现代流通体系建设。积极推进农产品批发市场升级改造，促进入市农产品质量等级化、包装规格化。鼓励商贸企业、邮政系统和其他各类投资主体通过新建、兼并、联合、加盟等方式，在农村发展现代流通业。积极发展农产品、农业生产资料和消费品连锁经营，建立以集中采购、统一配送为核心的新型营销体系，改善农村市场环境。继续实施“万村千乡市场工程”，建设连锁化“农家店”。培育和发展农村经纪人队伍。加快农业标准化工作，健全检验检测体系，强化农业生产资料和饲料质量管理，进一步提高农产品质量安全水平。供销合作社要创新服务方式，广泛开展联合、合作经营，加快现代经营网络建设，为农产品流通和农民生产生活资料供应提供服务。2006 年要完善全国鲜活农产品“绿色通道”网络，实现省际互通。

（7）稳定发展粮食生产。确保国家粮食安全是保持国民经济平稳较快增长和社会稳定的重要基础。必须坚持立足国内实现粮食基本自给的方针，稳定发展粮食主产，持续增加种粮收益，不断提高生产能力，适度利用国际市场，积极保持供求平衡。坚决落实最严格的耕地保护制度，切实保护基本农田，保护农民的土地承包经营权。继续实施优质粮食产业工程和粮食丰产科技工程，加快建设大型商品粮生产基地和粮食产业带，稳定粮食播种面积，不断提高粮食单产、品质和生产效益。坚持和完善重点粮食品种最低收购价政策，保持合理的粮价水平，加强农业生产资料价格调控，保护种粮农民利益。继续执行对粮食生产县的奖励政策，增加中央财政对粮食主产县的奖励资金。

（8）积极推进农业结构调整。按照高产、优质、高效、生态、安全的要求，调整优化农业结构。加快建设优势农产品产业带，积极发展特色农业、绿色食品和生态农业，保护农产品知名品牌，培育壮大主导产业。继续实施种子工程。大力发展畜牧业，扩大畜禽良种补贴规模，推广健康养殖方式，安排专项投入支持标准化畜禽养殖小区建设试点。要加强动物疫病特别是禽流感等重大疫病防控的基础设施建设，完善突发疫情应急机制，加快推进兽医管理体制改革，稳定基层兽医队伍。积极发展水产业，扩大优质水产品养殖，发展远洋渔业，保护渔业资源，继续做好渔民转产转业工作。提高农产品国际竞争力，扩大园艺、畜牧、水产等优势农产品出口，加强农产品对外贸易磋商，提高我国农业应对国际贸易争端的能力。

（9）发展农业产业化经营。要着力培育一批竞争力、带动力强的龙头企业和企业集群示范基地，推广龙头企业、合作组织与农户有机结合的组织形式，让农民从产业化经营中得到更多的实惠。各级财政要增加扶持农业产业化发展资金，支持龙头企业发展，并可通过龙头企业资助农户参加农业保险。发展大宗农产品期货市场和“订单农业”。通过创新信贷担保手段和担保办法，切实解决龙头企业收购农产品资金不足的问题。开展农产品精深加工增值税改革试点。积极引导和支持农民发展各类专业合作经济组织，加快立法进程，加大扶持力度，建立有利于农民合作经济组织发展的信贷、财税和登记等制度。

（10）加快发展循环农业。要大力开发节约资源和保护环境的农业技术，重点推广废弃物综合利用技术、相关产业链接技术和可再生能源开发利用技术。制定相应的财税鼓励政策，组织实施生物质工程，推广秸秆气化、固化成型、发电、养畜等技术，开发生物质能源和生物基材料，培育生物质产业。积极发展节地、节水、节肥、节药、节种的节约型农业，鼓励生产和使用节电、节油农业机械和农产品加工设备，努力提高农业投入品的利用效率。加大力度防治农业面源污染。

三、促进农民持续增收，夯实社会主义新农村建设的经济基础

（11）拓宽农民增收渠道。要充分挖掘农业内部增收潜力，按照国内外市场需求，积极发展品质优良、特色明显、附加值高的优势农产品，推进“一村一品”，实现增值增效。要加快转移农村劳动力，不断增加农民的务工收入。鼓励和支持符合产业政策的乡镇企业发展，特别是劳动密集型企业和服务业。着力发展县城和在建制的重点镇，从财政、金融、税收和公共品投入等方面为小城镇发展创造有利条件，外来人口较多的城镇要从实际出发，完善社会管理职能。要着眼兴县富民，着力培育产业支撑，大力发展民营经济，引导企业和要素集聚，改善金融服务，增强县级管理能力，发展壮大县域经济。

（12）保障务工农民的合法权益。进一步清理和取消各种针对务工农民流动和进城就业的歧视性规定和不合理限制。建立健全城乡就业公共服务网络，为外出务工农民免费提供法律政策咨询、就业信息、就业指导和职业介绍。严格执行最低工资制度，建立工资保障金等制度，切实解决务工农民工资偏低和拖欠问题。完善劳动合同制度，加强务工农民的职业安全卫生保护。逐步建立务工农民社会保障制度，依法将务工农民全部纳入工伤保险范围，探索适合务工农民特点的大病医疗保障和养老保险办法。认真解决务工农民的子女上学问题。

（13）稳定、完善、强化对农业和农民的直接补贴政策。要加强国家对农业和农民的支持保护体系。对农民实行的“三减免、三补贴”和退耕还林补贴等政策，深受欢迎，效果明显，要继续稳定、完善和强化。2006年，粮食主产区要将种粮直接补贴的资金规模提高到粮食风险基金的50%以上，其他地区也要根据实际情况加大对种粮农民的补贴力度。增加良种补贴和农机具购置补贴。适应农业生产和市场变化的需要，建立和完善对种粮农民的支持保护制度。

（14）加强扶贫开发工作。要因地制宜地实行整村推进的扶贫开发方式，加大力度改善贫困地区的生产生活条件，抓好贫困地区劳动力的转移培训，扶持龙头企业带动贫困地区调整结构，拓宽贫困农户增收渠道。对缺乏生存条件地区的贫困人口实行易地扶贫。继续增加扶贫投入，完善管理机制，提高使用效益。继续动员中央和国家机关、沿海发达地区和社会各界参与扶贫开发事业。切实做好贫困缺粮地区的粮食供应工作。

四、加强农村基础设施建设，改善社会主义新农村建设的物质条件

（15）大力加强农田水利、耕地质量和生态建设。在搞好重大水利工程建设的同时，不断加强农田水利建设。加快发展节水灌溉，继续把大型灌区续建配套和节水改造作为农业固定资产投资的重点。加大大型排涝泵站技术改造力度，配套建设田间工程。大力推广节水技术。实行中央和地方共同负责，逐步扩大中央和省级小型农田水利补助专项资金规模。切实抓好以小型灌区节水改造、雨水集蓄利用为重点的小型农田水利工程建设和管理。继续搞好病险水库除险加固，加强中小河流治理。要大力加强耕地质量建设，实施新一轮沃土工程，科学施用化肥，引导增施有机肥，全面提升地力。增加测土配方施肥补贴，继续实施保护性耕作示范工程和土壤有机质提升补贴试点。农业综合开发要重点支持粮食主产区改造中低产田和中型灌区节水改造。按照建设环境友好型社会的要求，继续推进生态建设，切实搞好退耕还林、天然林保护等重点生态工程，稳定完善政策，培育后续产业，巩固生态建设成果。继续推进退牧还草、山区综合开发。建立和完善生态补偿机制。做好重大病虫害防治工作，采取有效措施防止外来有害生物入侵。加强荒漠化治理，积极实施石漠化地区和东北黑土区等水土流失综合防治工程。建立和完善水电、采矿等企业的环境恢复治理责任机制，从水

电、矿产等资源的开发收益中，安排一定的资金用于企业所在地环境的恢复治理，防止水土流失。

（16）加快乡村基础设施建设。要着力加强农民最急需的生活基础设施建设。在巩固人畜饮水解困成果基础上，加快农村饮水安全工程建设，优先解决高氟、高砷、苦咸、污染水及血吸虫病区的饮水安全问题。有条件的地方，可发展集中式供水，提倡饮用水和其他生活用水分质供水。要加快农村能源建设步伐，在适宜地区积极推广沼气、秸秆气化、小水电、太阳能、风力发电等清洁能源技术。从2006年起，大幅度增加农村沼气建设投资规模，有条件的地方，要加快普及户用沼气，支持养殖场建设大中型沼气。以沼气池建设带动农村改圈、改厕、改厨。尽快完成农村电网改造的续建配套工程。加强小水电开发规划和管理，扩大小水电代燃料试点规模。要进一步加强农村公路建设，到“十一五”期末基本实现全国所有乡镇通油（水泥）路，东、中部地区所有具备条件的建制村通油（水泥）路，西部地区基本实现具备条件的建制村通公路。要积极推进农业信息化建设，充分利用和整合涉农信息资源，强化面向农村的广播电视电信等信息服务，重点抓好“金农”工程和农业综合信息服务平台建设工程。引导农民自愿出资出劳，开展农村小型基础设施建设，有条件的地方可采取以奖代补、项目补助等办法给予支持。按照建管并重的原则，逐步把农村公路等公益性基础设施的管护纳入国家支持范围。

（17）加强村庄规划和人居环境治理。随着生活水平提高和全面建设小康社会的推进，农民迫切要求改善农村生活环境和村容村貌。各级政府要切实加强村庄规划工作，安排资金支持编制村庄规划和开展村庄治理试点；可从各地实际出发制定村庄建设和人居环境治理的指导性目录，重点解决农民在饮水、行路、用电和燃料等方面的困难，凡符合目录的项目，可给予资金、实物等方面的引导和扶持。加强宅基地规划和管理，大力节约村庄建设用地，向农民免费提供经济安全适用、节地节能节材的住宅设计图样。引导和帮助农民切实解决住宅与畜禽圈舍混杂问题，搞好农村污水、垃圾治理，改善农村环境卫生。注重村庄安全建设，防止山洪、泥石流等灾害对村庄的危害，加强农村消防工作。村庄治理要突出乡村特色、地方特色和民族特色，保护有历史文化价值的古村落和古民宅。要本着节约原则，充分立足现有基础进行房屋和设施改造，防止大拆大建，防止加重农民负担，扎实稳步地推进村庄治理。

五、加快发展农村社会事业，培养推进社会主义新农村建设的新型农民

（18）加快发展农村义务教育。着力普及和巩固农村九年制义务教育。2006年对西部地区农村义务教育阶段学生全部免除学杂费，对其中的贫困家庭学生免费提供课本和补助寄宿生生活费，2007年在全国农村普遍实行这一政策。继续实施国家西部地区“两基攻坚”工程和农村中小学现代远程教育工程。建立健全农村义务教育经费保障机制，进一步改善农村办学条件，逐步提高农村中小学公用经费的保障水平。加强农村教师队伍建设，加大城镇教师支援农村教育的力度，促进城乡义务教育均衡发展。加大力度监管和规范农村学校收费，进一步减轻农民的教育负担。

（19）大规模开展农村劳动力技能培训。提高农民整体素质，培养造就有文化、懂技术、会经营的新型农民，是建设社会主义新农村的迫切需要。继续支持新型农民科技培训，提高农民务农技能，促进科学种田。扩大农村劳动力转移培训阳光工程实施规模，提高补助标准，增强农民转产转岗就业的能力。加快建立政府扶助、面向市场、多元办学的培训机制。各级财政要将农村劳动力培训经费纳入预算，不断增加投入。整合农村各种教育资源，发展农村职业教育和成人教育。

（20）积极发展农村卫生事业。积极推进新型农村合作医疗制度试点工作，从2006年

起，中央和地方财政较大幅度提高补助标准，到2008年在全国农村基本普及新型农村合作医疗制度。各级政府要不断增加投入，加强以乡镇卫生院为重点的农村卫生基础设施建设，健全农村三级医疗卫生服务和医疗救助体系。有条件的地方，可对乡村医生实行补助制度。建立与农民收入水平相适应的农村药品供应和监管体系，规范农村医疗服务。加大农村地方病、传染病和人畜共患疾病的防治力度。增加农村卫生人才培养的经费预算，组织城镇医疗机构和人员对口支持农村，鼓励各种社会力量参与发展农村卫生事业。加强农村计划生育服务设施建设，继续稳定农村低生育水平。

（21）繁荣农村文化事业。各级财政要增加对农村文化发展的投入，加强县文化馆、图书馆和乡镇文化站、村文化室等公共文化设施建设，继续实施广播电视“村村通”和农村电影放映工程，发展文化信息资源共享工程农村基层服务点，构建农村公共文化服务体系。推动实施农民体育健身工程。积极开展多种形式的群众喜闻乐见、寓教于乐的文体活动，保护和发展有地方和民族特色的优秀传统文化，创新农村文化生活的载体和手段，引导文化工作者深入乡村，满足农民群众多层次、多方面的精神文化需求。扶持农村业余文化队伍，鼓励农民兴办文化产业。加强农村文化市场管理，抵制腐朽落后文化。

（22）逐步建立农村社会保障制度。按照城乡统筹发展的要求，逐步加大公共财政对农村社会保障制度建设的投入。进一步完善农村“五保户”供养、特困户生活救助、灾民补助等社会救助体系。探索建立与农村经济发展水平相适应、与其他保障措施相配套的农村社会养老保险制度。落实军烈属优抚政策。积极扩大对农村部分计划生育家庭实行奖励扶助制度试点和西部地区计划生育“少生快富”扶贫工程实施范围。有条件的地方，要积极探索建立农村最低生活保障制度。

（23）倡导健康文明新风尚。大力弘扬以爱国主义为核心的民族精神和以改革创新为核心的时代精神，激发农民群众发扬艰苦奋斗、自力更生的传统美德，为建设社会主义新农村提供强大的精神动力和思想保证。加强思想政治工作，深入开展农村形势和政策教育，认真实施公民道德建设工程，积极推动群众性精神文明创建活动，开展和谐家庭、和谐村组、和谐村镇创建活动。引导农民崇尚科学，抵制迷信，移风易俗，破除陋习，树立先进的思想观念和良好的道德风尚，提倡科学健康的生活方式，在农村形成文明向上的社会风貌。

六、全面深化农村改革，健全社会主义新农村建设的体制保障

（24）进一步深化以农村税费改革为主要内容的农村综合改革。2006年，在全国范围取消农业税。通过试点、总结经验，积极稳妥地推进乡镇机构改革，切实转变乡镇政府职能，创新乡镇事业站所运行机制，精简机构和人员，5年内乡镇机构编制只减不增。妥善安置分流人员，确保社会稳定。要按照强化公共服务、严格依法办事和提高行政效率的要求，认真解决机构和人员臃肿的问题，切实加强政府社会管理和公共服务的职能。加快农村义务教育体制改革，建立和完善各级政府责任明确、财政分级投入、经费稳定增长、管理以县为主的农村义务教育管理体制，中央和省级政府要更多地承担发展农村义务教育的责任，深化农村学校人事和财务等制度改革。有条件的地方可加快推进“省直管县”财政管理体制和“乡财县管乡用”财政管理方式的改革。各地要对乡村债务进行清理核实，2006年选择部分县（市）开展化解乡村债务试点工作，妥善处理历年农业税尾欠，完善涉农税收优惠方式，确保农民直接受益。深化国有农场税费改革，将农业职工土地承包费中类似农村“乡镇五项统筹”的费用全部减除，农场由此减少的收入由中央和省级财政给予适当 补助。国有农场要逐步剥离办社会的职能，转变经营机制，在现代农业建设中发挥示范作用。

（25）加快推进农村金融改革。巩固和发

展农村信用社改革试点成果，进一步完善治理结构和运行机制。县域内各金融机构在保证资金安全的前提下，将一定比例的新增存款投放当地，支持农业和农村经济发展，有关部门要抓紧制定管理办法。扩大邮政储蓄资金的自主运用范围，引导邮政储蓄资金返还农村。调整农业发展银行职能定位，拓宽业务范围和资金来源。国家开发银行要支持农村基础设施建设和农业资源开发。继续发挥农业银行支持农业和农村经济发展的作用。在保证资本金充足、严格金融监管和建立合理有效的退出机制的前提下，鼓励在县域内设立多种所有制的社区金融机构，允许私有资本、外资等参股。大力培育由自然人、企业法人或社团法人发起的小额贷款组织，有关部门要抓紧制定管理办法。引导农户发展资金互助组织。规范民间借贷。稳步推进农业政策性保险试点工作，加快发展多种形式、多种渠道的农业保险。各地可通过建立担保基金或担保机构等办法，解决农户和农村中小企业贷款抵押担保难问题，有条件的地方政府可给予适当扶持。

（26）统筹推进农村其他改革。稳定和完善以家庭承包经营为基础、统分结合的双层经营体制，健全在依法、自愿、有偿基础上的土地承包经营权流转机制，有条件的地方可发展多种形式的适度规模经营。加快集体林权制度改革，促进林业健康发展。完善粮食流通体制，深化国有粮食企业改革，建立产销区稳定的购销关系，加强国家对粮食市场的宏观调控。加快征地制度改革步伐，按照缩小征地范围、完善补偿办法、拓展安置途径、规范征地程序的要求，进一步探索改革经验。完善对被征地农民的合理补偿机制，加强对被征地农民的就业培训，拓宽就业安置渠道，健全对被征地农民的社会保障。推进小型农田水利设施产权制度改革。

七、加强农村民主政治建设，完善建设社会主义新农村的乡村治理机制

（27）不断增强农村基层党组织的战斗力、凝聚力和创造力。充分发挥农村基层党组织的领导核心作用，为建设社会主义新农村提供坚强的政治和组织保障。要以建设社会主义新农村为主题，在全国农村深入开展保持共产党员先进性教育活动，引导广大农村党员学习贯彻党章，坚定理想信念，坚持党的宗旨。要结合农村实际，有针对性地开展正面教育，解决党组织和党员队伍中存在的突出问题，解决影响改革发展稳定的主要问题，解决群众最关心的重点问题，务求取得实效。加强农村基层组织的阵地建设，继续搞好农村党员干部现代远程教育，加大政策理论、法律法规和实用技术培训力度，引导农村基层干部发扬求真务实、踏实苦干的工作作风，广泛联系群众，增强带领群众增收致富的能力。关心和爱护农村基层干部，继续开展农村党的建设“三级联创”活动，加强基层党风廉政建设，巩固党在农村的执政基础。充分发挥农村共青团和妇联组织的作用。

（28）切实维护农民的民主权利。健全村党组织领导的充满活力的村民自治机制，进一步完善村务公开和民主议事制度，让农民群众真正享有知情权、参与权、管理权、监督权。完善村民“一事一议”制度，健全农民自主筹资筹劳的机制和办法，引导农民自主开展农村公益性设施建设。开展村务公开民主管理示范活动，推动农村基层志愿服务活动。加强农村法制建设，深入开展农村普法教育，增强农民的法制观念，提高农民依法行使权利和履行义务的自觉性。妥善处理农村各种社会矛盾，加强农村社会治安综合治理，打击“黄赌毒”等社会丑恶现象，建设平安乡村，创造农民安居乐业的社会环境。

（29）培育农村新型社会化服务组织。在继续增强农村集体组织经济实力和服务功能、发挥国家基层经济技术服务部门作用的同时，要鼓励、引导和支持农村发展各种新型的社会化服务组织。推动农产品行业协会发展，引导农业生产者和农产品加工、出口企业加强行业自律，搞好信息服务，维护成员权益。鼓励发展农村法律、财务等中介组织，为农民发展生产经营和维护合法权益提供有效服务。

八、切实加强领导，动员全党全社会关心、支持和参与社会主义新农村建设

（30）加强对社会主义新农村建设工作的领导。推进社会主义新农村建设事关我国农业和农村的长远发展，事关改革开放和现代化建设的大局，各级党委和政府要从战略和全局的高度出发，把建设社会主义新农村作为一件大事，真正列入议事日程，切实加强领导，明确工作重点，每年为农民办几件实事。各级党委和政府的工作部门都要明确自身在新农村建设中的职责和任务，特别是宏观管理、基础产业和公共服务部门，在制定发展规划、安排建设投资和事业经费时，要充分考虑统筹城乡发展的要求，更多地向农村倾斜。各地区各部门要建立推进新农村建设的工作协调机制，加强统一领导，明确职责分工，搞好配合协作。各级领导干部要深入农村调查研究，总结实践经验，加强指导服务，帮助基层解决新农村建设中遇到的各种矛盾和问题。

（31）科学制定社会主义新农村建设规划。新农村建设涉及经济、政治、文化和社会各个方面，是一项十分复杂的系统工程，必须切实加强规划工作。各地要按照统筹城乡经济社会发展的要求，把新农村建设纳入当地经济和社会发展的总体规划。要明确推进新农村建设的思路、目标和工作措施，统筹安排各项建设任务。做好第二次全国农业普查工作，为制定规划提供科学依据。要充分考虑农民的切身利益和发展要求，在促进农村经济发展的基础上，区分轻重缓急，突出建设重点，加强饮水安全、农田水利、乡村道路、农村能源等基础设施建设，加快教育、卫生等公共事业发展。要尊重自然规律、经济规律和社会发展规律，广泛听取基层和农民群众的意见和建议，提高规划的科学性、民主性、可行性，确保新农村建设扎实稳步推进。

（32）动员全社会力量关心、支持和参与社会主义新农村建设。建设社会主义新农村是全社会的事业，需要动员各方面力量广泛参与。各行各业都要关心支持新农村建设，为新农村建设作出贡献。充分发挥城市带动农村发展的作用，加大城市经济对农村的辐射，加大城市人才、智力资源对农村的支持，加大城市科技、教育、医疗等方面对农民的服务。要形成全社会参与新农村建设的激励机制，鼓励各种社会力量投身社会主义新农村建设，引导党政机关、人民团体、企事业单位和社会知名人士、志愿者对乡村进行结对帮扶，加强舆论宣传，努力营造全社会关心、支持、参与建设社会主义新农村的浓厚氛围。

做好2006年和“十一五”时期的农业和农村工作，任务艰巨，意义重大。我们要紧密团结在以胡锦涛同志为总书记的党中央周围，高举邓小平理论和“三个代表”重要思想伟大旗帜，全面贯彻落实科学发展观，解放思想，振奋精神，开拓进取，扎实工作，为建设社会主义新农村而努力奋斗。

国务院关于鼓励支持和引导个体私营等非公有制经济发展的若干意见

2005年2月19日　国发［2005］3号

各省、自治区、直辖市人民政府，国务院各部委、各直属机构：

公有制为主体、多种所有制经济共同发展是我国社会主义初级阶段的基本经济制度。毫不动摇地巩固和发展公有制经济，毫不动摇地鼓励、支持和引导非公有制经济发展，使两者在社会主义现代化进程中相互促进，共同发展，是必须长期坚持的基本方针，是完善社会主义市场经济体制、建设中国特色社会主义的必然要求。改革开放以来，我国个体、私营等非公有制经济不断发展壮大，已经成为社会主义市场经济的重要组成部分和促进社会生产力发展的重要力量。积极发展个体、私营等非公有制经济，有利于繁荣城乡经济、增加财政收入，有利于扩大社会就业、改善人民生活，有利于优化经济结构、促进经济发展，对全面建设小康社会和加快社会主义现代化进程具有重大的战略意义。

鼓励、支持和引导非公有制经济发展，要以邓小平理论和“三个代表”重要思想为指导，全面落实科学发展观，认真贯彻中央确定的方针政策，进一步解放思想，深化改革，消除影响非公有制经济发展的体制性障碍，确立平等的市场主体地位，实现公平竞争；进一步完善国家法律法规和政策，依法保护非公有制企业和职工的合法权益；进一步加强和改进政府监督管理和服务，为非公有制经济发展创造良好环境；进一步引导非公有制企业依法经营、诚实守信、健全管理，不断提高自身素质，促进非公有制经济持续健康发展。为此，现提出以下意见：

一、放宽非公有制经济市场准入

（一）贯彻平等准入、公平待遇原则

允许非公有资本进入法律法规未禁入的行业和领域。允许外资进入的行业和领域，也允许国内非公有资本进入，并放宽股权比例限制等方面的条件。在投资核准、融资服务、财税政策、土地使用、对外贸易和经济技术合作等方面，对非公有制企业与其他所有制企业一视同仁，实行同等待遇。对需要审批、核准和备案的事项，政府部门必须公开相应的制度、条件和程序。国家有关部门与地方人民政府要尽快完成清理和修订限制非公有制经济市场准入的法规、规章和政策性规定工作。外商投资企业依照有关法律法规的规定执行。

（二）允许非公有资本进入垄断行业和领域

加快垄断行业改革，在电力、电信、铁路、民航、石油等行业和领域，进一步引入市场竞争机制。对其中的自然垄断业务，积极推进投资主体多元化，非公有资本可以参股等方式进入；对其他业务，非公有资本可以独资、合资、合作、项目融资等方式进入。在国家统一规划的前提下，除国家法律法规等另有规定的外，允许具备资质的非公有制企业依法平等取得矿产资源的探矿权、采矿权，鼓励非公有资本进行商业性矿产资源的勘查开发。

（三）允许非公有资本进入公用事业和基础设施领域

加快完善政府特许经营制度，规范招投标行为，支持非公有资本积极参与城镇供水、供气、供热、公共交通、污水垃圾处理等市政公用事业和基础设施的投资、建设与运营。在规范转让行为的前提下，具备条件的公用事业和基础设施项目，可向非公有制企业转让产权或经营权。鼓励非公有制企业参与市政公用企业、事业单位的产权制度和经营方式改革。

（四）允许非公有资本进入社会事业领域

支持、引导和规范非公有资本投资教育、科研、卫生、文化、体育等社会事业的非营利性和营利性领域。在放开市场准入的同时，加强政府和社会监管，维护公众利益。支持非公有制经济参与公有制社会事业单位的改组改制。通过税收等相关政策，鼓励非公有制经济捐资捐赠社会事业。

（五）允许非公有资本进入金融服务业

在加强立法、规范准入、严格监管、有效防范金融风险的前提下，允许非公有资本进入区域性股份制银行和合作性金融机构。符合条件的非公有制企业可以发起设立金融中介服务机构。允许符合条件的非公有制企业参与银行、证券、保险等金融机构的改组改制。

（六）允许非公有资本进入国防科技工业建设领域

坚持军民结合、寓军于民的方针，发挥市场机制的作用，允许非公有制企业按有关规定参与军工科研生产任务的竞争以及军工企业的改组改制。鼓励非公有制企业参与军民两用高技术开发及其产业化。

（七）鼓励非公有制经济参与国有经济结构调整和国有企业重组

大力发展国有资本、集体资本和非公有资本等参股的混合所有制经济。鼓励非公有制企业通过并购和控股、参股等多种形式，参与国有企业和集体企业的改组改制改造。非公有制企业并购国有企业，参与其分离办社会职能和辅业改制，在资产处置、债务处理、职工安置和社会保障等方面，参照执行国有企业改革的相应政策。鼓励非公有制企业并购集体企业，有关部门要抓紧研究制定相应政策。

（八）鼓励、支持非公有制经济参与西部大开发、东北地区等老工业基地振兴和中部地区崛起

西部地区、东北地区等老工业基地和中部地区要采取切实有效的政策措施，大力发展非公有制经济，积极吸引非公有制企业投资建设和参与国有企业重组。东部沿海地区也要继续鼓励、支持非公有制经济发展壮大。

二、加大对非公有制经济的财税金融支持

（九）加大财税支持力度

逐步扩大国家有关促进中小企业发展专项资金规模，省级人民政府及有条件的市、县应在本级财政预算中设立相应的专项资金。加快设立国家中小企业发展基金。研究完善有关税收扶持政策。

（十）加大信贷支持力度

有效发挥贷款利率浮动政策的作用，引导和鼓励各金融机构从非公有制经济特点出发，开展金融产品创新，完善金融服务，切实发挥银行内设中小企业信贷部门的作用，改进信贷考核和奖惩管理方式，提高对非公有制企业的贷款比重。城市商业银行和城市信用社要积极吸引非公有资本入股；农村信用社要积极吸引农民、个体工商户和中小企业入股，增强资本实力。政策性银行要研究改进服务方式，扩大为非公有制企业服务的范围，提供有效的金融产品和服务。鼓励政策性银行依托地方商业银行等中小金融机构和担保机构，开展以非公有制中小企业为主要服务对象的转贷款、担保贷款等业务。

（十一）拓宽直接融资渠道

非公有制企业在资本市场发行上市与国有企业一视同仁。在加快完善中小企业板块和推进制度创新的基础上，分步推进创业板市场，健全证券公司代办股份转让系统的功能，为非公有制企业利用资本市场创造条件。鼓励符合

条件的非公有制企业到境外上市。规范和发展产权交易市场，推动各类资本的流动和重组。鼓励非公有制经济以股权融资、项目融资等方式筹集资金。建立健全创业投资机制，支持中小投资公司的发展。允许符合条件的非公有制企业依照国家有关规定发行企业债券。

（十二）鼓励金融服务创新

改进对非公有制企业的资信评估制度，对符合条件的企业发放信用贷款。对符合有关规定的企业，经批准可开展工业产权和非专利技术等无形资产的质押贷款试点。鼓励金融机构开办融资租赁、公司理财和账户托管等业务。改进保险机构服务方式和手段，开展面向非公有制企业的产品和服务创新。支持非公有制企业依照有关规定吸引国际金融组织投资。

（十三）建立健全信用担保体系

支持非公有制经济设立商业性或互助性信用担保机构。鼓励有条件的地区建立中小企业信用担保基金和区域性信用再担保机构。建立和完善信用担保的行业准入、风险控制和补偿机制，加强对信用担保机构的监管。建立健全担保业自律性组织。

三、完善对非公有制经济的社会服务

（十四）大力发展社会中介服务

各级政府要加大对中介服务机构的支持力度，坚持社会化、专业化、市场化原则，不断完善社会服务体系。支持发展创业辅导、筹资融资、市场开拓、技术支持、认证认可、信息服务、管理咨询、人才培训等各类社会中介服务机构。按照市场化原则，规范和发展各类行业协会、商会等自律性组织。整顿中介服务市场秩序，规范中介服务行为，为非公有制经济营造良好的服务环境。

（十五）积极开展创业服务

进一步落实国家就业和再就业政策，加大对自主创业的政策扶持，鼓励下岗失业人员、退役士兵、大学毕业生和归国留学生等各类人员创办小企业，开发新岗位，以创业促就业。各级政府要支持建立创业服务机构，鼓励为初创小企业提供各类创业服务和政策支持。对初创小企业，可按照行业特点降低公司注册资本限额，允许注册资金分期到位，减免登记注册费用。

（十六）支持开展企业经营者和员工培训

根据非公有制经济的不同需求，开展多种形式的培训。整合社会资源，创新培训方式，形成政府引导、社会支持和企业自主相结合的培训机制。依托大专院校、各类培训机构和企业，重点开展法律法规、产业政策、经营管理、职业技能和技术应用等方面的培训，各级政府应给予适当补贴和资助。企业应定期对职工进行专业技能培训和安全知识培训。

（十七）加强科技创新服务

要加大对非公有制企业科技创新活动的支持，加快建立适合非公有制中小企业特点的信息和共性技术服务平台，推进非公有制企业的信息化建设。大力培育技术市场，促进科技成果转化和技术转让。科技中介服务机构要积极为非公有制企业提供科技咨询、技术推广等专业化服务。引导和支持科研院所、高等院校与非公有制企业开展多种形式的产学研联合。鼓励国有科研机构向非公有制企业开放试验室，充分利用现有科技资源。支持非公有资本创办科技型中小企业和科研开发机构。鼓励有专长的离退休人员为非公有制企业提供技术服务。切实保护单位和个人知识产权。

（十八）支持企业开拓国内外市场

改进政府采购办法，在政府采购中非公有制企业与其他企业享受同等待遇。推动信息网络建设，积极为非公有制企业提供国内外市场信息。鼓励和支持非公有制企业扩大出口和“走出去”，到境外投资兴业，在对外投资、进出口信贷、出口信用保险等方面与其他企业享受同等待遇。鼓励非公有制企业在境外申报知识产权。发挥行业协会、商会等中介组织作用，利用好国家中小企业国际市场开拓资金，支持非公有制企业开拓国际市场。

（十九）推进企业信用制度建设

加快建立适合非公有制中小企业特点的信

用征集体系、评级发布制度以及失信惩戒机制，推进建立企业信用档案试点工作，建立和完善非公有制企业信用档案数据库。对资信等级较高的企业，有关登记审核机构应简化年检、备案等手续。要强化企业信用意识，健全企业信用制度，建立企业信用自律机制。

四、维护非公有制企业和职工的合法权益

（二十）完善私有财产保护制度

要严格执行保护合法私有财产的法律法规和行政规章，任何单位和个人不得侵犯非公有制企业的合法财产，不得非法改变非公有制企业财产的权属关系。按照宪法修正案规定，加快清理、修订和完善与保护合法私有财产有关的法律法规和行政规章。

（二十一）维护企业合法权益

非公有制企业依法进行的生产经营活动，任何单位和个人不得干预。依法保护企业主的名誉、人身和财产等各项合法权益。非公有制企业合法权益受到侵害时提出的行政复议等，政府部门必须及时受理，公平对待，限时答复。

（二十二）保障职工合法权益

非公有制企业要尊重和维护职工的各项合法权益，要依照《中华人民共和国劳动法》等法律法规，在平等协商的基础上与职工签订规范的劳动合同，并健全集体合同制度，保证双方权利与义务对等；必须依法按时足额支付职工工资，工资标准不得低于或变相低于当地政府规定的最低工资标准，逐步建立职工工资正常增长机制；必须尊重和保障职工依照国家规定享有的休息休假权利，不得强制或变相强制职工超时工作，加班或延长工时必须依法支付加班工资或给予补休；必须加强劳动保护和职业病防治，按照《中华人民共和国安全生产法》等法律法规要求，切实做好安全生产与作业场所职业危害防治工作，改善劳动条件，加强劳动保护。要保障女职工合法权益和特殊利益，禁止使用童工。

（二十三）推进社会保障制度建设

非公有制企业及其职工要按照国家有关规定，参加养老、失业、医疗、工伤、生育等社会保险，缴纳社会保险费。按照国家规定建立住房公积金制度。有关部门要根据非公有制企业量大面广、用工灵活、员工流动性大等特点，积极探索建立健全职工社会保障制度。

（二十四）建立健全企业工会组织

非公有制企业要保障职工依法参加和组建工会的权利。企业工会组织实行民主管理，依法代表和维护职工合法权益。企业必须为工会正常开展工作创造必要条件，依法拨付工会经费，不得干预工会事务。

五、引导非公有制企业提高自身素质

（二十五）贯彻执行国家法律法规和政策规定

非公有制企业要贯彻执行国家法律法规，依法经营，照章纳税。服从国家的宏观调控，严格执行有关技术法规，自觉遵守环境保护和安全生产等有关规定，主动调整和优化产业、产品结构，加快技术进步，提高产品质量，降低资源消耗，减少环境污染。国家支持非公有制经济投资高新技术产业、现代服务业和现代农业，鼓励发展就业容量大的加工贸易、社区服务、农产品加工等劳动密集型产业。

（二十六）规范企业经营管理行为

非公有制企业从事生产经营活动，必须依法获得安全生产、环保、卫生、质量、土地使用、资源开采等方面的相应资格和许可。企业要强化生产、营销、质量等管理，完善各项规章制度。建立安全、环保、卫生、劳动保护等责任制度，并保证必要的投入。建立健全会计核算制度，如实编制财务报表。企业必须依法报送统计信息。加快研究改进和完善个体工商户、小企业的会计、税收、统计等管理制度。

（二十七）完善企业组织制度

企业要按照法律法规的规定，建立规范的个人独资企业、合伙企业和公司制企业。公司制企业要按照《中华人民共和国公司法》要求，完善法人治理结构。探索建立有利于个体

工商户、小企业发展的组织制度。

（二十八）提高企业经营管理者素质

非公有制企业出资人和经营管理人员要自觉学习国家法律法规和方针政策，学习现代科学技术和经营管理知识，增强法制观念、诚信意识和社会公德，努力提高自身素质。引导非公有制企业积极开展扶贫开发、社会救济和“光彩事业”等社会公益性活动，增强社会责任感。各级政府要重视非公有制经济的人才队伍建设，在人事管理、教育培训、职称评定和政府奖励等方面，与公有制企业实行同等政策。建立职业经理人测评与推荐制度，加快企业经营管理人才职业化、市场化进程。

（二十九）鼓励有条件的企业做强做大

国家支持有条件的非公有制企业通过兼并、收购、联合等方式，进一步壮大实力，发展成为主业突出、市场竞争力强的大公司大集团，有条件的可向跨国公司发展。鼓励非公有制企业实施品牌发展战略，争创名牌产品。支持发展非公有制高新技术企业，鼓励其加大科技创新和新产品开发力度，努力提高自主创新能力，形成自主知识产权。国家关于企业技术改造、科技进步、对外贸易以及其他方面的扶持政策，对非公有制企业同样适用。

（三十）推进专业化协作和产业集群发展

引导和支持企业从事专业化生产和特色经营，向“专、精、特、新”方向发展。鼓励中小企业与大企业开展多种形式的经济技术合作，建立稳定的供应、生产、销售、技术开发等协作关系。通过提高专业化协作水平，培育骨干企业和知名品牌，发展专业化市场，创新市场组织形式，推进公共资源共享，促进以中小企业集聚为特征的产业集群健康发展。

六、改进政府对非公有制企业的监管

（三十一）改进监管方式

各级人民政府要根据非公有制企业生产经营特点，完善相关制度，依法履行监督和管理职能。各有关监管部门要改进监管办法，公开监管制度，规范监管行为，提高监管水平。加强监管队伍建设，提高监管人员素质。及时向社会公布有关监管信息，发挥社会监督作用。

（三十二）加强劳动监察和劳动关系协调

各级劳动保障等部门要高度重视非公有制企业劳动关系问题，加强对非公有制企业执行劳动合同、工资报酬、劳动保护和社会保险等法规、政策的监督检查。建立和完善非公有制企业劳动关系协调机制，健全劳动争议处理制度，及时化解劳动争议，促进劳动关系和谐，维护社会稳定。

（三十三）规范国家行政机关和事业单位收费行为

进一步清理现有行政机关和事业单位收费，除国家法律法规和国务院财政、价格主管部门规定的收费项目外，任何部门和单位无权向非公有制企业强制收取任何费用，无权以任何理由强行要求企业提供各种赞助费或接受有偿服务。要严格执行收费公示制度和收支两条线的管理规定，企业有权拒绝和举报无证收费和不合法收费行为。各级人民政府要加强对各类收费的监督检查，严肃查处乱收费、乱罚款及各种摊派行为。

七、加强对发展非公有制经济的指导和政策协调

（三十四）加强对非公有制经济发展的指导

各级人民政府要根据非公有制经济发展的需要，强化服务意识，改进服务方式，创新服务手段。要将非公有制经济发展纳入国民经济和社会发展规划，加强对非公有制经济发展动态的监测和分析，及时向社会公布有关产业政策、发展规划、投资重点和市场需求等方面的信息。建立促进非公有制经济发展的工作协调机制和部门联席会议制度，加强部门之间配合，形成促进非公有制经济健康发展的合力。要充分发挥各级工商联在政府管理非公有制企业方面的助手作用。统计部门要改进和完善现行统计制度，及时准确反映非公有制经济发展状况。

（三十五）营造良好的舆论氛围

大力宣传党和国家鼓励、支持和引导非公有制经济发展的方针政策与法律法规，宣传非公有制经济在社会主义现代化建设中的重要地位和作用，宣传和表彰非公有制经济中涌现出的先进典型，形成有利于非公有制经济发展的良好社会舆论环境。

（三十六）认真做好贯彻落实工作

各地区、各部门要加强调查研究，抓紧制订和完善促进非公有制经济发展的具体措施及配套办法，认真解决非公有制经济发展中遇到的新问题，确保党和国家的方针政策落到实处，促进非公有制经济健康发展。

国务院关于促进煤炭工业健康发展的若干意见

2005 年 6 月 7 日　国发［2005］18 号

各省、自治区、直辖市人民政府，国务院各部委、各直属机构：

煤炭是我国重要的基础能源和原料，在国民经济中具有重要的战略地位。在我国一次能源结构中，煤炭将长期是我国的主要能源。改革开放以来，煤炭工业取得了长足发展，煤炭产量持续增长，生产技术水平逐步提高，煤矿安全生产条件有所改善，对国民经济和社会发展发挥了重要的作用。但煤炭工业发展过程中还存在结构不合理、增长方式粗放、科技水平低、安全事故多发、资源浪费严重、环境治理滞后、历史遗留问题较多等突出问题。随着国民经济的发展，煤炭需求总量不断增加，资源、环境和安全压力进一步加大。为促进煤炭工业持续稳定健康发展，保障国民经济发展需要，提出以下意见：

一、指导思想、发展目标和基本原则

（一）指导思想

以邓小平理论和“三个代表”重要思想为指导，全面落实科学发展观，坚持依靠科技进步，走资源利用率高、安全有保障、经济效益好、环境污染少和可持续的煤炭工业发展道路。把煤矿安全生产始终放在各项工作的首位，以建设大型煤炭基地、培育大型煤炭企业和企业集团为主线，按照统筹煤炭工业与相关产业协调发展，统筹煤炭开发与生态环境协调发展，统筹矿山经济与区域经济协调发展的要求，构建与社会主义市场经济体制相适应的新型煤炭工业体系，实现煤炭工业持续稳定健康发展，加快建设资源节约型社会，为全面建设小康社会提供可靠的能源保障。

（二）发展目标

从 2005 年起，用 3～5 年时间，建立规范的煤炭资源开发秩序，大型煤炭基地建设初见成效，形成若干个亿吨级生产能力的大型煤炭企业和企业集团，煤矿安全基础条件有较大改善，煤矿瓦斯得到有效治理，重特大事故多发的势头得到有效遏制，煤矿安全生产形势明显好转，矿区生态环境恶化的趋势初步得到控制，煤炭法规政策体系逐步完善。再用 5 年左右时间，形成以合理保护、强化节约为重点的资源开发监管体系，以大型煤炭基地和大型煤炭企业集团为主体的煤炭供给体系，以强化管理和投入为重点、先进技术为支撑的安全生产保障体系，以煤炭加工转化、资源综合利用和矿山环境治理为核心的循环经济体系，以《中华人民共和国煤炭法》和《中华人民共和国矿产资源法》为基础的法规政策调控体系。

（三）基本原则

坚持发展先进生产能力和淘汰落后生产能力相结合的原则，一方面加快现代化大型煤炭基地建设，培育大型煤炭企业和企业集团，促进中小型煤矿重组联合改造，另一方面继续依法关闭布局不合理、不具备安全生产条件、浪费资源、破坏生态环境的小煤矿。坚持治标与治本相结合的原则，着力解决影响煤炭工业健康发展的突出问题，同时抓紧完善法规政策调控体系，提高煤炭资源勘查、开发准入条件。坚持“安全第一、预防为主”的方针和综合治理的原则，促使煤矿安全文化、安全法制、安全责任、安全科技、安全投入等各项要素到位。坚持国家引导、扶持和企业自主发展相结合的原则，既要帮助企业解决历史遗留问题，为企业发展创造公平竞争的市场环境，又要尊重企业的自主发展权。坚持体制改革与机制创新相结合的原则，推进煤炭企业建立规范的现代企业制度，建立保障安全生产和促进健康发展的激励约束机制，提高企业的活力和竞争力。坚持煤炭开发与地方经济和社会发展相结合的原则，合理开发利用煤炭资源，促进煤炭、电力、冶金、化工等相关产业的联合和煤炭就地转化，带动地方经济和社会协调发展。

二、强化规划和管理，完善煤炭资源开发监管体系

（四）加强对煤炭资源的规划管理

煤炭资源是重要的战略资源，要改进管理方式，实现由粗放开发型管理向科学合理开发、保护节约型管理的转变。依法科学合理划定煤炭资源国家规划矿区和对国民经济具有重要价值的矿区，严格按国家规划有序开发。国家规划矿区、对国民经济具有重要价值矿区的划定，由国土资源部研究提出，会同发展改革委共同审定并公布。建立煤炭资源战略储备制度，对特殊和稀缺煤种实行保护性开发。

（五）完善煤炭资源管理与生产开发的管理制度

各级发展改革（煤炭行业）主管部门要综合运用煤炭发展规划、产业政策、法律法规等手段，加强对煤矿开发建设和煤炭生产的监督管理。各级国土资源主管部门要按照《中华人民共和国矿产资源法》和国务院行政法规，规范煤炭资源勘查、开采登记管理工作，纠正、制止一切越权审批和以招商引资为由越权配置煤炭资源的行为。煤炭开发规划和资源管理工作要相互衔接，紧密配合。发展改革（煤炭行业）主管部门编制煤炭生产开发规划、矿区总体规划时，必须征求同级国土资源主管部门的意见，并作为批准规划的重要依据。国土资源主管部门在编制煤炭资源勘查规划、矿业权设置方案时，必须征求同级发展改革（煤炭行业）主管部门的意见，并作为批准煤炭资源勘查规划和矿业权设置方案的重要依据。产煤地区地方各级人民政府要落实煤炭行业管理职能部门，并充实和加强煤炭管理力量，健全和完善管理制度，强化煤炭资源和生产开发管理。

（六）加大煤炭资源勘探力度

加大煤炭资源勘探资金支持力度，研究建立煤炭地质勘探周转资金，增强煤炭资源保障能力。由国家投资完成煤炭资源的找煤、普查和必要的详查，统一管理煤炭资源一级探矿权市场，在此基础上编制矿区总体开发规划和矿业权设置方案；依据矿区总体开发规划和矿业权设置方案，实行煤炭资源二级探矿权和采矿权市场化转让，转让收入要按规定实行“收支两条线”管理，并用于煤炭资源勘探投入，实现滚动发展。健全煤炭地质勘查市场准入制度，培育精干高效、装备精良的煤田地质勘探队伍。严格执行勘查技术规程，进一步完善储量评估制度，依靠科技进步，提高地质勘探精度，保障地质勘查质量，为合理规划和开发煤炭资源奠定基础。

（七）合理有序开发煤炭资源

进一步完善矿业权有偿取得制度，规范煤炭矿业权价款评估办法，逐步形成矿业权价款市场发现机制，实现矿业权资产化管理。煤炭矿业权资产化要与科学的生产规划相结合，按照“统一规划、集中开发、一次置权、分期付款”的原则有序进行。严格矿业权审批，对国家规划矿区内的煤炭资源，凡未经国家批准开发规划和矿业权设置方案的，一律不得办理矿业权的设置。保障矿区井田的科学划分和合理开发，形成有利于保护和节约资源的煤炭开发秩序。加快修订煤矿设计规范，严格开采顺序、开采方法和开发强度管理，禁止越层越界和私挖乱采。鼓励采用先进技术，开采难采煤层和极薄煤层。煤矿新建和改扩建项目必须按照隶属关系，依法取得同级安全生产监管部门的审查批准，并认真执行安全生产设施“三同时”制度（同时设计、施工和投入使用）。

（八）保护节约和合理利用煤炭资源

修订煤炭生产矿井资源回采率标准和管理办法，凡设计回采率达不到国家规定标准的煤炭开发建设项目，一律不予核准，不予颁发采矿许可证。建立严格的煤炭资源利用监管制度，对煤炭资源回采率实行年度核查、动态监管，达不到回采率标准的煤矿，要责令限期整改；逾期仍达不到回采率标准的，依法予以处罚，直至吊销采矿许可证和煤炭生产许可证。加快完善煤炭资源税费计征办法，研究将煤炭资源税费以产量和销售收入为基数计征，改为以资源储量为基数计征的方案，并在条件成熟时实施；同时，要积极探索多种激励约束机制，促使煤炭生产企业节约煤炭资源。健全煤炭生产企业资源储量管理机构，落实储量管理责任，完善煤炭储量管理档案和制度，严格执行生产技术和管理规程。

三、加快结构调整，加强煤炭供应体系

（九）加快大型煤炭基地建设

按照煤炭发展规划和开发布局，选择资源条件好、具有发展潜力的矿区，以国有大型煤炭企业为依托，加快神东、陕北、晋中等13个大型煤炭基地建设，形成稳定可靠的商品煤供应基地、煤炭深加工基地和出口煤基地。国家继续从中央预算内基建投资（或国债资金）中安排资金，以资本金注入等方式，重点支持大型煤炭基地建设。政策性银行、国有商业银行和股份制商业银行应积极改进金融服务，加大金融产品创新力度，切实支持符合国家产业政策和市场准入条件的煤炭开发建设。支持有条件的煤炭企业上市融资，按照国家规定发行企业债券，筹集建设资金，加快建设和发展。

（十）促进煤炭与相关产业协调发展

大型煤炭基地建设要与煤炭外运和水资源等条件相衔接，与相关产业和地方经济发展相协调。要加大投资力度，改革铁路和港口投资体制，鼓励企业法人、非公有资本参股建设和管理，抓紧建设和改造山西、陕西、内蒙古西部出煤通道和北方煤炭下水港口，提高煤炭运输能力，从根本上缓解交通运输对煤炭供给的制约。按照政府引导和企业自愿的原则，鼓励煤电一体化发展，加快大型坑口电站建设，缓解煤炭运输压力。鼓励大型煤炭企业与冶金、化工、建材、交通运输企业联营。火力发电、煤焦化工、建材等产业发展布局，要优先安排依托煤炭矿区的项目，促进能源及相关产业布局的优化和煤炭产业与下游产业协调发展。

（十一）培育大型煤炭企业集团

打破地域、行业和所有制界限，加快培育和发展若干个亿吨级大型煤炭骨干企业和企业集团，使之成为优化煤炭工业结构、建设大型煤炭基地、平衡国内煤炭市场供需关系和“走出去”开发国外煤炭、参与国际市场竞争的主体。煤炭企业要进一步完善法人治理结构，按照现代企业制度要求积极推进股份制改造，转换经营机制，提高管理水平。国家规划矿区、对国民经济具有重要价值矿区的资源开发由国有资本控股。鼓励发展煤炭、电力、铁路、港口等一体化经营的具有国际竞争力的大型企业集团。鼓励大型煤炭企业到境外投资办

矿，带动煤炭机械产品出口和技术、劳务输出，提高我国煤炭工业的国际竞争力。

（十二）进一步改造整顿和规范小煤矿

各产煤地区要充分发挥市场机制的作用，加快中小型煤矿的整顿、改造和提高，整合煤炭资源，实行集约化开发经营。鼓励大型煤炭企业兼并改造中小型煤矿，鼓励资源储量可靠的中小型煤矿，通过资产重组实行联合改造。积极推进中小型煤矿采煤工艺改革和技术改造，规模以上煤矿必须尽快做到壁式正规化开采。继续淘汰布局不合理、不符合安全标准、不符合环保要求和浪费资源的小煤矿，坚决取缔违法经营的小煤矿。

（十三）加快提升煤炭生产和设备制造技术水平

采用高新技术和先进适用技术，加快高产高效矿井建设，提高煤矿装备现代化、系统自动化、管理信息化水平，淘汰落后的技术装备与工艺，推动煤炭工业科技进步。大力推进中小型煤矿机械化，加快培育和发展面向小型煤矿的综合服务机构，形成完善的技术服务体系。通过关键技术引进、技贸结合、合作制造、市场换技术等多种方式，提高煤炭重大技术装备研发和制造能力，促进重大装备制造国产化。加强企业、科研机构和各类院校的联合，推进技术创新体系建设。

（十四）规范煤炭市场秩序

深化煤炭流通体制改革，改革电煤价格形成机制，运用经济手段和必要的行政法规，合理调整煤炭企业与发电企业的利益关系。继续推进煤炭订货方式改革，鼓励供需双方自主衔接、签订长期供货合同。加快建立以全国煤炭交易中心为主体，以区域市场为补充，以网络技术为平台，有利于政府宏观调控、市场主体自由交易的现代化煤炭交易体系。严格煤炭经营企业资格审查，取缔无证非法经营活动，清理煤炭运销环节乱收费、乱罚款，依法打击掺杂使假和偷骗税款等不法行为。

四、坚持综合治理，强化煤矿安全生产保障体系

（十五）进一步落实安全生产责任

加强“国家监察、地方监管、企业负责”的煤矿安全工作体系建设，进一步落实安全生产责任制。完善煤矿安全监察体制，提高监察的权威性和有效性，强化煤矿安全执法检查。落实地方人民政府煤矿安全监督管理职责，建立地方人民政府领导分工联系本地区煤矿安全生产工作制度。认真实行煤矿安全生产许可证制度，强化煤炭企业安全生产责任主体，落实企业法定代表人作为安全生产第一责任人的责任；精简企业管理机构，加强一线管理力量；坚持煤炭企业内部安全生产机构派驻制度，严格执行煤矿领导干部下井带班作业制度。严格外包工程队伍资质管理和现场管理。建立煤矿安全生产风险抵押金制度。

（十六）加大煤矿安全投入

按照企业负责、政府支持的原则，完善中央、地方和企业共同增加煤矿安全投入的机制。各类煤矿要按有关规定提取生产安全费用。国家继续从预算内基建投资（国债资金）中安排资金支持煤矿安全技术改造。对国家支持的煤矿安全改造项目，地方财政要积极安排配套资金，专项列支，并与中央资金同时到位。各级财政、审计和煤炭行业管理、煤矿安全监察部门要加强监督，确保煤矿安全资金专款专用，安全改造项目顺利实施并发挥效用。

（十七）提高瓦斯防治技术水平

成立煤矿瓦斯防治部际协调领导小组，加强煤矿瓦斯防治工作的领导和协调。设立国家瓦斯治理和利用（煤层气）工程研究中心，加强瓦斯防治科技攻关，立足于推动煤矿安全生产科技进步，从根本上扭转瓦斯事故多发的现状，加快瓦斯灾害监测预警、应急救援、瓦斯煤尘防爆、瓦斯抽采利用技术的研究。抓紧制订和实施全国煤矿瓦斯治理总体方案，尽快使煤矿瓦斯治理取得明显成效。财政、税务部门要尽快制订实施办法，对瓦斯（煤层气）

抽采和利用实行税收优惠。煤炭企业要严格高瓦斯和瓦斯突出矿井的管理，建立健全危险源辨识技术体系，瓦斯抽采和监测监控体系、灾害预警救援体系、切实防范重特大瓦斯事故的发生。

（十八）提高煤矿职工队伍素质

建立和完善企业职工培训制度，组织和引导企业开展多层次、全方位的职工安全、技术培训和继续教育，全面提高煤矿职工队伍特别是采掘工人的素质和安全生产技能。对煤矿负责人和主要工种依法实行强制性安全培训，杜绝违章指挥、违章作业、违反纪律等现象。实行国家职业资格证书制度，对煤矿采煤等专业技术岗位人员和特殊工种人员实行职业准入，持证上岗，严格技术岗位人员配备标准。教育部门要加强与煤炭行业的合作，将煤炭行业有关专业纳入技能型紧缺人才培养、培训计划；要与大型煤炭企业合作，尽快恢复或设立一批煤炭职业技术学校。要引导有关大专院校和中等职业学校按照煤炭行业市场需求培养懂安全、有技术、会管理的煤炭专业人才。要通过设立煤炭专业奖学金、减免学费等措施，鼓励学生报考煤炭专业。

五、加强综合利用与环境治理，构建煤炭循环经济体系

（十九）推进洁净煤技术产业化发展

发展改革委要制定规划，完善政策，组织建设示范工程，并给予一定资金支持，推动洁净煤技术和产业化发展。大力发展洗煤、配煤和型煤技术，提高煤炭洗选加工程度。积极开展液化、气化等用煤的资源评价，稳步实施煤炭液化、气化工程。加快低品位、难采矿的地下气化等示范工程建设，带动以煤炭为基础的新型能源化工产业发展。采用先进的燃煤和环保技术，提高煤炭利用效率，减少污染物排放。

（二十）推进资源综合利用

按照高效、清洁、充分利用的原则，开展煤矸石、煤泥、煤层气、矿井排放水以及与煤共伴生资源的综合开发与利用。鼓励瓦斯抽采利用，变害为利，促进煤层气产业化发展。按照就近利用的原则，发展与资源总量相匹配的低热值煤发电、建材等产品的生产。修改制定配套法规、标准和管理办法，落实和完善财税优惠政策，鼓励对废弃物进行资源化利用，无害化处理。在煤炭生产开发规划和建设项目申报中，必须提出资源综合利用方案，并将其作为核准项目的条件之一。

（二十一）保护和治理矿区环境

煤炭资源的开发利用必须依法开展环境影响评价，环保设施与主体工程要严格实行建设项目“三同时”制度。按照“谁开发、谁保护，谁污染、谁治理，谁破坏、谁恢复”的原则，加强矿区生态环境和水资源保护、废弃物和采煤沉陷区治理。研究建立矿区生态环境恢复补偿机制，明确企业和政府的治理责任，加大生态环境治理投入，逐步使矿区环境治理步入良性循环。对原中央国有重点煤矿历史形成的采煤沉陷等环境治理欠账，要制订专项规划，继续实施综合治理，中央政府给予必要的资金和政策支持，地方各级人民政府和煤炭企业按规定安排配套资金。

（二十二）大力开展煤炭节约和有效利用

积极引导合理用煤、节约用煤和有效用煤，努力缓解当前煤炭供求紧张状况，解决煤炭产需长期矛盾。大力调整经济结构，切实转变增长方式，抓紧完善产业政策和产品能耗标准，限制高耗能工业的发展。优化能源生产和消费结构，鼓励发展新能源，努力减少和替代煤炭使用。依靠科技进步和创新，推广先进的节煤设备、工艺和技术。强化科学管理，减少煤炭生产、流通、消费等环节的损失和浪费。制定有利于节约用煤的经济政策、技术标准和法规，利用经济、法律和必要的行政手段，实行全面、严格的节煤措施，在全社会形成节约用煤和合理用煤的良好环境。

六、制订和完善有关法律规章制度，健全煤炭工业法规政策调控体系

（二十三）加强煤炭法制建设

抓紧修订《中华人民共和国煤炭法》和《中华人民共和国矿产资源法》，完善配套法规，建立健全与社会主义市场经济体制相适应的煤炭法规体系。尽快修订煤炭产业政策，完善办矿审核制度，严格准入标准。制订严格的煤炭资源消耗、污染物排放等标准，促进新技术、新工艺、新材料的应用，推动煤炭产业升级。加强煤炭执法队伍建设，依法规范煤炭市场秩序，为各类煤炭企业发展创造良好的市场环境。煤炭企业要认真贯彻执行国家关于资源、环境、安全生产等方面的技术政策和行业标准、规范，建立健全企业内部技术管理规章制度，规范矿井设计、施工、技术改造、生产和加工利用等方面的行为，深入开展安全质量标准化活动。

（二十四）切实减轻煤炭企业负担

各地要根据国家关于分离企业办社会职能的有关政策，加快分离煤炭企业办社会职能。严格按照1998年国务院关于改革国有重点煤矿管理体制的规定，切实落实原中央财政对国有重点煤矿增值税定额返还和所得税返还政策。加快增值税改革步伐，落实对已公布取消的各类基金和收费项目的清理、整顿措施，减轻煤炭企业负担。

（二十五）促进煤炭企业接续发展

落实《中华人民共和国煤炭法》有关规定，研究建立煤炭产业积累煤矿衰老期转产资金制度，筹集资金专项用于发展接续产业和替代产业。完善煤炭成本核算制度，保障煤炭企业增加接续资源，开展资源勘查，保护和治理环境，发展接续产业。重视煤炭合理开发与矿区经济社会的协调发展，在基础设施建设、财政转移支付等方面制定相关扶持政策，促进矿业城镇产业结构调整和经济发展，支持资源枯竭矿区经济转型。

（二十六）提高矿工劳动保障水平

加强煤矿质量标准化基础工作，提高机械化、自动化水平，改善作业环境，减轻矿工劳动强度。改革煤矿工作制度，将矿工入井时间缩短到八小时以内，并尽快实行四班六小时工作制。加强煤矿劳动保护用品的研发，煤炭企业必须为井下工人发放必需的劳动保护用品，不断提高劳动保护水平。加强对煤矿作业场所职业危害的监督检查，做好煤矿尘肺病等职业病的防治工作，保护矿工身心健康。全面贯彻落实《工伤保险条例》，各地劳动和社会保障部门要根据本地区煤炭企业的实际情况，制订煤炭企业参加工伤保险的具体办法。各类煤炭企业都应为矿工办理工伤保险，切实维护矿工的合法权益。

（二十七）提高矿工生活质量

劳动和社会保障部门要根据井下矿工的劳动强度和风险、生产环境等情况，制订或提高煤矿工人艰苦岗位津贴标准。各类煤炭企业应根据效益情况，逐步提高矿工收入水平。继续采取国家、地方政府、企业和个人共同出资的办法，解决历史形成的矿区危房、棚户改造问题。

（二十八）发挥中介组织作用

进一步培育和规范中介市场，充分发挥行业协会等中介组织在行业统计、技术服务、安全评价、市场开发、信息咨询、行业自律等方面的作用，为企业提供优质服务，为政府宏观调控提供决策咨询，规范企业市场行为，维护市场公平竞争秩序。

煤炭工业健康发展事关国民经济发展和能源安全大局。各地区、各部门要加强调查研究，结合本地区、本部门实际，认真做好贯彻落实工作，抓紧制订和落实各项具体措施。发展改革委要会同有关部门加强监督检查和指导协调，认真研究解决煤炭工业发展中遇到的困难和问题，促进煤炭工业持续健康发展。

国务院关于促进流通业发展的若干意见

2005年6月9日 国发［2005］19号

各省、自治区、直辖市人民政府，国务院各部委、各直属机构：

随着改革开放不断深入和社会主义市场经济体制的完善，我国流通业在促进生产、引导消费、推动经济结构调整和经济增长方式转变等方面的作用日益突出。当前，我国商品市场供求总格局已发生根本性变化，面临的国际化竞争更趋激烈，但流通领域仍存在流通企业规模偏小，组织化程度低，现代化水平不高，市场体系不够完善等问题，迫切需要我们在流通领域树立和落实科学发展观，建设大市场，发展大贸易，搞活大流通，加快推进内外贸一体化和贸工农一体化，促进经济结构调整和经济增长方式转变，为促进城乡协调发展和国民经济持续快速健康发展作出新贡献。为此，特提出以下意见：

一、加大改革力度，提高流通企业竞争能力

（一）大力推进国有流通企业改组改制

积极推进国有流通企业改革，建立现代企业制度。各级人民政府要因地制宜，采取多种方式支持国有流通企业改组改制，增强国有流通企业活力，提高盈利能力；对资不抵债、长期亏损、扭亏无望的国有流通企业，依法实施租赁、出售、债务重组和关闭破产；支持企业进行跨行业、跨地区、跨所有制的资产重组，鼓励各种资本参与流通企业改组改造；在深化流通企业改革过程中，注意保全银行信贷资产，防止逃废银行债务。

（二）妥善处理国有流通企业历史包袱

允许国有流通企业通过将其使用的、已划拨的土地在补办出让手续、补交土地出让金后纳入企业总资产冲抵企业债务；经财政、国有资产管理部门同意，按照国家有关规定，国有流通企业可以通过出售所持国有产权抵偿历史债务。

（三）妥善安置职工，降低国有流通企业改革成本

国有流通企业享受原国家经贸委等八部门《关于国有大中型企业主辅分离辅业改制分流安置富余人员的实施办法》（国经贸企改［2002］859号）的政策措施；对流通企业依法出售自有产权的营业或办公用房收入以及处置企业使用划拨土地的收入，可优先留给企业用于缴纳社会保险费和安置职工；对向企业经营者或职工定向出售的国有中小流通企业资产，应规范“招拍挂”程序，在履行决策、资产清查、财务审计和资产评估审核程序后，要维护企业职工权益，在同等价格条件下，优先卖给本企业职工，卖给其他单位和个人的，要切实妥善安排好原企业的职工；纳税确有困难的流通企业，可按现行规定申请减免生产性用房的房产税和城镇土地使用税。

（四）加快培育大型流通企业集团

要按照市场经济规律和世贸组织规则，积极培育一批有著名品牌和自主知识产权、主业突出、核心竞争力强、具有国际竞争力的大型流通企业；鼓励具有竞争优势的流通企业通过参股、控股、承包、兼并、收购、托管和特许

经营等方式，实现规模扩张，引导支持流通企业做强做大。

国务院各有关部门和有关金融机构要扶持流通企业做强做大，在安排中央外贸发展基金和国债资金、设立财务公司、发行股票和债券、提供金融服务等方面予以支持。重点培育的大型流通企业可直接向商务部申请进出口配额、许可证、国营贸易经营权和相关资质等。

地方各级人民政府要结合实际，采取具体措施，支持国家和地方重点培育大型流通企业的发展。

（五）进一步放开搞活中小流通企业

商务部、发展改革委、财政部、科技部等有关部门要按照资金使用方向和程序，在安排中央外贸发展基金、中小企业发展专项资金、中小企业科技创新资金等方面支持中小流通企业发展。鼓励有条件的流通企业到境外开展流通业务。

地方各级人民政府要采取切实有效的措施支持中小流通企业发展，在市场准入、信用担保、金融服务、物流服务、人才培训、信息服务等方面进行扶持。

（六）努力创造流通企业公平竞争的环境

加快电价改革步伐，积极推动工商企业同网同价；引导和规范零售企业的促销和进货交易等行为，依法打击商业欺诈，整顿规范流通秩序；有序推进流通业对外开放，鼓励流通企业实行内外贸一体化经营，为内外资流通企业公平竞争创造良好的环境。

二、加快创新步伐，提高流通现代化水平

（七）切实推进连锁经营快速发展

国务院各部门和地方各级人民政府要进一步研究制订并完善实施办法，切实把《国务院办公厅转发国务院体改办国家经贸委关于促进连锁经营发展若干意见的通知》（国办发［2002］49号）的各项政策措施落到实处。

（八）推动流通企业进行流通方式和技术创新

充分运用财政和金融手段支持流通企业进行结构调整，重点支持现代流通方式的推广和运用。地方各级人民政府要在财政补贴、土地使用等方面，鼓励连锁经营企业发展，尤其是到城市社区、农村建立营销网络；鼓励发展循环经济，从财政等方面支持优势再生资源回收企业通过连锁经营等方式拓展回收网络；加大利用信息技术改造流通业传统作业方式的力度，采用现代物流的管理模式，提高管理效率，降低成本，鼓励各类流通企业发展电子商务。

（九）鼓励发展物流配送中心

企业利用原使用的国有划拨土地使用权引进资金和设备建设物流配送中心，可在依法办理经营性用地出让手续、按市场价格补缴土地使用权出让金后，将土地使用权作为法人资产出资。根据城市规划需要对旧仓库等设施进行拆迁易地改造且新建物流配送中心的，城市政府在拆迁或收回企业土地使用权和建筑物时，应依法进行合理补偿，并在城市物流规划用地上给予相应安排。对农产品仓储设施建设用地按仓储用地对待。

三、加强流通基础设施建设，建立健全流通领域公共信息服务体系

（十）加大流通基础设施建设投入力度

积极运用财政贴息等政策措施，加大对农产品批发市场、物流配送中心等流通基础设施建设的投入力度；加强食品安全，支持“三绿工程”发展，建立、完善流通环节食品检疫检测体系，实行无害化处理制度，所发生费用由财政负担的相应列入各级财政预算。

（十一）建立健全流通领域公共信息服务体系

中央财政从2005年起每年拿出一定资金支持全国流通领域公共信息服务系统建设，从中央外贸发展基金中安排一定资金支持全国市场信息服务体系建设。地方各级财政要加大资金投入，支持当地商品信息服务系统的建设和运行维护。商务主管部门要制订流通领域公共信息服务体系建设规划，加强管理。

四、建立调控和应急机制，确保国内市场稳定有序

（十二）建立和完善重要商品储备制度

要进一步完善糖、肉、边销茶等生活必需品和茧丝绸等重要商品的中央储备制度，妥善处理储备商品历史遗留问题。中央储备商品储备费用按有关规定执行。地方各级人民政府也要结合实际建立地方生活必需品储备制度，所需储备费用由地方政府确定。

（十三）建立应急调控快速反应机制

中央应急调控发生的费用由商务部商财政部根据国家有关突发事件应急保障的规定，保障组织应急物资供应所需的合理费用；地方应急调控发生的费用，由地方商务主管部门商地方财政部门根据当地人民政府有关规定处理。

五、支持商业服务业发展，方便人民群众生活

（十四）支持生活保障性服务业发展

支持发展社区商业网点，逐步形成门类齐全、便民利民的城市社区服务网络。重点支持与人民群众生活息息相关的便利店和便民早餐网点、清真餐饮网点、废旧物资回收网点建设。在城市开发建设的新居住区内，规划确定的商业网点用房、用地，以及作为小区公益性资产的便民网点，不得挪作他用。各地也要从改善农民生产生活条件、方便农民消费需求出发，发展综合性的农村社区商业服务网点。

地方各级人民政府要采取各种措施解决低收入群体的洗浴问题，优先保证便民浴池用水，并实行优惠政策；对吸纳下岗失业人员的服务型企业和自谋职业从事服务业的下岗失业人员，要按规定切实落实好有关再就业优惠政策；鼓励经济型连锁饭店进行卫生、安全设施改造；鼓励和支持新兴服务业发展。

六、积极培育统一大市场，扩大国内消费需求

（十五）打破地区封锁，加快建设全国统一大市场

切实清除制约全国统一市场形成、实行地区封锁的有关规定，取消各种不合法收费，推进全国高效率鲜活农产品流通“绿色通道”建设，并加大执法和舆论宣传力度。

（十六）加大知识产权保护力度，实施品牌战略

鼓励流通企业创立和维护商标信誉，培育企业品牌。加大对侵权行为的打击力度，重视和加强对知名流通企业、全国性和地方性商业老字号的“著名商标”和“驰名商标”的认定和保护工作。

（十七）建立和完善农村流通体系

加大农村市场建设的力度，完善农村流通基础设施，促进农村市场的形成，有条件的地区要在财政预算中安排一定数量的资金给予支持。鼓励优势流通企业用连锁经营方式完善农村流通网络，采取多种方式开拓农村市场，引导农村消费。开展农产品连锁经营试点，对增值税一般纳税人购进免税农产品按13%的扣除率计算进项税抵扣；对试点企业从农业生产单位购进农产品的，鼓励其取得农业生产单位开具的普通发票，作为进项税额抵扣凭证；对试点企业建设冷藏、低温仓储、运输为主的农产品冷链系统的，可以实行加速折旧。

（十八）规范和发展消费信贷

努力扩大消费需求，优化消费结构，完善消费手段，扩大消费信贷品种、范围和规模。打破垄断，鼓励竞争，支持商业银行与流通企业在充分协商的基础上推广银行卡。大力推进商业信用体系建设。

七、完善政策法规，为流通业发展提供有力保障

（十九）加快制订我国流通领域的法律法规

要从建立和完善统一开放、竞争有序的现代市场体系出发，按照依法行政和实现对全社会流通统一管理的要求，借鉴发达国家流通立法经验，结合我国丰富的流通实践，加快修订

和研究制订规范商品流通活动、流通主体、市场行为、市场调控和管理等方面的法律法规和行政规章。

（二十）加强队伍建设，理顺和强化流通行业管理

各级人民政府要按照中央提出的“加强内贸”的要求，切实加强领导，充分发挥国内流通行业主管部门的职能作用；加强队伍建设，吸引优秀人才参与国内流通业的管理；加强人员培训，建立多层次人才培训体系，鼓励大专院校、研究院所设置专业课程培训高级流通业管理人才，鼓励中介组织开展职业培训，提高流通从业人员素质。

（二十一）充分调动各方面的积极性，促进流通业发展

国务院有关部门、地方各级人民政府要积极研究制定促进流通业发展的政策措施，地方政府可根据当地财力和流通业发展实际，建立促进流通业发展的相应机制；加强流通理论研究，做好大型流通设施建设规划，加快流通业标准化建设步伐。充分发挥流通行业中介组织作用，规范行业协会行为，创造良好的流通业发展环境。

国务院关于做好建设节约型社会近期重点工作的通知

2005 年 6 月 27 日　国发［2005］21 号

各省、自治区、直辖市人民政府，国务院各部委、各直属机构：

改革开放以来，特别是中央提出加快两个根本性转变以来，我国推进经济增长方式转变取得了积极进展，资源节约与综合利用取得一定成效。但总体上看，粗放型的经济增长方式尚未得到根本转变，与国际先进水平相比，仍存在资源消耗高、浪费大、环境污染严重等问题，随着经济的快速增长和人口的不断增加，我国淡水、土地、能源、矿产等资源不足的矛盾更加突出，环境压力日益增大。“十一五”是我国全面建设小康社会、加快推进社会主义现代化的关键时期，必须统筹协调经济社会发展与人口、资源、环境的关系，进一步转变经济增长方式，加快建设节约型社会，在生产、建设、流通、消费各领域节约资源，提高资源利用效率，减少损失浪费，以尽可能少的资源消耗，创造尽可能大的经济社会效益。

建设节约型社会的指导思想是，以邓小平理论和“三个代表”重要思想为指导，认真贯彻党的十六大和十六届三中、四中全会精神，树立和落实以人为本、全面协调可持续的科学发展观，坚持资源开发与节约并重，把节约放在首位的方针，紧紧围绕实现经济增长方式的根本性转变，以提高资源利用效率为核心，以节能、节水、节材、节地、资源综合利用和发展循环经济为重点，加快结构调整，推进技术进步，加强法制建设，完善政策措施，强化节约意识，尽快建立健全促进节约型社会建设的体制和机制，逐步形成节约型的增长方式和消费模式，以资源的高效和循环利用，促进经济社会可持续发展。为此，现就做好今明

两年建设节约型社会重点工作通知如下：

一、加快建设节约型社会的重点工作

（一）大力推进能源节约

1. 落实《节能中长期专项规划》提出的十大重点节能工程。研究提出《十大重点节能工程实施方案》，明确主要目标、重点内容、保障措施、实施主体，以及分年度实施计划、国家支持的重点。2005 年启动节约和替代石油、热电联产、余热利用、建筑节能、政府机构节能、绿色照明、节能监测和技术服务体系建设等 7 项工程。

2. 抓好重点耗能行业和企业节能。突出抓好钢铁、有色、煤炭、电力、石油石化、化工、建材等重点耗能行业和年耗能万吨标准煤以上企业节能，国家重点抓好 1000 家高耗能企业，提出节能降耗目标和措施，加强跟踪和指导。

3. 推进交通运输和农业机械节能。加快淘汰老旧汽车、船舶和落后农业机械。加快发展电气化铁路，实现以电代油。研究提出优先发展公共交通系统的具体措施。开发和推广清洁燃料汽车、节能农业机械。推动《乘用车燃料消耗量限值》国家标准的实施，从源头控制高耗油汽车的发展。按照国务院批准实施的试点工作方案，稳步推进车用乙醇汽油推广工作。

4. 推动新建住宅和公共建筑节能。抓紧出台《关于新建居住建筑严格执行节能设计标准的通知》。贯彻实施《关于发展节能省地型住宅和公共建筑的指导意见》和《公共建筑节能设计标准》，新建建筑严格实施节能 50% 的设计标准，推动北京、天津等少数大城市率先实施节能 65% 的标准。深化北方地区供热体制改革，推动既有建筑节能改造。开展建筑节能关键技术和可再生能源建筑工程应用技术研发、集成和城市级工程示范，启动低能耗、超低能耗和绿色建筑示范工程。

5. 引导商业和民用节能。推行空调、冰箱等产品强制性产品能效标识管理，扩大节能产品认证，促进高效节能产品的研发和推广，加快淘汰落后产品。在公用设施、宾馆商厦、居民住宅中推广采用高效节电照明产品。严格执行公共建筑夏季空调室内温度最低标准，在全社会倡导夏季用电高峰期间室内空调温度提高 1—2 度。在农村大力发展户用沼气和大中型畜禽养殖场沼气工程，推广省柴节煤灶。

6. 开发利用可再生能源。推进大型水电、风电基地建设；在西部电网未覆盖地区发展小水电和太阳能发电，在东部沿海地区和有居民的海岛大力推进海洋可再生能源开发利用；在农村地区推广风能、太阳能利用。组织生物质能资源调查及生物质能技术示范和推广；研究制定可再生能源配额、价格管理等配套规章和实施措施。大力推进能源林基地建设和开发利用。

7. 强化电力需求侧管理。落实电力需求侧管理及迎峰度夏工作的部署，加强以节电和提高用电效率为核心的需求侧管理，完善配套法规，制定有效的激励政策，推广典型经验，指导各地加大推行力度。

8. 加快节能技术服务体系建设。推行合同能源管理和节能投资担保机制，为企业实施节能改造提供诊断、设计、融资、改造、运行、管理一条龙服务。

（二）深入开展节约用水

1. 推动节水型社会建设。认真研究提出关于开展节水型社会建设的指导性文件，适时召开全国节水型社会建设工作会议。继续开展全国节水型社会建设试点工作，重点抓好南水北调东中线受水区和宁夏节水型社会建设示范区建设。研究提出水资源宏观分配指标和微观取水定额指标，推进国家水权制度建设。

2. 推进城市节水工作。积极开展节水产品研发，加大节水设备和器具的推广力度，指导各地加快供水管网改造，降低管网漏失率。推动公共建筑、生活小区、住宅节水和中水回用设施建设。推进污水处理及再生利用，加快城市供水和污水处理市场的改革。

3. 推进农业节水。继续推进农业节水灌

溉，推广农业节水灌溉设备应用，大力推进大中型灌区节水改造，积极开展农业末级渠系节水改造试点。在丘陵、山区和干旱地区积极开展雨水积蓄利用，支持农村水窖建设，推广旱作农业技术，发展旱作节水农业，扩大节水作物品种和种植面积。开展农村、集镇生态卫生旱厕试点。

4. 推进节水技术改造和海水利用。推进高耗水行业节水技术改造、矿井水资源化利用。推进沿海缺水城市海水淡化和海水直接利用。

5. 加强地下水资源管理。严格控制超采、滥采地下水。防治水污染，缓解水质性缺水。

（三）积极推进原材料节约

1. 加强重点行业原材料消耗管理。严格设计规范、生产规程、施工工艺等技术标准和材料消耗核算制度，推行产品生态设计和使用再生材料，减少损失浪费，提高原材料利用率。

2. 延长材料使用寿命和节约木材。鼓励生产高强度和耐腐蚀金属材料，提高材料强度和使用寿命。加强木材节约代用，抓紧研究提出《关于加快推进木材节约和代用工作的意见》。

3. 研究实施节约包装材料的政策措施。重点研究禁止过度包装的政策措施，2005 年针对社会反映强烈的月饼等过度包装和搭售问题，从市场价格入手出台规范性意见。落实发展散装水泥的政策措施，从使用环节入手，进一步加大散装水泥推广力度。

（四）强化节约和集约利用土地

1. 实行严格的土地保护制度。修订和完善建设用地定额指标，完善土地使用市场准入制度。推进土地复垦。

2. 开展农村集体建设用地整理试点。指导村镇按集约利用土地原则做好规划和建设，促进农村建设用地的节约集约利用。启动“沃土工程”，加强耕地质量建设，提高耕地集约利用水平。

3. 研究提出节约集约用地的政策措施。重点研究提出城市建设节约利用和集约利用土地的政策措施，以及交通基础设施建设集约利用土地的意见。

4. 进一步限制毁田烧砖。认真实施《国务院办公厅关于进一步推进墙体材料革新和推广节能建筑的通知》（国办发［2005］33号），推动第二批城市禁止使用实心粘土砖。有关部门要适时联合召开“全国推进墙体材料革新和推广节能建筑工作电视电话会议”。

（五）加强资源综合利用

1. 推进废物综合利用。要以煤矿瓦斯利用为重点，推进共伴生矿产资源的综合开发利用。以粉煤炭、煤矸石、尾矿和冶金、化工废渣及有机废水综合利用为重点，推进工业废物综合利用。

2. 做好再生资源回收利用工作。以再生金属、废旧轮胎、废旧家电及电子产品回收利用为重点，推进再生资源回收利用。推进生活垃圾和污泥资源化利用。

3. 开展秸秆综合利用，推行农资节约。推广机械化秸秆还田技术以及秸秆气化、固化成型、发电、养畜技术。研究提出农户秸秆综合利用补偿政策，开展秸秆和粪便还田的农田保育示范工程。推广节肥、节药技术，提高化肥、农药利用率。鼓励并推广农膜回收利用。

二、加快节约资源的体制机制和法制建设

（一）加强规划指导和推进产业结构调整

把加快建设节约型社会作为编制国民经济和社会发展“十一五”规划及各类专项规划、区域规划和城市发展规划的重要指导原则。编制《节水型社会建设“十一五”规划》、《海水利用专项规划》、《全国节水灌溉规划》、《全国旱作节水农业发展规划》、《资源综合利用规划》、《可再生能源中长期发展规划》、《农村沼气工程建设规划》、《保护性耕作示范工程建设规划》。加快出台《产业结构调整暂行规定》和《产业结构调整指导目录》，明确鼓励类、限制类和淘汰类产业项目，促进有利于资源节约的产业项目发展，淘汰技术水平

低、消耗大、污染严重的产业。

（二）健全节约资源的法律法规

抓紧制定和修订促进资源有效利用的法律法规。配合全国人大财经委研究提出《中华人民共和国节约能源法》修订建议，重点研究建立严格的节能管理制度、明确激励政策、规范执法主体、加大惩戒力度等。配合全国人大环资委研究提出《中华人民共和国循环经济促进法》。修订《取水许可制度实施办法》，起草《节约用水管理条例》。抓紧出台废旧家电回收处理管理条例，完善回收体系，建立生产者责任制。加强石油节约、建筑节能、墙体材料革新、包装物和废旧轮胎回收等资源节约与综合利用法律法规建设，做好相关立法工作。

（三）完善资源节约标准

编制《2005—2007年资源节约与综合利用标准发展计划》。制定风机、水泵、变压器、电动机等工业用能产品和家用电器、办公设备强制性能效标准，完善主要耗能行业节能设计规范。研究制定《轻型商用车燃料消耗量限值标准》。制定《绿色建筑技术导则》、《绿色建筑评价标准》、《建筑节能工程施工验收规范》。修订节水型城市考核标准和雨水利用标准，完善重点用水行业取水定额标准。加大农业节水灌溉设备国家标准的制修订和实施力度。制定和实施新的土地使用标准，建立土地集约利用评价和考核标准，完善村镇规划标准。研究提出重要矿产资源开发和综合利用行业标准，制定《矿山企业尾矿利用技术规范》。

（四）理顺资源性产品价格

加快资源性产品价格的市场化改革进程，逐步建立能够体现资源稀缺程度的价格形成机制。落实全国水价改革与节水工作电视电话会议精神，推进阶梯式水价制度和超计划、超定额用水加价收费方式。逐步推进农业水价改革试点，依法全面整顿农业供水末级渠系的水价秩序，取消水费计收中的搭车收费，制止截留挪用。加大实施峰谷分时、丰枯和季节性电价力度，扩大执行范围。对高耗能行业中国家淘汰类和限制类项目，继续实行差别电价。研究制定建立煤热价格联动机制的指导意见。改革天然气价格形成机制，理顺天然气与其他产品的比价关系。运用价格机制调控土地，提高土地使用效率。

（五）完善有利于节约资源的财税政策

研究制定鼓励生产、使用节能节水产品的税收政策，以及鼓励发展节能省地型建筑的经济政策。研究制定鼓励低油耗、小排量车辆的财税政策。调整高耗能产品进出口政策。积极研究财税体制改革，适时开征燃油税，完善消费税税制。加大公共财政对政府节约资源管理和政府机构节能改造的支持力度。逐步扩大节能、节水产品实施政府采购的范围。完善资源综合利用和废旧物资回收利用的税收优惠政策。在理顺现有收费和资金来源渠道的基础上，研究建立和完善资源开发与生态补偿机制。

（六）推进节约资源科学技术进步

国家科技计划继续加大对节约资源和循环经济关键技术的攻关力度，组织开发和示范有重大推广意义的共伴生矿产资源综合利用技术、节约和替代技术、能量梯级利用技术、废物综合利用技术、循环经济发展中延长产业链和相关产业链接技术、雨洪收集和苦咸水综合利用技术、高效节水灌溉技术和旱作节水农业技术、可回收利用材料和回收拆解技术、流程工业能源综合利用技术、重大机电产品节能降耗技术、绿色再制造技术以及可再生能源开发利用技术等，努力取得关键技术的重大突破。在中央预算内投资（含国债项目资金）中继续支持一批资源节约和循环经济重大项目，包括重大技术示范项目、重大资源节约技术开发和产业化项目等。贯彻实施《中国节水技术政策大纲》，修订《中国节能技术政策大纲》，编制重点行业发展循环经济先进适用技术目录。加大新技术、新产品、新材料推广应用力度。

（七）建立资源节约监督管理制度

建立高耗能、高耗水落后工艺、技术和设备强制淘汰制度。完善重点耗能产品和新建建筑市场准入制度，对达不到最低能效标准的产品，禁止生产、进口和销售；对公共建筑和民用建筑达不到建筑节能设计规范要求的，不准施工、验收备案、销售和使用；对矿山尾矿中资源品位严重超标的，要采取强制回收措施。在2004年有关部门联合开展资源节约专项检查的基础上，组织各地节能监察（监测）中心对年耗能万吨标准煤以上重点企业开展节能监督检查。对北方采暖地区、夏热冬冷和夏热冬暖地区建筑节能标准执行情况分别组织一次规模较大的专项检查。针对2005年3月1日起施行的强制性能效标识管理和7月1日起施行的《乘用车燃料消耗量限值》国家标准，组织全国性的国家监督抽查活动。继续开展禁止使用实心粘土砖专项检查。对检查中发现的各种浪费资源的做法和行为，要严肃查处。研究建立循环经济评价指标体系及相关统计制度。加强和完善能源、水资源以及节能、节水统计工作。

三、加强对资源节约工作的领导和协调

（一）切实加强组织领导

发展改革委、教育部、科技部、财政部、国土资源部、建设部、铁道部、交通部、水利部、农业部、商务部、国资委、税务总局、质检总局、环保总局、统计局、林业局、法制办、国管局、电监会、海洋局等有关部门要根据确定的建设节约型社会近期重点工作，按照职责分工，尽快制定具体政策措施，积极做好资源节约工作。为了加强各有关部门间的协调配合，由发展改革委负责做好组织协调，牵头建立由有关部门参加的部门协调机制，加强指导、协调和监督检查。组织实施资源节约的主要工作在地方，地方各级人民政府特别是省级人民政府要对本地区资源节约工作负责，切实加强对这项工作的组织领导，并建立相应协调机制，明确相关部门的责任和分工，大力推进资源节约工作。各地区、各部门在推进建设节约型社会工作中，要注重发挥人民团体和行业协会的作用。

（二）政府机构要带头节约

各级政府部门要从自身做起，带头厉行节约，在推动建设节约型社会中发挥表率作用。要制定《推动政府机构节能的实施意见》，建立政府机构能耗统计体系，明确能耗、水耗定额，重点抓好政府建筑物和采暖、空调、照明系统节能改造以及公务车节能。落实《节能产品政府采购实施意见》，推行政府机构节能采购，优先采购节能（节水）产品和节约办公用品，降低费用支出。各级政府在认真做好机关节约工作的同时，更要抓好全社会的节约工作。为此，要抓紧建立科学的政府绩效评估体系，进一步健全干部考核机制，将资源节约责任和实际效果纳入各级政府目标责任制和干部考核体系中。

（三）组织开展创建节约型社会活动

要研究制定《创建节约型社会实施方案》，在“十一五”期间创建一批节约型城市、节约型政府机构、节约型企业、节约型社区，发挥示范作用，并探索出一条符合我国国情的资源节约的路子。要及时总结和推广节约型社会建设中的经验和典型。在冶金、有色、煤炭、电力、化工、建材、造纸、酿造等重点行业，在矿产资源综合利用、生物质能综合利用、废旧家电、废旧轮胎、废纸回收利用、绿色再制造等重点领域和产业园区及城乡组织开展循环经济试点。通过试点探索发展循环经济的有效模式，确定发展循环经济的重大技术领域和重大项目领域，完善再生资源回收利用体系，提出按循环经济发展理念规划、建设、改造产业园区和建设节约型城市的思路。

（四）努力营造建设节约型社会的良好氛围

建设节约型社会涉及各行各业和千家万户，需要动员全社会的力量积极参与。2005年要围绕“大力发展循环经济，加快建设节约型社会”这一主题，继续开展“资源节约行”活动。要组织新闻媒体采访，集中宣传节约资源的先进典型，揭露和曝光浪费资源、严重污染环境的行为和现象。要在工矿企业职工中开展“我为节约做贡献”活动，在中小学校开展“珍惜资源、从我做起”活动，在宾馆开展“争创绿色饭店”活动，在社区开展“创建绿色社区”活动，在中央国家机关开展“做节约表率”活动，在全国质量月开展“降废减损兴质量”活动。要认真组织好全国节能宣传周、全国城市节水宣传周以及世界水日、土地日、环境日等宣传活动，开展节水型社会建设公益广告和征文活动。同时，要加强建设节约型社会的研讨和交流，2005年底在北京举办建设节约型社会展览会，择时组织开展节能节水和资源综合利用先进典型推广现场会及技术交流会。

各地区、各部门要从战略和全局的高度，充分认识建设节约型社会的重要意义，按照国务院的统一部署和建设节约型社会的各项工作安排，结合本地区、本部门实际，抓紧制订具体实施方案，精心组织，认真抓好落实，切实抓出成效。

国务院关于加快发展循环经济的若干意见

2005年7月2日　国发［2005］22号

各省、自治区、直辖市人民政府，国务院各部委、各直属机构：

改革开放以来，我国在推动资源节约和综合利用，推行清洁生产方面，取得了积极成效。但是，传统的高消耗、高排放、低效率的粗放型增长方式仍未根本转变，资源利用率低，环境污染严重。同时，存在法规、政策不完善，体制、机制不健全，相关技术开发滞后等问题。本世纪头20年，我国将处于工业化和城镇化加速发展阶段，面临的资源和环境形势十分严峻。为抓住重要战略机遇期，实现全面建设小康社会的战略目标，必须大力发展循环经济，按照“减量化、再利用、资源化”原则，采取各种有效措施，以尽可能少的资源消耗和尽可能小的环境代价，取得最大的经济产出和最少的废物排放，实现经济、环境和社会效益相统一，建设资源节约型和环境友好型社会。为此，提出如下意见。

一、发展循环经济的指导思想、基本原则和主要目标

（一）指导思想

以邓小平理论和“三个代表”重要思想为指导，树立和落实科学发展观，以提高资源生产率和减少废物排放为目标，以技术创新和制度创新为动力，强化节约资源和保护环境意识，加强法制建设，完善政策措施，发挥市场机制作用，促进循环经济发展。

（二）基本原则

坚持走新型工业化道路，形成有利于节约资源、保护环境的生产方式和消费方式；坚持推进经济结构调整，加快技术进步，加强监督管理，提高资源利用效率，减少废物的产生和排放；坚持以企业为主体，政府调控、市场引导、公众参与相结合，形成有利于促进循环经济发展的政策体系和社会氛围。

（三）发展目标

力争到2010年建立比较完善的发展循环经济法律法规体系、政策支持体系、体制与技术创新体系和激励约束机制。资源利用效率大幅度提高，废物最终处置量明显减少，建成大批符合循环经济发展要求的典型企业。推进绿色消费，完善再生资源回收利用体系。建设一批符合循环经济发展要求的工业（农业）园区和资源节约型、环境友好型城市。

（四）主要指标

力争到2010年，我国消耗每吨能源、铁矿石、有色金属、非金属矿等十五种重要资源产出的GDP比2003年提高25%左右；每万元GDP能耗下降18%以上。农业灌溉水平均有效利用系数提高到0.5，每万元工业增加值取水量下降到120立方米。矿产资源总回收率和共伴生矿综合利用率分别提高5个百分点。工业固体废物综合利用率提高到60%以上；再生铜、铝、铅占产量的比重分别达到35%、25%、30%，主要再生资源回收利用量提高65%以上。工业固体废物堆存和处置量控制在4.5亿吨左右；城市生活垃圾增长率控制在5%左右。（注：上述有关指标将根据“十一五”规划作相应调整）

二、发展循环经济的重点工作和重点环节

（五）重点工作

一是大力推进节约降耗，在生产、建设、流通和消费各领域节约资源，减少自然资源的消耗。二是全面推行清洁生产，从源头减少废物的产生，实现由末端治理向污染预防和生产全过程控制转变。三是大力开展资源综合利用，最大程度实现废物资源化和再生资源回收利用。四是大力发展环保产业，注重开发减量化、再利用和资源化技术与装备，为资源高效利用、循环利用和减少废物排放提供技术保障。

（六）重点环节

一是资源开采环节要统筹规划矿产资源开发，推广先进适用的开采技术、工艺和设备，提高采矿回采率、选矿和冶炼回收率，大力推进尾矿、废石综合利用，大力提高资源综合回收利用率。二是资源消耗环节要加强对冶金、有色、电力、煤炭、石化、化工、建材（筑）、轻工、纺织、农业等重点行业能源、原材料、水等资源消耗管理，努力降低消耗，提高资源利用率。三是废物产生环节要强化污染预防和全过程控制，推动不同行业合理延长产业链，加强对各类废物的循环利用，推进企业废物“零排放”；加快再生水利用设施建设以及城市垃圾、污泥减量化和资源化利用，降低废物最终处置量。四是再生资源产生环节要大力回收和循环利用各种废旧资源，支持废旧机电产品再制造；建立垃圾分类收集和分选系统，不断完善再生资源回收利用体系。五是消费环节要大力倡导有利于节约资源和保护环境的消费方式，鼓励使用能效标识产品、节能节水认证产品和环境标志产品、绿色标志食品和有机标志食品，减少过度包装和一次性用品的使用。政府机构要实行绿色采购。

三、加强对循环经济发展的宏观指导

（七）把发展循环经济作为编制有关规划的重要指导原则

各级政府及有关部门要用循环经济理念指导编制“十一五”规划和各类区域规划、城市总体规划，以及矿产资源可持续利用、节能、节水、资源综合利用等专项规划，对资源消耗、节约、循环利用、废物排放和环境状况作出分析，明确目标、重点和政策措施。

（八）建立循环经济评价指标体系和统计核算制度

发展改革委要会同统计局、环保总局等有关部门加快研究建立循环经济评价指标体系，逐步纳入国民经济和社会发展计划，并建立循环经济的统计核算制度。地方各级人民政府有关部门要积极开展循环经济的统计核算，加强对循环经济主要指标的分析。

（九）制定和实施循环经济推进计划

地方各级人民政府要组织发展改革（经

贸)、环境保护等有关部门，根据本地区实际，制定和实施循环经济发展的推进计划。国务院有关部门要研究制定矿产资源集约利用、能源和水资源节约利用、清洁生产，以及重点行业、重点领域发展循环经济的推进计划。

（十）加快经济结构调整和优化区域布局

加强宏观调控，遏制盲目投资、低水平重复建设，限制高耗能、高耗水、高污染产业的发展。大力发展高技术产业，加快用高新技术和先进适用技术改造传统产业，淘汰落后工艺、技术和设备，实现传统产业升级；推进企业重组，提高产业集中度和规模效益；大力发展集约化农业。发展改革委要抓紧制定《产业结构调整暂行规定》、《产业结构调整指导目录》以及加快服务业发展的指导意见，推进产业结构优化升级。同时，要根据资源环境条件和区域特点，用循环经济的发展理念指导区域发展、产业转型和老工业基地改造。开发区和重化工业集中地区，要按照循环经济要求进行规划、建设和改造，对进入的企业要提出土地、能源、水资源利用及废物排放综合控制要求，围绕核心资源发展相关产业，发挥产业集聚和工业生态效应，形成资源高效循环利用的产业链，提高资源产出效率。

四、加快循环经济技术开发和标准体系建设

（十一）加快循环经济技术开发

国务院有关部门和地方各级人民政府有关部门要加大科技投入，支持循环经济共性和关键技术的研究开发。积极引进和消化、吸收国外先进的循环经济技术，组织开发共伴生矿产资源和尾矿综合利用技术、能源节约和替代技术、能量梯级利用技术、废物综合利用技术、循环经济发展中延长产业链和相关产业链接技术、“零排放”技术、有毒有害原材料替代技术、可回收利用材料和回收处理技术、绿色再制造技术以及新能源和可再生能源开发利用技术等，提高循环经济技术支撑能力和创新能力。

（十二）抓紧制定循环经济技术政策

发展改革委要会同科技、环保等有关部门研究制定发展循环经济的技术政策、技术导向目录，以及国家鼓励发展的节能、节水、环保装备目录。支持引进国外发展循环经济的核心技术，加快新技术、新工艺、新设备的推广应用。

（十三）建立循环经济技术咨询服务体系

各地区、各部门要积极支持建立循环经济信息系统和技术咨询服务体系，及时向社会发布有关循环经济技术、管理和政策等方面的信息，开展信息咨询、技术推广、宣传培训等。充分发挥行业协会、节能技术服务中心、清洁生产中心等中介机构和科研单位、大专院校的作用。

（十四）制定和完善促进循环经济的标准体系

要加快制定高耗能、高耗水及高污染行业市场准入标准和合格评定制度，制定重点行业清洁生产评价指标体系和涉及循环经济的有关污染控制标准。加强节能、节水等资源节约标准化工作，完善主要用能设备及建筑能效标准、重点用水行业取水定额标准和主要耗能（水）行业节能（水）设计规范。建立和完善强制性产品能效标识、再利用品标识、节能建筑标识和环境标志制度，开展节能、节水、环保产品认证以及环境管理体系认证。

五、建立和完善促进循环经济发展的政策机制

（十五）加大对循环经济投资的支持力度

各级投资主管部门在制定和实施投资计划时，要加大对发展循环经济的支持。对发展循环经济的重大项目和技术开发、产业化示范项目，政府要给予直接投资或资金补助、贷款贴息等支持，并发挥政府投资对社会投资的引导作用。各类金融机构应对促进循环经济发展的重点项目给予金融支持。

（十六）利用价格杠杆促进循环经济发展

调整资源性产品与最终产品的比价关系，理顺自然资源价格，逐步建立能够反映资源性产品供求关系的价格机制。发展改革委要积极调整水、热、电、天然气等价格政策，促进资源的合理开发、节约使用、高效利用和有效保护。逐步提高水利工程供水价格；完善农业水费计收办法；调整城市供水价格，合理确定再生水价格，大力推进阶梯式水价、超计划、超定额用水加价制度。扩大峰谷电价和丰枯电价执行范围，拉大差价，在有条件的地区加快实行尖峰电价和季节电价；对高耗能行业中淘汰类、限制类项目，严格执行按国家产业政策制定的差别电价政策。加大供热体制和供热价格改革力度，逐步建立基本热价和计量热价共同构成的热价形成机制，实行差别热价和煤热联动政策。逐步理顺天然气与其他产品的比价关系，建立天然气价格与可替代能源价格挂钩的机制。地方各级人民政府价格主管部门要研究制定并落实各项促进循环经济发展的价格政策。

（十七）制定支持循环经济发展的财税和收费政策

财政部门要积极安排资金，支持发展循环经济的政策研究、技术推广、示范试点、宣传培训等，并会同有关部门积极落实清洁生产专项资金。各级财政和环保部门要安排排污资金，加大对企业符合循环经济要求的污染防治项目的投入力度。有关部门要加快研究建立促进节能、节水产品和节能环保型汽车、节能省地型建筑推广的鼓励政策。继续完善资源综合利用的税收优惠政策，调整和完善有利于促进再生资源回收利用的税收政策，加快建立大宗废旧资源回收处理收费制度。适时出台燃油税，完善消费税制。积极研究以资源量为基础的矿产资源补偿费征收办法，进一步扩大水资源费征收范围并适当提高征收标准，优先提高城市污水处理费征收标准，全面开征城市生活垃圾处理费。研究完善限制国内紧缺资源及高耗能产品出口的政策。在理顺现有收费和资金来源渠道的基础上，积极探索建立和完善企业生态环境恢复补偿机制。政府采购目录要优先考虑节能、节水和环保认证产品。

六、坚持依法推进循环经济发展

（十八）加强法规体系建设

要结合我国国情，加快研究建立和健全循环经济的法律法规体系。当前要抓紧制定节能、节水、资源综合利用等促进资源有效利用以及废旧家电、电子产品、废旧轮胎、建筑废物、包装废物、农业废物等资源化利用的法规和规章。研究建立生产者责任延伸制度，明确生产商、销售商、回收和使用单位以及消费者对废物回收、处理和再利用的法律义务。

（十九）加大依法监督管理的力度

各地区、各部门要认真贯彻落实《中华人民共和国节约能源法》、《中华人民共和国可再生能源法》、《中华人民共和国清洁生产促进法》、《中华人民共和国固体废物污染环境防治法》和《中华人民共和国环境影响评价法》等有关法律法规。依法加强对矿产资源集约利用、节能、节水、资源综合利用、再生资源回收利用的监督管理工作，引导企业树立经济与资源、环境协调发展的意识，建立健全资源节约管理制度。各级环境保护部门要将发展循环经济与环境保护工作紧密结合，严格执行环境影响评价和“三同时”制度，逐步实行排污许可证制度；严格控制污染物排放总量，加强对企业废物排放和处理的监督管理，降低排放强度；鼓励有条件的企业在自愿的基础上，开展环境管理体系认证。

（二十）依法推行清洁生产

认真实施《中华人民共和国清洁生产促进法》，加快企业清洁生产审核，积极实施清洁生产审核方案。对污染物排放超过国家和地方规定的标准或者总量控制指标的企业，以及使用有毒、有害原料进行生产或者在生产中排放有毒、有害物质的企业，要依法强制实施清洁生产审核，监督实施清洁生产方案。发展改革委、环保总局要在全国范围内组织开展创建清洁生产先进企业、环境友好企业活动，引导企业加快实施清洁生产。

七、加强对发展循环经济工作的组织和领导

（二十一）加强组织领导

各地区、各部门要从战略和全局的高度，充分认识发展循环经济的重大意义，增强紧迫性和责任感，结合本地区、本部门实际，抓紧制定具体的实施方案，采取切实有效措施，加快推进循环经济发展。发展改革委牵头，会同环保总局等有关部门建立健全推进循环经济发展的协调工作机制，做好组织协调和指导推动工作，及时解决推进循环经济发展中遇到的重大问题。有关部门要在各自的职责范围内积极落实各项政策措施，加快推动循环经济发展。地方各级人民政府要确定一位领导同志负责循环经济发展工作，明确有关部门的职责分工，做到层层有责任、逐级抓落实。

（二十二）开展循环经济示范试点

发展改革委要会同环保总局等有关部门和省级人民政府，在重点行业、重点领域、产业园区和城市组织开展循环经济试点工作，探索发展循环经济的有效模式。通过试点，提出发展循环经济的重大技术和项目领域，进一步完善促进再生资源循环利用、降低污染排放强度的政策措施，提出按循环经济模式规划、建设、改造工业园区以及建设资源节约型、环境友好型城市的思路，树立一批先进典型，为加快发展循环经济提供示范。

（二十三）加强宣传教育和培训

各地区、各部门要动员社会各方面力量，大力开展形式多样的节约资源和保护环境的宣传活动，提高全社会对发展循环经济重大意义的认识，把节约资源、保护环境变成全体公民的自觉行为。要将树立资源节约和环境保护意识的相关内容编入教材，在中小学中开展国情教育、节约资源和保护环境的教育。要组织开展相关管理和技术人员的知识培训，增强意识，掌握相关知识和技能。编写消费行为导则和资源节约公约，引导合理消费，规范消费行为，开展多种形式的实践活动，逐步形成节约资源、保护环境的消费方式。

发展改革委要会同环保总局等有关部门，对各地推进循环经济发展的情况进行监督检查，重要情况要及时向国务院报告。

国务院关于2005年深化农村税费改革试点工作的通知

2005年7月11日　国发［2005］24号

各省、自治区、直辖市人民政府，国务院各部委、各直属机构：

2004年农村税费改革试点工作取得重要的阶段性成果，不仅进一步减轻了农民负担，而且有力地促进了粮食增产、农业增效、农民增收。2005年是改革攻坚的关键一年，要继续调整国家与农民的分配关系，进一步推进以农村税费改革为主要内容的农村综合改革试点，促进农村经济社会全面进步。为做好2005年深化农村税费改革试点工作，现就有关问题通知如下：

一、明确任务和要求，扎实做好今年农村税费改革试点工作

2005年深化农村税费改革试点工作的主要任务是：进一步减轻农民负担，规范和完善农村分配关系，积极稳妥地推进建立精干高效的农村行政管理体制和覆盖农村的公共财政制度，加快以农村税费改革为主要内容的农村综合改革试点。试点工作总的要求是：按照不断深化、综合配套、巩固完善、探索创新、有所突破的思路，认真落实农业税减免政策，努力解决突出矛盾和问题，积极稳妥地推进农村综合改革试点，坚决制止发生新的乡村债务，进一步探索建立防止农民负担反弹的长效机制，确保深化农村税费改革试点工作健康有序进行。各地区、各有关部门要按照中央的部署，加强领导，制定计划，明确分工，抓好落实。

二、加强分类指导，继续加大减免农业税力度

2005年要进一步扩大农业税免征范围，加大农业税减征力度。对国家扶贫开发工作重点县实行免征农业税；进一步降低其他地区农业税税率，其中，2004年农业税税率降低1个百分点的省份再降低4个百分点，2004年农业税税率降低3个百分点的省份再降低2个百分点。农业税附加与正税同时减征或免征。全面取消牧业税。因减免农（牧）业税而减少的地方财政收入，中央财政将安排专项转移支付给予适当补助，具体补助方案由财政部会同国务院农村税费改革工作小组制订并报国务院批准后实施。省级财政和有条件的市、县财政要继续安排必要资金支持基层改革，不得将减免农业税形成的资金缺口留给基层。鼓励地方根据自身财力条件，自主决定扩大农业税免征范围，其自主免征农业税减少的收入从2006年开始列入中央财政对地方转移支付的测算补助基数。

三、开展农村综合改革试点，探索建立农村经济社会发展新机制

积极推进以乡镇机构改革、农村义务教育管理体制改革、县乡财政管理体制改革为重点的农村综合改革试点。2005年，各省、自治区、直辖市都要结合本地区实际，选择至少1个有代表性的市（地）或若干代表性强、领导重视、机构健全、工作扎实的县（市）进行农村综合改革试点。

按照切实转变乡镇政府职能、努力建立服务型政府和法治政府的要求，对乡镇内设机构实行综合设置。严格控制乡镇领导职数，从严核定和控制乡镇机构编制和财政供养人员数量，由省级政府实行总量管理，确保5年内乡镇机构编制和财政供养人员数量只减不增。按照在合理区分公益性和经营性职能的基础上实行分类管理的要求，整合现有乡镇事业站所。强化公益性事业单位公共服务功能，其经费主要由财政保障；强化经营性事业单位自我发展能力，使其逐步走向市场。

坚持以政府投入为主的农村义务教育投入机制，进一步明确各级人民政府对义务教育的保障责任，确保农村义务教育正常经费支出需要。进一步加大对县特别是财政困难县的转移支付力度。县级人民政府要根据上级转移支付资金和自有财力，统筹安排农村义务教育经费。积极推进农村义务教育阶段贫困家庭学生“两免一补”（免课本费、杂费，补助寄宿生生活费）政策的实施，确保中西部地区农村义务教育阶段贫困家庭学生就学。建立健全监督机制，确保国家对农村义务教育的各项政策落到实处。加快中小学校人事制度改革，严格教师资格和准入制度，加大城乡教师交流力度，进一步优化教师队伍。农村学校建设要统筹规划，量力而行，严禁不切实际超标准建设。进一步优化教育资源配置，加大薄弱学校改造工作力度，促进城乡义务教育均衡发展。

根据财权和事权相统一的原则，继续改革完善县乡财政管理体制，确保乡镇正常经费支出需要。积极推行和完善“省直管县”财政管理体制改革和“乡财县管乡用”财政管理方式改革。中央财政要采取奖励和补助措施，引导省、市两级人民政府在财力分配上向财政困难的县乡倾斜，鼓励县乡增收节支、精简机构和人员等。完善城乡公共财政制度，进一步优化支出结构，新增财政支出和固定资产投资要重点向农村倾斜，加大对农村教育、道路、供水、卫生、文化事业的投入。积极稳妥地推进新型农村合作医疗试点，建立健全农村医疗救助制度，逐步改善农村医疗卫生条件。有条件的地方可以探索建立农村社会保障制度。

四、坚决制止发生新的乡村债务，做好乡村债务的核实和化解工作

要采取切实措施，坚决制止发生新的乡村债务。各地一律不得给乡镇下达招商引资指标，乡镇政府一律不得为经济活动提供担保，乡镇政府和村级组织一律不得举债搞建设。要建立健全新债责任追究和乡村干部离任债务审计制度。对违反规定发生新债的乡村，必须追究主要负责人的责任。对历史上形成的乡村债务，要以县为单位，抓紧进行清查核实，摸清底数，加强审计，明确责任，分类登记，逐步化解。地方各级人民政府要切实承担起责任，积极开展化解乡村债务试点。要把制止新债、化解旧债作为考核乡镇干部任期目标和工作实绩的重要内容。

五、以加强小型农田水利建设为重点，探索建立农村基础设施建设和公益事业投入新机制

中央和省级财政要进一步调整支出结构，设立农村小型农田水利设施建设补助专项资金，对农民兴修小型农田水利设施给予适当补助。地方各级人民政府要切实承担起搞好小型农田水利建设的责任，在坚决按时取消农村义务工和劳动积累工的同时，积极探索新形势下开展农田水利建设和兴办其他农村公益事业的新机制、新办法。严格区分加重农民负担与农民自愿投工投劳改善自己生产生活条件的政策界限，进一步完善“一事一议”制度，在切实加强民主决策和民主管理的前提下，本着自愿互利、注重实效、控制标准、严格规范的原则，引导农民开展直接受益的基础设施建设和发展公益事业。要积极探索政府资助的激励机制和奖励办法，鼓励农民兴办农村公益事业。

六、推进国有农场税费改革和管理体制改革，减轻农场职工负担

要积极推进国有农场税费改革，按所在地政策同步减免农（牧）业税，将农场土地承包费中类似农村“乡镇五项统筹费”的收费全部免除，防止通过调整土地承包费加重农场职工负担，把税费改革的好处切实给到农场土地的承包经营者。国有农场的改革方向是，实行政企分开，按市场规则组建产业化、集团化、股份化经营管理企业。要按照因地制宜、分类指导、属地管理、积极稳妥的原则，开展以剥离办社会职能、减少管理层次为主要内容的国有农场管理体制改革试点。

七、加强农村税费改革督查和农民负担监督管理，建立防止农民负担反弹的长效机制

各地区要继续加强农村税费改革督查工作，健全制度，完善机制，改进方式，采取定期检查、重点抽查、明察暗访、蹲点调研等形式，及时发现和解决改革中出现的突出矛盾和问题，严肃查处损害群众利益的各种行为，确保各项改革政策的全面落实。要加强对农民负担监督管理工作的领导，抓紧制订并认真落实减轻农民负担的考核办法。继续深入治理各种乱收费、乱罚款和各种摊派。加强对各种涉农收费和农业生产资料价格的监督，涉农收费必须符合法律法规规定，严禁越权审批涉农收费项目或超范围、超标准收费，坚决抑制农业生产资料价格的过快上涨。要严格按照有关法律规定，对采取农村集体经济组织内部家庭承包方式承包的农村土地，不准收取承包费。健全群众信访反馈监查制度，对农民上访比较集中、反映问题比较突出的地区，要及时派出调查组进行核实处理。

各地区要切实加强组织领导，坚持主要领导亲自抓、负总责，层层落实领导责任制；健全农村税费改革工作机构，完善职能，建立健全制度，明确目标和任务。有关部门要认真制订以农村税费改革为主要内容的农村综合改革方案，指导和推进深化农村税费改革试点工作。

国务院关于进一步加强防沙治沙工作的决定

2005年9月8日　国发［2005］29号

各省、自治区、直辖市人民政府，国务院各部委、各直属机构：

防沙治沙，事关国家生态安全，事关中华民族生存与发展，事关全面建设小康社会进程。为深入贯彻《中华人民共和国防沙治沙法》，认真落实《全国防沙治沙规划》，进一步加强防沙治沙工作，推动沙区社会走上生产发展、生活富裕、生态良好的文明发展道路，特作出如下决定。

一、充分认识防沙治沙工作的重要性和紧迫性

1. 我国防沙治沙取得巨大成就。党中央、国务院历来高度重视防沙治沙工作，特别是进入新世纪以来，采取了更加有力的措施，我国防沙治沙工作取得了显著成效。全国沙化土地面积开始出现净减少，由上世纪末年均扩展3436平方公里转变为现在年均缩减1283平方公里，沙区生态建设状况已从治理小于破坏进入了治理与破坏相持的阶段，有效地改善了农牧业生产条件，推进了农村经济结构调整和生产方式转变，促进了民族团结和边疆稳定，为经济社会可持续发展作出了重要贡献。探索了一系列改善生态、发展沙区经济的防沙治沙模式，初步形成了一套行之有效的防沙治沙工作机制，为推进我国防沙治沙事业快速健康发展奠定了基础。

2. 土地沙化形势依然严峻。我国是世界上土地沙化危害最严重的国家之一。全国现有沙化土地174万平方公里，占国土面积的18.1%，主要分布在少数民族地区和边疆地区。因土地沙化每年造成的直接经济损失高达500多亿元，影响近4亿人口的生产和生活。当前，沙区的滥樵采、滥开垦、滥放牧、水资源紧缺和不合理利用等问题较为严重，防沙治沙的任务非常艰巨。

3. 搞好防沙治沙意义十分重大。防沙治沙是一项社会公益事业，既是保护耕地、提高土地质量的重要基础，又是改善人民生产生活条件、促进沙区经济社会可持续发展和农牧民增收的必然途径；既是实施西部大开发战略、东北地区等老工业基地振兴战略的迫切需要，又是增进民族团结、维护边疆稳定、拓展中华民族生存和发展空间的战略选择；既是改善生态、保障生态安全的重大举措，又是推进构建社会主义和谐社会的重要保障。各有关地区、有关部门要从实践“三个代表”重要思想和落实科学发展观的高度，充分认识防沙治沙工作的重要性，进一步增强紧迫感和责任感，深入贯彻《中华人民共和国防沙治沙法》，加强领导，真抓实干，努力改善沙区生态状况。

二、明确防沙治沙工作的指导思想、基本原则和奋斗目标

4. 指导思想。以邓小平理论和“三个代表”重要思想为指导，全面落实科学发展观，按照预防为主、科学治理、合理利用的方针，遵循自然和经济规律，实行全国动员、全民尽责、全社会参与，加大保护和建设力度，改善生态环境，在沙区建立和巩固以林草植被为主体的国土生态安全体系，打好生态建设相持阶段攻坚战，促进农牧民增收和经济社会协调发展，为构建社会主义和谐社会服务。

5. 基本原则。我国防沙治沙工作要遵循以下基本原则：

——统筹规划，突出重点，分类施策，分步实施，坚持区域防治与重点防治相结合；

——注意发挥生态系统自然修复功能，强化保护，因地制宜，综合治理；

——保护和恢复植被与合理利用自然资源相结合；

——严格依法防治，依靠科技进步；

——改善生态环境与促进农牧民脱贫致富相结合；

——国家支持与地方自力更生相结合，政府组织与社会参与相结合，鼓励单位、个人承包防治任务；

——依法保障防沙治沙者的合法权益。

6. 奋斗目标。采取综合措施，全面保护和增加林草植被。力争到 2010 年，重点治理地区生态状况明显改善；到 2020 年，全国一半以上可治理的沙化土地得到治理，沙区生态状况明显改善；到本世纪中叶，全国可治理的沙化土地基本得到治理。

三、认真搞好防沙治沙布局和规划

7. 明确防沙治沙总体战略。我国沙化土地主要分布在西北、华北北部和东北西部地区，防治工作要因地制宜、分类施策。对于沙漠绿洲周围，要营建防风固沙林带、林网，保护现有天然荒漠植被和绿洲；对于半干旱沙地类型区，在保护好现有林草植被基础上，通过大力开展造林种草、小流域治理和生态移民等措施进行综合治理，适度开发利用沙区资源；对于青藏高原高寒沙地类型区，要保护现有自然生态系统，采取以封育为主要方式的综合措施恢复植被，严禁不合理的开发。另外，对于黄淮海平原半湿润和南方湿润沙地类型区，要积极开展造林种草，大力发展速生丰产用材林和经济林，实行沙地治理与资源开发相结合。

8. 认真编制并严格组织实施规划。沙区县级以上地方人民政府要负责组织编制本行政区域的防沙治沙规划，明确逐步减少沙化土地的时限、步骤和措施。防沙治沙规划要与生态建设规划、土地利用总体规划和水资源规划相衔接，并纳入同级国民经济和社会发展规划。全国防沙治沙规划由国务院审批，省级防沙治沙规划由国务院林业行政主管部门会同农业、水利、国土资源、环境保护等有关部门审批，市（地）、县（市）级防沙治沙规划分别由省、市（地）级人民政府审批。规划经批准后，未经原批准机关同意，任何单位和个人不得擅自修改和调整。地方各级人民政府要认真做好规划的组织实施工作，建立健全责任制，切实将规划任务落实到具体工程项目和年度目标。定期对规划实施情况进行检查、评估，确保规划任务按期完成，取得实效。

四、突出抓好土地沙化预防

9. 切实保护沙区自然植被。沙区地方各级人民政府要制定植被管护制度，落实管护人员，加强植被保护，杜绝“边治理、边破坏”的现象。禁止在沙漠边缘地带和林地、草原开垦耕地。禁止采集发菜，彻底取缔发菜及其制品的收购、加工和销售。禁止滥垦沙荒地、滥砍滥挖灌木。沙区地方各级人民政府要坚决禁止滥挖甘草、麻黄草等药材，在甘草和麻黄草资源分布区逐级制定保护和建设规划，在生态脆弱地区要划定禁挖区和封育区，禁止一切采挖活动，严格按照有关规定规范中药材收购行为。地方各级人民政府要积极预防森林、草原

病虫害、鼠害及火灾。

10. 严格控制采伐防风固沙林。县级以上地方人民政府要严格控制防风固沙林网、林带的采伐。对于乔木型防风固沙林网、林带，因林木老化、病虫害等原因确需进行抚育更新的，必须事先在其附近形成接替林网和林带，报经省级林业行政主管部门验收后，依照有关规定进行采伐。对于萌蘖能力强、需要通过平茬等技术措施促进更新的灌木型防风固沙林网、林带的采伐，须遵守有关规定和技术规程。对林木更新困难地区现有的防风固沙林网、林带，不得批准采伐。

11. 加强草原保护和管理。严格保护基本草地，不得擅自征收、征用、占用或改变其用途。实行以草定畜、草畜平衡制度，严格控制载畜量。鼓励和引导农牧民发展饲草饲料生产，改良牲畜品种。在牧区要推行草原划区轮牧、季节性休牧和围封禁牧制度。

12. 加强沙化土地封禁保护区建设和管理。国务院林业行政主管部门要会同农业、水利、国土资源、环境保护等有关部门，对暂不具备治理条件以及因保护生态需要不宜开发利用的连片沙化土地，依法划定沙化土地封禁保护区。县级以上地方人民政府要妥善安排好沙化土地封禁保护区范围内农牧民的生产生活，有计划地组织迁出并妥善安置。在沙化土地封禁保护区内，禁止一切破坏植被的生产建设活动，对确需进行的修建铁路、公路等建设活动，必须严格按程序评估和审批。

13. 强化水资源管理。加强流域和区域水资源的统一调配和管理，合理调配江河上、中、下游用水，全面实施建设项目水资源论证制度和取水许可制度，严格控制开采地下水，合理确定生活、生产和生态用水比例。要切实节约用水，大力推行节水灌溉方式和节水技术，限制高耗水、低产出的产业发展，提高水资源利用效率，建设节水型社会。

14. 加快沙区生活能源结构调整。沙区地方各级人民政府要采取有效措施，妥善解决城乡居民生活能源问题。积极发展替代燃料，因地制宜开发利用风能、太阳能、沼气等能源，有条件的地方应鼓励农牧民营造薪炭林。在沙区开发石油、天然气、煤炭等能源时，要优先解决当地农牧民的能源需求。大力推广节能技术，提高能源的利用率。

15. 实行沙区开发建设项目环境影响评价制度。在沙区从事开发建设活动，必须事先就开发建设项目可能对当地及相关地区生态环境产生的影响进行环境影响评价和水资源论证。环境影响报告中应包括防治措施等方面的内容。对不具备水源条件，且有可能造成土地沙化、水土流失等灾害，严重破坏生态环境的开发建设项目，不得批准立项。经批准实施的开发建设项目，要按照环境影响评价和水资源论证规定的内容同步实施生态保护和建设，搞好水资源保护和节约用水工作。有关部门要加强监督，搞好检查验收，经检查验收不合格的，不得对开发建设项目进行竣工验收。因防治措施不力造成土地沙化的，有关部门要责令项目建设单位限期进行治理，对情节严重的应依法追究责任。

五、加强沙化土地治理

16. 因地制宜治理沙化土地。沙区地方各级人民政府要按照防沙治沙规划，组织有关部门、单位和个人，因地制宜地采取人工造林种草、飞播造林种草、封沙育林育草和合理调配生态用水等措施，积极治理沙化土地。在沙区要合理营造防风固沙林网、林带；对生态区位重要、粮食产量低而不稳的沙化耕地，要实施退耕还林还草，并在确定退耕还林还草任务时予以优先安排，对未退耕的沙化耕地要加快农业生产方式改革，积极推行免耕留茬等保护性耕作措施；对严重退化、沙化的草原，实行退牧还草，适度发展灌溉饲草料地；对生态严重恶化的地区要有计划地实施生态移民；大力开展水土保持综合治理，搞好沙区生态建设的配套水源工程建设，发展小型蓄水节水设施。

17. 切实抓好重点工程建设。国务院林业、农业、水利等有关行政主管部门和地方各级人民政府要依据《全国防沙治沙规划》，认真组织实施好京津风沙源治理、三北防护林体系建设、退耕还林、退牧还草、草原沙化防治、水土保持、牧区水利等国家重点工程和区域性治理项目，在不同沙化土地类型区建设一批防沙治沙综合示范区，积极探索防沙治沙政策和技术模式。要严格工程建设进度、质量和资金管理，建立健全违规使用资金案件和工程质量事故责任追究制度。对工程建设情况实行评估制度，并根据评估情况，适时调整、完善工程建设项目和相关政策。

18. 落实沙化土地单位治理责任制。沙区县级以上地方人民政府对铁路、公路、河流和水渠两侧以及城镇、村庄、厂矿和水库周围的沙化土地，要落实单位治理责任制，限期由责任单位负责组织造林种草或者采取其他措施治理。有关行政主管部门要定期对责任单位的治理任务完成情况进行检查验收，对于未能按期完成治理任务的，应按规定追究有关领导人的责任。

六、完善防沙治沙扶持政策

19. 建立稳定的投入机制。各级人民政府要随着财力的增强，加大对防沙治沙的资金投入，并纳入同级财政预算和固定资产投资计划。在安排国债资金和中央预算内基建资金时，要继续将防沙治沙作为一项重点。要安排资金用于沙化土地封禁保护区建设。在沙区安排的扶贫开发、农业综合开发、水利和水土保持建设、草原建设等项目，凡涉及防沙治沙内容的，都要按有关规定搞好防沙治沙。要积极引导社会资金，扩大利用外资规模，拓宽筹资渠道，增加防沙治沙投入。加大科技投入力度，对防沙治沙重点科技支撑项目予以扶持。

20. 实行税收优惠和信贷支持。国家对防沙治沙给予必要的税收政策支持。各地区、各有关部门要认真执行好现行的防沙治沙税收优惠政策。单位和个人投资进行防沙治沙的，在投资阶段免征各种税收；取得一定收益后，可以免征或减征有关税收，具体规定另行制定。国家继续对符合林业贷款中央财政贴息规定的防沙治沙贷款给予财政贴息，有关部门要加强对贴息资金的监督管理。对符合银行贷款条件的防沙治沙项目，有关银行要适当放宽条件，积极给予信贷支持，并做好各项金融服务。继续扩大农户小额信用贷款和农户联保贷款，支持有条件、有生产能力、守信用的农户通过防沙治沙、发展多种经营实现增收致富。

21. 扶持各种社会主体参与防沙治沙。要创造公平竞争环境，为各种社会主体开展防沙治沙提供条件。改革现行防沙治沙投入和管理方式，凡纳入国家重点工程项目的公益性治沙活动，经县级以上有关行政主管部门检查验收合格后，享受国家重点工程项目的资金补助等政策。在进一步完善招投标制、报账制的同时，研究探索政府出资直接收购沙区各种社会主体营造的非国有公益林的相关政策。征占用治理后的土地，必须严格履行相关审批手续，并由征占者给予治理者合理的经济补偿。因保护生态的特殊要求，将治理后的土地划定为自然保护区、封禁保护区的，按相关规定给予治理者合理的经济补偿。对纳入公益林管理的沙区森林资源，要以多种方式给予投资治理者合理补偿。

22. 保障治理者的合法权益。沙化土地可以通过承包、租赁等多种形式落实经营主体，按照签订的合同，限期进行治理。治理后的沙化土地，如涉及权属或地类变更，要及时依法办理土地变更登记手续，保障治理者和土地权利人的合法权益。使用国有沙化土地从事防沙治沙活动的，其土地使用权的期限最高可至70年，治理后的沙化土地承包经营权可以依法继承和流转。

23. 合理开发利用沙区资源。在有效治理和严格保护的基础上，积极引导各种实体充分利用沙区的优势资源，发展特色优势产业。要扶持一批竞争力强、辐射面广的龙头企业，开展资源培育、生产加工、运输贮藏和市场营销。鼓励结合农业、林业、畜牧业结构调整，以公司加农户的形式建设沙区灌木林、药材和牧草基地，实行集约经营。大力发展沙区特色种植、养殖业，积极发展加工业，有条件的地方还可以发展沙区旅游业及其他产业，培育新的经济增长点，增加农牧民收入，促进沙区经济发展。

七、加大科技治沙和依法治沙力度

24. 加强防沙治沙科学研究和技术推广。加强防沙治沙基础科学研究和应用技术研究，针对防沙治沙的关键性技术难题，开展多部门、多学科、多层次的联合攻关。建立健全防沙治沙技术推广和服务体系，加大先进适用技术和科技成果推广应用力度。积极探索科技推广新机制，对科技推广项目实行招投标制度。要健全防沙治沙重点工程建设与科技支撑项目同步设计、同步实施、同步验收制度，切实将科技支撑贯穿于工程建设的全过程，努力提高工程建设质量和科技含量。加强对基层技术人员和农牧民的技术培训，积极培育农牧民专业技术协会和科技型企业。对长期在重点沙区县及基层治沙单位工作的专业技术人员，在职级晋升、技术职务聘任及其子女上学等方面给予优惠。

25. 严格依法治沙。各级人民政府和各有关部门要切实做到依法行政，严格执行《中华人民共和国防沙治沙法》等有关法律法规，完善配套规章。要加强防沙治沙执法体系建设，充实执法监管力量，明确执法责任，健全监督机制，积极配合同级人大搞好执法检查，加大行政执法监督力度。要适时开展集中专项执法行动，严厉打击破坏沙区植被和野生动植物资源、造成土地沙化及水土流失、非法征占用沙化土地等违法行为，做到有法必依、执法必严。加强法制宣传教育和保护生态环境道德教育。

26. 科学开展土地沙化监测工作。建立健全土地沙化监测体系，科学开展监测工作。国务院林业行政主管部门要定期组织有关部门对全国土地沙化情况进行监测，及时公布监测结果。县级以上地方人民政府林业或者其他有关行政主管部门要对本行政区域的土地沙化情况进行监测，并及时向本级政府报告监测结果。地方各级人民政府要根据监测结果，调整并完善防治措施。对于有沙化趋势或者沙化程度加重的地区，要依法制止导致土地沙化的行为，并积极开展防治。

八、加强对防沙治沙工作的领导

27. 防沙治沙工作实行政府负责制。沙区地方各级人民政府对本行政区域的防沙治沙工作负总责。沙区县级以上地方人民政府每年要向同级人民代表大会及其常务委员会报告防沙治沙工作情况，自觉接受监督。全面推行地方人民政府行政领导防沙治沙任期目标责任考核奖惩制度，将防沙治沙年度目标和任期目标纳入沙区地方各级人民政府政绩考核范围。加强防沙治沙管理机构和队伍建设。国务院林业行政主管部门要负责做好全国防沙治沙的组织、协调和指导工作，有关部门要按照职能分工，各负其责，密切配合，共同做好防沙治沙工作。

28. 进一步加强防沙治沙国际合作与交流。国务院有关部门和有关地方人民政府，要根据我国履行《联合国防治荒漠化公约》的要求，密切合作，加强履约能力建设，认真履行我国承担的各项义务。要根据我国国情，积极引进国外的资金、技术和先进管理经验，促进我国防沙治沙事业的发展。努力开拓防沙治沙国际合作新领域，鼓励将国内防沙治沙技术向其他国家进行有偿输出和转让。

29. 广泛发动社会各界关心和支持防沙治沙事业。大力开展防沙治沙宣传教育，提高全民的生态保护意识。积极探索新形势下开展群众性防沙治沙的新机制、新办法，引导沙区群众积极参与防沙治沙。充分发挥人民解放军、武警部队、民兵以及工会、妇联、共青团和其他社会团体在防沙治沙中的重要作用，动员社会各方面的力量，支持和关心防沙治沙事业。各级人民政府对在防沙治沙事业中取得显著成绩的单位和个人，要给予表彰奖励，对作出突出贡献的予以重奖。

国务院关于大力发展职业教育的决定

2005 年 10 月 28 日　国发［2005］35 号

各省、自治区、直辖市人民政府，国务院各部委、各直属机构：

2002 年全国职业教育工作会议以来，各地区、各部门认真贯彻《国务院关于大力推进职业教育改革与发展的决定》（国发［2002］16 号），加强了对职业教育工作的领导和支持，以就业为导向改革与发展职业教育逐步成为社会共识，职业教育规模进一步扩大，服务经济社会的能力明显增强。但从总体上看，职业教育仍然是我国教育事业的薄弱环节，发展不平衡，投入不足，办学条件比较差，办学机制以及人才培养的规模、结构、质量还不能适应经济社会发展的需要。为了进一步贯彻落实《中华人民共和国职业教育法》和《中华人民共和国劳动法》，适应全面建设小康社会对高素质劳动者和技能型人才的迫切要求，促进社会主义和谐社会建设，现就大力发展职业教育作出如下决定：

一、落实科学发展观，把发展职业教育作为经济社会发展的重要基础和教育工作的战略重点

1. 大力发展职业教育，加快人力资源开发，是落实科教兴国战略和人才强国战略，推进我国走新型工业化道路、解决“三农”问题、促进就业再就业的重大举措；是全面提高国民素质，把我国巨大人口压力转化为人力资源优势，提升我国综合国力、构建和谐社会的重要途径；是贯彻党的教育方针，遵循教育规律，实现教育事业全面协调可持续发展的必然要求。在新形势下，各级人民政府要以邓小平理论和“三个代表”重要思想为指导，落实科学发展观，把加快职业教育、特别是加快中等职业教育发展与繁荣经济、促进就业、消除贫困、维护稳定、建设先进文化紧密结合起来，增强紧迫感和使命感，采取强有力措施，大力推动职业教育快速健康发展。

2. 明确职业教育改革发展的目标。进一步建立和完善适应社会主义市场经济体制，满足人民群众终身学习需要，与市场需求和劳动就业紧密结合，校企合作、工学结合，结构合理、形式多样，灵活开放、自主发展，有中国特色的现代职业教育体系。

“十一五”期间，继续完善“政府主导、依靠企业、充分发挥行业作用、社会力量积极参与，公办与民办共同发展”的多元办学格局和“在国务院领导下，分级管理、地方为主、政府统筹、社会参与”的管理体制。

到 2010 年，中等职业教育招生规模达到 800 万人，与普通高中招生规模大体相当；高等职业教育招生规模占高等教育招生规模的一半以上。“十一五”期间，为社会输送 2500 多万名中等职业学校毕业生，1100 多万名高等职业院校毕业生。各种形式的职业培训进一步发展，每年培训城乡劳动者上亿人次，使我国劳动者的素质得到明显提高。职业教育办学条件普遍改善，师资队伍建设进一步加强，质量效益明显提高。

二、以服务社会主义现代化建设为宗旨，培养数以亿计的高素质劳动者和数以千万计的高技能专门人才

3. 职业教育要为我国走新型工业化道路，

调整经济结构和转变增长方式服务。实施国家技能型人才培养培训工程，加快生产、服务一线急需的技能型人才的培养，特别是现代制造业、现代服务业紧缺的高素质高技能专门人才的培养。各地区、各部门要根据区域经济和行业发展需要，制订地方和行业技能型人才培养规划。

4. 职业教育要为农村劳动力转移服务。实施国家农村劳动力转移培训工程，促进农村劳动力合理有序转移和农民脱贫致富，提高进城农民工的职业技能，帮助他们在城镇稳定就业。

5. 职业教育要为建设社会主义新农村服务。继续强化农村“三教”统筹，促进“农科教”结合。实施农村实用人才培训工程，充分发挥农村各类职业学校、成人文化技术学校以及各种农业技术推广培训机构的作用，大范围培养农村实用型人才和技能型人才，大面积普及农业先进实用技术，大力提高农民思想道德和科学文化素质。

6. 职业教育要为提高劳动者素质特别是职业能力服务。实施以提高职业技能为重点的成人继续教育和再就业培训工程，在企业中建立工学结合的职工教育和培训体系，面向在职职工开展普遍的、持续的文化教育和技术培训，加快培养高级工和技师，建设学习型企业。职业院校和培训机构要为就业再就业服务，面向初高中毕业生、城镇失业人员、农村转移劳动力，开展各种形式的职业技能培训和创业培训，提高他们的就业能力、工作能力、职业转换能力以及创业能力。大力发展社区教育、远程教育，通过自学考试和举办夜校、周末学校等多种形式满足人民群众多样化的学习需求。建立职业教育与其他教育相互沟通和衔接的“立交桥”，使职业教育成为终身教育体系的重要环节，促进学习型社会建立。

三、坚持以就业为导向，深化职业教育教学改革

7. 推进职业教育办学思想的转变。坚持“以服务为宗旨、以就业为导向”的职业教育办学方针，积极推动职业教育从计划培养向市场驱动转变，从政府直接管理向宏观引导转变，从传统的升学导向向就业导向转变。促进职业教育教学与生产实践、技术推广、社会服务紧密结合，积极开展订单培养，加强职业指导和创业教育，建立和完善职业院校毕业生就业和创业服务体系，推动职业院校更好地面向社会、面向市场办学。

8. 进一步深化教育教学改革。根据市场和社会需要，不断更新教学内容，改进教学方法。合理调整专业结构，大力发展面向新兴产业和现代服务业的专业，大力推进精品专业、精品课程和教材建设。加快建立弹性学习制度，逐步推行学分制和选修制。加强职业教育信息化建设，推进现代教育技术在教育教学中的应用。把学生的职业道德、职业能力和就业率作为考核职业院校教育教学工作的重要指标。逐步建立有别于普通教育的，具有职业教育特点的人才培养、选拔与评价的标准和制度。

9. 加强职业院校学生实践能力和职业技能的培养。高度重视实践和实训环节教学，继续实施职业教育实训基地建设计划，在重点专业领域建成2000个专业门类齐全、装备水平较高、优质资源共享的职业教育实训基地。中央财政职业教育专项资金，以奖励等方式支持市场需求大、机制灵活、效益突出的实训基地建设。进一步推进学生获取职业资格证书工作。取得职业院校学历证书的毕业生，参加与所学专业相关的中级职业技能鉴定时，免除理论考核，操作技能考核合格者可获得相应的职业资格证书。到2010年，省级以上重点中等职业学校和有条件的高等职业院校都要建立职业技能鉴定机构，开展职业技能鉴定工作，其学生考核合格后，可同时获得学历证书和相应的职业资格证书。

10. 大力推行工学结合、校企合作的培养模式。与企业紧密联系，加强学生的生产实习和社会实践，改革以学校和课堂为中心的传统人才培养模式。中等职业学校在校学生最后一年要到企业等用人单位顶岗实习，高等职业院校学生实习实训时间不少于半年。建立企业接收职业院校学生实习的制度。实习期间，企业要与学校共同组织好学生的相关专业理论教学和技能实训工作，做好学生实习中的劳动保护、安全等工作，为顶岗实习的学生支付合理报酬。逐步建立和完善半工半读制度，在部分职业院校中开展学生通过半工半读实现免费接受职业教育的试点，取得经验后逐步推广。

11. 积极开展城市对农村、东部对西部职业教育对口支援工作。要把发展职业教育作为城市与农村、东部与西部对口支援工作的重要内容。各地区要加强统筹协调，把职业教育对口支援工作与农村劳动力转移、教育扶贫、促进就业紧密结合起来。要充分利用东部地区和城市优秀职业教育资源和就业市场，进一步推进东西部之间、城乡之间职业院校的联合招生、合作办学。实行更加灵活的学制，有条件地方的职业学校可以采取分阶段、分地区的办学模式，学生前1至2年在西部地区和农村学习，其余时间在东部地区和城市学习。鼓励东部和城市对西部和农村的学生跨地区学习减免学费，并提供就业帮助。

12. 把德育工作放在首位，全面推进素质教育。坚持育人为本，突出以诚信、敬业为重点的职业道德教育。确定一批职业教育德育工作基地，选聘一批劳动模范、技术能手作为德育辅导员。加强职业院校党团组织建设，积极发展学生党团员。要发挥学校教育、家庭教育和社会教育的作用，为学生健康成长创造良好社会环境。

四、加强基础能力建设，努力提高职业院校的办学水平和质量

13. 建立和完善遍布城乡、灵活开放的职业教育和培训网络。在合理规划布局、整合现有资源的基础上，每个市（地）都要重点建设一所高等职业技术学院和若干所中等职业学校。每个县（市、区）都要重点办好一所起骨干示范作用的职教中心（中等职业学校）。乡镇要依托中小学、农民文化技术学校及其他培训机构开展职业教育和培训。社区要大力开展职业教育和培训服务。企业要建立健全现代企业培训制度。

14. 加强县级职教中心建设。继续实施县级职教中心专项建设计划，国家重点扶持建设1000个县级职教中心，使其成为人力资源开发、农村劳动力转移培训、技术培训与推广、扶贫开发和普及高中阶段教育的重要基地。各地区要安排资金改善县级职教中心办学条件。

15. 加强示范性职业院校建设。实施职业教育示范性院校建设计划，在整合资源、深化改革、创新机制的基础上，重点建设高水平的培养高素质技能型人才的1000所示范性中等职业学校和100所示范性高等职业院校。大力提升这些学校培养高素质技能型人才的能力，促进他们在深化改革、创新体制和机制中起到示范作用，带动全国职业院校办出特色，提高水平。2010年以前，原则上中等职业学校不升格为高等职业院校或并入高等学校，专科层次的职业院校不升格为本科院校。

16. 加强师资队伍建设。实施职业院校教师素质提高计划，地方各级财政要继续支持职业教育师资培养培训基地建设和师资培训工作。建立职业教育教师到企业实践制度，专业教师每两年必须有两个月到企业或生产服务一线实践。制定和完善职业教育兼职教师聘用政策，支持职业院校面向社会聘用工程技术人员、高技能人才担任专业课教师或实习指导教师。加强“双师型”教师队伍建设，职业院校中实践性较强的专业教师，可按照相应专业技术职务试行条例的规定，申请评定第二个专业技术资格，也可根据有关规定申请取得相应的职业资格证书。

五、积极推进体制改革与创新，增强职业教育发展活力

17. 推动公办职业学校办学体制改革与创

新。公办职业学校要积极吸纳民间资本和境外资金，探索以公有制为主导、产权明晰、多种所有制并存的办学体制。推动公办职业学校与企业合作办学，形成前校后厂（场）、校企合一的办学实体。推动公办职业学校资源整合和重组，走规模化、集团化、连锁化办学的路子。要发挥公办职业学校在职业教育中的主力军作用。

18. 深化公办职业学校以人事分配制度改革为重点的内部管理体制改革。进一步落实职业院校的办学自主权。中等职业学校实行校长负责制和聘任制，高等职业院校实行党委领导下的校长负责制和任期制。全面推行教职工全员聘用制和岗位管理制度，建立能够吸引人才、稳定人才、合理流动的制度。深化内部收入分配改革，将教职工收入与学校发展、所聘岗位及个人贡献挂钩，调动教职工积极性。

19. 大力发展民办职业教育。贯彻落实《中华人民共和国民办教育促进法》及其实施条例，把民办职业教育纳入职业教育发展的总体规划。加大对民办职业教育的支持力度，制定和完善民办学校建设用地、资金筹集的相关政策和措施。在师资队伍建设、招生和学生待遇等方面对民办职业院校与公办学校要一视同仁。依法加强对民办职业院校的管理，规范其办学行为。扩大职业教育对外开放，借鉴国外有益经验，积极引进优质资源，推进职业教育领域中外合作办学，努力开拓职业院校毕业生国（境）外就业市场。

六、依靠行业企业发展职业教育，推动职业院校与企业的密切结合

20. 企业要强化职工培训，提高职工素质。要继续办好已有职业院校，企业可以联合举办职业院校，也可以与职业院校合作办学。企业有责任接受职业院校学生实习和教师实践。对支付实习学生报酬的企业，给予相应税收优惠。

21. 要认真落实“一般企业按照职工工资总额的1.5%足额提取教育培训经费，从业人员技术要求高、培训任务重、经济效益较好的企业，可按2.5%提取”的规定，足额提取教育培训经费，主要用于企业职工特别是一线职工的教育和培训。企业新上项目都要安排员工技术培训经费。

22. 行业主管部门和行业协会要在国家教育方针和政策指导下，开展本行业人才需求预测，制订教育培训规划，组织和指导行业职业教育与培训工作；参与制订本行业特有工种职业资格标准、职业技能鉴定和证书颁发工作；参与制订培训机构资质标准和从业人员资格标准；参与国家对职业院校的教育教学评估和相关管理工作。

七、严格实行就业准入制度，完善职业资格证书制度

23. 用人单位招录职工必须严格执行“先培训、后就业”、“先培训、后上岗”的规定，从取得职业学校学历证书、职业资格证书和职业培训合格证书的人员中优先录用。要进一步完善涉及人民生命财产安全的相关职业的准入办法。劳动保障、人事和工商等部门要加大对就业准入制度执行情况的监察力度。对违反规定、随意招录未经职业教育或培训人员的用人单位给予处罚，并责令其限期对相关人员进行培训。有关部门要抓紧制定完善就业准入的法规和政策。

24. 全面推进和规范职业资格证书制度。加强对职业技能鉴定、专业技术人员职业资格评价、职业资格证书颁发工作的指导与管理。要尽快建立能够反映经济发展和劳动力市场需要的职业资格标准体系。

八、多渠道增加经费投入，建立职业教育学生资助制度

25. 各级人民政府要加大对职业教育的支持力度，逐步增加公共财政对职业教育的投入。各级财政安排的职业教育专项经费，重点支持技能型紧缺人才专业建设，职业教育师资培养培训，农业和地矿等艰苦行业、中西部农

村地区和少数民族地区的职业教育和成人教育发展。省级政府应当制订本地区职业院校学生人数平均经费标准。

26. 要进一步落实城市教育费附加用于职业教育的政策。从2006年起，城市教育费附加安排用于职业教育的比例，一般地区不低于20%，已经普及九年义务教育的地区不低于30%。农村科学技术开发、技术推广的经费可适当用于农村职业培训。职业院校和培训机构开展的下岗失业人员再就业培训可按规定享受再就业培训补贴。国家和地方安排的扶贫和移民安置资金要加大对贫困地区农村劳动力培训的投入力度。国家鼓励企事业单位、社会团体和公民个人捐资助学，对通过政府部门或非赢利组织向职业教育的资助和捐赠，按规定享受税收优惠政策。要合理确定职业院校的学费标准，确保学费收入全额用于学校发展。要加强对职业教育经费的使用管理，提高资金的使用效益。

27. 建立职业教育贫困家庭学生助学制度。中央和地方财政要安排经费，资助接受中等职业教育的农村贫困家庭和城镇低收入家庭子女。中等职业学校要从学校收入中安排一定比例用于奖、助学金和学费减免，并把组织学生参加勤工俭学和半工半读作为助学的重要途径。金融机构要为贫困家庭学生接受职业教育提供助学贷款，各地区要把接受职业教育的贫困家庭学生纳入国家助学贷款资助范围。要通过助学金、奖学金、贷学金等多种形式，对贫困家庭学生和选学农业及地矿等艰苦行业职业教育的学生实行学费减、免和生活费补贴。对高等职业院校学生的资助，按国家有关高等学校学生资助政策执行。

九、切实加强领导，动员全社会关心支持职业教育发展

28. 各级人民政府要加强对职业教育发展规划、资源配置、条件保障、政策措施的统筹管理，为职业教育提供强有力的公共服务和良好的发展环境。要从严治教，规范管理，引导职业教育健康协调可持续发展。要充分发挥职业教育工作部际联席会议的作用，统筹协调全国职业教育工作，研究解决重大问题。国务院教育行政部门负责职业教育工作的统筹规划、综合协调、宏观管理，劳动保障部门和其他有关部门在各自职责范围内，负责职业教育的有关工作。县级以上地方政府也要建立职业教育工作部门联席会议制度。

29. 各级人民政府要切实加强对职业教育工作的领导，把职业教育工作纳入目标管理，作为对主要领导干部进行政绩考核的重要指标，并接受人大、政协的检查和指导。建立职业教育工作定期巡视检查制度，把职业教育督导作为教育督导的重要内容，加强对职业教育的评估检查。加强职业教育科学研究工作，充分发挥社会团体和中介服务机构的作用，为职业教育宏观管理和职业院校改革与发展服务。

30. 逐步提高生产服务一线技能人才、特别是高技能人才的社会地位和经济收入，实行优秀技能人才特殊奖励政策和激励办法。定期开展全国性的职业技能竞赛活动，对优胜者给予表彰奖励。大力表彰职业教育工作先进单位与先进个人。广泛宣传职业教育的重要地位和作用，宣传优秀技能人才和高素质劳动者在社会主义现代化建设中的重要贡献，提高全社会对职业教育的认识，形成全社会关心、重视和支持职业教育的良好氛围。

国务院关于进一步加强就业再就业工作的通知

2005年11月4日　国发［2005］36号

各省、自治区、直辖市人民政府，国务院各部委、各直属机构：

就业是民生之本，也是构建社会主义和谐社会的重要内容。党中央、国务院高度重视就业再就业工作，2002年下发了《关于进一步做好下岗失业人员再就业工作的通知》（中发［2002］12号），重点围绕解决国有企业下岗失业人员再就业问题，制定了积极的就业政策，连续3年召开全国性会议，对就业再就业工作进行部署。各地区和有关部门认真贯彻，各社会团体积极发挥作用，使各项就业再就业扶持政策得到较好落实，市场导向就业机制进一步完善，就业总量有较大增加，一大批下岗失业人员实现了再就业，对促进经济发展、深化国有企业改革、维护社会稳定产生了积极影响。但是必须看到，我国劳动力供大于求的基本格局在相当长时期内不会改变。今后几年，就业再就业工作的重点仍是解决体制转轨遗留的下岗失业人员再就业问题和重组改制关闭破产企业职工安置问题。同时，也要继续做好高校毕业生、进城务工农村劳动者和被征地农民等的就业再就业工作。为进一步做好就业再就业工作，现就有关问题通知如下：

一、进一步明确目标任务，多渠道开发就业岗位

（一）就业再就业工作的指导思想是：按照科学发展观和构建社会主义和谐社会的要求，落实“十一五”时期国民经济和社会发展规划，将扩大就业摆在经济社会发展更加突出的位置，进一步贯彻落实“劳动者自主择业、市场调节就业和政府促进就业”的方针，在重点解决好体制转轨遗留的再就业问题的同时，努力做好城镇新增劳动力就业和农村富余劳动力转移就业工作，有步骤地统筹城乡就业和提高劳动者素质，探索建立市场经济条件下促进就业的长效机制。

（二）就业再就业工作的主要任务是：基本解决体制转轨遗留的下岗失业问题，重点做好国有企业下岗失业人员、集体企业下岗职工、国有企业关闭破产需要安置人员的再就业工作，巩固再就业工作成果，增强就业稳定性；努力做好城镇新增劳动力的就业工作，积极推动高校毕业生就业工作，在开发就业岗位的同时，大力提升劳动者职业技能和创业能力；改善农村劳动者进城就业环境，积极推进城乡统筹就业；加强失业调控，将城镇登记失业人数控制在合理范围内，减少长期失业人员数量；加快就业法制建设，逐步建立就业与社会保障工作的联动机制。

（三）围绕经济发展多渠道开发就业岗位，千方百计扩大就业

1. 坚持在发展中解决就业问题，努力实现促进经济增长与扩大就业的良性互动。把深化改革、促进发展、调整结构与扩大就业有机结合起来，在制定涉及全局的经济社会政策和确定重大建设项目时，要把扩大就业作为重要因素考虑，在注重提高竞争力的同时，确立有

利于扩大就业的经济结构和增长模式，及时分析国内外经济形势变化对就业的影响，积极采取相应对策。

2. 全面落实鼓励、支持和引导个体、私营等非公有制经济发展的方针政策，认真贯彻执行国家关于发展第三产业和服务业的政策措施，在推动第三产业和多种所有制经济发展中广开就业门路。

3. 注重发展具有比较优势的劳动密集型行业和中小企业，增加就业容量。对就业容量大且有市场需求的行业，制定相应的鼓励增加就业的扶持政策。

4. 推进跨地区的劳务协作和对外劳务输出。鼓励资源开采型城市和独立工矿区按市场需求发展接续产业，引导劳动力转移就业。

5. 鼓励劳动者通过多种形式实现就业，加快完善和实施与灵活就业相适应的劳动关系、工资支付和社会保险等政策，为灵活就业人员提供帮助和服务。

6. 坚持城乡经济协调发展，调整农村经济结构，加快小城镇建设，引导和组织农村劳动力向非农产业转移和向城市有序流动。

二、进一步完善和落实再就业政策，促进下岗失业人员再就业

（四）对有劳动能力和就业愿望的国有企业下岗失业人员，国有企业关闭破产需要安置的人员，国有企业所办集体企业（以下简称厂办大集体企业）下岗职工，享受城市居民最低生活保障且失业1年以上的城镇其他登记失业人员，发放《再就业优惠证》，提供相应的政策扶持：

1. 鼓励自谋职业和自主创业。对持《再就业优惠证》人员从事个体经营的（国家限制的行业除外），在规定限额内依次减免营业税、城市维护建设税、教育费附加和个人所得税；并免收属于管理类、登记类和证照类的各项行政事业性收费，期限最长不超过3年。对2005年底前核准减免税费但未到期的人员，在剩余期限内按此政策执行。

地方各级人民政府和有关部门要进一步统筹解决好自谋职业和自主创业人员的经营场地问题。

对持《再就业优惠证》人员和城镇复员转业退役军人从事个体经营自筹资金不足的，可提供小额担保贷款，贷款额度一般掌握在2万元左右，贷款期限最长不超过2年，到期确需延长的，可展期1次。对合伙经营和组织起来就业的，可根据人数和经营项目扩大贷款规模。对利用上述两类贷款从事微利项目的，由中央财政据实全额贴息（展期不贴息），具体项目由各省、自治区、直辖市人民政府结合实际确定，并报财政部、劳动保障部、人民银行备案。对其他城镇登记失业人员申请小额担保贷款并从事微利项目的，由财政给予50%的贴息（中央财政和地方财政各承担25%）。

2. 鼓励企业吸纳就业。对商贸企业、服务型企业（国家限制的行业除外）、劳动就业服务企业中的加工型企业和街道社区具有加工性质的小型企业实体，在新增加的岗位中，当年新招用持《再就业优惠证》人员，与其签订1年以上期限劳动合同并缴纳社会保险费的，按实际招用人数，在相应期限内定额依次减免营业税、城市维护建设税、教育费附加和企业所得税，期限最长不超过3年。对2005年底前核准减免税但未到期的企业，在剩余期限内仍按原方式继续享受减免税政策。

同时，对上述企业中的商贸企业、服务型企业，在相应期限内给予社会保险补贴，期限最长不超过3年。社会保险补贴标准按企业应为所招人员缴纳的养老、医疗和失业保险费计算，个人应缴纳的养老、医疗和失业保险费仍由本人负担。对2005年底前核准社会保险补贴但未到期的企业，在剩余期限内按此政策执行。

对符合贷款条件的劳动密集型小企业，在新增加的岗位中，新招用持《再就业优惠证》人员达到企业现有在职职工总数30%以上，并与其签订1年以上期限劳动合同的，根据实际招用人数，合理确定贷款额度，最高不超过人民币100万元。财政贴息、经办银行的手续费补助、呆坏账损失补助等按照已经明确的有关规定执行。

3. 提高灵活就业人员的稳定性。对持《再就业优惠证》的“4050”人员（即女40周岁以上，男50周岁以上。计算年龄的截止时间由各地确定，最晚至2007年底）灵活就业后，申报就业并参加社会保险的，给予一定数额的社会保险补贴，期限最长不超过3年。

（五）对持《再就业优惠证》的就业困难对象（包括：国有企业下岗失业人员、厂办大集体企业下岗职工和国有企业关闭破产需要安置人员中的“4050”人员；享受城市居民最低生活保障、就业确有困难的长期失业人员），可作为就业援助的重点，提供相应的政策扶持：

1. 政府投资开发的公益性岗位要优先安排就业困难对象。在公益性岗位安排就业困难对象，并与其签订1年以上期限劳动合同的，按实际招用的人数，在相应期限内给予社会保险补贴。社会保险补贴标准按单位应为所招人员缴纳的养老、医疗和失业保险费计算。上述“4050”人员在公益性岗位工作超过3年的，社会保险补贴期限可相应延长（超过3年的社会保险补贴所需资金由地方财政解决）。对2005年底前核准社会保险补贴但未到期的，按此政策执行。

2. 各地可根据实际对就业困难对象在公益性岗位工作的提供适当的岗位补贴，补贴标准由当地政府确定，所需资金由地方财政解决。

（六）各地应按照属地管理原则，进一步做好辖区内中央管理企业下岗失业人员的再就业工作。将这些企业的下岗失业人员纳入当地的再就业工作规划，统筹安排落实。对中央管理企业的下岗失业人员，要及时核发《再就业优惠证》，落实再就业政策，所需资金由地方财政统筹解决。

（七）切实加强《再就业优惠证》发放和使用的管理。严格《再就业优惠证》审核发放程序，防止发生弄虚作假，欺骗冒领等行为。对出租、转让和伪造《再就业优惠证》的，要依法严肃处理。各有关部门要加强沟通协调，建立下岗失业人员再就业信息交换和协查制度，在提供政策扶持后，要及时在《再就业优惠证》上进行标注，对已办理退休手续的应及时收回《再就业优惠证》。《再就业优惠证》在核发证件的本省（区、市）范围内适用，具体办法由省级人民政府制定。

（八）各地可根据本地实际，将上述政策（不含税收政策）的适用范围扩大到城镇其他集体企业下岗职工，所需资金由地方财政解决。

三、促进城乡统筹就业，改进就业服务，强化职业培训

（九）建立覆盖城乡的就业管理服务组织体系，统筹管理城乡劳动力资源和就业工作。统筹做好下岗失业人员再就业与城镇新成长劳动者的就业工作，认真落实高校毕业生和复员转业退役军人就业的有关政策，加强相关的就业服务和职业培训。改善农民进城就业环境，取消农村劳动力进城和跨地区就业的限制，完善农村劳动者进城务工和跨地区就业合法权益保障的政策措施。在有条件的地区开展城乡一体化劳动力市场的试点工作。

（十）完善公共就业服务制度。按照制度化、专业化、社会化的要求，全面推进“以人为本”的就业服务，提高公共就业服务的质量和效率。对持《再就业优惠证》人员、城镇其他登记失业人员，以及进城登记求职的农村劳动者，公共就业服务机构要提供免费的职业介绍服务。发展和规范各种专业性职业中介机构和劳务派遣、职业咨询指导、就业信息服务等社会化服务组织，鼓励社会各类职业中介机构为城乡劳动者提供诚信、有效的就业服务。要完善职业介绍补贴政策，建立与服务成效挂钩的机制，对提供免费职业介绍服务的各类职业中介机构给予补贴。

（十一）加强劳动力市场信息系统建设。

按照“金保工程”建设总体要求，对劳动力市场信息系统建设进行统一规划，整体推进。围绕就业工作的主要任务和服务对象的需求，优化业务流程，逐步实现就业服务和失业保险业务的全程信息化。实现各级公共就业服务机构的信息联网，定期分析和发布职业供求和工资水平信息，完善网上职业介绍功能，为求职者和用人单位提供方便快捷的信息服务，提高劳动力市场供求匹配效率。

（十二）加强街道（乡镇）社区劳动保障工作平台建设，充分发挥其在促进就业再就业和退休人员社会化管理服务方面的基础作用。依托街道（乡镇）社区劳动保障工作平台建立再就业援助制度，对就业困难对象实施重点帮助，提供有针对性的就业服务和公益性岗位援助。街道和乡镇负责劳动保障事务的机构，要进一步完善服务功能，健全工作手段，加强基础管理。继续加强社区劳动保障工作队伍建设，强化业务培训，提高工作质量，落实工作经费。

总结部分地区创建信用社区的经验，结合个人信用制度的建立，探索建立信用社区、创业培训与小额担保贷款联动机制，为下岗失业人员自谋职业和自主创业创造条件。

（十三）广泛发动全社会教育培训资源，为城乡劳动者开展多层次、多形式的职业培训，并积极推行创业培训，提高劳动者就业能力和创业能力。对持《再就业优惠证》人员、城镇其他登记失业人员，以及进城务工的农村劳动者，提供一次性职业培训补贴。要通过资质认定，确定一批培训质量高、就业效果好的教育培训机构作为定点机构。完善培训补贴与培训质量、促进就业效果挂钩机制，引导各类教育培训机构针对市场需求，积极开展定向培训。动员全社会力量，加快培养适应企业需要的高技能人才。

充分发挥创业带动就业的倍增效应。对有创业愿望和具备创业条件的城乡劳动者开展创业培训，并提供开业指导、项目开发、小额担保贷款、跟踪扶持等“一条龙”服务，为创业培训结业者提供小额担保贷款资金扶持，努力做好后续服务。

大力开展职业培训，提升进城务工农村劳动者的就业能力。根据他们的特点和就业需求，开展有较强针对性、实用性的培训并提供职业技能鉴定服务。充分利用电视远程培训等手段，将技能知识和就业信息送到农户。在吸纳进城务工农村劳动者较多的重点行业和组织劳务输出的贫困地区，组织实施国家培训项目。

有关被征地农民的培训和就业服务，由各地统筹考虑，所需资金与征地费用统筹安排。

（十四）加强职业技能实训和技能鉴定服务工作。在有条件的地区建设公共实训基地，面向社会开展职业技能操作训练和职业技能鉴定服务。逐步开展专项职业能力考核，为开发就业岗位，提高劳动者就业能力提供公共服务。为参加职业培训的下岗失业人员提供职业技能鉴定服务，对持《再就业优惠证》人员通过初次技能鉴定（限国家规定实行就业准入制度的指定工种）、生活确有困难的，可申领一次性职业技能鉴定补贴，所需资金由地方财政解决。

四、开展失业调控，加强就业管理

（十五）建立失业预警机制，制定预案和相应措施，综合运用法律的、经济的和必要的行政手段，对失业进行调控，缓解失业引发的各种矛盾。对因国内国际经济形势发生重大变化直接影响就业的行业和企业，以及失业问题突出的困难地区、困难行业，要及时采取专项政策措施，努力减少失业，保持就业局势稳定。

（十六）继续鼓励国有大中型企业进行主辅分离、辅业改制，充分利用原企业的非主业资产、闲置资产和关闭破产企业的有效资产，改制创办面向市场、独立核算、自负盈亏的法人经济实体（国家限制的行业除外），分流安置企业富余人员。对于产权明晰并逐步实现产权多元化、吸纳原企业富余人员达到30%以上，并与其变更或签订新的劳动合同的，经有关部门认定、税务部门审核，3年内免征企业所得税。

（十七）稳步推进国有企业重组改制和关闭破产工作，严格审核并监督落实职工安置方案，规范企业操作行为，维护职工合法权益。国有企业实施重组改制和关闭破产，职工安置方案须经企业职工代表大会或职工大会讨论通过，凡职工安置方案和社会保障办法不明确、资金不落实的企业，不得进入重组改制和破产程序。要指导企业在关闭破产准备阶段通过多种有效形式，深入宣传政策，使职工了解政策内容和操作程序。要切实加强对企业关闭破产过程中职工安置工作的监督指导。关闭破产终结后，要及时做好职工分流安置和社会保障工作，妥善处理遗留问题。

（十八）规范企业裁员行为。切实加强对企业裁员的指导。对于企业成规模裁减人员的，裁员方案要经企业职工代表大会讨论。企业一次性裁员超过一定数量和比例的，要事前向当地政府报告。凡不能依法支付解除劳动合同的经济补偿金并妥善解决拖欠职工债务的，不得裁减人员。

（十九）深化劳动力市场制度改革，打破劳动力市场城乡、地区的分割。规范劳动力市场秩序，切实维护城乡劳动者合法权益。定期开展劳动力市场清理整顿活动，加强对各类职业中介行为的监管，严厉打击劳动力市场中的违法乱纪行为，规范劳动者求职、用人单位招用和职业中介行为。建立劳务派遣行政许可制度，规范劳务派遣行为。充实劳动保障执法监察队伍，加大执法监察力度，严格禁止和坚决纠正超时工作、不签订劳动合同、故意压低和拖欠工资、不按规定缴纳社会保险费和随意裁员等行为。

（二十）完善就业和失业统计制度。加强失业登记统计工作，建立劳动力调查制度，定期开展全国城镇劳动力调查，准确掌握全国劳动力市场供求变化。

（二十一）加快推进就业工作法制建设。认真总结就业再就业的工作经验，抓紧研究制定促进就业的法律法规，明确和强化行之有效的政策措施，为形成市场经济条件下解决就业问题的长效机制奠定基础。

五、进一步完善社会保障制度，建立与促进就业的联动机制

（二十二）建立就业与失业保险、城市居民最低生活保障工作的联动机制。切实保障享受失业保险和城市居民最低生活保障人员的基本生活，进一步完善失业保险金和城市居民最低生活保障金的申领办法，结合其求职和参加职业培训的情况完善申领条件，健全促进就业的激励约束机制，促进和帮助享受失业保险和城市居民最低生活保障的人员尽快实现就业，并妥善处理好其就业后的生活保障和社会保险问题。要合理确定失业保险和城市居民最低生活保障水平，拉开最低工资标准、失业保险金标准、城市居民最低生活保障标准之间的距离，分清层次，相互衔接，形成合理配套的标准体系，既要切实保障困难群体的基本生活，更要有利于调动有劳动能力人员就业的积极性。

（二十三）进一步加强对失业人员和城市居民最低生活保障对象的基础管理。充分发挥街道（乡镇）社区劳动保障工作平台的职能作用，加强劳动保障、民政等部门的沟通合作，及时掌握失业人员和城市居民最低生活保障对象的就业及收入状况，实施有针对性的帮助和服务。

（二十四）妥善处理并轨遗留问题。从2006年起，企业新裁减人员通过劳动力市场实现再就业，没有实现再就业的，按规定享受失业保险及城市居民最低生活保障待遇。各地要继续采取有效措施，妥善解决并轨人员在再就业、社会保险关系接续、劳动关系处理等方面的遗留问题。

（二十五）进一步发挥失业保险制度促进再就业的功能。东部地区在认真分析失业保险基金收支、结余状况，统筹考虑地方财政就业再就业资金安排的前提下，可以结合本地实际进行适当扩大失业保险基金支出范围试点，具体办法由劳动保障部、财政部制定。

（二十六）进一步完善社会保险制度。继续加强社会保险扩面征缴工作，切实做好下岗失业人员再就业后的社会保险关系接续工作，将更多的劳动者纳入到社会保险制度的覆盖范围。要逐步统一城镇个体工商户、灵活就业人员参加养老保险的政策，改进基本养老金计发办法，强化缴费与待遇挂钩的激励约束机制，形成促进就业与完善社会保险制度的良性互动。积极创造条件为进城务工农村劳动者提供必要的社会保障。

六、继续加强组织领导，动员全社会力量广泛参与就业再就业工作

（二十七）各级人民政府和各有关部门要继续巩固和强化就业再就业工作目标责任制。继续把新增就业人员和控制失业率纳入国民经济和社会发展宏观调控指标。把解决体制转轨遗留的下岗失业问题、促进城镇新增劳动力就业、推进城乡统筹就业、加强失业调控和实现就业与社会保障制度的联动机制作为主要目标任务，层层分解，并纳入政绩考核的重要内容，定期进行督促检查。

（二十八）各级人民政府和各有关部门要进一步加强对就业再就业工作的领导和统筹协调。适应新的形势任务要求，国务院决定将再就业工作部际联席会议制度调整为就业工作部际联席会议制度，地方各级人民政府也要对联席会议制度作相应调整，形成统一领导、分工协作的工作机制。在各级人民政府的直接领导下，联席会议各成员单位要认真履行职责，加强协调配合，共同做好就业再就业工作。

（二十九）各级人民政府要根据就业形势变化和就业工作需要，积极调整财政支出结构，加大资金投入，将促进就业再就业资金列入财政预算。对中西部地区和老工业基地，中央财政继续通过专项转移支付的方式给予适当补助，主要用于职业介绍补贴、职业培训补贴、社会保险补贴、小额担保贷款贴息。此外，各级财政还要合理安排用于劳动力市场、街道（乡镇）社区劳动保障工作平台建设等经费。要切实加强对就业再就业资金拨付使用的监督检查，专款专用，提高资金使用效率。

（三十）充分发挥各民主党派、工商联，以及工会、共青团、妇联等人民团体在协助政府制定政策，团结各方积极参与，以及宣传动员、社会监督，帮助群众创业就业等方面的积极作用。对他们组织各类培训、开展多种形式服务和提高创业就业服务能力给予支持，形成全社会共同参与，齐心协力做好就业再就业工作的局面。

（三十一）各新闻单位要继续通过广播、电视、报刊、互联网等多种形式把就业再就业政策宣传到群众、企业和基层单位。继续树立和宣传劳动者自谋职业、自主创业和企业积极吸纳就业、基层单位切实落实政策的先进典型，引导广大劳动者转变就业观念，营造全社会支持和帮助就业再就业工作的良好气氛。要进一步加强基层组织建设，加大思想政治工作力度，依托企业、街道（乡镇）社区等基层组织和单位，通过耐心细致的思想政治工作和舆论宣传，引导广大下岗失业人员在国家政策扶持和社会帮助下，依靠自身努力实现再就业。

（三十二）上述有关扶持政策自2006年起开始执行，政策审批的截止时间暂定到2008年底。在政策执行过程中，如果国家对税收制度进行改革，有关税收政策按新的税收政策执行。

各地区、各有关部门要结合本地实际，抓紧研究制定贯彻本《通知》的具体办法和实施细则，确保本《通知》精神落到实处。在不涉及税收政策、不影响中央非税收入、不增加中央财政补助的前提下，还可制定有利于本地扩大城乡就业的其他政策。

国务院关于落实科学发展观加强环境保护的决定

2005年12月3日　国发［2005］39号

各省、自治区、直辖市人民政府，国务院各部委、各直属机构：

为全面落实科学发展观，加快构建社会主义和谐社会，实现全面建设小康社会的奋斗目标，必须把环境保护摆在更加重要的战略位置。现作出如下决定：

一、充分认识做好环境保护工作的重要意义

（一）环境保护工作取得积极进展。党中央、国务院高度重视环境保护，采取了一系列重大政策措施，各地区、各部门不断加大环境保护工作力度，在国民经济快速增长、人民群众消费水平显著提高的情况下，全国环境质量基本稳定，部分城市和地区环境质量有所改善，多数主要污染物排放总量得到控制，工业产品的污染排放强度下降，重点流域、区域环境治理不断推进，生态保护和治理得到加强，核与辐射监管体系进一步完善，全社会的环境意识和人民群众的参与度明显提高，我国认真履行国际环境公约，树立了良好的国际形象。

（二）环境形势依然十分严峻。我国环境保护虽然取得了积极进展，但环境形势严峻的状况仍然没有改变。主要污染物排放量超过环境承载能力，流经城市的河段普遍受到污染，许多城市空气污染严重，酸雨污染加重，持久性有机污染物的危害开始显现，土壤污染面积扩大，近岸海域污染加剧，核与辐射环境安全存在隐患。生态破坏严重，水土流失量大面广，石漠化、草原退化加剧，生物多样性减少，生态系统功能退化。发达国家上百年工业化过程中分阶段出现的环境问题，在我国近20多年来集中出现，呈现结构型、复合型、压缩型的特点。环境污染和生态破坏造成了巨大经济损失，危害群众健康，影响社会稳定和环境安全。未来15年我国人口将继续增加，经济总量将再翻两番，资源、能源消耗持续增长，环境保护面临的压力越来越大。

（三）环境保护的法规、制度、工作与任务要求不相适应。目前一些地方重GDP增长、轻环境保护。环境保护法制不够健全，环境立法未能完全适应形势需要，有法不依、执法不严现象较为突出。环境保护机制不完善，投入不足，历史欠账多，污染治理进程缓慢，市场化程度偏低。环境管理体制未完全理顺，环境管理效率有待提高。监管能力薄弱，国家环境监测、信息、科技、宣教和综合评估能力不足，部分领导干部环境保护意识和公众参与水平有待增强。

（四）把环境保护摆上更加重要的战略位置。加强环境保护是落实科学发展观的重要举措，是全面建设小康社会的内在要求，是坚持执政为民、提高执政能力的实际行动，是构建社会主义和谐社会的有力保障。加强环境保护，有利于促进经济结构调整和增长方式转变，实现更快更好地发展；有利于带动环保和

相关产业发展，培育新的经济增长点和增加就业；有利于提高全社会的环境意识和道德素质，促进社会主义精神文明建设；有利于保障人民群众身体健康，提高生活质量和延长人均寿命；有利于维护中华民族的长远利益，为子孙后代留下良好的生存和发展空间。因此，必须用科学发展观统领环境保护工作，痛下决心解决环境问题。

二、用科学发展观统领环境保护工作

（五）指导思想。以邓小平理论和“三个代表”重要思想为指导，认真贯彻党的十六届五中全会精神，按照全面落实科学发展观、构建社会主义和谐社会的要求，坚持环境保护基本国策，在发展中解决环境问题。积极推进经济结构调整和经济增长方式的根本性转变，切实改变“先污染后治理、边治理边破坏”的状况，依靠科技进步，发展循环经济，倡导生态文明，强化环境法治，完善监管体制，建立长效机制，建设资源节约型和环境友好型社会，努力让人民群众喝上干净的水、呼吸清洁的空气、吃上放心的食物，在良好的环境中生产生活。

（六）基本原则。

——协调发展，互惠共赢。正确处理环境保护与经济发展和社会进步的关系，在发展中落实保护，在保护中促进发展，坚持节约发展、安全发展、清洁发展，实现可持续的科学发展。

——强化法治，综合治理。坚持依法行政，不断完善环境法律法规，严格环境执法；坚持环境保护与发展综合决策，科学规划，突出预防为主的方针，从源头防治污染和生态破坏，综合运用法律、经济、技术和必要的行政手段解决环境问题。

——不欠新账，多还旧账。严格控制污染物排放总量；所有新建、扩建和改建项目必须符合环保要求，做到增产不增污，努力实现增产减污；积极解决历史遗留的环境问题。

——依靠科技，创新机制。大力发展环境科学技术，以技术创新促进环境问题的解决；建立政府、企业、社会多元化投入机制和部分污染治理设施市场化运营机制，完善环保制度，健全统一、协调、高效的环境监管体制。

——分类指导，突出重点。因地制宜，分区规划，统筹城乡发展，分阶段解决制约经济发展和群众反映强烈的环境问题，改善重点流域、区域、海域、城市的环境质量。

（七）环境目标。到2010年，重点地区和城市的环境质量得到改善，生态环境恶化趋势基本遏制。主要污染物的排放总量得到有效控制，重点行业污染物排放强度明显下降，重点城市空气质量、城市集中饮用水水源和农村饮水水质、全国地表水水质和近岸海域海水水质有所好转，草原退化趋势有所控制，水土流失治理和生态修复面积有所增加，矿山环境明显改善，地下水超采及污染趋势减缓，重点生态功能保护区、自然保护区等的生态功能基本稳定，村镇环境质量有所改善，确保核与辐射环境安全。

到2020年，环境质量和生态状况明显改善。

三、经济社会发展必须与环境保护相协调

（八）促进地区经济与环境协调发展。各地区要根据资源禀赋、环境容量、生态状况、人口数量以及国家发展规划和产业政策，明确不同区域的功能定位和发展方向，将区域经济规划和环境保护目标有机结合起来。在环境容量有限、自然资源供给不足而经济相对发达的地区实行优化开发，坚持环境优先，大力发展高新技术，优化产业结构，加快产业和产品的升级换代，同时率先完成排污总量削减任务，做到增产减污。在环境仍有一定容量、资源较为丰富、发展潜力较大的地区实行重点开发，加快基础设施建设，科学合理利用环境承载能力，推进工业化和城镇化，同时严格控制污染物排放总量，做到增产不增污。在生态环境脆弱的地区和重要生态功能保护区实行限制开

发，在坚持保护优先的前提下，合理选择发展方向，发展特色优势产业，确保生态功能的恢复与保育，逐步恢复生态平衡。在自然保护区和具有特殊保护价值的地区实行禁止开发，依法实施保护，严禁不符合规定的任何开发活动。要认真做好生态功能区划工作，确定不同地区的主导功能，形成各具特色的发展格局。必须依照国家规定对各类开发建设规划进行环境影响评价。对环境有重大影响的决策，应当进行环境影响论证。

（九）大力发展循环经济。各地区、各部门要把发展循环经济作为编制各项发展规划的重要指导原则，制订和实施循环经济推进计划，加快制定促进发展循环经济的政策、相关标准和评价体系，加强技术开发和创新体系建设。要按照“减量化、再利用、资源化”的原则，根据生态环境的要求，进行产品和工业区的设计与改造，促进循环经济的发展。在生产环节，要严格排放强度准入，鼓励节能降耗，实行清洁生产并依法强制审核；在废物产生环节，要强化污染预防和全过程控制，实行生产者责任延伸，合理延长产业链，强化对各类废物的循环利用；在消费环节，要大力倡导环境友好的消费方式，实行环境标识、环境认证和政府绿色采购制度，完善再生资源回收利用体系。大力推行建筑节能，发展绿色建筑。推进污水再生利用和垃圾处理与资源化回收，建设节水型城市。推动生态省（市、县）、环境保护模范城市、环境友好企业和绿色社区、绿色学校等创建活动。

（十）积极发展环保产业。要加快环保产业的国产化、标准化、现代化产业体系建设。加强政策扶持和市场监管，按照市场经济规律，打破地方和行业保护，促进公平竞争，鼓励社会资本参与环保产业的发展。重点发展具有自主知识产权的重要环保技术装备和基础装备，在立足自主研发的基础上，通过引进消化吸收，努力掌握环保核心技术和关键技术。大力提高环保装备制造企业的自主创新能力，推进重大环保技术装备的自主制造。培育一批拥有著名品牌、核心技术能力强、市场占有率高、能够提供较多就业机会的优势环保企业。加快发展环保服务业，推进环境咨询市场化，充分发挥行业协会等中介组织的作用。

四、切实解决突出的环境问题

（十一）以饮水安全和重点流域治理为重点，加强水污染防治。要科学划定和调整饮用水水源保护区，切实加强饮用水水源保护，建设好城市备用水源，解决好农村饮水安全问题。坚决取缔水源保护区内的直接排污口，严防养殖业污染水源，禁止有毒有害物质进入饮用水水源保护区，强化水污染事故的预防和应急处理，确保群众饮水安全。把淮河、海河、辽河、松花江、三峡水库库区及上游，黄河小浪底水库库区及上游，南水北调水源地及沿线，太湖、滇池、巢湖作为流域水污染治理的重点。把渤海等重点海域和河口地区作为海洋环保工作重点。严禁直接向江河湖海排放超标的工业污水。

（十二）以强化污染防治为重点，加强城市环境保护。要加强城市基础设施建设，到2010年，全国设市城市污水处理率不低于70%，生活垃圾无害化处理率不低于60%；着力解决颗粒物、噪声和餐饮业污染，鼓励发展节能环保型汽车。对污染企业搬迁后的原址进行土壤风险评估和修复。城市建设应注重自然和生态条件，尽可能保留天然林草、河湖水系、滩涂湿地、自然地貌及野生动物等自然遗产，努力维护城市生态平衡。

（十三）以降低二氧化硫排放总量为重点，推进大气污染防治。加快原煤洗选步伐，降低商品煤含硫量。加强燃煤电厂二氧化硫治理，新（扩）建燃煤电厂除燃用特低硫煤的坑口电厂外，必须同步建设脱硫设施或者采取其他降低二氧化硫排放量的措施。在大中城市及其近郊，严格控制新（扩）建除热电联产外的燃煤电厂，禁止新（扩）建钢铁、冶炼等高耗能企业。2004年年底前投运的二氧化硫排放超标的燃煤电厂，应在2010年底前安装脱硫设施；要根据环境状况，确定不同区域的脱硫目标，制订并实施酸雨和二氧化硫污染防治规划。对投产20年以上或装机容量10万千瓦以下的电厂，限期改造或者关停。制订燃煤电厂氮氧化物治理规划，开展试点示范。加大烟尘、粉尘治理力度。采取节能措施，提高能源利用效率；大力发展风能、太阳能、地热、生物质能等新能源，积极发展核电，有序开发水能，提高清洁能源比重，减少大气污染物排放。

（十四）以防治土壤污染为重点，加强农村环境保护。结合社会主义新农村建设，实施农村小康环保行动计划。开展全国土壤污染状况调查和超标耕地综合治理，污染严重且难以修复的耕地应依法调整；合理使用农药、化肥，防治农用薄膜对耕地的污染；积极发展节水农业与生态农业，加大规模化养殖业污染治理力度。推进农村改水、改厕工作，搞好作物秸秆等资源化利用，积极发展农村沼气，妥善处理生活垃圾和污水，解决农村环境“脏、乱、差”问题，创建环境优美乡镇、文明生态村。发展县域经济要选择适合本地区资源优势和环境容量的特色产业，防止污染向农村转移。

（十五）以促进人与自然和谐为重点，强化生态保护。坚持生态保护与治理并重，重点控制不合理的资源开发活动。优先保护天然植被，坚持因地制宜，重视自然恢复；继续实施天然林保护、天然草原植被恢复、退耕还林、退牧还草、退田还湖、防沙治沙、水土保持和防治石漠化等生态治理工程；严格控制土地退化和草原沙化。经济社会发展要与水资源条件相适应，统筹生活、生产和生态用水，建设节水型社会；发展适应抗灾要求的避灾经济；水资源开发利用活动，要充分考虑生态用水。加强生态功能保护区和自然保护区的建设与管理。加强矿产资源和旅游开发的环境监管。做好红树林、滨海湿地、珊瑚礁、海岛等海洋、海岸带典型生态系统的保护工作。

（十六）以核设施和放射源监管为重点，确保核与辐射环境安全。全面加强核安全与辐射环境管理，国家对核设施的环境保护实行统一监管。核电发展的规划和建设要充分考虑核安全、环境安全和废物处理处置等问题；加强在建和在役核设施的安全监管，加快核设施退役和放射性废物处理处置步伐；加强电磁辐射和伴生放射性矿产资源开发的环境监督管理；健全放射源安全监管体系。

（十七）以实施国家环保工程为重点，推动解决当前突出的环境问题。国家环保重点工程是解决环境问题的重要举措，从“十一五”开始，要将国家重点环保工程纳入国民经济和社会发展规划及有关专项规划，认真组织落实。国家重点环保工程包括：危险废物处置工程、城市污水处理工程、垃圾无害化处理工程、燃煤电厂脱硫工程、重要生态功能保护区和自然保护区建设工程、农村小康环保行动工程、核与辐射环境安全工程、环境管理能力建设工程。

五、建立和完善环境保护的长效机制

（十八）健全环境法规和标准体系。要抓紧拟订有关土壤污染、化学物质污染、生态保护、遗传资源、生物安全、臭氧层保护、核安全、循环经济、环境损害赔偿和环境监测等方面的法律法规草案，配合做好《中华人民共和国环境保护法》的修改工作。通过认真评估环境立法和各地执法情况，完善环境法律法规，作出加大对违法行为处罚的规定，重点解决“违法成本低、守法成本高”的问题。完善环境技术规范和标准体系，科学确定环境基准，努力使环境标准与环保目标相衔接。

（十九）严格执行环境法律法规。要强化依法行政意识，加大环境执法力度，对不执行环境影响评价、违反建设项目环境保护设施“三同时”制度（同时设计、同时施工、同时投产使用）、不正常运转治理设施、超标排污、不遵守排污许可证规定、造成重大环境污染事故，在自然保护区内违法开发建设和开展旅游或者违规采矿造成生态破坏等违法行为，予以重点查处。加大对各类工业开发区的环境监管力度，对达不到环境质量要求的，要限期整改。加强部门协调，完善联合执法机制。规范环境执法行为，实行执法责任追究制，加强对环境执法活动的行政监察。完善对污染受害者的法律援助机制，研究建立环境民事和行政公诉制度。

（二十）完善环境管理体制。按照区域生态系统管理方式，逐步理顺部门职责分工，增强环境监管的协调性、整体性。建立健全国家监察、地方监管、单位负责的环境监管体制。国家加强对地方环保工作的指导、支持和监督，健全区域环境督查派出机构，协调跨省域环境保护，督促检查突出的环境问题。地方人民政府对本行政区域环境质量负责，监督下一级人民政府的环保工作和重点单位的环境行为，并建立相应的环保监管机制。法人和其他组织负责解决所辖范围有关的环境问题。建立企业环境监督员制度，实行职业资格管理。县级以上地方人民政府要加强环保机构建设，落实职能、编制和经费。进一步总结和探索设区城市环保派出机构监管模式，完善地方环境管理体制。各级环保部门要严格执行各项环境监管制度，责令严重污染单位限期治理和停产整治，负责召集有关部门专家和代表提出开发建设规划环境影响评价的审查意见。完善环境犯罪案件的移送程序，配合司法机关办理各类环境案件。

（二十一）加强环境监管制度。要实施污染物总量控制制度，将总量控制指标逐级分解到地方各级人民政府并落实到排污单位。推行排污许可证制度，禁止无证或超总量排污。严格执行环境影响评价和“三同时”制度，对超过污染物总量控制指标、生态破坏严重或者尚未完成生态恢复任务的地区，暂停审批新增污染物排放总量和对生态有较大影响的建设项目；建设项目未履行环评审批程序即擅自开工建设或者擅自投产的，责令其停建或者停产，补办环评手续，并追究有关人员的责任。对生态治理工程实行充分论证和后评估。要结合经济结构调整，完善强制淘汰制度，根据国家产业政策，及时制订和调整强制淘汰污染严重的企业和落后的生产能力、工艺、设备与产品目录。强化限期治理制度，对不能稳定达标或超总量的排污单位实行限期治理，治理期间应予限产、限排，并不得建设增加污染物排放总量的项目；逾期未完成治理任务的，责令其停产整治。完善环境监察制度，强化现场执法检查。严格执行突发环境事件应急预案，地方各级人民政府要按照有关规定全面负责突发环境事件应急处置工作，环保总局及国务院相关部门根据情况给予协调支援。建立跨省界河流断面水质考核制度，省级人民政府应当确保出境水质达到考核目标。国家加强跨省界环境执法及污染纠纷的协调，上游省份排污对下游省份造成污染事故的，上游省级人民政府应当承担赔付补偿责任，并依法追究相关单位和人员的责任。赔付补偿的具体办法由环保总局会同有关部门拟定。

（二十二）完善环境保护投入机制。创造良好的生态环境是各级人民政府的重要职责，各级人民政府要将环保投入列入本级财政支出的重点内容并逐年增加。要加大对污染防治、生态保护、环保试点示范和环保监管能力建设的资金投入。当前，地方政府投入重点解决污水管网和生活垃圾收运设施的配套和完善，国家继续安排投资予以支持。各级人民政府要严格执行国家定员定额标准，确保环保行政管理、监察、监测、信息、宣教等行政和事业经费支出，切实解决“收支两条线”问题。要引导社会资金参与城乡环境保护基础设施和有关工作的投入，完善政府、企业、社会多元化环保投融资机制。

（二十三）推行有利于环境保护的经济政策。建立健全有利于环境保护的价格、税收、信贷、贸易、土地和政府采购等政策体系。政府定价要充分考虑资源的稀缺性和环境成本，对市场调节的价格也要进行有利于环保的指导和监管。对可再生能源发电厂和垃圾焚烧发电厂实行有利于发展的电价政策，对可再生能源发电项目的上网电量实行全额收购政策。对不符合国家产业政策和环保标准的企业，不得审批用地，并停止信贷，不予办理工商登记或者依法取缔。对通过境内非营利社会团体、国家机关向环保事业的捐赠依法给予税收优惠。要完善生态补偿政策，尽快建立生态补偿机制。中央和地方财政转移支付应考虑生态补偿因素，国家和地方可分别开展生态补偿试点。建立遗传资源惠益共享机制。

（二十四）运用市场机制推进污染治理。全面实施城市污水、生活垃圾处理收费制度，收费标准要达到保本微利水平，凡收费不到位的地方，当地财政要对运营成本给予补助。鼓励社会资本参与污水、垃圾处理等基础设施的建设和运营。推动城市污水和垃圾处理单位加快转制改企，采用公开招标方式，择优选择投资主体和经营单位，实行特许经营，并强化监管。对污染处理设施建设运营的用地、用电、设备折旧等实行扶持政策，并给予税收优惠。生产者要依法负责或委托他人回收和处置废弃产品，并承担费用。推行污染治理工程的设计、施工和运营一体化模式，鼓励排污单位委托专业化公司承担污染治理或设施运营。有条件的地区和单位可实行二氧化硫等排污权交易。

（二十五）推动环境科技进步。强化环保科技基础平台建设，将重大环保科研项目优先列入国家科技计划。开展环保战略、标准、环境与健康等研究，鼓励对水体、大气、土壤、噪声、固体废物、农业面源等污染防治，以及生态保护、资源循环利用、饮水安全、核安全等领域的研究，组织对污水深度处理、燃煤电厂脱硫脱硝、洁净煤、汽车尾气净化等重点难点技术的攻关，加快高新技术在环保领域的应用。积极开展技术示范和成果推广，提高自主创新能力。

（二十六）加强环保队伍和能力建设。健全环境监察、监测和应急体系。规范环保人员管理，强化培训，提高素质，建设一支思想好、作风正、懂业务、会管理的环保队伍。各级人民政府要选派政治觉悟高、业务素质强的领导干部充实环保部门。下级环保部门负责人的任免，应当事先征求上级环保部门的意见。按照政府机构改革与事业单位改革的总体思路和有关要求，研究解决环境执法人员纳入公务员序列问题。要完善环境监测网络，建设“金环工程”，实现“数字环保”，加快环境与核安全信息系统建设，实行信息资源共享机制。建立环境事故应急监控和重大环境突发事件预警体系。

（二十七）健全社会监督机制。实行环境质量公告制度，定期公布各省（区、市）有关环境保护指标，发布城市空气质量、城市噪声、饮用水水源水质、流域水质、近岸海域水质和生态状况评价等环境信息，及时发布污染事故信息，为公众参与创造条件。公布环境质量不达标的城市，并实行投资环境风险预警机制。发挥社会团体的作用，鼓励检举和揭发各种环境违法行为，推动环境公益诉讼。企业要公开环境信息。对涉及公众环境权益的发展规划和建设项目，通过听证会、论证会或社会公示等形式，听取公众意见，强化社会监督。

（二十八）扩大国际环境合作与交流。要积极引进国外资金、先进环保技术与管理经验，提高我国环保的技术、装备和管理水平。积极宣传我国环保工作的成绩和举措，参与气候变化、生物多样性保护、荒漠化防治、湿地保护、臭氧层保护、持久性有机污染物控制、核安全等国际公约和有关贸易与环境的谈判，履行相应的国际义务，维护国家环境与发展权益。努力控制温室气体排放，加快消耗臭氧层物质的淘汰进程。要完善对外贸易产品的环境标准，建立环境风险评估机制和进口货物的有害物质监控体系，既要合理引进可利用再生资源和物种资源，又要严格防范污染转入、废物非法进口、有害外来物种入侵和遗传资源流失。

六、加强对环境保护工作的领导

（二十九）落实环境保护领导责任制。地方各级人民政府要把思想统一到科学发展观上来，充分认识保护环境就是保护生产力，改善环境就是发展生产力，增强环境忧患意识和做好环保工作的责任意识，抓住制约环境保护的难点问题和影响群众健康的重点问题，一抓到底，抓出成效。地方人民政府主要领导和有关部门主要负责人是本行政区域和本系统环境保护的第一责任人，政府和部门都要有一位领导分管环保工作，确保认识到位、责任到位、措施到位、投入到位。地方人民政府要定期听取汇报，研究部署环保工作，制订并组织实施环保规划，检查落实情况，及时解决问题，确保实现环境目标。各级人民政府要向同级人大、政协报告或通报环保工作，并接受监督。

（三十）科学评价发展与环境保护成果。研究绿色国民经济核算方法，将发展过程中的资源消耗、环境损失和环境效益逐步纳入经济发展的评价体系。要把环境保护纳入领导班子和领导干部考核的重要内容，并将考核情况作为干部选拔任用和奖惩的依据之一。坚持和完善地方各级人民政府环境目标责任制，对环境保护主要任务和指标实行年度目标管理，定期进行考核，并公布考核结果。评优创先活动要实行环保一票否决。对环保工作作出突出贡献的单位和个人应给予表彰和奖励。建立问责制，切实解决地方保护主义干预环境执法的问题。对因决策失误造成重大环境事故、严重干扰正常环境执法的领导干部和公职人员，要追究责任。

（三十一）深入开展环境保护宣传教育。保护环境是全民族的事业，环境宣传教育是实现国家环境保护意志的重要方式。要加大环境保护基本国策和环境法制的宣传力度，弘扬环境文化，倡导生态文明，以环境补偿促进社会公平，以生态平衡推进社会和谐，以环境文化丰富精神文明。新闻媒体要大力宣传科学发展观对环境保护的内在要求，把环保公益宣传作为重要任务，及时报道党和国家环保政策措施，宣传环保工作中的新进展新经验，努力营造节约资源和保护环境的舆论氛围。各级干部培训机构要加强对领导干部、重点企业负责人的环保培训。加强环保人才培养，强化青少年环境教育，开展全民环保科普活动，提高全民保护环境的自觉性。

（三十二）健全环境保护协调机制。建立环境保护综合决策机制，完善环保部门统一监督管理、有关部门分工负责的环境保护协调机制，充分发挥全国环境保护部际联席会议的作用。国务院环境保护行政主管部门是环境保护的执法主体，要会同有关部门健全国家环境监测网络，规范环境信息的发布。抓紧编制全国生态功能区划并报国务院批准实施。经济综合和有关主管部门要制定有利于环境保护的财政、税收、金融、价格、贸易、科技等政策。建设、国土、水利、农业、林业、海洋等有关部门要依法做好各自领域的环境保护和资源管理工作。宣传教育部门要积极开展环保宣传教育，普及环保知识。充分发挥人民解放军在环境保护方面的重要作用。

各省、自治区、直辖市人民政府和国务院各有关部门要按照本决定的精神，制订措施，抓好落实。环保总局要会同监察部监督检查本决定的贯彻执行情况，每年向国务院作出报告。

国务院关于发布实施《促进产业结构调整暂行规定》的决定

2005 年 12 月 2 日　国发［2005］40 号

各省、自治区、直辖市人民政府，国务院各部委、各直属机构：

《促进产业结构调整暂行规定》（以下简称《暂行规定》）已经 2005 年 11 月 9 日国务院第 112 次常务会议审议通过，现予发布。

制定和实施《暂行规定》，是贯彻落实党的十六届五中全会精神，实现“十一五”规划目标的一项重要举措，对于全面落实科学发展观，加强和改善宏观调控，进一步转变经济增长方式，推进产业结构调整和优化升级，保持国民经济平稳较快发展具有重要意义。各省、自治区、直辖市人民政府要将推进产业结构调整作为当前和今后一段时期改革发展的重要任务，建立责任制，狠抓落实，按照《暂行规定》的要求，结合本地区产业发展实际，制定具体措施，合理引导投资方向，鼓励和支持发展先进生产能力，限制和淘汰落后生产能力，防止盲目投资和低水平重复建设，切实推进产业结构优化升级。各有关部门要加快制定和修订财税、信贷、土地、进出口等相关政策，切实加强与产业政策的协调配合，进一步完善促进产业结构调整的政策体系。各省、自治区、直辖市人民政府和国家发展改革、财政、税务、国土资源、环保、工商、质检、银监、电监、安全监管以及行业主管等有关部门，要建立健全产业结构调整工作的组织协调和监督检查机制，各司其职，密切配合，形成合力，切实增强产业政策的执法效力。在贯彻实施《暂行规定》时，要正确处理政府引导与市场调节之间的关系，充分发挥市场配置资源的基础性作用，正确处理发展与稳定、局部利益与整体利益、眼前利益与长远利益的关系，保持经济平稳较快发展。

附件：

促进产业结构调整暂行规定

第一章　总　　则

第一条　为全面落实科学发展观，加强和改善宏观调控，引导社会投资，促进产业结构优化升级，根据国家有关法律、行政法规，制定本规定。

第二条　产业结构调整的目标：

推进产业结构优化升级，促进一、二、三产业健康协调发展，逐步形成农业为基础、高新技术产业为先导、基础产业和制造业为支撑、服务业全面发展的产业格局，坚持节约发展、清洁发展、安全发展，实现可持续发展。

第三条　产业结构调整的原则：

坚持市场调节和政府引导相结合。充分发挥市场配置资源的基础性作用，加强国家产业政策的合理引导，实现资源优化配置。

以自主创新提升产业技术水平。把增强自主创新能力作为调整产业结构的中心环节，建立以企业为主体、市场为导向、产学研相结合的技术创新体系，大力提高原始创新能力、集成创新能力和引进消化吸收再创新能力，提升产业整体技术水平。

坚持走新型工业化道路。以信息化带动工业化，以工业化促进信息化，走科技含量高、经济效益好、资源消耗低、环境污染少、安全有保障、人力资源优势得到充分发挥的发展道路，努力推进经济增长方式的根本转变。

促进产业协调健康发展。发展先进制造业，提高服务业比重和水平，加强基础设施建设，优化城乡区域产业结构和布局，优化对外贸易和利用外资结构，维护群众合法权益，努力扩大就业，推进经济社会协调发展。

第二章　产业结构调整的方向和重点

第四条　巩固和加强农业基础地位，加快传统农业向现代农业转变。加快农业科技进步，加强农业设施建设，调整农业生产结构，转变农业增长方式，提高农业综合生产能力。稳定发展粮食生产，加快实施优质粮食产业工程，建设大型商品粮生产基地，确保粮食安全。优化农业生产布局，推进农业产业化经营，加快农业标准化，促进农产品加工转化增值，发展高产、优质、高效、生态、安全农业。大力发展畜牧业，提高规模化、集约化、标准化水平，保护天然草场，建设饲料草场基地。积极发展水产业，保护和合理利用渔业资源，推广绿色渔业养殖方式，发展高效生态养殖业。因地制宜发展原料林、用材林基地，提高木材综合利用率。加强农田水利建设，改造中低产田，搞好土地整理。提高农业机械化水平，健全农业技术推广、农产品市场、农产品质量安全和动植物病虫害防控体系。积极推行节水灌溉，科学使用肥料、农药，促进农业可持续发展。

第五条　加强能源、交通、水利和信息等基础设施建设，增强对经济社会发展的保障能力。

坚持节约优先、立足国内、煤为基础、多元发展，优化能源结构，构筑稳定、经济、清洁的能源供应体系。以大型高效机组为重点优化发展煤电，在生态保护基础上有序开发水电，积极发展核电，加强电网建设，优化电网结构，扩大西电东送规模。建设大型煤炭基地，调整改造中小煤矿，坚决淘汰不具备安全生产条件和浪费破坏资源的小煤矿，加快实施煤矸石、煤层气、矿井水等资源综合利用，鼓励煤电联营。实行油气并举，加大石油、天然气资源勘探和开发利用力度，扩大境外合作开发，加快油气领域基础设施建设。积极扶持和发展新能源和可再生能源产业，鼓励石油替代资源和清洁能源的开发利用，积极推进洁净煤技术产业化，加快发展风能、太阳能、生物质能等。

以扩大网络为重点，形成便捷、通畅、高效、安全的综合交通运输体系。坚持统筹规划、合理布局，实现铁路、公路、水运、民航、管道等运输方式优势互补，相互衔接，发挥组合效率和整体优势。加快发展铁路、城市轨道交通，重点建设客运专线、运煤通道、区域通道和西部地区铁路。完善国道主干线、西部地区公路干线，建设国家高速公路网，大力推进农村公路建设。优先发展城市公共交通。加强集装箱、能源物资、矿石深水码头建设，发展内河航运。扩充大型机场，完善中型机场，增加小型机场，构建布局合理、规模适当、功能完备、协调发展的机场体系。加强管道运输建设。

加强水利建设，优化水资源配置。统筹上下游、地表地下水资源调配、控制地下水开采，积极开展海水淡化。加强防洪抗旱工程建设，以堤防加固和控制性水利枢纽等防洪体系为重点，强化防洪减灾薄弱环节建设，继续加强大江大河干流堤防、行蓄洪区、病险水库除险加固和城市防洪骨干工程建设，建设南水北调工程。加大人畜饮水工程和灌区配套工程建设改造力度。

加强宽带通信网、数字电视网和下一代互联网等信息基础设施建设，推进“三网融合”，健全信息安全保障体系。

第六条 以振兴装备制造业为重点发展先进制造业，发挥其对经济发展的重要支撑作用。

装备制造业要依托重点建设工程，通过自主创新、引进技术、合作开发、联合制造等方式，提高重大技术装备国产化水平，特别是在高效清洁发电和输变电、大型石油化工、先进适用运输装备、高档数控机床、自动化控制、集成电路设备、先进动力装备、节能降耗装备等领域实现突破，提高研发设计、核心元器件配套、加工制造和系统集成的整体水平。

坚持以信息化带动工业化，鼓励运用高技术和先进适用技术改造提升制造业，提高自主知识产权、自主品牌和高端产品比重。根据能源、资源条件和环境容量，着力调整原材料工业的产品结构、企业组织结构和产业布局，提高产品质量和技术含量。支持发展冷轧薄板、冷轧硅钢片、高浓度磷肥、高效低毒低残留农药、乙烯、精细化工、高性能差别化纤维。促进炼油、乙烯、钢铁、水泥、造纸向基地化和大型化发展。加强铁、铜、铝等重要资源的地质勘查，增加资源地质储量，实行合理开采和综合利用。

第七条 加快发展高技术产业，进一步增强高技术产业对经济增长的带动作用。

增强自主创新能力，努力掌握核心技术和关键技术，大力开发对经济社会发展具有重大带动作用的高新技术，支持开发重大产业技术，制定重要技术标准，构建自主创新的技术基础，加快高技术产业从加工装配为主向自主研发制造延伸。按照产业聚集、规模化发展和扩大国际合作的要求，大力发展信息、生物、新材料、新能源、航空航天等产业，培育更多新的经济增长点。优先发展信息产业，大力发展集成电路、软件等核心产业，重点培育数字化音视频、新一代移动通信、高性能计算机及网络设备等信息产业群，加强信息资源开发和共享，推进信息技术的普及和应用。充分发挥我国特有的资源优势和技术优势，重点发展生物农业、生物医药、生物能源和生物化工等生物产业。加快发展民用航空、航天产业，推进民用飞机、航空发动机及机载系统的开发和产业化，进一步发展民用航天技术和卫星技术。积极发展新材料产业，支持开发具有技术特色以及可发挥我国比较优势的光电子材料、高性能结构和新型特种功能材料等产品。

第八条 提高服务业比重，优化服务业结构，促进服务业全面快速发展。坚持市场化、产业化、社会化的方向，加强分类指导和有效监管，进一步创新、完善服务业发展的体制和机制，建立公开、平等、规范的行业准入制度。发展竞争力较强的大型服务企业集团，大城市要把发展服务业放在优先地位，有条件的要逐步形成服务经济为主的产业结构。增加服务品种，提高服务水平，增强就业能力，提升产业素质。大力发展金融、保险、物流、信息和法律服务、会计、知识产权、技术、设计、咨询服务等现代服务业，积极发展文化、旅游、社区服务等需求潜力大的产业，加快教育培训、养老服务、医疗保健等领域的改革和发展。规范和提升商贸、餐饮、住宿等传统服务业，推进连锁经营、特许经营、代理制、多式联运、电子商务等组织形式和服务方式。

第九条 大力发展循环经济，建设资源节约和环境友好型社会，实现经济增长与人口资源环境相协调。坚持开发与节约并重、节约优先的方针，按照减量化、再利用、资源化原则，大力推进节能节水节地节材，加强资源综合利用，全面推行清洁生产，完善再生资源回收利用体系，形成低投入、低消耗、低排放和高效率的节约型增长方式。积极开发推广资源节约、替代和循环利用技术和产品，重点推进钢铁、有色、电力、石化、建筑、煤炭、建材、造纸等行业节能降耗技术改造，发展节能省地型建筑，对消耗高、污染重、危及安全生产、技术落后的工艺和产品实施强制淘汰制度，依法关闭破坏环境和不具备安全生产条件的企业。调整高耗能、高污染产业规模，降低高耗能、高污染产业比重。鼓励生产和使用节约性能好的各类消费品，形成节约资源的消费模式。大力发展环保产业，以控制不合理的资源开发为重点，强化对水资源、土地、森林、草原、海洋等的生态保护。

第十条 优化产业组织结构，调整区域产业布局。提高企业规模经济水平和产业集中度，加快大型企业发展，形成一批拥有自主知识产权、主业突出、核心竞争力强的大公司和企业集团。充分发挥中小企业的作用，推动中小企业与大企业形成分工协作关系，提高生产专业化水平，促进中小企业技术进步和产业升级。充分发挥比较优势，积极推动生产要素合理流动和配置，引导产业集群化发展。西部地区要加强基础设施建设和生态环境保护，健全公共服务，结合本地资源优势发展特色产业，增强自我发展能力。东北地区要加快产业结构调整和国有企业改革改组改造，发展现代农业，着力振兴装备制造业，促进资源枯竭型城市转型。中部地区要抓好粮食主产区建设，发展有比较优势的能源和制造业，加强基础设施建设，加快建立现代市场体系。东部地区要努力提高自主创新能力，加快实现结构优化升级和增长方式转变，提高外向型经济水平，增强国际竞争力和可持续发展能力。从区域发展的总体战略布局出发，根据资源环境承载能力和发展潜力，实行优化开发、重点开发、限制开发和禁止开发等有区别的区域产业布局。

第十一条 实施互利共赢的开放战略，提高对外开放水平，促进国内产业结构升级。加快转变对外贸易增长方式，扩大具有自主知识产权、自主品牌的商品出口，控制高能耗高污产品的出口，鼓励进口先进技术设备和国内短缺资源。支持有条件的企业“走出去”，在国际市场竞争中发展壮大，带动国内产业发展。提高加工贸易的产业层次，增强国内配套能力。大力发展服务贸易，继续开放服务市场，有序承接国际现代服务业转移。提高利用外资的质量和水平，着重引进先进技术、管理经验和高素质人才，注重引进技术的消化吸收和创新提高。吸引外资能力较强的地区和开发区，要着重提高生产制造层次，并积极向研究开发、现代物流等领域拓展。

第三章 产业结构调整指导目录

第十二条 《产业结构调整指导目录》是引导投资方向，政府管理投资项目，制定和实施财税、信贷、土地、进出口等政策的重要依据。

《产业结构调整指导目录》由发展改革委会同国务院有关部门依据国家有关法律法规制订，经国务院批准后公布。根据实际情况，需要对《产业结构调整指导目录》进行部分调整时，由发展改革委会同国务院有关部门适时修订并公布。

《产业结构调整指导目录》原则上适用于我国境内的各类企业。其中外商投资按照《外商投资产业指导目录》执行。《产业结构调整指导目录》是修订《外商投资产业指导目录》的主要依据之一。《产业结构调整指导目录》淘汰类适用于外商投资企业。《产业结构调整指导目录》和《外商投资产业指导目录》执行中的政策衔接问题由发展改革委会同商务部研究协商。

第十三条 《产业结构调整指导目录》由鼓励、限制和淘汰三类目录组成。不属于鼓励类、限制类和淘汰类，且符合国家有关法律、法规和政策规定的，为允许类。允许类不列入《产业结构调整指导目录》。

第十四条 鼓励类主要是对经济社会发展有重要促进作用，有利于节约资源、保护环境、产业结构优化升级，需要采取政策措施予以鼓励和支持的关键技术、装备及产品。按照以下原则确定鼓励类产业指导目录：

（一）国内具备研究开发、产业化的技术

基础，有利于技术创新，形成新的经济增长点；

（二）当前和今后一个时期有较大的市场需求，发展前景广阔，有利于提高短缺商品的供给能力，有利于开拓国内外市场；

（三）有较高技术含量，有利于促进产业技术进步，提高产业竞争力；

（四）符合可持续发展战略要求，有利于安全生产，有利于资源节约和综合利用，有利于新能源和可再生能源开发利用、提高能源效率，有利于保护和改善生态环境；

（五）有利于发挥我国比较优势，特别是中西部地区和东北地区等老工业基地的能源、矿产资源与劳动力资源等优势；

（六）有利于扩大就业，增加就业岗位；

（七）法律、行政法规规定的其他情形。

第十五条 限制类主要是工艺技术落后，不符合行业准入条件和有关规定，不利于产业结构优化升级，需要督促改造和禁止新建的生产能力、工艺技术、装备及产品。按照以下原则确定限制类产业指导目录：

（一）不符合行业准入条件，工艺技术落后，对产业结构没有改善；

（二）不利于安全生产；

（三）不利于资源和能源节约；

（四）不利于环境保护和生态系统的恢复；

（五）低水平重复建设比较严重，生产能力明显过剩；

（六）法律、行政法规规定的其他情形。

第十六条 淘汰类主要是不符合有关法律法规规定，严重浪费资源、污染环境、不具备安全生产条件，需要淘汰的落后工艺技术、装备及产品。按照以下原则确定淘汰类产业指导目录：

（一）危及生产和人身安全，不具备安全生产条件；

（二）严重污染环境或严重破坏生态环境；

（三）产品质量低于国家规定或行业规定的最低标准；

（四）严重浪费资源、能源；

（五）法律、行政法规规定的其他情形。

第十七条 对鼓励类投资项目，按照国家有关投资管理规定进行审批、核准或备案；各金融机构应按照信贷原则提供信贷支持；在投资总额内进口的自用设备，除财政部发布的《国内投资项目不予免税的进口商品目录（2000年修订）》所列商品外，继续免征关税和进口环节增值税，在国家出台不予免税的投资项目目录等新规定后，按新规定执行。对鼓励类产业项目的其他优惠政策，按照国家有关规定执行。

第十八条 对属于限制类的新建项目，禁止投资。投资管理部门不予审批、核准或备案，各金融机构不得发放贷款，土地管理、城市规划和建设、环境保护、质检、消防、海关、工商等部门不得办理有关手续。凡违反规定进行投融资建设的，要追究有关单位和人员的责任。

对属于限制类的现有生产能力，允许企业在一定期限内采取措施改造升级，金融机构按信贷原则继续给予支持。国家有关部门要根据产业结构优化升级的要求，遵循优胜劣汰的原则，实行分类指导。

第十九条 对淘汰类项目，禁止投资。各金融机构应停止各种形式的授信支持，并采取措施收回已发放的贷款；各地区、各部门和有关企业要采取有力措施，按规定限制淘汰。在淘汰期限内国家价格主管部门可提高供电价格。对国家明令淘汰的生产工艺技术、装备和产品，一律不得进口、转移、生产、销售、使用和采用。

对不按期淘汰生产工艺技术、装备和产品的企业，地方各级人民政府及有关部门要依据国家有关法律法规责令其停产或予以关闭，并采取妥善措施安置企业人员、保全金融机构信贷资产安全等；其产品属实行生产许可证管理的，有关部门要依法吊销生产许可证；工商行政管理部门要督促其依法办理变更登记或注销登记；环境保护管理部门要吊销其排污许可证；电力供应企业要依法停止供电。对违反规定者，要依法追究直接责任人和有关领导的责任。

第四章 附 则

第二十条 本规定自发布之日起施行。原国家计委、国家经贸委发布的《当前国家重点鼓励发展的产业、产品和技术目录（2000年修订）》、原国家经贸委发布的《淘汰落后生产能力、工艺和产品的目录（第一批、第二批、第三批）》和《工商投资领域制止重复建设目录（第一批）》同时废止。

第二十一条 对依据《当前国家重点鼓励发展的产业、产品和技术目录（2000年修订）》执行的有关优惠政策，调整为依据《产业结构调整指导目录》鼓励类目录执行。外商投资企业的设立及税收政策等执行国家有关外商投资的法律、行政法规规定。

国务院关于加强文化遗产保护的通知

2005年12月22日 国发［2005］42号

各省、自治区、直辖市人民政府，国务院各部委、各直属机构：

我国是历史悠久的文明古国。在漫长的岁月中，中华民族创造了丰富多彩、弥足珍贵的文化遗产。党中央、国务院历来高度重视文化遗产保护工作，在全社会的共同努力下，我国文化遗产保护取得了明显成效。与此同时，也应清醒地看到，当前我国文化遗产保护面临着许多问题，形势严峻，不容乐观。为了进一步加强我国文化遗产保护，继承和弘扬中华民族优秀传统文化，推动社会主义先进文化建设，国务院决定从2006年起，每年六月的第二个星期六为我国的“文华遗产日”。现就加强文化遗产保护有关问题通知如下：

一、充分认识保护文化遗产的重要性和紧迫性

文化遗产包括物质文化遗产和非物质文化遗产。物质文化遗产是具有历史、艺术和科学价值的文物，包括古遗址、古墓葬、古建筑、石窟寺、石刻、壁画、近代现代重要史迹及代表性建筑等不可移动文物，历史上各时代的重要实物、艺术品、文献、手稿、图书资料等可移动文物；以及在建筑式样、分布均匀或与环境景色结合方面具有突出普遍价值的历史文化名城（街区、村镇）。非物质文化遗产是指各种以非物质形态存在的与群众生活密切相关、世代相承的传统文化表现形式，包括口头传统、传统表演艺术、民俗活动和礼仪与节庆、有关自然界和宇宙的民间传统知识和实践、传统手工艺技能等以及与上述传统文化表现形式相关的文化空间。

我国文化遗产蕴含着中华民族特有的精神价值、思维方式、想象力，体现着中华民族的生命力和创造力，是各民族智慧的结晶，也是全人类文明的瑰宝。保护文化遗产，保持民族文化的传承，是连结民族情感纽带、增进民族团结和维护国家统一及社会稳定的重要文化基础，也是维护世界文化多样性和创造性，促进人类共同发展的前提。加强文化遗产保护，是建设社会主义先进文化，贯彻落实科学发展观和构建社会主义和谐社会的必然要求。

文化遗产是不可再生的珍贵资源。随着经济全球化趋势和现代化进程的加快，我国的文化生态正在发生巨大变化，文化遗产及其生存环境受到严重威胁。不少历史文化名城（街区、村镇）、古建筑、古遗址及风景名胜区整体风貌遭到破坏。文物非法交易、盗窃和盗掘古遗址古墓葬以及走私文物的违法犯罪活动在一些地区还没有得到有效遏制，大量珍贵文物流失境外。由于过度开发和不合理利用，许多重要文化遗产消亡或失传。在文化遗存相对丰富的少数民族聚居地区，由于人们生活环境和条件的变迁，民族或区域文化特色消失加快。因此，加强文化遗产保护刻不容缓。地方各级人民政府和有关部门要从对国家和历史负责的高度，从维护国家文化安全的高度，充分认识保护文化遗产的重要性，进一步增强责任感和紧迫感，切实做好文化遗产保护工作。

二、加强文化遗产保护的指导思想、基本方针和总体目标

（一）指导思想：坚持以邓小平理论和“三个代表”重要思想为指导，全面贯彻和落实科学发展观，加大文化遗产保护力度，构建科学有效的文化遗产保护体系，提高全社会文化遗产保护意识，充分发挥文化遗产在传承中华文化，提高人民群众思想道德素质和科学文化素质，增强民族凝聚力，促进社会主义先进文化建设和构建社会主义和谐社会中的重要作用。

（二）基本方针：物质文化遗产保护要贯彻“保护为主、抢救第一、合理利用、加强管理”的方针。非物质文化遗产保护要贯彻“保护为主、抢救第一、合理利用、传承发展”的方针。坚持保护文化遗产的真实性和完整性，坚持依法和科学保护，正确处理经济社会发展与文化遗产保护的关系，统筹规划、分类指导、突出重点、分步实施。

（三）总体目标：通过采取有效措施，文化遗产保护得到全面加强。到2010年，初步建立比较完备的文化遗产保护制度，文化遗产保护状况得到明显改善。到2015年，基本形成较为完善的文化遗产保护体系，具有历史、文化和科学价值的文化遗产得到全面有效保护；保护文化遗产深入人心，成为全社会的自觉行动。

三、着力解决物质文化遗产保护面临的突出问题

（一）切实做好文物调查研究和不可移动文物保护规划的制定实施工作。加强文物资源调查研究，并依法登记、建档。在认真摸清底数的基础上，分类制定文物保护规划，认真组织实施。国务院文物行政部门要统筹安排世界文化遗产、全国重点文物保护单位保护规划的编制工作，省级人民政府具体组织编制，报国务院文物行政部门审查批准后公布实施。国务院文物行政部门要对规划实施情况进行跟踪监测，检查落实。要及时依法划定文物保护单位的保护范围和建设控制地带，设立必要的保护管理机构，明确保护责任主体，建立健全保护管理制度。其他不可移动文物也要依据文物保护法的规定制定保护规划，落实保护措施。坚决避免和纠正过度开发利用文化遗产，特别是将文物作为或变相作为企业资产经营的违法行为。

（二）改进和完善重大建筑工程中的文物保护工作。严格执行重大建设工程项目审批、核准和备案制度。凡涉及文物保护事项的基本建设项目，必须依法在项目批准前征求文物行政部门的意见，在进行必要的考古勘探、发掘并落实文物保护措施以后方可实施。基本建设项目中的考古发掘要充分考虑文物保护工作的实际需要，加强统一管理，落实审批和监督责任。

（三）切实抓好重点文物维修工程。统筹规划、集中资金，实施一批文物保护重点工程，排除重大文物险情，加强对重要濒危文物的保护。实施保护工程必须确保文物的真实性，坚决禁止借保护文物之名行造假古董之实。要对文物“复建”进行严格限制，把有限的人力、物力切实用到对重要文物、特别是重大濒危文物的保护项目上。严格工程管理，落实文物保护工程队伍资质制度，完善从业人员管理制度，建立健全各类文物保护技术规范，确保工程质量。

（四）加强历史文化名城（街区、村镇）保护。进一步完善历史文化名城（街区、村镇）的申报、评审工作。已确定为历史文化名城（街区、村镇）的，地方人民政府要认真制定保护规划，并严格执行。在城镇化过程中，要切实保护好历史文化环境，把保护优秀的乡土建筑等文化遗产作为城镇化发展战略的重要内容，把历史名城（街区、村镇）保护规划纳入城乡规划。相关重大建设项目，必须建立公示制度，广泛征求社会各界意见。国务院有关部门要对历史文化名城（街区、村镇）的保护状况和规划实施情况进行跟踪监测，及时解决有关问题；历史文化名城（街区、村镇）的布局、环境、历史风貌等遭到严重破坏的，应当依法取消其称号，并追究有关人员的责任。

（五）提高馆藏文物保护和展示水平。高度重视博物馆建设，加强对藏品的登记、建档和安全管理，落实藏品丢失、损毁追究责任制。实施馆藏文物信息化和保存环境达标建设，加大馆藏文物科技保护力度。提高陈列展览质量和水平，充分发挥馆藏文物的教育作用。加强博物馆专业人员培养，提高博物馆队伍素质。坚持向未成年人等特殊社会群体减、免费开放，不断提高服务质量和水平。

（六）清理整顿文物流通市场。加强对文物市场的调控和监督管理，依法严格把握文物流通市场准入条件，规范文物经营和民间文物收藏行为，确保文物市场健康发展。依法加强文物商店销售文物、文物拍卖企业拍卖文物的审核备案工作。坚决取缔非法文物市场，严厉打击盗窃、盗掘、走私、倒卖文物等违法犯罪活动。严格执行文物出入境审核、监管制度，加强鉴定机构队伍建设，严防珍贵文物流失。加强国际合作，对非法流失境外的文物要坚决依法追索。

四、积极推进非物质文化遗产保护

（一）开展非物质文化遗产普查工作。各地区要进一步做好非物质文化遗产的普查、认定和登记工作，全面了解和掌握非物质文化遗产资源的种类、数量、分布状况、生存环境、保护现状及存在的问题，及时向社会公布普查结果。3 年内全国基本完成普查工作。

（二）制定非物质文化遗产保护规划。在科学论证的基础上，抓紧制定国家和地区非物质文化遗产保护规划，明确保护范围，提出长远目标和近期工作任务。

（三）抢救珍贵非物质文化遗产。采取有效措施，抓紧征集具有历史、文化和科学价值的非物质文化遗产实物和资料，完善征集和保管制度。有条件的地方可以建立非物质文化遗产资料库、博物馆或展示中心。

（四）建立非物质文化遗产名录体系。进一步完善评审标准，严格评审工作，逐步建立国家和省、市、县非物质文化遗产名录体系。对列入非物质文化遗产名录的项目，要制定科学的保护计划，明确有关保护的责任主体，进行有效保护。对列入非物质文化遗产名录的代表性传人，要有计划地提供资助，鼓励和支持其开展传习活动，确保优秀非物质文化遗产的传承。

（五）加强少数民族文化遗产和文化生态区的保护。重点扶持少数民族地区的非物质文化遗产保护工作。对文化遗产丰富且传统文化生态保持较完整的区域，要有计划地进行动态的整体性保护。对确属濒危的少数民族文化遗产和文化生态区，要尽快列入保护名录，落实保护措施，抓紧进行抢救和保护。

五、明确责任，切实加强对文化遗产保护工作的领导

（一）加强领导，落实责任。地方各级人民政府和有关部门要将文化遗产保护列入重要议事日程，并纳入经济和社会发展计划以及城乡规划。要建立健全文化遗产保护责任制度和责任追究制度。成立国家文化遗产保护领导小组，定期研究文化遗产保护工作的重大问题，统一协调文化遗产保护工作。地方各级人民政府也要建立相应的文化遗产保护协调机构。要建立文化遗产保护定期通报制度、专家咨询制度以及公众和舆论监督机制，推进文化遗产保护工作的科学化、民主化。要充分发挥有关学术机构、大专院校、企事业单位、社会团体等各方面的作用，共同开展文化遗产保护工作。

（二）加快文化遗产保护法制建设，加大执法力度。加强文化遗产保护法律法规建设，推进文化遗产保护的法制化、制度化和规范化。积极推动《非物质文化遗产保护法》、《历史文化名城和历史文化街区、村镇保护条例》等法律、行政法规的立法进程，急取早日出台。抓紧制定和起草与文物保护法相配套的部门规章和地方性法规。抓紧研究制定保护文化遗产知识产权的有关规定。要严格依照保护文化遗产的法律、行政法规办事，任何单位或者个人都不得作出与法律、行政法规相抵触的决定；各级文物行政部门等行政执法机关有权依法抵制和制止违反有关法律、行政法规的决定和行为。严厉打击破坏文化遗产的各类违法犯罪行为，重点追究因决策失误、玩忽职守，造成文化遗产破坏、被盗或流失的责任人的法律责任。充实文化遗产保护执法力量，加大执法力度，做到执法必严，违法必究。因执法不力造成文化遗产受到破坏的，要追究有关执法机关和有关责任人的责任。

（三）安排专项资金，加强专业人才队伍建设。各级人民政府要将文化遗产保护经费纳入本级财政预算，保障重点文化遗产经费投入。抓紧制定和完善有关社会捐赠和赞助的政策措施，调动社会团体、企业和个人参与文化遗产保护的积极性。加强文化遗产保护管理机构和专业队伍建设，大力培养文化遗产保护和管理所需的各类专门人才。加强文化遗产保护科技的研究、运用和推广工作，努力提高文化遗产保护工作水平。

（四）加大宣传力度，营造保护文化遗产的良好氛围。认真举办“文化遗产日”系列活动，提高人民群众对文化遗产保护重要性的认识，增强全社会的文化遗产保护意识。各级各类文化遗产保护机构要经常举办展示、论坛、讲座等活动，使公众更多地了解文化遗产的丰富内涵。教育部门要将优秀文化遗产内容和文化遗产保护知识纳入教学计划，编入教材，组织参观学习活动，激发青少年热爱祖国优秀传统文化的热情。各类新闻媒体要通过开设专题、专栏等方式，介绍文化遗产和保护知识，大力宣传保护文化遗产的先进典型，及时曝光破坏文化遗产的违法行为及事件，发挥舆论监督作用，在全社会形成保护文化遗产的良好氛围。

与此同时，国务院有关部门也要切实研究解决自然遗产保护中存在的问题，加强自然遗产保护工作。

国务院关于深化农村义务教育经费保障机制改革的通知

2005年12月24日 国发［2005］43号

各省、自治区、直辖市人民政府，国务院各部委、各直属机构：

为贯彻党的十六大和十六届三中、五中全会精神，落实科学发展观，强化政府对农村义务教育的保障责任，普及和巩固九年义务教育，促进社会主义新农村建设，国务院决定，深化农村义务教育经费保障机制改革。现就有关事项通知如下：

一、充分认识深化农村义务教育经费保障机制改革的重大意义

农村义务教育在全面建设小康社会、构建社会主义和谐社会中具有基础性、先导性和全局性的重要作用。党中央、国务院历来高度重视农村义务教育事业发展，特别是农村税费改革以来，先后发布了《国务院关于基础教育改革与发展的决定》、《国务院关于进一步加强农村教育工作的决定》等一系列重要文件，确立了“在国务院领导下，由地方政府负责，分级管理，以县为主”的农村义务教育管理体制，逐步将农村义务教育纳入公共财政保障范围。各级人民政府按照新增教育经费主要用于农村的要求，进一步加大了对农村义务教育的投入力度，实施了国家贫困地区义务教育工程、农村中小学危房改造工程、国家西部地区“两基”攻坚计划、农村中小学现代远程教育工程、农村贫困家庭中小学生“两免一补”政策等，农村义务教育事业发展取得了显著成绩。

但是，我国农村义务教育经费保障机制方面，仍然存在各级政府投入责任不明确、经费供需矛盾比较突出、教育资源配置不尽合理、农民教育负担较重等突出问题，在一定程度上影响了“普九”成果的巩固，不利于农村义务教育事业健康发展，必须深化改革。特别是在建设社会主义新农村的新形势下，深化农村义务教育经费保障机制改革，从理顺机制入手解决制约农村义务教育发展的经费投入等问题，具有重大的现实意义和深远的历史意义。这是践行“三个代表”重要思想和执政为民的重要举措；是促进教育公平和社会公平，提高全民族素质和农村发展能力，全面建设小康社会和构建和谐社会的有力保证；是贯彻落实“多予少取放活”方针，进一步减轻农民负担，巩固和发展农村税费改革成果，推进农村综合改革的重要内容；是完善以人为本的公共财政支出体系，扩大公共财政覆盖农村范围，强化政府对农村的公共服务，推进基本公共服务均等化的必然要求；是科学、合理配置义务教育资源，完善“以县为主”管理体制，加快农村义务教育事业发展的有效手段。各地区、各有关部门必须进一步统一思想，提高认识，切实按照国务院的部署，扎扎实实把各项改革政策贯彻落实到位。

二、深化农村义务教育经费保障机制改革的主要内容

按照“明确各级责任、中央地方共担、

加大财政投入、提高保障水平、分步组织实施”的基本原则，逐步将农村义务教育全面纳入公共财政保障范围，建立中央和地方分项目、按比例分担的农村义务教育经费保障机制。中央重点支持中西部地区，适当兼顾东部部分困难地区。

（一）全部免除农村义务教育阶段学生学杂费，对贫困家庭学生免费提供教科书并补助寄宿生生活费。免学杂费资金由中央和地方按比例分担，西部地区为8∶2，中部地区为6∶4；东部地区除直辖市外，按照财力状况分省确定。免费提供教科书资金，中西部地区由中央全额承担，东部地区由地方自行承担。补助寄宿生生活费资金由地方承担，补助对象、标准及方式由地方人民政府确定。

（二）提高农村义务教育阶段中小学公用经费保障水平。在免除学杂费的同时，先落实各省（区、市）制订的本省（区、市）农村中小学预算内生均公用经费拨款标准，所需资金由中央和地方按照免学杂费资金的分担比例共同承担。在此基础上，为促进农村义务教育均衡发展，由中央适时制定全国农村义务教育阶段中小学公用经费基准定额，所需资金仍由中央和地方按上述比例共同承担。中央适时对基准定额进行调整。

（三）建立农村义务教育阶段中小学校舍维修改造长效机制。对中西部地区，中央根据农村义务教育阶段中小学在校生人数和校舍生均面积、使用年限、单位造价等因素，分省（区、市）测定每年校舍维修改造所需资金，由中央和地方按照5∶5比例共同承担。对东部地区，农村义务教育阶段中小学校舍维修改造所需资金主要由地方自行承担，中央根据其财力状况以及校舍维修改造成效等情况，给予适当奖励。

（四）巩固和完善农村中小学教师工资保障机制。中央继续按照现行体制，对中西部及东部部分地区农村中小学教师工资经费给予支持。省级人民政府要加大对本行政区域内财力薄弱地区的转移支付力度，确保农村中小学教师工资按照国家标准按时足额发放。

三、农村义务教育经费保障机制改革的实施步骤

农村义务教育经费保障机制改革，从2006年农村中小学春季学期开学起，分年度、分地区逐步实施。

（一）2006年，西部地区农村义务教育阶段中小学生全部免除学杂费；中央财政同时对西部地区农村义务教育阶段中小学安排公用经费补助资金，提高公用经费保障水平；启动全国农村义务教育阶段中小学校校舍维修改造资金保障新机制。

（二）2007年，中部地区和东部地区农村义务教育阶段中小学生全部免除学杂费；中央财政同时对中部地区和东部部分地区农村义务教育阶段中小学安排公用经费补助资金，提高公用经费保障水平。

（三）2008年，各地农村义务教育阶段中小学生均公用经费全部达到该省（区、市）2005年秋季学期开学前颁布的生均公用经费基本标准；中央财政安排资金扩大免费教科书覆盖范围。

（四）2009年，中央出台农村义务教育阶段中小学公用经费基准定额。各省（区、市）制定的生均公用经费基本标准低于基准定额的差额部分，当年安排50%，所需资金由中央财政和地方财政按照免学杂费的分担比例共同承担。

（五）2010年，农村义务教育阶段中小学公用经费基准定额全部落实到位。

农垦、林场等所属义务教育阶段中小学经费保障机制改革，与所在地区农村同步实施，所需经费按照现行体制予以保障。城市义务教育也应逐步完善经费保障机制，具体实施方式由地方确定，所需经费由地方承担。其中，享受城市居民最低生活保障政策家庭的义务教育阶段学生，与当地农村义务教育阶段中小学生同步享受“两免一补”政策；进城务工农民子女在城市义务教育阶段学校就读的，与所在城市义务教育阶段学生享受同等政策。

四、加强领导，确保落实

农村义务教育经费保障机机改革工作，涉及面广，政策性强，任务十分艰巨和紧迫。各地区、各有关部门必须从讲政治的高度，从全局出发充分认识深化农村义务教育经费保障机制改革的重大意义，周密部署，统筹安排，扎扎实实把各项改革政策贯彻落实到位。

（一）加强组织领导，搞好协调配合。地方各级人民政府要切实加强对农村义务教育经费保障机制改革工作的组织领导，“一把手”要亲自抓、负总责。各有关部门要加强协调，密切配合。要成立农村义务教育经费保障机制改革领导小组及办公室，负责各项组织实施工作。特别是要在深入调查研究、广泛听取各方面意见的基础上，按照本通知的要求，抓紧制定切实可行的实施方案。国务院有关部门要发挥职能作用，加强对农村义务教育经费保障机制改革工作的指导和协调。

（二）落实分担责任，强化资金管理。省级人民政府要负责统筹落实省以下各级人民政府应承担的经费，制订本省（区、市）各级政府的具体分担办法，完善财政转移支付制度，确保中央和地方各级农村义务教育经费保障机制改革资金落实到位。推进农村义务教育阶段学校预算编制制度改革，将各项收支全部纳入预算管理。健全预算资金支付管理制度，加强农村中小学财务管理，严格按照预算办理各项支出，推行农村中小学财务公开制度，确保资金分配使用的及时、规范、安全和有效，严禁挤占、截留、挪用教育经费。全面清理现行农村义务教育阶段学校收费政策，全部取消农村义务教育阶段学校各项行政事业性收费，坚决杜绝乱收费。

（三）加快推进教育综合改革。深化教师人事制度改革，依法全面实施教师资格准入制度，加强农村中小学编制管理，坚决清退不合格和超编教职工，提高农村中小学师资水平；推行城市教师、大学毕业生到农村支教制度。全面实施素质教育，加快农村中小学课程改革；严格控制农村中小学教科书的种类和价格，推行教科书政府采购，逐步建立教科书循环使用制度。建立以素质教育为宗旨的义务教育评价体系。促进教育公平，防止教育资源过度向少数学校集中。

（四）齐抓共管，强化监督检查。各级人民政府在安排农村义务教育经费时要切实做到公开透明，要把落实农村义务教育经费保障责任与投入情况向同级人民代表大会报告，并向社会公布，接受社会监督。各级财政、教育、物价、审计、监察等有关部门要加强对农村义务教育经费安排使用、贫困学生界定、中小学收费等情况的监督检查。各级人民政府要改进和加强教育督导工作，把农村义务教育经费保障机制改革和教育综合改革，作为教育督导的重要内容。通过齐抓共管，真正使农村义务教育经费保障机制改革工作成为德政工程、民心工程和阳光工程。

（五）加大宣传工作力度。地方各级人民政府和国务院有关部门要高度重视农村义务教育经费保障机制改革的宣传工作，制订切实可行的宣传方案，广泛利用各种宣传媒介、采取多种形式，向全社会进行深入宣传，使党和政府的这项惠民政策家喻户晓、深入人心，营造良好的改革环境，确保农村义务教育经费保障机制改革工作顺利进行。

中共中央办公厅　国务院办公厅
关于进一步推行政务公开的意见

2005 年 3 月 24 日　中办发［2005］12 号

为深入贯彻落实党的十六大和十六届四中全会精神，发展社会主义民主，保障人民群众的民主权利，提高依法行政水平，加强对行政权力的监督，经党中央、国务院同意，现就进一步推行政务公开提出如下意见。

一、提高对推行政务公开重要意义的认识

推行政务公开是实践“三个代表”重要思想，坚持立党为公、执政为民，加强党的执政能力建设的具体体现；是坚持和发展社会主义民主，建设社会主义政治文明，构建社会主义和谐社会的必然要求；是落实依法治国基本方略，推进依法行政，建设法治政府的重要举措；是建立健全惩治和预防腐败体系，形成行为规范、运转协调、公正透明、廉洁高效的行政管理体制的重要内容。

党中央、国务院对推行政务公开十分重视。党的十五大、十六大都明确提出要推行政务公开。2000 年 12 月，中共中央办公厅、国务院办公厅发出《关于在全国乡镇政权机关全面推行政务公开制度的通知》（中办发［2000］25 号），对乡（镇）政务公开作出部署，对县（市）级以上政务公开提出了要求。2004 年 3 月，国务院印发《全面推进依法行政实施纲要》（国发［2004］10 号），把行政决策、行政管理和政府信息的公开作为推进依法行政的重要内容。2005 年 1 月，党中央印发《建立健全教育、制度、监管并重的惩治和预防腐败体系实施纲要》（中发［2005］3 号），明确提出“健全政务公开、厂务公开、村务公开制度”。各地区各部门按照中央的要求，结合实际，狠抓落实，积极探索，不断创新，政务公开稳步推行，发展势头良好。政务公开的推行，拓宽了群众参政议政的渠道，加强了对政府行政行为的监督，推进了依法行政，密切了党群干部关系，促进了勤政廉政建设，得到人民群众的拥护和支持。

当前，政务公开工作与完善社会主义市场经济体制、推进社会主义民主法制建设的要求一些方面还不能完全适应，主要是：有的领导干部对政务公开的重要性认识不足，推行政务公开的力度不够；一些行政机关工作人员依法行政的观念和政务公开的意识还比较淡薄，依法行政的能力和水平有待进一步提高；有的地区和部门政务公开制度不健全，程序不规范，工作不落实，甚至存在形式主义倾向。这些问题在一定程度上影响了政务公开工作的落实，妨碍了人民群众知情权、参与权和监督权的行使。社会主义民主政治的不断发展和依法行政的全面推进，对政务公开工作提出了更高的要求，各级领导干部和行政机关工作人员要切实提高对进一步推行政务公开重要意义的认识，以与时俱进、求真务实的精神，进一步把政务公开工作抓紧抓好。

二、明确推行政务公开的指导思想、基本原则和工作目标

推行政务公开要以邓小平理论和“三个

代表”重要思想为指导，深入贯彻党的十六大、十六届四中全会和《全面推进依法行政实施纲要》精神，以保障人民群众的民主权利、维护人民群众的根本利益为出发点和落脚点，提高行政机关行政行为的透明度和办事效率，切实加强对行政权力的监督，推动行政管理体制改革，促进依法行政，更好地为改革发展稳定的大局服务。

推行政务公开要坚持严格依法、全面真实、及时便民的原则。要严格按照法律法规和有关政策规定，对各类行政管理和公共服务事项，除涉及国家秘密和依法受到保护的商业秘密、个人隐私之外，都要如实公开。要按照规定的制度和程序，对应该公开的事项，采用方便、快捷的方式及时公开。

推行政务公开的工作目标，要与深化行政管理体制改革和全面推进依法行政、建设法治政府的目标和进程相一致。经过不懈努力，使政务公开成为各级政府施政的一项基本制度，政府工作透明度不断提高，政府与群众沟通的渠道更加畅通，人民群众的知情权、参与权和监督权等民主权利得到切实保障。

三、进一步推行政务公开的主要任务、重点内容和形式

进一步推行政务公开要统筹规划，突出重点，切合实际，稳步实施。要适应经济社会发展和社会主义民主法制建设的要求，明确政务公开的内容和形式，增强政务公开的针对性和有效性。

各地区各部门要结合实际，确定进一步推行政务公开的主要任务。乡（镇）要继续贯彻中办发［2000］25号文件精神，切实把各项要求落到实处。县（市）和市（地）级行政机关要规范和完善政务公开的内容、程序、形式和监督保障措施，全面推行政务公开；省级人民政府及其工作部门和国务院各部门要明确政务公开的内容和形式，并加强对本地区本系统政务公开工作的规划和指导。

要把人民群众普遍关心、涉及人民群众切身利益的问题作为政务公开的重点内容，围绕行政主体基本情况和行政决策、执行、监督的程序、方法、结果等事项，不断拓展政务公开的内容。乡（镇）要重点公开其贯彻落实中央有关农村工作政策，以及财政、财务收支，各类专项资金、财政转移支付资金使用，筹资筹劳等情况。县（市）、市（地）要重点公开本地区城乡发展规划，财政预决算报告，重大项目审批和实施，行政许可事项办理，政府采购，征地拆迁和经营性土地使用权出让，矿产资源开发和利用，税费征收和减免政策的执行，突发公共事件的预报、发生和处置等情况。省级人民政府及其工作部门要重点公开地区本部门经济建设和社会发展的相关政策与总体规划，财政预决算报告，行政许可事项的设定、调整、取消以及行政许可事项办理，国有企业重组改制、产权交易等情况。国务院各部门要结合实际，确定公开的重点内容。各地区各部门要编制本地区本系统政务公开内容的详细目录，分类向社会或在单位内部公开。

要完善政府新闻发布制度，通过政府新闻发布会定期发布政务信息；继续通过政府公报、政务公开栏、公开办事指南和其他形式公开政务；充分利用报刊、广播、电视、网络等媒体，发挥其在政务公开中的作用；积极探索通过社会公示、听证和专家咨询、论证以及邀请人民群众旁听政府有关会议等形式，对行政决策的过程和结果予以公开；通过各类综合或专项行政服务中心，对行政许可、公共服务等事项予以公开；加强政府网站建设，推进电子政务，逐步扩大网上审批、查询、交费、办证、咨询、投诉、求助等服务项目的范围，为人民群众提供快捷、方便的服务。

四、建立健全政务公开的法规制度

要加强制度建设，严格按制度办事，保障政务公开规范运行。要积极探索和推进政务公开的立法工作，抓紧制定《政府信息公开条例》。条件成熟的地区和部门要研究制定地方性法规或规章，逐步把政务公开纳入法制化轨

道。

要建立健全主动公开和依申请公开制度。对于应当让社会公众广泛知晓或参与的事项，要及时主动向社会公开。暂时不宜公开或不能公开的，要报上级主管机关备案。公开事项如变更、撤销或终止，要及时公布并做出说明。对于只涉及部分人和事的事项，要按照规定程序，向申请公开，确实不能公开的要及时做好解释说明工作。

要建立健全政务公开评议制度。把政务公开纳入社会评议政风、行风的范围，组织人民群众对政务公开的内容是否真实、准确、全面，时间是否及时，程序是否符合规定，制度是否落实到位等进行评议。

要建立健全政务公开责任追究制度，明确政务公开工作各部门和单位的责任。对工作不力、搞形式主义的，要严肃批评，限期整改；对弄虚作假、侵犯群众民主权利、损害群众合法利益、造成严重后果的，要严肃查处。

五、切实加强对政务公开工作的组织领导

各级党委和政府要高度重视政务公开工作，切实加强领导，把政务公开工作列入议事日程，研究和解决工作中的重要问题。各地区各部门要设立政务公开工作领导机构及其办事机构，指导、协调政务公开的各项工作。地方各级人民政府和国务院各部门以及法律法规授权或行政机关依法委托行使行政权力的组织，是实施政务公开的责任主体。实行垂直领导和双重领导的部门，要按照本系统的要求，在当地党委和政府的领导下开展政务公开工作。要加强对行政机关工作人员的培训，为推行政务公开提供智力和技术支持。要加强宣传教育，营造推行政务公开的氛围，引导人民群众正确行使民主权利，参与政务公开的实践活动。

地方各级人民政府和国务院各部门要自觉接受同级人大及其常委会和政协对政务公开工作的监督；认真听取群众团体和人民群众对政务公开的意见和建议，接受人民群众和新闻媒体的监督。上级行政机关要加强对下级行政机关政务公开工作的层级监督。监察、审计等机关要按照各自的职责，对政务公开工作实行专门监督。要把政务公开作为行政机关目标考核的重要内容，各地区各部门要制定具体考核办法，明确考核标准，定期考评检查，促进政务公开工作的落实。

中共中央办公厅　国务院办公厅
关于进一步加强农村文化建设的意见

2005年11月7日　中办发［2005］27号

为贯彻落实党的十六大和十六届三中、四中、五中全会精神，促进农村文化和经济、政治、社会协调发展，经党中央、国务院领导同志同意，现就进一步加强农村文化建设提出如下意见。

一、充分认识加强农村文化建设的重要性和紧迫性

1. 解决好农业、农村和农民问题，是全党和全国工作的重中之重。加强农村文化建设，是全面建设小康社会的内在要求，是树立和落实科学发展观、构建社会主义和谐社会的重要内容，是建设社会主义新农村、满足广大农民群众多层次多方面精神文化需求的有效途径，对于提高党的执政能力和巩固党的执政基础，促进农村经济发展和社会进步，实现农村物质文明、政治文明和精神文明协调发展，具有重大意义。

2. 近年来，党和政府高度重视农村文化建设，采取一系列政策措施，着力推进重点文化工程建设，组织开展形式多样的农村文化活动，积极培育农村文化市场，广泛开展文化科技卫生“三下乡”，农民群众精神文化生活得到改善，农村文化建设呈现较好的发展局面。同时也要看到，农村文化建设与全面建设小康社会的目标要求还不相适应，与经济社会的协调发展还不相适应，与农民群众的精神文化需求还不相适应，主要问题是文化基础设施落后，现有资源尚未得到有效利用，文化体制不顺、机制不活，文化产品、文化服务供给不足，文化活动相对贫乏，城乡文化发展水平差距较大。这种状况必须引起高度重视，迫切需要采取有效措施，切实加以改变。

二、农村文化建设的指导思想和目标任务

3. 农村文化建设要坚持以邓小平理论和“三个代表”重要思想为指导，树立和落实科学发展观，全面贯彻党的十六大和十六届三中、四中、五中全会精神，始终把握社会主义先进文化的前进方向，努力满足广大农民群众多层次多方面精神文化需求。要坚持“多予少取放活”，加大政府投入，调整资源配置，深化体制改革，加强文化基础设施建设，构建公共文化服务体系，实现和保障农民群众的基本文化权益。发挥市场机制作用，加强政策调控，积极发展文化产业，充分调动社会各方面力量参与农村文化建设，提供更多更好的文化产品和服务。大力发展先进文化，支持健康有益文化，改造落后文化，抵制腐朽文化，倡导科学、文明，克服愚昧、落后，促进农村物质文明、政治文明，精神文明协调发展。

4. 农村文化建设的目标任务是，按照建设社会主义新农村的要求，经过5年的努力，基本形成适应社会主义市场经济体制、符合社会主义精神文明建设规律的农村文化建设新格局。县、乡、村文化基础设施相对完备，公共文化服务切实加强。农村文化工作体制机制逐步理顺，现有文化资源得到有效利用。文化队伍不断壮大，农民自办文化更加活跃。文化产业较快发展，看书难、看戏难、看电影难、收听收看广播电视难的问题基本解决。农村文明程度和农民整体素质有所提高，文化在促进农村生产发展、生活宽裕、乡风文明、村容整洁、管理民主等方面发挥重要作用。

三、加强农村公共文化建设

5. 大力推进广播电视进村入户。以提高中央台和省台广播电视节目入户率为重点，采取多种技术手段，加大实施广播电视村村通工程的力度，争取到2010年基本实现20户以上的已通电自然村全部通广播电视。重视完善和发挥现有无线转播台站的作用，利用无线、有线和卫星等多种技术手段，力争使农民群众收听收看到套数更多、质量更好的广播电视节目。中央财政对中部地区国家扶贫开发工作重点县和西部地区村村通的建设给予适当的基建投资支持，对新疆、西藏、内蒙古、宁夏和青海、甘肃、云南、四川藏区的村村通工程运行维护给予适当的经费补助。西新工程要继续重点解决好新疆、西藏等老少边穷地区广播电视覆盖和少数民族语言译制等问题。完善农村广播电视公共服务覆盖体系，做好农村接收广播电视的服务工作，积极探索适合当地实际的运行服务机制，确保村村通长期有效运行。

6. 积极发展农村电影放映。继续实施农村电影数字化放映“2131”工程，加大专项资金投入，重点做好配送电影流动放映车和电影拷贝工作，丰富农村电影片源。加强农村中小学爱国主义教育影片和农村科教影片的放映。采取定点、流动、录像放映等多种形式，积极探索农村电影放映的新方法新模式，到2010年基本实现全国农村一村一月放映一场

电影的目标。加强农村影院的更新改造，增加农村电影固定放映点。推广电影数字放映技术，在农村逐步实现由胶片放映向数字放映的转变。

7. 开展农村数字化文化信息服务。加快全国文化信息资源共享工程建设。积极发展文化信息资源共享工程农村基层服务点，重点支持边远贫穷地区乡镇、村基层服务点建设。文化信息资源共享工程要与农村文化设施建设统筹规划，综合利用，使县文化馆、图书室和乡综合文化站、村文化活动室逐步具备提供数字化文化信息服务的能力。要依托农村党员干部现代远程教育和农村中小学现代远程教育网络，以共建方式发展基层服务点。

8. 推动服务“三农”的出版物出版发行。实施服务“三农”重点出版物出版工程，出版单位选题规划要向农村倾斜，重点支持和培育一批服务“三农”为主的出版单位，增加农民群众买得起、读得懂、用得上的通俗读物的品种和数量。发展农民书社等农民自助读书组织，为农民群众读书提供方便。继续实施送书下乡工程。以政府采购形式，每年集中招标采购一批适用于农村的图书，直接配送到国家扶贫开发工作重点县的乡村文化站（室），方便农民群众阅读。改进报刊订阅发行工作，缩短发送时间，使农民群众及时看到报刊。

9. 加强乡村文化设施建设。坚持以政府为主导，以乡镇为依托，以村为重点，以农户为对象，发展县、乡镇、村文化设施和文化活动场所，构建农村公共文化服务网络。到2010年，实现县有文化馆、图书馆，乡镇有综合文化站，行政村有文化活动室。县文化馆要具备综合性功能，图书馆要加强数字化建设。乡镇可结合乡镇机构改革和站（所）整合，组建集图书阅读、广播影视、宣传教育、文艺演出、科技推广、科普培训、体育和青少年校外活动等于一体的综合性文化站，配备专职人员管理。村文化活动室可“一室多用”，明确由一名村干部具体负责。在学校布点整顿中腾出的闲置校舍，可改造为村文化活动基地。充分发挥农村中小学在开展农村文化活动方面的作用，提倡中小学图书室、电子阅览室定时就近向农民群众开放，把中小学校建成宣传、文化、信息中心。对西部及其他老少边穷等地广人稀适宜开展流动服务的地区，由政府给乡文化站配备多功能流动文化车，开展灵活、多样、方便的文化服务。

10. 加大文化资源向农村的倾斜。对重要的公共文化资源进行合理调整，逐步增加为农村服务的资源总量。《人民日报》要加大农村和农业报道的份量，逐步创造条件开办农村版。《农民日报》等专门面向农村的报刊要不断提高质量，坚持为“三农”服务的方向。中央人民广播电台、中央电视台增加农村节目、栏目和播出时间。农业大省的省级党报要开设农村版，电台、电视台要开办农村频率、频道。有条件的省级党报和电台、电视台也可开办专门的农村版和农村频率、频道。市（地）党报和市（地）县广播电台、电视台要把面向基层、服务“三农”作为主要任务。

四、丰富农民群众精神文化生活

11. 开展多种形式的群众文化活动。农村文化活动要贴近群众生产生活实际，坚持业余自愿、形式多样、健康有益、便捷长效原则，丰富和活跃农民群众精神文化生活。充分利用农闲、节日和集市，组织花会、灯会、赛歌会、文艺演出、劳动技能比赛等活动。紧密结合农民脱贫致富的需求，倡导他们读书用书、学文化、学技能，普及先进实用的农业科技知识和卫生保健常识。以创建文明村镇、文明户等为载体，积极引导广大农民群众崇尚科学，破除迷信，移风易俗，抵制腐朽文化，提高思想道德水平和科学文化素质，形成文明健康的生活方式和社会风尚。根据时代的特点和农民群众精神文化需求的变化，不断充实活动内涵，创新活动形式。

12. 着力发展农村特色文化。加强对农村优秀民族民间文化资源的系统发掘、整理和保护。授予秉承传统、技艺精湛的民间艺人

“民间艺术大师”、“民间工艺大师”等称号，开展“民间艺术之乡”、“特色艺术之乡”命名活动。对农村传统文化生态保持较完整并具有特殊价值的村落或特定区域进行动态整体性保护，逐步建立科学有效的民族民间文化遗产传承机制。积极开发具有民族传统和地域特色的剪纸、绘画、陶瓷、泥塑、雕刻、编织等民间工艺项目，戏曲、杂技、花灯、龙舟、舞狮舞龙等民间艺术和民俗表演项目，古镇游、生态游、农家乐等民俗旅游项目。实施特色文化品牌战略，培育一批文化名镇、名村、名园、名人、名品。

13. 提供更多更好的农村题材文化产品。加强选题规划和内容建设，把农村题材纳入舞台艺术生产、电影和电视剧制作、各类书刊和音像制品出版计划，保证农村题材文艺作品在出品总量中占一定比例。宣传文化领域的有关专项资金要加大对农村题材重点选题的资助力度，每年推出一批反映当代农村生活、农民喜闻乐见的文艺精品。购买适合农村需要的优秀剧本版权，免费供给基层艺术团体使用、改编并为农民群众演出。全国性文艺出版评奖要安排一定数额，用于奖励反映农民生活的优秀文艺作品。报刊、电台、电视台对优秀农村题材文艺作品，在刊发、播出、宣传评介等方面给予重点支持。

五、创新农村文化建设的体制和机制

14. 加快公益性文化事业单位改革。县级文化馆、图书馆的改革主要是增加投入，转换机制，增强活力，提高公共服务水平。深化劳动、人事、分配等方面的内部改革，建立健全竞争、激励、约束机制和岗位目标责任制，全面实行聘用制和劳动合同制。县文化馆、图书馆、乡镇综合文化站等属于公益性事业单位，不得企业化或变相企业化，不得以拍卖、租赁等任何形式，改变其文化设施的用途；已挪作他用的，要限期收回。县、乡文化机构要面向农村，面向基层，制订年度农村公益性文化项目实施计划，明确服务规范，改进服务方式，开展流动文化服务，加强对农村文化骨干和文化中心户的免费培训辅导，扶持奖励民办文化。

15. 逐步推动经营性国有文化事业单位转企改制。根据试点先行、稳步推进的原则，推动基层国有艺术团体、电影公司、电影院、新华书店等经营性国有文化事业单位转企改制。转制企业按现行文化体制改革试点工作有关配套政策内容，给予3年财政税收、社会保障、劳动人事等方面的优惠政策。加快产权制度改革，积极鼓励社会资本参与经营性文化事业单位的股份制改造，实现投资主体多元化。鼓励艺术团体以各种形式和企业合作。鼓励电影公司、电影院以“院线制”形式、新华书店以连锁经营形式，在更大范围内进行文化资源整体，提高经营能力。

16. 大力发展农村民办文化。通过民办公助、政策扶持，鼓励农民自办文化，开展各种面向农村、面向农民的文化经营活动，使农民群众成为农村文化建设的主体。积极扶持热心文化公益事业的农户组建文化大院、文化中心户、文化室、图书室等，允许其以市场运作的方式开展形式多样的文化活动。支持农民群众自筹资金、自己组织、自负盈亏、自我管理，兴办农民书社、集（个）体放映队等，大力扶持民间职业剧团和农村业余剧团的发展。引导文化专业户相互联合，进行市场化运作，逐步向个体、私营等非公有制文化企业发展，开发文化资源，变资源优势为产业优势。扶持以公司加农户、专业加工户等形式，从事农村特色文化产品开发和文化服务，促进农村文化产业发展。有关行政部门要简化对农村个体、私营等非公有制文化企业的登记审核程序，在土地使用、信贷、行业政策等方面，与国有文化企业享受同等待遇。鼓励社会资本在政策范围内，以各种形式兴办文化实体，形成以公有制为主体、多种所有制共同发展的文化产业格局。

17. 加强对拓宽农村文化市场的政策调控。按照普遍服务原则，运用市场准入、资格认定、价格调节、财税优惠等政策，引导各类市场主体在出版物发行、电影放映、文艺表演、网络服务等领域，积极开发农村文化市场。重点推动面向大众的文化产品和服务进入中西部和老少边穷的农村地区。通过各种有效的调控，把发挥市场机制积极作用和构建公共文化服务体系有机结合起来，努力使广大农民群众享有更加充分、质优价廉的文化产品和服务。

18. 探索农村文化设施运行管理新机制新办法。统筹文化、教育、科技、体育和青少年、老年活动场所的规划建设和综合利用，努力做到相关设施能够共建共享，着力解决农村文化设施分散、使用效率不高的问题。对电影院、剧院等设施，在确保其功能不变的前提下，鼓励其进入大型文化企业集团，也可以实行所有权与经营权相分离的运营模式，采取公办民营、公开招标、委托经营的方式，更好地提供文化服务。机关、学校内部的文化设施，有条件的要采取多种方式对农民群众开放。

19. 规范农村文化市场。坚持一手抓繁荣、一手抓管理的方针，大力加强农村文化市场管理，营造扶持健康文化、抵制腐朽文化的社会环境。加强和充实县级文化市场行政执法队伍，充分发挥乡镇综合文化站监管作用，健全农村文化市场管理体系，加强执法力量，加大监管力度，提高执法水平。整顿和规范市场秩序，严厉打击违法违规活动，取缔无证经营。重点加强对演出娱乐、电影放映、出版物印刷和销售、网吧等方面管理，坚决打击传播色情、封建迷信等违法活动，确保农村文化市场健康有序发展。

六、动员社会力量支持农村文化建设

20. 继续开展文化科技卫生“三下乡”、文化对口支援活动。积极探索“三下乡”活动的长效机制。对重要项目和产品采取财政补贴，以政府采购的方式，直接送到农村。充分发挥流动文化车、文化小分队的作用，使“三下乡”活动小型化、经常化，努力做到灵活多样、行之有效。鼓励和组织专业文化工作者到农村辅导群众文化活动。把农村文化建设纳入对口扶贫计划，建立和完善东部地区对西部地区、发达地区对欠发达地区、城市对农村的文化援助机制，支援农村文化建设。

21. 积极引导社会力量捐助农村文化事业。重点捐助文化站（室）、图书室等农村文化基础设施建设以及农村公益性文化实体和文化活动。动员城市单位和居民以各种方式捐赠电视机、收音机、计算机和农民群众需要的图书杂志、音像电子出版物等，可由捐助者直接交付农村，也可由民政部门、人民团体和有关民间组织负责组织发送。鼓励权利人许可基层文化单位无偿使用其作品或录音录像制品。社会力量通过依法成立的非营利公益性组织或国家机关向农村文化事业的捐赠，纳入公益性捐赠范围，按税法的有关规定税前扣除。对贡献突出的单位和个人，给予表彰和奖励。

22. 积极组织开展农村文化服务活动。在“大学生志愿服务西部计划”和“高校毕业生到农村服务计划”中增加农村文化服务的内容，鼓励应届大学毕业生深入广大农村从事文化信息传播、活动组织、人员培训等活动。有关部门应根据实际情况及时研究解决因增加农村文化服务内容而需要扩大人员规模和经费等问题，确保农村文化服务活动的顺利开展。

七、加强对农村文化建设的组织领导

23. 高度重视农村文化建设。各级党委和政府对加强农村文化建设负有重要责任。要把农村文化建设纳入各级党委和政府的重要议事日程，纳入经济和社会发展规划，纳入财政支出预算，纳入扶贫攻坚计划，纳入干部晋升考核指标，确保农村文化建设各项目标任务的实现。建立农村文化建设目标责任制，把农村文化工作列入创建文化先进县（市）、乡镇和创建文明城市、文明村镇等相关评价体系。建立健全基层文化单位的评价机制，将服务农村、服务农民情况作为文化单位工作的重要考核内容。推动农村文化建设的法制化、规范化、制度化。

24. 切实加大政府投入力度。各级财政要统筹规划，加大对农村文化建设的投入，扩大公共财政覆盖农村的范围，不断提高用于乡镇和村的比例。保证一定数量的中央转移支付资金用于乡镇和村的文化建设。中央和省、市三级设立农村文化建设专项资金，确保农村重点文化建设的资金需求。提高财政资金的使用效益。

25. 加强农村文化队伍建设。采取有效措施，稳定和发展专兼职结合的农村文化队伍，逐步提高队伍的整体素质。根据相关法律法规的规定对农村文化事业单位的人员实行从业资格制度。鼓励高校毕业生到农村从事文化工作。采取多种形式，充分发挥专业艺术人员的积极性，加强农村文化队伍的教育培训。积极培养农民文化骨干，充分发挥民间艺人、文化能人在活跃农村文化生活、传承发展民族民间文化方面的作用，巩固农村文化建设的群众基础。注意发挥农村文化经纪人的作用。对作出突出贡献的农村文化单位和基层文化工作者予以表彰奖励，在全社会形成关心支持农村文化建设的良好氛围。

26. 落实有关部门责任。中央和国家机关有关部门要按照中央的统一部署，认真制订农村文化建设规划，因地制宜，分类指导，完善政策，明确措施，抓好各项工作的贯彻落实。建立党委、政府农村文化工作联席会议制度，明确各有关部门职责，密切协作、各负其责、齐抓共管、形成合力，共同做好农村文化工作。宣传文化部门要充分发挥主管部门的职能作用，搞好综合协调。群众团体要努力发挥在农村文化建设中的重要作用。有关部门对农村文化建设特点是重点文化工程，要加强专项监督检查。

各省（自治区、直辖市）、中央和国家机关有关部门要按照本意见的精神，结合实际，制定贯彻落实的具体措施。有关部门要加强对本意见贯彻执行情况的督促检查。

国务院办公厅转发财政部、教育部关于加快国家扶贫开发工作重点县“两免一补”实施步伐有关工作意见的通知

2005 年 2 月 18 日　国办发［2005］7 号

各省、自治区、直辖市人民政府，国务院各部委、各直属机构：

财政部、教育部《关于加快国家扶贫开发工作重点县“两免一补”实施步伐有关工作的意见》已经国务院同意，现转发给你们，请认真贯彻执行。

附件：

关于加快国家扶贫开发工作重点县“两免一补”实施步伐有关工作的意见

财政部 教育部

（2005年2月2日）

为贯彻落实《中共中央国务院关于进一步加强农村工作提高农业综合生产能力若干政策的意见》（中发［2005］1号）精神，从2005年春季学期起，中央对国家扶贫开发工作重点县的农村义务教育阶段贫困家庭学生全部免费发放教科书，地方政府对这些学生要相应落实免杂费、并逐步补助寄宿生生活费的责任。现就有关工作提出以下意见：

一、对农村义务教育阶段贫困家庭学生实行“两免一补”（免书本费、免杂费、补助寄生生活费）政策，并加快对国家扶贫开发工作重点县的实施步伐，体现了党中央、国务院对农村义务教育的高度重视和对农村困难群体的亲切关怀。认真落实好这项政策，对于促进农村税费改革，减轻农民负担，加快贫困地区脱贫致富步伐，巩固农村义务教育“以县为主”的管理体制，加快农村义务教育事业的发展，具有十分重要的意义。各级财政、教育部门要统一思想，提高认识，密切配合，采取有力措施，确保国家扶贫开发工作重点县农村义务教育阶段贫困家庭学生“两免一补”工作的顺利实施。

二、各地财政、教育部门要结合农村贫困人口的有关标准和农村贫困家庭学生就学的实际情况，制订科学合理的享受“两免一补”政策的贫困家庭学生标准，合理确定资助对象。“两免一补”资金不得用于城区、农村比较富裕家庭的学生，也不得平均分配、轮流享受。对国家扶贫开发工作重点县中的少数民族特别是人口较少民族地区、边境地区要予以重点支持。对符合计划生育政策的贫困家庭学生优先进行资助。中央免费教科书专项资金应统一纳入省级财政国库管理，实行分账核算，集中支付。

三、中央财政从2005年春季起将提高免费教科书补助标准，小学每学期每人35元、初中70元、特教35元。中央免费教科书的范围必须是国家规定课程必设科目的教科书，不包括地方课程教科书及各种辅助性教材。地方课程使用的教科书，由地方财政免费提供。对享受免费教科书的学生，学校及有关部门不得再向其收取任何教科书、教辅材料的费用，如发现收取此类费用，均作为乱收费行为进行处理。

四、中央免费教科书要实行政府采购制度，由省级教育、财政部门委托有资质的政府采取机构进行统一采购，降低出版、发行等环节的费用。节省的资金继续用于资助贫困家庭学生，使受助范围不断扩大。各地要根据教学实际需要和中央补助标准，合理确定免费教科书版本。凡通过政府采购等能够将价格压到补助标准之内的，可以选用彩色版教材，否则应选用黑白版或双色版教材。同一学校、同一年级教科书种类、版本要做到一致。

五、各地要严格实行资助政策公开、资助对象公示等制度，资助范围和工作程序要公开透明，接受群众等有关方面的监督。

六、各地要调整财政支出结构，在加大财政教育投入的同时，确保地方政府负责的免杂费和补助寄宿生生活费资金的落实。国家扶贫开发工作重点县免杂费资金由地方财政在上级财力性转移支付资金和自有资金中统筹安排，足额到位。2005 年年初预算已经安排免杂费和补助寄宿生生活费资金的地区，要优先用于国家扶贫开发工作重点县；尚未安排资金的，也要千方百计筹集资金，确保国家扶贫开发工作重点县免杂费和补助寄宿生生活费政策的落实。从 2005 年春季学期开始，凡享受中央免费教科书的国家扶贫开发工作重点县的农村义务教育阶段贫困家庭学生，地方政府必须同时免除杂费，免除杂费的标准要严格遵守“一费制”标准，并且不得再以任何名目向学生收取其他费用。各地要结合财力，逐步对贫困家庭寄宿生补助生活费，并在 2007 年底以前落实，补助形式和补助标准由地方根据当地实际情况具体确定。

七、各地要加强对“两免一补”工作的组织领导，财政部门和教育部门既要密切配合、加强协作，又要合理分工、明确责任，确保“两免一补”工作的顺利实施。财政部门主要负责分配管理中央免费教科书专项资金，筹集和管理地方免杂费和补助寄宿生生活费资金；会同教育部门确定贫困家庭学生的标准和范围，加强对资金使用的监督等。教育部门主要负责收集涉及“两免一补”政策的有关基础数据，组织确定资助对象，组织发放教科书；会同财政部门确定免费教科书种类、版本等。省级教育部门和财政部门负责组织免费教科书政府采购工作。

八、中央财政对于“两免一补”工作做得扎实、资金安排到位的省、自治区、直辖市，将通过中央对地方基础教育“以奖代补”专项资金给予奖励；对政策落实不到位的地区给予通报批评，性质严重的按规定通过相关财政手段处理。

国务院办公厅关于印发 2005 年全国整顿和规范市场经济秩序工作要点的通知

2005 年 3 月 30 日　国办发［2005］19 号

各省、自治区、直辖市人民政府，国务院各部委、各直属机构：

《2005 年全国整顿和规范市场经济秩序工作要点》已经国务院同意，现印发给你们，请认真贯彻执行。

附件：

2005 年全国整顿和规范市场经济秩序工作要点

根据国务院工作部署，2005 年全国整顿和规范市场经济秩序工作要按照树立和落实科学发展观、构建社会主义和谐社会的要求，继续紧紧围绕关系人民群众身体健康与生命安全和切身权益等突出问题，以食品药品专项整治、保护知识产权专项行动、打击商业欺诈专项行动为重点全面推进。

一、大力开展食品药品专项整治

（一）认真实施食品药品管理方面的法律法规，全面贯彻《国务院关于进一步加强食品安全工作的决定》（国发［2004］23 号），强化地方政府和监管部门对食品药品安全的监管责任，落实监管责任制和责任追究制，努力解决人民群众反映强烈的问题，尤其要在清理整顿食品加工小企业和儿童食品、农村食品市场整治方面取得明显成效。

（二）要切实加强对农村、城乡结合部、偏远地区等区域，八小时以外、节假日等特殊时段，小型、分散的生产经营单位的监管；加强对未成年人、农民和城市低收入者等群体合法权益的保护，保证人民群众饮食用药安全。

（三）要揭露和曝光制售假冒伪劣食品药品的违法犯罪行为，加强对优秀企业、优质产品的正面宣传，普及食品药品安全知识，增强人民群众的消费信心。

（四）具体工作安排，另行印发。

二、加强知识产权保护工作

（五）继续开展保护知识产权专项行动。专项行动延续到今年年底。要按照既定部署，一件一件做实做细。采取切实有力措施，加强协调配合，完善保护知识产权的工作制度，提高保护知识产权的能力和水平。今年内要完成地市一级政府部门办公软件正版化的任务，经济发达地区争取普及到县。国务院将对重点地区开展专项行动的情况进行督查。专项行动结束后，要认真总结，巩固成果。

（六）加大对侵犯知识产权犯罪行为的刑事处罚力度。依据保护知识产权法律法规和办理侵犯知识产权刑事案件的司法解释，严厉查处大要案，形成强大的威慑力。推进国际合作，共同打击和防范跨境侵犯知识产权违法犯罪行为。继续完善保护知识产权沟通协调和执法协作机制。

（七）做好知识产权权利人的权益保护工作。提高知识产权管理部门的行政能力，解决知识产权确权和保护工作中的突出问题，更好地为知识产权权利人服务。鼓励企业开发具有自主知识产权的核心技术，注册、使用自己的商标，培育和维护商标信誉，形成和增强以自有知识产权为核心的竞争力。

（八）加强对内教育和对外宣传。大力宣传我国保护知识产权的原则立场和取得的成绩，树立良好的国际形象。组织好 2005 年的“保护知识产权宣传周”。在“四五”普法总结验收中对知识产权法律法规宣传教育情况进行检查，在“五五”普法中继续把这方面的法律法规作为重要内容。发展知识产权专业教育，培养熟悉知识产权法律法规和国际惯例，具备实际工作能力的专门人才；加强对公务员、企业管理者、中介机构从业人员的相关培训。

三、严厉打击商业欺诈行为，净化市场环境

（九）重点是整治虚假违法广告尤其是虚假药品广告，打击非法行医和商贸活动中的商业欺诈行为，同时研究制定规范打击各种商业欺诈行为特别是以高额回报为诱饵非法敛财行为的措施和办法。具体行动方案，另行印发。

四、结合行业和地方特点，搞好其他专项整治

（十）严厉打击制售假冒伪劣种子、农药、肥料、饲料、兽药、农机及其配件、汽车配件、建材、卷烟和贩卖私盐等危害人民群众生命财产安全的违法犯罪行为。

（十一）严厉打击走私贩私和传销及变相传销违法犯罪行为。

（十二）推进依法治税，加强税收征管，开展重点稽查和专项整治，坚决打击虚开增值税发票和偷逃骗税违法犯罪行为。

（十三）加强金融监管，取缔地下钱庄和变相期货市场，打击洗钱违法犯罪行为。

（十四）继续抓好安全生产，开展土地、文化、房地产、建筑、建材等市场及价格秩序和矿产资源开采秩序专项整治。

（十五）各地区还要针对本地的突出问题开展专项整治。

五、探索治本之策，建立长效机制

（十六）完善法律法规和执法体制。适时提出制定、修改和废止有关规范市场经济秩序法律法规的建议。继续细化相关制度，完善行政执法机关与公安机关、司法机关的信息共享与案件移送机制，凡涉嫌构成犯罪、依法需要追究刑事责任的案件，行政执法机关应及时移送公安机关，检察机关要加强监督。积极探索和推行多种形式的综合行政执法，提高执法效率，解决多头执法、重复执法、执法扰民、执法争利等问题。运用现代技术强化执法手段，推进执法技术创新，加强执法能力建设。强化监管部门责任，加大责任追究力度，纠正和查处违法违规行政行为，查处在市场监管中失职渎职案件。切实防止并纠正执法不严、打击不力的行为，对内外勾结、玩忽职守、徇私枉法、纵容犯罪的执法人员，要依法严厉查处。

（十七）推进全国统一市场的形成。按照《国务院关于禁止在市场经济活动中实行地区封锁的规定》（国务院令第 303 号），依法撤销地方各级人民政府制定的排斥外地商品和服务、对本地商品和服务予以特殊保护的各种公文。把发展现代流通组织形式作为打破地区封锁的重要手段，培育一批具有较强竞争力的大型流通企业集团，实现连锁经营、物流配送的跨地区发展，促进商品和各种生产要素在全国范围内自由流动和充分竞争。

（十八）深入开展诚信宣传教育，推动社会信用体系建设。配合打击商业欺诈专项行动，开展全国范围的诚信兴商活动，普及信用知识，增强信用意识，营造诚实守信的社会氛围。进一步完善行政管理部门信用等级分类监管和信息共享制度，促进信用信息公开，推动企业和行业建立信用自律和风险防范制度，逐步形成失信惩戒机制。

（十九）加强基础建设，促进整规工作规范化、制度化。各地区、各有关部门要按时完成整规三年规划编制工作。加强整规队伍和机构建设，进一步落实整规工作的办事机构、人员编制和经费。各级整规办要配备专职工作人员；各级整规领导小组成员单位要进一步重视整规工作，加强领导，充实力量。完善联合督查、沟通协调、案件督办、新闻宣传、调查研究等工作制度。

国务院办公厅关于印发2005年全国食品药品专项整治工作安排的通知

2005年3月30日　国办发［2005］20号

各省、自治区、直辖市人民政府，国务院各部委、各直属机构：

《2005年全国食品药品专项整治工作安排》已经国务院同意，现印发给你们，请认真贯彻执行。

附件：

2005年全国食品药品专项整治工作安排

为全面落实《国务院关于进一步加强食品安全工作的决定》（国发［2004］23号），严格实施《药品管理法》等法律法规，依照2005年全国整顿和规范市场经济秩序工作要点，现将2005年食品药品专项整治工作安排如下：

一、食品专项整治工作安排

今年要以农村和城乡结合部为重点区域，以小作坊和无证照黑窝点为重点对象，抓好粮、肉、蔬菜、奶制品、豆制品、水产品、饮料、酒、儿童食品、保健食品等重点品种的整治。通过整治，使食品生产经营秩序进一步好转，人民群众消费安全感进一步增强。具体目标，由各级食品安全监管综合协调机构会同有关部门，针对人民群众反映强烈的突出问题研究制订。整治的目标一定要符合当地实际，具有可操作性，便于检查和考核。

（一）加大对农产品生产环节的整治

1. 狠抓农产品污染源头治理。深入开展农药、兽药、畜产品、水产品专项整治工作，加快对高毒高残留农业投入品的禁用、限用和淘汰进程；严厉打击制售假劣种子、农药、肥料、饲料、兽药的行为；开展“放心农资下乡进村”试点。

2. 健全农产品质量安全例行监测制度。继续实施对蔬菜农药残留、畜产品“瘦肉精”等污染和水产品氯霉素污染的监测工作；将畜产品监测范围扩大到20个城市。

3. 建立农产品质量安全追溯制度。以蔬菜等农产品为重点，以北京等8个农产品质量安全监管试点城市为依托，探索“IC卡管理”、“联户联保”等多种形式的农产品质量安全追溯办法。

（二）加大对食品生产加工环节的整治

1. 突出抓好重点品种、重点区域、重点企业的整治。严厉查处粮、肉、蔬菜、奶制品、豆制品、水产品、酒、饮料、儿童食品和保健食品等10类食品生产加工过程中滥用食品添加剂和使用非食品原料的违法行为；下半年开始实施肉制品等新10类食品无证生产查处行动；加大对50种食品监督抽查力度；着力打击城乡结合部等监管薄弱地带长期存在的食品制假售假行为；取缔无证生产的小作坊，对有制假劣迹和质量不稳定的企业进行重点监管和整治，从严审查企业生产条件，督促企业严格按标准组织生产。

2. 完善规章制度，强化日常监管。建立食品质量安全区域监管责任制，通过巡查、回访、年审、监督抽查、强制检验等方式强化日常监管；进一步完善预警制度、快速反应机制、奖励举报制度、行政辖区打假责任制、制假“黑名单”等五项执法打假制度；建立假劣食品召回制度；建立食品检验检测机构和人员资质审核、注册管理制度。

3. 开展食品卫生许可证专项整治。规范保健食品、婴幼儿配方食品、面粉、熟肉制品、调味品、食品添加剂和饮料生产企业的食品卫生许可证发放和监督，清理无证和不符合卫生许可条件的企业。

4. 开展保健食品专项整治。加强对保健食品生产企业的监管以及企业注册申请资料真实性、安全性的审查；严格保健食品标准备案工作；认真开展保健食品清理、换证工作；严厉打击未经审批生产销售保健食品和非法添加药物成分行为。

（三）加大对食品流通环节的整治

1. 开展包装食品安全专项执法检查。重点对饮料、酒、奶制品、儿童食品、保健食品、豆制品、腌熏制品、调味品、罐头、食用油等10种包装食品加大质量监测力度，查处一批影响恶劣的食品假标识、假包装、假商标案件。

2. 开展重要农产品及加工品质量安全专项执法检查。重点检查粮食制品、肉制品、蔬菜水果、水产品、干制菌品等五类品种；开展质量定向监测工作，及时公布监测结果；查处使用不合格食品原料、非食品原料和滥用食品添加剂加工的食品，销售病死肉、注水肉、私宰肉、未经检验检疫的各类肉品，使用甲醛、工业碱等有毒有害物质浸泡的水产品及水发制品，农药残留超标的蔬菜和水果，非法使用保鲜剂加工的水果，劣质大米或用变质粮食加工的粮食制品。

3. 开展重点市场和重点区域食品安全专项执法检查。重点检查食品批发市场、商场、超市、集贸市场，以及城乡结合部和农村乡镇，坚决取缔无照经营行为；加强不合格食品的退市监管，依法责令企业停止销售和追回不合格食品，完善相关的处置措施。

4. 健全食品流通服务体系，加强企业自检体系建设。向社会推荐优秀企业和优质产品；大力发展连锁经营、冷链配送和电子商务，加快农贸市场升级改造步伐；加快推进企业自检体系建设，积极督促大型畜禽屠宰加工和农产品经销企业建立严格的进货检验制度，配备必要的有害物残留检测设备，进一步完善委托检验制度，形成有害物超标食品市场退出机制。

（四）加大对食品消费环节的整治力度

进一步扩大学校食堂和餐饮业量化分级管理制度实施范围，并向社会公示进展情况；以控制食物中毒为重点，加强对学校和建筑工地食堂的监督管理，建立食堂中毒责任追究制度，开展联合监督检查，定期发布预警信息，降低食物中毒风险；在大型、连锁经营餐饮业推广科学的食品安全卫生管理体系。

在食品安全专项整治中，要突出对儿童食品和农村食品市场的整治。质检部门要坚决遏制无证生产婴幼儿配方奶粉的违法行为。工商部门在“六一”儿童节前夕要对儿童食品销售网点进行一次全面清查。在加大对农村食品市场整治和监管力度的同时，要积极推进农村食品流通网和监督网建设，实施超市、放心店下乡工程，分段监管，分片定责，发动群众，群防群控。

（五）加快食品安全长效机制建设步伐

1. 完善食品安全法律法规。法制办要抓紧组织修订《食品卫生法》，加快《农产品质量安全法》（送审稿）的审查工作。商务部要研究修订《生猪屠宰管理条例》。

2. 健全食品标准体系。落实《全国食品标准2004年—2005年发展计划》；努力完成《全国农业标准2003年—2005年发展计划》所提出的目标任务，制修订630项农业国家标准，350项行业标准；引导地方制订有地方特色的产品标准和生产技术规程类标准；加强“三绿工程”和农产品流通领域标准体系建设，制订酒类商品批发和零售经营管理规范以及屠宰加工行业等标准。

3. 加强检验检测体系建设。充分利用现有资源，完善检验检测手段，提升检验检测能力和技术水平；扶持建设一批国家级、部级食品（农副产品）质检中心，加强市（地）、县的食品（农产品）质检机构建设；加快省部级质检中心计量认证和实验室认可工作。

4. 加强对食品工业发展的宏观指导。加快编制“十一五”食品工业发展规划，大力调整食品生产加工企业结构，切实提高食品工业发展水平，推动食品工业健康有序发展。

5. 继续推进食品安全信用体系建设试点。逐步推广食品企业生产经营档案和食品安全监管信用档案，建立食品安全信用基础标准和信用征集、评价、披露、奖惩制度，强化食品生产经营者的责任意识和信用意识，发挥行业协会的自律作用和试点企业的示范带头作用。

6. 加强食品安全信息管理和综合利用。建立食品安全信息监测系统和信息通报网络，选择几种高风险食品开展食品安全状况调查；规范各部门信息发布程序，推进奶制品和蔬菜的信息发布试点工作。

7. 全面开展食品放心工程综合评价。完善食品放心工程综合评价体系。食品药品监管局要会同有关部门对31个省会城市食品放心工程实行情况进行综合评价，各地要结合实际开展综合评价工作。

二、药品专项整治工作安排

针对药品市场的薄弱环节、薄弱地区、薄弱领域和人民群众反映突出的问题，继续开展药品、医疗器械市场专项整治，全面巩固和深化农村药品监督网和供应网建设，加强药品生产经营企业和特殊药品的监管，促进药品市场秩序进一步规范、有序，进一步提高人民群众用药安全水平。

（一）开展药品、医疗器械专项整治

1. 严厉查处涉及面广、影响较大、群众反映强烈的制售假劣药品、医疗器械方面的大案要案，继续保持高压态势。

2. 打击非法回收药品、非法邮购药品、非法添加药品的违法行为。进一步明确药监、卫生、公安、城管、电信、社保等部门的工作职责，形成打击合力。重点打击并取缔药贩和集聚药品的“黑窝点”，清理和收缴回收药品非法“小广告”，打击向药贩出售药品和回收药品的违法行为。

3. 整顿和规范中药材专业市场。各地要切实加强对行政区域内的中药材专业市场的整治和中药饮片生产、经营、使用的监督。对不合格或严重违法违规的中药材专业市场，要坚决予以关闭。依法查处制售假劣中药材、中药饮片和违法违规制售中西成药、中药饮片的行为。支持和鼓励中药材市场探索先进流通模式及管理方式。

4. 开展医疗器械说明书、标签和包装标识的专项检查。重点选择影响面广、问题突出的产品，检查注册批准内容和实际说明、标识内容的一致性，以及是否符合相关法规要求。

5. 开展对各类药品、医疗器械展示活动的专项整治。重点对展示的药品、医疗器械的质量和经营行为进行监督检查，规范药品、医疗器械展示活动。

（二）加强农村药品监督网、供应网建设

1. 将农村药品监督网建设纳入地方各级人民政府工作的议事日程，完善组织构架，充实组成人员，探索建立监督人员聘任与推选相结合的机制，争取今年年底实现监督网覆盖全国80%以上的行政村。

2. 积极支持具有现代物流基础设施及技术的骨干药品企业参与农村药品配送，争取今年年底实现药品配送到全国 80% 以上的行政村。

（三）加强药品生产经营企业监管

1. 大力推行药品生产和经营质量管理规范（GMP、GSP）。对未通过 GMP、GSP 认证的企业，要监督其停止生产经营活动，限期整改。要完善血液制品 GMP 标准，提高血液制品生产企业实施 GMP 的水平。

2. 强化药品生产经营动态监管，建立监督检查的运行机制和管理制度。加大随机抽查和处罚力度，依法查处无证生产经营行为，严厉打击买卖、出租、出借《药品经营许可证》和挂靠经营等行为。

3. 加强对特殊药品的监管。完善特殊药品安全监控措施，对有关特殊药品生产企业实施重点监管，从源头上加强对特殊药品的日常管理，确保特殊药品生产经营依法、有序进行，保证对特殊药品的合法需求并防止其流入非法渠道。

三、工作要求

这次食品药品专项整治的指导思想、基本原则和工作要求，按照《国务院办公厅关于实施食品药品放心工程的通知》（国办发［2003］65 号）和《国务院办公厅关于印发食品安全专项整治工作方案的通知》（国办发［2004］43 号）执行。地方各级人民政府要对本地食品药品安全负总责，农业、商务、卫生、工商、质检、食品药品监管等部门要认真履行职责，公安、监察、司法机关和新闻宣传单位要积极配合和支持，确保专项整治取得实效。各地区、各有关部门都要注重发挥消费者协会等中介组织的维权和自律作用，强化社会各方面的责任，形成全社会齐抓共管的打假治劣工作格局。

各省、自治区、直辖市 2005 年食品药品专项整治工作安排要在 4 月底之前报送食品药品监管局。2006 年春节前，食品药品监管局将会同公安部、农业部、商务部、卫生部、工商总局、质检总局和海关总署等部门，对各地实施情况进行检查并将结果报国务院。

国务院办公厅关于切实搞好“五个结合”进一步巩固退耕还林成果的通知

2005 年 4 月 17 日　国办发［2005］25 号

各省、自治区、直辖市人民政府，国务院各部委、各直属机构：

实施退耕还林，是生态建设的重大举措，是西部大开发的重要组成部分，是党中央、国务院从可持续发展战略出发作出的重大战略决策。几年来，各有关地区、有关部门按照党中央、国务院的部署，认真落实各项政策措施，广大干部群众的生态保护意识不断提高，工程区内生态环境得到改善，促进了农业结构调整，增加了农民收入。实践证明，党中央、国务院关于退耕还林的决策是正确的，效果是好的。但是退耕还林工作中也还存在一些突出问题，主要是一些地区退耕农户的长远生计缺乏保障，后续产业没有形成，农村替代能源没有同步建设等。为进一步落实《国务院关于进一步推进西部大开发的若干意见》（国发［2004］6号）关于“五个结合”（即把退耕还林与基本农田建设、农村能源建设、生态移民、后续产业发展、封山禁牧舍饲等配套保障措施结合起来）的要求，巩固退耕还林成果，经国务院批准，现就有关问题通知如下：

一、进一步明确退耕还林的指导思想和基本思路

退耕还林工作要认真贯彻党的十六大和十六届三中、四中全会精神，坚持以人为本，树立和落实科学发展观，统筹人与自然和谐发展。要以实现生态改善、生产发展、生活富裕为目标，把退耕还林工作与保障粮食安全、调整农业结构、增加农民收入有机结合起来，促进经济、社会和生态的协调发展。

退耕还林工作要坚持科学规划、完善政策、加强协调、突出重点、巩固成果、稳步推进的基本思路。近期要在继续推进重点区域退耕还林的同时，把工作重点转到认真搞好“五个结合”，解决好农民吃饭、烧柴、增收等当前生计和长远发展问题上来。坚持以农业为基础，加大基本农田建设，加强小流域综合治理，确保退耕农户口粮基本自给；继续搞好以沼气为主的农村能源建设，有效保护林草植被；积极推进生态移民，改善重点区域生态环境，实现农民脱贫致富；发挥市场机制作用，发展后续产业，增加农民收入；继续推行封山禁牧、舍饲圈养，扩大林草保护面积，促进畜牧业的发展，切实做到退得下、稳得住、能致富、不反弹。

二、巩固退耕还林成果的重点任务及政策措施

各有关部门和地方各级人民政府要加强统筹协调，密切配合，做好“五个结合”保障措施的落实工作。把工程建设重点放在北方干旱半干旱沙化地区、黄土高原水土流失区、南方岩溶石漠化集中区、长江中上游地区、青藏高寒江河源区、京津风沙源区等六大区域，兼顾其他地区。根据不同区域特点，因地制宜，分类指导，采取有效措施，巩固退耕还林成果。

（一）大力加强农田水利基本建设，建设高标准基本口粮田。确保退耕农户在钱粮补助到期后口粮能够自给，是巩固退耕还林成果的关键。西部地区尤其要切实提高粮食自给能力，减少边远山区粮食长距离调运。各地要认真搞好规划，进一步严格保护基本农田，加强中低产田改造。要逐乡、逐村、逐户地摸清情况，制定加强退耕农户口粮田建设计划。原则上保证西南地区退耕农户人均耕地不少于0.033公顷（0.5亩）、西北地区人均耕地在0.133公顷（2亩）以上；不具备条件的地方，要努力引导和帮助退耕农户创造新的增收门路，使他们有购买口粮所需的收入。

各有关部门要安排好各项基本农田建设资金。水土保持综合治理中可用于农田基本建设的资金，以及安排在退耕还林重点区域内的小型农田水利设施建设补助专项资金，要与退耕还林相结合，主要用于水利灌溉排水设施和坡改梯改造工程建设。财政扶贫资金、以工代赈资金和其他支农资金，只要有条件与退耕还林结合的，就要做到统筹使用。要研究采取多种方式，支持西部地区建设区域性商品粮生产基地。退耕还林重点区域的县级人民政府要根据国家下达的有关投资计划，搞好项目衔接，做好组织实施工作。

（二）继续加强农村能源建设，保护林草植被。要从实际出发，以农村沼气建设为重点、多能互补，加强节柴灶、薪炭林建设，适当发展小水电、小风电、小光电。采取国家补助、地方配套和农民自筹相结合的方式，搞好退耕还林重点地区的农村能源建设。有关部门和地方对具备发展沼气条件的退耕还林地区，应继续优先安排建设投资。配合普及节柴灶，结合荒山荒地造林，营造部分薪炭林，多渠道满足农村生活能源的基本需求。

（三）积极推进生态移民，从根本上改善

生产生活条件。对居住地基本不具备生存条件的特困人口，要结合退耕还林，实行易地扶贫搬迁。对西部一些经济发展明显落后，少数民族人口较多，生态位置重要的贫困地区，国家要给予重点支持，实行集中连片扶贫开发。对西部地区生存条件最恶劣和生态条件最薄弱地区，国家继续优先安排生态移民投资。各地要积极解决好搬迁群众的生产生活问题，努力实现移民脱贫和生态保护的目标。

（四）加强后续产业发展，努力增加农民收入。坚持以促进农民增收为中心，加快农业结构调整，大力发展畜牧业和特色农业，积极发展林竹产业、中药材产业、观光旅游业等。按照区域化布局、专业化生产、标准化管理、产业化经营和社会化服务的要求，扶持龙头企业和农产品深加工项目，支持农业特色产业的基地建设，促进农民增收和县域经济发展。

要多渠道增加对退耕农户发展后续产业的资金扶持。对于符合国家产业政策和市场准入条件，对地区经济发展带动作用明显的重点农业龙头企业和原料基地，中央可适当给予投资补助。国家开发银行和有关金融机构，要支持后续产业发展，扩大贷款规模。在退耕还林重点地区安排的扶贫贴息贷款，要加大对后续产业的扶持力度。要制定优惠政策，鼓励和支持各类工商企业参与后续产业开发，增加农民就业机会。同时，要加强对农民的技能培训，提高农村劳动力素质，增强就业能力。

（五）加大封山禁牧和舍饲圈养力度，保护生态环境。继续总结推广各地封山禁牧、舍饲圈养经验，解决好饲草料基地灌溉设施建设，逐步改变传统放牧方式，尽快在退耕还林工程区全面实现封山禁牧、舍饲圈养。各地要通过典型示范、资金扶持等方式，大力普及舍饲圈养，壮大畜牧产业，增加农民收入。要根据市场需求变化和当地实际，进一步优化畜种结构，大力推行科学饲养管理，搞好繁育技术应用和疫病防治工作，推进畜牧业向优质高效方向发展。

（六）进一步完善退耕还林政策。认真落实退耕还林钱粮补助政策，足额兑现到户，取信于民。搞好粮食调运，方便退耕户购粮。退耕还林所造林木，按有关政策规定被确认为公益林的，在钱粮补助期满后逐步分别纳入中央和地方森林生态效益补偿基金补助范围；属于商品林的，允许农民依法合理采伐。

三、进一步加强领导和综合协调

（一）切实加强领导。要切实落实省级政府对退耕还林工程及“五个结合”保障措施负总责的制度。各有关省、自治区、直辖市人民政府要加强领导，组织有关部门采取有力措施，把巩固退耕还林成果作为一件大事来抓，逐级明确责任，落实任务，建立和完善各项工作制度。县级人民政府要摸清底数，制订落实方案，分类指导，狠抓落实，逐村、逐户地解决问题，保证退耕还林工作的顺利实施，切实巩固生态建设成果。

（二）加强组织协调。坚持国务院西部开发办主任办公联席会议制度，统筹协调退耕还林和“五个结合”配套保障措施有关问题，研究建立部门间的情况通报制度和协调机制。各有关部门要按照退耕还林的总体要求各负其责。在下达相关项目计划时要相互通报，协同配合，同步实施。国务院西部开发办要做好退耕还林政策的研究、协调和落实工作。

（三）加强监督检查。国家林业主管部门和地方各级人民政府要加强对退耕还林工作的监督检查，确保造林保存率达到国家规定标准。县级人民政府尤其要认真做好退耕还林工程的检查验收工作，检查验收结果必须在政策兑现前在村里张榜公布，接受群众的监督。要加强后期管理，搞好补植补造，组织退耕农户搞好抚育管护以及森林草原火灾、病虫害防治工作，确保退耕还林的质量和成效。各级审计等监督部门要加强对财政资金和各类专项资金的管理和监督。建立和完善监管机制和责任追究制度，坚决打击毁林毁草和复垦行为，依法追究有关人员的责任，确保退耕还林工作持续健康开展。

国务院办公厅关于促进东北老工业基地进一步扩大对外开放的实施意见

2005年6月30日 国办发［2005］36号

各省、自治区、直辖市人民政府，国务院各部委、各直属机构：

进一步扩大对外开放是实施东北地区等老工业基地振兴战略的重要组成部分，也是实现老工业基地振兴的重要途径。根据《中共中央国务院关于实施东北地区等老工业基地振兴战略的若干意见》（中发［2003］11号）精神，结合东北地区实际情况，经国务院同意，现就进一步扩大东北地区对外开放提出如下实施意见：

一、鼓励外资参与国有企业改组改造，加强体制和机制创新

（一）按照对国有经济实行战略性调整的要求，探索和拓展利用外资新方式，鼓励外资参与国有企业改组改造，促进体制和机制创新，增强老工业基地国有企业适应市场经济的能力。

（二）鼓励外国投资者以并购、参股等多种方式参与国有企业改组改造。外国投资者并购和参股改造国有企业，原国有企业历史形成、确实难以归还的历史欠税，按照规定条件经国务院批准后给予豁免。支持符合条件的外商投资股份制公司在国内外资本市场上市。

（三）积极探索盘活国有资产的有效形式。允许外商投资企业依法购买金融资产管理公司的不良债权和股权，并对其拥有的资产进行重组与处置。

（四）进一步完善促进外商投资企业发展的社会保障环境。外国投资者并购国有企业后设立的外商投资企业，在劳动关系处理、经济性减员和社会保障等方面按照国民待遇执行国家现行法律规定和制度。

（五）进一步规范和促进外国投资者并购重组国内企业的活动。建立健全东北地区产权交易机制，为外国投资者以并购、参股等方式投资提供便利和规范的环境；外国投资者并购国有企业，按照我国有关法律和政策进行资产评估，资产交易价格以经相关部门备案或核准的资产评估结果为基础确定。

二、加强政策引导，推进重点行业和企业的技术进步

（六）立足现有基础，发挥比较优势，以增强产业整体素质和核心竞争力为重点，积极吸收外资加快重点行业和重点企业的技术改造，加强对引进技术的消化、吸收，大力提高自主创新能力，推进产业升级。

（七）支持外商投资重点行业和企业。积极引导外商投资国家重点发展的现代农业、装备制造业、化工业、高新技术产业和农产品加工业等行业，加快发展配套产业，形成具有较强竞争力的现代产业基地。国家在上述行业重大项目布局安排上向东北地区倾斜，重大关键技术和设备引进给予政策性信贷支持，重大项目经批准可适当降低资本金比例；外商投资已获国家批准的国债重点项目，原批准项目贷款贴息、补助和资本金补助数额不变，按规定批准后，可转增中方国有企业股权。

（八）扩大外商投资优势产业目录的执行

范围。《中西部地区外商投资优势产业目录》执行省份增列辽宁省（吉林省、黑龙江省已列入），凡符合该目录的东北地区外商投资项目，可享受鼓励类外商投资项目的进口税收优惠政策。

（九）鼓励外商投资高新技术产业和研究开发中心。鼓励跨国公司在东北地区以独资或与当地企业、科研机构、高等院校合资的形式设立研究开发中心。外商投资研究开发中心除按《国务院关于调整进口设备税收政策的通知》（国发［1997］37号）和《国务院办公厅转发外经贸部等部门关于当前进一步鼓励外商投资意见的通知》（国办发［1999］73号）的规定享受有关优惠政策外，对经核准的外商投资企业技术中心，其进口国内不能生产的自用耗材、试剂、样机、样品等可按现有规定免征关税和进口环节增值税。

（十）鼓励外商投资接续、替代产业。国家采取在重大项目生产力布局上优先安排等措施，鼓励、引导外资投向东北地区资源枯竭型城市的精深加工和接续产业等项目，充分发挥和综合利用现有资源、人才、生产能力的优势，积极推进资源枯竭型城市转型。

三、进一步扩大开放领域，着力提升服务业的发展水平

（十一）适应对外开放新形势和老工业基地优势产业发展以及城市功能转换与进一步促进就业的需要，在积极引进外资改组提升传统服务业的同时，以发展现代服务业为重点，推进服务贸易领域对外开放。

（十二）鼓励外商投资城市公共设施建设。在城市政府建立有效监管机制并确保公共利益和安全的条件下，放宽外商投资城市燃气、热力和供排水管网建设、经营项目的股比限制，经批准，允许外方控股。

（十三）扩大金融服务业对外开放。按照我国加入世界贸易组织金融开放有关承诺，进一步扩大银行业的对外开放，加快发展证券、期货、保险等金融服务。对外资银行在东北地区设立机构和开办业务给予优先许可。鼓励外资金融机构参股地方城市商业银行，参与农村信用社改制重组。鼓励在企业年金、农业保险等方面有优势的外资保险公司进入东北地区。对外商在东北地区设立合资证券公司、证券投资基金管理公司、保险经纪公司和外资保险公司经营机构给予优先许可。

（十四）鼓励外商投资交通运输业。对铁路客运和货运、跨境和境内公路运输及定期、不定期国际海上运输业务和国际集装箱多种方式联运业务等，经批准可放宽外资股比限制。鼓励外商投资航空运输业和通用航空业。

（十五）扩大外商投资物流企业试点范围。外商投资物流企业的试点，可扩大到辽宁、吉林、黑龙江三省。

四、发挥区位优势，促进区域经济合作健康发展

（十六）依托地缘优势，通过实施“走出去”战略，进一步深化同周边国家的能源、原材料、矿产资源的开发合作。主动参与区域经济合作，积极开拓国际市场，带动商品、技术和劳务输出。继续支持东北地区构筑同周边国家开展国际贸易、投资、科技、旅游等合作的平台。

（十七）大力发展东北地区边境贸易。研究促进边境贸易发展的政策，在出口退税、进出口商品经营管理、人员往来等方面，在加强管理的同时，简化手续。完善和推广边境贸易人民币结汇办法，促进贸易、投资便利化。研究在东北地区进行边境小额贸易出口货物以人民币结算的出口退税试点。

（十八）加强东北亚地区国际经济技术合作，推进边境地区开发和对外开放。继续扩大图们江区域国际合作开发。积极探索边境地区开发和对外开放的新模式。加快建设边境经济合作区、互市贸易区和出口加工区，并使黑河、绥芬河（东宁）、珲春、丹东等边境地区具有物流贸易集散、进出口加工和国际商贸旅游等功能。

（十九）鼓励以合资、合作、并购等多种方式进行境外开发。进一步积极研究相关政策，完善政策支持体系，加大对东北地区企业境外重点开发项目前期费用补助、国内贷款贴息的支持力度，对其产品优先组织安排进口。

（二十）鼓励具备资格的企业积极参与援外项目竞标和承担对外合作项目。对境外工程承包和境外投资能带动设备出口及劳务输出的生产加工型项目和技术合作项目，国家在现行的国内贷款贴息、优惠贷款及境外办展、广告等市场开拓费用补助等方面进一步加大支持力度。

（二十一）加快发展大连东北亚国际航运中心。加强港口设施建设，进一步提高大连口岸的开放度，增强吸收外资和聚集航运要素的能力。研究扩大大连区港联动试点的范围。对外商投资的大型港口码头、鼓励类的临港工业和物流项目给予政策支持，并予以优先审批。

五、营造良好的发展环境，为加快对外开放提供保障

（二十二）加大国外优惠贷款支持东北地区基础设施建设，以及环保、教育、公共医疗卫生等社会事业发展的力度。进一步转变政府职能，提高服务意识和服务水平，为外商投资企业经营活动提供便利条件和良好的环境。

（二十三）进一步提高现有开发区发展水平。大力推动以开放条件下的自主创新为特征的东北区域创新体系建设，提高现有开发区的自主创新能力。设在东北地区的国家级开发区，以及发展较好、产业特色明显、带动力较强的省级开发区，可在原批准规划面积已得到充分利用的情况下，依据土地利用总体规划和城市总体规划，按照土地市场治理整顿要求，履行规定程序，合理确定用地规模。支持东北地区借鉴其他地区的成功经验，以欧盟及其成员国或其他发达国家为合作伙伴，在现有开发区中选择基础条件较好的建成新型工业园区，建设现代制造业基地。

（二十四）加强基础设施建设。加大国家对东北地区港口和边境口岸、公路、铁路、桥梁及边境城市、边境农场基础设施建设资金的投入力度，尽快建设东北东部铁路通道工程，促进对俄路、港、口岸和对朝路、港、区一体化建设，推动境外合作项目的实施。国家在实施对外援助上，优先安排连接东北地区边境口岸的交通、港口、机场等基础设施建设项目。

（二十五）鼓励外国投资者投资合作建立职业教育培训机构。外国投资者按照《中华人民共和国中外合作办学条例》的规定与中国高等教育、职业教育机构合作建立培养各类职业技能人才、国际商务人才的高级职业技能教育培训机构，除国家法律法规另有规定外，可享受国内其他职业教育机构同等待遇，同时有关部门要积极研究其进口科研和教育用品享受免征进口税的税收优惠政策问题。符合中央财政支持条件的实验培训基地均可享受统一的扶持政策。

（二十六）鼓励东北地区积极引进海外人才与智力，利用留学项目为东北地区培养紧缺人才。加大对东北地区聘请外国专家和派出国（境）培训的资助额度，支持有条件的部门和单位广泛开展国际人才交流与合作。积极争取并利用世界银行贷款和其他国际合作项目，引进优质教育资源，促进和推动东北地区中外合作办学，支持东北地区发展教育。

（二十七）建立健全中小企业引进境外投资的服务体系。鼓励外国投资者以中外合资方式注资设立担保机构，有针对性地为中小企业提供融资担保、信息咨询和法律支援等服务。

（二十八）认真抓好扩大对外开放的组织落实。扩大东北地区对外开放是一项系统工程，也是一项长期任务，必须加强领导，抓好实施。国务院各有关部门和东北三省人民政府要依据本实施意见制定具体的实施细则。振兴东北办要与国务院有关部门和东北三省建立有效的协调机制，加强协调，切实将各项政策措施落到实处。

（二十九）对港澳台企业、其他经济组织和个人参与东北老工业基地振兴，可参照上述政策执行。

国务院办公厅关于推行行政执法责任制的若干意见

2005年7月9日　国办发［2005］37号

各省、自治区、直辖市人民政府，国务院各部委、各直属机构：

行政执法责任制是规范和监督行政机关行政执法活动的一项重要制度。为贯彻落实《全面推进依法行政实施纲要》（国发［2004］10号，以下简称《纲要》）有关规定，推动建立权责明确、行为规范、监督有效、保障有力的行政执法体制，全面推进依法行政，经国务院同意，现就推行行政执法责任制有关工作提出以下意见。

一、充分认识推行行政执法责任制的重要意义

党中央、国务院高度重视推行行政执法责任制工作。党的十五大、十六大和十六届三中、四中全会对推行行政执法责任制提出了明确要求，《国务院关于全面推进依法行政的决定》（国发［1999］23号）和《纲要》就有关工作作出了具体规定。多年来，各地区、各有关部门认真贯彻落实党中央、国务院的要求，积极探索实行行政执法责任制，在加强行政执法管理、规范行政执法行为方面做了大量工作，取得了一定成效。但工作中也存在一些问题：有的地区和部门负责同志认识不到位，对这项工作不够重视；行政执法责任制不够健全，程序不够完善，评议考核机制不够科学，责任追究比较难落实，与相关制度不够衔接；组织实施缺乏必要的保障等。因此，迫切需要进一步健全和完善行政执法责任制。

行政执法是行政机关大量的经常性的活动，直接面向社会和公众，行政执法水平和质量的高低直接关系政府的形象。推行行政执法责任制，就是要强化执法责任，明确执法程序和执法标准，进一步规范和监督行政执法活动，提高行政执法水平，确保依法行政各项要求落到实处。地方各级人民政府和国务院各部门要以邓小平理论和“三个代表”重要思想为指导，树立和落实科学发展观，从立党为公、执政为民，建设法治政府，加强依法执政能力建设的高度，充分认识推行行政执法责任制的重要意义，采取有效措施，进一步做好这项工作。

二、依法界定执法职责

（一）梳理执法依据

推行行政执法责任制首先要梳理清楚行政机关所执行的有关法律法规和规章以及国务院部门“三定”规定。

地方各级人民政府要组织好梳理执法依据的工作，对具体行政执法主体资格的部门（包括法律法规授予行政执法权的组织）执行的执法依据分类排序、列明目录，做到分类清晰、编排科学。要注意与《中华人民共和国行政处罚法》、《中华人民共和国行政许可法》等规范政府共同行为的法律规范相衔接。下级人民政府梳理所属部门的执法依据时，要注意与上级人民政府有关主管部门的执法依据相衔接，避免遗漏。地方各级人民政府要根据执法依据制定、修改和废止情况，及时调整所属各有关部门的执法依据，协调解决梳理执法依据

中的问题。梳理完毕的执法依据，除下发相关执法部门外，要以适当方式向社会公布。

（二）分解执法职权

地方各级人民政府中具有行政执法职能的部门要按照本级人民政府的统一部署和要求，根据执法机构和执法岗位的配置，将其法定职权分解到具体执法机构和执法岗位。有关部门不得擅自增加或者扩大本部门的行政执法权限。

分解行政执法部门内部不同执法机构和执法岗位的职权要科学合理，既要避免平行执法机构和执法岗位的职权交叉、重复，又要有利于促进相互之间的协调配合。不同层级的执法机构和执法岗位之间的职权要相互衔接，做到执法流程清楚、要求具体、期限明确。对各行政执法部门的执法人员，要结合其任职岗位的具体职权进行上岗培训；经考试考核合格具备行政执法资格的，方可按照有关规定发放行政执法证件。

（三）确定执法责任

执法依据赋予行政执法部门的每一项行政执法职权，既是法定权力，也是必须履行的法定义务。行政执法部门任何违反法定义务的不作为和乱作为的行为，都必须承担相应的法律责任。要根据有权必有责的要求，在分解执法职权的基础上，确定不同部门及机构、岗位执法人员的具体执法责任。要根据行政执法部门和行政执法人员违反法定义务的不同情形，依法确定其应当承担责任的种类和内容。

地方各级人民政府可以采取适当形式明确所属行政执法部门的具体执法责任，行政执法部门应当采取适当形式明确各执法机构和执法岗位的具体执法责任。

国务院实行垂直管理和中央与地方双重管理的部门也要根据上述规定，做好依法界定执法职责的工作。

三、建立健全行政执法评议考核机制

行政执法评议考核是评价行政执法工作情况、检验行政执法部门和行政执法人员是否正确行使执法职权和全面履行法定义务的重要机制，是推行行政执法责任制的重要环节。各地区、各有关部门要建立健全相关机制，认真做好行政执法评议考核工作。

（一）评议考核的基本要求

行政执法评议考核应当严格遵守公开、公平、公正原则。在评议考核中，要公正对待、客观评价行政执法人员的行政执法行为。评议考核的标准、过程和结果要以适当方式在一定范围内公开。

（二）评议考核的主体

地方各级人民政府负责对所属部门的行政执法工作进行评议考核，同时要加强对下级人民政府行政执法评议考核工作的监督和指导。国务院实行垂直管理的行政执法部门，由上级部门进行评议考核，并充分听取地方人民政府的评议意见。实行双重管理的部门按照管理职责分工分别由国务院部门和地方人民政府评议考核。各行政执法部门对所属行政执法机构和行政执法人员的行政执法工作进行评议考核。

（三）评议考核的内容

评议考核的主要内容是行政执法部门和行政执法人员行使行政执法职权和履行法定义务的情况，包括行政执法的主体资格是否符合规定，行政执法行为是否符合执法权限，适用执法依据是否规范，行政执法程序是否合法，行政执法决定的内容是否合法、适当，行政执法决定的行政复议和行政诉讼结果，案卷质量情况等。评议考核主体要结合不同部门、不同岗位的具体情况和特点，制定评议考核方案，明确评议考核的具体标准。

（四）评议考核的方法

行政执法评议考核可以采取组织考评、个人自我考评、互查互评相结合的方法，做到日常评议考核与年度评议考核的有机衔接。要高度重视通过案卷评查考核行政执法部门和行政执法人员的执法质量。要积极探索新的评议考核方法，利用现代信息管理手段，提高评议考核的公正性和准确性。

在行政执法评议考核中，要将行政执法部

门内部评议与外部评议相结合。对行政执法部门或者行政执法人员进行评议，必须认真听取相关行政管理相对人的意见。外部评议情况要作为最终考核意见的重要根据。外部评议可以通过召开座谈会、发放执法评议卡、设立公众意见箱、开通执法评议专线电话、聘请监督评议员、举行民意测验等方式进行。行政执法评议考核原则上采取百分制的形式，考核的分值要在本级人民政府依法行政情况考核中占有适当比重。

各地区、各有关部门要把行政执法评议考核与对行政执法部门的目标考核、岗位责任制考核等结合起来，避免对行政执法活动进行重复评议考核。

四、认真落实行政执法责任

推行行政执法责任制的关键是要落实行政执法责任。对有违法或者不当行政执法行为的行政执法部门，可以根据造成后果的严重程度或者影响的恶劣程度等具体情况，给予限期整改、通报批评、取消评比先进的资格等处理；对有关行政执法人员，可以根据年度考核情况，或者根据过错形式、危害大小、情节轻重，给予批评教育、离岗培训、调离执法岗位、取消执法资格等处理。

对行政执法部门的行政执法行为在行政复议和行政诉讼中被认定违法和变更、撤销等比例较高的，对外部评议中群众满意程度较低或者对推行行政执法责任制消极应付、弄虚作假的，可以责令行政执法部门限期整改；情节严重的，可以给予通报批评或者取消评比先进的资格。

除依照本意见对有关行政执法部门和行政执法人员进行处理外，对实施违法或者不当的行政执法行为依法依纪应采取组织处理措施的，按照干部管理权限和规定程序办理；依法依纪应当追究政纪责任的，由任免机关、监察机关依法给予行政处分；涉嫌犯罪的，移送司法机关处理。

追究行政执法责任，必须做到实事求是、客观公正。在对责任人作出处理前，应当听取当事人的意见，保障其陈述和申辩的权利，确保不枉不纵。对行政执法部门的行政执法责任，由本级人民政府或者监察机关依法予以追究；对实行垂直管理的部门的行政执法责任，由上级部门或者监察机关依法予以追究；对实行双重管理的部门的行政执法责任，按有关管理职责规定予以追究。同时，要建立健全行政执法奖励机制，对行政执法绩效突出的行政执法部门和行政执法人员予以表彰，调动行政执法部门和行政执法人员提高行政执法质量和水平的积极性，形成有利于推动严格执法、公正执法、文明执法的良好环境。

五、加强推行行政执法责任制的组织领导

推行行政执法责任制，关系各级政府所属各行政执法部门和每个行政执法人员，工作环节多，涉及面广，专业性强，工作量大。各省、自治区、直辖市人民政府和国务院实行垂直管理、双重管理的部门要切实负起责任，加强对这项工作的组织领导，认真做好本地区、本部门（本系统）推行行政执法责任制的组织协调、跟踪检查、督促落实工作。要注意总结本地区、本部门（本系统）推行行政执法责任制的经验，认真研究工作中的问题。国务院其他部门要加强对本系统推行行政执法责任制工作的指导。要加强配套制度建设，实行省以下垂直管理的行政执法部门的行政执法责任制工作，由省级人民政府结合本地区的具体情况予以规定。有立法权的地方的人民政府，可以按照规定程序适时制定有关地方政府规章；没有立法权的可以根据需要制定有关规范性文件。要通过各层次的配套制度建设，建立科学合理、公平公正的激励和约束机制。

开展相对集中行政处罚权、综合行政执法试点的地区，要按照《国务院关于进一步推进相对集中行政处罚权工作的决定》（国发［2002］17号）和《国务院办公厅转发中央编办关于清理整顿行政执法队伍实行综合行政执法试点工作意见的通知》（国办发［2002］

56号）的要求，结合本意见的规定，切实做好推行行政执法责任制的工作。

在推行行政执法责任制过程中，涉及行政执法主体、职权细化、确定行政执法责任等问题，按照《纲要》和《国务院办公厅关于贯彻落实全面推进依法行政实施纲要的实施意见》（国办发［2004］24号）的规定，应当由机构编制部门为主进行指导和协调的，由机构编制部门牵头办理。

法制办、中央编办、监察部、人事部等部门要根据《纲要》和国办发［2004］24号文件规定，加强对各地区、各有关部门工作的指导和监促检查，确保顺利推行行政执法责任制。

各地区、各有关部门要结合本地区、本部门的实际情况，认真研究落实本意见的要求，在2006年4月30日前，完成推行行政执法责任制的相关工作。有关推行行政执法责任制工作的重要情况和问题，要及时报告国务院。

国务院办公厅关于加强饮用水安全保障工作的通知

2005年8月17日　国办发［2005］45号

各省、自治区、直辖市人民政府，国务院各部委、各直属机构：

饮用水是人类生存的基本需求。党中央、国务院对饮用水安全保障工作高度重视，胡锦涛总书记、温家宝总理多次作出重要批示。近年来，中央和地方加大了城乡饮用水安全保障工作的力度，采取了一系列工程和管理措施，解决了一些城乡居民的饮水安全问题。但是，饮用水安全形势仍十分严峻，不少地区水源短缺，有的城市饮用水水源污染加重，一些农村地区饮用水存在苦咸或含有高氟、高砷及血吸虫病原体等问题，对人民群众身体健康构成严重威胁。为进一步加强饮用水安全保障工作，经国务院同意，现就有关问题通知如下：

一、充分认识保障饮用水安全的重要性和紧迫性

饮用水安全问题，直接关系到广大人民群众的健康。切实做好饮用水安全保障工作，是维护最广大人民群众根本利益、落实科学发展观的基本要求，是实现全面建设小康社会目标、构建社会主义和谐社会的重要内容，是把以人为本真正落到实处的一项紧迫任务。各地区、各部门要从实践“三个代表”重要思想和执政为民的高度，充分认识保障饮用水安全的重要性和紧迫性。地方各级人民政府要加强领导，把这项工作纳入重要议事日程，建立领导责任制，切实抓好各项措施的落实。各有关部门要各司其职，密切配合，加大工作力度，共同做好饮用水安全保障工作。

二、认真组织规划编制工作

国务院有关部门要按照城乡统筹、合理布局、防治并重、综合治理、因地制宜、突出重点的原则，尽快组织编制全国城乡饮用水安全保障规划，进一步明确我国饮用水安全保障的目标、任务和政策措施。通过合理保护和配置水资源、大力防治水污染、开展城乡供水工程建设、建立合理水价形成机制、推行节约用水和加强监督管理等措施，优先满足饮用水需

求，确保城乡居民饮用水安全。各地区要根据规划编制的统一部署和要求，认真研究解决本地区饮用水安全问题，结合实际提出切实可行的目标和任务，并纳入本地区经济和社会发展规划。

三、加强水资源保护和水污染防治工作

各省、自治区、直辖市要以保障饮用水水源安全为重点，进一步加大水资源保护和水污染防治工作力度。要依法严格实施饮用水水源保护区制度，合理确定饮用水水源保护区，严格禁止破坏涵养林和水资源保护设施的行为，因地制宜地进行水源安全防护、生态修复和水源涵养等工程建设。要大力治理污染，严格实行污染物排放总量控制，严厉打击违法排污行为，积极推进循环经济，加快推行清洁生产。各地区要结合实际，定期开展对集中饮用水水源保护区的检查，对查出的问题要进行专项整治并挂牌督办。对违法违规建设的项目，要责令停建并限期治理整顿或拆除；对排污超标的企业和单位，要责令限期达标排放或搬迁。要积极开展农业面源污染防治，指导农户合理施用化肥、农药，严禁使用高毒、高残留农药，推广水产生态养殖，推进畜禽粪便和农作物秸秆的资源化利用。

四、加大农村饮用水工程建设力度

进一步加大解决农村饮用水安全问题的工作力度，采取集中供水、分质供水、分散供水以及农村卫生环境整治等工程措施，重点解决高氟、高砷、苦咸和污染水以及严重缺水地区的饮用水安全问题。中央继续安排农村饮用水工程建设投资，对中西部地区重点扶持。地方各级人民政府要积极筹措资金，加大投入力度。东部较发达地区要率先解决农村饮用水安全问题，有条件的地方尽早实现城乡统筹区域供水。要强化农村饮用水工程项目管理，切实做好前期工作，并严格按照规划要求和建设程序实施。要建立良性循环的供水管理体制和运行机制，确保工程项目充分发挥效益。

五、加快城市供水设施建设和改造

各地区要加快城市供水设施的建设和技术改造，提高供水能力，扩大供水范围。要按照多库串连、水系联网、地表水与地下水联调、优化配置水资源的原则，加快城市供水水源的建设，提高城市供水安全的保障水平。凡饮用水水源水质不符合标准的，应当提出强制性的技术措施，制订水厂技术改造规划，采用先进适用技术，改进水处理工艺。要把城市供水管网改造作为重点，优先改造漏损严重和对供水安全影响较大的管网，改善供水水质。各地区要加快城市污水处理设施的建设，加强污水处理厂的运行管理，逐步实现污水深度处理，不断提高再生水利用率。

六、加强饮用水安全监督管理

各地区要加强对饮用水水源、水厂供水和用水点的水质监测，对取水、制水、供水实施全过程管理，及时掌握城乡饮用水水源环境、供水水质状况，并定期检查。对检查不合格的供水单位，要严格按照有关规定进行查处，并督促限期整改。各供水单位要建立以水质为核心的质量管理体系，建立严格的取样、检测和化验制度，按国家有关标准和操作规程检测供水水质，并完善检测数据的统计分析和报表制度。国务院有关部门要尽快制定既符合我国国情，又与国际先进水平接轨的饮用水水质国家标准，积极开展相关检测方法和标准的制（修）订工作。

七、建立储备体系和应急机制

各省、自治区、直辖市要建立健全水资源战略储备体系，各大中城市要建立特枯年或连续干旱年的供水安全储备，规划建设城市备用水源，制订特殊情况下的区域水资源配置和供水联合调度方案。地方各级人民政府应根据水资源条件，制定城乡饮用水安全保障的应急预案。要成立应急指挥机构，建立技术、物资和人员保障系统，落实重大事件的值班、报告、

处理制度，形成有效的预警和应急救援机制。当原水、供水水质发生重大变化或供水水量严重不足时，供水单位必须立即采取措施并报请当地人民政府及时启动应急预案。

国务院办公厅转发国家发展和改革委员会等部门关于制止铜冶炼行业盲目投资若干意见的通知

2005 年 11 月 3 日　国办发［2005］54 号

各省、自治区、直辖市人民政府，国务院各部委、各直属机构：

发展改革委、财政部、国土资源部、人民银行、环保总局《关于制止铜冶炼行业盲目投资的若干意见》已经国务院同意，现转发给你们，请认真贯彻执行。

附件：

国家发展和改革委员会　财政部　国土资源部　人民银行　环保总局关于制止铜冶炼行业盲目投资的若干意见

铜冶炼是重要的基础原材料产业。近几年来，在铜需求阶段性快速增长、铜价暴涨的影响下，一些地方和企业受利益驱动，不顾市场、资源等外部条件，盲目投资铜冶炼行业，带来了一系列问题。一是冶炼能力快速增长，2004 年全国粗铜冶炼能力达 163 万吨，进口铜精矿 288 万吨，目前在建、拟建铜冶炼项目总能力 205 万吨，预计 2007 年底将形成 370 万吨铜冶炼能力，远远超过全国铜精矿预计保障能力和国际市场可能提供的铜精矿量；二是市场无序、过度竞争，相互争夺原料，铜冶炼利润将大幅下降甚至会出现全行业亏损，造成投资浪费和金融风险隐患；三是新上企业普遍规模小，工艺落后，能耗高，环境污染严重，不利于产业结构调整和升级。为尽快制止铜冶炼行业盲目投资的势头，促进铜工业持续健康发展，现提出以下意见：

一、认真做好项目的清理整顿工作

各地要抓紧对已建、在建、拟建铜冶炼项目进行一次认真的清理整顿。凡违反产业政策和投资管理、环境影响评价、土地管理等规定的铜冶炼项目，一律不准建设。对已经备案的铜冶炼项目，如单系统在 10 万吨/年以下，或未采用闪速熔炼、艾萨炉熔炼、诺兰达熔炼等技术先进、能耗低、环保达标、资源综合利用率高的冶炼工艺，或者未落实铜精矿供应、交通运输等外部生产条件，自有矿山原料比例未达到1/4以上的，均停止建设，重新研究项目的合理性和可行性。未按规定向环境保护行政主管部门报批环境影响报告书擅自开工建设的，在建的一律停建，投产的一律停产，并按照有关法律法规进行处理。项目建设用地未经依法批准的，一律停止建设。经清理整顿后，达到铜冶炼行业准入条件的，列为具备合格资质的企业。

二、强化产业政策导向和市场准入管理

国务院有关部门要全面落实科学发展观，以走新型工业化道路为目标，加快制定和完善铜工业产业政策、发展规划以及铜冶炼行业的准入标准，明确铜工业的发展方向和区域布局，引导行业有序发展。要加强对国内外铜工业发展形势的研究和分析，及时发布重要原料的市场供需状况、生产能力及价格变化等方面的信息，引导地方和企业的投资行为。要依照法律法规和有关产业政策对铜冶炼项目实行严格的市场准入管理，凡违反产业政策和投资体制改革后有关规定的铜冶炼项目，一律不准建设。国家发布新的产业政策后，按新规定执行。

三、调整相关经济政策

为有效控制投资规模，提高投资效益，将铜冶炼项目资本金比例由20%及以上提高到35%及以上。严格掌握进口铜冶炼设备适用的有关免税政策，对不符合规定、未经有效备案和环境保护行政主管部门批复的违规建设项目，有关部门不得出具《国家鼓励发展的内外资项目确认书》。在拟定“十一五”期间进口税收政策时，统筹研究铜原料进口环节增值税政策问题。

四、加强信贷管理

金融机构要根据国家宏观调控和产业政策的要求，合理配置信贷资金，不断优化信贷投向，规避信贷风险。对符合国家产业政策和市场准入条件的铜冶炼项目，继续给予支持。对不符合国家产业政策和市场准入条件，以及未按规定程序备案的铜冶炼项目，一律不予授信；已实施的项目授信，要采取妥善措施予以收回。

五、加强环境保护监督管理

环保总局要根据《中华人民共和国环境保护法》等有关法律法规，对现有铜冶炼企业执行环保标准情况进行监督检查，定期公布环保不达标生产企业名单，对达不到排放标准或超过排污总量的，由地方人民政府限期治理，治理不合格的予以停产或关闭。要加快淘汰落后生产能力，根据相关产业政策和环保标准，立即淘汰1.5平方米及以下密闭鼓风炉，2006年底前淘汰反射炉、电炉和1.5—10平方米（不含10平方米）密闭鼓风炉，2007年底前淘汰所有密闭鼓风炉。

六、加大铜冶炼产业结构调整力度

要鼓励骨干铜冶炼企业和中小矿山企业合作，增强原料保障能力，避免不具备条件的矿山企业建设冶炼项目；支持达标骨干铜冶炼企业同地质勘查企业合作，增加后备资源；支持达标骨干企业继续实施改革、改组和改造，组建企业集团，实现优势互补，提高产业集中度，提高国际竞争力。铜冶炼企业要认真研究国内外市场变化规律，利用好国内国外两种资源。要支持国内骨干铜冶炼企业联合谈判采购铜精矿。充分发挥行业协会等中介组织的作用。

各地区和有关部门要根据本意见精神，尽快组织力量对各地铜冶炼投资建设项目进行认真清理，并将清理结果及处理意见于2005年底前报国务院，同时抄送发展改革委。

国务院办公厅关于扶持家禽业发展的若干意见

2005 年 11 月 18 日 国办发［2005］56 号

各省、自治区、直辖市人民政府，国务院各部委、各直属机构：

2005 年入秋以来，我国局部地区又发生高致病性禽流感疫情，已给全国家禽业的稳定发展带来明显冲击。为加强疫情防控工作，维护家禽业稳定发展，按照企业和农户生产自救与国家适当扶持相结合、制订应急扶持措施与建立稳定发展长效机制相结合的原则，国家采取必要的扶持政策。经国务院同意，现提出以下意见：

一、对家禽免疫和疫区家禽扑杀给予财政补贴

应对高致病性禽流感疫情，要继续坚持预防为主、免疫和扑杀相结合的综合防控措施。对全国应免疫家禽逐步实施全面强制免疫，强制免疫所需疫苗费用全部由国家承担。对发生疫情的疫点周边 3 公里范围内的家禽实行强制扑杀，并进行无害化处理。对按规定扑杀禽只造成的养殖者损失，国家给予一定的补偿。强制免疫和扑杀所需资金由中央财政和地方财政共同负担，中央财政按东部地区 20%、中部地区 50%、西部地区 80% 的比例负担（对国家扶贫开发工作重点县提高 10 个百分点）。要认真落实补偿与补助政策，尽快把补偿补助资金足额发放到位，对重点疫区可预拨资金，疫情结束后再进行结算。

二、免征所得税，增值税即征即退，兑现出口退税，适当减免部分地方税

自 2005 年 11 月 1 日至 2006 年 6 月 30 日，对属于增值税一般纳税人的家禽加工企业和冷藏冷冻企业加工销售禽肉产品，实行增值税即征即退政策，并免征城市维护建设税和教育费附加。对家禽养殖（包括种禽养殖）、加工和冷藏冷冻企业进行家禽养殖（包括种禽养殖）、加工和冷藏冷冻禽肉的所得，免征 2005 年度企业所得税，2006 年视情况另行规定。对企业或个人由于禽类扑杀所取得的财政专项补助，免征企业所得税或个人所得税；对企业由于禽类扑杀所造成的净损失，允许其在所得税前全额列支。减收的增值税、所得税按现行财政体制负担。对禽类加工产品出口后的应退税款，及时足额退给企业。经省级人民政府批准，可以在全省（区、市）范围内或部分地区对家禽养殖（包括种禽养殖）、加工、冷藏冷冻企业及个人生产经营用的土地、房产和车船，适当减免 2006 年上半年度城镇土地使用税、房产税和车船使用税。

三、减免部分政府性基金和行政性收费

从 2005 年 11 月 1 日起至 2006 年 6 月 30 日，对家禽养殖、加工企业和养殖农户免征部分政府性基金，减免部分行政事业性收费，对出口的禽类及其产品免收出入境检验检疫费，具体减免办法由财政部、发展改革委制定。各级财政部门要保证检验检疫机构正常运转的经

费。

四、加强流动资金贷款和财政贴息支持

各金融机构对重点家禽养殖、加工企业和疫苗定点生产企业（具体名单由农业部会同有关部门提出）给予必要的流动资金贷款支持，确保在疫情发生期间企业维持运转、保护基本生产能力的资金需要。对重点家禽养殖、加工企业和疫苗定点生产企业已经发放但尚未到期的流动资金贷款，可视其具体困难情况，适当延长还款期限，具体条件由贷款银行决定。国家财政按现行一年期流动资金贷款利率的一半给予贴息，贴息期为2005年11月1日起至2006年6月30日，贴息所需资金由中央财政按东部地区20%、中部地区50%、西部地区80%的比例负担（对国家扶贫开发工作重点县提高10个百分点），其余贴息资金由省级财政负担。在疫情发生期间，对已到期并发生流动资金贷款拖欠的受损企业，贷款银行免收贷款罚息。各商业银行要在防范信贷风险的基础上，确保在疫情发生期间重点受损企业、疫苗定点生产企业必要的授信额度和新增贷款需要，加强信贷管理和资金调配，防止资金挪用，努力改善金融服务，提高工作效率，并将工作情况及时汇总报当地人民银行中心支行和银行业监管机构备案。

五、增强疫苗供应保障能力

免疫疫苗是防控禽流感的重要物资。要保障各疫苗定点生产企业的生产条件，积极支持和督促疫苗生产企业按照生产规模和质量标准，挖掘生产潜力，扩大产量，保证疫苗供应。在防疫紧急时期内，疫苗实行国家统一调拨，确保重点。要加强疫苗质量监管，加大对假劣疫苗打击力度，对非法生产、销售假劣疫苗行为，坚决依法查处。逐步建立疫苗国家储备制度，国家财政给予必要的支持，具体办法由发展改革委会同财政部、农业部制定。在国家禽流感参考实验室建立病毒抗原储备库，以备应急需要。

六、保护种禽生产能力和家禽品种资源

种禽和地方家禽品种资源是支撑家禽业发展最重要的生产要素。祖代种禽场和家禽品种资源场优先享受国家有关流动资金贷款、免征企业所得税、减免收费等扶持政策。国家对祖代种禽场和家禽品种资源场完善基础设施等给予必要的支持。地方人民政府对种禽场和家禽品种资源场要采取严格的隔离保护措施，对重点种禽场周围1至3公里半径内的所有散养家禽，组织企业收购。种禽场和家禽品种资源场要严格各项管理制度，落实各项疫病防控措施，防止疫情发生。

七、维护正常的市场流通秩序

要根据依法防控、科学防控的原则，正确处理好加强疫情防控与保持正常市场流通秩序的关系。要在依法对疫区及周边地区严格管理的同时，保证非疫区持有检疫合格证、公路运载工具消毒证明等有效证明，并查验合格的禽类产品的正常流通，各地不得人为设置障碍和采取封锁措施。铁路、交通、民航等部门既要加强防控措施，又要保证货畅其流。工商、质检、农业等部门要加强城镇活禽交易和加工的管理，改善现场环境，搞好检疫和消毒。要科学宣传禽类产品消费知识，正确引导消费。海关、质检等部门要加大查验和巡查力度，严厉打击偷运走私禽类产品的违法行为。

八、确保养殖农户得到政策实惠和企业职工生活得到保障

受损企业在享受有关扶持政策的同时，要本着风险共担、利益共享的原则，确保养殖农户分享到政策实惠。鼓励企业在保本的情况下集中宰杀、加工、储存，帮助农户渡过难关。龙头企业要履行与农户签订的合同和订单，因不可抗力造成合同和订单不能兑现的，应给予农户合理补偿。地方各级政府和有关部门要主动关心受损农户特别是养殖大户的生产生活，组织他们开展生产自救，切实解决他们的困

难。企业受疫情影响压缩生产或停工停产的，应采取灵活安排工作时间等办法调整用工方式。确需裁减人员的，要按照国家有关规定支付经济补偿金或生活补助费。企业恢复生产时，要优先录用被裁减人员。对符合相关政策规定的职工，应享受失业保险待遇或将其家庭纳入城市居民最低生活保障；对生活困难的农民工应及时给予救济。农业、工商、劳动保障等部门要加强对企业保护养殖农户和职工权益情况的监督，并与享受有关扶持政策挂钩。

九、稳步推进家禽业转变饲养方式

要促进家禽业向规模化、标准化、现代化饲养方式转变，改善防疫条件，降低发生重大动物疫病风险。在家禽主产区，要统筹规划、积极稳妥地发展养殖小区和规模养殖场，实行统一的防疫和管理制度。国家对重点养殖小区和规模养殖场的防疫设施、粪污处理设施建设给予必要的支持。加快实施全国动物防疫体系建设规划，提高重大动物疾病预防和控制能力，促进家禽养殖业持续健康发展。

国务院办公厅转发国资委关于进一步规范国有企业改制工作实施意见的通知

2005年12月19日　国办发［2005］60号

各省、自治区、直辖市人民政府，国务院各部委、各直属机构：

国资委《关于进一步规范国有企业改制工作的实施意见》已经国务院同意，现转发给你们，请认真贯彻执行。

附件：

关于进一步规范国有企业改制工作的实施意见

国资委

《国务院办公厅转发国务院国有资产监督管理委员会关于规范国有企业改制工作意见的通知》（国办发［2003］96号）印发以来，各地区、各有关部门加强组织领导，认真贯彻落实，规范国有企业改制工作取得了重大进展。但在实际工作中还存在改制方案不完善、审批不严格，清产核资、财务审计、资产评估和产权转让不规范，对维护职工合法权益重视不够等问题。为确保国有企业改制工作健康发展，防止国有资产流失，维护职工合法权益，现就进一步规范国有企业改制工作提出以下意见：

一、严格制订和审批企业改制方案

（一）认真制订企业改制方案。改制方案的主要内容应包括：改制的目的及必要性，改制后企业的资产、业务、股权设置和产品开发、技术改造等；改制的具体形式；改制后形成的法人治理结构；企业的债权、债务落实情况；职工安置方案；改制的操作程序，财务审计、资产评估等中介机构和产权交易市场的选择等。

（二）改制方案必须明确保全金融债权，依法落实金融债务，并征得金融机构债权人的同意。审批改制方案的单位（包括各级人民政府、各级国有资产监督管理机构及其所出资企业、各级国有资产监督管理机构以外有权审批改制方案的部门及其授权单位，下同）应认真审查，严格防止企业利用改制逃废金融债务，对未依法保全金融债权、落实金融债务的改制方案不予批准。

（三）企业改制中涉及企业国有产权转让的，应严格按照国家有关法律法规以及《企业国有产权转让管理暂行办法》（国资委、财政部令第3号）、《关于印发〈企业国有产权向管理层转让暂行规定〉的通知》（国资发产权［2005］78号）及相关配套文件的规定执行。拟通过增资扩股实施改制的企业，应当通过产权交易市场、媒体或网络等公开企业改制有关情况、投资者条件等信息，择优选择投资者；情况特殊的，经国有资产监督管理机构批准，可通过向多个具备相关资质条件的潜在投资者提供信息等方式，选定投资者。企业改制涉及公开上市发行股票的，按照《中华人民共和国证券法》等有关法律法规执行。

（四）企业改制必须对改制方案出具法律意见书。法律意见书由审批改制方案的单位的法律顾问或该单位决定聘请的律师事务所出具，拟改制为国有控股企业且职工（包括管理层）不持有本企业股权的，可由审批改制方案的单位授权该企业法律顾问出具。

（五）国有企业改制方案需按照《企业国有资产监督管理暂行条例》（国务院令第378号）和国务院国有资产监督管理委员会的有关规定履行决定或批准程序，否则不得实施改制。国有企业改制涉及财政、劳动保障等事项的，须预先报经同级人民政府有关部门审核，批准后报国有资产监督管理机构协调审批；涉及政府社会公共管理审批事项的，依照国家有关法律法规，报经政府有关部门审批；国有资产监督管理机构所出资企业改制为非国有企业（国有股不控股及不参股的企业），改制方案须报同级人民政府批准。

（六）审批改制方案的单位必须按照权利、义务、责任相统一的原则，建立有关审批的程序、权限、责任等制度。

（七）审批改制方案的单位必须就改制方案的审批及清产核资、财务审计、资产评估、进场交易、定价、转让价款、落实债权、职工安置方案等重要资料建立档案管理制度，改制企业的国有产权持有单位要妥善保管相关资料。

二、认真做好清产核资工作

（一）企业改制要按照有关规定进行清产核资。要切实对企业资产进行全面清理、核对和查实，盘点实物、核实账目，核查负债和所有者权益，做好各类应收及预付账款、各项对外投资、账外资产的清查，做好有关抵押、担保等事项的清理工作，按照国家规定调整有关账务。

（二）清产核资结果经国有产权持有单位审核认定，并经国有资产监督管理机构确认后，自清产核资基准日起2年内有效，在有效期内企业实施改制不再另行组织清产核资。

（三）企业实施改制仅涉及引入非国有投

资者少量投资，且企业已按照国家有关规定规范进行会计核算的，经本级国有资产监督管理机构批准，可不进行清产核资。

三、加强对改制企业的财务审计和资产评估

（一）企业实施改制必须由审批改制方案的单位确定的中介机构进行财务审计和资产评估。确定中介机构必须考察和了解其资质、信誉及能力；不得聘请改制前两年内在企业财务审计中有违法、违规记录的会计师事务所和注册会计师；不得聘请参与该企业上一次资产评估的中介机构和注册资产评估师；不得聘请同一中介机构开展财务审计与资产评估。

（二）财务审计应依据《中国注册会计师独立审计准则》等有关规定实施。其中，依据国家有关规定计提的各项资产减值准备，必须由会计师事务所逐笔逐项审核并出具专项意见，与审计报告一并提交国有产权持有单位作为改制方案依据，其中不合理的减值准备应予调整。国有独资企业实施改制，计提各项资产减值准备和已核销的各项资产损失凡影响国有产权转让价或折股价的，该计提减值准备的资产和已核销的各项资产损失必须交由改制企业的国有产权持有单位负责处理，国有产权持有单位应采取清理追缴等监管措施，落实监管责任，最大程度地减少损失。国有控股企业实施改制，计提各项减值准备的资产和已核销的各项资产损失由国有产权持有单位与其他股东协商处理。

（三）国有独资企业实施改制，自企业资产评估基准日到企业改制后进行工商变更登记期间，因企业盈利而增加的净资产，应上交国有产权持有单位，或经国有产权持有单位同意，作为改制企业国有权益；因企业亏损而减少的净资产，应由国有产权持有单位补足，或者由改制企业用以后年度国有股份应得的股利补足。国有控股企业实施改制，自企业资产评估基准日到改制后工商变更登记期间的净资产变化，应由改制前企业的各产权持有单位协商处理。

（四）改制为非国有的企业，必须在改制前由国有产权持有单位组织进行法定代表人离任审计，不得以财务审计代替离任审计。离任审计应依照国家有关法律法规和《中央企业经济责任审计管理暂行办法》（国资委令第7号）及相关配套规定执行。财务审计和离任审计工作应由两家会计师事务所分别承担，分别出具审计报告。

（五）企业改制涉及土地使用权的，必须经土地确权登记并明确土地使用权的处置方式。进入企业改制资产范围的土地使用权必须经具备土地估价资格的中介机构进行评估，并按国家有关规定备案。涉及国有划拨土地使用权的，必须按照国家土地管理有关规定办理土地使用权处置审批手续。

（六）企业改制涉及探矿权、采矿权有关事项的，依照国家有关法律以及《探矿权、采矿权转让管理办法》（国务院令第242号）、国土资源部《关于印发〈探矿权采矿权招标拍卖挂牌管理办法（试行）〉的通知》（国土资发［2003］197号）、财政部、国土资源部《关于印发〈探矿权采矿权价款转增国家资本管理办法〉的通知》（财建［2004］262号）等有关规定执行。企业改制必须由国土资源主管部门明确探矿权、采矿权的处置方式，但不得单独转让探矿权、采矿权，涉及由国家出资形成的探矿权、采矿权的，应当按照国家有关规定办理处置审批手续。进入企业改制资产范围的探矿权、采矿权，必须经具有矿业权评估资格的中介机构进行评估作价（采矿权评估结果报国土资源主管部门确认）并纳入企业整体资产中，由审批改制方案的单位商国土资源主管部门审批后处置。

（七）没有进入企业改制资产范围的实物资产和专利权、非专利技术、商标权、土地使用权、探矿权、采矿权、特许经营权等资产，改制后的企业不得无偿使用；若需使用的，有偿使用费或租赁费计算标准应参考资产评估价或同类资产的市场价确定。

（八）非国有投资者以实物资产和专利权、非专利技术、商标权、土地使用权、探矿权、采矿权、特许经营权等资产评估作价参与企业改制，由国有产权持有单位和非国有投资者共同认可的中介机构，对双方进入改制企业的资产按同一基准日进行评估；若一方资产已经评估，可由另一方对资产评估结果进行复核。

（九）在清产核资、财务审计、离任审计、资产评估、落实债务、产权交易等过程中发现造成国有资产流失、逃废金融债务等违法违纪问题的，必须暂停改制并追查有关人员的责任。

四、切实维护职工的合法权益

（一）改制方案必须提交企业职工代表大会或职工大会审议，并按照有关规定和程序及时向广大职工群众公布。应当向广大职工群众讲清楚国家关于国有企业改革的方针政策和改制的规定，讲清楚改制的必要性、紧迫性以及企业的发展思路。在改制方案制订过程中要充分听取职工群众意见，深入细致地做好思想工作，争取广大职工群众对改制的理解和支持。

（二）国有企业实施改制前，原企业应当与投资者就职工安置费用、劳动关系接续等问题明确相关责任，并制订职工安置方案。职工安置方案必须经职工代表大会或职工大会审议通过，企业方可实施改制。职工安置方案必须及时向广大职工群众公布，其主要内容包括：企业的人员状况及分流安置意见；职工劳动合同的变更、解除及重新签订办法；解除劳动合同职工的经济补偿金支付办法；社会保险关系接续；拖欠职工的工资等债务和企业欠缴的社会保险费处理办法等。

（三）企业实施改制时必须向职工群众公布企业总资产、总负债、净资产、净利润等主要财务指标的财务审计、资产评估结果，接受职工群众的民主监督。

（四）改制为国有控股企业的，改制后企业继续履行改制前企业与留用的职工签订的劳动合同；留用的职工在改制前企业的工作年限应合并计算为在改制后企业的工作年限；原企业不得向继续留用的职工支付经济补偿金。改制为非国有企业的，要严格按照有关法律法规和政策处理好改制企业与职工的劳动关系。对企业改制时解除劳动合同且不再继续留用的职工，要支付经济补偿金。企业国有产权持有单位不得强迫职工将经济补偿金等费用用于对改制后企业的投资或借给改制后企业（包括改制企业的投资者）使用。

（五）企业改制时，对经确认的拖欠职工的工资、集资款、医疗费和挪用的职工住房公积金以及企业欠缴社会保险费，原则上要一次性付清。改制后的企业要按照有关规定，及时为职工接续养老、失业、医疗、工伤、生育等各项社会保险关系，并按时为职工足额交纳各种社会保险费。

五、严格控制企业管理层通过增资扩股持股

（一）本意见所称“管理层”是指国有及国有控股企业的负责人以及领导班子的其他成员；本意见所称“管理层通过增资扩股持股”，不包括对管理层实施的奖励股权或股票期权。

（二）国有及国有控股大型企业实施改制，应严格控制管理层通过增资扩股以各种方式直接或间接持有本企业的股权。为探索实施激励与约束机制，经国有资产监督管理机构批准，凡通过公开招聘、企业内部竞争上岗等方式竞聘上岗或对企业发展作出重大贡献的管理层成员，可通过增资扩股持有本企业股权，但管理层的持股总量不得达到控股或相对控股数量。国有及国有控股企业的划型标准按照统计局《关于印发〈统计上大中小型企业划分办法（暂行）〉的通知》（国统字［2003］17号）和原国家经贸委、原国家计委、财政部、统计局《关于印发中小企业标准暂行规定的通知》（国经贸中小企［2003］143号）规定的分类标准执行。

（三）管理层成员拟通过增资扩股持有企业股权的，不得参与制订改制方案、确定国有产权折股价、选择中介机构，以及清产核资、财务审计、离任审计、资产评估中的重大事项。管理层持股必须提供资金来源合法的相关证明，必须执行《贷款通则》的有关规定，不得向包括本企业在内的国有及国有控股企业借款，不得以国有产权或资产作为标的物通过抵押、质押、贴现等方式筹集资金，也不得采取信托或委托等方式间接持有企业股权。

（四）存在下列情况之一的管理层成员，不得通过增资扩股持有改制企业的股权：

1. 经审计认定对改制企业经营业绩下降负有直接责任的；

2. 故意转移、隐匿资产，或者在改制过程中通过关联交易影响企业净资产的；

3. 向中介机构提供虚假资料，导致审计、评估结果失真，或者与有关方面串通，压低资产评估值以及国有产权折股价的；

4. 违反有关规定，参与制订改制方案、确定国有产权折股价、选择中介机构，以及清产核资、财务审计、离任审计、资产评估中重大事项的；

5. 无法提供持股资金来源合法相关证明的。

（五）涉及管理层通过增资扩股持股的改制方案，必须对管理层成员不再持有企业股权的有关事项作出具体规定。

（六）管理层通过增资扩股持有企业股权后涉及该企业所持上市公司国有股性质变更的，按国家有关规定办理。

六、加强对改制工作的领导和管理

（一）除国有大中型企业实施主辅分离、辅业改制，通过境内外首次公开发行股票并上市改制为国有控股企业，以及国有控股的上市公司增资扩股和收购资产按国家其他规定执行外，凡符合以下情况之一的，须执行国办发［2003］96号文件和本意见的各项规定：

1. 国有及国有控股企业（包括其全资、控股子企业，下同）增量引入非国有投资，或者国有及国有控股企业的国有产权持有单位向非国有投资者转让该企业国有产权的。

2. 国有及国有控股企业以其非货币资产出资与非国有投资者共同投资设立新公司，并因此安排原企业部分职工在新公司就业的。

国有及国有控股企业以现金出资与非国有投资者共同投资设立新公司，并因此安排原企业部分职工在新公司就业的，执行国办发［2003］96号文件和本意见除清产核资、财务审计、资产评估、定价程序以外的其他各项规定。

3. 各级国有资产监督管理机构作出其他有关规定的。对由国有资产监督管理机构以外的其他部门履行出资人职责的企业，由相关部门规定。

（二）国有产权持有单位应与非国有投资者协商签订合同、协议，维护职工合法权益，防止国有资产流失，确保进入改制后企业的国有资产保值增值。对需要在改制后履行的合同、协议，国有产权持有单位应负责跟踪、监督、检查，确保各项条款执行到位。改制后的国有控股企业应当建立现代企业制度，完善法人治理结构，制订明确的企业发展思路和转换机制方案，加快技术进步，加强内部管理，提高市场竞争力。企业在改制过程中要重视企业工会组织的建设，充分发挥工会组织的作用。

（三）地方各级人民政府及其国有资产监督管理机构、国有及国有控股企业，要全面理解和正确贯彻落实党中央、国务院关于国有企业改革的方针、政策和措施。切实加强对国有企业改制工作的组织领导，严格执行有关改制的各项规定，认真履行改制的各项工作程序，有效防止国有资产流失。加强对改制企业落实职工安置方案的监督检查，切实维护职工的合法权益。地方政府及有关部门要关心改制后企业的改革和发展，督促落实改制措施，帮助解决遇到的困难和问题，为改制企业发展创造良好的环境和条件。地方各级人民政府要充分考虑企业、职工和社会的承受能力，妥善处理好原地方政策与现有政策的衔接，防止引发新的矛盾。各级国有资产监督管理机构要加强对国办发［2003］96号文件、本意见和国资委、财政部令第3号等有关规定贯彻执行情况的监督检查，及时总结经验，发现和纠正改制工作中存在的问题，促进国有企业改制工作健康、有序、规范发展。

国务院办公厅关于落实中共中央、国务院关于进一步加强农村工作提高农业综合生产能力若干政策意见有关政策措施的通知

2005年2月17日　国办函［2005］16号

中编办、中农办、发展改革委、教育部、科技部、公安部、民政部、财政部、人事部、劳动保障部、国土资源部、建设部、交通部、水利部、农业部、商务部、文化部、卫生部、人口计生委、人民银行、税务总局、工商总局、质检总局、环保总局、广电总局、统计局、林业局、食品药品监管局、法制办、银监会、保监会、粮食局、邮政局、开发银行、农业发展银行、农业银行、扶贫办、西部办、供销总社、国信办、纠风办、中储粮总公司：

为了贯彻落实《中共中央国务院关于进一步加强农村工作提高农业综合生产能力若干政策的意见》（中发［2005］1号）提出的一系列政策措施，需要有关部门研究提出具体实施意见并认真加以落实。根据国务院领导同志的指示，现就有关事项通知如下：

一、工作分工

（一）关于“进一步扩大农业税免征范围，加大农业税减征力度”的问题，由国务院农村税费改革工作小组（财政部牵头）负责提出实施意见。

（二）关于“继续对种粮农民实行直接补贴”的问题，由财政部牵头，会同发展改革委、农业部、粮食局等部门提出具体实施意见。

（三）关于“中央财政继续增加良种补贴和农机具购置补贴资金”的问题，由农业部牵头，会同财政部、发展改革委在春耕前提出方案并予以公布。

（四）关于“继续对短缺的重点粮食品种在主产区实行最低收购价政策，逐步建立和完善稳定粮食市场价格、保护种粮农民利益的制度和机制”的问题，由发展改革委牵头，会同财政部、农业部、粮食局、农业发展银行、中储粮总公司等部门研究提出实施意见。

（五）关于“搞好农业生产资料供应和市场管理，继续实行化肥出厂限价政策，通过税收等手段合理调节化肥进出口，控制农资价格过快上涨，严厉打击制售假冒伪劣农业生产资料等各种坑农害农行为”的问题，由发展改革委牵头，会同财政部、农业部、商务部、公安部、工商总局、质检总局、供销总社等部门提出落实意见。

（六）关于“中央财政要采取有效措施，根据粮食播种面积、产量和商品量等因素，对粮食主产县通过转移支付给予奖励和补助”的问题，由财政部牵头，会同农业部、统计局

等部门提出落实意见。

（七）关于“建立粮食主产区与主销区之间的利益协调机制，调整中央财政对粮食风险基金的补助比例，并通过其他经济手段筹集一定资金，支持粮食主产区加强生产能力建设”的问题，由财政部牵头，会同发展改革委、农业部、统计局、粮食局、中农办等部门抓紧研究提出具体实施意见。

（八）关于“在稳定现有各项农业投入的基础上，新增财政支出和固定资产投资要切实向农业、农村、农民倾斜，逐步建立稳定的农业投入增长机制”的问题，由财政部、发展改革委会同有关部门提出落实意见。

（九）关于“从预算内新增财政收入中安排一部分资金，设立小型农田水利设施建设补助专项资金，对农户投工投劳开展小型农田水利设施建设予以支持。预算内经常性固定资产投资和国债资金要增加安排小型农田水利基础设施建设项目。土地出让金用于农业土地开发部分和新增建设用地有偿使用费，要结合土地开发整理安排一定资金用于小型农田水利建设”的问题，由财政部牵头，会同发展改革委、水利部、农业部、国土资源部、建设部等部门提出落实意见。

（十）关于“要尽快立法，把国家的重大支农政策制度化、规范化”的问题，由发展改革委牵头，会同财政部、水利部、农业部、林业局、人民银行、法制办、中农办等部门研究提出意见。

（十一）关于“控制非农建设占用耕地，确保基本农田总量不减少、质量不下降、用途不改变，并落实到地块和农户。加快推进农村土地征收、征用制度改革”的问题，由国土资源部牵头，会同财政部、建设部、农业部、法制办、中农办等部门提出落实意见。

（十二）关于“修订耕地占用税暂行条例，提高耕地占用税税率，严格控制减免”的问题，由法制办、财政部牵头，会同税务总局、国土资源部、建设部、发展改革委、农业部等部门提出落实意见。

（十三）关于“中央和省级财政要较大幅度增加农业综合开发投入，新增资金主要安排在粮食主产区集中用于中低产田改造，建设高标准基本农田”的问题，由财政部提出落实意见。

（十四）关于“搞好‘沃土工程’建设，增加投入，加大土壤肥力调查和监测工作力度，尽快建立全国耕地质量动态监测和预警系统”的问题，由农业部牵头，会同发展改革委、财政部、国土资源部、环保总局等部门负责落实。

（十五）关于“新增固定资产投资要把大型灌区续建配套作为重点，并不断加大投入力度，着力搞好田间工程建设，更新改造老化机电设备，完善灌排体系。开展续建配套灌区的末级渠系建设试点。继续推进节水灌溉示范，在粮食主产区进行规模化建设试点”的问题，由发展改革委牵头，会同水利部、农业部等部门提出落实意见。

（十六）关于“从2005年起，选择部分地区开展对农民购买节水设备实行补助的试点”的问题，由农业部牵头，会同财政部、水利部等部门提出实施意见。

（十七）关于“要严格区分加重农民负担与农民自愿投工投劳改善自己生产生活条件的政策界限，发扬农民自力更生的好传统，在切实加强民主决策和民主管理的前提下，本着自愿互利、注重实效、控制标准、严格规范的原则，引导农民对直接受益的小型农田水利设施建设投工投劳”的问题，由国务院农村税费改革工作小组牵头，会同发展改革委、水利部等部门提出实施意见。

（十八）关于“国家对农民兴建小微型水利设施所需材料给予适当补助”的问题，由财政部牵头，会同水利部、发展改革委等部门抓紧研究制订具体办法。

（十九）关于“要采取有效措施，在退耕还林地区建设好基本口粮田，培育后续产业，切实解决农民的长期生计问题，进一步巩固退耕还林成果”的问题，由发展改革委牵头，会同财政部、水利部、农业部、林业局、扶贫办、西部办等部门提出落实意见。

（二十）关于“要大幅度增加对农业科研的投入，加快建立以政府为主导、社会力量广泛参与的多元化农业科研投入体系，形成稳定的投入增长机制”的问题，由财政部牵头，会同科技部、水利部、农业部、林业局等部门提出落实意见。

（二十一）关于“深化农业科研体制改革，抓紧建立国家农业科技创新体系”的问题，由农业部、科技部牵头，会同财政部、发展改革委、人事部、水利部、林业局、中编办等部门提出落实意见。

（二十二）关于“从 2005 年起，国家设立超级稻推广项目。扩大重大农业技术推广项目专项补贴规模，优先扶持优质高产、节本增效的组装集成与配套技术开发”的问题，由农业部牵头，会同财政部、科技部等部门提出落实意见。

（二十三）关于“加快改革农业技术推广体系”的问题，由农业部牵头，会同科技部、财政部、人事部、中编办等部门尽快提出实施意见。

（二十四）关于“加大农村小型基础设施建设力度”的问题，由发展改革委牵头，会同财政部、交通部、水利部、农业部、林业局、扶贫办等部门提出落实意见。

（二十五）关于“鼓励发展现代物流、连锁经营、电子商务等新型业态和流通方式。加快建设以冷藏和低温仓储运输为主的农产品冷链系统，对农产品仓储设施建设用地按工业用地对待”的问题，由商务部、发展改革委牵头，会同财政部、国土资源部、交通部、建设部、农业部、工商总局等部门提出落实意见。

（二十六）关于“鼓励邮政系统开展直接为农民生产生活服务的连锁配送业务”的问题，由邮政局牵头，会同工商总局、财政部、税务总局等部门提出实施意见。

（二十七）关于“加强农业信息化建设”的问题，由农业部牵头，会同发展改革委、广电总局、国信办等部门提出落实意见。

（二十八）关于“加快开通整车运输鲜活农产品的绿色通道，抓紧落实降低或免交车辆通行费的有关规定，并尽快实现省际互通”的问题，由交通部牵头，会同发展改革委、公安部、纠风办、财政部、农业部、商务部等部门提出实施意见。

（二十九）关于“要加强农产品检验检测基础设施建设，提高进出境检验检疫装备和检测技术水平，增强防范和处理外来有害生物入侵的能力”的问题，由农业部、质检总局牵头，会同发展改革委、科技部、财政部、商务部、环保总局、林业局等部门提出落实意见。

（三十）关于“加强农产品质量安全工作，实施农产品认证认可，禁止生产、销售和使用高毒、高残留农药，加快农产品质量安全立法”的问题，由农业部牵头，会同质检总局、食品药品监管局、发展改革委、工商总局、环保总局、法制办等部门提出实施意见。

（三十一）关于“加强农业发展的综合配套体系建设”的问题，由农业部会同有关部门在已有工作的基础上，抓紧制订建设规划，并组织实施。

（三十二）关于“大力发展特色农业”的问题，由农业部牵头，会同发展改革委、西部办、商务部、质检总局等部门提出落实意见。

（三十三）关于“通过小额信贷、财政贴息等方式，引导有条件的地方发展养殖小区。要增加投入，支持养殖小区建设畜禽粪便和污水无害化处理设施”的问题，由农业部牵头，会同财政部、发展改革委、环保总局、人民银行、银监会等部门提出落实意见。

（三十四）关于“从 2005 年起，实施奶牛良种繁育项目补贴”的问题，由农业部牵头，会同财政部等部门具体落实。

（三十五）关于“要抓紧制定动物防疫体系建设规划，加快建设重大动物疫病监测预警、动物疫病预防控制、动物防疫检疫监督、兽药质量监察和残留监控、动物防疫技术支撑、动物防疫物质保障等系统”的问题，由发展改革委就规划的有关问题与有关部门进一步协调后，尽快报国务院审批，有关部门按职责分工组织实施。

（三十六）关于“尽快建立健全动物疫病防治队伍，动物检疫监督机构的人员经费和工作经费全额纳入各级财政预算”的问题，由农业部牵头，会同财政部、人事部、中编办等部门抓紧提出实施意见。

（三十七）关于“重点支持粮食主产区发展农产品加工业，大力扶持食品加工业特别是粮食主产区以粮食为主要原料的加工业。采取财政贴息等方式，支持粮食主产区农产品加工企业进行技术引进和技术改造，建设仓储设施”的问题，由发展改革委牵头，会同财政部、农业部、人民银行、粮食局等部门提出实施意见。

（三十八）关于“尽快完善农产品加工业增值税政策。按照增值税转型改革的统一部署，加快食品等农产品加工业增值税转型的步伐”的问题，由财政部牵头，会同税务总局、农业部、商务部等部门提出实施意见。

（三十九）关于“支持农民专业合作组织发展，对专业合作组织及其所办加工、流通实体适当减免有关税费”的问题，由财政部牵头，会同税务总局、中农办、农业部、民政部等部门提出实施意见。

（四十）关于“逐步降低中西部地区对涉农固定资产投资的资金配套比例，不得采取加重农民负担的方式进行资金配套”的问题，由发展改革委牵头，会同水利部、农业部、林业局、扶贫办等部门提出实施意见。

（四十一）关于“继续加大国家农业资金投入的整合力度，鼓励以县为单位，通过规划引导、统筹安排、明确职责、项目带动等方式整合投资，提高资金使用效率”的问题，由发展改革委牵头，会同科技部、财政部、水利部、农业部、林业局、扶贫办等部门提出实施意见。

（四十二）关于“加快农村小型基础设施产权制度改革”的问题，由发展改革委牵头，会同财政部、水利部、农业部、人事部、法制办、中编办、中农办等部门提出实施意见。

（四十三）关于“抓紧研究制定农村金融总体改革方案”的问题，由人民银行牵头，会同财政部、银监会、农业部、中农办等部门提出实施意见。

（四十四）关于“抓紧制定县域内各金融机构承担支持‘三农’义务的政策措施，明确金融机构在县及县以下机构、网点新增存款用于支持当地农业和农村经济发展的比例”的问题，由人民银行牵头，会同财政部、银监会、农业部等部门尽快提出实施意见。

（四十五）关于“采取有效办法，引导县及县以下吸收的邮政储蓄资金回流农村”的问题，由人民银行牵头，会同财政部、银监会、邮政局等部门提出实施意见。

（四十六）关于“加大政策性金融支农力度，增加支持农业和农村发展的中长期贷款，在完善运行机制基础上强化农业发展银行的支农作用，拓宽业务范围”的问题，由人民银行牵头，会同财政部、银监会、农业发展银行、农业银行等部门提出实施意见。

（四十七）关于“要抓紧制定农村新办多种所有制金融机构的准入条件和监管办法，在有效防范金融风险的前提下，尽快启动试点工作”的问题，由银监会牵头，会同中农办、财政部、人民银行等部门提出实施意见。

（四十八）关于“有条件的地方，可以探索建立更加贴近农民和农村需要、由自然人或企业发起的小额信贷组织”的问题，由银监会牵头，会同人民银行、农业部等部门提出实施意见。

（四十九）关于“加快落实对农户和农村中小企业实行多种抵押担保形式的有关规定”的问题，由银监会牵头，会同人民银行、发展改革委、财政部、农业部、农业发展银行等部门负责落实。

（五十）关于“扩大农业政策性保险的试点范围，鼓励商业性保险机构开展农业保险业务”的问题，由保监会牵头，会同中农办、发展改革委、财政部、农业部、人民银行、税务总局、法制办等部门提出实施意见。

（五十一）关于“各级财政要大幅度增加农民职业技能培训投入，采取补助、培训券、报账制等方式，努力提高培训的实用性和资金的使用效率”的问题，由财政部牵头，会同农业部、劳动保障部、扶贫办等部门提出实施意见。

（五十二）关于“要落实新增教育、卫生、文化、计划生育等事业经费主要用于农村的规定，用于县以下的比例不低于70%”的问题，由财政部牵头，会同发展改革委、教育部、卫生部、文化部、人口计生委等部门提出实施意见。

（五十三）关于“搞好农村计划生育，对农村部分计划生育家庭实行奖励扶助制度，抓好‘少生快富扶贫工程’试点”的问题，由人口计生委牵头，会同财政部、扶贫办等部门提出实施意见。

二、工作要求

（一）制订计划，落实任务。各有关部门要按照上述分工，研究提出落实相关任务的实施意见，已经提出实施意见的要进一步加以完善，制订具体的、切实可行的工作计划，明确工作任务和完成时限，认真加以落实。各牵头单位在2005年3月底之前将工作计划报国务院办公厅备案。

（二）密切配合，相互支持。落实中央提出的农业和农村政策措施，涉及多个部门，牵头单位要切实负起责任，其他部门要积极参与，按各自职责分工，积极支持和配合牵头部门做好落实工作，特别是发展改革、财政、金融等部门要给予积极的支持。有的政策措施需增加相关单位参与的，请牵头部门商有关单位确定。

（三）督促检查，跟踪落实。各有关部门的工作计划报来后，国务院办公厅要负责督促检查。

（文献法规篇稿件均选自《国务院公报》）

综合篇

2005年中西部地区经济社会发展综述

【经济增长】 2005年，中西部地区按照科学发展观的要求，认真贯彻落实党中央、国务院关于经济工作的一系列方针政策，努力解决经济运行中的突出矛盾和问题，地区经济保持了良好增长的态势。

2005年，东、中、西三大地带GDP分别达到121067.1亿元、49994.2亿元和25504.2亿元，按可比价格计算，三大地带GDP比上年分别增长了13%、13%和11.5%；与上年相比，东、西部地带GDP的增长速度分别降低了1和0.6个百分点，中部地带GDP增长速度提高了0.1个百分点；西部与东部地带经济增速差距有所缩小，由上年相差1.9个百分点减小到2005年相差1.5个百分点。2005年东部地带经济总量比重为61.59%，比上年提高了1.17个百分点，提高幅度较大；中部地带经济总量比重为25.43%，比上年下降了0.95个百分点，西部地带经济总量比重为12.97%，比上年下降了0.23个百分点，三大地带经济总量分布呈现出东部地带比重提高，中部和西部地带比重下降的态势。

2005年，全国除云南外，其他省份GDP增速均超过10%，内蒙古以21.6%的增速继续高居榜首，其后增长较快的省份依次是山东15.2%、天津和江苏均14.5%、河南14.3%、河北13.4%、江西12.8%、广西12.7%、四川和陕西均12.6%。与上年相比，经济总量排序从第一到第十位的省份位次没有发生变化，仍是广东、山东、江苏、浙江、河南、河北、上海、辽宁、四川和北京，中西部地带的省份仅包括河南、四川两省，上述10个省份经济总量占全国地区经济总量的比重为62.99%，比上年提高了0.49个百分点；排在前六位省份的GDP均超过1万亿，其中包括中部的河南。

【产业结构】 2005年全国三次产业结构仍为“二、三、一”格局，第二产业比重提高，第一、三产业比重下降，三大地带也基本保持了同一局面（见表1）。从全国31个省份的产业结构比重变化来看，除北京、上海、湖南、广西和西藏为“三、二、一”的格局，海南为“三、一、二”外，其他25个省份均为“二、三、一”格局。各省份产业结构变化的总体趋势是：第一产业占比均呈现出降低的趋势；第二产业占比除江苏、浙江、重庆和西藏外，其他省份均呈现出提高的趋势；有22个省份的第三产业占比下降，9个省份（其中中西部地区占了4个）第三产业占比提高。

表1　2005年三大地带经济总量及构成表

地区名称	2005年经济总量（亿元）				2005年GDP构成（%）		
	地区生产总值	第一产业	第二产业	第三产业	第一产业	第二产业	第三产业
全　国	182321	22718	86208	73395	12.5	47.3	40.3
东部地区	121067.06	10187.95	61663.58	49215.52	8.4	50.9	40.7
中部地区	49994.18	8015.98	23636.30	18341.9	16	47.3	36.7
西部地区	25504.24	4379.64	11096.47	10028.13	17.2	43.5	39.3
地区合计	196565.48	22583.57	96396.35	77585.55	11.5	49	39.5

2005年，东、中、西三大地带第一产业增加值分别达到10188亿元、8016亿元和4379.6亿元，与上年相比分别增长了4.2%、6%和5.9%，中部地区增长速度最快。全国除北京、山西和上海外，其他省份第一产业增加值均实现了增长，增长超过6%的省份依次是内蒙古12.7%、黑龙江9.2%、吉林8.3%、陕西7.9%、河南7.5%、辽宁7.3%、广西6.9%、江西和新疆均6.5%、云南6.3%和海南6.0%的11个省份，其中中西部地区的省份有8个，占了绝大多数。

2005年，东、中、西三大地带第二产业增加值分别达到61663.6亿元、23636.3亿元和11096.5亿元，与上年相比分别增长了15.2%、16.4%和14.3%，中部地区增速领先。全国除云南外，其他省份第二产业增加值增速均超过11%，排在前11名的省份增速均超过了16%，依次是内蒙古29%、安徽18.8%、广西18.5%、河南18%、山东17.9%、四川17.8%、天津17.5%、江西17.1%、辽宁16.6%、海南16.1%和江苏16%，其中中西部地区的省份有5个。

2005年，东、中、西三大地带工业生产增加值分别增长了20.5%、20.5%和18.2%；与上年相比，三大地带的增幅均有所回落，分别下降了2.53、2.48和2.96个百分点；东、西部地区的工业生产增速差距由上年的1.88个百分点扩大到2005年的2.31个百分点，中部地区工业生产增加值增长首次超过东部地区。全国除云南外，其他省份的工业增加值增速都超过了11%，有25个省份高于全国16.4%的平均增长速度，有13个省份的工业增加值增速超过20%上，内蒙古以30.9%的速度继续保持领先地位，排在其后的依次是山东28.4%、江西23.6%、河南23.3%、四川23%、河北22.9%、广西22.8%、安徽和青海均22.7%和江苏22.5%，中西部省份占了5个。与上年相比，全国有23个省份工业生产增幅有不同程度的回落，其中有10个省份增幅降低了5个百分点以上，依次是广东(5.4)、天津和福建（均6.1）、重庆（6.4）、上海（6.5）、北京（6.8）、宁夏（7.3）、内蒙古和吉林（均7.6）、云南（8.2），中西部省份占了一半。2005年，东、中、西三大地带工业产品销售率分别达到98.1%、98.12%和98.06%，中部地区产销率列首位；与上年相比，东、西部地区工业产品销售率均提高了0.07个百分点，中部地区产销率下降了0.38个百分点。全国31个省份的工业产品销售率均在92%以上，其中有17个省份高于全国98.1%的平均销售水平；天津名列第一，高达100.63%，其后排在前10位的省份是湖南99.57%、云南99.44%、新疆99.07%、重庆和青海均98.79%、海南和宁夏均98.67%、上海98.6%、吉林98.53%，中西部省份占了7个。与上年相比，工业产品销售率增减幅度地区各半，有3个省份提高幅度在1个百分点以上，依次是西藏（1.99）、新疆（1.47）和宁夏（1），均为西部省份。

2005年，东、中、西三大地带第三产业增加值分别达到49215.5亿元、18341.9亿元和10028.1亿元，同比分别增长了12.2%、12%和10.9%，东部地区增速最快，中部次之。全国除辽宁、安徽、宁夏和新疆外，其他省份第三产业增加值增速都超过了10%，排在前10名的省份依次是内蒙古18%、浙江和西藏均14.9%、江苏14.8%、山东14.5%、河北13.4%、贵州13.3%、甘肃12.8%、河南12.6%、吉林和重庆均12.3%，中西部省份占了7个。

从三大地带的产业结构变化分析来看，2005年东、中、西三大地带三次产业对GDP增长的贡献顺序不变，第二产业仍是带动国民经济发展的重要力量，第三产业对GDP增长的作用逐渐增强。2005年东、中、西三大地带第一产业对GDP的贡献率分别为4.56%、8.81%和11.47%，分别拉动国民经济增长的0.59%、1.14%和1.32%；三大地带第二产业对GDP的贡献率均保持在54%以上，分别为55.94%、61.03%和54.01%，分别拉动国民经济增长的7.27%、7.93%和6.21%；三大地带第三产业增长均以10%以上的速度发展，第三产业对GDP的贡献率在30%以上，分别为39.5%、30.16%和34.52%，分别拉动国民经济增长的5.13%、3.92%和3.97%。

【固定资产投资】 2005年，我国固定资产投资继续高位运行，延续了上年快速增长的势头，全国全社会固定资产投资达到88604亿元，与上年相比增长了25.7%，增幅比上年同期回落了0.9个百分点。在国家宏观调控、改善投资结构与“有保有压，区别对待”的投资政策引导下，各地区投资增长发生了明显变化。东、中、西三大地带的城镇固定资产投资同比分别增长了24.5%、34.7%和25.7%，中部地区投资增速分别高于东、西部地区10.16和8.98个百分点，西部地区快于东部地区；与上年相比，东、中、西三大地带投资增速继续降低，分别回落了1.85、0.52和1.31个百分点。全国有14个省份的城镇固定资产投资（不含农村投资）增长速度高于全国27.2%的平均增长速度。吉林以50.7%的速度高居榜首，内蒙古以50.1%的超快速度名列第二，投资增长超过30%的省份依次是河南44.9%、辽宁42.2%、广西42.0%、云南39.3%、河北37.2%、山东34.3%、安徽32.7%和江西30.9%，增速列前10位的省份中中西部占了7个。

从投资构成上分析，2005年，东、中、西三大地带建筑安装工程投资同比分别增长24.2%、35%和25.5%，中部地区分别比东、西部地带快了10.78和9.5个百分点。与上年相比，东、中部地区分别回落了4.32和0.12个百分点，西部地区则提高了3.02个百分点；全国有12个省份增速高于全国27.1%的平均增长速度，依次是内蒙古51.6%、广西51.2%、河南50%、云南44.4%、吉林42%、辽宁37.8%、安徽34.4%、河北34.1%、山东32.4%、湖南28.1%、重庆27.5%和陕西27.3%，中西部省份占了9个。2005年，东、中、西三大地带设备工器具购置投资同比分别增长30.1%、37%和22%，中部地区增速分别比东、西部地区快了6.94和14.98个百分点；与上年相比，三大地带设备工器具购置投资增幅分别回落了1.77、3.93和10.71个百分点，西部地区尤为显著；全国除上海外，其他省份设备工器具购置投资均表现为增长态势，其中有13个省份的增速高于全国30.5%的平均增长速度，依次是吉林72.9%、辽宁48.8%、内蒙古48.4%、河北48.1%、河南39.8%、山东38.1%、江西37.2%、宁夏36.3%、山西36%、湖南33.5%、甘肃33.1%、西藏32.6%和浙江30.7%，中西部省份占了9个。

2005年，中部地区固定资产投资增长速度始终保持了30%以上的高水平，上述成绩主要是因为中部地区紧紧抓住了促进中部地区崛起、泛珠9+2、长三角区域合作、国企改革和产业结构调整等发展机遇，积极吸引投资，加快发展取得的。如湖南2005年内联引资到位700亿，超亿元项目达121个；安徽省引进省外资金突破800亿元，新批准1亿元以上的项目487个，实际到位省外资金283.7亿元，亿元以上大项目到位资金占全省引进省外资金的比重提高到35.4%；河南省全社会固定资产投资首次突破4000亿元大关，比上年增长41.3%，月度增幅基本保持在42%以上的高位平稳运行，其中民间投资同比劲增了85.8%。

2005年，西部地区固定资产投资增长速度超过25%，仍主要归功于西部大开发战略的继续实施。到2005年底，中央财政性建设资金累计投入西部地区约4600亿元，财政转移支付和专项补助累计安排5000多亿元，长期建设国债有1/3以上用于西部地区。国家投入带动了社会投入，西部地区全社会固定资产投资年均增长20%。2005年，国家在西部地区新开工10项重点工程，总投资1360亿元，国家特别加大了对民族地区的建设支持力度，中央投资向民族地区的基础设施和基础产业倾斜。在2005年国债资金总规模下降的背景下，到2005年10月底，中央政府安排新疆、西藏、内蒙古、广西、宁夏5个自治区国债投资合计超过165亿元；在民族地区能源开发方面，国家加大电力建设，火电项目核准了内蒙古、宁夏、广西、新疆和西藏5个自治区火电项目共计1032万千瓦；加强油气资源开发利用，为增加国内油气有效供给，保障消费需求，加大对新疆、内蒙古、宁夏等自治区石油资源的勘探开发力度；加强煤炭开发利用，为发挥内蒙古、宁夏、新疆等自治区煤炭资源丰富优势，国家对3个自治区煤炭资源开发给予了支持。

【市场与消费】 2005年，东、中、西三大地带社会消费品零售总额分别增长了14.36%、14.05%和13.63%，扣除价格因素，实际分别增长了13.6%、12.5%和13.5%，中、西部地区增长速度仍低于东部地区；与上年相比，三大地带分别提高了1.83、1.85和3.09个百分点，西部地区消费增幅最大，西部与东部消费增长速度的差距明显缩小，由上年相差1.35个百分点减小到2005年相差0.09个百分点。全国有27个省份（东部地区除北京的11个，中部地区除湖北和湖南的7个，西部地区除贵州的9个）的消费增长速度超过全国12%的实际水平，排在前18位的省份消费增长速度超过13%，排在前10位的省份依次是江苏15.7%、重庆15.3%、山东15.1%、西藏14.8%、山西14.6%、内蒙古14.1%、天津和江西均14%、新疆13.9%和陕西13.6%，中西部省份占了7个。与上年相比，全国除了北京、山西和内蒙古外，其他28个省份消费增幅均有不同程度的提高。

2005年各地区居民消费需求稳步快速增长，对经济增长的贡献率稳步提高成为我国地区经济增长的最大“亮点”。其主要原因：一是2005年各地区的物价水平明显回落到较低水平，特别是居民消费价格和商品零售价格涨幅回落明显，不仅激发了城市中高收入阶层消费品更新换代的欲望和频率，同时也带动人群边际消费倾向较高的城市低收入者和农民有能力消费过去可望不可及的耐用消费品和其他生活消费品，消费品市场日趋活跃。2005年，东、中、西三大地带商品零售价格指数分别为100.7、101.4和100.1，与2004年相比，三大地带商品零售价格指数涨幅均有回落，分别降低了1.6、2.44和2.81个百分点，西部地区下降幅度最大。2005年全国31个省份的居民消费价格均高于上年同期水平，有22个省份（东部地区8个、中部地区4个、西部地区10个）的居民消费指数低于或等于101.8的全国居民消费价格指数，其中有9个省份的居民消费价格指数上涨超过2个百分点，分别是江苏和河南均2.1%、福建2.2%、山西和湖南及广东均2.3%、内蒙古和广西均2.4%、湖北2.9%，中西部省份占了6个。与上年相比，除北京上涨了0.5个百分点外，其他30个省份的居民消费价格指数涨幅均出现了回落，其中有26个省份的居民消费价格指数回落1个百分点以上，回落幅度在2个百分点以上的有19个省份，下降幅度3个百分点以上的依次是云南（4.6）、河南（3.3）、四川（3.2）、安徽（3.1）、贵州（3），均为中西部省份。二是城乡居民收入增加，带动了城乡两级消费品市场的启动。2005年城镇居民人均可支配收入同比实际增长了9.6%，增幅同比提高了1.9个百分点；农民人均纯收入实际增长了6.2%，全国免征农业税的省份从上年的8个扩大到2005年的28个，其他3个省份的国家级贫困县也免征农业税，全年减轻农民负担约220亿元；在29个省份开展了以乡镇机构、农村义务教育和县乡财政体制改革为主要内容的农村综合改革试点；国家落实“两免一补”政策，加大了对农村义务教育阶段贫困家庭学生的补贴力度；建立农村低保制度的省份已由上年底的8个增加到2005年的12个。与往年相比，中西部地区的农民得到的更多实惠，这些为消费市场的活跃提供了支出保障。

【对外贸易】 2005年，我国进出口贸易总额实现14221亿美元，比上年增长23.2%，其中出口贸易额为7620亿美元，比上年增长28.4%，进口贸易额为6601亿美元，比上年增长17.6%。各地区的对外贸易继续快速增长，对地区经济增长的拉动作用明显强于往年。

2005年，东、中、西三大地带进出口贸易总额分别增长23.75%、21.33%和24.32%，西部地区增速领先；与上年相比，三大地带分别回落了12.8、13.2和7.8个百分点。全国除吉林、海南、贵州和青海外，其他27个省份进出口贸易均实现了增长，其中有13个省份高于全国23.2%的平均增长速度，排在前10位的省份依次是甘肃49.4%、黑龙江和新疆均41%、湖北33.8%、江苏33.4%、北京32.8%、内蒙古30.9%、天津和云南均26.8%、山东26.5%，其中中西部省份占6个；与上年同期相比，有26个省份进出口总额增幅有不同程度的回落。

2005年，东、中、西三大地带出口贸易额分别增长了29.1%、30.5%和29%，中部地区增速继续领先；与上年相比，三大地带出口增幅分别回落了7.59、5.31和0.25个百分点。中、西部地区出口比重同比分别降低了0.18和0.03个百分点，东部地区出口比重同比提高了0.12个百分点。2005年全国除山西、海南、贵州和青海外，其他27个省份实现出口贸易增长，其中有21个省份的增速超过20%，有12个省份高于（或等于）全国28.4%的平均增长速度，前10个省份超过30%，依次是新疆65.5%、黑龙江64.9%、北京50.1%、吉林43.9%、江苏40.6%、浙江32.1%、安徽31.8%、天津31.3%、湖北30.9%和内蒙古30.7%，中西部省份占了6个。

2005年，东、中、西三大地带进口贸易额分别增长了18.4%、15.5%和23.6%，三大地带增速逐季加快，西部地区尤为明显；与上年相比，东、中、西三大地带进口贸易额增速分别下降了18.35、19.51和15.41个百分点。2005年全国有25个省份实现进口贸易增长，其中有13个省份高于全国17.6%的平均增长速度，前10个省份依次是甘肃101.2%、山西49.6%、云南39.8%、湖北36.7%、内蒙古31%、北京28.0%、江苏25.9%、山东23.4%、河北22.9%和天津22.4%，中西部省份占了5个。与上年同期相比，有28个省份进口增幅下降。

我国三大地带出口增长均保持高速度发展，一方面是世界经济环境基本面尚好，国际贸易增长保持稳定，为我国外贸出口提供了较好的国际环境；另一方面国内经济保持了快速稳定增长，产业体系逐步完善，出口产品质量稳步提高，出口产品竞争力明显提升，机电产品和高新技术产品发展成为各地区出口的经济增长点。2005年中、西部地区的出口产品结构不断优化，高新技术产品出口增长加快。如宁夏高技术产业保持较快速度增长，产业规模不断扩大，全区高技术产品出口22772万元，对全区出口增长贡献率达到127.4%，高技术产品出口贡献率比2000年增长了88%，实现年均增长13.5%。陕西出口产品结构明显改善，附加值和技术含量较高的机电产品出口比重不断提高，2005年高新技术机电产品出口1.53亿美元，同比增长26.38%，占机电产品出口的12.92%，其中航空航天技术、生命科学技术、计算机与通信技术、电子技术、计算机集成制造技术以及材料技术等，占高新技术机电产品出口的99%。山西高新、机电、不锈钢等高附加值产品出口大幅飙升，2005年机电产品出口同比增长44.9%，高新技术产品出口金额1亿美元，同比增长26.6倍。西部地区改变传统的出口产品，使内陆地区的出口产品结构有了很大变化，是西部地区出口贸易能保持快速增长的主要原因。

【基础设施建设】 自实施西部大开发战略以来，国家在西部地区先后开工建设了青藏铁路、西气东输、西电东送等70项西部开发重点工程，总投资超过9800亿元，广大中西部地区的基础设施条件明显改善。2005年中西部基础设施领域的投资建设继续保持了快速增长的态势。

铁道：安排了包括郑州至西安客运专线、西安枢纽北环线、达州至成都扩能、安康至重庆增建二线等四项新开工程。加快推进太原至中卫、朔州至准格尔、洛湛线岑溪至玉林至茂名段、兰州至西宁增建二线、玉溪至蒙自、临河至策克、贵阳南编组站等工程的前期工作。积极推进青藏铁路、宜万线、武汉至安康增建二线、洛湛铁路永州至岑溪段、黔桂线扩能改造、兰武复线、精伊霍铁路、遂渝线、大理丽江铁路、贵昆铁路沾昆段增建二线等近20个续建项目的施工进度。按照加强东西部通道建设、加强区域铁路通道建设、扩大西部路网覆盖面、加大大型枢纽建设的原则，编制涉及中西部地区铁路建设的“十一五”规划。

公路：国道主干线未开工的397公里全部开工建设，继续加快8条西部开发省际公路通道建设，投资近40亿元用于西部地区县际公路建设，积极推进西部地区“通达工程”和“通畅工程”建设，进一步加强重要口岸公路建设，积极开展上海合作组织、中国—东盟及大湄公河次区域合作框架下的交通合作。

水运：嘉陵江金银台枢纽并网发电。草街、凤仪场、沙溪场、那吉等航电枢纽工程相继开工建设。完成赤水河航运工程的航道整治，实施长江上游泸州至重庆河段航道整治。完成重庆寸滩港区和万州区红溪沟港区建设主体工程。继续推进三峡库区航路改革和川江、三峡库区船舶标准化等工作。

民航：编制了民航机场2020年布局和“十一五”建设规划，提出“按照东部提升、中部加强、西部加密”的方针构建机场体系。确定了“十一五”期间要重点解决西部枢纽机场饱和以及机场数量不足的问题，推进民航普遍服务。重庆江北机场老航站楼改造工程等10个项目建成完工，云南文山机场新建工程等20个项目正在建设，昆明机场迁建等22个项目正在进行前期论证。积极鼓励各航空公司开辟中、西部支线航空市场，向中、西部特殊地区提供必要的航空运输服务，民航总局对西部地区新航线和流量较小的航线实行保护，并采取有效措施鼓励航空公司承担政府协调、指定的西部特殊贫瘠航线。

水利：据水利部统计，2006年全年安排西部地区水利基建投资超过90亿元，主要用于农村饮水安全、大型灌区续建配套与节水改造、病险水库除险加固、塔里木河、黑河流域综合治理等。开展了水利规划和重大项目前期工作。编制西部地区水利发展“十一五”规划。安排中央水利基建前期投资近1亿元，重点开展南水北调西线工程等项目前期工作。积极推进各项重点工程建设。嫩江尼尔基、广西百色、四川紫坪铺水利枢纽下闸蓄水，168座病险水库实施除险加固；92个大型灌区进行续建配套和节水改造；解决了400多万人的饮水安全；新增农村水电装机容量260万千瓦，建成203个水电农村电气化县；建设淤地坝1200多座，修建小型水利水土保持工程50多万处。

电信：组织编制了西部地区通信业“十一五”规划。大力推进电话、广播电视“村村通”工程，在西部9个省区推进一期、二期工程试点。推动建立了电信普遍服务基金。

城市基础设施：中央财政积极支持中西部县城供水、历史文化名城保护和城镇市政基础设施建设。继续支持编制西部地区城镇体系规划和城乡规划。在四川、云南、重庆等省市的10个示范地开展供水、污水、垃圾处理经济适用技术的示范工作。

【生态环境保护与建设】　2005年，国家继续实施生态保护工程。组织编制了《退耕还林工程“十一五”规划》。据国家林业局统计，全年安排西部省区退耕地造林1114.4万亩，宜林荒山荒地造林1015万亩，封山育林995万亩，共投入中央资金近180亿元。继续实施天保工程和京津风沙源治理工程，西部省区共完成林业治理任务近540万亩。继续实施防沙治沙工程，西部省区三北四期、长江等重点防护林建设共完成营造林任务712.5万亩，完成低效防护林改造15万亩。全年新增自然保护区10处，安排西部26个自然保护区中央投资1.5亿元。继续实施退牧还草工程，预计累计安排种草保留面积2.8亿亩，草原围栏面积4亿亩，禁牧面积3.2亿亩，使得1600多万头牲畜转为舍饲圈养。落实草原承包面积24亿多亩，约占可利用草原面积的70%。安排西部地区沼气建设国债5.5亿元，占总投资的55%，使51.6万农户受益。改扩建302个县动物防疫实验室。

继续实施“三河三湖”等重点流域综合治理和三峡库区水污染防治项目。组织编制了黄河、珠江流域水污染防治“十一五”规划。批准陕西韩城、内蒙古包头铝业和包钢3个国家生态工业示范园区以及甘肃武威市循环经济试点市的建设。组织西部地区有关省区市编制生态功能区划。开展了中西部地区重点工程环评工作。

【科技教育与社会发展】 2005年，中央政府进一步加大对西部地区科技、文化、教育、卫生等领域的支持力度，广大西部地区的公共基础设施条件明显改善。与此同时，中央国家机关和东部省市与西部地区的干部、人才交流力度进一步加大。

教育：稳步推进“两基攻坚”，批复下达各地“寄宿制工程”项目计划和中央专项资金30亿元。安排11.9亿元用于西部地区农村中小学危房改造工程。安排1亿多元用于补助西部地方基础教育及为“普九”提供师资的师范院校校舍建设。继续实施“两免一补”政策，中央财政安排西部地区免费教科书专项资金15.4亿元。继续对西部地区教育发展和人才队伍建设给予政策性支持。西部地区研究生高考招生人数比上年增长12.1%。继续开展高校毕业生参加“大学生志愿服务西部计划”，组织外国学者参加“春晖计划”赴西部地区讲学。新疆、西藏全部本科院校实现对口支援，支持西部11所高校82个一级学科建设。组织动员东部地区职业技术学校帮助西部对口学校改善办学条件、培训师资。研究提出了《“十一五”时期西部地区教育事业发展的基本思路》。

卫生：安排西部地区医疗救治体系建设项目6.7亿元，安排西部农村卫生服务体系建设项目17亿元。支持西部210个县（市、区）参加了新型合作医疗试点，参合率达到70%。通过中央财政转移支付地方公共卫生专项资金渠道，强化西部地区试点县管理能力建设。加强重大传染病、地方病防治和重点卫生工作。安排7000多万元用于西部地区地方病防治，安排3.2亿元用于艾滋病防治工作，安排8000多万元用于预防接种补助。中央财政补助专项资金安排1.5亿元用于中西部地区城市社区卫生能力建设及降低孕产妇死亡率和消除新生儿破伤风项目。安排西部地区1.1亿元用于农村基层计划生育服务站网络基础设施建设。支持中西部地区“万名医师支援农村卫生工程”。为中西部地区培训传染病医务人员。共培训管理干部280人，卫生科技人才1490人次。

文化：继续支持县级文化馆、图书馆建设，基本实现县县有文化馆、图书馆的目标。在西部地区实施“送书下乡”和“文化下乡”工程，为西部地区培训艺术人才和文化产业经营管理人才。支持基层文化设施建设。

人才培养与交流：积极落实《关于引导和鼓励高校毕业生面向基层就业的意见》配套措施。研究起草鼓励高校毕业生到西部地区和艰苦边远地区就业的政策。加大对西部地区和边疆少数民族干部培训的力度，培训西部各级领导干部1500人次。加强干部交流，选派449名西部地区和其他少数民族地区干部到中央、国家机关挂职锻炼。选派西部拔尖青年专业人才参加“西部之光”访问学者活动，选派青年博士到西部开发地区挂职锻炼服务，邀请院士专家赴西部地区开展咨询服务。

【政策措施】 2006年，有关部门组织起草了促进中部崛起的政策文件，政策文件初稿形成后，已正式征求了中部六省政府和国务院有关部门的意见。

国家加大了在西部地区布局特色优势产业的

力度。全年共安排产业结构调整及特色优势产业重大项目92项，国债投入约15亿元，拉动工业投资约150亿元；继续实施西部地区高技术产业化专项计划，安排高技术产业化项目111项，项目总投资近72亿元，其中国家计划安排资金7.67亿元；全年共核准西部地区开工建设总规模约5400万吨的煤炭建设项目和4896万千瓦的电源项目。安排国债23.28亿元支持西部地区煤矿安全改造和大型煤炭基地建设；安排资源节约和环境保护项目36项，投入国债近5亿元；安排国债和中央预算内资金3.55亿元支持西部地区种养业良种工程、5省区藏区青稞基地、优质棉、油料、糖料等特色农产品生产基地建设；确定西部地区循环经济试点企业10家、试点园区3个、试点省市1个。

研究实施区别对待、分类指导的产业政策。在组织起草并实施的《国务院关于发布实施促进产业结构调整暂行规定的决定》（国发［2005］40号）和《产业结构调整指导目录》（国家发改委令第40号）中，明确提出将西部地区开发农牧业、旅游、煤层气勘探开发、水力发电、煤电联营等列为鼓励类项目。同时，从西部地区实际出发，在确定某些产业市场进入的规模标准方面采取了区别对待的政策。另外，为发挥西部地区优势，按照有保有压的原则核准了西部地区如甘肃的钢铁、贵州和广西的氧化铝、四川的乙烯等大型工业项目。

国家先后提高煤炭、原油、天然气的资源税税额标准，促进中西部地区资源合理利用。

在出口退税、出口信用保险和出口信贷申请资质方面对西部地区予以支持，短期险保费扶持比例较其他地区高5个百分点。全年拨付西部地区外经贸发展促进资金3亿元。通过增加出口配额、支持边境地区建设各类开发区等措施支持西部地区边贸发展。

注：考虑《中国中西部地区开发年鉴》“地区经济与社会发展综述”的历史沿革，东部地带包括12个省份（辽宁、河北、北京、天津、山东、江苏、上海、浙江、福建、广东、广西、海南），中部地带包括9个省份（吉林、黑龙江、内蒙古、山西、河南、安徽、湖北、湖南、江西），西部地带包括10个省份（重庆、四川、贵州、云南、西藏、陕西、甘肃、青海、宁夏、新疆）。受资料限制，台湾省和香港、澳门地区未予以涉及。

（国家发展和改革委员会地区经济司　杨荫凯）

2005 年西部开发进展情况及 2006 年西部开发工作要点

【2005 年西部开发进展情况】 高度重视和有力支持。2005 年，西部开发工作受到党中央、国务院高度重视，受到东中部地区和各部门积极支持，也受到西部地区广大人民群众积极响应。胡锦涛总书记年初对西部开发工作做出重要批示，温家宝总理在《人民日报》发表署名文章，曾培炎副总理专门就推进西部地区结构调整和特色优势产业发展在青海主持召开座谈会。国务院召开西部大开发五周年座谈会和西部地区开发领导小组第 3 次全体会议，对全年的主要工作进行部署。有关部门在安排各类资金时继续向西部地区倾斜，有力地支持了西部地区重点建设和社会保障等公共服务。2005 年，安排西部地区各类财力性转移支付 1714 亿元，同比增长 14.5%，占中央对地方财力性转移支付的 49.5%。安排西部地区农村义务教育专项补助 57 亿元，占 51.9%；扶贫资金专项补助 77 亿元，占 62.4%；还安排再就业补助资金 27 亿元，“两个确保”补助资金 232 亿元，“低保”补助资金 40 亿元。安排长期建设国债资金 401 亿元，预算内建设资金 103 亿元。利用国外优惠贷款安排西部地区的总规模 26.7 亿美元，占全国的 57%。

西部地区经济较快增长。在党中央、国务院的正确领导下，西部地区各族人民积极推进西部大开发的信心进一步增强，各项重点任务取得新进展，经济社会发展继续保持良好势头。全年实现地区生产总值 33390 亿元，增长 12.7%。完成城镇固定资产投资 16004 亿元，增长 30.6%。实现商品进出口贸易总额 450 亿美元，增长 23%。地方财政收入完成 2450 亿元，增长 23%。新设立外商投资企业 1800 余家，实际利用外商直接投资 19.4 亿美元，增长 11.3%。

特色优势产业发展步伐加快。西部地区呈现出资源优势向产业优势转化的良好态势。2005 年，约有 5400 万吨的煤炭项目和 4896 万千瓦的电源项目开工建设。甘肃的钢铁、贵州和广西的氧化铝、新疆的独山子炼油和乙烯等大型工业项目陆续开工，一批资源加工项目建设进度加快。西部地区农产品深加工、林纸一体化、化肥农药、汽车零部件、企业信息化、稀土等行业结构调整步伐明显加快。高技术产业化专项计划继续推进，实施高技术产业化项目 111 项。利用电子信息产业发展基金重点支持的西部地区软件、数字视听、基础元器件、信息技术推广等 54 个项目顺利实施。一些重点城市在机械装备、信息通信、生物制药、新材料、航空航天等领域的自主创新能力增强，重点企业核心竞争力有所提高。西部地区种养业良种工程、动植物保护工程、优质粮食工程继续推进，优质棉、油料、糖料等特色农产品生产基地建设步伐加快。组织实施“引进国际先进农业技术计划”相关项目 24 个，特色农产品精深加工水平得到提升。旅游业继续保持快速增长势头，实现旅游外汇收入 25.8 亿美元，增长 24.2%。

东中西区域合作呈现良好势头。东中部特别是东部地区，通过政府引导、市场运作，鼓励和支持企业到西部地区投资创业。据不完全统计，实施西部大开发以来，东部地区累计进入西部地区的各类企业近 3 万家，投资总额已超过 6000 亿元。东部地区 90% 的西进企业经营效益较好。东部地区对口支援和对口帮扶工作不断加强，特别是在组织对口支援西藏、新疆和三峡库区发展等方面取得成效。东部地区对西部地区的智力和人才支持力度加大，在组织对口培训、对企业提供技术服务、推进实用技术转让、在西部建立科研基地或各类科技中心、开展异地人才代理等方面进行了有益探索，并取得新的进展。西部地区积极改善投资环境，吸引东中部地区和境外资金、技术和人才，与东部地区逐步建立稳定的劳务协作关系，有组织地开展劳务输出，促进了生产要素的合理流动。

生态建设和环境保护得到加强。退耕还林成果得到巩固和发展，西部地区全年共完成退耕地还林 1114 万亩，荒山荒地造林 1015 万亩，封山育林 995 万亩。退牧还草工程取得成效，新增治理严重退化草原 1 亿亩。天然林保护工程西部地区完成营造林 1443 万亩。其他重点生态工程顺利推进，京津风沙源治理工程西部省区完成治理任务 932 万亩，防护林体系建设工程西部省区完成营造林 290 万亩，水土流失综合防治面积完成 7.78 万平方公里，改造坡耕地、沟滩地 586 万亩，建设小型水利水土保持工程 46 万余处（座），黄土高原地区新建淤地坝 1190 座。青海三江源自然保护区生态保护和建设工程启动实施。野生动植物保护工作取得明显成效。农业综合开发项目顺利实施，增加农田林网防护面积 310 多万亩，治理沙化土地面积 1460 多万亩。西部地区中心城市污染治理、滇池流域水污染防治、三峡库区及上游水污染防治等环境保护工程继续推进。晋陕蒙宁四省区交界地区电石、铁合金、焦炭行业污染整治初见成效。西部地区资源节约和环境保护 36 个重点项目启动实施。纳入国家循环经济试点的 1 个试点省市、3 个试点园区和 10 家试点企业的相关工作顺利推进。

基础设施建设取得新进展。2005 年，国家确定新开工西部开发 10 项重点工程全部开工，涉及公路、铁路、机场、水运、煤矿、特色优势产业、教育和卫生等领域，投资总规模约 1360 亿元。青藏铁路提前一年全线铺通。一批铁路、公路和机场重点项目前期工作加快。郑州至西安客运专线等 4 项重点工程和国道主干线西部路段未开工的 397 公里开工建设。新增高速公路通车里程 1800 多公里，西部地区高速公路里程突破 1 万公里。重庆江北、贵州黎平机场等 10 个新建、改造项目建成投入使用。溪洛渡等大型水电站开工建设。黄河宁蒙河段等 4 个防洪工程建设进展顺利，四川紫坪铺、嫩江尼尔基、广西百色等水利枢纽相继下闸蓄水。168 座病险水库除险加固工程和 92 个大型灌区续建配套与节水改造工程继续建设。新增农村水电装机容量 300 万千瓦，建成 255 个农村水电电气化县。小水电代燃料试点取得成效，解决了 20 万农村居民的长期稳定生活燃料问题。一批城市及县城供水管网、供气、供热、污水处理、垃圾处理等市政基础设施项目建成投产。新增电话用户 1500 万户，新增光缆线路 6.7 万公里。

农村公共服务继续改善和加强。农村缺水地区又有 433 万人的饮水安全得到解决。西部地区"通达工程"和"畅通工程"建设，使公路通乡率和通村率分别超过 99.6% 和 89.5%。完成易地扶贫生态移民 20.5 万人，建成农村户用沼气 51.56 万口。"两基"攻坚计划取得了重要阶段性成果，建设寄宿制学校 2529 所，校舍面积 456 万平方米。实施"两免一补"政策，使西部地区 1000 多万名农村义务教育阶段贫困学生得到免费教科书。国家投入专项建设资金 27 亿多元，加强医疗救治体系和农村卫生基础设施建设。支持医疗救治体系项目设备购置和农村乡镇卫生院及县级医疗机构建设项目 4198 个，购置农村巡回医疗车 204 辆，开展重大传染病、地方病防治。新型农村合作医疗试点范围扩大到 210 个县。农村计划生育家庭奖励扶助制度国家试点范围扩大到西部 11 个省区市和西藏的 12 个县，基层计划生育服务网络基础设施进一步改善。村村通电话工程继续推进，累计有 35517 个行政村开通电话。广播电视村村通工程和农村电影放映工程的实施，使 5.9 万个 50 户以上的已通电自然村可以听到广播、看到电视。基本完成西新工程第三阶段第二期建设任务。182个县级图书馆、文化馆建设顺利进行，21个红色旅游重点景区基础设施建设加快。启动丝绸之路文物保护项目，开展非物质文化遗产保护工作。扶贫开发工作力度加大，中央财政扶贫资金和扶贫贴息贷款超过120亿元，又有116万贫困人口摆脱贫困。

人才开发取得新成效。干部培训继续加强，449名西部地区和其他少数民族地区干部到中央国家机关、东部地区挂职锻炼。第四、第五批援疆干部轮换工作顺利完成。部分内地省市和国有重点骨干企业与新疆南疆四地、州和新疆生产建设兵团南疆单位开展了对口支援。“万名医师支援农村卫生工程”取得较好效果。国家高技能人才培训工程开始实施，西部地区47个机电项目和24个信息产业项目培训基地投入运行。“东西部公务员对口培训”、“千名县乡镇长培训”、“西部地区管理人才创新培训”等各类专题培训继续推进，累计培训各类人才5万余人次。中国西部开发远程学习网项目建成并正式运行。

面临的矛盾和问题。一是与东部地区的发展差距继续拉大。实施西部大开发使得西部地区经济增长的幅度与东部地区的差距有所缩小，但是东西部之间的绝对差距仍在扩大，东西部省区之间、城乡之间发展不平衡现象继续加剧。如西部地区2000年人均GDP相当于东部地区的39.1%，而到2004年下降为38.3%。西部地区城乡居民收入差距由2000年的3.3倍继续扩大到2004年的3.7倍，高于同期全国的城乡差距扩大幅度。二是重点建设资金投入压力加大。按照全面建设小康社会和构建和谐社会的要求，西部地区在基础设施建设、生态建设和环境保护、改善公共服务、新农村建设等领域迫切需要大量资金投入，但是由于长期建设国债发行规模明显减少，中央预算内建设资金虽有增加但难以弥补国债减少的差额，使得西部地区的基础设施和生态环境重点建设资金筹措压力加大。三是发展基础依然薄弱，公共服务欠账较多。西部农村地区通路、通水、通电、通气的比例在全国仍然是最低水平；人均受教育年限比东部地区少3.7年，每万人拥有医生数与东部地区相差17个百分点。97%的农村劳动力没有接受过初级培训。生态环境总体恶化的趋势还没有得到根本改变。四是经济结构不合理情况比较突出。2005年，西部地区第三产业增加值占GDP的比重与全国所占比重相同，都是39.6%，但第一产业增加值占GDP的比重为17.6%，比全国加总口径的平均水平高6.1个百分点。一些资源性产品就地加工的产业链较短，特色优势产业亟待培育。流通业发展非常滞后，影响第三产业特别是商贸服务业加快发展。

【2006年西部开发工作要点】 扎实推进社会主义新农村建设。坚持把做好“三农”工作作为重中之重，增加对农业和农村的投入，促进粮食稳定增产和农民持续增收。加强以小型水利设施为重点的农田基本建设，抓好农村沼气建设，解决高氟、高砷、苦咸水等缺水地区的饮用水安全问题，继续推进不通公路乡镇、行政村公路建设以及农村客运点建设。启动无电村电力设施建设，支持部分省（区）进一步完善农村电网改造。继续实施水电农村电气化县、小水电代燃料试点。增强农业科技创新和转化能力，做好农业技术推广和服务工作。加强农业综合信息服务平台建设，推进信息服务网络向基层延伸。继续实施“万村千乡”市场工程，促进西部农村物流体系建设。加大资金投入力度，加强信息服务和指导，强化农民就业技能培训，推动农村劳动力转移。促进革命老区、少数民族地区、边疆地区和贫困地区加快发展。改进扶贫开发方式，有重点、有计划开展易地扶贫工作。全面实施“兴边富民”行动计划。

着力优化产业结构和布局。立足科学发展，发挥比较优势，利用现有基础，大力发展特色优势产业。重点发展能源及化工、重要矿产开发及加工、特色农牧业及加工、重大装备制造、高技术产业和旅游及旅游文化产业6类特色优势产业，建设一批产业基地，积极培育拥有自主知识产权和自主品牌、核心竞争力强、带动作用明显的大型企业和企业集团。资源开发要坚持节约和保护并重，把西部地区宝贵的资源保护好、开发好、利用好，坚决制止滥采滥挖、浪费资源、破坏环境的行为。产业发展要面向市场，发挥优势，讲求效益，把资源优势转化为经济优势。继续推进西电东送。加快新疆独山子炼油乙烯项目、内蒙古蒙西、广西平果铝三期和华银一期以及贵州氧化铝项目建设进度。新开工四川乙烯、新疆罗布泊钾肥、广西钦州一期纸、浆项目。继续支持新疆优质棉花生产基地建设，提升新疆、陕西棉纺织加工水平。提升四川、重庆、西安装备制造业水平，加快发展信息、生物、新材料、环保等高技术产业。促进旅游业加快发展。

加快基础设施建设。加强西部地区综合交通运输网络体系建设。扩大西部地区铁路网规模。确保青藏铁路通车运营。加快宜万线、新疆精伊霍、郑西客运专线、洛湛铁路等重点项目建设进度。开工建设太中（银）和包西铁路扩能等项目。加快建设“五纵七横”西部路段和西部地区八条省际干线公路，完善西部干线路网，加强国、省道改造，加强西部地区重要口岸公路等交通基础设施建设。优化机场网络结构，抓紧完成云南文山、贵州荔波等14个机场建设项目。依托交通枢纽和中心城市加强物流基础设施建设。加快在建水利重点工程建设。继续加强西部城市基础设施建设和管理，建成投产一批城镇供水、供气、污水处理、垃圾处理等重点项目。完善和加强西部地区通信网络建设，推进西部地区实现邮政、通信普遍服务。

加强生态建设和环境保护。按照巩固成果、稳步推进的要求，进一步做好退耕还林工作。着力提高造林质量，强化后期管护。完善退耕还林政策，突出加强基本口粮田建设，积极发展后续产业，妥善解决好特殊困难地区退耕还林农户的吃饭、烧柴和长远生计问题。继续安排退耕还林、退牧还草建设任务。组织开展退牧还草工程中期评估，研究编制“十一五”退牧还草工程建设规划。继续推进天然林保护、京津风沙源治理、水土流失治理、三北防护林体系建设、青海“三江源”自然保护区生态保护等重点生态工程。抓紧做好西南石漠化地区、甘肃甘南黄河重要水源补给区、青海湖周围地区等重点区域的生态保护和治理工作规划，有重点分阶段组织实施。加强农业综合开发对西部生态环境建设的支持。继续推进三峡库区及其上游、滇池等水环境污染治理、矿山生态环境保护与治理和西部地区重点城市废水、废气、固体垃圾等污染综合治理工作。启动松花江流域（内蒙古东部地区）水污染防治工作、丹江口库区及其上游（陕西省）水污染防治及水土保持工作。鼓励和支持有条件的地区加快推进循环经济试点。加强对西部资源开发项目的环境影响评价和“三同时”验收管理工作。

加强教育、卫生、文化等社会事业。推进农村义务教育经费保障机制改革，认真落实全部免除农村义务教育阶段学生学杂费和对贫困家庭学生免费提供教科书并补助寄宿生生活费的政策，继续实施西部地区农村寄宿制学校工程建设和农村中小学现代远程教育工程建设，确保2007年“两基”攻坚目标如期实现。加大中央财政补助力度和补助范围，推进农村卫生基础设施建设。抓好西部地区农村卫生服务体系和医疗救治体系建设，继续支持西部地区地方病、传染病防治工作和改水改厕工作，加快推进新型农村合作医疗制度，推行农村医疗救助制度。加强基层计划生育服务网络建设，扩大农村部分计划生育家庭奖励扶助制度和“少生快富”扶贫工程实施范围，加强人口发展问题研究。继续建设广播电视村村通工程，抓好西新工程、农村电影放映工程，大力加强农村广播影视事业建设。加大对西部地区文化遗产保护力度。继续推动乡镇文化站建设，扩大文化信息资源共享工程和送书下乡工程覆盖范围，实施流动文化车工程，扶持老少边穷地区文化发展。支持西部地区科技创新。以国家重点科技攻关任务为依托，加强对西部地区优势资源开发和综合利用、典型生态功能退化区域综合整治、循环经济发展等方面关键技术的研究，创建区域科技创新平台。

支持重点地带、重点城市集约发展。加强对重点地区开发的指导和协调，促进产业集中布局、土地集约利用和经济集约发展，加快形成若干能够带动和促进周边地区加快发展的区域经济增长极。一是跨行政区的城市群和城市带。提升以重庆、成都为核心的都市群和以西安、咸阳、宝鸡、天水为纽带的城市带的整体竞争力，发挥其辐射和带动作用。二是省会城市和重要地级城市。完善城市服务功能，提升城市产业层次，增强城市综合承载能力，发挥中心城市作用，发展西部现代物流中心。三是特色优势资源富集地区。提高资源就地加工增值能力和规模经济水平，建设一批重要的特色优势资源加工基地。四是沿边重点口岸城镇。加快对外开放步伐，探索发展对外贸易和经济技术合作的新机制，促进与中亚国家和大湄公河次区域等区域经济合作。推动环北部湾北岸地区加快开放开发步伐。

加大人才开发工作力度。贯彻落实中央关于西部地区人才工作的政策措施，研究制定进一步加强西部地区人才队伍建设的实施意见。加大党政领导干部、各类专业人才和直接为“三农”服务人才的培养力度。继续组织科技、教育、文化、卫生等各类专业人才定期到基层服务工作。组织编制《“十一五”中央、国家机关部委和东部省市支持西部地区人才培训的计划》。引导和鼓励高校毕业生到西部地区基层就业。继续推进实施一批人才开发项目。抓紧启动中国西部开发远程学习网二期工程建设。加强西部地区劳动力市场信息网络、人才信息数据库的建设。多渠道增加西部地区人力资源开发的投入。建立中国西部人才开发基金会。积极开展国际交流与合作。

加强东中西协调互动。不断拓展东中西区域合作领域。鼓励和支持东中部企业在西部地区合作勘探矿产资源、建立资源开发及加工基地、参与农业资源深加工、建立“绿色产品”生产加工基地，以及开发与整合旅游资源及文化产业等。利用西部地区沿边境优势区位条件，促进东西部企业联合“走出去”合作开发利用境外能源、原材料和其他矿产资源，参与周边国家基础设施建设。建立健全区域合作机制。鼓励和支持东部地区各类企业通过投资设厂、技术转让、特许经营、委托加工等方式，与西部地区企业建立长期的合资、合作关系，积极引导资源加工型、劳动密集型和适合西部地区特点的技术密集型产业从东部地区向西部地区有序转移。推动形成互利共赢的新型区域经济关系。加强协调西电东送、西气东输、西煤东运等重大工程覆盖地区在资源开发利用中的利益关系。继续加强对口支援和结对帮扶。

（国务院西部地区开发领导小组办公室综合规划组）

2005年扶贫开发工作及2006年扶贫开发工作设想和要求

【2005年扶贫开发工作】 2005年是我国新阶段扶贫工作成效最为显著的一年，在党中央、国务院的正确领导下，扶贫开发工作取得了显著成效。农村没有解决温饱的贫困人口和低收入贫困人口共减少了1155万，是扶贫工作进入新阶段以后速度最快的一年。国家扶贫开发工作重点县农民人均收入从1582元增长到1723元，增加了141元，增幅达到6.5%，超过全国农民收入平均增长水平。

扶贫工作取得这样成绩，首先得益于国家的“多予少取”政策。592个国家扶贫开发工作重点县提前一次性免征农业税，使重点县农民人均税费负担减少到5.7元，为2004年的25%；占农民人均收入的比重为0.3%，比2004年下降1.2个百分点。国家对粮食生产的各项补贴政策，农村贫困家庭子女教育的“两免一补”政策等，直接增加了农民的现金收入。从客观条件看，这两年自然气候条件业比较好，没有发生全国性大规模自然灾害。

同时，扶贫开发工作力度加大，措施更得力，效果更明显。

一是增加扶贫投入，完善管理机制。2005年，安排中央财政扶贫资金（含以工代赈）130亿元，比上年增加8亿元。地方各级政府安排的财政扶贫资金32亿元。同时，各地进一步完善扶贫资金管理机制，提高了扶贫资金的使用效果。

二是全力推进重点工作，提高扶贫效果。在整村推进扶贫规划方面。2005年当年有4.48万个村实施规划，有1.55万个按规划完成了建设，使全国完成规划任务的贫困村总数达到4.51万个。贫困村建设中，新增基本农田553.7万亩；配套整村推进，新增改扩建乡村道路47万公里；新增及改良人工草场1374.2万亩；新增教育卫生用房486.7万平方米；解决1479万人、1887.8万头大牲畜饮水困难。

在劳动力转移培训方面。努力扩大培训规模，提高培训质量。在全国贫困地区形成了包括800多个培训机构的网络，完成了78万劳动力的技能培训，其中大部分实现了非农就业。

在产业化扶贫方面。第一批260个国家扶贫龙头企业在2005年健康成长。主要经济指标（固定资产规模、年产值和销售收入、企业上缴所得税、企业利润等）均明显优于2004年。龙头企业对农户的辐射和带动能力明显增强，带动农户和贫困农户的数量分别达到940万户和379万户，分别比2004年增长了15.40%和20.86%。龙头企业得到了优惠政策的扶持，财政扶贫资金增加了41.74%，常规商业贷款增加了16.42%。

三是其他各项工作齐头并进。继续抓好机关定点扶贫、东西扶贫协作、社会帮扶工作，并积极开展扶贫领域的国际交流与合作；继续抓好科技扶贫，推广适用农业技术，提高扶贫项目的科技含量；对缺乏生存条件地区的贫困人口，在群众自愿的基础上实施了扶贫移民搬迁。

四是试点工作对面上工作起到推动作用。仪陇、通江试点和永和试点取得的经验，已经在各地陆续推开。在永和镇试点取得一定成效后，我们又向全国扶贫系统发出了《关于扶贫工作与保持共产党员先进性教育活动结合的通知》，要求各省区市扶贫办亲自抓试点。目前，各省区市已落实280个贫困村作为扶贫工作与保持共产党员先进性教育活动相结合的试点，明确了30名领导负责试点工作，其中主要负责人15名。青海省扶贫办与省先教办联合发文，将2006年全省启动扶贫规划的200个贫困村全部作为试点村。宁夏和广西自治区扶贫办领导和每个处（室）各选择一个贫困村作为试点，并深入开展调查研究，结合建设社会主义新农村的目标，明确了试点村的发展思路和具体项目。

【2006年扶贫开发工作设想和要求】 国务院对“十一五”扶贫工作做出全面部署，大政方针已经明确：目标就是“两个基本”，(基本解决农村贫困人口的温饱问题，并逐步增加他们的收入；按照建设社会主义新农村的要求，基本完成14.8万个贫困村的整村推进扶贫规划）内容就是六个方面的建设，(自力更生、群众参与、各方配合、整合力量、稳定政策、推进改革）形式就是整村推进，重点就是“一体两翼”。

各省市区要根据各自的情况强化措施，抓紧落实。特别要做好2006年的各项工作，制定好今后五年的规划和今年的计划，为“十一五”规划和社会主义新农村建设开好头、起好步。

从工作上讲，关键是要完善新阶段扶贫工作的机制。只有健全的机制，才能使工作规范化、制度化，才能巩固扶贫工作的成果。目前要强化以下7个机制：

一是贫困瞄准机制。扶贫工作与一般农村工作、区域发展工作的最大区别就是，扶贫工作是以人为本的，对象是贫困人口，工作的主要目标是减少贫困人口，解决贫困人口的温饱问题。因此，各项工作措施必须落实到人，采取更有针对性的帮扶措施。瞄准穷人的基础性工作是建档立卡，并实行动态管理。要逐户摸底，建档立卡，做到村有卡、乡有册、县有簿。

二是群众参与机制。农民是新农村建设的主体，贫困人口是扶贫工作的主体。主体包括两层含义，一是受益主体，二是参与主体。群众参与确保规划从农民最迫切的需求出发，克服形象工程和花架子。忽视农户参与，必然事倍功半。

三是力量整合机制。资金不足、力量分散是目前农村工作中大家共同关心的问题，在扶贫工作中尤为突出。扶贫工作单靠扶贫部门的力量是不够的。目前整村推进的情况大概是，完成一个村的任务大约需要300万元，扶贫资金70万~80万元，整合不同部门资金40万~50万元，其余靠群众投工投劳。因此，必须动员不同渠道的资金，调动不同方面的积极性。要从四个方面做起：首先要充分发挥扶贫开发领导小组的协调作用；其次要有一个好的规划，明确目标才能集中力量。还有要坚持我们的一贯做法，“渠道不乱，用途不变，各负其责，各记其功”，扶贫资金起到引导和粘合的作用，充分肯定各部门的贡献，保证原有资金渠道不乱。在整合机制方面还有一个方面的问题是地方配套资金，要发挥中央和地方两个积极性，对地方各级政府的扶贫投入要提出要求，根据不同财力确定不同的比例。

四是企业带动机制。中央对新农村建设的要求，首先提到的是“生产发展，生活宽裕”，这就要求调整结构，发展产业。没有产业支撑的“新农村”只能是表面繁荣，不能长久。贫困地区调整结构、贫困农户增加收入，一定要有龙头企业带动。因为贫困农户的自我发展能力很弱，结构调整中更需要企业带动。扶贫办正在与国务院有关部门积极协调，力争在财政、税收、贷款等方面为国家扶贫龙头企业争取更优惠的政策。希望各级扶贫部门努力争取地方政府的支持，一方面为龙头企业的发展创造良好的环境，另一方面出台一些地方性政策，扶持龙头企业的发展。贫困地区要制定产业化扶贫规划，为龙头企业提供良好、宽松的发展环境。龙头企业要与农户建立互惠互利的利益机制，为贫困农户提供技术、信息、农产品收购等方面的服务。

五是培训服务机制。要探索政府主导、市场运作的机制。在培训方面，用于贫困地区劳动力转移培训的经费要占到财政扶贫资金的10%，同时努力形成企业支持、个人负担、社会捐助和利用信贷资金的多元投入机制。在就业维权方面，要充分发挥中介组织的作用。今年扶贫办将对两年来的贫困地区劳动力转移培训工作进行系统总结，进一步完善和规范这项工作，明确培训对象、资金来源、组织机制、申报和下达程序、监督管理机制、就业指导、维权服务等方面内容，推出“雨露计划”品牌。

六是社会动员机制。社会扶贫潜力大，随着国民经济的增长和公民意识的加强，三次分配的比例会逐步增加。社会扶贫意义大，不仅在于动员更多的资源，而且在于在全社会形成互帮互爱的良好风气，促进社会和谐。因此，在强化原有工作手段的同时，努力开辟更多的渠道、探索不同的方式。要从三个方面加大工作力度：首先是宣传动员，感动社会。让更多的人了解农村，了解穷人。其次是建设网络，提供服务。让那些有志于扶贫事业的人及时了解贫困地区和贫困人口的情况，为他们的善心活动提供服务。最后是政策引导，舆论鼓励。要和社会主义荣辱观的教育结合起来，树立扶贫济困光荣的社会氛围。在动员社会力量扶贫方面，各级扶贫部门要有开阔的眼界，搞五湖四海。特别是民主党派和工商联，不仅在于他们有资金、人才和技术等方面的资源，还有他们扶贫的热情和社会活动力和影响力。我们要欢迎他们参与到扶贫事业中，允许他们以竞标的方式参与政府扶贫项目的实施，并提供一定的工作经费。九三学社中央副主席、畜牧业专家洪绂曾先生在贵州晴隆县推广草地畜牧业技术，经过5年（2001～2005）的努力，使项目农户人均收入从631元增长到1647元，同时取得良好的生态效益。如果各个民主党派都动员起来了，就给扶贫事业增加了新的活力。

七是激励奖惩机制。开展绩效考评，建立激励机制，改革和完善扶贫资金分配方式，防止“干好干坏一个样”，更要避免“工作没成效、反而多拿钱”。进一步加强扶贫资金和项目管理，各级都要有指导性的工作任务，确保如期实现目标。今后我们要加强交叉检查交流，促进各地的工作。

（国家扶贫开发领导小组办公室　谢鸿浔）

2005年扶贫工作及 2006年扶贫工作重点和政策措施

【2005年扶贫工作】 各地区、各部门认真贯彻落实中央关于做好扶贫开发工作的部署，不断完善扶贫开发机制，积极落实各项政策措施，促使农村欠发达地区全面发展，帮助贫困人口脱贫致富，扶贫工作取得了显著成效。年底全国农村贫困人口2365万人，比上年底减少245万人。同时，扶贫工作中仍存在一些困难和问题，特别是剩余贫困人口脱贫难度加大，区域性贫困和返贫问题突出，扶贫开发的长效机制尚待完善。

一是扶贫开发机制逐步完善。按照中央有关要求，结合新的扶贫形势和任务，在树立科学发展观、把发展确定为解决贫困地区所有问题关键的基础上，进一步把扶贫开发纳入国民经济和社会发展计划，融入县域经济、农村经济、市场经济发展中统筹考虑，为建设社会主义新农村和全面建设小康社会打好基础。并据此确定欠发达地区的发展目标和任务，采取有针对性的扶持政策，切实提高扶贫工作成效。

二是专项规划编制工作积极推进。根据党的十六届五中全会精神，按照国家“十一五”专项规划编制工作的要求，在充分调查摸底和广泛征求意见的基础上，编制了《“十一五”以工代赈建设规划纲要》和《“十一五”易地扶贫规划纲要》，使全国以工代赈和易地扶贫工作按规划、有计划、分步骤地实施。在编制过程中，一方面，注重使规划符合国家宏观经济政策和农村政策的要求，并与其他农村相关规划相衔接，与中央其他相关支农投资既明确分工又相互配合；另一方面，注重增强规划的科学性和可操作性，提出可行的目标和任务，明确有关配套政策措施。

三是中央扶贫投入进一步增加。中央安排扶贫专项资金230亿元，其中财政扶贫资金90亿元，以工代赈和易地扶贫68亿元(含国债28亿元)，扶贫贷款70亿元（1至3季度)，中央财政扶贫资金比去年增加8亿元。中央扶贫资金重点向老少边穷地区倾斜，集中用于国家扶贫开发重点县，围绕改善生产生活条件、促进经济社会发展、增加农民收入建设了一大批项目。同时，中央其他相关支农投资也积极向农村欠发达地区倾斜，特别是国债资金中安排的农林水利气象投资，80%安排到了中西部农村欠发达地区，其中西部地区占50%。

四是扶贫政策的针对性明显增强。为完善扶贫开发机制，有关扶贫政策进一步增强了针对性，取得了较好的成效。一是为帮助贫困农民增收，国家在安排以工代赈计划时，进一步严格要求各地认真落实以工代赈劳务报酬政策，各地的以工代赈工程为参与施工的贫困群众支付劳务报酬9.5亿元，直接增加了农民收入；二是针对生活在缺乏生存条件地区的贫困人口，继续稳步推进易地扶贫试点工程，帮助20多万人通过搬迁走上了脱贫致富之路；三是为解决区域性贫困问题，部分省组织实施了“片区综合开发”工程，提高了农业综合生产能力和抵御自然灾害的能力；四是针对丧失劳动能力的贫困人口开展了救助制度试点工作。此外，利用易地扶贫等工程积极整合扶贫资金和其他支农投资，以发挥资金的整体效益。

五是社会事业公共服务体系逐步完善。国家在社会事业基础设施建设方面，继续积极向中西部农村欠发达地区倾斜，有力地促进了社会事业发展和贫困人口素质的提高。教育方面，国家安排投资45亿元，建设“两基”攻坚农村寄宿制学校640所，支持西部地区职业学校200所，并实施了农村中小学远程教育工程；卫生方面，国家安排投资50多亿元，通过实施医疗救治体系建设、农村服务体系基础设施建设及购置农村巡回医疗车，加强了农村公共卫生体系建设；文化方面，国家安排投资16亿多元，实施了县级图书文化馆、红色旅游景区基础设施、广播电视村村通工程及西新工程。此外，还安排2亿元国债投资，实施了农村基层计划生育服务体系建设。

六是贫困群众生产生活中的困难得以重点解决。根据中央、国务院关于解决好困难群众生产生活问题的指示，扶贫工作进一步瞄准贫困群众，着重解决他们生产生活中的实际困难和问题。一方面，按照开发式扶贫的方针，国家把提高农村欠发达地区抵御灾害和疾病的能力，作为扶贫开发的一个主要任务，以有效缓解因灾因病返贫问题；另一方面，国家以工代赈等扶贫资金积极向受灾严重的欠发达地区倾斜，帮助灾后重建，尽快恢复生产，稳定受灾群众的生产生活。并把3.6万受地质灾害严重威胁的农村贫困群众纳入了易地扶贫搬迁工程，通过搬迁保障了生命财产安全。

七是机关定点扶贫和东西扶贫协作进展顺利。在国务院扶贫领导小组的统一领导下，中央国家机关以及社会团体定点扶贫工作进展顺利，挂职干部充分发挥自身优势，帮助定点帮扶县谋划“十一五”期间的发展战略和思路，提出政策建议。挂职干部在对定点帮扶县做出贡献的同时，也受到了教育和锻炼，提高了政治素质和工作能力。通过干部交流、企业合作、劳务输出等形式，东西扶贫协作成效明显，为西部欠发达地区发展和群众脱贫致富办了大量好事、实事。

八是扶贫领域的国际合作积极推进。在做好世行贷款扶贫项目、日元贷款武陵山区扶贫项目的基础上，积极参加世行、亚行等国际组织和政府机构的交流与研讨，探讨消除国际贫困问题的途径，为全球减贫事业作出应有的贡献。在此基础上，与联合国发展计划署合作开展了“支持中国欠发达地区全面小康社会建设”，与加拿大国际发展署合作开展了“中国欠发达地区发展战略和政策选择”等研究项目。通过加强国际合作，在学习借鉴国际上扶持欠发达地区开发经验，开拓工作思路的同时，积极宣传了我国的扶贫工作。

【2006年扶贫工作重点和政策措施】 2006年要深入贯彻党的十六届五中全会精神，以科学发展观统领扶贫工作全局，以建设社会主义新农村为目标，坚持开发式扶贫方针，进一步做好扶贫开发工作，积极帮助农村欠发达地区加快发展，帮助贫困农民脱贫致富，为推进“十一五”期间的减贫进程开好局、起好步。

一是进一步明确工作思路和任务。根据中央、国务院关于“十一五”期间国民经济和社会发展的战略部署，结合对《中国农村扶贫开发纲要》的中期评估和新的扶贫形势，围绕农村欠发达地区的发展问题和贫困人口的脱贫致富问题，在调查研究的基础上，明确“十一五”期间的工作思路和任务，完善有关建设规划和扶贫政策，切实提高扶贫开发成效，为农村欠发达地区建设社会主义新农村和全面建设小康社会打好基础。

二是继续加大政策支持力度。根据中央经济工作会议精神，继续加大对欠发达地区的政策倾斜，完善扶持老少边穷地区经济社会发展的政策措施。首先，完善财政转移支付制度，增加中央对欠发达地区的一般性转移支付和专项补助投资；其次，国家在安排相关投资和建设项目时对欠发达地区给予积极支持；再次，在落实好中央既定支农政策的基础上，继续完善有关扶贫措施，提高扶贫工作的针对性；最后，在做好定点帮扶、东西协作工作的基础上，积极动员社会各界共同参与全国的减贫事业。

三是着重改善生产生活条件和发展环境。为缓解基础设施落后对农村欠发达地区的制约，并为长远发展打好基础，要进一步加大基础设施建设，从内部、外部两方面改善贫困乡村的生产生活条件和发展环境。充分利用以工代赈、农村公路、人畜饮水等投资渠道，加强农村中小型基础设施建设，特别是重点建设对当地经济发展带动作用强、与农民增收关系密切的中低产田改造、小型水利、乡村公路等工程，并积极动员当地农民参与施工，使其主动参与到自身脱贫的进程中来。针对生活在缺乏生存条件地区的贫困人口，积极稳妥地推进易地扶贫工程。

四是加大社会事业建设的支持力度。在管好用好社会事业发展资金的基础上，积极推进教育、卫生、文体及计划生育事业的发展，提高农村欠发达地区的公共服务能力和人口综合素质。一方面，加大对社会事业的支持力度，努力解决贫困群众上学、就医和文化生活中的困难和问题。并通过财政补助、贷款贴息、税收优惠等政策引导社会资金支持社会事业；另一方面，逐步深化社会事业管理体制和运行机制改革，在进一步明确政府承担公益性社会事业责任的同时，按照市场规律努力推进赢利性社会事业市场化、产业化和社会化。

五是切实加强对扶贫资金的监管。在继续增强扶贫资金针对性的基础上，要进一步加强对扶贫资金的监管，切实提高资金使用效益。首先，要建立健全扶贫资金管理制度，动员各地有关部门认真学习和落实《国家以工代赈管理办法》；其次，各项扶贫资金的主管部门要进一步加强对资金使用情况的检查和监测，确保各地按照国家投资计划分解下达项目计划，并按照建设项目安排扶贫资金；再次，资金主管部门要会同审计、稽查、监察等部门共同加强对扶贫资金的监管，切实发挥有关职能部门的作用；最后，在做好扶贫资金和项目公告、公示的基础上，积极发挥群众和社会舆论的监督作用，逐步建立起政府监督、舆论监督和群众监督相结合的扶贫资金监管模式。

六是积极开展扶贫领域的国际交流与合作。积极争取更多的国际组织和外国政府贷款用于我国的减贫事业，并努力降低利用外资成本，减轻欠发达地区利用外资的负担。结合我国政府自身实际，努力支持其他国家开展的减贫行动，支持国际组织和有关机构把帮助发展中国家减少贫困作为首要目标和重要任务，呼吁发达国家增加对发展中国家的援助，扩大与发展中国家之间的贸易往来和相互投资，积极探索南北合作的新方式，为全球减贫事业做出应有的贡献。

（国家发展和改革委员会地区经济司扶贫处）

民族地区“十五”经济发展情况及“十一五”工作思路

【民族地区“十五”期间经济发展情况】
国民经济快速发展，经济实力明显增强。2005年，民族地区（指5个自治区和云南、贵州、青海3个多民族省，下同）GDP完成17036亿元，“十五”期间年均增长速度11.1%，高于“九五”期间2.5个百分点。2005年内蒙古、广西、西藏、青海、宁夏、新疆等6个省区的人均GDP均超过1000美元。

2005年，民族地区地方财政收入1368亿元，比2000年增长1.2倍。城镇居民可支配收入达到8897元，比2000年增加3270元，农村居民人均纯收入2412元，比2000年增加781元。

基础设施建设力度加大，生产生活条件进一步改善。“十五”期间民族地区固定资产投资达到30298亿元，年均增长25.8%，比“九五”期间高13.9个百分点，也高于全国年均增长速度。2000年到2004年，国家在西部开工建设60项重点工程，投资总规模约8500亿元，在民族地区安排了青藏铁路，“西电东送”，西气东输等重大项目，修建了机场、高速公路、水电站及城乡基础设施等。随着这些重点项目的实施和完工，民族地区交通、水利、能源、通信等重大基础设施建设取得了实质性进展，农牧区基础设施建设也明显加强，进一步改善了农牧区生产生活条件。如广西从2000年8月开始，在边境地区8个县（市、区）和东兰、巴马、凤山三个贫困地区开展基础设施建设大会战，共投入资金43.61亿元，改善了边境和贫困地区基础设施落后状况。

产业结构不断调整，特色经济框架初步形成。2005年民族地区三次产业的分布为18:42:40，和2000年相比，第一产业占GDP的比重继续下降，从24%下降到18%；第二产业的比重从40%上升到42%，上升了2个百分点；第三产业的比重从36%上升到40%，上升了4个百分点。

“十五”期间，民族地区已成为我国重要农畜产品和重要工业产品的生产基地。云南和贵州的烤烟产量占全国的45.9%，分居全国前两位；新疆棉花产量占全国的28.2%，居全国第一；内蒙古牛奶产量占全国的21.2%，居全国第一；内蒙古和新疆的羊毛、羊绒、奶牛产量，均分居全国的前两位；广西蚕茧产量居全国第一；云南鲜切花产量已连续11年位居全国第一。内蒙古原煤产量居全国第二位。广西产糖量约占全国的60%，已建设成为全国最大的蔗糖生产和综合利用基地。新疆番茄酱的生产能力占到全国的90%以上，形成了亚洲最大的番茄生产、加工基地。广西、贵州和宁夏成为我国氧化铝和电解铝的重要生产基地。新疆的石油和天然气产量分别居全国的第三位和第二位，已经成为我国重要的能源生产基地和战略接替区。

生态保护初见成效，局部生态环境开始好转。西部开发以来，退耕还林、荒山荒地造林、退牧还草、天然林保护、京津风沙源治理、江河源头生态保护等重点工程在民族地区相继全面展开，并取得明显成效。内蒙古生态建设取得了“整体遏制，局部好转”的良好效果，全区荒漠化土地和沙化土地累计减少3130多万亩；全区近91%的退化草原面积得到保护；一半以上水土流失面积得到治理。贵州森林覆盖率从2000年的30.8%提高到2004年的34.9%，每年提高一个百分点。新疆随着林业五大重点工程启动、生态效益补助资金试点工作的开展，森林资源量稳步增长，沙漠化扩展速度呈逐年下降趋势，全疆有11个地州、80个县市、134个团场实现了农田林网化，45个县市达到了平原绿化标准，全疆93%的农田、棉花基地得到了林网的有效保护。

对外开放步伐加快，经贸合作方兴未艾。民族地区外贸进出口规模进一步扩大。“十五”期间民族地区进出口总额达到822亿美元，比“九五”期间增长1倍；其中出口452亿美元，比“九五”增长82.4%。

“十五”时期，内蒙古外贸进出口总额累计完成195.6亿美元，年均增长18.7%，累计利用外资38亿美元，比“九五”期间增长71%。广西外贸进出口总额超过50亿美元，年均增长20%；以开展“百企入桂”活动为重点，积极推进国内经济合作，中国—东盟博览会永久落户南宁，极大地提高了广西的国际知名度，吸引了世界500强等国内外知名企业前来投资，共引进内资项目8000多个，实际到位资金833亿元；引进外资项目1534个，实际利用外资30亿美元。贵州“十五”前四年进出口总额达38.4亿美元，分别比“九五”、“八五”时期增长23.8%和77.2%。四年间，外贸依存度经历了一个先降后升的过程，2004年比“九五”末期高2.5个百分点。

“十五”时期民族地区取得的成绩是巨大的，对保持全国经济持续、快速、稳定发展起到了重要的促进作用。但是，由于多种原因，我国民族地区经济发展仍然存在诸多困难和问题，主要表现在以下几方面：一是贫困问题仍很突出，脱贫难度大。2004年末，全国农村绝对贫困人口2610万人，其中少数民族地区贫困人口1246万人，占47.7%，贫困发生率高达7.8%，比全国高5个百分点。特别是在民族地区贫困人口总体下降的情况下，局部地区的贫困问题仍然很严重。据我们对民族地区265个国家和省级扶贫开发工作重点县的调查，在石山区、深山区、边境地区和干旱、荒漠、高寒地区，还有约20个民族、390万人处于极端贫困状况，涉及11个省区、77个县。这些民族生存环境恶劣，贫困程度深，脱贫难度大，返贫现象严重，是属于贫困中的特困类型。二是财政收支矛盾仍很突出。2005年民族地区地方财政收支差额达2220亿元，比“九五”末增加1348亿元。一方面，减免农业税、禁止砍伐森林、禁牧减畜、关停小企业等政策的实施，造成民族地区财源进一步减少。另一方面，一些法定支出、硬性配套资金等支出增加，使原本就入不敷出的财政更加困难，有的地方财政连保工资、保运转都成问题。财政转移支付虽给民族地区财政很大支持，但尚不完善和规范，还不能很好地满足民族地区经济社会发展的需要。三是对外开放程度仍远落后于全国。“十五”期间，民族地区进出口总额占全国的比重仅为1.8%，比“九五”下降0.5个百分点，比“八五”下降1.2个百分点。外商直接投资总额占全国的比重为1.7%，比“九五”下降0.7个百分点，比“八五”下降1.3个百分点。

综上所述，目前民族地区面临着解决温饱和全面建设小康社会的双重任务，面临保护生态环境和发展经济的突出矛盾，面临维护稳定和加快发展的双重压力，需要国家在“十一五”期间继续加大扶持力度，实现民族地区与全国的协调发展。

【“十一五”期间加快民族地区经济社会发展的思路】 民族地区经济增长对投资的依赖性短期内难以改变，投入产生效益也需一定周期。“十一五”时期是民族地区发展的关键时期，发展的好坏和快慢直接影响到全国发展的大局，影响到全面建设小康社会进程。我国“十一五”规划专门提出“支持革命老区、民族地区和边疆地区发展”，要求在“十一五”期间加大财政转移支付力度和财政性投资力度，支持革命老区、民族地区和边疆地区加快发展。保护自然生态，改善基础设施条件。发展学前教育，加快普及义务教育，办好中心城市的民族初中班和高中班，加强民族大学建设和民族地区高等教育。建设少数民族民间传统文化社区，扶持少数民族出版事业，建立双语教学示范区。加强少数民族人才队伍建设，稳定民族地区人才队伍。支持发展民族特色产业、民族特需商品、民族医药产业和其他有优势的产业。优先解决特困少数民族贫困问题，扶持人口较少民族的经济社会发展，推进兴边富民行动。继续实行支持西藏、新疆及新疆生产建设兵团发展的政策。

今后民族地区经济工作的几点考虑：

第一，加大资金投入，保持民族地区较快增长速度。加大中央对民族地区重大建设项目的投资，加大财政转移支付和有关专项资金的投入力度，加大经济较发达省市和大中型企业对口支援民族地区的力度，使民族地区保持较快增长速度，逐步缩小与全国平均水平的差距。

第二，加强基础设施和生态建设，不断改善少数民族生产生活条件。一是国家继续帮助民族地区重点建设一批对带动当地经济社会发展起重大作用的交通、水利、电力、通信、能源等公共基础设施项目，国家规划建设的铁路、高速公路网和支线机场要尽可能向民族地区延伸。二是加强以退耕还林、天然林保护为主的生态环境治理和建设工作，并在地质灾害和草原退化、沙化、鼠害治理等方面加大资金投入，增强可持续发展能力；尽快建立合理的生态建设和环境保护补偿机制，切实解决农牧民增收和长远生计问题。三是优先安排与各族群众生产生活密切相关的中小型公益型项目，加强农村农田水利、人畜饮水、农电改造、可再生能源、乡村公路、民房改造等基础设施建设，提高民族地区抵御自然灾害的能力，切实改善群众的生产生活条件。

第三，集中力量解决特困少数民族温饱问题。“十一五”期间，要更加重视少数民族贫困地区的扶贫问题，进一步加大政策和资金的投入。特别要采取切实措施，帮助解决特困少数民族群众的温饱问题。国家实施“特困少数民族温饱工程”，将尚未纳入国家扶贫开发整村推进规划的3893个特困村，全部纳入并优先实施；扶持77个特困县的支柱产业发展和劳动力培训；对生态环境恶劣、自然资源缺乏、地方病高发区及部分自然保护区的少数民族特困群众，实行易地搬迁；对因生态保护失去生存资源和因守土固边需要而不能易地搬迁的少数民族特困群众，率先建立农村最低生活保障制度，保障其最低生活支出需要。

第四，大力发展特色优势产业。依托民族地区各类资源和产业优势，大力发展能源、矿业、机械装备、旅游、特色农业、中药材加工等优势产业，通过科技支撑强化对资源的综合开发利用，建立具有民族地区特色的新型工业化模式。优先在民族地区安排资源开发和深加工项目，国家应采取投资补贴、贴息贷款、税收优惠、加速折旧等措施，鼓励国内外民间资本进入民族地区发展特色优势产业。对民族地区具有资源比较优势的产业加大支持力度，扶持民族地区发展高新技术产业，大力发展具有民族传统文化、人文资源和自然资源的文化产业、旅游业和服务业。国家应尽快出台民族地区特色产业发展规划和促进民族地区特色产业发展的政策。

第五，充分利用沿边优势，加快边境贸易和对外开放步伐。民族地区与15个国家和地区接壤，周边国家共有15亿左右人口，目前已形成不同规模、不同层次的边境口岸近百个。民族地区要充分利用沿边优势，利用国内外两种资源、两个市场，实现与周边国家和地区的经济互补和投资贸易，推动我国的区域和双边经济合作。尽快制定出台长期、稳定、统一、规范的边境贸易政策及其管理办法，优化边境贸易环境；加强重点商品、重要口岸和外贸企业的仓储设施建设及联检、货场等基础设施建设；推动边疆省区设立边境贸易区、自由贸易区、国际贸易中心等，提升边贸水平和档次，促进当地产业升级和区域经济合作。

第六，加快科教文卫事业发展步伐，促进民族地区经济社会协调发展。与经济发展的差距相比较，少数民族和民族地区社会事业发展水平更加落后。尤其是农村、牧区上学难、看病难问题仍然突出。“十一五”期间，要加大对民族地区基础教育的投入，认真落实“两免一补”政策，着力改善民族地区农牧区小学和初中办学条件，普及和巩固九年义务教育。进一步加大对少数民族农牧民的职业教育和培训力度，培养当地需要的初级技术人才。进一步推进县级卫生防疫体系建设，健全农村医疗卫生机构和服务网点，采取多种形式普及疾病预防和卫生保健知识。建立农村新型合作医疗制度以及其他形式的医疗保障制度。加强地方病和传染病防治工作。

（国家民族事务委员会经济发展司　冯长海）

中部地区篇

【经济与社会发展】 2005年，山西省经济继续快速发展，全年GDP增长12%；规模以上工业增加值增长20%，实现利税增长30%；财政总收入757.9亿元，增长39.9%，其中一般预算收入368.2亿元，增长40.8%；全社会固定资产投资增长23%；社会消费品零售总额增长14%；城镇居民人均可支配收入8800元，增长12%，农民人均纯收入2800元，增长8%；居民消费价格总水平上涨幅度控制在2.5%以内；人口自然增长率为6.03‰，登记失业率控制在3.2%。

高度重视“三农”问题，促进农业增效和农民增收。出台了免征农业税措施和实施对种粮农民直接补贴、良种直接补贴、农业科技入户、土地保护制度等一系列支农惠农政策。农业和农村生产条件不断改善，农民生产积极性不断提高。全省新增耕地16.6万亩，改造中低产田17.2万亩，粮食总产量97.8亿公斤。对115万农村劳动力进行了引导性培训，转移农村劳动力46.4万人，新解决了80万农村人口的饮水困难和近20万人的温饱问题。

全省煤炭资源整合“三大战役”取得了重要进展，已查处关闭非法违法开采矿点4830处，经资源整合重组使小煤矿减少1188个，完成了近2500个中小煤炭企业采煤方法的改革。焦化行业专项清理整顿继续深化，131户小焦炉和违规焦炉被取缔关闭。在鼓励、支持不锈钢、特种钢、特种管材等短线产品的同时，继续清理整顿小电厂、小炼铁、小电石、小铁合金等违规建设，淘汰落后企业和落后设备工作的力度不断加大。缓解了电力交通的瓶颈制约，全年新投产装机容量410万千瓦，发电量增长20%。

以建设新型能源和工业基地为目标，深入推进经济结构调整。制定和出台了相关规划和政策，省政府出台了《关于建设新型能源基地若干政策的意见》和《关于建设新型产业基地，进一步推进行业结构调整的意见》。同时，出台了能源、冶金、装备制造和化学医药产业等结构调整实施方案。新型材料、农畜产品加工业、旅游文化和现代服务业的推进意见即将出台。

围绕转变经济增长方式，加强资源节约和环境保护。节约型社会建设扎实推进，根据省委、省政府对全省建设节约型社会工作的部署，省发展和改革委员会牵头制定了建设节约型社会的指导思想、主要目标和推进措施。《山西省循环经济发展规划》已基本完稿。生态环境治理力度不断加强，省政府先后出台征收焦炭生产排污费、燃煤电厂烟气脱硫限期治理、整治违法排污企业、调整城市污水处理费标准等政策措施，淘汰污染严重的落后企业和设施1619家。与此同时，继续组织实施退耕还林、京津风沙源治理、天然林保护、淤地坝建设等国家重点生态工程，完成造林面积400万亩，水土流失初步治理面积540万亩。全省大气环境质量继续得到改善，11个重点城市空气质量二级以上天数累计达到2491天，比上年增加33.8%。

努力构建和谐社会，各项社会事业健康发展。就业和社会保障方面，全年新增城镇就业40.7万人。稳步推进国有企业下岗职工基本生活保障向失业保险制度并轨，有12万人通过各种途径实现再就业。企业离退休人员基本养老金继续保持按时足额发放，城市特困居民实现应保尽保。全省初步建立起统一的养老、医疗、失业、工伤、生育保险制度框架和管理体系，一批非公经济组织、个体工商户、自谋职业人员和乡镇企业职工进入社会保障的覆盖范围。建立了包括城市低保、农村特困群众生活救助、大病救助、贫困家庭子女就学资助、五保户供养等在内的12项社会救助制度。

教育事业方面，"普九"目标全面完成，高中阶段毛入学率提高到63.7%。农村中小学危房改造项目全部动工。支持建设了一批农村寄宿制学校，加快推进了农村中小学现代远程教育工程，不断加强县级中等职业教育建设。新增贷款贴息资金2000万元，加大了对高校教学基础设施建设的扶持力度。研究生招生数量比上年增长17.6%，重点支持了与结构调整密切关联的基础型和应用型专业的设置和发展。

公共卫生体系建设进展顺利。国债疾控体系110个建设项目全部完工；120个医疗救治项目已有54个交付使用，57个主体完工，8个正在建设中；158所乡镇卫生院国债建设项目有29个竣工交付使用，64个工程主体完工，其余正在建设中。25个县新型农村合作医疗试点进展顺利，试点县农村人口参加率达85.7%。

文化、体育、广播电视等社会事业发展迅速，戏剧舞台空前繁荣，话剧《立秋》等一批文艺作品赢得广泛好评。村村通电话工程进展加快，省城数字电视整体平移工作进展顺利。百镇千村"大运"体育走廊示范项目建设顺利完成，已列为"中国全民健身著名景观"。在十届全国运动会上，山西体育健儿摘得10块金牌、5块银牌、5块铜牌。

【投资环境与招商引资】 《山西省工程建设项目招标投标条例》经省人大常委会讨论通过，从2006年1月1日起正式施行。《山西省企业投资项目核准暂行办法》、《山西省企业投资项目备案暂行办法》、《山西省产业投资指导目录（试行）》、《山西省政府投资管理办法》等相关政策和配套文件，即将颁布施行。全年省本级减少行政审批事项424个。出台了加快县域经济发展和非公有制经济发展的意见。

以跨区域经贸合作为重点，加快推进对外开放。继续深化与德国北威州的友好合作，举办了"山西省·北威州经贸合作交流会（2005）"，双方共签署协议8项。双方交流领域更趋多元化，合作领域不断拓展。人才培训计划已经启动，双方政府资助的首批23名研修生及3名攻读MBA学位的研究生已赴德。

着力推进招商引资工作，围绕主要优势产业，准备、推出了总投资约500亿元的重点招商项目，在第九届中国国际投洽会上山西省共签约项目50项，涉及外资20亿美元；在"2005山西投资贸易洽谈会"期间共签订合同68项，涉及外资5.58亿美元，省外投资24.9亿元人民币。在第七届中国国际高新技术成果交易会上，共推出高新技术产业化项目和科研新成果279个，有12个项目举行了签字仪式，签约总额16亿元。全年山西省实际利用外商投资2.75亿美元，同比增长2倍。

不断拓展与国际金融组织及跨国公司的合作，亚行贷款山西煤层气开发利用项目正式签署了贷款协定，世行贷款太原城市基础设施项目、雁门关荒沙盐碱地治理和农业综合开发示范项目前期工作进展顺利。日元贷款大同城市综合治理项目已进入国家的贷款签约计划。山西省12个项目已被国家发展和改革委员会列入国际金融组织备选计划。晋城煤业集团煤液化引进国外技术项目开始启动，山西焦煤集团煤层气综合利用引进德国技术、装备合同正式签订。

【经济技术协作】 积极利用黄河协作区会议、东西部投资与合作贸易洽谈会、“青洽会”和“兰洽会”等国内大型投资贸易洽谈会为平台，加强与中西部省区的经济协作。为进一步弘扬晋商精神，山西省相继在甘肃、新疆组建成立了“山西晋商企业联合会”，上千家工商企业纷纷投资数百亿在当地开发投资，收到了良好的效果。山东兖矿集团在山西孝义市总投资28亿元建设的30万吨甲醇项目，一期10万吨工程，已于2005年10月开工建设。山西省旅游部门与内蒙古河西制药有限公司签订了联合开发偏关老牛湾旅游项目的合同，总投资1000万元。由铁道部和山西省、陕西省、宁夏回族自治区政府出资303.2亿元共同组建合资铁路公司，负责建设横贯山西省南部、陕西省北部和宁夏回族自治区中北部地区，全长944公里的太原至中卫（银川）铁路于2006年2月正式开工建设。太中铁路是一条新的大能力能源运输通道，将进一步促进晋、陕、宁三省区之间以及华中、华北、华东之间的经济、社会、文化、科技交流与联系，成为绵延黄土高原上的一条运输大动脉。

【重点项目介绍】 霍州二电厂2×30万千瓦、古交电厂2×30万千瓦机组等一批电力项目以及山西华泽铝电80万吨氧化铝、山焦30万吨焦油加工等项目陆续竣工投产；太长、得大、汾柳等高速公路建成通车；塔山、赵庄、屯留、新元等煤矿工程进展顺利；武乡电厂、王曲电厂、永济电厂扩建等项目正在进行设备安装，柳林电厂二期、阳城电厂二期等建设工程加快推进；太原理工大学教学实验楼主体建设完工；山西博物馆、八路军太行纪念馆建成并正式开馆。

【国有重点煤矿采煤沉陷治理】 山西省是我国重要煤炭工业生产基地，煤炭储量占全国总储量的三分之一，2005年生产原煤达5亿多吨，占全国的25%以上。山西煤炭调往全国26个省、市、自治区，年外调量达3亿吨，占全国省际煤炭外调总量的80%，煤炭向20多个国家和地区出口达1700万吨，出口量占全国的70%。山西为国家经济建设提供了重要的能源保障，做出重大贡献。在源源不断地向外输出煤炭资源的同时，也给山西带来了资源枯竭、地表沉陷、地质灾害频发、水资源破坏和生态环境日趋严峻等一系列重大问题，已严重影响人民群众的生存和生活。对此，党中央、国务院决定对国有重点煤矿采煤沉陷区进行治理。

山西省采煤沉陷区综合治理规模大、受损严重，列入本次治理的原国有重点煤矿有9个（大同、轩岗、古交、万柏林、阳泉、汾西、霍州、潞安、晋城），采煤沉陷区面积为1046平方公里。从2003年山西省国有重点煤矿采煤沉陷区治理工作开始启动，工作大致分三个阶段：第一阶段为前期准备阶段，主要是做好摸底调查、制定治理方案、通过国家评估、争取落实资金。第二阶段为工程实施阶段，主要是依据批准的治理方案，实施住宅小区新建工程，实施住宅、学校、医院、城市基础设施维修加固工程。第三阶段为搬迁安置阶段，主要任务是妥善安置沉陷区受灾群众。第一阶段即前期准备工作已基本完成，现进入全面实施的第二阶段。

吉林省

【经济与社会发展】　2005年，吉林省经济运行继续保持平稳较快增长。全年实现GDP 3614.92亿元，同比增长12%。其中，第一产业增加值607亿元，增长8.3%；第二产业增加值1605.13亿元，增长13.3%；第三产业增加值1402.79亿元，增长12.3%。全年完成一般预算全口径财政收入418.6亿元，增长27.2%。

粮食生产再上新台阶，全年粮食总产量2581.21万吨，比上年增长2.8%。特用玉米和优质水稻播种面积分别增长50.3%和20.5%，占玉米和水稻播种面积的37.9%和80.9%。油料作物的播种面积和产量分别增长29.9%和42.9%。农业生产条件进一步改善。全省农机总动力1471.3万千瓦，增长11.5%。农田有效灌溉面积和机电排灌面积分别达到2420.6万亩和2134.6万亩，比上年提高1.2%和16.4%。农产品加工业、园艺特产业、绿色食品产业迅速崛起。全省较大规模的农业产业化经营组织达到2600个，比上年增长8.1%；固定资产520亿元，增长23.8%；龙头企业粮食加工量1100万吨，增长16.2%；畜禽加工量2.1亿头（只）。实现农产品加工业销售收入1002.9亿元，增长49.5%。园艺特产业产值245亿元，增长14%，农民人均园艺特产收入781.6元，增长10.9%。全省有效使用绿色食品标志产品320个，有机食品142个，无公害农产品839个，无公害农产品产地认定501个，环境监测面积2500万亩，产量1767.6万吨。

工业经济效益继续保持较高水平。全年规模以上工业企业经济效益综合指数160，实现利润总额138.3亿元。石油开采和食品工业获利能力增强，成为实现利润的主要支撑力量。全年石油和天然气开采业累计实现利润80亿元，同比增长1.2倍，对全省工业利润的贡献率达57.9%。建筑业稳步发展。全省资质以上建筑企业全年实现利税总额20.41亿元，同比增长14.9%；完成建筑业总产值485.22亿元，增长34.3%；建筑施工面积2829.38万平方米，竣工面积1601.05万平方米。

全年完成全社会固定资产投资1801.98亿元，同比增长53.8%。完成房地产开发投资195.73亿元，增长22.4%。商品房销售面积547.28万平方米，增长36.2%。商品房销售额107.57亿元，增长42.4%。

消费品市场十分活跃。全年实现社会消费品零售额1460.81亿元，同比增长13.5%，扣除物价上涨因素，实际增长11.8%。居民生活消费价格指数为101.5%，涨幅回落2.6个百分点。

进出口贸易保持平稳，结构趋于合理。全年完成进出口总值65.28亿美元，同比下降3.9%。其中，出口24.67亿美元，增长43.9%；进口40.61亿美元，下降20%。

全年交通运输、仓储和邮电通信业实现增加值294.19亿元，同比增长15.1%。全省公路通车总里程50308.1公里，增长6.5%。其中，高速公路通车里程仍保持在542.5公里；等级公路通车里程48487.2公里，增长7.4%。全省县、乡公路37092公里，增长8.4%。全年完成货物运输总量37528.66万吨，增长2.3%。公路运输货物发运量27441万吨，增长2.9%。完成货物周转量708.25亿吨公里，增长1.3%。完成旅客运输量27724.46万人，增长2%。完成旅客运输周转量266.02亿人公里，增长3.9%。

全年完成邮电业务总量261.6亿元，同比增长23.8%。其中，完成邮政业务总量13.3亿元，增长17.7%，完成电信业务总量248.3亿元，增长24.1%。全省固定电话用户达到768.6万户，比上年增长15.6%。固定电话主线普及率达到29部/百人。移动电话用户达到915.7万户，增长19.9%，移动电话普及率达到34部/百人。

全年接待入境游客37.33万人次，比上年增长15.2%。旅游外汇收入1.2亿美元，增长25%。接待国内游客2850.67万人次，增长10.2%。国内旅游收入219.34亿元，增长24.7%。

金融市场运行平稳。全年实现金融保险业增加值82.42亿元，同比增长4.9%。年末金融机构本外币存款余额4374.5亿元，增长15.7，贷款余额3401.3亿元，增长7.5%。金融机构资产总额5587.5亿元，增长12.5%。证券市场各类证券成交额875.4亿元，下降21.5%。全省有各类保险公司全年保费收入75.72亿元，增长1.9%。保险赔款给付支出13.88亿元，下降2.8%。

全省共有培养研究生的机构17所，在学研究生3.61万人。有普通高等学校45所，在校生40.73万人。普通高等教育招生12.94万人，毕业生8.4万人；全省成人高等教育在校生13.75万人，招生5.93万人，毕业生4.51万人。各类中等职业教育在校生24万人，招生9.31万人，毕业生7.16万人；全省普通高中在校生48.94万人，招生17.4万人，毕业生13.31万人；全省普通初中在校生105.79万人，招生31.97万人，毕业生37.6万人；普通小学在校生162.52万人，招生21.54万人，毕业生33.01万人；特殊教育在校生5489人，招生630人，毕业生568人。

全省拥有中国科学院院士15人，中国工程院院士29人。全年安排了403项科技发展计划项目，新建工程研究中心14家。全年共取得省部级以上科技成果595项。共签订技术合同3879项，成交金额12.23亿元，同比增长13.3%。

全省共有艺术表演团体61个，群众艺术馆及文化馆81个，公共图书馆63个，博物院（馆）18个，广播电台10座，电视台10座，全省有线电视用户249.55万户。广播、电视综合覆盖率分别到达96.7%和97.9%。全年共出版各类图书5271种，总印数1.5亿册。出版报纸78种，总印数8.6亿份。全省共有各类期刊235种，总印数7000万册。

至年底，全省51个疾控中心建设项目全部竣工。60个医疗救治体系建设项目已有53个竣工，竣工率达88.3%。在9个县（市）开展了新型农村合作医疗试点，有202.63万人参加，参加率63.5%；共筹措资金6078.9万元，为农民支付医药费补助5364.25万元，占合作医疗筹资总额的88.2%，有101.21万人次受益。全省建成市辖区社区卫生服务机构571家，建成县（市）社区卫生服务机构121家，全年到位国家及省妇幼保健公共卫生项目投入资金 519 万元，到位设备 1400 多台件，救助贫困孕产妇 1287 名。

全年吉林省运动员在世界大赛上获得 9 枚金牌，在全国比赛中获得 36 枚金牌。全省新建 1 个市级健身中心，13 个县区级健身广场。全省共有体育场地 1.74 万个，人均占有体育场地面积 1.47 平方米。

城镇居民年人均可支配收入 8690.62 元，同比增长 10.8%，居民恩格尔系数为 34.7%，人均住房使用面积 19.07 平方米，比上年增加 1.14 平方米。农村居民年人均纯收入 3263.99 元，增长 8.8%，居民恩格尔系数为 43.5%，人均住房使用面积 20.1 平方米，比上年增加 0.32 平方米。

全省全社会从业人员 1238.9 万人，比上年增长 1.4%。全年城镇创造就业岗位 57.14 万个。城镇新增就业 44.9 万人，在城镇新增就业人员中，下岗失业人员实现再就业 34.9 万人。年末全省尚有城镇登记失业人数 27.64 万人，登记失业率为 4.2%。全省有 261 万名农村劳动力实现转移就业。全省养老保险参保 455.94 万人，增长 3.9%。失业保险参保 199.44 万人，年末享受失业保险待遇人员 7.49 万。参加基本医疗保险 283.02 万人，增长 4.8%。工伤保险、生育保险参保人数分别达到 136.69 万和 35.27 万。

全省各类收养性社会福利单位床位 4.52 万张，收养各类人员 3.6 万人。城镇建立各种社区服务设施 3000 个。全省销售社会福利彩票 9.6 亿元，筹集社会福利资金近 3.36 亿元，直接接收社会捐赠款 8000 万元。城镇共有低保人员 136.02 万人。

深入开展生态环境保护工作。全省自然保护区个数已达 33 个（其中国家级 9 个，省级 15 个，地市级 3 个，县级 6 个），护区总面积 221.79 万公顷。生态示范区为 23 个（其中国家级 11 个，省级 12 个），总面积达 1194.87 万公顷。

【投资环境与招商引资】　2005 年，吉林省放权给各市县，各市县分别根据本地实际制定了新的改革投资环境，扩大招商引资方面的优惠政策。

大力开展招商引资活动，全省实际利用外资和引进省外资金实现双翻番。全年实际利用外资 11.51 亿美元，同比增长 1 倍。其中，外商直接投资 6.61 亿美元，增长 46.1%；对外借款 3.82 亿美元，增长 2.3 倍。全年实际引进省外资金 242.91 亿元，增长 1 倍。

【经济技术协作与对口支援】　2005 年，吉林省招商引资成绩显著。全年实际引进外省资金 242.91 亿元，同比增长 100.8%。

2005 年，吉林省邀请了大量投资客商前来对接、洽谈，为吉林省国企 100 个重点产权项目招商做出了努力，吸引了大量资金。项目建设普遍得到加强，这是招商引资工作得以稳步推进的基础。招商引资环境建设取得较大改善。使投资者增强了来吉林省投资的信心。招商引资方式、方法的创新，提高了招商引资工作的实效。

“十五”期间，吉林省三峡对口支援工作发生了由“输血”向“造血”的转变。将单纯地支援资金、物品转变为在项目帮扶上下功夫。在二期移民过程中新选定的糯玉米淀粉、脱毒马铃薯项目产生了良好的社会效益和经济效益，在巫溪县已形成一方产业。产品供不应求，美多公司生产的马铃薯淀粉还通过丹东口岸出口到了韩国。2005 年，在长春举办了三峡库区移民致富带头人培训班，并对柑橘新品种发展项目进行重点帮扶。还同长春市三峡办、吉林市三峡办、省直有关委办厅局与鹤溪公司、美多公司、索坤公司、辰龙制药公司 4 户企业一起，就如何更好地利用三峡库区对口支援暨经贸洽谈会，进一步促进对口支援工作进行了新的探索。

【重点项目介绍】　2005 年新开工的主要项目：通化钢铁集团有限责任公司 100 万吨冷轧板工程。这是一项改建工程，工期 2005～2006 年，总投资 19 亿元。

辽源市东袜业纺织工业园区项目。工期 2005～2010 年，占地 50 万平方米。一期袜机总量5.8万台，年产袜20亿双；二期袜机总量10万台，年产袜40亿双。总投资14亿元。

松原60万吨玉米扩能及谷氨酸项目。工期2005～2007年。建设60万吨玉米扩能和6万顿谷氨酸生产线，总投资7.4亿元。

辽源市财富产业园。工期2005～2010年。建设内容主要是园区的基础设施和光源、中药、特种车生产线，总投资50亿元。

吉恩镍业第三精炼厂建设。工期2005～2008年。建设内容是钢结构产房、气体站、设备，年产羰基镍6000万吨，投资6.74亿元。

辽源市国家类抗癌新药“盐酸博安霉素冻干粉针”、博宁霉素项目。工期2005～2007年。建设内容是年产5000万支，建厂房，购置设备，总投资5.5亿元。

松原年产6万吨丙稀酸及酯工程。工期2005～2006年。建设内容是年产43吨丙稀酸，13吨丙稀酸甲酯，1万吨丙稀酸乙酯，4万吨丙稀酸丁酯，总投资5.4亿元。

八连城立井。工期2005～2006年。建设内容为年产90万吨煤，总投资4.05亿元。

吉林桦甸西金沟水电站。工期2005～2007年。总装机容量48兆瓦，库容6400万立方米。总投资3.75亿元。

东辽50万吨绿色玉米及杂粮深加工项目。工期2005～2006年。建设内容为年加工绿色玉米25万吨，玉米特强粉8万吨，绿八宝粥5万吨，其他杂粮12万吨，投资2.99亿元。

【老工业基地振兴】 2005年吉林省在“老工业基地振兴”方面取得了很大成绩，顺利实现了第一阶段振兴目标。

积极落实国家对粮食主产区的各项扶持政策。自2004年起吉林省两年免征农业税并取消烟叶以外的农业特产税，减轻农民负担约33.2亿元。在中央财政粮食直补借款支持下，吉林省两年筹措资金34亿元，其中2005年筹措资金18.5亿元。2005年补助吉林省大型农机具购置补贴1500万元。

全面推进完善城镇社会保障体系试点工作。自2004年起国家在吉林省开展完善城镇社会保障体系试点工作，累计做实个人账户资金27.3亿元，中央财政每年定额补助7.7亿元；地方财政补助6.2亿元。全省已完成国有企业下岗职工基本生活保障向失业保障并轨130万人，累计支付经济补偿金共108.7亿元。

加大对中央下放国有企业政策性关闭破产的支持力度。到2005年底，全省累计22户企业列入国家关闭破产计划，企业核拨了关闭破产补助资金74.4亿元（占全国第一位），省财政已拨付破产企业资金68.7亿元。

积极支持企业分离办社会职能工作。一汽、北方车辆、电力等13户中直企业列入第二批中央企业分离办社会职能试点，财政部已批复52个分离办社会单位和7588人移交地方管理，并给予补助资金3亿元左右。全年省财政筹措资金2.3亿元，用于省属企业和市县企业分离办社会职能补助。44户省属企业实施分离办社会职能，93所中小学校和10个公检法机构的移交工作接近尾声，剥离资产总额10亿元，剥离安置职工1.7万人。

人民银行在东北三省全力推进下岗人员小额担保贷款的制度创新，促进小额担保贷款工作的快速健康发展。到年底全省累计发放中额担保贷款3.2亿元，1.3万名下岗失业人员得到支持，间接带动就业4.5万人。

国家加大对吉林省一般性转移支付补助、国债和专项资金支持力度。到2005年底，国家两年累计给予吉林省一般性转移支付补助78.2亿元。自2004年以来，国家共拨付吉林省国债和预算内基本建设资金62.9亿元，其中振兴老工业基地国债项目资金8.7亿元，采煤沉陷区综合治理项目资金12.1亿元。

积极支持民营经济发展。全年省财政向省中小企业融资担保公司注入资本金5000万元，增强对中小企业融资担保的能力。安排中小企业发展专项资金3500万元，主要用于民营企业创业、技术创新、市场开拓、第三产业贷款贴息等方面。同时，利用国家开发银行软贷款资金总额度20亿元，全面支持民营经济发展。

【经济与社会发展】 2005年，黑龙江省经济平稳较快增长，全年完成GDP5510亿元，同比增长11.6%，连续四年保持两位数增长。完成全社会固定资产投资1794.2亿元，同比增长25.4%。

全年实现农林牧渔业总产值1297.5亿元，同比增长11.1%，粮食作物播种面积988.9万公顷，粮食总产3600万吨；畜牧业总产值460亿元，增长16.9%。肉、蛋、奶产量分别增长15.3%、4.5%和17.6%。种植业中绿色、特色和优质农产品种植面积增加，绿色食品种植面积3490万亩，增长44.6%；绿色食品认证个数900个，绿色食品种植面积、产品总量和认证产品的数量均居全国第一位，是全国最大的绿色食品生产基地。全年转移农村劳动力402万人，实现劳务收入129亿元，分别增长12.6%和21.6%。

全部工业实现增加值2696.3亿元，同比增长12.9%，对GDP增长贡献率为57.5%；规模以上工业实现增加值2166.3亿元，增长15.3%，规模以上工业企业实现利税1467.7亿元，增长35.9%。其中利润1065.7亿元，增长41.6%。地方工业经济效益继续大幅度提高，实现利税170.2亿元，增长31.5%，其中实现利润63.2亿元，增长75.3%，经济效益综合指数为333.2，增加38.4点。

在经济保持较快增长的同时，价格总水平稳中趋降，居民消费价格仅上涨1.2%，比上年涨幅降低2.6个百分点。全年实现社会消费品零售总额1760亿元，同比增长13%。

对外贸易巩固和扩大了俄罗斯、日本、韩国等传统市场，拓展了中东、南美等新市场，外贸进出口总额大幅度增长，全年实现进出口总额95.7亿美元。同比增长40.9%。其中，出口60.7亿美元，增长64.9%；进口35亿美元，增长12.6%。

交通运输业稳步发展，全年各种运输方式完成的货物周转量1159.8亿吨公里，比上年增长7.4%。完成旅客周转量440.2亿人公里，增长4.8%。

旅游业平稳增长，全年共接待国内外旅游者4548万人次，比上年增长11.6%。其中，接待国内游客4465.5万人次，增长11.6%，接待国际游客82.2万人次，增长12.1%。实现旅游业总收入280.3亿元，增长12%。其中，国内旅游收入252亿元，增长11.9%；

外汇收入3.4亿美元，增长12.7%。

全年实现地方财政收入392.6亿元，同比增长18.6%；支出861.4亿元，增长16.1%。年末金融机构各项存款余额6135.1亿元，比年初增加725.6亿元；各项贷款余额3658.5亿元，比年初增加98.6亿元。全省共有保险公司15家，保险中介公司及分支机构45家，全省保费收入139.6亿元，增长9.4%。

教育事业继续较快发展，全省共有研究生培养单位23所，招生1.4万人，在学研究生3.7万人，毕业生7000人，增长40%。普通高校62所，招生16.9万人，在校生53.3万人；毕业生9.9万人，增长16.5%。中等专业教育学校56所，招生3.2万人，在校生9.8万人，毕业生3.2万人。普通中学2587所，招生43.6万人，在校生169.6万人，毕业生56.5万人。普通小学9995所，招生34万人，在校生220.4万人，毕业生44.4万人。特殊教育学校招生1000人，在校生7000人。幼儿园在园幼儿37.7万人。

科学研究开发及产业化取得新成果，全省有科学研究开发机构605个，从事科研活动人员10万人。全年科技经费支出71.4亿元，增长7.5%，其中研究与发展（R&D）经费支出38.9亿元，增长9.9%。全年共取得重大科技成果1009项，其中基础理论成果91项；应用技术成果855项；软科学成果63项。受理专利申请6050件，增长14.6%；授权专利2906件，增长3.5%。全年共签订技术合同2041份，成交金额14.3亿元，增长13.4%。

文化事业日益繁荣，全省共有艺术表演团体84个，文化馆145个，公共图书馆96个，博物馆47个。广播综合人口覆盖率98.5%；电视综合人口覆盖率98.7%。有线电视用户286万户，有线数字电视用户3.2万户。全省共有档案馆147个，全年出版报纸8.2亿份，出版杂志4000万册，出版图书8000万册。

卫生事业不断进步，全省共有卫生机构8230个，其中医院、卫生院1808个。卫生机构床位数12万张，卫生技术人员14.9万人。疾病预防控制中心（防疫站）198个，卫生技术人员7000人。卫生监督检验机构43个，卫生技术人员1000人。共有乡镇卫生院931个，床位1.3万张，卫生技术人员1.8万人。全省开展新型农村合作医疗试点工作的县（市）14个，覆盖农村人口332.5万人，实际参加农村合作医疗农民197.3万人。

体育事业取得新成绩，全年黑龙江省运动员在世界大赛上共获48个冠军；在国内比赛中获得227枚金牌、266枚银牌、177枚铜牌；在全国十运会上夺得16枚金牌、17枚银牌、8.5枚铜牌，金牌数、奖牌数均列全国第九位。全民健身运动继续蓬勃发展，举办运动竞赛会472次；参加运动会人数27万人次。全省共有494万人达到《国家体育锻炼标准》。

城乡居民收入水平进一步提高，全年城镇居民人均可支配收入8273元，增长10.7%，恩格尔系数33.5%，比上年下降1.9个百分点，人均住房建筑面积22平方米，增加0.8平方米；农村居民人均纯收入3221元，增长7.2%，恩格尔系数36.3%，下降4.6个百分点，人均住房面积20.4平方米，增加0.02平方米。

社会保障工作进一步加强，全省参加基本养老保险769.4万人，其中职工547.6万人，离退休人员221.8万人；参加失业保险459.6万人；参加基本医疗保险602.8万人，其中职工432.4万人，离退休人员170.4万人。

环境保护建设发展加快，全省有各级环境监测站104个。建成烟尘控制区295个，总面积1149.6平方公里；建成噪音达标区245个，达标区面积936.6平方公里。主要城市空气质量达到和好于国家二级标准的天数平均提高到294天。省级重点监管企业稳定达标排放率达到91.3%。全省有自然保护区170个，其中国家级自然保护区14个；自然保护区面积468.9万公顷，比上年增加41.1万公顷。

【投资环境与招商引资】 黑龙江省已开辟国际、国内民用航空线58条，民用航空线里程达到108716公里，可办理100多个国家和地区、200多个机场配运业务。国内铁路形成了以哈尔滨枢纽为中心的“一横三纵”线路主骨架。公路“OK”型主框架基本形成，“一环五射”的高速公路网正在构建，7条公路呈放射状从哈尔滨通往全国各地，通车里程65123公里，其中二级以上里程7961公里。航运以黑龙江和松花江水系为主，哈尔滨港位于松花江水系中心位置，与俄罗斯4个城市直接通航，经江海联运通向日本、朝鲜半岛及东南亚各港口的松花江黄金水道，是国内内陆一类开放口岸。电力方面，已形成了以500千伏和220千伏电压等级的主干电网，全省发电装机容量达1237.5万千瓦。“哈大齐”工业走廊为国内外投资者创造良好的地域平台。

优势行业对外资的吸引力增强，利用外资取得新进展，全年实际利用外资达到15.22亿美元，同比增长5.3%。国内经济技术合作规模不断扩大，与国内发达地区的合作向纵深领域发展。黑龙江省正在招商的重点建设项目共计400个，其中包括哈大齐工业走廊招商项目60个，拟引进外资在500万美元以上的项目230多项，拟引进外资达160多亿美元。包括化工医药工业、装备工业、能源工业、森工建材工业、食品工业、基础设施、物流园区和国有经济结构调整八大类。

【重点项目介绍】　2005年，全省开复工亿元以上大项目449个，完成投资713.1亿元，同比增长19.3%，占全省城镇固定资产投资的43.5%，拉动全省投资增长8.8个百分点。

国道主干线绥满公路亚布力至尚志段、大庆炼化公司30万吨聚丙烯、哈南至吉林合心第二回500千伏输变电、北大荒马铃薯深加工、黑龙江珍宝岛制药血塞通中药系列产品扩建、公共卫生医疗救治体系等26个项目建成投产。

哈大齐工业走廊建设进展顺利，省政府正式下发了《哈大齐工业走廊产业布局总体规划》，15个启动区协议入区企业共343个，开工建设项目211个，完成投资87.5亿元。

【老工业基地振兴】　随着老工业基地调整改造和振兴，黑龙江省六大基地建设步伐加快，全年六大基地实现工业总产值4383.8亿元，同比增长29.4%，占规模以上工业的94.8%；建设项目完成投资602.6亿元，增长45%。全省有103个工业调整改造项目纳入国家发改委国债项目计划，总投资251亿元。其中95个项目国家发展和改革委员会已批复资金申请报告，91个项目下达资金计划，共争取国债资金13亿元，90个项目开工建设，累计完成投资83.3亿元。哈动力股份出海口基地与大型循环流化床、哈航集团HF3乘用车产业化、大庆石化总厂30万吨高浓度复合肥、黑化股份恩德炉粉煤气化技术改造、哈药集团抗生素改造、大庆炼化公司30万吨聚丙烯等13个项目建成投产，东轻超大规格铝板带等项目开工建设。

《国务院关于促进东北老工业基地进一步扩大对外开放的实施意见》的政策效应开始显现，全省集中专项资金近11亿元，全力推进对俄经贸科技合作战略升级，取得积极成效。全省在俄罗斯和蒙古的矿产资源开发合作项目已达66个，共获得境外矿产资源开发权14项，启动了对俄出口加工基地建设23.1平方公里，开工和在建项目超过100个。

以牡丹江、佳木斯、黑河等口岸城市和农垦、森工为龙头，建立了十大类品种果菜种植出口基地。在对俄科技合作基地建设方面，形成了以哈工大中俄科技合作中心为主体的全省对俄科技合作联合体，全年实现对俄进出口56.7亿美元，增长40.9%。

资源型城市经济转型试点工作有序展开，国务院初步决定将黑龙江省的大庆市、伊春市作为石油和森工类型资源型城市经济转型的扩大试点城市，并将双鸭山市列为资源开发补偿机制和衰退产业援助机制政策实施的试点城市，黑龙江省重点推进了大庆市“以化补油”、“以气补油”战略，伊春、大兴安岭林区由传统林业向现代林业、由单一林业经济向复合型林区经济发展和鸡西、鹤岗、双鸭山、七台河四大煤城煤炭焦化、液化、气化工程建设。

安徽省

【经济与社会发展】 2005年，安徽省经济快速发展，全年实现GDP5375.8亿元，同比增长11.8%。其中，第一产业增加值959.6亿元，增长1%；第二产业增加值2234.2亿元，增长18.8%；第三产业增加值2182亿元，增长9.9%。人均GDP8597元。全年完成社会消费品零售总额1765亿元，增长13.3%。全年全社会固定资产投资完成2521亿元，增长31.7%。

进一步加大对“三农”支持力度，农民生产积极性继续提高。全年粮食种植面积598.81万公顷，比上年增长26.13万公顷，棉花种植面积38.13万公顷，蔬菜种植面积66.49万公顷。受多种自然灾害带来的不利影响，主要农产品有所减产。全年粮食产量2605.3万吨，减产137.7万吨，下降5%；油料产量270.7万吨，下降9.7%；棉花产量31.1万吨，下降20.7%；蔬菜、水果在扩大优质品种的基础上平稳发展。林业、畜牧业、渔业生产稳步发展。当年营造林面积7.57万公顷。全年肉类总产量382.9万吨，增长4.6%，其中猪牛羊肉产量280.8万吨，增长3.2%；禽蛋产量122.1万吨，增长1.7%；水产品产量177.6万吨，增长3.6%。农业生产条件继续改善。全省农业机械总动力3983.8万千瓦，增长5.3%。

全年全部工业完成增加值1833.2亿元，同比增长20.4%。其中，规模以上工业实现增加值1373.5亿元，增长22.7%。企业经济效益继续改善。规模以上工业企业实现产品销售收入4599.5亿元，增长24.2%；实现利税468.4亿元，增长10.7%。工业经济效益综合指数157.9，比上年提高12.5个百分点。建筑业较快发展。全年建筑业实现增加值401亿元，增长11.5%。三级及以上建筑企业实现利税总额54亿元，增长24.4%。房屋建筑施工面积9609.9万平方米，增加1239.2万平方米；房屋竣工面积4815.3万平方米，增加56.8万平方米。

交通运输、仓储和邮电通信业稳定增长，全年实现增加值445.4亿元，同比增长8.4%。各种运输方式完成货物运输周转量1559.4亿吨公里，增长7.5%。各种运输方式完成旅客运输周转量807.2亿人公里，增长10.3%。全年完成邮电业务总量283.8亿元，增长24.6%。其中，电信业务总量264.1亿元，增长26.6%；邮政业务总量19.7亿元，增长0.4%。年末有本地固定电话用户1349.5万户，移动电话用户1046.9万户，基础电信运营企业计算机互联网用户193.5万户。

对外贸易增势强劲。全年进出口总额91.2亿美元，同比增长26.4%。其中，出口51.9亿美元，增长31.8%；进口39.3亿美元，增长20%。对外经济合作取得新成效。全年对外承包工程和劳务合作新签合同金额5亿美元，增长1.1倍；完成营业额2.8亿美元，增长32.9%；外派劳务人员5720人。

旅游业快速发展。全年接待海外游客63.3万人次，比上年增长26.3%；接待国内游客4684.1万人次，增长8.2%。实现旅游总收入308.6亿元，增长16.1%。其中，旅游外汇收入2.5亿美元，增长29.3%；国内旅游收入289亿元，增长15.6%。

年末全省共有研究生培养单位19个，当年招生8198人，在学研究生21505人，毕业生4148人。有普通高校81所，当年招生19.9万人，在校生58.9万人，毕业生11.7万人。各类中等职业教育（不含技工学校）当年招生27.6万人，在校生63.3万人。普通高中760所，招生43.5万人，在校生117万人，毕业生30.1万人。普通初中3188所，招生112万人，在校生344万人，毕业生112.5万人。小学20142所，招生81.5万人，在校生584.1万人，毕业生116.2万人。初中阶段适龄人口入学率为97.78%，小学学龄儿童入学率为99.54%；普通初中和小学学生辍学率分别为2.4%和0.73%。各级各类成人学校毕业生数91.9万人。全年共扫除文盲8.6万人。

年末全省共有各类专业技术人员115.2万人，比上年末增长3.5%。科技机构932个，其中大中型工业企业办机构291个。从事科技活动人员8.9万人，其中科学家和工程师5.8万人。有国家实验室1个，国家重点实验室1个，省级重点实验室24个，部属实验室13个。全年用于科技活动的经费支出为121.3亿元，比上年增长18%。其中，用于研究与发展经费（R&D）45亿元，增长20%。全年共取得省部级以上科技成果546项。全年受理专利申请3516件，授权专利1939件，分别增长19.5%和20.7%。全年共签订各类技术合同5113项，成交金额14.3亿元。

年末全省共有艺术表演团体93个，群众艺术馆14个，文化馆100个，公共图书馆85个，博物馆42个。广播电台17座，中波发射台和转播台23座，电视台17座。安徽省有线电视用户300万户。年末广播综合人口覆盖率为95.6%，电视综合人口覆盖率为95%。全年出版报纸97种，总印数8.7亿份；期刊（杂志）177种，总印数5000万册；图书3900种，总印数2.4亿册；电子、音像出版物806种，出版数量944万盒（张）。年末安徽省共有各级国家档案馆124个，馆藏档案资料650万卷（件、册），库馆总建筑面积14.9万平方米。

年末全省共有卫生机构（含诊所、卫生所室、个体开业）9100个，其中医院、卫生院2790个，卫生防疫防治机构193个，妇幼保健院（所、站）116个。医院、卫生院床位11.7万张。专业卫生技术人员16.5万人，其中执业医生和执业助理医生6.7万人，注册护士4.7万人。乡村卫生室2.3万个，乡村医生和卫生员4.5万人，农村有医疗点的村占总村数的95%。全省共有16个县（市）开展了新型农村合作医疗试点工作，实际参加农村新型合作医疗的农民614万人。

2005年，在国际和国内的重大比赛中，安徽省运动健儿共获得22.5枚金牌、27枚银牌和29枚铜牌。在全国第十届运动会上，安徽省运动员夺得7枚金牌、5枚银牌和7枚铜牌，奖牌总数位居全国第18位。全民健身运动蓬勃开展，全年共举办万人以上的体育健身活动65次，参加活动人数80多万人次。

城乡居民生活水平继续提高。城镇居民年人均可支配收入8470.7元，同比增长12.8%，人均消费性支出6367.7元，增长11.5%，家庭恩格尔系数43.7%，下降0.2

个百分点；人均住房使用面积19.9平方米，增加0.6平方米。农村居民年人均纯收入2641元，增长5.7%，人均生活消费支出2196元，增长21.1%，家庭恩格尔系数45.5%，下降2个百分点。人均住房面积27平方米，增加2.1平方米。年末全省户籍人口6516万人。人口出生率12.43‰，死亡率6.23‰，自然增长率6.2‰。

年末全省参加基本养老保险569.6万人，比上年增加105.7万人；参加失业保险360.3万人。全年为46.8万名失业人员发放了不同期限的失业保险金，比上年增加2.2万人。全省参加基本医疗保险387万人，增加24.8万人，其中参保职工274.4万人，参保的离退休人员112.6万人。

年末全省有各类收养性社会福利院床位4.8万张，收养各类人员3.7万人。全省城镇建立各种社区服务设施6750处，其中综合性社区服务中心478个。全年销售社会福利彩票10亿元，筹集社会福利资金3.7亿元。

【投资环境与招商引资】 安徽省资源丰富，经济要素成本低，对于外来投资具有较强的吸引力；特别是随着我国经济的发展加快，能源需求急剧扩大，安徽省的煤炭和电力资源将进一步凸现。安徽产业基础较好，加工制造业发展加快，支柱产业、骨干企业发展势头强劲。安徽科技实力雄厚，科技优势明显，省会合肥已经被批准为国家科技创新试点城市。随着治淮等重点工程建设的加快，安徽省的农业综合生产能力会大大提高。由于安徽省一些传统优势产品如煤炭、电力、农副产品等价格的上扬，投资利润增加，投资意愿将继续保持。

2005年，安徽省批准设立外商直接投资企业421家；合同利用外商直接投资15.5亿美元，同比增长29%；实际利用外商直接投资6.9亿美元，增长26%。全年引进省外资金801亿元，同比增长52.2%。亿元以上大项目到位资金占全省引进省外资金的比重提高到35.4%，项目主要分布在具有比较优势的加工制造业、煤炭、电力、钢铁等行业。

【经济技术协作与对口支援】 2005年11月，皖浙经济技术专题合作项目推介会暨签约仪式在杭州举行。会上，皖浙两省分别签订了关于进一步推进两省能源、农业、科技、旅游、交通建设等领域合作的框架协议。共签署经济技术合作项目31项，总投资54.14亿元。其中工业项目20项，总投资26.59亿元。浙江企业在皖投资额已达500亿元，资金到位40%以上，安置下岗职工、待业人员20余万人。

2005年12月广东省经贸考察团来皖考察，举行了“皖粤两省经济技术专题合作项目推介会暨签约仪式”。会上，两省共签署合作项目32个，其中投资类项目21个，总投资49亿元，贸易类项目11个，交易额12亿元。在21个投资类项目中，投资额亿元以上的项目8个，有4项贸易的交易额超亿元。

2005年，安徽省多方筹集资金260万元无偿支援重庆市渝北区、库区用于交通建设。在皖举行了“安徽·三峡库区经济合作项目推介会”。

【重点项目介绍】 安徽省政府直接调度的20个重大项目完成情况。治淮工程完成投资27.6亿元，铁路项目完成投资30亿元，高速公路项目完成投资112.3亿元，电力项目完成投资114亿元，煤炭项目（不含淮南矿业集团）完成投资29.7亿元，煤化盐化一体化工程焦化项目开工建设。安庆林纸一体化项目完成国家发展和改革委员会核准需要的支撑文件，黄山国际会议中心完成投资1亿元，合肥科学城完成投资7亿元，疾病预防控制和医疗救助体系项目完成投资3.56亿元，马钢集团完成投资54.9亿元，海螺集团完成投资17.7亿元，江汽集团完成投资10.3亿元，芜湖奇瑞完成投资20亿元，铜陵有色完成投资10.54亿元，安庆石化完成投资16.8亿元，丰原集团完成投资11.6亿元，淮南矿业集团完成投资42.9亿元，安徽中烟公司完成投资3.9亿元，安徽星马汽车公司完成投资1.51亿元。

【经济与社会发展】 2005 年，江西省 GDP 达到 4056.2 亿元，同比增长 12.8%。其中，第一产业增加值 770 亿元，增长 6.5%；第二产业增加值 1914.9 亿元，增长 17.1%；第三产业增加值 1371.3 亿元，增长 10.8%。人均 GDP9439 元。财政收入达到 425.9 亿元，增长 21.4%，地方财政收入 252.9 亿元，增长 22.9%。财政收入超亿元的县（市、区）达到 84 个，增加 12 个。

农业综合生产能力稳步提高。农业总产值 1143 亿元，同比增长 6.8%。在遭受多种自然灾害情况下，粮食总产量 370.8 亿斤，创历史最高水平。农业结构调整稳步推进，高效经济作物和养殖业较快增长。棉花产量 8.7 万吨，增长 2.8%；油料 76.1 万吨，增长 2.1%；烟叶 2.1 万吨，增长 26.2%；蚕茧 9000 吨，增长 10%；茶叶 1.7 万吨，增长 24.1%；水果 130.3 万吨，增长 27.3%；蔬菜 1145.9 万吨，增长 2.4%。林业发展取得新成效。森林面积扩大，覆盖率提高，林木蓄积量增加，主要林产品产量稳定增长。全省实现林业产值 87.4 亿元，增长 4.4%；全年完成造林面积 6.43 万公顷，增长 10.6%；森林覆盖率高达 60.05%，位居全国第二位。

工业成为推动经济快速增长的主导力量，全部工业实现增加值 1455.5 亿元，同比增长 20%，占 GDP 的比重达到 35.9%。工业对经济增长的贡献率达到 51.6%，其中规模以上工业增加值 828.5 亿元，增长 23.6%。支柱产业支撑作用突出，六大支柱产业完成工业增加值 497.2 亿元，增长 27.3%。主要工业产品产量有较大幅度提高。规模以上工业原煤产量 1620.8 万吨，增长 20.2%；发电量 349.3 亿千瓦小时，增长 6.2%；水泥产量 3477 万吨，增长 17.2%；钢材产量 1017.8 万吨，增长 32.1%；服装产量 5.6 亿件，增长 32.6%；汽车产量 20.7 万辆，增长 12.6%。工业经济效益明显改善。规模以上工业盈亏相抵后实现利润 115.5 亿元，比上年净增 45.3 亿元，增长 64.5%；工业经济效益综合指数达 147.3%，提高 17.2 个百分点。

工业园区发展水平进一步提升。全省入园投产工业企业达到 6053 家，比上年新增 1006 家；安置从业人数 109.6 万人，净增就业岗位 23.1 万人，增长 26.7%；园区完成工业增加值 453.1 亿元，完成的销售收入、利润、利税分别增长48.6%、42.7%、38.2%。年销售收入超过10亿元的园区达43个，增加16个。

固定资产投资较快增长。全年全社会固定资产投资2293亿元，同比增长26%，其中城镇固定资产投资1933.9亿元，增长30.9%。非国有投资快速增长，城镇非国有投资突破1000亿元，达到1067.6亿元，增长41.6%，占全省城镇投资的55.2%，比重提高4.2个百分点。

消费品市场稳中趋活。全省社会消费品零售额1236.2亿元，增长15%，位居全国第五。城市消费品市场需求相对活跃，实现零售额651.7亿元，增长16.5%；农村市场（县及县以下）需求稳定，实现零售额584.5亿元，增长13.4%。

对外贸易规模扩大。全年海关进出口总额首次突破40亿美元，达到40.6亿美元，同比增长14.9%。其中，出口24.4亿美元，增长22.3%；进口16.2亿美元，增长5.4%；实现贸易顺差8.2亿美元，增长78.9%。高新技术产品出口8099万美元，增长61.7%。

金融市场运行平稳。年末全省金融机构人民币存款余额4445.5亿元，比年初增加650.7亿元；人民币贷款余额3019亿元，比年初增加367.7亿元。金融机构现金收入11477.6亿元，同比增长11.5%；现金支出11203.7亿元，增长11.3%；收支相抵，净回笼货币273.9亿元，增长19.2%。

教育事业全面发展。高等教育发展加快，全省招收研究生4173人，比上年增加988人，在校研究生9860人，增加2377人，毕业研究生1772人，增加423人；普通高等学校招收学生20.79万人，增加1.99万人，在校学生64.61万人，增加15.62万人，毕业生14.74万人，增加8.2万人。中等职业教育继续发展。中等职业学校招收学生28.05万人，增加7.75万人，在校学生64.41万人，增加15.94万人，毕业生14.74万人，增加3.02万人。普及义务教育有新进展。全省普通中学高中在校学生84.92万人，初中在校学生201.23万人，小学在校学生384.16万人，小学适龄儿童入学率达到99.01%，在托儿童71.68万人。成人教育取得新成绩。成人高等学校在校学生10.13万人；成人中等专业学校在校学生1.46万人。全年参加高等教育自学考试的人员达26.83万人，获得单科合格证42.23万科次数，有1.72万人获得本科、大专毕业证书。全年共扫除文盲7.98万人，文盲率降到1%以内。

卫生事业不断进步。全省共有各类医疗卫生机构10664个（包括个体机构），其中医院488个，农村卫生院1519个，疗养院2个，门诊部42个，疾病预防控制中心115个，妇幼保健院112个，诊所、卫生保健所、医务室、社区卫生站8134个。各类卫生技术人员11.6万人；在农村，有乡村医生34436人，卫生员1209人。

生态保护扎实推进。全省有国家级生态示范区（含生态示范区建设试点地区）3个，面积达95548.7平方公里，比上年增长7.8%；建成国家级、省级自然保护区30个，其中国家级自然保护区5个，省级自然保护区25个；自然保护区面积9016.3平方公里，占全省面积的5.4%，比上年提高0.6个百分点。

人民生活水平不断提高。全省城镇居民人均可支配收入达8620元，同比增长14%；农民人均纯收入3266元，增长10.6%。城乡居民人均住房使用面积分别达到28平方米和34.1平方米，比上年分别增加2.4平方米和2.8平方米。

【投资环境与招商引资】　江西自然资源和劳动力资源丰富。农业资源较好，是我国重要的粮食主产区，水稻面积居全国第2位，每年调出稻谷80亿斤以上。矿产资源丰富，资源种类多、储量大，具有巨大的开发利用潜力。目前已发现各类矿产160种，其中铜、银、铀、钽、重稀土、伴生金等12种矿产储量居全国第一位。水资源较好，河流众多，水系发达。全省水资源总量1505亿立方米，人均水资源占有量2800立方米，高出全国平均水平

73%。水电资源蕴藏量682万千瓦，可开发装机容量610万千瓦。人力资源丰富，一直是全国劳动力输出的主要省份之一，2005年全省外出务工人员541万人，居全国第三位。

江西产业基础较好。已形成汽车航空、冶金、电子、医药、食品、化工等六大支柱产业，2005年铜产量44.5万吨，占全国总产量的近25%。钢材1100万吨，占全国总产量的2.8%。汽车21万辆，占全国总产量的3.6%。水泥3400万吨，占全国总产量的3.1%。在铜、钨、稀土、有机硅等领域具有较强竞争优势，贵溪冶炼厂是全国最大的铜冶炼基地，冶炼能力达45万吨，属世界铜工业前十强。特别是基础产业比较好，电力供应充沛，即使是历史用电负荷最高的2005年夏季，全省也未出现拉闸限电。

软环境不断优化。省政府出台了《关于进一步优化外商投资及经营软环境的意见》（简称《意见》），《意见》对规范行为、提高效率、强化监督、突出服务等4个方面做出规定。全面推行了政务公开，实行首问责任制、服务承诺制、一次性告知制和限时办结制，着力建设责任政府和服务政府。各市、县（区）都设立了统一办证服务中心，实行了统一受理、并联作业、限时办结、"一条龙"服务。

组织和参加了中国（厦门）第九届投资贸易洽会、第二届中国"五会"（南昌）经贸恳谈会、第三届赣台经贸合作恳谈会、跨国公司驻北京代表处首席代表座谈会、2005年江西（香港）基础设施招商引资推介会、第二届泛珠三角区域经贸合作洽谈会、波兰、丹麦、德国等六国招商推介会等大型活动。外商投资继续保持快速增长，全年新批外商投资企业940家；合同外资金额38.76亿美元，同比增长24.53 %；实际使用外资金额24.23亿美元，增长18.04 %，连续3年保持中部省份第一。

重大项目不断增多。全年新批合同外资金额1000万美元以上大项目79家，比上年增加了23家，增长41%。利用外资结构不断优化。2005年新批工业项目606个，占全部项目的64.47%，合同外资23.7亿美元，实际利用外资15.9亿美元，分别占全省利用外资比重的61.3%和62.35%。高速公路、进出口贸易领域外商投资取得突破，国有企业利用外资取得新的进展。

外商独资仍是外商投资主要方式。全年新批外商独资企业741家，占全部项目的78.83%；合同外资金额29.83亿美元，同比增长17.96%，实际使用外资金额19.52亿美元，增长23.44%，分别占全省利用外资总量的77%和80.6%。外商投资企业出口再创佳绩。全年外商投资企业出口6.43亿美元，同比增长18.8%，占全省出口总额的26.3%。

【经济技术协作与对口支援】 2005年，江西省大力开展省际经济技术合作交流，全省利用省外资金工作取得了显著成绩。2005年5月四川省组织经贸代表团30余人，在南昌市开展项目推介活动；5月广西合作办一行18人到南昌，与江西省经合办就新时期招商引资工作进行交流；6月江西省在宁波召开赣浙经济技术合作洽谈会，签约项目95个，合同金额6.05亿；7月江西省组织经贸代表团，参加了在四川成都举行的第二届泛珠三角区域经贸合作洽谈会，签约项目50个，签约金额76.02亿元；12月在福建樟州市组织召开了福建企业家座谈会，邀请企业家60余人，听取对江西投资环境反映，进一步加强了赣闽两省的经济合作。

利用省外资金项目质量不断提高。全年引进单项投资5000万元以上工业合同项目752个，实际引进省外资金472.4亿元，同比增长23.2%，其中亿元以上的省外投资工业项目有168个。促进了开放型经济的扎实深入发展。到2005年底，共有国内500强46家企业到江西投资75个项目。利用省外资金对全省经济社会发展贡献越来越大。全年开放型经济对全省GDP增长的贡献率达44.7%，开放型经济提供的财政收入占全省财政总收入的31.9%，开放型经济完成固定资产投资的53.1%，开放型经济新增就业占新安置就业人员的51%。

对口支援工作扎实推进。江西省采取一系列措施，加大对口支援工作的力度。及时调整省政府对口支援工作领导小组，进一步加强了对口支援工作的领导。选派了第五批28名援疆干部赴新疆克孜勒苏柯尔克孜自治州（以下简称克州）工作。1997年以来，先后选派了五批共142名援疆干部赴克州工作，其中党政干部23名，教师、医生和工程技术人员119名，这些同志积极履行岗位职责，为克州发展做出了积极贡献。制定了对口支援三年规划。在对克州阿克陶县和重庆武隆县调研的基础上，江西省制定了对口支援三年规划，由省财政、省直有关部门和设区市筹措2800万元，无偿援助阿克陶县和武隆县抗震安居工程、教育、卫生、移民安置等关乎国计民生的社会公益事业项目，并分别明确了各个项目的责任单位，进一步推进了对口支援工作扎实开展。

【重点项目介绍】 2005年，江西省实施重点工程项目82项（预备项目10项），其中总投资5亿元以上的项目45项，10亿元以上的项目25项，全年完成投资246.9亿元，同比增长16.3%。

28个计划建成投产项目全部建成或基本建成，完成投资72.62亿元。乐温高速建成通车，全省高速公路总里程达1578公里。江铜6000吨高档铜箔项目建成投产，填补了我国超薄型高档电解铜箔大批量生产的空白，改变了我国铜箔行业技术含量低的现状。泰井高速公路、武九铁路、江西晨鸣纸业、九江3T光电、省人防0719二期工程、省人民医院二部二区病房楼、南昌港集装箱码头、吉安至赣州50万伏输电线路、南昌火车站邮件处理中心生产综合楼、新钢3500毫米中厚板轧机工程、仪征—长岭原油管道工程江西段、九江昌河铃木汽车有限公司年产15万台发动机项目和年产10万辆汽车项目、江西鸿源液晶复硅数字显示芯片封装及光学引擎高技术示范工程、宜春罗宾中密度纤维板项目、贵溪电厂二期2台30万千瓦机组扩建工程、江西移动通信枢纽楼、红谷滩移动枢纽楼、省二附院科教门诊楼、省疾控中心综合楼等项目建成。南昌生米大桥、新余铁路二通道、萍乡采煤沉陷区治理、万年青瑞金水泥厂日产4000吨水泥熟料工程等基本建成。

16个续建项目按计划推进，完成投资130.16亿元。景德镇中国陶瓷博物馆主馆和省人民医院综合病房楼南楼已提前交付使用，浙江大学科技园主体已封顶，廖坊水利枢纽11月底下闸蓄水验收。富家钨铜矿、金山金矿、黄金埠电厂新建工程、丰城电厂扩建工程、分宜电厂技改工程、居龙滩水利枢纽、井冈山（仙口）水电站、景婺黄（常）高速公路、景德镇绕城高速公路、浙赣铁路电气化提速改造、景德镇西瓜洲污水处理厂、星火有机硅厂年产10万吨有机硅单体生产线等项目进展顺利。

28个新建项目完成投资44.12亿元。井冈山铁路、铜九铁路、南昌绕城高速公路乐化至生米段、赣州至大余高速公路、江铜翁福40万吨硫酸、江铜铜杆和漆包线、赣州黄金机场迁建工程、丰城采煤沉陷区治理、浙赣铁路电气化提速改造配套电网工程、宜春市污水处理厂、赣州市污水处理厂、广丰10万吨氟化工、井冈山一号工程、省档案馆、鄱阳湖二期第五单项、江铃VM发动机、景德镇至鹰潭高速公路、超高压输变电八站十线工程中的昌南变电站和鹰潭开关站、省奥林匹克体育中心、江西艺术中心、省妇幼保健院住院部综合大楼、九江出口加工区、南昌软件基地等项目陆续开工。武宁至吉安高速公路、320国道萍乡宣风至老关公路改建工程、贵冶新建冶炼产能项目、南昌市第九医院综合大楼、吉安监狱等项目正在组织招标投标工作。预备项目江铜高性能高精度铜板带、丰龙矿井项目提前开工。

【经济与社会发展】　2005年，河南省GDP达到10587亿元，同比增长14.2%。其中，第一产业增加值1843.04亿元，增长7.5%；第二产业增加值5539.33亿元，增长17.6%；第三产业增加值3152.83亿元，增长12.6%。人均GDP 11346元。

农林牧渔业全面丰收。全年粮食种植面积13730.12万亩，比上年增加275.01万亩。全年粮食产量4582万吨，比上年增产7.6%。油料、棉花、蔬菜、水果产量均稳步增加。全省畜牧养殖业加快发展。全年肉类总产量增长7.2%，禽蛋产量增长8%，牛奶产量增长39.6%。林业保持平稳发展。全省新发展速生丰产用材林27万亩、经济林58.5万亩。渔业保持良好发展势头。水产品产量增长21%。

工业生产快速增长。全部工业增加值4896亿元，同比增长18.7%，对经济增长的贡献率58.1%。其中，规模以上工业增加值3200亿元，增长23.3%。规模以上工业产销率98.4%。规模以上工业企业利税总额1205.65亿元，增长52.2%，其中利润总额643亿元，增长35.7%。

固定资产投资继续快速增长。全年完成全社会固定资产投资4379亿元，同比增长41.3%。投资结构进一步优化，活力不断显现。

消费品市场稳中趋旺。全省社会消费品零售总额3358.43亿元，同比增长14.3%。居民消费结构不断升级。

对外贸易较快增长。全年实现进出口总额77.36亿美元，同比增长17.0%。其中，出口51.01亿美元，增长22.1%；进口26.35亿美元，增长8.1%。

旅游产业规模不断扩大。全年共接待海内外游客10105.05万人次，比上年增长25.4%；旅游总收入800.2亿元，增长26.4%。其中，接待国际游客60.05万人次，增长33.4%；接待国内游客10045万人次，增长25.4%。

财政实力明显增强。全年实现地方财政一般预算收入538亿元，同比增长30.9%；地方财政一般预算支出1116亿元，增长26.8%。金融机构存贷款继续增长。年末全省金融机构各项人民币存款余额10004亿元，比上年末增长15.9%；贷款余额7434.53亿元，增长4.8%。

教育事业保持较快发展。农村教育得到巩固和加强。改造农村中小学危房480万平方米，提前一年完成了省政府确定的中小学危房改造目标；认真落实义务教育阶段农村贫困生“两免一补”政策，安排资金11.6亿元，资助困难学生1012.1万人次。农村义务教育普及程度居全国前列，小学阶段、初中阶段适龄人口入学率分别达99.65%和98.21%，青壮年非文盲率保持在98.0%以上。进城务工农民子女就学情况得到显著改善，全年安排义务教育阶段进城务工农民子女入学25.3万人，入学率达97.2%。高中阶段教育规模显著扩大，在校生314.48万人。中等职业教育在校生126.09万人；城市市区基本普及高中教育。全省有普通高校83所，高等教育在校生145.52万人，其中普通本专科在校生85.2万人，高等教育毛入学率17.02%。

科技事业进一步发展。全年科学研究与试验发展（R&D）经费支出52.4亿元。全年共取得省级科技进步奖350项。全年申请专利8981件，授权专利3748件，分别比上年增长45.2%和13%。

公共卫生体系建设取得重要进展，完成了省市县三级130个疾病预防控制中心、17所市级传染病医院、18所市级紧急救援中心和108所县级综合医院传染病区建设、1107所乡镇卫生院改造等项目。新型农村合作医疗试点工作取得良好效果，在25个县开展新型农村合作医疗试点，参加农民1118万人，参加率73.2%。

竞技体育整体水平不断提升。在国内外的重大比赛中，河南运动员共获得世界冠军13个，亚洲冠军5个，全国冠军61个。在第十届全国运动会上，河南运动员共获得金牌15.5枚、银牌7枚、铜牌18.5枚。成功举办了全国第九届中学生运动会和第三届焦作国际太极拳交流大赛。全民健身工程建设继续加强。第九批39个全民健身工程顺利实施；新发展社会体育指导员2000人，新发展青少年体育俱乐部11个；实施了全省国民体质监测，测定人数近2万人。

城乡居民生活水平稳步提高。全年城镇居民人均可支配收入8667.97元，比上年实际增长10.2%；人均消费支出6038.02元，实际增长11.7%，恩格尔系数为34.2%。农村居民人均纯收入2870.58元，实际增长7.5%；人均生活消费支出1891.57元，实际增长10.9%。恩格尔系数为45.4%。居民居住条件继续改善。

社会保障事业进一步发展。年末全省参加基本养老保险813.98万人，比上年增加34.35万人。参加失业保险681.9万人，增加3000人。参加医疗保险的640.97万人，增加50.78万人。全年发放城镇居民最低生活保障金9.53亿元，享受最低生活保障139.05万人。农村低保试点工作进展顺利，在62个县市区开展了农村低保试点，48.8万人享受到农村低保。社会福利事业稳步发展。全省有各类收养性社会福利院床位达6.26万张，收养4.63万人。建立起各种城镇社区服务设施3448处，其中社区服务中心343个。全年销售福利彩票15.77亿元，筹集社会福利资金5.5亿元；接受社会捐赠2995.7万元。

城市环境保护力度加大。空气质量有所改善，优良天数比例提高7个百分点。18个省辖市中，空气质量级别为良的城市有11个，7个城市空气质量级别为轻污染，无中、重污染的城市。全省建成环境噪声达标区244个，达标面积1592.2平方公里，建成烟尘控制区247个，面积达2204.5平方公里。

生态建设不断加强。全年完成造林面积280.08万亩，其中人工造林260.07万亩，长江淮河防护林、太行山绿化等重点地区防护林工程34.3万亩；天然林保护工程1330.39万亩。全省已批准国家级生态示范区22个。

【投资环境与招商引资】 河南是全国重要的交通枢纽，已初步形成了铁路、公路、航空、内河航运互为补充的综合交通运输体系。区位优势明显。河南地处全国铁路网络中心，全省国家铁路通车里程达3410公里，地方铁路正线里程1212公里。高速公路通车里程2678公里。郑州新郑国际机场已开辟航线46条，其中国际航线7条，国内航线39条。河南的公用电信网在全国也具有重要战略地位。已形成四纵四横的信息高速框架，公用电信网光缆长度达21.06万公里，居全国第4位。郑州铁路东站、郑州新郑国际机场两个国家一类口岸已经开通，郑州经济技术开发区获准设立国家级出口加工区。

河南是全国重要的农产品、畜产品生产基地之一。粮食总产量常年稳定在800亿斤以上，每年向省外输出商品原粮及粮食制成品200多亿斤。矿产资源比较丰富，已发现矿产资源126种，在已探明储量的74种矿产资源中，钼、天然碱、水泥用粘土等8种居全国首位。煤炭、玻璃用凝灰岩、镁、钨、锂、铝土矿等71种居前10位。河南能源保障能力不断增强，2005年煤炭产量1.88亿吨，电力装机容量2881万千瓦。

河南人口9768万，市场需求潜力巨大。2005年社会消费品零售总额达到3358.43亿元，占全国的5%左右。郑州商品交易所形成的“郑州价格”是中国粮油市场的重要指导价格，也是世界粮油市场的重要参考价格。以郑州为中心、辐射全国的物流设施日臻完善。

河南省有技术研发机构1423个，其中国家级企业技术中心、工程中心、重点实验室和博士后工作站86个。

河南省有国家重点文物保护单位97处。河南自然风光兼具北雄南秀，全省风景名胜区32处，国家级自然保护区6个。安阳殷墟、洛阳龙门石窟、中岳嵩山、焦作云台山、济源王屋山、信阳鸡公山等均在国内外具有较高的知名度。旅游业占全省GDP的比重已达到7.6%，正在逐步成为新的经济增长点。

河南在煤炭工业、电力工业、装备制造工业、信息产业、农畜产品精深加工、铝工业等方面，已经形成了较强的竞争优势。肉制品、速冻食品、彩色玻壳、帘子布、玻璃、拖拉机、公路客车、电力保护装备、氧化铝、电解铝等产品的市场占有率和整体竞争力位居全国同行业前列。

2005年，全省新批外商投资企业472家；合同利用外资23.5亿美元，同比增长14.5%；实际利用外资12.3亿美元，增长40.74%。又有巴西淡水河谷、英国吉凯恩、德国麦德龙等6家世界500强企业落户河南，使世界500强企业落户河南达到35家。

【经济技术协作与对口支援】　2005年，河南省经济技术协作取得了好成绩。全年签订省外合作项目3945个，合同引进省外资金1667.16亿元，实际到位资金503.55亿元，同比增长36.22%。其中亿元以上的大项目261个，合同资金853.23亿元，实际到位资金237.58亿元。投资领域涉及房地产、基础设施、化工、冶金建材、轻工纺织、电力等，促进了河南经济社会的发展。

2005年，河南省组织参加了在乌鲁木齐举行的黄河经济协作区省区负责人第十八次会议，与参会各方审议通过了《东中西部合作，资源机遇共享，加快黄河经济协作区持续协调发展》的主题报告。并就《山西省关于加快黄河晋陕峡谷区域经济综合开发的提案》、《陕西省关于黄河晋陕峡谷陕西区域经济综合开发的提案》等提案形成了决议。在同期举办的“第十四届乌鲁木齐对外经济贸易洽谈会”上，河南58家企业的100多个产品参展，共签订贸易合同28个、总金额8.2亿元，签订投资项目25个、总投资6.78亿元。

2005年，河南省进一步加大对三峡库区的对口支援力度，一是无偿提供960万元，用于支援巴南区库区沿江移民公路干线24公里改造项目；二是提供300万元，用于农村初级卫生保健达标、医院、卫生院改扩建和小学搬迁扩建、危房改造等项目；三是接受巴南区移民致富带头人共15人到河南省接受培训。

按照中央办公厅、国务院办公厅下发的《关于确立有关省市、企业与新疆维吾尔自治区南疆四地州和新疆建设兵团在南疆三个师对口支援关系的通知》要求，明确了河南省与新疆阿克苏地区沙雅县、新和县、拜城县的对口支援关系。河南省在认真总结对口支援和经贸合作的基础上，以干部支援为龙头，对阿克苏实行经济、科技、文化等全方位支援，进一步加强新豫两省区经贸、技术、卫生、教育、林业、旅游及劳务等多领域合作，努力促进新疆经济社会稳定发展。为进一步落实好对口支援措施，河南省党政代表团在新疆考察学习期间，向阿克苏地区、新疆生产建设兵团捐赠了共12辆帕拉丁汽车，举行了中棉种业有限责任公司挂牌和总投资金额累计1.22亿元的5个经济合作项目签约仪式。

【重点项目介绍】 2005年，河南省158个在建重点项目完成投资660亿元，同比增长23.6%。23个重点电源项目完成投资201亿元，同比增长57.3%。三门峡惠能、开封电厂等84万千瓦机组在迎峰度夏前实现发电，鹤壁电厂二期2×30万千瓦、新乡电厂扩建2×30万千瓦首台机组提前一个月投产，洛阳热电厂扩建2×30万千瓦顺利实现了“一投”改“双投”目标。全年新增发电装机458万千瓦，超目标158万千瓦，到年底全省总装机达到2881万千瓦，用电紧张局面得到解决。

重点电网项目完成投资11.5亿元。安阳西500千伏变电站等输变电工程开工建设，灵宝330千伏换流站、济源西等10个220千伏输变电工程按期投产，全省220千伏变电站突破100座，电网输送能力进一步提升。

52个高速公路在建项目完成投资280亿元，同比增长12%。郑州西南绕城、洛阳西南环城、少洛、济洛、济焦、焦温、南邓、叶信、王楼至许昌（3段）、商丘至营廓集等12个项目全部建成通车。漯平、平临（4~15标段）两个项目提前建成通车，全年新增通车里程920公里。大广线（河南境）周口以北段及驻马店以南段、商丘至周口、安阳至林州、商丘至菏泽、新养至南阳、焦作至修武、获嘉至新乡、驻马店至泌阳、许亳高速许昌段、禹州至登封等在建项目进展顺利。许亳高速鹿邑段、济长高速长垣段、郑州至石人山、安阳至南乐、洛阳至南阳（3段）、济源至邵原、永淮亳等计划新开工项目已提前开工建设，到年底全省高速公路在建规模2214公里。

郑州至西安客运专线已开工建设。郑州至石家庄、郑州至武汉客运专线、焦柳线河南境内电气化改造、郑州黄河公路铁路共用大桥、郑州火车站改造工程正在加紧前期工作。陇海铁路郑州至张阁庄电气化改造工程基本完工。登封铁路二期全线开工。郑州机场改扩建。站坪工程和航站楼主体钢筋混凝土完工，预计2006年10月竣工投用。

15个工业项目完成投资72亿元，安钢2200立方米高炉及120吨转炉—炉卷轧机、新乡化纤粘胶长丝、新安电力高精度铝板带、科迪集团20万吨液体奶、焦作年产15万吨和濮阳年产10万吨两个林纸纸浆生产线等8个项目全部提前投产。中铝河南分公司70万吨氧化铝、新乡年产10万吨林纸纸浆生产线试生产。开封年产2.2万吨炭素超高功率石墨电极项目大部分工程完工。

9个农水项目完成投资9亿元，同比增长10%。白沙水库除险加固、盘石头水库基本完工；息县关店防洪工程、小洪河治理、陆浑水库除险加固进展顺利；燕山水库、西霞院水库、涡河治理、南水北调穿黄工程开工建设。

9个煤炭项目完成投资11.7亿元，同比增长52%。巩义瑶岭矿等项目投产，新增产能90万吨。永煤新桥矿、神火薛湖矿、郑煤白坪矿、平煤首山一矿等4个项目，超额完成全年投资目标。焦煤赵固一矿、新郑赵家寨矿、义马新义矿、神火泉店矿等项目开工建设，全省30万吨以上矿井在建规模2450万吨。

省疾控中心、郑州大学二附院病房楼、豫北监狱搬迁工程建成投用。郑州大学、河南大学新校区基本建成。郑州大学一附院病房楼、省第一监狱、省艺术中心等项目进展顺利。

18个城建项目完成投资12亿元。西气东输支线驻马店至信阳段试运行，焦作、驻马店、信阳市天然气管网等项目建成通气。洛阳—驻马店成品油管道工程，许昌、漯河、驻马店段基本完工。

【经济与社会发展】　2005年，湖北省经济继续保持了稳定、快速、协调发展的态势。全年完成GDP6484.5亿元，同比增长11.4%。固定资产投资保持较快增长。全年完成全社会固定资产投资2834.8亿元，增长20.3%。

农业和农村经济稳步发展。粮食生产再获丰收。在“三补一免”惠农政策下，农民种粮积极性继续高涨。全年新增优质稻基地300万亩，专用小麦基地100万亩。全年粮食播种面积5890万亩，比上年增长5.8%；产量2177万吨，增长3.7%。多种经营稳步发展，全年新增水果、茶叶、桑蚕、药材等经济作物30万亩，改造老茶园50万亩。全年生猪出栏3345万头，增长6.3%；家禽3.7亿只，增长4.4%；禽蛋121.3万吨，增长2.7%；水产品产量318.2万吨，增长5.4%。新增无公害、绿色、有机农产品标识200多个。

工业经济发展势头良好。全年规模以上工业完成增加值2007.9亿元，同比增长19.3%。重工业仍是推动工业增长的主要力量，重工业增加值占全省工业的73%。高新技术产业快速发展，全年实现增加值630亿元，增长46.5%。工业经济效益继续提高，全省工业经济效益综合指数为166.1，提高16.4个百分点。全年工业销售产值5835.2亿元，增长18.7%。规模以上工业产销率为97.6%。全年完成出口交货值294.6亿元，增长42.8%。全年实现利税705亿元，增长21.2%。

财政金融形势较好。全年地方一般预算收入374.2亿元，同比增长20.6%；财政支出774.5亿元，增长20.7%。金融机构存、贷款稳定增加，金融机构各项存、贷款余额分别比年初增加1087.2亿元和684亿元，分别增长3.8%和32%。

全年社会消费品零售总额达到2965亿元，同比增长13.2%，居民消费价格总指数为102.9。全年进出口总额90.9亿美元，增长34.3%。其中，进口46.4亿美元，增长37%；出口44.5亿美元，增长31.5%。

社会事业协调发展。全年城镇新增就业人口65万人，增加4.5万人。城镇登记失业率4.3%。下岗失业人员实现再就业46.8万人。社会保险扩增150万人，缴纳社会保险费175亿元。城镇居民家庭人均可支配收入8786元，增长9.5%；农民年人均纯收入3099元，增长7.2%。40万人饮水安全项目、5万人搬迁扶贫已按计划完成。完成农村中小学危房改造103万平方米。总投资3亿元的全省农村中小学远程教育工程在全国率先实现“校校通”。全省疾病预防控制体系82个项目已建成74个，其余主体工程已经竣工。血吸虫重疫区、艾滋病防治示范区、合作医疗试点县乡镇卫生院建设得到加强，大部分项目建成。

三峡库区水污染防治项目已建成12个，黄柏河、香溪河等3个重点次级河流水污染治理项目已经启动。三峡库区地质灾害三期防治工程前期工作全面展开，国家已审定应急防治项目76个，安排治理资金5亿元。《丹江口库区及上游水污染防治和水土保持规划》已经国务院原则通过，首批重点污染防治项目的前期工作全面启动。

【投资环境与招商引资】 2005年，湖北省投资环境进一步改善。重点加强了武汉机场扩建、阳逻集装箱码头等对外开放口岸设施和国家级、省级开发区配套设施建设，加大了外商投诉历史积案督办力度。及时缓解外资外贸企业生产经营中的原材料价格上涨，电力、资金供应紧张等问题。按照国家投融资体制改革的总体要求，积极推进外资项目核准制度改革，草拟了湖北省《外商投资项目核准暂行管理办法》、《境外投资项目核准暂行管理办法》和《国际金融组织和外国政府贷款投资项目暂行管理办法》等三个配套管理规范。

2005年，湖北省认真贯彻落实科学发展观，抢抓“中部崛起”战略机遇，积极实施“外向带动”战略，着力改善环境，提升功能，扩大开放，加大招商引资力度，合理引导外资投向，积极创新利用外资方式。探索项目融资、境外上市和股权融资等新的利用外资方式，引导外资参与国有企业战略性改组。2005年德国西门子与长动集团合作、法国阿尔斯通与武锅集团合作等两个跨国公司在鄂并购项目的前期工作取得实质性进展。全年全省实际吸收外商投资26.5亿美元，同比增长12.4%。

【经济技术协作与对口支援】 2005年，湖北省签订经济协作项目500多项，项目协议投资800多亿元，与兄弟省市建立经济协作友好城市20多对，引进兄弟省市企事业单位在湖北设立办事机构100多家。

积极组织区域协作。2005年重点组织了中南6省3市经济协作区、沿长江26城市协作区、武汉经济协作区、中部协作区的区域协作活动，取得了显著成效。按照中南协作区章程规定，向协作区各成员省市发送了湖北省经济合作项目资料，与有关省市分批衔接了一批协作项目。对中南协作区第十一届省（区）、市长联席会上签订的经济协作项目进行了跟踪落实。对加强区域协作进行了一些调查和课题研究。认真接待了中南协作区有关省、市来湖北省考察、洽谈经济协作活动，落实了一批经济协作项目。协调沿长江26城市协作区、武汉经济协作区、中部协作区召开了协作区工作会议，进行了协作区“十一五”区域协作课题研究，组织了协作区经济合作项目推介活动和赴西南协作区考察活动。组织了协作区经贸洽谈暨商品展销活动，促进了湖北省与协作区各省（区）市的经济合作与交流。

组织参加了第六届“青洽会”。根据与青海省的经济协作情况，分别在武汉和西宁组织了两场经济协作项目推介会，湖北省和青海省共推介经济协作项目400多项。组织了湖北省青海省经济社会发展暨经济协作座谈会，两省签订了《关于进一步加强经济协作的协议》和《关于加强两省经济协作项目协调落实制度的协议》。组织了湖北省信息发布暨经济协作项目签约大会，湖北省与青海等兄弟省市签订经济协作项目52项，协议投资40.86亿元，其中兄弟省市向湖北省投资31.01亿元。组织湖北省200多家企业300多人参加了大会名优新产品暨汽车展销活动，会上湖北省企业签订销售合同2.92亿元，组织了湖北省有关市州与青海省各市州建立友好城市活动，经双方考察洽谈，武汉、十堰、荆州、襄樊、荆门、黄冈、孝感、仙桃、天门等9市与青海省西宁、海东、海南、海北、海西、果洛、黄南、玉树等8个市州建立了友好城市关系。

组织了与广东省的经济协作。全年与广东省举办了5次经济协作项目推介，双方推介大型经济合作项目300多项，广东“南方香江集团”、“华中办公用品”等一大批企业来湖北省投资。协助广东驻湖北办组织广东企业赴湖北考察活动，湖北部分企业赴广东考察招商活动，先后接待了广东来湖北洽谈经济合作企业100多家，组织了50多家广东企业与武汉、宜昌、咸宁、襄樊、随州进行了经济合作项目洽谈，双方衔接经济合作项目100多项。到年底，广东企业在湖北投资办企业已有2000多家，广东投资的美的工业园、新一佳超市等项目，在较大程度上带动了湖北省相关产业发展。

积极组织了与西部省市的经济协作。组织湖北省企业参加西部省区的经贸洽谈会，有计划有目标地引导企业到西部省市扩销产品，在西部省市建专营商店，开办多层次的营销网点。湖北省有130多家企业参加了西安东西部经贸洽谈会、兰州经济协作洽谈会、乌鲁木齐经济合作洽谈暨商品展销会，洽谈了一批经济合作项目，开设了一批产品销售网点。依托经济协作工作网络，与西部省市开展经济合作项目推介、洽谈活动，扩大合作与交流。及时向有关企业提供西部省市经济协作项目资料，方便湖北企业与西部省市开展企业联合，投资办厂。先后接待了沿黄河协作区经济协作代表团和重庆、云南、甘肃、宁夏、新疆、内蒙等经济协作洽谈人员，先后组织他们与湖北省有关部门和武汉、黄石、孝感、黄冈、咸宁、天门等市进行了经济协作洽谈。与陕西省政府驻湖北办事处、西安高新技术开发区联合举办了经济协作项目推介会，武钢集团、神龙汽车公司、汉商集团、中百集团、武汉健民集团和陕西省有关企业等100多家企业参会洽谈，经推介衔接，达成了一批经济技术合作项目意向协议。

组织了湖北省与上海浙江经济协作项目协调会。根据湖北省与上海市、浙江省签订的《关于加强经济技术协作的协议》和《关于经济协作项目协调会议制度的协议》，筛选了600多个经济协作项目，分两批编印成册，印发给上海市、浙江省有关部门和企业，组织协调湖北省有关市、州赴上海、浙江进行经济协作项目推介和洽谈，与上海市、浙江省落实了一批经济协作项目。

做好对口支援工作。湖北省主要对口支援西藏自治区、新疆维吾尔自治区。2005年，湖北华新水泥股份有限公司与西藏协作投资1.6亿元建设年产30万吨新型干法水泥项目，项目投产后，每年将为西藏提供财政收入1500万元。援建新疆博州党校、“三峡路”、精河县高中教学楼等项目全面动工。湖北省委党校为新疆培训了35名处级干部和党校教师，并达成了年内培训200名科级以上党政人才协议。湖北工学院、湖北经济学院、三峡大学定向为新疆招收本科生65名。鄂州高中开办了精河班，每年为新疆培养30名优秀高中生和代培一定数量的骨干教师。这些对口支援工作，对促进西藏与新疆文化、教育及经济发展已经或正在发挥着积极作用。

【重点项目介绍】　2005年，列入重点建设计划的项目64个，总投资2827亿元。其中，列入国家重点的项目10个，地方重点项目54个。2005年年度投资计划为504亿元。重点建设项目年度投资计划占全省全社会固定资产投资计划的比重为18.6%，重点建设对投资增长的支撑作用进一步加强。

2005年全省重点建设进展顺利，除个别项目因产业政策和前期工作不到位等原因，施工进展缓慢和未开工外，其他项目均完成和超额完成年度投资计划。武（汉）九（江）铁路扩能提速工程、孝（感）襄（樊）高速公路、黄冈江北一级公路等项目建成通车，华新集团武穴水泥线生产线项目一期工程、黄石华亿冷轧不锈钢精密板带生产线项目一期工程建成投产。

湖南省

【经济与社会发展】 2005年，湖南省经济总量继续快速增长。全年实现GDP 6473.61亿元，同比增长11.6%。其中，第一产业增加值1254.98亿元，增长5.7%；第二产业增加值2604.57亿元，增长13.9%；第三产业增加值2614.06亿元，增长11.8%。人均GDP 10366元，增长13.7%。

主要农产品产量保持较高水平。全年粮食总产量2856.55万吨，比上年增长1.7%；全年出栏肉猪7500.74万头，增长6.6%；出栏牛206.39万头，增长11.6%；出栏羊841.71万头，增长6.5%；出笼家禽57318.56万只，增长4.5%；肉类总产量629.96万吨，增长5.7%；牛奶产量6.9万吨，增长3.8%；禽蛋产量92.06万吨，增长4.5%；水产品产量179.22万吨，增长7.2%。农业结构有新的调整，全年粮食播种面积521.52万公顷，增长2.6%，其中优质稻种植面积占53.6%，油料种植89.83万公顷，增长2.4%；棉花种植13.31万公顷，下降6.4%；蔬菜种植99.49万公顷，增长3.4%。龙头企业的带动和辐射作用增强。全年166家国家和省级龙头企业实现销售收入413亿元，利润18.22亿元，分别增长15.1%和13.7%。

农村基础设施明显改善。全年新增农田有效灌溉面积7000公顷，新增节水灌溉面积9000公顷。建设饮水解困工程1069个，解决了12.11万人饮水困难；新建农村沼气池13.34万个；完成新建与改造通乡公路2230公里，建成通村公路6762公里。

工业生产持续增长。全年全部工业实现增加值2199.91亿元，同比增长15.3%。其中，规模以上工业增加值1535.92亿元，增长20.6%。产销衔接较好，经济效益继续提高。规模以上工业产品销售率99.57%，经济效益综合指数165.17，比上年提高16.06个百分点；盈亏相抵后实现利润188.2亿元，增长22%；实现利税545.61亿元，增长21.4%。全年建筑业实现增加值404.66亿元，增长6%。具有资质等级的建筑企业实现利润21.56亿元，增长25.8%。房屋建筑施工面积13507万平方米，增长17.9%；房屋建筑竣工面积5929.8万平方米，增长13.1%。

基础设施建设继续加强。全年交通、电力、通信、环保、水利等基础设施投资655.73亿元，同比增长46.5%。年末全省电力装机容量达1470万千瓦；高速公路里程达1403公里；城市污水日集中处理能力达134.4万吨。

全年实现外贸进出口总额60.05亿美元，同比增长10.4%。其中，出口37.47亿美元，增长20.9%。全年新签对外承包工程、劳务合作和设计咨询合同金额8.65亿美元，增长40.8%；完成营业额5.59亿美元，增长20.9%；外派劳务1.03万人，增长59%。

全年共取得各类科技成果1036项，其中15项科技成果获国家级科技奖，146项科技成果获省科技进步奖。教育结构进一步优化，普及九年义务教育全面完成，高等教育迈入大众化初始阶段，普通高校发展到93所，全年招生25.08万人，比上年增长21.3%。民办教育事业发展蓬勃，各类民办学校达到4262所，其中民办普通高校10所，在校学生9.52万人。

省市县三级疾病预防控制体系和医疗救治体系基本建成。农村卫生和新型农村合作医疗制度试点工作进展顺利，全年新、改、扩建900所农村中心卫生院和乡镇卫生院，完成500所乡镇卫生院的基本医疗设备装备任务。计划生育继续加强，人口自然增长率只有5.15‰，人口总数控制在目标范围内。

社会保障工作范围进一步扩大。全省职工参加基本养老保险529万人，增长4.5%；参加失业保险388万人，增长2%；参加医疗保险502万人，增长5.3%。领取失业保险金23.1万人。全年发放企业离退休人员基本养老金101亿元、城镇居民最低生活保障金11.57亿元，分别增长9.8%和15.7%。全年城镇新增就业57.56万人，下岗职工再就业34.22万人；年末城镇登记失业率为4.3%。

居民生活稳步提升。城镇居民年人均可支配收入9523.97元，实际增长8.2%；恩格尔系数35.8%，下降0.2个百分点；人均居住面积26.2平方米，增加0.81平方米。农村居民人均纯收入3117.74元，实际增长7.2%；恩格尔系数52%，下降1.9个百分点。人均住房面积38.38平方米，增加1.83平方米。居民消费价格总水平上涨2.3%，商品零售价格上涨2.3%。

生态建设和环境治理力度加大。全省建成烟尘控制区183个，面积1238.6平方公里；环境噪声达标区168个，面积851.8平方公里。全省有国家级生态示范区24个，自然环境保护区92个，其中国家级9个、省级33个，自然环境保护区面积109.75万公顷，森林覆盖率达到55%。

【投资环境与招商引资】　湖南省已有京广、湘黔、湘桂、浙赣、石长、焦柳、洛湛7条铁路干线，渝怀铁路即将竣工投入运营，铁路营运里程约3100公里。有106、107、319、320等7条公路国道贯通全省腹地。全省公路总里程8.82万公里，高速公路通车里程1403公里，省会长沙到各市州基本实现朝发午至；内河航道11968公里，建成了城陵矶5000吨级外贸码头泊位2个和岳阳、株洲、湘潭3个千吨级港口码头。基本形成了铁路干线、高速公路、内河航道和空中航线为骨架的立体交通网，发电、输电、配电相协调的电力供应网，光缆、移动、互联网为一体的现代通信网。

全省拥有3个国家级开发区、73个省级开发区，其基础设施和产业体系均进一步完善，在投资环境、管理体制、产业聚集、人才利用等方面形成了不可替代的优势。郴州出口加工区已获国务院批准。长沙金霞保税物流中心也正在加紧建设。

出台了《湖南省委、湖南省人民政府关于加快引进战略投资者的指导意见》，提出了对引进战略投资者项目实行“一项一策”、“一事一议”、“一家受理、全程代办”等针对性较强的个性化的扶持政策。对外经济技术合作保持了持续高速增长。全年合同引进外资42.4亿美元，同比增长62.8%；实际利用外资23.33亿美元，增长42.5%。其中外商直接投资20.72亿美元，增长46.1%。

积极参与招商引资活动，先后组织和参与了“珠洽会”、“西洽会”、“深洽会”、“湘—

浙招商会”、“广交会”、“港洽周”等一系列招商活动。全年共实施内联合作项目3975个，合同引进省外资金1905亿元，实际到位702.3亿元，同比增长37.6%。

【经济技术协作与对口支援】 全年共落实到位对口支援资金2554万元，实施项目37个。其中，对口支援三峡库区兴山县资金200万元，省内皂市、碗米坡库区资金1079万元，市州其他对口支援资金975万元，筹集对口支援三峡外迁入湘移民资金300万元。省发改委、省卫生厅等省直单位，为省内皂市、碗米坡库区安排专项资金近5000万元。通过对口支援资金和项目的带动，增强了库区经济的“造血”功能，促进了当地基础设施建设和公益事业发展，为库区社会的稳定、创建和谐社会，保障国家重点工程建设做出了贡献。

【重点项目介绍】 重点工程建设进展顺利。全省61个在建重点建设项目投资507亿元，增长19.9%。其中产业发展、基础设施和社会发展项目投资比重分别为22.9%、68.5%和8.6%。涟钢超薄板、常张高速、衡大高速等项目全部建成投产；岳阳林纸苇浆技术改造、长沙卷烟厂一期工程、湘钢技改、石门电厂二期、株洲航电等项目单项建成投产；株洲清水塘工业区环境综合治理、湖南晟通铝板带箔、浏阳生物医药产业园、皂市水利枢纽、黑麋峰抽水蓄能电站、金竹山电厂扩建等项目和邵怀、怀新、常吉等高速公路工程建设进展顺利。

【泛珠三角区域合作】 2005年7月，第二届泛珠三角区域合作与发展论坛会在成都召开。通过加强“9+2”政府高层交流与协商，增进了泛珠三角区域各省区之间的了解。会议讨论通过了《泛珠三角区域合作“十一五”发展规划纲要》，建立了泛珠三角区域合作行政首长联席会议秘书处，进一步完善了泛珠合作区域机制，有力促进了区域各方各项合作事业的不断发展，合作基础不断巩固。

泛珠三角区域在湖南省投资保持强劲增势。全年湖南与泛珠三角地区实施内联合作项目2529个，合同引进资金982.5亿元，实际到位380.26亿元，同比增长34.3%。港澳在湖南省投资项目409个，增长8%，合同投资金额225752万美元，增长36%。

交通、能源等基础设施领域的合作不断推进。四川盆地天然气经湖北潜江输向岳阳、长株潭及醴陵5市的管道工程已完工。输向衡阳、益阳、常德3市的天然气管道运输正在建设中。鲤鱼江电厂扩建送粤送变电工程已确定为国家南方电网公司“十一五”重点建设项目。武广客运专线湘粤段全面开工建设；上昆高速公路怀新和醴潭段建设正紧张进行。

农业、科技等领域的合作不断加强。泛珠三角区域各省区共同建立了区域农业合作机制。农业信息平台建设、区域内农产品流通、农业科技合作与交流等领域的合作取得了重要进展，有力地促进了区域内农业资源的合理配置和有效利用，增强了区域农业整体竞争力。利用第七届湖南（国际）农博会、“港洽周”、泛珠三角农副产品（东莞）交易会等大型会展积极开拓新市场，推出了一批具有优势的湖南农产品品牌，深受泛珠三角区域客商的欢迎。仅第七届湖南（国际）农博会就签订农产品购销合同12.2亿元。科技方面共同组织编制了《泛珠三角区域科技创新合作“十一五”规划》。加大了与香港在科技人才培养方面的合作，组织各地市科技局局长及高开区主任赴港参加科技管理人员培训班学习；加强政府的引导作用，以技术、产品输出和引智、借脑等方式的区域民间科技合作越来越频繁。

市场环境进一步优化。“9+2”政府积极推动区域市场开放，加快市场规范和协调管理。工商、质监等部门加大市场监管和行政执法力度，着力推进区域市场一体化建设，促进区域内商品和生产要素的自由流动。海关部门建立健全了反走私合作机制，加大对走私活动的打击力度。在产品标准化、质量监督、认证认可、技术规范制定等方面的合作也不断加强。

西部地区篇

【经济与社会发展】 2005年，内蒙古自治区国民经济继续快速增长，全年实现GDP3895.55亿元，同比增长28.10%。其中，第一产业增加值589.56亿元，增长12.77%；第二产业增加值1773.21亿元，增长42.05%；第三产业增加值1532.78亿元，增长20.69%。

农牧业生产创历史最好水平。全年粮食播种面积6561万亩，粮食总产量332.4亿斤，增产31.36亿斤。牧业年度牲畜存栏10615.3万头（只），比上年增加1340.9万头（只）。农区牲畜存栏超过7200万头（只），占全区牲畜总数的68%。畜牧业占农业总产值比重达到45.36%。畜产品产量稳定增长，全年肉类总产量229.91万吨，增长13.84%；牛奶696.9万吨，增长38.81%；山羊绒6646吨，增长11.58%；绵羊毛9.5万吨，增长10.8%。农牧业产业化稳步推进，销售收入过亿元的龙头企业达到114户，伊利新工业园区、蒙牛五期技改、草原伊盛100万只肉羊加工、通辽万顺达玉米淀粉一期等项目建成投产，全区鲜奶年加工能力达到660万吨，肉类加工能力150万吨。绰勒、三座店、三盛公等重点在建水利枢纽工程建设加快，尼尔基水利枢纽工程下闸蓄水，全年新增农田有效灌溉面积100多万亩，农田有效灌溉面积达到4050万亩。

工业持续增长。煤炭电力优势得到进一步发挥，全年实现工业增加值1309.9亿元，同比增长30.3%。全年煤炭产量2.56亿吨，增长20.59%；发电量1056.6亿千瓦小时，增长29.37%。冶金工业技术升级步伐加快，包钢集团冷轧薄板项目、包铝集团扩能改造项目建成投产，全年钢产量805.5万吨，增长28.56%；铝产量51.38万吨，增长29.36%。化学工业发展势头强劲，全年在建甲醇等煤化工深加工系列产品规模达到1000万吨。高技术产业化示范项目步伐加快，开工建设了乳杆菌活菌胶囊、生物酶解技术制备高档明胶等一批高技术项目。

服务业发展进一步加快。商业零售繁荣活跃，城乡居民消费需求增长加快，全年社会消费品零售总额1344.1亿元，增长15.8%左右。交通运输、旅游业快速发展，全年货物发送量达到7.3亿吨，增长19.30%；旅客发送量3.21亿人，增长10.91%。实现旅游收入

208.1亿元，增长43.5%。信息服务业稳步增长，全区固定电话用户达到542万户，移动电话用户712.3万户，实现邮电业务总收入100.9亿元，增长24.5%。

外贸进出口增长加快。全年进出口总额51.6亿美元，同比增长30.7%。其中，出口20.6亿美元，增长30.6%；进口31亿美元，增长30.8%。口岸通关过货能力进一步提高，全年过货量2620万吨，增长19%。

财政收入大幅增长。全年实现财政总收入536.36亿元，同比增长47.08%。其中，地方财政一般预算收入277.46亿元，增加80.7亿元，增长41.01%。金融保险业务规模稳步扩大，年末金融机构人民币存款余额3298.2亿元，同比增长28%；贷款余额2588.6亿元，增长19.1%；大地财产、太平洋保险、中华联合财保等三家保险公司，实现保费收入60.9亿元，增长10.2%。证券市场发展取得新成效，包头铝业在上海证交所成功上市，融资4.9亿元，北方联合电力、鄂尔多斯羊绒集团分别发行企业债券20亿元和短期债券10亿元。

就业和社会保障工作进一步落实。全年城镇新就业26.5万人，比上年增加1.95万人，其中下岗失业人员再就业13.9万人，安置“4050”人员3.7万人，城镇登记失业率控制在4.3%以内。全年累计发放小额担保贷款2亿元，扶助1.8万人实现了再就业。全区城镇参加基本养老保险339万人，比上年增加20万人，离退休人员养老金社会化发放率达100%；参加失业保险222万人，失业人员按时足额领取了失业保险金；参加基本医疗保险292万人，增加19万人；参加工伤保险106.6万人，增加21.8万人；参加生育保险99.7万人，增加29.6万人。有近70万城镇贫困人口纳入了最低生活保障范围。全年国家共支持内蒙古“三项”扶贫开发资金8.61亿元，解决75.4万农村贫困人口的温饱问题；累计下达各类救灾资金1.85亿元，受灾地区群众生产生活得到妥善安置。城乡居民收入稳步提高。全年城镇居民人均可支配收入9137元，同比增长12.5%。农牧民人均纯收入2989元，增长14.7%。

科技创新和推广体系进一步完善。实施了87个重大科技专项、科技示范工程等重大科技项目，完成了11项自治区中长期科学和技术发展专题战略研究。基础教育得到加强，实施了西部地区“两基”攻坚工程、中小学远程教育网络工程、中小学危房改造工程，93个旗县通过“两基”达标验收，以旗县为单位的“普九”人口覆盖率达到88.4%。“两免一补”政策得到有效落实，已覆盖全区101个旗县，惠及农村牧区及所有城镇低保家庭义务教育阶段160万中小学生。优质高中扩招项目进展顺利，高中阶段教育毛入学率达到54.3%，提高4.6个百分点。高等教育办学规模继续扩大，全区普通高校招生7.02万人，在校生22.9万人。

文化事业繁荣发展。村村通广播电视工程和“西新工程”稳步推进，全区广播综合人口覆盖率达到92.6%，电视综合人口覆盖率达到90.2%。体育、新闻出版、文学艺术等各项社会事业稳步发展。

医疗卫生事业进一步发展。全面完成疾病预防控制机构体系建设，基本建立突发公共卫生事件医疗救治体系。组织实施了2所专科医院、23所旗县医院、313个乡镇（苏木）卫生所建设工程和新型农村牧区合作医疗试点工作，人口计划生育工作进一步加强，人口自然增长率控制在5‰以内。

国有企业重组和股份制改造步伐加快。天野化工集团股权转让、内蒙古信托公司增资扩股、森工集团根河板业股份制改造、集通公司重组工作已经完成。农村税费改革进展顺利，在全区范围内取消了农业税。投资体制改革继续深入，《内蒙古自治区投资体制改革实施意见》及5个地方性配套文件已经出台。乡镇改革力度进一步加大，48个试点旗县共减少乡镇（苏木）319个，撤并幅度达到50.5%。金融改革步伐加快，农村信用社改革试点取得重大进展，已组建完成自治区农村信用联社。

【投资环境与招商引资】 2005年，内蒙古大力加强生态建设和基础设施建设，进一步改善投资环境。

生态建设成效显著。1998年以来，内蒙古相继实施了天然林资源保护、京津风沙源治理、退耕还林、退牧还草等一批生态建设重点工程，建设范围涉及全区90多个旗县市区，建设总规模超过2.7亿亩。到2005年全区荒漠化土地累计减少2400多万亩，年均减少480万亩；沙化土地减少730万亩，年均减少146万亩，90%以上的退化草原得到保护。森林覆盖率由1998年的14.8%提高到17.6%，生态恶化的趋势得到了整体遏制，实现了局部好转。

电网建设步伐加快。建成了500千伏输变电项目4个和220千伏输变电项目18个，新增500千伏输变电线路587公里，220千伏输变电线路1614公里，形成了西起乌海、东至锡林浩特的500千伏主网架并向兴安盟、呼伦贝尔及阿拉善盟延伸的220千伏输电通道。

交通运输能力进一步提高。全年新增二级以上公路3256公里。其中，高速464公里、一级1120公里、二级191公里。全区公路总里程79029公里，其中，高速1001公里、一级2139公里、二级8359公里、三级23342公里。首府呼和浩特至盟市以及重点区域对外通道基本建成高速或一级公路，已初步形成西起巴彦浩特东至海拉尔的区内东西大通道，全区实现了全部旗县通油路，100%的乡镇（苏木）、92%的行政村（嘎查）通公路。全年新增铁路里程399公里，全区铁路在建里程2861公里，全区铁路正线延展里程7934公里，铁路营业里程6410公里，电气化里程289公里。全区已建成民用机场9个，通航里程3.5万公里，航线45条，其中国际3条，通航城市30多个。

招商引资和利用外资大幅增长。全年先后组织了各类招商活动11次，实施招商引资项目3605项，引进国内（区外）资金到位1097.1亿元，同比增长56.2%。实际利用外资11.9亿美元，增长89%。

【经济技术协作】 2005年，内蒙古与蒙古国和俄罗斯的合作取得进展。庆华集团合作开发蒙古国那林苏海图煤田规模不断扩大，鲁能公司参与开发俄罗斯别列佐夫铁矿竞标成功，取得了俄罗斯自然资源部颁发的矿产使用许可证，包钢合作开发巴彦戈勒铁矿、吉兰泰盐化集团合作勘探开发嘎顺呼者格矿床等项目已与蒙古国正式签约，神华集团合作开发蒙古国塔本淘勒盖项目前期工作取得积极进展，全年共批准境外投资企业18家，投资总额5958.1万美元。

第一届中国吉林·东北亚投资贸易博览会以后，图们江区域国家合作开发形势出现了新变化，各成员国（包括中、俄、朝、韩、日五国）均加强了务实开发力度，整个局势向着更加积极、主动、寻求合作的开发态势发展。东北亚投资博览会期间举行的图们江区域合作开发项目第八次政府间协商协调会议确定的原则和工作内容，对周边国家产生了影响。中国政府在会上提出的中俄珲春—哈桑“路港关”一体化、中朝珲春—罗先“路港区”一体化、中蒙“两山”铁路等工程得到了与会各成员国的积极回应。图们江区域合作各方原来签署的“两个协定”和“一个备忘录”等文件有效期延长10年。图们江区域合作提升为大图们江区域合作，各国增加了参与图们江区域合作的省份，内蒙古正式成为大图们江合作委员会成员单位。内蒙古的加入，将在推进大图们江区域合作和开发中发挥积极作用，尤其是在促进“两山”铁路的建设中发挥积极作用。

内蒙古东部五盟市进入振兴东北等老工业基地总体规划范围。东部盟市与东北三省同属东北经济区，资源与经济发展具有很强的互补性，老工业基地振兴离不开东部盟市，东部盟市发展需要东北三省的辐射带动和支持。将东部盟市纳入振兴东北地区等老工业基地的框架范围内进行统一规划，对于东部盟市充分发挥区位和资源优势，缩小区域发展差距，繁荣民族地区经济，加强民族团结，巩固边疆稳定，维护国家经济和政治安全意义重大。

2005年，内蒙古加强了与黄河协作区、东北经济区和环渤海地区的经济协作。参加了“黄河经济协作区省区负责人第十八次会议”，提出了内蒙古对黄河协作区发展的意见和具体的合作事项，受到协作区兄弟省区的普遍关注。参加了在河北省廊坊市举行的“东北亚暨环渤海国际合作论坛及商务节”，并参加了有关项目洽谈会，借助大会平台宣传了内蒙古，加强了内蒙古与环渤海地区省市之间、企业之间的进一步沟通和合作。

2005年，内蒙古在与周边地区特别是环渤海经济区和东北经济区进行的资金、项目、技术、人才等方面的广泛交流合作，取得了可喜的成绩，协作区域的省市区在内蒙古的投资已占到很大比例。

【重点项目介绍】　2005年，内蒙古实施了亿元以上的重点建设项目784个，竣工投产212个，全社会固定资产投资完成2687.8亿元，增长48.6%。

退耕还林工程。2000年启动试点工程以来，国家共安排退耕还林建设任务3504万亩，总投资39亿元。京津风沙源治理工程。2000年5月启动，国家下达治理任务3838.4万亩，总投资39.28亿元。天然林资源保护工程。1998年启动，国家累计投资65.36亿元，计划营造公益林2656万亩。生态环境综合治理工程。1998年启动，国家累计投资4.64亿元，计划治理荒漠化面积560.2万亩。水土保持工程。1998年启动，国家共投资2.6亿元，计划治理水土保持面积805万亩。天然草原保护与建设工程。2000年启动，共落实国债资金2.43亿元，计划建设与保护草原面积572万亩。退牧还草（禁牧舍饲）试点工程。2002年启动，国家投资16.5亿元，计划退牧还草1.5亿亩。

尼尔基水利枢纽工程。是国家“十五”重点工程，具有防洪、工农业供水、发电、航运、环境保护、渔业养殖等综合效益。总库容86.11亿立米，总装机25万千瓦，多年平均发电量6.144亿千瓦时，工程2001年6月开工，2005年水库下闸蓄水，首台机组已并网发电。

能源工程。新开工建设了霍林河一号露天扩建、伊敏一号露天扩建等10个大型煤炭项目，伊敏电厂二期等一批火电项目以及辉腾锡勒一期100兆瓦特许权项目、突泉牤牛海风电一期等大型风电项目，全年煤炭在建规模达到6860万吨，新增电力装机容量630万千瓦。

交通运输工程。建成了桑根达来至蓝旗、嘉峪关至策克、集通线扩能、锡桑线扩能等4个重点铁路项目和国道110线、210线高速、西部干线省际通道、海拉尔至牙克石、锡林浩特至桑根达来一级公路及40多条县际公路，加快实施了续建的呼和浩特市至准格尔、东胜至乌海、赤峰至大板至白音华、大同至准格尔扩能改造铁路项目和呼和浩特市至东胜、赤峰至大板、白音查干至丰镇高速和二连至赛汉塔拉一级等公路项目，新开工建设了集宁至张家口、伊敏至伊尔施铁路、临河至策克铁路、蓝旗至丰宁铁路、大虎山至齐齐哈尔复线、新包神复线、集通铁路扩能改造、锡桑铁路扩能改造等铁路项目和赤峰至通辽、赤峰至大板高速和海拉尔至满洲里、通辽至鲁北一级公路项目及鄂尔多斯机场、呼和浩特机场扩建和海拉尔机场航站区工程。

国道110线呼和浩特至老爷庙高速公路。全长212公里，总投资46亿元。2002年开工建设，2005年建成通车。阿荣旗至白音察干省际通道。全长1315公里，为一级公路，总投资130亿元。2003年开工建设，已全线建成。

鄂尔多斯机场。按3C支线机场标准建设，总投资2亿元。2005年开工建设，计划2007年建成运营。

【经济与社会发展】 2005年，广西壮族自治区（以下简称广西）经济快速发展，全年实现GDP4063.3亿元，同比增长12.7%。其中，第一产业增加值902.56亿元，增长6.9%；第二产业增加值1505.04亿元，增长18.5%；第三产业增加值1655.7亿元，增长10.2%。全年全社会固定资产投资完成1775.94亿元，增长40.5%。

全年农林牧渔业总产值1442.1亿元，同比增长7.3%。全年粮食产量1516.3万吨，增长2.9%。油料产量63.2万吨，增长8.3%。甘蔗种植面积74.76万公顷，增长3.3%；产量5154.7万吨，增长3%。蔬菜产量2118.4万吨，增长9.4%。园林水果产量571.6万吨，增长8.6%。畜牧、水产业生产稳定增长。肉猪出栏3852.8万头，增长7.4%；肉牛出栏188.5万头，增长11.2%；肉羊出栏254.8万只，增长13.8%；家禽出栏6.5亿只，增长13.3%。肉类总产量418.6万吨，增长9.3%。牛奶产量5.4万吨，增长11.1%。蚕茧产量14.8万吨，增长38.2%。渔业生产平稳发展。水产品产量284.2万吨，增长3.6%，其中海水产品174万吨，增长1.6%；淡水产品110.2万吨，增长6.9%。

全年全部工业增加值1263.02亿元，同比增长18.9%。规模以上工业增加值833.12亿元，增长22.8%。规模以上工业总产值2537.12亿元，增长25.3%；产品销售率97.9%；工业新产品产值288.02亿元，增长1.1%；工业品出口交货值148.45亿元，增长28%。建筑业快速增长。全年建筑业完成增加值242.02亿元，增长16.8%；全年房屋施工面积8322.72万平方米，增长25.7%；房屋竣工面积3832.87万平方米，增长34%。

全年社会消费品零售总额1397.02亿元，同比增长14.3%。房地产业平稳发展。全年商品房销售面积1046.82万平方米，增长12.1%，销售额213.25亿元，增长12.7%。

对外贸易大幅增加。全年外贸进出口总额51.83亿美元，同比增长20.9%。其中，出口28.77亿美元，增长20.1%；进口23.05亿美元，增长21.8%。全年新签对外承包工程和劳务合作合同金额1233万美元，下降74.2%；对外承包工程和劳务合作完成营业额2503万美元，增长24.9%。

旅游业发展势头强劲。全年接待国内游客

6493万人次，比上年增长17.7%；国内旅游收入277.8亿元，增长20.2%。接待国际游客146.16万人次，增长29.9%，国际旅游收入3.2亿美元，增长31.6%。

全年交通运输仓储业和邮电通信业完成增加值312.42亿元，同比增长9.3%。全区铁路营运里程2751公里；公路通车里程62024公里，其中高速公路1410公里。全年完成货运量4.02亿吨，增长8.8%；货物周转量1194.34亿吨公里，增长9.2%。全年完成客运量5.24亿人次，增长7.1%；旅客周转量589.18亿人公里，增长11.5%。港口货物吞吐量6876万吨，增长24.2%。全年完成邮电业务总量327.62亿元，增长22.3%。其中，电信315.9亿元，增长22.9%；邮政11.72亿元，增长7.3%。年末局用交换机总容量1283万门，增长15.6%；移动电话用户1021万户，增长16.7%。

财政收入保持较快增长。全年财政总收入475.37亿元，增长17.7%，其中一般预算收入283.03亿元，增长19%。一般预算支出609.75亿元，增长20.2%。全年金融保险业完成增加值81.6亿元，同比增长8.1%。金融机构存贷款稳定增加。年末金融机构各项人民币存款余额4202.84亿元，比年初增长13.4%，各项贷款余额3056.86亿元，增长17%。全年保费收入73.17亿元，增长10.2%，全年赔付16.93亿元，增长19.1%。全区有上市公司22家，上市公司股票市价总值265.14亿元。

科学研究与技术开发取得新成果。全区城镇单位有各类专业技术人员94.59万人，比上年增长0.77%。全年国家安排科技攻关计划项目5项、“863”计划项目2项、高技术产业化示范工程项目7项，取得省部级以上科技成果399项，增长20.2%，其中应用技术成果381项，增长22.5%；软科学成果7项，下降50%；基础理论成果11项，增长57.1%。专利申请量2379件，授权专利1225件，共签订技术合同558项，技术合同成交金额9.41亿元。

各类教育进一步发展，研究生教育中，招生4600人，增长27%；在学研究生1.07万人，增长36.8%；毕业生1700人，增长11.5%。普通高等教育招生11.67万人，增长11.8%；在校生33.83万人，增长20.4%；毕业生6.49万人，增长29%。中等职业教育招生14.84万人，增长16.9%；在校生37.02万人，增长7.6%；毕业生9.95万人，增长11.9%。普通高中招生25.69万人，增长4.9%；在校生69.96万人，增长7.4%；毕业生19.35万人，增长17.2%。初中招生81.37万人，下降4.6%；在校生233.91万人，下降3%；毕业生74.54万人，下降0.3%。普通小学招生73.46万人，下降3%；在校生452.79万人，下降3.8%；毕业生84.42万人，下降5.5%。

文化事业不断繁荣。全区有各种艺术表演团体118个，公共图书馆95个，文化馆100个，博物馆49个，各级各类档案馆139个，增长10.3%。全国性和省级报纸出版量5.8亿份；期刊出版量6000万册，增长9.7%；图书出版量1.8亿册（张）。全区共有电视台15座，广播电台14座，中短波广播发射台和转播台21座。电视综合人口覆盖率93.5%，广播综合人口覆盖率88.7%。

卫生保健事业进一步加强。全区共有卫生机构9291个，增长2.9%，其中医院、卫生院1753个，下降1.3%。妇幼保健院（所、站）103个。专科疾病防治院（所、站）62个，下降10.1%。医院、卫生院床位8.7万张，增长2.0%。卫生技术人员12.9万人，增长3%，全区疾病预防控制中心（防疫站）106个，疾病预防控制中心（防疫站）卫生技术人员4839人。卫生监督检验机构62个，增长63.2%；卫生监督检验机构卫生技术人员795人，增长31%。乡镇卫生院1295个；乡镇卫生院床位2.09万张；乡镇卫生院卫生技术人员2.82万人。开展新型农村合作医疗试点工作的县（市）15个，覆盖农村人口

1857.3万人，实际参加农民484.18万人。

城乡居民收入较快增加。全年城镇居民人均可支配收入8916.8元，同比增长9%；人均消费性支出6426.2元，增长9.6%；恩格尔系数42.5%，下降1.5%；人均居住面积25.23平方米，增长2.7%。农民人均纯收入2494.7元，增长8.2%；人均现金支出2349.6元，增长21.8%。恩格尔系数51%，下降3.3%；人均居住面积27平方米，增加0.1平方米。

社会保障和福利事业进一步发展。全区参加基本养老保险288.61万人，增长3.3%；参加失业保险219.89万人，下降2.86%；参加医疗保险285.9万人，增长5%。企业参加基本养老保险离退休人员72.09万人，增长3.7%。年末国有企业下岗职工进入再就业服务中心800人，下降65.2%。领取失业保险金16.12万人，增长5.4%。

【投资环境与招商引资】 2005年，广西加大基础实施建设，能源、交通、通信等基础设施发展较快，投资硬环境进一步改善。年内新建公路2437公里，其中新增高速公路253公里，港口万吨级码头泊位新增吞吐能力140万吨，新增发电机组容量145万千瓦，新增数字蜂窝移动电话交换机容量270万户。

外商投资大幅度增加。全年外商直接投资3.79亿美元，增长28%；实际引进区外境内资金414.5亿元，增长65%。区外境内招商引资项目实际到位资金414.5亿元，增长65%。

【经济技术协作】 积极开展与东盟国家的合作。成功举办了第二届中国—东盟博览会和中国—东盟商务与投资峰会。正式参加大湄公河次区域合作组织，“两廊一圈”合作，进一步发展国际区域经济多层次的合作，着力加强与越南及其他东盟国家在交通、能源、矿产、农业、旅游、投资与贸易、人力资源开发等领域的合作。

以主动融入泛珠三角经济圈为重点，加强与东部省市的经济交流与合作。加强与泛珠三角区域的合作。认真贯彻首届泛珠三角区域合作行政首长联席会议确定的13个方面的工作重点，多领域、多层次、多形式地推进与泛珠三角区域各行业各部门之间的合作，特别是在经贸、交通、能源、文化、旅游、农业、劳务等方面取得了重要进展。全年广西实施了与泛珠三角区域各省市的合作项目2025个，区外到位资金195亿元。

拓展了与长三角地区省市合作。先后与上海、浙江两省市发展了紧密的经贸合作关系。

以西南六省区市七方经济协调会为平台，加强与西南各省市的区域合作。

签订了黔桂两省区经济和社会发展合作框架协议，重点加强经贸、参与中国—东盟自由贸易区建设、交通基础设施和能源开发、旅游、科技、文化教育、卫生、人才交流、生态建设和环境保护等领域的合作，共同建立突发应急联动合作机制和紧密的合作联系制度，两省区还签订经贸合作合同项目19个，合同金额31亿元。

积极参与区域内组织的重大经贸洽谈活动，如重庆投资洽谈暨全球采购会、云南昆交会、四川国际博览会等，此外，还发展了与西北地区青海、宁夏等省区的合作，交流借鉴实施西部大开发取得的成功经验。

【重点项目介绍】 洛湛铁路广西段。是我国西部开发的重点建设工程，其广西段全长460多公里，其中广西境内全长373公里。

黔桂铁路扩能改造。黔桂铁路始建于抗日战争时期，新中国成立后，历经修复和重建，于1958年全线开通运营，由于线路技术标准低、设备落后及地质条件复杂，通过能力低。改造后的黔桂铁路全长489公里，比原来缩短119公里。

南宁至友谊关高速公路。全长179.2公里，是我国第一条通向东盟的高速公路，成为我国通往越南乃至东南亚地区最便捷的陆路通道。

北海电厂。规划容量4×30万千瓦。2003年6月动工，一期装机容量2×30万千瓦。一号机组2004年11月正式投入商业运营。

【经济与社会发展】 2005年，重庆市经济持续快速发展，全年实现GDP 3069.1亿元，同比增长11.5%。其中，第一产业增加值463.42亿元，增长4.5%；第二产业增加值1258.32亿元，增长12.9%；第三产业增加值1347.36亿元，增长12.3%。人均GDP 10978元，增长11.6%。全年完成全社会固定资产投资2006.32亿元，增长23.7%。

农业农村经济保持持续稳定发展。全年农林牧渔总产值662.19亿元，同比增长5.2%。全年粮食总产量1168.2万吨，增长2.1%；肉类产量178.39万吨，增长6.8%；蔬菜产量890.47万吨，增长3.1%；鲜蛋产量38.15万吨，增长7.1%；牛奶产量8.61万吨，与上年基本持平。农业农村经济结构进一步优化，农业产业发展水平实现整体提升。全市优质安全农产品品牌达160多个，农业龙头企业总数超过了2300家，其中国家重点龙头企业19家，市级龙头企业140家。全市城镇化率达到45.2%，比上年提高1.7个百分点。全年转移农村劳动力43万人，培训农村劳动力22万人。

全年实现工业增加值1023.53亿元，同比增长14%。规模以上企业实现增加值716.36亿元，占工业增加值的70%；规模以上工业经济效益综合指数为128.3，比上年下降0.5个百分点；实现利润112.06亿元，下降1.8%；全员劳动生产率71176元，增长13.9%。

商贸流通业发展环境进一步优化。全年实现社会消费品零售总额1215.76亿元，同比增长13.8%。对外开放继续扩大，全年实现进出口总额42.93亿美元，同比增长11.3%。其中，出口25.21亿美元，增长20.5%；进口17.72亿美元，增长0.3%。

旅游业步入快速发展期。全年共接待海内外游客6017.71万人次，比上年增长14%，旅游总收入301.12亿元，增长15.9%。其中，接待国际游客52.39万人次，增长20.6%；旅游外汇收入2.64亿美元，增长30.2%。

交通运输业稳步增长。全年完成货物周转量624.9亿吨公里，增长20.8%，旅客周转量308.71亿人公里，增长3.1%。

财政收支结构优化。全年地方财政收入394.96亿元，同比增长30.6%。其中，一般性财政收入256.81亿元，增长29%；地方财政支出625.62亿元，增长29%。年末金融机构本外币存款余额4784.46亿元，同比增长

16.6%；贷款余额3779.28亿元，增长16.1%。

社会事业发展有新进步。“两基”人口覆盖率达到97.6%，高中阶段和高等教育毛入学率分别达到60.1%和20%；完成中小学危房改造50万平方米，中小学校舍危房率下降到8.8%。卫生基础设施建设不断完善，55个疾病预防控制和医疗救治体系完工，127个乡镇卫生院国债项目加快建设，“农村基层医疗卫生保障工程”推进顺利，7个区县实行新型农村合作医疗试点，实际参加农村新型合作医疗的农民229.96万人，参加率60.5%。广播和电视人口覆盖率分别达到92.3%和95.7%。

人民生活得到改善。城镇新增就业20万人，城市居民年人均可支配收入10244元，增长11.1%；农村居民人均纯收入2809元，增长11.9%。全市参加基本养老保险职工189.6万人，比上年增加2.6万人；参加基本医疗保险职工237.73万人，增加31.39万人；参加失业保险职工188.15万人，减少5.3万人；享受城市最低生活保障的居民75.74万人，享受农村最低生活保障的农民12934人，分别增长58824和12934人。农村计划生育家庭奖励扶助和“少生快富”试点顺利展开，农业税及附加提前1年全部免征。

全年完成三峡工程移民搬迁安置13万人，复建各类移民安置房屋295万平方米，完成库区淹没企业结构调整105户；实施移民技能培训2.78万人，输出移民劳务工2.8万人；实施库区产业发展基金项目150个，移民后期扶持项目457项。全年共安排财政性扶贫资金5.23亿元，全市绝对贫困人口由66万人减少到55万人；解决10.7万人的温饱问题，22.2万人的饮水困难，新建改造乡村道路6323.5公里，实施易地扶贫搬迁3283户。

生态环境有所改善。全年退耕还林还草221万亩，实施水土流失综合治理2514.2平方公里，森林覆盖率达到30%。

【投资环境与招商引资】重庆市是中国西部的水陆空综合交通枢纽，具有突出的区位优势和良好的资源保障，产业配套能力强。直辖以来，重庆市基础设施日趋完备。全市公路总里程3.65万公里，其中高速公路748公里。横贯东西和纵穿南北的五条铁路干线交汇重庆，通车里程1208公里，运能约6087万吨，已开通直抵香港九龙的集装箱专列。内河通航里程4222公里，万吨级船队直达重庆港，内河港口货物吞吐量达5251.3万吨。重庆江北国际机场是中国的干线机场之一，开辟了连接国内外主要城市的110余航线；万州五桥机场通航，黔江机场开工建设。重庆市以光缆为主的大容量、高速率的现代化通信网络初步形成。能源供应比较充足，全市电力装机容量545万千瓦，在建项目装机规模584万千瓦。

重庆自然资源相对富集。已发现矿种75种，探明储量54种，其中天然气探明储量3650亿立方米，锶矿探明储量985万吨，是世界上最大的锶盐生产基地，碳酸锶生产能力居世界第一，产量约占全世界碳酸锶总产量的50%以上。锰矿探明储量3700万吨，列全国第二；铝土矿远景储量6.7亿吨；煤炭探明储量30.49亿吨。水资源富集，年均水资源总量5000亿立方米，水能资源可开发820万千瓦。

重庆是中国重要的工业基地之一，门类齐全，配套能力强。是全国四大汽车生产基地之一、是全国重要的内燃机生产基地、三大仪器仪表生产研究基地之一、大型变压器生产基地之一和西部地区最大的船舶研发生产基地。长寿化工园区是全国最大的天然气化工生产基地，天然气制甲醇、聚乙烯醇、醋酸乙烯等精细化工产品的生产能力占全国20%份额。

重庆市先后出台了《重庆市鼓励外商投资若干政策规定》、《重庆市实施西部大开发若干政策措施》、《重庆市招商工作规范（试行)》以及《关于进一步推行政务公开的意见》等规范性文件，成立了外商投资促进服务中心、外商投诉协调中心，建立了外商投资企业运行情况统计分析监控制度，进一步增加政府行政管理透明度，提高服务效率，改进服务质量，为鼓励和引导外来投资提供良好政策环境。

全年合同利用外资金额 8.19 亿美元，同比增长 22.9%；实际利用外商直接投资 5.16 亿美元，增长 27.3%；

【经济技术协作与对口支援】 2005 年，重庆经济协作实际利用内资快速增长。全年实际利用内资 205.9 亿元，同比增长 137%。乌江彭水水电站、合川双槐电厂、朝天门长江大桥等重大项目促进了交通能源等基础设施条件改善。山东如意、浙江奥康、雅戈尔等国内知名企业投资的一大批劳动密集型项目，创造了大量就业机会。万州、长寿等区县围绕特色资源，实行产业链招商，促使资源优势向经济优势转化。

国内省市交流合作稳步推进。与交通部和上海市、湖北省共同发起了沿长江七省二市（沪、苏、皖、赣、鄂、湘、渝、川、滇）参加的“合力建设黄金水道，促进长江经济发展”座谈会，促使沿江各省市在交通部的统筹协调下，进一步加强横向联系和合作，共同推动长江水运快速发展。市委、市政府主要领导率团先后多次赴广东省、福建省、浙江省、山东省、江苏省考察访问，为重庆与粤、闽、鲁、沪、浙、苏等东部沿海主要省市搭建了广阔的合作交流平台。

与川黔等西南周边地区合作继续深化。四川省党政暨经贸合作代表团、成都市党政代表团先后来渝学习考察，四川宜宾、绵阳、达州等 20 多个地市纷纷来渝举行项目推介会、洽谈会等活动。市领导分别率团参加西南六省区经济协调会第二十次会议、西南经济区市长联席会第十六次会议和重庆经济协作区第十三次市长联席会议。

对口支援成效显著。2005 年重庆库区对口支援围绕“落实一批好项目、输出一批移民劳务、交流培养一批干部”工作重点，在加强高层交流互访、扩大经贸合作、有序开展劳务输出、深化干部交流及移民致富带头人培训上取得了新进展。库区全年实施对口支援项目 161 个，其中新建项目 103 个，续建项目 58 个；全年引进对口支援资金 23.33 亿元，其中无偿援建社会公益类项目 1.94 亿元，经济建设类项目资金 21.39 亿元；全年完成移民劳务输出 2.8 万多人和 1024 名移民致富带头人培训任务。

【重点项目介绍】 25 个完工项目：国道 212 线武胜（川渝界）至合川高速公路、重庆至怀化铁路、遂宁至重庆铁路、寸滩集装箱码头一期工程、500 千伏石坪变电站、渝怀铁路及遂渝铁路电气化供电工程、高架轻轨较场口至新山村线延伸段、新牌坊至溉澜溪道路工程、陈家坪立交改造、迎宾大道江北机场至红旗河沟段改造、余家湾立交连接段改造、铁厂湾立交改造、重庆城市规划陈列馆、重庆少年宫、重庆国际会展中心、重庆湖广会馆修复建设工程、重庆洪崖洞传统民俗风貌区工程、百力通 BS 通用小汽油机项目、西南铝热轧生产线升级改造、泰威微孔淀粉产业化项目、大雅建筑装潢材料物流配送中心一期工程、重庆汽车博展中心一期工程、江北城危房改造拆迁工程、白鹤电厂二期第二台机组、长安微型车及多功能车项目。

28 个开工项目：上海至重庆高速公路云阳至奉节段、奉节至巫山段、重庆至长沙高速公路彭水至黔江段、黔江至酉阳段、酉阳至秀山洪安段、重庆至泸州高速公路江津至合江段、重庆绕城高速公路北碚至鱼嘴段（北段）、鱼嘴至南彭段（东段）、襄渝铁路增建二线（安康至重庆）、全国集装箱网络重庆中心站、万州江南沱口集装箱作业区一期工程、中梁水电站、金家坝水电站、重庆松藻张狮坝煤矿、重点煤矿沉陷区综合治理、嘉陵江滨江路牛角沱至滴水岩段工程、三峡库区三期地质灾害防治工程、松溉长江堤水工程、重庆科技馆、重庆大剧院、巴蜀国际学校一期工程、市中医院迁建一期工程、8 英寸集成电路生产线项目、渝北天友乳品加工基地暨整体迁建技改项目、鱼嘴产业园、沥鼻峡煤田开发建设、如意纺织基地、查氏纺织基地项目。

【经济与社会发展】 2005年，四川省经济实现较快增长。全年实现GDP 7385.1亿元，同比增长12.6%。其中，第一产业增加值1495.7亿元，增长5.8%；第二产业增加值3052.7亿元，增长17.8%；第三产业增加值2836.7亿元，增长10.7%。三次产业对经济增长的贡献率分别为9.1%、57.5%和33.4%。人均GDP突破1000美元。地方财力明显增强，全年地方财政一般预算收入完成479.5亿元，同比增长24.3%。

农业生产形势良好，优质农作物种植面积扩大，多数农产品产量增加，养殖业较快发展，林业生产持续推进。全年粮食播种面积650.2万公顷，比上年增加16.8万公顷。粮食总产量3409万吨，增产83万吨；油菜籽产量168.7万吨，增产3.8万吨。全年肉类总产量949.2万吨，增长9%；水产品产量95.6万吨，增长11%。农业综合生产能力不断增强，农田水利和农村基础设施建设成绩显著。新增有效灌溉面积1.9万公顷，发展节水灌溉面积4.7万公顷，改造中低产田14.8万公顷，建成通乡通村公路10768公里，解决了农村60万人的饮水安全问题，全省农村户用沼气池总数300万户。全年免征农牧业税及附加12.6亿元，粮食直补资金由2004年的5.2亿元扩大到6.5亿元。新村扶贫、产业扶贫、劳务扶贫和移民扶贫等工程顺利实施，争取国家各类扶贫资金21亿元，解决了13万绝对贫困人口的温饱问题，改善了50万低收入贫困人口的生产生活条件。清偿拖欠农民工工资3.5亿元。

工业生产提速增效。全部工业实现增加值2512.6亿元，同比增长19.9%，对经济增长的贡献率由上年的48.2%提高到53%。规模以上工业完成增加值2034.4亿元，增长23%。工业经济效益进一步改善，工业利润创历史最好水平。工业经济效益综合指数达到157.8，同比提高23.8，比上年提高26.3点。全年工业实现销售收入5928.1亿元，增长30.1%；实现利税648.3亿元，增长39%。

消费需求稳中趋旺，市场供求格局发生巨大变化，新型流通方式快速发展，城乡居民购买力不断增强。全年实现社会消费品零售总额2981.4亿元，同比增长14%。旅游快速发展，全年实现旅游业总收入721.3亿元，增长27.4%，入境游客首次突破百万人次。物价明显回落，全年居民消费价格上涨1.7%。

投资保持较快增长，全年全社会固定资产投资完成3462亿元，增长30.7%，投资对经济增长的贡献率达到59.3%。

生态工程建设稳步推进，全年完成退耕还林7.3万公顷，退牧还草86.7万公顷，封山育林29.3万公顷，荒山造林9.3万公顷；5年来治理水土流失面积1.2万平方公里。推进长江上游生态屏障建设，2153.3万公顷天然林得到有效管护，全省森林覆盖率达到28.98%。有自然保护区163个，面积786.5万公顷，占全省总面积的16.2%。建成生态示范区80个。

教育事业得到加强，全省"普九"人口覆盖率达到97.7%，"两免一补"到位资金5.7亿元，150万平方米中小学危房得到改造，民族地区教育发展十年行动计划深入实施，新增寄宿制学生1.1万人；中等职业教育快速发展，在校生达到78.3万人；高等教育稳步提高，在校生达到105.1万人。

城市、农村和公共卫生体系加快建立，完成了225个医疗卫生项目建设，新增16个新型农村合作医疗试点县（市），启动了城市和农村医疗救助试点工作。

人民生活水平有了新提高，城乡居民收入稳步增长，全年城镇居民人均可支配收入8386元，增长8.8%；农民人均纯收入2802.8元，增加223元。就业岗位逐步增加，全年城镇新增就业57.4万人，下岗失业人员实现就业和再就业30.9万人，城镇登记失业率4.6%。计划生育工作成效显著，人口自然增长率2.9‰。

社会保障力度加大，国有企业下岗职工基本生活费和离退休人员养老金按时足额发放。制定了推进城乡社会救助体系建设的意见，158.5万城市低保对象实现了应保尽保。

【投资环境与招商引资】　四川省具有良好的投资环境和发展前景。2005年，出台了《四川省企业投资项目核准暂行办法》等5个配套文件，大力推行项目核准制和备案制。公用行业市场化改革全面展开，财政、金融体制改革稳步推进。出台了《四川省人民政府关于进一步促进非公有制经济发展的实施意见》，加快了非公有制经济发展。企业家对宏观经济形势的信心不断增强，全年企业家信心指数达到126.8点。

基础设施建设显著加强，到2005年底，新增电力装机容量272万千瓦，全省发电装机容量达到2300万千瓦，全年发电958亿千瓦小时，增长8.3%，原煤产量5219.1万吨，增长17.9%，天然气产量135.2亿立方米，增长18.1%。公路总里程11.7万公里，其中一、二级公路1.2万公里，高速公路通车里程1759公里；完成成都双流国际机场改扩建工程，建成民用航空支线机场9个，以双流国际机场为中心的航空网络基本形成；铁路建设得到加强，通车里程达3009公里，干线全部实现电气化；以公路、铁路、港口、机场等为载体的四通八达的综合交通运输体系已初具规模。

邮电通信业持续快速发展，通信容量和普及水平成倍增长，新增光缆1万皮长公里，光缆长度达到20.3万皮长公里；新增长途业务电路38万路，达到90.9万路；新增本地电话网程控交换机容量744万门，达到4145万门。移动电话用户达1690万户，全省电话普及率达到38%，其中固定电话普及率18.3%。互联网注册上网用户316万户，增长20%。

2005年，四川省招商引资工作成效明显，利用外资规模不断扩大，质量和效益进一步提高。全年实际利用外资11亿美元，增长11%。全省累计批准外商投资企业7317家，在川落户的世界500强企业达到111家，增加14家。在英特尔、摩托罗拉的带动下，必盛、中芯国际、友尼森、爱立信等一批著名公司陆续来川设厂，带动了全省电子信息产业的进一步发展。外商投资领域、投资方式呈现全方位，多层面的发展态势。

【经济技术协作与对口支援】　2005年，四川省经济技术协作工作向纵深发展，省际间招商引资实现了新突破，四川省对国内外来投资的吸引力再进一步加大，“内资西移”趋势更加明显。区域合作深入推进，成功举办西博会、花博会和第二届泛珠三角区域合作与发展论坛暨经贸洽谈会。川渝经贸合作框架协议进一步落实，与辽宁、山东签订了全面合作的框架合作协议，“六省区市经济协调会”第20次联席会议和“第四届川、滇、藏中国香格里拉生态旅游区协调会”促进了区域间交流与合作。

全年共签订国内合作协议项目8190个，其中省外项目3938个；履约项目10928个（含往年结转项目），其中省外履约项目5280个；全年实际到位国内资金1265.7亿元，其中到位国内省外资金716.2亿元，同比增长49.2%。

【重点项目介绍】 四川省2005年重点项目建设成绩斐然。全省重点项目完成投资524亿元，同比增长20.2%。其中，纳入目标考核的“竣工投产”批次和“加快建设”批次的140个重点项目完成投资405.3亿元，比上年提高5.6个百分点。紫坪铺水利枢纽工程首批机组、国道213线成都至仁寿公路改扩建、遂渝铁路、攀钢集团年产50万吨340毫米连轧管机组、宜宾天原聚氯乙烯一期工程等45个项目竣工发挥投资效益，遂渝、宜水高速公路、瀑布沟水电站、英特尔成都芯片测试封装工程等90个项目加快建设。

邻垫、南渝、攀田、乐宜、广巴高速公路、锦屏一级水电站、溪洛渡水电站、广安电厂三期工程、成都地铁1号线一期工程等40个重大项目开工建设，全省在建高速公路里程713公里，在建电力装机规模突破2000万千瓦。

一批重大项目的前期准备工作取得实质性进展。雅泸高速公路可行性研究报告正式通过国家批复，乐宜高速公路成功采用BOT方式确定业主，控制工程开工建设。向家坝水电站可行性研究报告、锦屏二级水电站项目建议书已经中咨公司评估。四川80万吨乙烯项目、泸州火电厂一期工程通过国家核准，开工准备基本就绪。

【民族地区经济与社会发展】 2005年，四川省民族自治地区经济持续快速发展，民族团结和睦，人民生活继续改善。阿坝藏族羌族自治州、甘孜藏族自治州、凉山彝族自治州和北川羌族自治县、峨边彝族自治县、马边彝族自治县年末人口653.6万人，占全省总人口7.5%；辖区面积30.5万平方公里，占全省总面积62.9%。全年民族自治地区实现GDP 453.6亿元，同比增长14%。其中，第一产业增加值126.3亿元，增长6.5%；第二产业增加值167.5亿元，增长25.8%；第三产业增加值159.8亿元，增长9.3%。实现地方财政收入24.4亿元，增长32.3%。

农业稳步发展，畜牧业较快增长。全年粮食总产量233.9万吨，增长2.9%；猪牛羊肉产量69.5万吨，增长10%；年末大牲畜存栏726万头，增长1.2%；生猪存栏537.9万头，增长2.7%；羊存栏845万只，增长1.8%。

工业快速增长。全部工业实现增加值122.4亿元，增长27.5%，工业对经济增长的贡献率为49.3%。其中，规模以上工业企业增加值98.5亿元，增长33%。

投资规模继续扩大，邮电通讯业快速增长，旅游业发展迅猛。年末公路通车里程3.5万公里，新增等级公路2069公里。全社会固定资产投资285.5亿元，增长32.3%；实现邮电业务收入9.5亿元，增长14.9%；公网电话用户65.7万户，增长9.6%，新增移动电话用户7.4万户，达到72.7万户，增长11.4%；全年接待游客1253万人次，增长25.6%；实现旅游总收入79.4亿元，增长26.4%；其中旅游外汇收入保持1亿美元。

消费品零售市场快速增长，人民生活明显改善。全年社会消费品零售总额143亿元，增长13.7%；城乡居民储蓄存款余额230.5亿元，增长13.9%；在岗职工平均工资17050元，增长12.2%；农牧民人均纯收入比上年增加254元，达到2200元，增长13.1%。

【经济与社会发展】　2005年，贵州省经济增长速度较快，全年GDP完成1942亿元，同比增长11.5%。其中，第一产业增加值359.18亿元，增长5.1%；第二产业增加值822.83亿元，增长13.1%；第三产业增加值759.99亿元，增长13.3%。全年完成全社会固定资产投资1015.28亿元，增长16.8%；实现社会消费品零售总额606.92亿元，增长13.4%；完成财政总收入366.16亿元，地方财政收入182.5亿元。

粮食又获好收成。全年产量1152.06万吨，比上年增长0.2%；油菜籽产量76.51万吨，增长3.5%；烤烟产量34.45万吨，增长14.9%。畜牧业持续较快增长，农业增加值中，畜牧业所占比重上升为33.1%。积极推进农村沼气建设，有效地改善了农民生活条件。

支柱产业发展迅速，电力、煤炭建设进度的加快，促进了能源工业支柱产业地位的巩固和加强。铝、磷等优势原材料工业进一步壮大。围绕市场需求，烟草制品业、饮料酒制造业加快发展。全年规模以上工业企业实现利润总额70.79亿元，增长14.2%。

旅游业保持快速发展态势。全年接待国内游客3099.46万人次，比上年增长25%；实现旅游总收入251.14亿元，增长49.9%。

扶贫开发取得成效，居民收入水平进一步提高。全省又有31.7万贫困人口越过温饱线，完成易地扶贫搬迁贫困农户4万人，净减少绝对贫困人口11万人、低收入贫困人口12万人。全年城镇居民人均可支配收入8147.13元，扣除物价因素，实际增长10.6%；农民人均纯收入1877元，实际增长5.2%。

继续实施退耕还林、荒山造林和封山育林等生态建设和保护工程。全年完成营造林面积400.95万亩，其中，新封山育林面积194.85万亩，退耕还林和荒山造林面积171.45万亩，天保工程7.95万亩，防护林体系工程21.15万亩，森林植被恢复造林5.55万亩。

以“两基”攻坚为重点的教育事业加快发展。新增10个县实现“两基”教育，“普九”人口覆盖率达到93.9%。高等教育经过结构调整、资源整合和体制改革，教育规模继续扩大，贵州大学进入“211工程”建设行列。

【投资环境与招商引资】　2005年，贵州省大力推行“阳光政务”，公开办事政策、办事内容、办事程序、办事人员、办事结果，承诺办事时限，并强化舆论监督和社会服务。省招商局与贵州日报、贵州电视台等省内主要新闻媒体共同策划组织“开放要有新局面”、“开放掠影”等专栏版块，积极推动“诚信贵州”建设，及时宣传介绍各地改善投资环境经验。

营造良好的服务环境，强化招商引资服务机构和服务体系建设。全面推行“一个窗口对外，一站式办公，一条龙服务”的“代办制”程序，服务环境更加周到、便捷。

全年招商引资到位资金达232亿元，外来投资已占全省固定资产投资约20%的比重。

【经济技术协作与对口支援】 2005年8月，贵州、云南、四川、广西、西藏、重庆六省区市经济协调会第20次会议在贵阳举行。会议围绕落实科学发展观，实现合作新跨越这一主题，讨论通过了向党中央、国务院的四个专题请示报告，即《关于加强生态建设和环境保护，共建山川秀美大西南的意见》、《关于加强合作，进一步建设和完善西南主骨架交通运输网络及实施通道畅通工程的意见》、《关于加强合作，加快旅游等特色优势产业开发的意见》、《关于加大扶贫开发力度，促进西南贫困地区加快发展的意见》。

充分发挥在黔异地商会的桥梁和纽带作用，继续做好与深圳、宁波、大连、青岛对口帮扶城市为重点的东西经济合作工作，不断引进东部发达地区优强企业来贵州投资兴业。指导成立了“台州商会”、“四川商会”、“江西商会”、“宁波商会”等在黔异地商会组织，协调商会组织到各地考察，促进了项目实施。

各地各有关部门密切关注东部发达地区的产业发展走向，结合自身优势资源，主动做好项目对接洽谈和跟踪服务，组团参加了在温州举办的全国工业园区招商引资洽谈会暨国际投融资项目合作会议，引进了一批东部优强企业，通过参股、控股、收购等方式，参与贵州省国有企业资产重组及技术改造，推动形成了多元化的股权结构。

进一步利用“泛珠江”合作平台，推动贵州省与“泛珠三角”各方的区域经济合作向更宽领域、更大规模、更高水平发展。在云南举办的“珠洽会”期间，贵州省组织40多家企业参会，推出100个重点项目、300个中小项目对外洽谈合作，组织6场专场推介会，完成签约项目29个，签约总金额85亿元。

【重点项目介绍】 新开工项目：已经正式开工建设的有黔桂铁路扩能改造工程（贵州段）、黄织铁路、大方电厂等36个项目。同时加快了预备项目的前期工作，除上半年开工建设的贵州兴义化工总厂203020技改项目、黔西桂菁煤矿外，下半年贵阳铁路枢纽扩建工程、龙洞堡机场改扩建工程及17对百万吨级大中型煤矿等项目开工建设，预备项目提前开工20个，年内合计开工重点建设项目59个。

续建项目：大部分项目建设进展顺利，能够按照进度计划的安排进行，其中纳雍中岭煤矿已建成投产。电力、煤炭、交通项目总体上进展较快，黔西至织金公路已开工建设。

收尾项目：已有23个项目完工。其中贵医附院外科大楼、贵州省人才市场、南方汇通一英寸微硬盘产业技术升级项目、水城钢铁（集团）公司炼钢配套设施建设项目、黎平侗乡风景区旅游基础设施、黎平机场、遵义至崇溪河公路等7个项目已投入使用。湄潭至正安公路等11个县际公路项目已建成，具备通车条件。都匀市剑江河治理工程、省疾病预防控制中心、黄果树风景名胜区旅游基础设施、贵阳市传染病医院、贵州民族文化宫等5个项目基本完成预定目标。

【贵州省委省政府十件实事】 一是确保西电东送电源点建成投产装机250万千瓦，实现向广东送电400万千瓦；新开工15个左右百万吨级大型煤矿，新增煤炭生产能力1200万吨。

西电东送投产装机250万千瓦电源点建设项目全面完成，其中鸭溪电厂2×30万千瓦、乌江渡电站2×4万千瓦、纳雍二厂2×30万千瓦、黔西电厂30万千瓦、野马寨电厂2×20万千瓦、索风营2×20万千瓦，以及小水电12万千瓦。黔电送粤的400万千瓦项目，2005年7月送电电力已超过设计能力达427万千瓦。新开工15个左右百万吨级的大中型煤矿项目，到年底已有19个煤矿开工。新增煤炭生产能力1200万吨项目进展顺利。全省煤炭生产能力已达1.1亿吨。

二是建成油路3000公里、通村道路1万公里，遵义—崇溪河高速公路建成通车。

3000公里油路建设项目，县际公路完成1880公里，通乡油路完成1516.6公里，油路大修完成182.4公里，共计3579公里。1万公里通村道路项目，实际完成10013.9公里。遵崇公路建成通车项目，全线已正式通车。

三是确保全省"普九"人口覆盖率达到85%以上，基本实现全省"两基"攻坚目标。

经贵州省政府组织的评估验收，全省"两基"达标县达84个，全省"普九"人口覆盖率达到了94%以上。

四是解决30万贫困人口的温饱问题，完成易地扶贫搬迁4万人。

30万贫困人口的温饱项目，全年全省共下达财政扶贫资金6.21亿元，实施到村到户扶贫项目11085个。共解决31.7万农村贫困人口的温饱问题、净减少绝对贫困人口11万人、减少低收入贫困人口12万。易地扶贫搬迁4万人项目，4万人已全部迁入新居。

五是新建和改扩建规范的县计划生育服务站10个，建设规范的中心乡镇计划生育服务站27个，规范改扩建乡镇计划生育服务站30个。

10个县站项目中，已竣工2个，8个正在加紧施工；27个中心乡镇站项目中，已竣工4个，23个正在加紧施工；30个规范乡镇站项目已全部竣工。

六是继续实施"渴望工程"，解决农村25万户、112.5万人饮水困难和饮水安全问题，建成农村沼气池20万口。

渴望工程已完成人饮解困112.79万人/26.61万户，牲畜60.05万头。农村沼气建设全年共完工212405口。

七是完成5000座农村卫星广播电视收转站的数字化改造，新建5000座50户以上自然村卫星广播电视收转站，新增3000个行政村通电话。

5000座收转站改造和新建项目，建设安装工作和验收11月底已完成。新增3000个"村通"电话项目，建设安装工作11月底已全部完成，实际完成3828门。

八是全面完成92个疾病控制中心、85个传染病院（区）和9个紧急救援中心建设任务，实施地氟病防治改灶项目。

疾控中心建设项目全部开工建设，其中已竣工86个。紧急救援中心和传染病院（区）建设项目有94个项目开工建设，其中已竣工70个。地氟病防治共投入资金3400万元，8个项目县改良回风铁炉49942台、改良台灶61072台、改良烟尘10986户，总计完成改炉改灶12.2万户，受益人口55万人。

九是组织实施农村劳动力就业转移培训30万人（其中职业技能培训10万人，引导性培训20万人）。

省农村劳动力转移培训阳光工程办公室承担的30万人培训任务，中央财政和省财政共投入2200万元资金。全年完成引导性培训22万人；完成职业技能示范性培训83224人，转移就业74253人，转移率89.22%。省扶贫办承担的10万人职业技能培训任务，安排了扶贫专项资金5000万元、新建了39个县级教学点。全年共完成培训10万人，转移就业8万人，转移率80%。两方面共完成职业技能培训163224万人，引导性培训22万人，合计培训38.3万人。

十是再建贵州农经网乡镇信息服务站370个，全面完成贵州农经网信息入乡工程建设任务；建设村级农经网信息服务示范点200个。

370个乡镇站的建设项目，通过国家服务业发展引导资金和省级资金的积极扶持，以及各项目乡镇努力，已全面完成任务。200个村级示范点建设，省农村综合经济信息中心积极联合各方，共建成村示范点443个。

云南省

【经济与社会发展】 2005年，云南省经济平稳发展，全年GDP达到3400亿元以上，同比增长9.5%左右。其中，第一产业增加值656.18亿元，增长6.3%；第二产业增加值1449.71亿元，增长8.5%；第三产业增加值1366.45亿元，增长10.8%。全年完成地方财政一般预算收入312.6亿元，同比增长18.7%。地方一般预算支出766亿元，增加104亿元，增长15.4%。

抗灾夺丰收成效显著，粮食生产再上新台阶。全年粮食总产量1514.93万吨，比上年增长0.4%；油料产量36.22万吨，增长8.4%；烤烟产量77.2万吨，增长11.5%；蔬菜产量970.9万吨，增长9.7%；水果产量136.6万吨，增长18.3%；茶叶产量11.6万吨，增长21.9%；鲜切花产量36亿枝，增长7.1%。畜牧业、渔业生产全面丰收。全年肉类总产量300.04万吨，增长8%；牛奶产量30.9万吨，增长15.1%；水产品产量23.8万吨，增长8.2%。合理调整卷烟生产结构，烟草利税实现460亿元以上。花卉、天然药物、生物化工、绿色保健食品等产业成为新的经济增长点。农业基础设施建设力度加大，农业生产条件继续改善。全年农田有效灌溉面积148.54万公顷，新增农田有效灌溉面积1.6万公顷。年末全省农业机械总动力1666.05万千瓦，增长3.6%；农用运输车4.7万辆，增长4.1%；农村用电量41.7亿千瓦时，增长3.3%。

工业经济实现较快增长，经济效益保持较好水平。全部工业完成增加值1200.07亿元，同比增长7.7%。其中，规模以上工业完成增加值1018.07亿元，增长8.4%。

投资规模不断扩大，基础设施明显改善。全年完成全社会固定资产投资1743亿元，增长31%。总投资需求对经济增长的贡献率52%，拉动经济增长4.94个百分点。综合交通运输体系建设取得突破，出境出省通道逐步完善。公路建设完成投资261.98亿元，新增高速公路里程130公里，新增二级以上高等级公路377公里。铁路运营总里程达到2327公里，新增238公里。民航机场达到10个，开通国内外航线160多条。新增内河航运通航里程1184公里，澜沧江成为重要的国际水运通道。

旅游业保持较快增长，全年接待入境游客347.59万人次，比上年增长36.6%；接待国内旅游者6860.74万人次，增长14.1；全年实现旅游业总收入430.14亿元，增长16.5%。其中，旅游外汇收入5.28亿美元，增长25%；国内旅游收入386.15亿元，增长15.6%。

全年完成进出口总额47.4亿美元，同比增长26.6%。其中，出口26.4亿美元，增长18%，进口21亿美元，增长39.4%。新签对外承包工程、劳务合作、设计咨询合同132个，合同金额5.3亿美元，增长69%；完成营业额3.9亿美元，增长15.2%。新签境外投资项目44个，协议投资7293.9万美元，增长1.27倍。

全年实现社会消费品零售总额1034.4亿元，同比增长13%，城镇居民年人均可支配收入9265.9元，增长4.3%，农民人均纯收入达到2041.79元，增长6%。城镇实有登记失业人数12.97万人，城镇登记失业率4.2%。城市化水平达29.5%，比上年提高1.4个百分点。

科技事业迈出新步伐。科技成果应用及产业化步伐明显加快。建成一批重点实验室、工程研究中心、企业技术中心和科技创新基地。哲学社会科学取得了一批新的研究成果。全省部级以上科技成果667项，其中基础理论成果34项，应用技术成果581项，软科学成果52项。全年专利申请2556件，获专利授权1381件；签订技术合同1853项，成交金额15.92亿元。全省科学研究与试验发展（R&D）经费支出14.13亿元，增长13%，促进了重点科技计划和技术创新工作的顺利开展。

各级各类教育持续快速发展。实施了农村中小学寄宿制学校建设工程、农村中小学现代远程教育工程、农村中小学危房改造工程等三大工程建设，基础教育的办学条件得到了进一步改善。中小学校布局调整初见成效，师资队伍的素质进一步提高。全省有普通高等学校44所，招生8.45万人，比上年增长12.6%；在校学生25.47万人，增长17.7%。中等职业教育学校有386所，招生11.36万人，增长16.4%；在校学生29.49万人，增长8.6%。普通高中443所，招生19万人，增长13.6%；在校学生48.31万人，增长15.1%。普通初中1814所，招生63.31万人，下降0.1%；在校学生19.58万人，下降1.3%。普通小学18747所，招生73.34万人，增长0.1%；在校学生441.23万人，增长0.1%。小学学龄儿童入学率达96.3%，小学毕业生升学率达92.2%。成人高等学校5所；在校学生13.11万人，增长6.4%。全年扫除文盲14.35万人。“两基”覆盖人口又有较大的提高，7个县实现“普九”，全省“普九”达到112个县，“普九”率达86%。

医疗卫生事业有了新发展。全省有各级各类卫生机构9436个，床位102167张，每千人口拥有病床位2.31张；有卫生人员136697人，其中卫生技术人员113871人；艾滋病防治工作迈出新的步伐，疟疾、结核病、鼠疫、霍乱、血吸虫病等地方病、重点传染病得到有效控制。新型农村合作医疗试点工作取得明显成效，农民医疗费用负担有所减轻，“因病致贫、因病返贫”问题有所缓解。全省已有121个县（市、区）完成了乡（镇）卫生院上划县管工作；乡（镇）卫生院实行公开招聘院长、全员聘用制和分配制度的改革。

全面实施对农业人口少生奖励政策，加强基层计划生育优质服务工作。全年全省出生人口65.3万人，人口自然增长率为7.97‰，总人口4450.4万人。

继续实施“千里边疆文化长廊二期工程”、“贫困县两馆一站工程”、农村电影放映“2131”工程、历史文化名城街区保护工程、抢救性文物保护工程和村村通广播电视工程，改善了基础设施条件，促进文化、广电等事业的繁荣发展，省博物馆新馆建设立项取得突破性进展。全省共有公共图书馆149个，乡镇文化站800个，博物馆30个，广播和电视覆盖率分别达91.03%和92.63%。体育事业蓬勃发展。2005年云南体育健儿在第十届全国运动会上勇夺5.5块金牌。

就业和社会保障工作进一步加强，社会保障能力不断提升。全省新开发城镇就业岗位26.4万人，城镇新增就业21.8万人，其中下岗失业人员实现再就业10.7万人，特殊困难群体实现就业2.2万人。到年末，全省下岗职工已全部出再就业服务中心，圆满完成了下岗职工基本生活保障制度向失业保险制度并轨的预期目标。

全省企业职工参加基本养老保险258.7万人，参加基本医疗保险320.7万人，参加失业保险189.2万人；到年末，全省实现了县以上工伤生育保险全覆盖，全省参加工伤保险166.9万人，参加生育保险156.1万人；企业退休人员社会化管理服务率达到96%；全省参加农村社会养老保险137.8万人，领取养老金5.3万人；城镇居民最低生活保障70万人，比上年实际增长6.4%。

生态建设得到进一步加强。天保工程、退耕还林工程、重点防护林建设工程等重点工程进展顺利，造林合格面积480万亩。自然保护区建设稳步推进。全省共有自然保护区198个，其中国家级自然保护区14个，省级自然保护区53个。自然保护区面积354.95万公顷，增长2%。

扶贫投入有所增加，扶贫开发取得新成效。全年共投入各类扶贫资金34.67亿元，加上国债以工代赈及其配套资金，共计35.98亿元。全省可完成基本农田220万亩，解决饮水困难人口80万人，县乡村公路建设5578公里，治理水土流失面积2400平方公里等，贫困地区生产生活条件进一步改善。

【投资环境与招商引资】 投资环境不断改善。投资体制改革步伐加快，规范政府投资行为，放宽民营资本投资领域，拓展了投融资平台。

全面推进依法行政，认真贯彻行政许可法，认定90个省级单位的行政许可实施主体资格，减少43个，政府工作逐步走上制度化、规范化和法制化轨道。积极推行价格听证和公示制度，公共事业收费等价格改革稳步推进。统计方法制度改革取得新进展。

2005年，云南省努力扩大对外交往，积极推进国际国内区域经济合作，全方位、多层次、宽领域的对外开放格局进一步形成。争取到国际无偿援助项目29个，金额1364万美元；批准利用外商投资项目153个，合同利用外资4.6亿美元，同比增长43.3%，实际利用外资1.9亿美元，增长34.1%。

【经济技术协作】 2005年7月，在昆明成功举办了GMS第二次领导人会议，会议签署了《GMS生物多样性保护走廊战略框架和行动计划》、《GMS贸易投资便利化战略行动框架》、《GMS信息高速公路规划和建设谅解备忘录》、《GMS电力贸易第一阶段实施守则谅解备忘录》、《GMS便利客货跨境运输协定》附件和议定书等合作成果，通过了GMS第二次领导人会议《昆明宣言》，我国中央政府发表了与大湄公河次区域国家合作的《国家报告》。与GMS各成员国，特别是与周边的老挝、越南等国的合作机制不断完善，如成功召开了中国云南—老挝北部合作工作组第二次会议，签署了进一步加强合作的备忘录等。云南省政府与泰北、老北的合作机制进一步完善，并与越南北部三省、缅甸加强了合作。在合作机制的推动下云南企业走出去的步伐大大加快，合作意识不断增强，合作领域不断扩大，合作项目不断增多，合作方式不断创新。

【重点项目介绍】 坚持大项目带动大建设、大建设促进大发展。在建的小湾电站、漫湾二期建设进展顺利，圆满完成年初确定的各项任务。溪洛渡电站按计划顺利开工，全省“三江”干流在建水电总装机容量达到1080万千瓦。安宁—楚雄公路、澜沧江—临沧公路建成通车，思茅-小勐养-磨憨、昆明-安宁等重点公路建设项目进展顺利，沾昆二线、大丽铁路等施工正常。冶金、有色、化工等重大产业项目建设进展良好。

西藏自治区

【经济与社会发展】　2005年，西藏自治区（以下简称西藏）经济保持了跨越式发展的良好势头，全年GDP达到250.6亿元，同比增长12.2%。其中，第一产业增加值47.87亿元，增长4.8%；第二产业增加值59.45亿元，增长13.5%；第三产业增加值143.3亿元，增长14.9%。全年全社会完成固定资产投资196.2亿元，增长16.5%。

继续推进农牧业结构调整，扩大油菜籽、蔬菜等经济作物种植面积，加大了科技成果转化力度，种植业结构调整取得新进展。在保护和提高粮食综合生产能力的基础上，继续调整种植结构，扩大高附加值的农作物种植面积。全区共落实农作物播种面积352.3万亩。其中，粮食作物243.8万亩，调减4%；经济作物71.3万亩，增长7.7%；饲料作物37.2万亩，增长3.3%。全年粮食产量93.4万吨，下降4.5%；油菜籽产量6万吨，增长7%；蔬菜产量34.4万吨，增长14%。畜牧业步伐加快，畜牧业集约化经营趋势明显，防抗灾能力不断增强。牲畜存栏总数2414万头（只、匹），牲畜出栏率29%，肉类产量21.4万吨，增长3.1%；奶产量27万吨，增长3%。整合农口资金1.65亿元，启动实施了牦牛、青稞、油菜、白绒山羊、藏猪、藏鸡等27个特色产业项目建设，部分项目已产生效益。

全年共落实农林水项目国家投资17.67亿元，加大了水利设施、农田草场、林业生态等基础设施投入。建设人畜饮水工程点755处，解决了8.5万人、85万头牲畜饮水困难；新增电力装机6670千瓦，改造750千瓦，解决16个乡（镇）、128个村、4940户、3.3万人用电问题。

工交生产、特色产业生产快速增长，经济效益不断提高。全年乡及乡以上工业企业实现增加值17.44亿元，同比增长14.9%。发电量13.34亿千瓦时，增长14.5%；水泥137万吨，增长44.8%；中成药（藏医药）1210吨，增长10%；啤酒4.89万吨，增长25%。

生态环境保护与建设继续加强。长江上游三县天然林保护，退耕还林、退牧还草等生态工程进展顺利，全年完成生态公益林保护97.5万公顷，荒山造林10万亩，植树造林32.7万亩，退牧还草130万亩。野生动植物、湿地保护和自然保护区建设取得新进展，工布自然保护区工程建设项目已经国家批准立项，总投资1.68亿元；羌塘、雅鲁藏布大峡谷国家级自然保护区管理设施建设已进入收尾阶段，正在做二期的前期工作，芒康滇金丝猴、察隅慈巴沟国家级自然保护区的建设工程初步设计正在编制之中，完成了珠峰国家级自然保护区范围、功能区调整的规划、综合考察报告的编制和上报工作；通过加强管护和自然保护区建设，野生动植物和湿地的保护得到有效加强，顺利启动了森林生态效益补偿基金工程。

消费市场稳中趋旺，价格基本保持稳定。全社会消费品零售总额达到73亿元，同比增长15.7%，居民消费品价格指数101.4，下降1.3个百分点。人民生活继续改善。城镇居民人均可支配收入和农牧民人均纯收入分别达到8411元和2078元，分别增长2.6%和11.7%。

旅游业大幅度增长。全年接待国内外游客180万人次，旅游收入19.3亿元。全年实现进出口总额2.05亿美元，同比下降8.12%。其中，出口1.6亿美元，增长27.08%；进口4008万美元，下降57.11%。

全年完成财政收入14.33亿元，同比增长19.5%；支出189.2亿元，增长39%。年末金融机构各项存款余额456.3亿元，增长21.9%；各项贷款余额179.34亿元，增长6.4%。

“两基”攻坚、西藏大学改扩建项目进展顺利。全区有68个县通过“普六”验收，“普六”人口覆盖率达到94.9%，小学适龄儿童入学率达95.9%；40个县通过“普九”验收，“普九”人口覆盖率59.4%，初中入学率75.4%；54个县通过扫盲验收，青壮年文盲率由2000年的39%下降到15%。

加快公共卫生和医疗服务体系建设。到年底全区已累计安排445个乡镇卫生院、59个县卫生服务中心、50个县疾控中心和64个县传染病科等急需基础设施建设。以县带乡的农牧区医疗服务体系逐步得到完善，农牧民医疗服务水平有了一定的提高。

全年共安排投资9125万元，新建了11个县综合文化活动中心，改扩建2个地区群众艺术馆；开工建设自治区藏剧团排练演出厅；继续推进三大重点文物保护工程。完成了1500多个村级广播电视接收站和6座中波台建设。

全年共安排投资1450万元，用于建设自治区就业服务中心，构建就业服务体系，加大对待业人员的劳动技能培训；举办劳务洽谈会，为待业人员就业提供机会，做好大学生就业安置工作。全年城镇新增就业岗位1.4万个，国有企业下岗职工全部实现再就业，城镇登记失业率控制在4.3%。

社会保障体系进一步完善。城镇居民基本医疗保险、养老保险、失业保险及城镇居民最低生活保障、农牧民免费医疗制度进一步完善，工伤保险全面启动。全年全区城镇职工参加基本养老保险4.57万人、基本医疗保险13.59万人，城镇居民最低生活保障人数4.3万人，比上年减少1.6%，实现了应保尽保；全区农牧民基本享有以免费医疗为基础的医疗服务，农牧民免费医疗费用也由上年的每人每年40元提高到80元。

【投资环境与利用外资】 2005年，西藏进一步加强基础设施建设，改善了投资硬环境，同时，还积极完善相关政策，进一步优化投资软环境。对现行招商引资优惠政策执行情况进行了总结，并加强了全区七地（市）近几年贯彻、落实自治区招商引资优惠政策和各地（市）制定的地方性招商引资优惠政策等情况。根据调研情况，西藏对有关招商引资政策措施进行了梳理，并对一些政策进行了具体可行的修改，从而进一步完善了全区招商引资政策，将推动西藏招商引资工作向规范有序的方向发展。

按照国务院出台的一系列政策措施，西藏相应制定了配套政策和措施。在全区范围内组织开展了清费、治乱、减负工作，出台了《西藏自治区应对价格异常波动的应急工作预案》、《西藏自治区推进水价改革促进节约用水保护水资源的实施意见》。积极疏导价格矛盾，理顺价格关系，促进相关行业健康发展。取消了140项行政审批收费项目、降低17项行政事业性收费标准，年减轻社会负担约900多万元。

根据西藏的社会经济情况，组建了西藏招商网。到2005年底，网站总访问量54753人次。其中，国内30424人次；国外24329人次。加大“走出去”和“引进来”工作力度，吸收外商直接投资态势良好，接受国际多双边无偿援助工作也取得了新的突破。全年，共审批设立外商投资企业16家，协议利用外资3304.24万美元，实际利用外资1150.99万美元。

为充分发挥会展经济的效益，组织企业参加了2005年春季广交会、第九届厦交会、第六届西部国际博览会等十余个国际国内展览、展销会，并成功地举办了第十届中国西藏——尼泊尔经贸洽谈会。参展企业达146家，签订合资、合作意向性协议金额7979万美元。

【经济协作与对口支援】　2005年，西藏积极实施“内引外联”，加强与全国各兄弟省、市及国内外各类经济组织的交往与协作，积极吸引、落实各类招商引资项目。各地市先后组团分别赴东西部地区开展了形式多样的招商活动。全区共签订招商引资项目近400项，实际到位资金27.2亿元。

继续主动配合西南六省区（市）做好第19次会议的各项工作，组织召开了第三次联络工作会议，认真落实大会议定的各项专题和议案，同时还积极协助贵州省开展第20次会议的各项筹备工作。组织政府代表团参加了在贵阳召开的六省区市经济协调会第20次会议。积极参与了东西部投资贸易洽谈会、特色产品博览会、昆交会、地毯博览会和第六届“青洽会”；重点加强了与青海、甘肃、陕西、宁夏等西北省区的合作。与青海省共同提出了联合创建“青藏经济带”的构想，与甘肃省签署甘藏经贸框架合作协议，同安徽省党政代表团形成了经贸合作纪要，加强与其他省市的联系和沟通。

中央第四次西藏工作座谈会，从战略的高度，确定了新时期西藏工作的指导方针，援藏工作向纵深发展，18个对口援藏省市、15家国有重要骨干企业和中央国家机关有关部委，在援藏项目规划和资金投向上，逐步向农牧区倾斜。据不完全统计，第四批实施对口援藏的省（市）和中央企业、国家部委计划援助资金21亿元，全年到位13亿元。完成了由铁道部牵头、八家中央企业捐赠物资的接收和分配工作。

【重点项目介绍】　2005年，继续把投资拉动作为推动全区跨越式发展的主要手段，加强了建设项目的管理、协调工作，项目建设对经济增长的带动作用得到了有效发挥。

继续坚持重点项目调度会制度，及时解决了项目建设项目中出现的一些问题，项目前期工作进一步规范，建立了专家论证咨询制度。加强了项目概算审查及资金管理。进一步规范了招投标市场，形成了《西藏自治区关于进一步规范招投标活动的实施意见》。积极组织对征地拆迁款兑付的检查工作。共清理出多年积累的拖欠农牧民征地补偿费4877.42万元，已全部兑现。

中央第四次西藏工作座谈会确定的117个建设项目，已累计完成投资310亿元，其中青藏铁路西藏段116.6亿元。因合理工期要求和增加建设内容不能完工，需结转到“十一五”期间的项目有青藏铁路、青藏光缆、“三大文物”保护与维修工程、无电县及中小水电开发工程、重点大型灌区续建配套与节水增效工程和西藏扶贫开发6个项目。在117项目之外，国家还陆续审批了国道干线、通县油路、送电到乡、村村通广播电视、退耕还林、退牧还草、直孔水电站、狮泉河水电站、青藏铁路供电工程、西藏大学、林芝机场、县城基础设施等一批西部开发项目。

为庆祝自治区成立40周年，2004年底国家安排了大庆项目24个，总投资64亿元。目前，除昌都镇昂曲河大桥和广播影视译制工程因设计变更未开工外，其他项目均已开工建设。

陕西省

【经济与社会发展】 2005年，陕西省国民经济持续快速健康发展。全年实现GDP 3674.75亿元，同比增长12.6%。其中，第一产业增加值418.6亿元，增长7.9%；第二产业增加值1848.97亿元，增长15.9%；第三产业增加值1407.18亿元，增长10%。人均GDP 9844元，增长12.2%。全年完成全社会固定资产投资1980.52亿元，增长28.3%。

农业结构调整步伐加快，粮食播种面积稳定增加。全年粮食产量1139.5万吨。畜牧业强势发展，肉类总产量134.11万吨，比上年增长9.4%；奶类总产量141.73万吨，增长12.9%。水果总产量906.14万吨，增长5.6%。乡镇企业完成增加值735.85亿元，增长14.7%。全年实现农林牧渔业（含农林牧渔服务业）总产值730.7亿元，增长8.1%。

工业生产保持稳定增长，建筑业经济效益继续好转。全年规模以上工业企业完成工业增加值1267.18亿元，同比增长18.7%。工业产品销售率97.45%，比上年增加0.2个百分点。支柱产业发展迅速，能源化工和有色冶金分别完成工业总产值1523.63亿元和366.57亿元，分别拉动规模以上工业增长15.8和4.9个百分点。规模以上工业企业实现销售收入3175.6亿元，增长25.7%；工业企业经济效益综合指数199.64，提高32.7个百分点。建筑业生产保持稳步增长，全省房屋建筑施工面积4936.7万平方米，增长23.3%；房屋竣工面积1584.1万平方米，增长9.3%。

财政收入大幅增长，金融运行基本平稳。全年实现财政总收入528.6亿元，同比增长27.2%。其中，地方财政收入274.9亿元，增长27.9%。年末金融机构人民币各项存款余额6446.48亿元，增长19.82%；各项贷款余额3983.19亿元，增长4.01%。

对外开放不断扩大，利用外资持续增长。全年实现进出口总值45.77亿美元，同比增长25.7%。其中，出口30.76亿美元，增长28.3%；进口15.01亿美元，增长20.5%。

旅游业增势强劲，全年接待境外旅游者80万人次，国内游客4150万人次，旅游总收入214.9亿元，同比增长34.3%。

人民生活水平进一步提高，各项社会事业稳步发展。全年城镇居民人均可支配收入8272元，人均消费支出6656元。农村居民人均纯收入2052元，人均生活消费支出1896

元。城镇居民人均住房使用面积 18.54 平方米，居住设施不断完善。人口自然增长率持续下降。年末全省常住人口为 3720 万人。

科技、教育事业继续蓬勃发展，全省有专业技术人员 110 万人，两院院士 47 人。有各类科研院所 1061 个，其中设立国家和省级重点实验室 92 个，工程研究中心 17 个。有普通高等院校 57 所，民办高等级教育机构 51 所，有 6 所高校已进入国家“211”工程，在校大学生近 100 万人。2005 年，全省又有 6 个县通过了“普九”验收，全省累计“普九”达标县（市区）103 个，人口覆盖率 97%。文化艺术、广播影视、新闻出版和哲学社会科学全面发展。城乡公共卫生设施和医疗条件进一步改善。

【投资环境与利用外资】 陕西省资源富集、科教优势明显。到 2005 年底，全省煤炭探明储量 1685 亿吨，石油探明储量 14 亿吨，天然气预测储量 6 万亿 ~8 万亿立方米、探明储量 8680 多亿立方米。全省矿产资源潜在经济价值 42 万亿元。

陕西省文化遗产厚实，旅游资源丰富。境内地上地下文物遗存极为丰富，文化古迹遍布全省，全省有国家级重点文物保护单位 89 处（113 个点），占全国的 10%。

陕西省科教综合实力居全国前列，是我国航空、航天、机械、电子、农业等领域重要的科研和生产基地，也是全国高等教育的重要基地。西安高新区是中国首批向亚太经合组织开放的科技工业园区，杨凌示范区是国家惟一的农业高新技术产业示范区，均跻身于国家重点支持的五大高新区之列。

基础设施和生态环境建设取得重大成就，配套服务功能日益健全。以西安为中心的“米”字型高等级公路主骨架基本形成，高速公路总里程突破 1300 公里。铁路交通已形成“两纵五横四个枢纽”的干线网架，主要铁路干线已同全国各地紧密相连；陕西通信网络的装备水平、技术层次已与世界接轨，是西部地区的通信中心。城市污水、垃圾处理等市政设施日臻完善，生态环境建设成效显著。全省森林覆盖率达到 31%。

加快立法建设，推进依法行政，法制环境明显改善。制定出台了《陕西省贯彻落实国务院关于投资体制改革决定的实施意见》、《陕西省重大项目稽查办法》、《陕西省实施〈中华人民共和国招标投标法〉办法》，进一步完善了外商投资、境外投资和国外贷款管理办法。清理并完善了行政许可规定，健全了行政许可配套制度。

2005 年，陕西省招商引资工作成绩显著。全年新批外商直接投资项目 256 个，比上年下降 5.5%；合同外资 15.82 亿，增长 50.9%；实际使用外资 6.28 亿美元，增长 19.3%。成功举办了第八届东西部贸洽会和第十一届杨凌农高会。到年底，世界 500 强企业中有 50 家来陕西发展。

【重点项目介绍】 2005 年，陕西省确定重点项目 102 个，其中，续建项目 66 个，新建项目 36 个，项目总投资 496 亿元。主要项目有：

渭洛河下游治理工程。加高、加固、培厚渭洛河堤防 511 公里，整治渭河河道 37 处，长 26.5 公里，修建坝垛 227 座；加高、加固、培厚渭河南山支流堤防 130 公里，加固库坝 5 座；修建排水干沟 41.3 公里，清淤 52.6 公里；新建、改建排水站 5 座、淤灌站 13 座；新修防汛道路 86.5 公里。总投资 8.54 亿元。

延安至黄陵高速公路。是阿荣旗至北海西部开发干线公路在陕西境内的一段，是陕西省“米”字型公路主骨架的重要组成部分。全长 143 公里。全线采用双向四车道高速公路建设标准，总投资 63.72 亿元。2002 年全线开工建设，已建成通车。户县至洋县至勉县高速公路。全长 259 公里。采用双向四车道高速公路建设标准，总投资 135.92 亿元。2002 年开工，计划 2007 年建成通车。西安至柞水高速公路。全长 65 公里（含秦岭终南山隧道里程 21.2 公里），按双向四车道高速公路建设标准，全线建设特大桥 5 座，特长隧道 1 座，设雁塔、韦曲、太乙宫、营盘 4 处互通式立交。

总投资19.25亿元。计划2007年建成通车。吴堡至子洲至王圈梁高速公路。全长323公里。采用双向四车道高速公路建设标准，总投资92亿元。2003年开工，计划2007年建成。靖边至安塞高速公路。全长104公里。采用双向四车道高速公路建设标准，总投资44.4亿元。2003年开工，计划2006年建成通车。

韩城二电厂。属于煤矿坑口电厂，年需燃煤约330万吨，装机容量4×60万千瓦，其中一期建设2×60万千瓦，同步建设烟气脱硫装置，总投资50.37亿元，2002年开工建设，2005年7月第一台机组投产发电，年底全部建成。喜河水电站。规划装机3×6万千瓦，保证出力2.2万千瓦，多年平均发电量约5亿千瓦时，垂直升船机近期按过坝能力50吨设计，预留100吨经过坝建筑物的位置，总投资12亿元。2003年6月开工建设，2004年11月实现大江截流，力争2006年并网发电，2007年全部建成。府谷清水川电厂——冯家塔煤矿煤电一体化项目。装机容量6×30万千瓦，一期建设2×30万千瓦空冷燃煤发电机组，送出工程以330千伏电压等级接入榆林电网。总投资33.28亿元。2004年准备工程开工，计划2007年建成。

西安市天然气城市气化二期工程。建设规模为新增日供气88万立方米，一、二期工程合计日供气量达到350万立方米供气能力，总投资7.76亿元，计划2006年建成。

引红济石调水工程。是将陕南汉江流域褒河支流红岩河水调入关中渭河支流石头河的跨流域调水工程。全长19.71公里，设计引水流量13.5立方米/秒。工程建成后，年均调入石头河水量9400万立方米，加上石头河天然来水量4.02亿立方米/年，通过石头河水库进行调节利用，年均向西安、咸阳、兴平、杨凌等城市供水1.81亿立方米，向石头河水库灌区供水1.92亿立方米。工程总投资7亿元。2005年开工，计划2008年建成。

西安铁路枢纽北环线（货运）工程。全长约56公里（其中一次新建双线约27公里，其余利用既有线增建第二线），并对新丰镇编组站进行扩建。采用铁路Ⅰ级标准，总投资约28.2亿元，2005年开工，2006年底建成。

【经济技术协作与对口支援】 2005年，苏陕扶贫协作与经济合作得到进一步加强，在扶贫帮困、捐资助学、干部交流、劳务输出、人才培训、经贸合作等方面取得较为明显的成效。全年两省共实施协作项目66项，投资110.78亿元；江苏省各级政府拨款、社会各界捐资3435万元，双方互派交流挂职干部127人次，为陕西省培训各类人员4965人次，援建学校48所，新修公路87公里，有组织劳务输出2738人，劳务收入4190万元，双方互派考察访问团组共902人次。

2005年4月，第九届中国东西部合作与投资贸易洽谈会在西安开幕，来自海内外的10万多名客商参加了大会。本届洽谈会以科学发展观为指导，紧密围绕“东中西部互动，促进协调发展”这一主题，以投资洽谈为重点，以互动求互补，以互补求共赢，以共赢求合作，推动东中西部经济协调发展。本次洽谈会陕西省签订利用外资项目合同118个，总投资15.88亿美元，外资额11.14亿美元；协议项目34个，总投资5.39亿美元，外资额3.71亿美元。国内联合项目合同575个，总投资478.73亿元，外地投资412.12亿元；协议项目128个，总投资346.74亿元，外地投资340.8亿元。内贸合同成交50.53亿元，内贸协议成交4.31亿元。

陕西省对口支援西藏阿里地区。2005年陕西援建阿里地区项目8个：普兰县巴嘎乡基础设施建设、噶尔县门士乡基础设施建设、噶尔县蔬菜基地建设、普兰县会堂建设、阿里地区农牧民建筑施工技能培训站、阿里地区商务中心、阿里地区质量监督局、小康示范村建设，总投资1400万元。陕西选派援藏干部24人，为阿里地区培训10名科技党政干部、5名县处级领导在西安市5个区县挂职。

甘肃省

【**经济与社会发展**】　2005年，甘肃省经济呈现出快速、平稳、协调发展的良好态势，全年实现GDP 1928.14亿元，同比增长11.7%。投资规模进一步扩大，全年完成固定资产投资874.53亿元，增长15.68%。

种植业结构发生变化。全年粮食种植面积258.72万公顷，比上年增长2.07%；棉花种植面积6.39万公顷，下降6.42%；油料种植面积32.89万公顷，下降1.12%；糖料种植面积4400公顷，下降3.47%；蔬菜种植面积30.68万公顷，增长8.27%。全年粮食总产量836.89万吨，增长3.86%。全年共完成造林面积26.22万公顷，下降35.13%。完成退耕造林面积12.17万公顷，下降21.11%。畜牧业生产继续稳步增长。全年肉类总产量85.95万吨，增长9.19%。牛奶产量31.19万吨，增长22.25%；绵羊毛产量2.11万吨，增长4.9%。全年水产品产量1.57万吨，增长7.81%。农业基础设施建设力度加大。全年新增有效灌溉面积3.2万公顷，增长1.38倍。在全省范围内全部取消了农业税、牧业税，加大了粮食直补、良种补贴和农机具购置补贴的力度，减轻农民负担6.1亿元，人均30元。

工业生产快速增长。全年实现工业增加值685.8亿元，同比增长15.3%。其中，规模以上工业企业实现增加值601.8亿元，增长18.55%。规模以上工业企业产品销售率97.83%，下降0.35个百分点。规模以上工业企业盈亏相抵后，实现利润总额63.01亿元，增长1.14%。建筑业生产增长，效益下降。全年建筑业实现增加值150.75亿元，增长3.1%。全年具有建筑业资质等级的建筑业企业实现利润总额6.31亿元，下降6.93%。

交通运输业继续保持稳步增长。全年实现增加值190.86亿元，同比增长14.6%。全年各种运输方式完成货物周转量855.1亿吨公里，增长14.57%；旅客周转量288.31亿人公里，增长7.43%。

邮电通讯业快速发展。全年完成邮电业务总量137.77亿元，同比增长27.62%。其中，电信130.6亿元，增长28.86%；邮政7.17亿元，增长8.64%。年末局用交换机总容量693万门，其中新增69.8万门。固定电话用户548.04万户，增长14.83%；移动电话用户408.44万户，电话普及率达36.34部/百人。

旅游业收入增长较快。全年国内旅游人数

1207.85万人次，比上年增长27.2%；国内旅游收入57.68亿元，增长11.74%。全年境外入境28.84万人次，增长21.84%。旅游外汇收入5900万美元，增长34.2%。

消费品市场销售和对外开放工作取得新的进展。全年实现社会消费品零售总额632.8亿元，同比增长12.87%。对外贸易大幅增长，全年实现进出口总额26.33亿美元，同比增长49.36%。其中，出口10.91亿美元，增长9.50%；进口15.42亿美元，增长1.01倍。

财政收入大幅增长。全年完成大口径财政收入254.56亿元，同比增长18.12%，完成一般预算收入123.38亿元，增长18.45%。金融机构存贷款规模继续扩大。年末金融机构本外币各项存款余额2931.37亿元，增长13.42%；各项贷款余额1942.83亿元，增长6.58%。证券市场规范发展。保险业健康发展。全年保费收入48.24亿元，增长8.64%。全年赔款和给付11.83亿元，增长9%。

科技事业进一步发展。全年共取得省部级以上科技成果634项，全年获得奖励156项。受理专利申请1759件，授权专利547件。全年共签订技术合同1877项，增长14.03%；成交金额17.2亿元，增长43.81%。

教育事业稳步推进。对45个国扶重点县农村义务教育实行了“两免一补”政策，又有4个县实现“两基”目标。全省普通高等教育招生7.16万人，增长8.16%，在校学生22.95万人，增长14.58%；研究生教育招生6100人，与上年持平，在学研究生1.49万人，增长29.75%；普通高中招生20.57万人，增长10.24%；初中学校招生48.59万人，增长3.16%；普通小学招生46.19万人，下降9.22%；特殊教育招生900人，在校学生8300人。

文化艺术、广播电视和新闻出版等各项事业取得新成绩。全省共有艺术表演团体76个，文化馆100个，公共图书馆92个，博物馆69个，广播电台5座，电视台12座，中短波广播发射台和转播台26座。档案馆101个，已开放各类档案81.04万卷（件）。广播和电视综合人口覆盖率分别为90.47%和90.77%，分别比上年提高0.65和1.0个百分点。出版全国性和省级报纸33277万份，出版期刊11373万册，出版图书5011万册（张）。

卫生事业稳步发展。全省共有卫生机构11855个，其中医院、卫生院1746个，妇幼保健院、所、站100个，专科疾病防治院（所、站）7个。医院、卫生院拥有床位59935张。全省有卫生技术人员82680人，其中执业医师和执业助理医师35826人，注册护士22321人。全省有疾病预防控制中心（防疫站）103个，卫生技术人员3557人。卫生监督检验机构77个，卫生技术人员1253人。在14个县开展了新型农村合作医疗试点。

体育事业蓬勃发展。全年在国内外各类比赛中，甘肃省运动员获各类奖牌39枚，比上年增长95%。

城乡居民生活水平不断提高。全年城镇居民人均可支配收入8086.82元，同比增长9.63%；恩格尔系数为36.04%。农民人均纯收入1980元，增长6.9%；恩格尔系数为47.2%。年末全省有常住人口2594.36万人，人口出生率12.59‰，人口死亡率6.57‰，人口自然增长率为6.02‰。

社会保障和城市低保工作取得新进展。年末全省参加失业保险159.98万人，领取失业保险金10.46万人。参加医疗保险176.58万人，其中：职工130.45万人，离退休人员46.13万人。国有企业下岗职工进入再就业服务中心6.13万人。城镇居民最低生活保障对象68.04万人，增长11.54%。

【投资环境与招商引资】 2005年，甘肃省基础设施建设取得重大突破。在交通基础设施建设方面，国道主干线临泽至清水、刘寨柯至白银、永登树屏至徐家磨高速公路建成通车，清水至嘉峪关高速公路部分通车，国道主干线宝鸡至天水、亚行贷款平凉至定西高速公路相继开工建设，甘肃省高速公路通车里程达到1006公里，县际公路已有29条，共计2550

公里建成通车。

招商引资和东西合作工作取得明显成效。签约项目、投资总额、拟引进资金总额、实际到位资金额均呈增长趋势，资金到位率、合同履约率比上年有明显增长。全年总共签订各类百万元以上招商引资合同项目629项，投资总额177.94亿元，引进资金172.71亿元。全年实际引进省外、境外资金到位60.85亿元。

【经济技术协作与对口支援】 2005年8月，黄河经济协作区省区负责人第十八次会议在乌鲁木齐召开。甘肃省对协作区今后加强区域合作提出了三点建议：联手推进协作区内企业间的合作；充分利用即将开通的青藏铁路，注重加强与西藏的交流与合作；针对新疆提出的《关于构建黄协区区域经济合作基础平台的提案》，提出合作发展的重点和任务。同时召开了黄河经济协作区企业经贸座谈会，9省区11方的168户企业参加了座谈会。

2005年，国家29个部委中有26个单位的领导和干部，共计149人先后多次深入到32个定点帮扶县（区）实地调研、考察，有20名干部常年在32个帮扶县（区）蹲点挂职帮扶，帮助开发适合当地发展的产业项目。全年累计投资1677万元，上项目27个，在改善生产生活条件、扶持发展支柱产业和支持地方教育、文化、医疗事业等方面办了许多实事。

浙江省金华市与甘肃省定西市建立对口帮扶合作关系以来，双方互惠互利，在党政领导互访、干部人员交流、生态工程建设、经济贸易协作、社会事业捐助、对口帮助扶持等各个方面取得丰硕成果。2005年11月，金华市党政代表团又来到定西市进行参观交流，再次为定西市捐赠建设“金华林”资金400万元。

【重点项目介绍】 疏勒河农业灌溉暨移民安置综合开发。工程由昌马水库、灌排工程、移民安置，以及农、林、牧等相配套组成。概算总投资26.73亿元，工程于1996年10月开工。2004年省政府批复同意项目中期调整方案，总投资调整为19.71亿元。项目建成后可新增有效灌溉面积约40.82万亩，安置移民近7.5万人，计划2007年建成投入运营。

GZ45线武威过境段高速公路。全长45公里，总投资8.5亿元，2004年开工，计划2006年建成通车。GZ45线嘉峪关至安西一级公路。全长235公里，总投资31.88亿元，2004年开工，计划2007年建成通车。西部通道临夏至合作二级公路。全长94公里，总投资8.11亿元，2004年开工，计划2006年建成通车。GZ25清水至嘉峪关高速公路。全长99公里，总投资18.45亿元，2003年开工，计划2006年建成通车。GZ45线临泽至清水高速公路。全长98公里，总投资18.5亿元，已建成通车。

兰新铁路武威南至嘉峪关电气化改造工程。全长481公里，总投资21.14亿元。2004年开工，计划2006年底完工。兰新铁路兰州至武威南增建二线工程。全长298公里，总投资76.4亿元。2003年开工，计划2006年底完成全部站后工程。

黄河柴家峡水电站。装机容量9.6万千瓦，总库容1700万立方米，总投资8.11亿元。2004年开工，计划2006年建成发电。洮河海甸峡水电站。装机容量5.2万千瓦，总库容1700万立方米，调节库容300万立方米，总投资4.27亿元。2004年开工，计划2006年建成发电。张掖电厂一期工程。静态投资24亿元，动态投资25亿元。2003年一期工程开工，2005年11月首台机组投产发电。计划2006年全部建成投产。

中油兰州石化60万吨乙烯改扩建工程。2004年开工，总投资62.9亿元，计划2006年投产。建成后将乙烯能力由年产24万吨扩大到年产70万吨，同时形成20万吨全密度聚乙烯、20万吨高压聚乙烯、30万吨聚丙烯的生产能力。厂坝—李家沟铅锌矿深部采矿工程。建成后可确保白银公司采选规模仍维持3500吨/日，企业自1999年开始建设。已全部建成，累计完成投资1.54亿元。

【经济与社会发展】 2005年，青海省经济保持了持续快速健康发展的良好势头，全年GDP达到543.2亿元，同比增长12.2%。其中，第一产业增加值62.79亿元，增长5.3%；第二产业增加值264.61亿元，增长15.9%；第三产业增加值215.80亿元，增长10%。人均GDP达到10043元，增长11.2%；全省完成固定资产投资367.15亿元，增长15.4%。财政一般预算收入完成63.3亿元。完成固定资产投资367.15亿元，增长15.4%。

农业喜获丰收。全年粮食种植面积24.56万公顷，比上年增长0.4%；总产量93.26万吨，增产5.4%。其中，特色作物马铃薯种植面积7.53万公顷，增长11.1%，总产量32.45万吨，增产11.9%；豆类种植面积4.09万公顷，增长1.9%，总产量11.75万吨，增产4.4%。油料种植面积16.19万公顷，增长1.3%，总产量31.85万吨，增产10.3%。蔬菜种植面积2.58万公顷，增长3.1%，总产量84.46万吨，增产7.7%。

畜牧业稳步发展。全年草食牲畜出栏率31.3%、商品率25.8%，均比上年提高1.3个百分点；年末草食牲畜存栏2219.14万头（只），增长0.1%；肉类总产量25.75万吨，增长3.8%。其中，牛肉产量7.44万吨，增长2.1%；羊肉产量9.16万吨，增长3.6%。牛奶产量23.62万吨，增长3.8%；羊毛产量1.77万吨，与上年持平。

退耕退牧还林草任务全面落实。全年完成退耕地造林种草面积1万公顷，荒山造林种草8.3万公顷。退牧还草工程稳步实施。农田水利建设取得积极进展。年末全省水浇地面积17.65万公顷；年内完成灌区续建配套与节水工程改造面积6200公顷；水土流失治理面积240平方公里。全年解决了17.84万人、124万头（只）牲畜的饮水困难。

全年完成工业增加值203.94亿元，同比增长21%。规模以上工业创造增加值179.54亿元，增长22.7%。其中，国有及国有控股企业完成150.95亿元，增长24.5%。高新技术产业增加值4.43亿元，增长52.4%。全年四大支柱产业增加值100.41亿元，增长25%。

消费品市场繁荣活跃。全年实现全社会消费品零售总额160.51亿元，同比增长13.7%。居民消费价格小幅上涨。居民消费价格比上年上涨0.8%。

科技事业发展创新成果丰硕。全年研究与实验发展（R&D）经费支出3.51亿元，同比增长15.6%，组织实施了275项科技项目，全年取得省部级以上科技成果175项。全年专利申请216件，授权专利79件；签订技术合同318项，成交金额1.18亿元。全省共有产品检测实验室123个，法定计量技术机构19个，天气雷达观测站点4个，卫星云图接收站点10个，地震台站16个，地震遥测台网4个。

教育事业发展水平不断提高。全省有研究生培训单位5个，招生403人，在学研究生894人，毕业生117人；普通高等教育院校8所，招生1.16万人，在校生3.25万人；中等职业教育学校47所，招生1.32万人，在校生2.47万人；普通高中144所，招生3.76万人，在校生10.05万人；初中367所，招生7.88万人、在校生22.7万人；普通小学2898所，招生8.93万人，在校生50.69万人；特殊教育学校招生335人，在校生2307人。幼儿园在园幼儿8.26万人。全省“普九”覆盖率达86.8%，比上年提高3.8个百分点。

文化事业繁荣进步。全省有艺术表演团体14个；文化馆44个，公共图书馆45个，博物馆15个，档案馆62个；广播电台4座，中短波广播发射台和转播台8座，广播综合人口覆盖率86.5%；电视台8座，电视综合人口覆盖率92.5%，有线电视用户31.7万户。全年报纸出版量4365万份；期刊（杂志）出版168万册，图书出版912.2万册（张）。

卫生事业健康发展。农牧区新型合作医疗制度覆盖全省农牧民。全省有各类卫生机构5692个，床位1.6万张，其中，医院130个，床位1.36万张；乡镇卫生院411个，床位2100张；城市社区卫生服务中心8个、疾病预防控制中心（防疫站）56个，卫生监督检验机构52个，妇幼保健院（所、站）24个。全部卫生技术人员20044人，其中执业医师和执业助理医师8351人，注册护士6293人。

体育事业充满生机。多巴国家级高原体育训练基地基本建成，环青海湖国际公路自行车赛水平显著提高，群众体育活动设施得到改善。全年全省优秀运动队中共有478人次参加了国内外比赛，9人次获第一名，15人次获第二名，13人次获第三名。

社会保障体系不断完善。全省参加养老保险59.9万人，比上年增长2.39%。参加失业保险33.2万人，领取失业保险金1.95万人。参加医疗保险62万人，增长3.16%。初步建立起了覆盖全省城乡的社会救助体系，其中农村特困救助22.9万人、医疗救助24.9万人。城镇居民得到政府最低生活保障的20.5万人。工伤保险参保20.5万人。救灾救济救助制度得到实施和完善，各项社会福利业、社区服务业稳步健康发展。

【投资环境与招商引资】 近年来青海省的投资环境有了明显改善，新增公路通车里程1.1万公里，建成高速公路196公里，实现省会—州府—县城之间全面通油路、乡乡通公路、行政村基本通公路。举世瞩目的青藏铁路全线贯通，西宁机场、格尔木机场扩能改造顺利完成。一批交通、电力、煤炭、城镇基础设施项目建设进展顺利。

招商引资工作坚持“政府引导、企业为主、突出重点、注重实效、面向东部、引进为主”的工作方针，以东部为重点，以项目为依托，展会为平台，积极采取“走出去招商、请进来招商、以商招商”等多种形式，成功举办的“青洽会”、“郁金香节”、“藏毯展览会”等招商引资活动富有成效，这次会议，青海省共签约项目121个，总投资额209亿元。到年底有45个项目已开工建设，29个项目做前期工作，已完工项目18个，项目履约率91.6%。实际到位资金22.7亿元，占总投资额的12.2%。项目履约率比上年增长25.3%。全年实际利用省外资金93.48亿元，比上年增加近20亿元，增长21.5%。

【经济技术协作与对口支援】 2005年，山东省向青海省提供汽车、拖拉机、太阳能设施等价值2000万元的物资援助。

通过学习考察、推介项目，进一步深化了

与长江经济带、长江三角洲、泛珠江三角洲、环勃海地区、西南经济协作区的经济交流。与黄河经济协作区横向联合得到了较快发展，青海省在主持协作区工作的一年中，协作区“九省区十一方”共实施各类经济技术合作项目1600多项，合作金额1100亿元。在基础设施建设、生态环境保护治理、区内优势资源开发、区域产业结构调整、开展跨省区的经贸交流、开展对口扶贫协作等方面取得积极进展。

2005年，辽宁省帮扶青海资金、物资折价总量2978万元。其中省本级资金1500万元，13个市、1个大型企业帮扶资金1478万元（含物资折价）。这些资金物资的投入，促进了青海省贫困地区农牧业产业结构的调整，有效地改善了贫困地区的基础设施条件，增加了贫困人口的收入，为解决贫困人口的温饱发挥了重要作用。

青海省103个省直机关单位定点帮扶25个扶贫开发工作重点县的119个乡（镇）的232个村。全年各帮扶单位派出厅、处级及以下干部138人次。赴定点县考察人员为340人次。省直各帮扶单位累计投入资金855.3万元（含物资），帮助引进项目38项，引进资金1961万元。主要进行物资捐赠（电脑及办公设备、粮食、衣物、药品、书刊等），实施援建小学、人畜饮水、乡村道路建设、暖棚建设、种养业、农牧业实用技术培训、贫困生资助等项目。举办培训班123期，培训农牧民5279人次，劳务输出456人次。

【重点项目介绍】 2005年，全省重点项目建设进展比较顺利，全年完成投资100.3亿元。其中，22个续建项目完成投资86.4亿元；计划新开工10个项目完成投资13.8亿元。

22个续建项目中，宁大高速公路、当金山至冷湖、冷湖至花土沟、湟中至贵德公路等公路已基本建成，待验收后正式投入使用，平安至阿岱高速路、大通至扁都口、西宁至互助等公路基本完成计划任务，进入冬季休工期；西宁曹家堡机场航站楼改扩建工程已正式投入使用；西宁市南北过境公路工程南北主线桥正式通车，东西线桥工程完工，立交基本建成；青海碱业有限公司90万吨纯碱项目于2005年6月进行汽机、锅炉点火试车，当年生产纯碱15万吨；青海中信国安西台吉乃尔湖锂钾硼综合开发项目（一期工程），盐田已灌卤、采卤渠已投用，硫酸钾美肥进入试生产，当年生产10万吨；省投资集团20万吨铝熔铸项目，三条铸轧生产线开始生产，第四条生产线安装完成，主体工程基本完工；退牧还草工程大部分工程已停工，由于2005年建设区雨水多，道路泥泞，年内完成2004年建设任务95%的工作量；多巴高原体育训练基地射击馆已竣工、田径馆、游泳馆、综合馆主体基本完工；高原绿色肉类加工项目完成设备安装，实现试生产；公伯峡水电站、拉西瓦水电站、康扬水电站、苏只水电站、西海火电厂、桥电2×30万千瓦机组等6个水火电站进展顺利，公伯峡水电站两台机组、苏只水电站一台机组年内运行发电；西宁市第七厂供水工程等项目进展正常，构筑物主体基本封顶，完成20公里输水管线；义海能源海西大煤沟90万吨煤矿完成主井等工程开挖。

2005年10个新开工项目中，绿草山至黄瓜梁公路工程已完成部分路基工程，进入冬季休工期；两基攻坚寄宿制学校建设57个项目竣工，其余部分项目主体完工；青海100万吨钾肥产品综合利用项目一期项目于9月正式开工；青海油田分公司30万吨甲醇项目完成部分主体工程和设备购置；青海东风专用汽车有限公司年产5000辆特种车项目7月厂房主体开工，基本完成一期厂房建设及设备安装调试；三江源自然保护区生态保护和建设工程于8月正式启动，已下达资金计划2.95亿元，正在按照规划逐步实施；格尔木30万千瓦燃气电站年内进行了主厂房、冷却塔工程施工，主厂房基本完工；湟水北干渠扶贫灌溉一期工程初步设计概算通过国家发展和改革委员会审核，国家已下达专项投资计划1.5亿元，招投标等前期工程已开始，2006年初可正式启动。

【经济与社会发展】　2005年，宁夏回族自治区（以下简称宁夏）国民经济保持快速增长。全年实现GDP 599.4亿元，同比增长10.3%。其中，第一产业增加值69.78亿元，增长3.3%；第二产业增加值277.82亿元，增长14.3%；第三产业增加值251.8亿元，增长8.3%。人均GDP 10127元。全年完成社会固定资产投资444.73亿元，增长16.8%。

全年实现农业增加值69.78亿元（不含农林牧渔业服务业），同比增长3.3%；完成农林牧渔业总产值134.48亿元，增长6.2%。其中，农业78.94亿元，增长6.9%；林业5.56亿元，下降10.2%；畜牧业46亿元，增长7.5%；渔业3.98亿元，增长4.2%。全年粮食播种面积1163.87万亩，减少2%；粮食总产量299.81万吨，增长3.2%。畜牧业发展呈现出恢复性增长态势，肉类总产量25.85万吨，增长6.2%；禽蛋产量7.83万吨，增长0.2%；禽肉产量3.23万吨，增长5%；奶产量57.85万吨，增长25.6%，水产品产量5.83万吨，增长3.1%。农业产业结构不断调整。农产品加工龙头企业辐射带动力增强，优势农产品产业带基本形成。夏进乳业、香山集团等一批农业产业化龙头企业规模不断壮大，示范带动作用增强。

全年继续实施退耕造林工程，完成造林面积11.2万公顷，其中退耕地造林3.16万公顷。继续实施全面禁牧和天然草场退牧还草工程、“百万亩人工种草工程”，人工种草留床面积累计达到45.3万公顷，天然草原围栏达到100万公顷，生态得到初步恢复。

全年完成工业增加值228.29亿元，同比增长16.8%。工业对经济增长的贡献率55.9%。规模以上工业实现增加值202.35亿元，增长18.5%。全年建筑业实现增加值49.53亿元，增长4.2%；房屋建筑施工面积1079.18万平方米，减少6.2%；房屋建筑竣工551.68万平方米，减少3.1%，全员劳动生产率74046元/人，增长9.4%。

全年完成财政一般预算收入87.01亿元，增长29.9%。其中，地方财政一般预算收入47.71亿元，增长27.4%。地方财政支出158.71亿元，增长29.2%。

全年实现社会消费品零售总额174.34亿元，同比增长13.6%，扣除价格因素实际增长13.1%，增速同比提高2.1个百分点。全年实现外贸进出口总额9.67亿美元，增长6.4%。其中，出口6.87亿美元，增长6.3%；进口2.8亿美元，增长6.7%。全年接待海内外游客500.82万人次，增长23.8%；实现旅游收入17.74亿元，增长17.3%。

全年金融保险业实现增加值31.1亿元，同比增长9%。年末金融机构各项存款余额993.74亿元，增长16.8%；各项贷款余额841.81亿元，增长15.3%。金融机构现金收入2641.02亿元，现金支出2665.76亿元，收支相抵净投放现金24.74亿元。

全年交通运输、仓储和邮电通信业完成增加值66.15亿元，同比增长10.6%。公路通车里程13078公里，新增622公里。全年完成货物周转量：公路67.77亿吨公里，增长4.9%，铁路184.43亿吨公里，增长4.7%；航空651.87万吨公里，增长15.9%。完成旅客周转量：公路40.27亿人公里，增长5.5%；铁路21.95亿人公里，增长14.3%；航空4.74亿人公里，增长24.4%。

全年完成邮政业务总量2.56亿元，同比增长10.2%。新增本地局用交换机容量7.74万门，达到123.39万门，增长6.7%，电话普及率54.44部/百人。移动电话用户181.08万户，增长14.2%，普及率30.81部/百人。互联网络注册59.1万户，增长84.2%。全年邮电业务总量48.6亿元，增长23.9%。

全年在岗职工工资总额101.55亿元，同比增长15.52%；在岗职工平均工资17211元，增长17.72%。城镇居民年人均可支配收入8093.6元，增长12.1%；恩格尔系数34.8%，比上年下降1.2个百分点；人均住房使用面积19.8平方米，增长4.6%。农民年人均纯收入2509元，增长8.1%。扣除价格因素实际增长6.3%；恩格尔系数44%，上升2个百分点。人均生活住房面积21平方米，下降1.6%。

社会保障体系进一步健全。全年城乡就业人员达299.61万人，增长0.54%。城镇单位在岗职工57.44万人，下降1.78%。全年实现城镇新就业5.5万人，增长12.24%，城镇登记失业人数4.4万人，登记失业率4.5%。坚持开发式扶贫，继续实施千村扶贫工程，累计完成生态移民搬迁8.9万人。全年城镇基本养老保险67.5万人，新增5.4万人；基本医疗保险64.5万人，新增8.93万人；失业保险参保37万人，新增近万人；全年保障城市低保对象8.6万户，21.3万人，支出保障金1.6亿元。

科学研究和技术开发取得新成就。全年共获得自治区科技成果奖136项，受理专利申请516件，受理专利214件，全年认定技术合同233项，成交金额1.4亿元，同比增长10.2%。

教育事业稳步发展。全区有各级各类学校3222所，初等义务教育已全面普及，以县为单位的“普九”人口覆盖率70%。全年研究生培养单位招生662人，在校研究生1443人，毕业研究生182人。有普通高校13所，招生14775人，在校生4.87万人，毕业生8817人。中等职业技术学校44所，中等职业教育招生29.33人，在校生6.33万人，毕业生1.43万人。普通中学418所，普通高中招生4.38万人，在校生12.55万人，毕业生3.67万人。普通初中招生10.31万人，初中毛入学率94.21%，在校生28.1万人，毕业生8.72万人。小学校2527所，招生13.04万人，学龄儿童入学率99.04%，在校生69.32万人，毕业生10.47万人。特殊学校6所，招生159人，在校生1455人。幼儿园208所，在园幼儿10.2万人。

文化、卫生事业繁荣发展。全区有艺术表演团体14个，博物馆6个，公共图书馆20个，文化馆20个，文化站227个。有广播电台21座，中短波广播发射台和转播台7座，广播综合人口覆盖率91.42%；电视发射台和转播台126座，电视综合人口覆盖率92.82%。全年出版报纸19种、9782万份；出版杂志35种、318万册；出版图书600种、

1317 万册。

控制预防疾病工作取得较好成效。全区有卫生机构 1463 个，床位 1.78 万张；卫生技术人员 2.28 万人，其中执业医师、执业助理医师 1.06 万人，注册护士 7376 人。卫生防疫、防治机构 35 个，卫生工作人员 1530 人；妇幼保健机构 21 个，卫生工作人员 1336 人。农村卫生医院 266 个，卫生工作人员 3434 人。继续实施“少生快富”工程，年末全区总人口 596.2 万人，人口出生率 15.93‰，人口自然增长率 10.98‰。

开展全民健身运动，加强体育设施的建设。全年完成全民健身路径工程 194 个，总投资 2246 万元。宁夏运动员在世界比赛中获金牌 2 枚，参加全国比赛获金牌 2 枚，银牌 11 枚，铜牌 5 枚。

【投资环境与招商引资】　2005 年宁夏投资环境进一步改善。两条国道主干线丹东至拉萨公路、青岛至银川公路宁夏境内段和西部大通道银川至福建公路桃山口至固原段全部建成高速公路。实现了宁夏境内各市县 1 小时上高速公路的目标。陶乐黄河大桥主桥工程基本建成。县乡公路通车里程 1.3 万公里。完成大古铁路部分改造，对河东机场设施进行了配套完善。建成羊场湾等煤矿，新增原煤生产能力 1000 万吨。建成石嘴山二电厂、中宁电厂、贺兰山风电厂等电源项目，实施了大规模城乡电网改造和宁夏与西北第三、第四回 330 千伏联络线等电网项目，新增发电装机 271 万千瓦。自然村通电率达到 100%。建成黄河沙坡头水利枢纽、宁夏扶贫扬黄灌溉一期主体工程、黄河宁夏段防洪一期工程、盐环定扬水宁夏专用工程、长城塬引水工程、农村饮水解困一、二期工程等，加固改造了一批病险水库。人口向城镇转移速度明显加快，全区城镇化率达到 42%。

全年实际利用外资 1.41 亿美元，同比增长 12.5%。全年新批直接外商投资项目 32 个；合同外资金额 1.91 亿美元。到年底，宁夏注册登记外商投资企业累计达到 463 家，其中：中外合资企业占 58.7%；中外合作企业占 10.2%；外商独资企业占 30.7%。全年制造业签订利用外商直接投资项目 24 个，合同额 1.62 亿美元；服务业签订利用外商直接投资合同金额 1600 万美元。

2005 年，宁夏招商引资实施开放带动战略。围绕宁夏特色优势产业，充实完善对外招商项目库；举办各种形式的招商活动和参加全国区域性的投资经贸洽谈会，加强项目的宣传推介力度；积极规划、申报、争取国外贷款项目，进一步扩大利用外资的规模。全年招商引资引进实施项目 674 个，实际到位资金 153 亿元，同比增长 75%。项目涉及农林牧、能源、化工、冶金、建材、食品、医药，机械、仪表、旅游、基础设施建设等各方面。在引进大项目中，投资额 1 亿元以上的有 93 个，比上年增长 4%；实际到位资金在 1 亿元以上的项目 30 个，增长 1.72 倍。

【对口支援与对外合作】　2005 年，在银川成功召开闽宁互学互助对口扶贫协作第九次联席会议，福建宁夏两省区本着“优势互补、互惠互利、长期协作、共同发展”的原则，以解决贫困人口温饱为中心，以贫困户为对象，以项目扶持为重点，通力合作，全方位、多层面、宽领域开展工作。全年福建省无偿援助宁夏资金 3984.6 万元，其中省级 1800 万元，对口帮扶市县 2184.6 万元，社会各界捐资捐物折合 165.5 万元，这些资金和物资有效地改善了贫困地区群众的生产生活条件，有力地促进了宁夏南部山区的经济发展和社会进步。全年实施省级项目 9 个，其中有万户菌草产业开发工程、万名劳务输出培训工程、人工种草、发展养牛、发展中药材种植、发展砂地枣瓜间作、发展特色养鸡工程、援建学校 2 所，实施了医疗卫生项目“天使工程”，帮助全区 22 家区、市、县医院，建立远程会诊及患者关怀服务系统；对口帮扶市县和社会各界捐助资金用来实施项目 19 个，项目内容涉及建设高标准梯田、治理小流域、建造连心桥、修路、进行县城改造、发展菌草种植、建设养殖园区、高效农业综合示范园区、马铃薯脱毒繁育中心、饲草加工基地、建学校、改善教学条件、资助贫困学生、修建信息中心、文化广场、改善乡镇卫生、计生服务条件、危房改造、投放太阳能灶等。

2005年，在中国扶贫基金会协助下，宁夏与伊斯兰国际救助基金组织建立了合作关系，计划在同心实施贫困农村社区发展项目，在海原实施贫困回族女生救助中心项目；与中国扶贫基金会合作，先后启动实施了“母婴120项目”和“天使工程”，为宁夏22所乡卫生院配备了医疗设备；成功举办了“第3届国际菌草业发展暨第六届中国菌草技术扶贫研讨会议”；在大连举办了“2005中国首届扶贫项目经贸洽谈会暨国家重点扶持地区资源开发展览会”，宁夏11个市、县（区）的17家企业参加了展览。

【重点项目介绍】 沙坡头水利枢纽工程。总库容2600万立方米，装机12.15万千瓦，改善灌溉面积100万亩，总投资11.97亿元，已全部完成。

宁夏扶贫扬黄灌溉一期工程。开发土地130万亩，搬迁移民67.5万人，总投资29.66亿元。1998年开工建设，红寺堡和固海扩灌区水利骨干工程基本建成，累计开发土地60.4万亩，安置移民25.2万人。2005年9月国家发展和改革委员会批复扶贫扬黄灌溉一期工程调整概算报告，调整后的建设规模灌溉面积80万亩，安置移民40万人，概算总投资36.69亿元。

农村饮水安全项目（包括中部干旱带农村饮水工程）。总投资17亿元，解决农村220万人饮水困难。工期2005～2020年。累计完成投资2632万元，解决8.8万人饮水困难。

中宁电厂。建设规模2×33万千瓦燃煤发电机组，总投资22.58亿元。已全面建成。

马莲台电厂。建设2×33万千瓦燃煤发电机组，工期2004～2006年，总投资25.4亿元。1号机组已并网发电，2号机主厂房及冷却塔等附属建筑已基本建成。

灵州矸石电厂。建设2×13.5万千瓦发电机组，工期2004～2006年，总投资12.68亿元，1号机组已并网发电。

羊场湾煤矿。建设规模年产原煤300万吨，工期2004～2006年，首采工作面全部完成并投入试生产，新增生产能力100万吨。

西部干线同心至沿川子高速公路。新建高速公路182公里，工期2003～2008年，总投资58.06亿元。同心至固原段已通车。

陶乐黄河大桥、同沿高速公路固原连接线、石营公路中卫东西出口道路3个项目全部完成，年底通车。

青铜峡铝业集团技改工程。年产电解铝23万吨，总投资20.54亿元。已建成投产。

宁夏西部聚乙烯公司氯碱项目。规模：年产烧碱10万吨、聚氯乙烯12万吨、自备电厂装机2×15万千瓦，总投资19.36亿元。

宁东能源化工基地供水一期工程。建设规模年供水能力1.6亿立方米，开发生态灌区6万亩，工期2003～2006年，总投资87213万元。已开始为马莲台电厂供水。

枣泉煤矿。矿建工程东主斜井、副斜、回风井已全部成巷，副井提升机房、锅炉房、西井变电所等已竣工。

石嘴山电厂技术改造工程。1号、2号汽机房、锅炉房、煤仓间继续施工，1号冷却塔施工到顶，2号冷却塔施工至第6节。

灵武电厂一期工程。主厂房、锅炉基础完成，部分设备到货，烟囱施工至15节。第五批辅机设备招标完成。

美利纸业林纸一体化项目。30万吨卡纸工程土建完成70%，10万吨纸浆工程土建完成85%，设备订货已完成。

恒力集团冶轧钢系统技术改造。制氧、水系统、110千伏变电所等公辅设施全部建成，炼钢康斯迪电炉、LF炉和连铸机安装就位，棒材生产线已试生产，炼钢系统进入单体调试阶段。

新疆维吾尔自治区

【经济与社会发展】　2005年，新疆维吾尔自治区（以下简称新疆）经济平稳发展，全年实现GDP 2604亿元，同比增长10.9%。其中，第一产业增加值494亿元，增长6.6%；第二产业增加值1165亿元，增长14.4%；第三产业增加值945亿元，增长9.3%。人均GDP 13108元，增长8.8%。全年完成全社会固定资产投资1352.28亿元，增长16.4%。全年实现社会消费品零售总额637.78亿元，增长13.2%。

全年农林牧渔业实现总产值831.06亿元，同比增长7.4%。其中，农业595.84亿元，增长7%；畜牧业183.52亿元，增长9%；林业15.29亿元，增长5.8%；渔业4.34亿元，增长5.3%；农林牧渔服务业32.07亿元，增长5.4%。全年粮食总产量877.21万吨，增长5.9%；棉花产量195.7万吨，增长11.7%；油料产量38.94万吨，下降12.6%；甜菜产量419.12万吨，增长21.8%。年末牲畜存栏头数5333.6万头（只），增长2.4%；牲畜出栏3756.92万头（只），增长9.3%。肉类总产量141.46万吨，增长10.4%；绵羊毛产量8.98万吨，增长5.8%；牛奶产量152.22万吨，增长14.2%；禽蛋产量24.99万吨，与上年持平。水产品产量7.93万吨，增长8.2%。年末农业机械总动力1116.25万千瓦，增长6.7%。

全年完成工业增加值962亿元，同比增长15.6%。其中，规模以上工业增加值888.08亿元，增长17.8%；规模以上工业企业产品出口交货值32.41亿元，增长2.4%。工业产品销售率为99.2%，上升1.4个百分点。

全年完成进出口总额79.42亿美元，同比增长40.9%。其中，出口50.4亿美元，增长65.5%；进口29.02亿美元，增长12.1%。

全年完成货物运输周转量1033亿吨公里，比上年增长9.1%。全年旅客运输周转量457亿人公里，增长7.8%。全年完成邮电业务总量172.38亿元，同比增长12.5%。其中，电信业务164.33亿元，增长12.8%；邮政业务8.05亿元，增长7.3%。年末全区固定电话用户612.2万户，增长18.5%，移动电话用户531.3万户，增长8.4%。

全年接待国内游客1465万人次，比上年

增长18%；国内旅游收入130.55亿元，增长19.8%。接待境外游客33.11万人次，增长4.5%；国际旅游外汇收入1亿美元，增长9.9%。

全年实现全口径财政收入397亿元，同比增长22.8%。实现地方财政收入220亿元，增长15.5%，其中一般预算收入180亿元，增长15.8%。地方财政支出556亿元，增长21.1%。年末金融机构各项存款余额3427.48亿元，比年初增加452.35亿元。各项贷款余额2272.08亿元，比年初增加135.26亿元。全年保费收入72.5亿元，增长5.8%。各项赔款和给付总额20.25亿元，增长10.2%。

年末全区共有普通高等学校31所，本专科招生5.58万人，比上年增长9.6%；在校学生18.18万人，其中，少数民族学生7.5万人；毕业生3.69万人。研究生招生2902人，增长24.2%；在校研究生6938人，其中，少数民族学生717人；毕业生1066人。中等职业教育招生5.6万人，下降4%；在校学生16.25万人；毕业生4.29万人。普通高中招生14.5万人，增长4.9%；在校学生38.78万人；毕业生10.39万人。普通初中在校学生115.35万人；毕业生35.64万人。小学在校学生214.38万人；毕业生39.76万人。特殊教育在校学生4961人。幼儿园在园幼儿29.34万人；小学学龄儿童入学率98.7%，小学毕业生升学率98.2%；初中毕业升入普通高中升学率40.7%。全年共实施各类科技计划项目1113项，其中自治区级项目897项，国家级项目216项。

新疆共有艺术表演团体89个，文化馆94个，公共图书馆94个，博物馆28个，档案馆121个，已开放各类档案44.1万卷。广播电台6座，电视台10座，广播发射台和转播台42座，一千瓦以上电视发射台和转播台64座。广播人口覆盖率93.1%，电视人口覆盖率92.8%。出版各类报纸4.89亿份，各类杂志2500万册，图书8861万册；共有卫生机构8087个，其中，医院、卫生院1516个，疾病预防控制中心（防疫站）197个，卫生监督检验机构30个；卫生技术人员9.63万人；拥有病床7.98万张；新疆运动健儿在国际、洲际比赛中获第二名1个，第三名3个；在全国比赛中，获冠军31个，亚军29个，季军28个。

全年城镇居民人均可支配收入7990元，同比增长6.5%；人均消费支出6208元，增长7.5%；人均住房使用面积20.15平方米，增长7.1%；全年农村居民人均纯收入2482元，增长10.6%；人均消费支出1924元，增长13.9%；人均住房面积21.13平方米，增长10.7%；年末城乡居民储蓄存款余额1816.38亿元，新增281.71亿元。参加失业保险140.8万人，比上年增长1.6%；参加基本养老保险181.88万人，增长4.9%；参加基本医疗保险211.85万人，增长8.2%；年末就业人员791.62万人，增长6.3%，城镇登记失业率为3.9%。

【投资环境与招商引资】 2005年，新疆投资环境进一步优化，综合经济实力不断增强，基础设施条件不断改善，特色优势产业迅速发展。四是新疆具有独特的资源优势。目前，新疆138种矿产资源中，已探明的117种，储量居全国首位的5种，居全国前10位的43种，居西北首位的23种。其中石油、天然气、煤炭预测储量分别占全国预测储量的30%、34%和40%以上。新疆周边与8个国家接壤，边境线长5600公里，现有国家一类口岸17个。

2005年，新疆利用外资继续保持良好增长趋势。全年利用外资23225万美元，新批外商投资企业76个，增长2.7%；合同外资27237万美元，增长5.63%；实际利用外资4750万美元，增长17%。举办了第十四届“2005年乌鲁木齐对外经济贸易洽谈会”，国内贸易和经济技术合作项目成交596.9亿元，其中国内贸易成交375.4亿元，国内经济技术合作项目成交221.5亿元。

【经济技术协作与对口支援】 2005年，新疆经济技术合作取得重要成果，引进了一批先进技术和管理，加快了企业的技术改造，促进了国企改革，提高了企业产品档次。先后组织有关单位和企业参加了西洽会、天交会、青洽会、兰洽会、厦洽会等区外会展活动；区内外知名企业15家来新疆投资，与北京、广东、深圳、珠海等省市进行经济招商，取得了丰硕成果，与国内（外）88家知名企业建立了联系，有22家企业先后到新疆进行项目洽谈，其中有11家知名企业陆续落户新疆。

2005年，中央对对口支援新疆的政策作了调整。对口支援南疆的省份和单位在原来北京、天津、上海、浙江、江西、山东、河南7省市的基础上，又增加了辽宁省和中国长江三峡工程开发总公司、中国电子信息产业集团公司等15家国有重要骨干企业。支援的方式由原来的主要以干部支援为主，发展到以干部支援为龙头，实行经济、科技、文化全方位对口支援。此次调整规定新疆和田地区、喀什地区、克州、阿克苏地区四地州的33个县市和兵团在南疆的3个师将成为干部援疆的重点。对口支援工作向加强基层组织建设、加快基础产业和教育卫生事业发展、改善农牧民群众生活等方面倾斜；企业对口支援发挥技术、管理、资金等方面的优势，重点向援助资金、项目方面倾斜。在新疆南疆选择3个县市由援疆干部担任县（市）委书记。

【重点项目介绍】　“500”水库西延干渠、奎屯—赛里木湖高等级公路、国道314线和硕至库尔勒段、克拉玛依机场迁建、自治区人民会堂加固改造、阿克苏华锦化肥有限责任公司年产30万吨合成氨52万吨尿素、库车俄霍布拉克矿区2#井、中哈原油管道国内阿拉山口—独山子段、乌鲁木齐—兰州成品油管道、新疆体育中心、兰新复线提速、新疆国投节能公司达坂城风电厂一期、国电集团达坂城风电三厂一期等15个项目建成投产。

新疆优质棉基地建设完成良种繁育田5万亩，高标准节水灌溉15万亩。塔里木河流域近期综合治理工程塔河水资源调度中心和水资源调度信息系统建成。新疆节水灌溉工程完成防渗渠280公里，高标准节水灌溉20万亩，更新改造机井200眼。县际公路已有13条建成通车。全疆电网联网工程八钢220千瓦变电所两台主变已投运，吐鲁番火电厂送出部分完成90%。吉林台一级水电站3、4号机组已并网发电移交运行。新疆“光明工程”已组装25瓦系统1万套、50瓦系统2732套。吐鲁番火电厂主厂房主体已完工。12个地州社会公益设施建设中博州体育馆、阿克苏地区广播新闻中心、伊犁州中医院医疗综合楼主体已完工。

精伊霍铁路。完成投资9亿元，完成隧道2858米，桥梁64座、涵洞236座。那拉提机场。完成投资8700万元，跑道地基处理基本完成，航站楼、综合服务楼主体完工。库尔勒机场迁建工程。完成投资24234万元，航站楼装修和设备安装基本完成。G312线哈密至吐鲁番段。完成投资9000万元，路基完成60公里，中桥2座，小桥37座，涵洞85道。博乐岔口至赛里木湖公路。完成投资9000万元，路基及桥涵工程基本完成。

县城电网建设与改造工程。完成投资31683万元，阿拉山口110千瓦输变电工程、沙湾慧泉输变电工程已投运，托克逊工业园变电所完成90%，阜康重化工基地变电所建成。库车火电厂。完成投资57812万元，主厂房、输煤栈桥封闭，冷却塔结顶，220千伏升压站具备反送电条件。昌吉热电厂二期扩建工程。完成投资10855万元，主厂房施工至16米，冷却塔主体完工。鄯善至兰州原油管道。完成投资111653万元，管道完成509公里。

全年重点项目新增生产能力：节水灌溉面积44.5万亩，水库库容20.3亿立方米，发电装机52.5万千瓦，高中压线路1144公里，高速公路109公里，一级公路280公里，二级公路788公里，三级公路1238公里，原油产能508万吨，天然气76.8亿立方米，年输油能力2000万吨，4.51万人坐席体育馆一座。

新疆生产建设兵团

【经济与社会发展】 2005年，新疆生产建设兵团（以下简称兵团）国民经济持续快速发展，全年实现GDP 331.12亿元，同比增长11.3%。其中，第一产业增加值130.64亿元，增长8.5%；第二产业增加值83.35亿元，增长14.7%；第三产业增加值117.13亿元，增长12.1%。三次产业对经济增长的贡献率为29.1%、32.0%和38.9%。人均GDP 12900元，增长10.8%。

农业生产增产丰收。全年完成农业总产值273.52亿元，同比增长9.1%。粮食、甜菜、水果等农产品产量大幅增加，棉花产量再创历史新记录。粮食总产量143.48万吨，增长17.4%；棉花总产量98.68万吨，增长12.4%；甜菜总产量130.85万吨，增长10.5%；水果总产量45.9万吨，增长17.6%。全年完成人工造林面积2.18万公顷，下降42.5%，其中退耕还林9700公顷，下降42.9%。年末牲畜存栏783.18万头（只），增长10.3%；肉类产量20.01万吨，增长14.4%；牛奶产量25.84万吨，增长42.1%。农业新科学新技术普及率、使用率进一步提高，特别是六项农业精准技术在玉米制种、番茄、辣椒、甜菜等农作物上普遍得到应用及推广，其中棉花高密度高产栽培技术推广面积占棉花种植面积的97.4%，精量播种面积达到174万亩，棉花机械采摘面积75.4万亩以上。

工业生产、效益同步快速增长。全年实现工业增加值56.5亿元，同比增长20.4%，比上年增加11个百分点；规模以上工业企业经济效益综合指数106.3，提高12.9个百分点。建筑业稳步发展。全年实现建筑业增加值26.85亿元，增长3.7%；房屋建筑施工面积900.52万平方米，增长3.1%。本年新开工面积617.92万平方米，下降4.8%；竣工面积590.32万平方米，增长4.1%。

服务业保持良好的发展态势。全年实现社会消费品零售总额93.38亿元，扣除物价因素，实际增长14.6%。外贸继续保持快速增长，实现进出口总额31.05亿美元，同比增长57.7%。其中，出口18.92亿元，增长1.26倍，进口12.13亿美元，增长7%。

运输业实现营运收入22.06亿元，同比增长11.1%；实现旅客周转量33.54亿人公里，增长14.2%；货物周转量44.32亿吨公里，增长6.5%。

金融业年末各项本币存款余额358.17亿元，同比增长12.1%；保险业实现总收入105.4亿元，增长60.9%，中华联合财产保险总公司业务遍及全国25个省市自治区，总规模居全国财险第4位。

旅游业实现总收入9.33亿元，增长8.3%，外汇收入5477万美元，增长4.7%。农六师青格达湖和一碗泉旅游度假村通过国家AAA级旅游景区评定。

固定资产投资适度增长。全年完成固定资产投资137.24亿元，增长6.4%。塔里木河综合治理、病险水库除险加固、人畜饮水、棉花基地等农业建设项目单项工程或整体工程完工；天业集团年产20万吨聚氯乙烯化工、奎屯热电厂1×25兆瓦热电联产、冠农果蔬加工等项目已顺利投产运行；38个重点城镇基础设施建设项目已竣工验收，边境团场20.4万户农牧职工危旧住房改造经过7年建设全部完工；400万亩高新节水灌溉工程、西延干渠工程、大黄山40万吨焦炭化工、青松建化年产70万吨水泥粉磨站、煤矿安全改造和扩建、58个边境团场连队道路工程等项目已全面开工建设。

各项社会事业全面发展。各级各类教育持续健康发展，团场义务教育水平进一步提高，175个团场全部通过国家“两基”验收，“两基”人口覆盖率达到100%。卫生事业加快发展，完成了公共卫生体系建设，提高了重大疾病防控水平。广播电视覆盖率又有新的提高，广播人口覆盖率92.3%，电视人口覆盖率96.1%。

职工生活稳步提高。2005年，兵团城镇居民人均可支配收入8353元，扣除价格因素，实际增长6.9%；团场农牧工人均纯收入4105元，实际增长9.7%；参加基本养老保险75.52万人；参加失业保险61.65万人；参加基本医疗保险109.23万人；参加工伤保险职工59.59万人；参加生育保险职工60.59万人。

【投资环境与招商引资】 2005年，兵团努力营造良好的投资环境。利用新疆丰富的农业资源和油气、有色金属、盐、石灰石和煤炭等矿产资源，建设“两大基地”，构筑“六大产业”，积极推进工业园区建设，搭建好工业发展平台，出台了《关于加快推进新型工业化的决定》、《兵团工业发展考核奖励办法》、《关于加快兵团工业园区发展指导意见》等文件。

兵团各级行政主管部门按照《行政许可法》和投资体制改革的要求，努力提高依法行政的意识和能力，切实将工作转向为社会提供公共服务，为外来投资企业提供优质高效服务，降低外来投资企业的投资成本。

2005年，兵团成立了由主要领导担任组长的兵团招商引资工作领导小组，先后出台了《新疆生产建设兵团鼓励外商投资的重点产业、兵团实施西部大开发战略的优惠政策》、《新疆生产建设兵团关于鼓励外商投资的实施意见》、《办理〈国家鼓励发展的内外资项目确认书〉服务指南》、《新疆生产建设兵团招商引资目标责任考核办法》、《新疆生产建设兵团招商引资工作管理办法（暂行）》、《新疆生产建设兵团招商引资目标责任考核实施细则》等一系列促进招商引资工作文件，确定了兵团招商引资发展思路、总体规划和实施目标。

各师（市）也出台了招商引资政策，如农六师五家渠市制定了土地使用和税收优惠政策，给投资者创造了称心的政务环境、动心的政策环境、放心的法制环境、顺心的体制环境和舒心的工作生活环境。

兵团招商引资工作取得了积极的进展。全年共实施招商引资项目324个，总投资91.92亿元，到位资金21.37亿元；新增项目257个，到位资金10.14亿元。全年新批外资项目17个，合同外资5546万美元，实际利用外资4300万美元，增长1.8%。

【经济技术协作】 2005年，兵团经济技术协作以新建市、经济开发区、工业园区为重点，以适合兵团新型工业化项目的引进为突破口，开创了经济技术协作的新局面。国家级开发区石河子经济技术开发区设施完善，功能齐备；阿拉尔市、图木舒克市、五家渠市三个新建市已初具规模；四师伊丽新区、七师天北新区、十二师西郊城区、十三师大营房城区已具备的一些城市功能；这些基础建设加强了经济技术协作的基础，在经济技术协作中发挥了积极作用。通过多年的努力，引进了康师傅、娃哈哈、旺旺集团、江苏雨润、福建溢盛公司、天津井田集团、山东国润生物公司、浙江翼龙公司、浙江雄风集团、河北鑫炉公司、辽宁隆迪公司等一批强势企业到兵团投资建厂。这些项目的实施，有力地推动了兵团经济结构调整和工业化、城镇化进程的加快发展。

【重点项目介绍】 兵团农六师大黄山年产80万吨焦炭综合化工建设项目。总投资6.2亿元，新建JNDK43－99D单热式集气管捣固焦炉一座，建设相应的备煤、筛焦、煤气净化和发电系统等生产设施以及配套的辅助生产设施。

兵团昌恒纺织有限责任公司5万锭紧密纺及精梳无结头纱生产线项目。总投资17980万元，新建厂房24643平方米；购置清钢联2套、精梳机4套、细纱机104台、自动络筒机14台及配套设备，其中从国外引进清钢联1套、精梳机1套和全自动络筒机14台。

兵团天宏新八棉产业有限责任公司8万锭环锭纺生产线项目。总投资28433万元，新建厂房40492平方米，购置细纱机172台，精梳机32套，自动络筒23台，并条机14台，倍捻机48台等。

兵团煤矿安全改造项目。总投资26705万元，包括农二师哈满沟煤矿、农四师伊犁双新焦化厂煤矿、农六师大黄山煤矿一号井、七号井、农六师106团煤矿二号、兵团天发工贸公司西山煤矿、农十师屯南煤业公司嘎顺乌散煤矿、天富电力集团公司南山煤矿红沟矿井和天富煤业公司玛纳斯县塔西河煤矿的9座煤矿的安全改造。

【新疆生产建设兵团农五师】 新疆生产建设兵团农五师（以下简称农五师）位于祖国西北边陲的博尔塔拉蒙古自治州境内，与哈萨克斯坦国接壤，总面积3300平方公里。辖11个农牧团场（其中8个为边境团场）和25家独立核算工交建商企业，耕地面积76.2万亩，是兵团粮、油、糖、棉生产基地。总人口11万人，其中少数民族人口1.22万人，占总人口的10.5%。

农五师拥有独特的自然资源，交通便利，北疆铁路和312国道横贯垦区。所在地环境优美，有著名的青达拉草原、赛里木湖、艾比湖。在赛里木湖畔等地拥有天然草场164.8万亩，是发展畜牧业的优良基地。位于农五师以西48公里处的中哈边境线上的我国西部巨大怪石群—怪石沟，面积达1000平方公里，更是巧夺天工，千姿百态，展示了大自然特有的魅力，每年都有众多中外游客慕名而至。与农五师毗邻的亚欧大陆桥桥头堡阿拉山口口岸，年过货量近千万吨，是西部最大、新疆惟一的铁路、公路并举的国家一类口岸。

多年来，农五师依托地缘优势，积极打造特色产业，已初步建成优质棉、红提葡萄、酱用番茄、食用油、制种、色素菊花、优质细毛羊等产业基地。农五师"北疆"牌棉花连续三年荣获全国金奖，成为全国棉业十大知名品牌；"北疆"牌红提葡萄种植现已发展到5万亩，成为全国最大的红提葡萄生产基地；"金博"种业跨入全国种子行业50强，名列第27位；2003年新赛股份被中国证券会批准上市，成为农五师乃至博州最大的农业产业化龙头企业，生产的"羚羊唛"牌系列食用油荣获中国名优品牌；农五师是新疆细羊毛"萨帕乐"协会的重要成员，所产细羊毛畅销内地各省。

2005年，全师GDP达到11.92亿元，增长3.1%。其中，第一产业完成增加值6.39亿元，增长0.7%；第二产业完成增加值2.15亿元，增长6.9%；第三产业完成增加值3.38亿元，增长5.4%。人均GDP为10905元，增长4.6%。固定资产投资完成4.73亿元，增长2.2%。全师播种面积72.43万亩。其中，粮食13.17万亩，产量5.71万吨；棉花44.65万亩，产量6.51万吨；油料2.41万亩，产量3700吨；甜菜2.1万亩，产量8.16万吨；水果总产量1.18万吨，其中红提葡萄总产量9400吨，一、二级果品率达到55%，果品畅销全国13个省市。年末全师牲畜存栏头数37.49万头（只），增长3.5%。全年肉类总产量8200吨，增长15.1%；牛奶产量2900吨，增长14.7%。全师渔业养殖面积3000亩，总捕捞量532吨。

【新疆生产建设兵团农十师】　新疆生产建设兵团农十师（以下简称农十师）成立于1959年，位于祖国西北部的阿勒泰和塔城两地区，总面积4137.3平方公里。西与哈萨克斯坦相邻，东与蒙古接壤。师部所在地北屯，是中央批准拟建的新建城市之一，地处216、217国道、318、319省道交汇处，是阿勒泰地区六县一市的交通枢纽。辖11个农牧团场和53个直属企事业单位。总人口7.63万人，社会从业人员2.68万人，流动人口达3万人。

农十师拥有土地面积620.5万亩，其中宜垦荒地200多万亩，现有耕地面积81.89万亩。农业是十师的支柱产业，适合种植春小麦、油葵、食葵、棉花、打瓜、苜蓿、甘草、哈密瓜、西瓜、甜瓜、苹果、大豆、花芸豆等作物。

农十师水草资源丰富。现有水面18.8万亩，大小坑塘122个，共有鱼类34种，部分鱼类属于国内独有品种，渔业发展潜力巨大。目前，农十师成立了“额尔齐斯河流域特种鱼类救护中心”，是我国惟一一家集北冰洋水系特种鱼类资源研究与开发为一体的国有水产企业。

农十师畜牧业发展条件优越，有广阔的天然草场，还有丰富的农作物秸秆和茂盛的湖草，载畜量可达150万头（只），发展前景十分广阔。已培育出我国第一个肉用细毛羊新品种“阿勒泰肉用细毛羊”，填补了我国养羊业的一项空白。依托当地资源优势建成了万只狐养殖基地，生产的蓝狐、银狐皮远销海内外。

农十师有丰富的矿产资源，辖区内的阿尔泰山脉和准噶尔盆地拥有石油、膨润土、蛋白土、云母、黄金、锂、铁、铜、铝、镍、煤炭等100多种矿产资源，其中：云母占全国储量的60%以上。现已开采的主要矿产有煤、膨润土、黄金、蛋白土等十余种，建起了全国最大的膨润土厂和西北五省惟一一家蛋白土厂，生产的膨润土系列产品已占新疆市场的90%以上，部分产品远销内地和东欧市场。

农十师旅游资源独具特色，这里有我国惟一一条流入北冰洋的河流额尔齐斯河，有闻名遐尔的喀纳斯湖，有盛产鱼类的乌伦古湖，有由庄严的国门、界碑、口岸等形成的边境地区独特景观以及白沙湖、鸣沙山、白桦林等自然景观。

2005年，全师GDP达到8.23亿元，同比增长9.8%。其中：第一产业实现增加值3.37亿元，增长14%；第二产业完成增加值2.24亿元，增长16.8%；第三产业实现增加值2.62亿元，增长0.7%。人均GDP达到10678元，增长13.6%。固定资产投资完成4.39亿元，下降7.4%。完成进出口总额1917.2万美元，增长112.7%。其中，进口1897.4万美元，增长118.8%。全师播种面积82.89万亩，比上年增加1.2万亩，其中粮食13.59万亩，产量5.79万吨；棉花8.02万亩，产量7200吨；打瓜19.86万亩，产量2.66万吨；油料16.23万亩，产量3.07万吨。年末全师牲畜存栏45.09万头（只），增加4.35万头（只），增长10.6%，肉总产量11956吨，增长11.1%；牛奶产量3064吨，增长11.2%；水产品产量2467吨，增长14.3%。

省会城市篇

太原市

【经济与社会发展】 2005年，太原市经济保持了速度与效益相统一的良好发展态势。全年GDP完成895.49亿元，同比增长14.7%。其中，第一产业增加值19.99亿元，增长1.3%；第二产业增加值430.67亿元，增长17%；第三产业增加值444.83亿元，增长13.4%。固定资产投资持续增长，全社会固定资产投资完成438.51亿元，同比增长26.1%。

农村经济全面发展，乡镇企业高速增长。全年农业总产值34.41亿元，同比增长1.3%。粮食播种面积125.25万亩，总产量29.19万吨。菜、奶、肉、蛋分别增长3.4%、11.4%、9.1%和2.3%。农产品加工企业实现销售收入40亿元，增长11.1%，年销售收入500万元以上的企业达到84家。农村基础设施建设得到加强，解决了6万人的饮水困难和饮水安全问题，村村通油路目标基本实现。分别对5.4万和2万农村劳动力进行了就业引导性培训和职业技能培训，转移就业3.9万人。乡镇企业增加值完成148.14亿元，增长29.9%；上缴税金30.14亿元，增长58.8%，成为县区税收快速增长的主力军和农民增收的主要渠道。农业的产业化水平和农业科技含量不断提高，农业产业结构调整取得新进展。全年投资1.89亿元实施了9项农建重点工程，农田水利基本建设投入力度和工程规模创多年来之最。

工业经济快速增长，经济效益不断提高。规模以上工业增加值完成292.11亿元，同比增长20.4%。实现利税96.6亿元，增长14.3%；实现利润36.07亿元，增长13.3%；经济效益综合指数为140.39，比上年提高8.8点。

财政收入大幅增长，全年完成财政总收入163.05亿元，同比增长35.8%。完成一般预算收入56.95亿元，增长33.6%。城镇居民人均可支配收入10476元，增长12%；农民人均纯收入4402元，增长13.7%。城乡居民储蓄存款余额1024.92亿元，增长25.7%。

旅游业发展势头强劲，全年共接待海内外游客1417.87万人次，比上年增长5.94%。其中，国内游客1407.78万人次，海外游客10.09万人次。旅游总收入80.46亿元，增长10%。其中人民币77.47亿元，外汇3687.72万美元。

大力发展现代服务业，消费品市场繁荣活跃，利用外资成效明显。新型消费热点的形成和世界500强企业沃尔玛、全国百强连锁企业天津家世界的入驻，消费品市场呈现出购销两旺的势头。社会消费品零售总额完成384.03亿元，同比增长15.1%。受消费品价格特别是食品价格上涨的影响，消费价格总水平上涨1.1%。

就业和再就业工作取得新成绩，社会保障体系进一步完善。全市城镇新增就业人数14.2万人；下岗失业人员再就业5.23万人，其中，“4050”再就业7539人。年末城镇登记失业率为3.2%。“两个确保”继续巩固，保障率和社会发放率均保持100%。社会保险扩面征缴进展顺利，全市参加养老、失业和基本医疗保险人数分别达到57.54万、67.5万和76万，农村养老保险新增参保人数1.1万人。城市居民低保覆盖人口达到10.5万人，2.5万农民享受最低生活保障政策待遇。建立农民工工资保障金专户186个，预留保障金

4308万元。

加快科技创新体系建设，全年安排176项科技发展项目，市本级科技三项费投入4705万元，同比增长19%，申请专利886项，转化科技成果500余项。“普九”成果进一步巩固，城乡贫困家庭子女“两免一补”受助4.5万人。改造中小学危房和新建校舍竣工面积7.2万平方米，办学条件进一步改善。部分省属企业学校完成分离。文艺创作和演出繁荣活跃，《褐马鸡与少年》入围全国前20部优秀剧目。公共卫生体系建设进一步加强。迎泽、杏花岭、尖草坪和万柏林被列入全省新型农村合作医疗试点，四区两县参加农民达35.4万人，参加率81.4%；社区卫生服务机构发展到250个，覆盖率达79.1%。

太原市获得2008年自行车BMX世界锦标赛暨奥运会预赛举办权，在全国十运会上取得四金二银一铜的好成绩。人口自然增长率控制在4.27‰，荣获全省人口和计划生育先进市称号。环境质量进一步改善，市区大气质量二级以上天数达到245天。

【招商引资与利用外资】 2005年，太原市利用外资工作继续实施全方位对外开放战略，积极引导外资投向，努力提高利用外资的质量和效益；以创新招商引资活动方式为重点，开展积极有效的招商引资活动；以落实前期工作为基础，加大利用外国政府和国际金融组织贷款力度，使全市的利用外资呈现良好的发展态势。

以扩大利用外资为目标，积极创新招商引资活动方式，组织企业参加了“第八届中国东西部（西安）合作与投资贸易洽谈会”、“2005中国天津全国商品交易会暨投资洽谈会”、“第九届中国投资贸易洽谈会”、“第七届中国国际高新技术成果交易会”和“2005年山西投资贸易洽谈会”，共计组织签约项目79个，其中外资项目21个，内资项目50个，贸易项目7个，产权交易项目1个。签约项目总投资72.58亿元，引进资金61.24亿元；签约引进境外资金1.62亿美元，其中合同外资4772.5万美元；签约引进国内资金到位的有59.55亿元，其中省外15.6亿元；签约贸易合同787.33万美元；签约产权转让合同2520万元。

全年新批外商投资企业35户，其中合资12户，合作10户，独资12户，股份制1户；项目总投资4.86亿美元，同比增长25%；合同利用外资2.43亿美元，增长34%；实际利用外资1.65亿美元，增长15.2%。到2005年底，全市累计批准外商投资企业1110户，总投资55.05亿美元，合同外资20.85亿美元。

【重点项目介绍】 城南供热二期工程。总投资4亿元，供热面积700万平方米，已建成交付使用。天然气工程。总投资9.3亿元，供气总规模为年7亿立方米，新建门站、压缩天然气母站及高、中、低输配管网等工程，2005年9月开工。

南寨公园。总投资1547万元，工程包括入口广场、儿童活动区、体育休闲区、景区道路、给排水、电气照明、服务设施等，已建成开园。玉门河公园。总投资2586元，占地230亩，工程包括文化休闲区、自然景观区、生态健身区等，2005年11月开工建设。汾河治理美化二期工程。总投资4.9亿元，新建6.2公里中隔墙橡胶坝，台地绿化美化等工程。2005年10月开工，预计2007年底完工。

迎春街打通工程。总投资5766万元，全长1.22公里，包括道路、桥涵、给排水、照明、交通设施、绿地等工程，已建成。长风大街东延工程。总投资37357万元，全长2.06公里，包括给排水、雨污水、燃气、供热管线和道路、照明、交通设施等。2005年7月开工建设，预计2006年通车。

娄烦库区移民工程。总投资2.4亿元，工程包括新建娄烦县城移民小区161636平方米、汾河水库库区7个村庄易地重建及危房加固维修等，2005年7月县城移民小区开工建设。

城南污水厂。总投资2.5亿元，总规模为日处理污水20万吨，一期工程投资1.7亿元，污水处理10万吨/日，项目可行性研究报告已批复。侯村垃圾卫生填埋场及南堰压缩转运站。总投资2亿元，规模为日处理垃圾1500吨。

采煤沉陷综合治理工程。分万柏林区采煤沉陷综合治理工程、古交采煤沉陷区综合治理工程两个项目。万柏林区总投资6.1419亿元，古交总投资3.2164亿元。工程包括新建搬迁住宅小区75万平方米，维修加固住宅54万平方米及学校、医院、道路、桥梁、供水管路、供电线路等受损设施的维修加固。计划2006年开工，全部工程3年建成。

山西兴能发电有限公司古交电厂一期2×30万千瓦工程。全部采用了空冷、脱硫、除尘等先进技术和高参数、大容量机组，有效减少烟尘和二氧化硫排放量。已建成投产。

【园区建设】 2005年，太原高新技术产业开发区实现工业增加值11.6亿元，同比增长30.3%，财政收入4.2亿元，增长19.7%，新入区企业468个，新增投资16.82亿元。已形成新材料新能源、电子信息、光机电一体化、生物医药、环保节能等为主的产业体系，培育了一批具有国际竞争力的高新技术企业和特色产业，区内企业产品技术水平在国际领先的有19种，国内领先的有192种，主导产品在国内市场占有率超过30%的企业达到了6家。高新区电子装备与信息产业园于2005年11月开园，世界顶级企业微软、英特尔已签订合作意向和入驻协议，中科软、中国工程院院士彭堃墀领衔的激光器研发中心等企业已正式入驻。

全年太原经济技术开发区实现工业增加值6.96亿元，增长60.74%，财政收入1.21万元，增长2.02倍，新入区企业141个，新增投资17.01亿元。已初步形成了IT、新材料加工、装备制造、生物医药、食品及农产品加工、新型建材等六大新兴支柱产业。区内入驻企业富士康科技工业园2005年实现产值12.5亿元，税收5000万元，就业人数超过1.3万人。

全年民营经济开发区完成工业增加值5700万元，增长298.1%，新入区企业8个，新增投资2.5亿元。民营经济开发区进一步加大了结构调整力度，将园区内符合产业布局的盛唐物流仓储配送二期工程、新和高档健身器材、唐久物流仓储配送中心等15个重点投资建设项目作为扶持对象。

全年不锈钢生态工业园完成工业增加值2.85亿元，增长54.05%，新入区企业7个。全年转化不锈钢10万吨，实现产值15亿元。二期工程—不锈钢专业市场正在建设中，年内完成投资5000万元，完成建筑面积2万平方米。物流区、生活区已开始可行性研究。到2005年底，园区共完成建筑面积9.1万平方米，区内已签约入驻企业达38家，累计招商协议引进内资5.59亿元人民币，引进外资420万美元。

呼和浩特市

【经济与社会发展】 2005年，呼和浩特市（以下简称呼市）国民经济继续保持高速增长。全年GDP达到743.7亿元，同比增长28.6%。其中，第一产业增加值47.2亿元，增长12.1%；第二产业增加值277.8亿元，增长32.3%；第三产业增加值418.7亿元，增长28.6%。财政总收入81.8亿元，增长34.4%。

农业生产加快了种养结构、种植结构调整。全年农作物播种面积610.1万亩，比上年增长4.4%。其中，粮食播种面积460.2万亩，增长12.3%。粮食产量114.8万吨。奶牛养殖业不断扩大，奶牛存栏63.8万头，增长13.4万头，鲜奶产量242.6万吨，增长59.5%。呼市生态建设步伐进一步加快。全年完成造林合格面积1.34万公顷。农业生产条件进一步改善，年内新增节水灌溉面积20万亩，保灌面积20万亩。农村基础设施条件进一步改善，全年新增通公路行政村52个，解决了5万人、6万头牲畜的饮水困难问题。扶贫工作取得实效，移民工程进展顺利。

工业生产持续高速增长，质量效益同步提高。全年工业完成增加值209.3亿元，同比增长26.1%，对全市经济增长的贡献率为38.6%，拉动全市经济增长8.1个百分点。规模以上工业企业实现增加值163.5亿元，增长30.8%；实现销售收入443.1亿元，增长37.4%；实现利税65.7亿元，增长26.6%；盈亏相抵后实现利润总额36.8亿元，增长26%。工业经济效益综合指数达249.9，比上年提高23.3个百分点。

服务业发展进一步加快，商业零售繁荣活跃，服务业发展进一步加快，城乡居民消费需求增长加快，全年社会消费品零售总额304.9亿元，同比增长15.1%。交通运输、旅游业快速发展，全年公路货物发送量6131万吨，增长18.6%；旅客发送量3764万人，增长2%。实现旅游总收入46.6亿元，接待旅游人数392万人次。

金融保险业务规模稳步扩大，年末金融机构人民币存款余额803.9亿元，同比增长19.8%；贷款余额874亿元，增加149.2亿元。引进了大地财产、太平洋保险、中华联合财保三家保险公司，实现保费收入11.7亿元。信息服务业稳步增长，全年实现邮电业务总量31.1亿元，同比增长26.8%。在消费需求扩大的同时，市场物价呈现温和上涨，居民消费价格指数比上年上涨2.2%。

全年新增绿地面积350公顷，市区绿化覆盖面积达到3502.8公顷，绿化覆盖率达到25.9%，人均拥有公共绿地面积由上年的6.22平方米增加到8.54平方米。市区空气质量二级以上天数达到311天。全年生态建设工程人工造林13.98万亩；天保工程飞播造林6.17万亩；封山育林37.43万亩；全民义务植树508.53万株。

各项社会事业全面进步，科技工作积极为经济建设提供支撑和服务，全年共取得重大科技成果45项，荣获自治区奖励的7项；年内签订各类技术合同58项，合同成交额达1.26亿元。教育工作以发展为主题，实施了农村中小学危房改造工程、优质高中建设工程、职业教育建设工程、教育信息化建设工程和教师队伍建设工程。办学条件进一步改善，教育教学水平有了新的提高。全市共建立126个社区卫生服务机构，农村新型合作医疗试点工作顺利实施，4298人参加了合作医疗，参加率84.6%；累计发放农村医疗救助金58.6万元，救助特困大病人员158人。计划生育工作扎实有效，人口自然增长率降至7‰。

人民生活水平有较大幅度提高，全年城市居民人均可支配收入12150万元，同比增长21.9%；农村居民人均纯收入4631元，增长12.7%。社会保障工作力度加大，就业和再就业工作进一步加强，年内实现就业再就业38342人，完成职业技能培训38465人。

【招商环境与招商引资】 呼市地理位置优越，东距首都北京440公里，是西部省会城市距北京最近的城市，北距二连浩特内陆口岸490公里，西至草原钢城包头150公里，西南100多公里是煤炭和天然气基地鄂尔多斯。呼市是我国北方重要的商贸中心和向北开放的前沿阵地，是我国陆上、空中通往蒙古国、俄罗斯及东欧诸国的重要桥梁。京兰铁路、京兰高速公路、110国道、209国道横贯全市，成为沟通北京，通往大西北的主要通道。2005年3月，开通了呼和浩特至德国法兰克福的国际货运列车。已有通往国内各主要城市的航线50条，有国际航线2条，可直达蒙古乌兰巴托和俄罗斯赤塔。另外，还开通了呼和浩特—香港、呼和浩特—上海—东京等不定期包机航班。呼市已成为内蒙古中西部地区幅射冀、晋、陕部分地区面向全国和世界市场的重要商业流通中心。

呼市集中了众多大中专院校和科研院所，各类人才聚集，现有各类科研院所137所，高等院校17所，普通中专13所。专业涉及农牧林水、化工、电力、冶金、电子信息以及社会科学等各个领域。全市约有各类专业科技人员9万余名，占自治区全部科技人员总数的30%以上，每千名职工中拥有自然科技人员117.6人，在全国37个大中城市中居第二位。

呼和浩特地域辽阔，山川河湖兼具，矿产资源及物产资源丰富。主要矿产有石灰岩、大理石、高岭土、陶土、煤、石墨、黄金、铁、铜、锌、镁等上百种。农业盛产小麦、玉米、胡麻、燕麦、荞麦、小杂粮、马铃薯等，皮毛、肉、乳、药材等农畜土特产资源也极为丰富，传统种植药材有党参、枸杞、黄芪、甘草等。此外，呼和浩特土地资源和电力资源丰富。作为亚洲最大的火力发电厂托克托电厂，装机容量达1080万千瓦，被誉为“北方火电三峡”，可为高载能企业的发展提供充裕的电力。

呼市现有10个各具特色的开发区和工业园区。其中，呼和浩特经济技术开发区和呼和浩特出口加工区为国家级开发区。开发区内完善的基础设施以及优质的管理和服务，为各类企业的入驻和发展提供了保障。

作为少数民族首府城市和沿边开放的城市，呼市享有中央赋予的特殊优惠政策。近年来，相继出台了《呼和浩特市实施西部大开发战略优惠政策》、《呼和浩特市城市改造建设中实行的优惠政策》等多项优惠政策。此外，市政府还在维护市场秩序，提高办事效率，扶持“三资”企业、横联企业发展壮大方面制定了一系列政策措施。

2005年，呼市的招商引资工作以开发区、工业园区为平台，以项目为载体，以沿海经济发达地区为突破口，开展了卓有成效的招商引资活动。在上海、江苏、浙江三省开展招商活动中，呼市有9个项目签约，协议引资141亿元。在第六届昭君文化节期间重点项目的签约仪式上，共有30个项目签约，其中，27个国内引资项目，总投资64.2亿元，协议引资64亿元；3个外资项目，总投资6500万美元，协议引资6500万美元，全年招商引资工作成绩显著，全方位、多层次、宽领域的对外开放格局基本形成。全年引进外资项目37项，引进到位资金4.03亿美元，落实区内外招商引资项目460项，引进到位资金276亿元，实施工业招商引资项目185项，引进到位资金169.27亿元。

【重点项目介绍】 日元贷款风沙治理项目。总投资11111万元，造林种草11.6万亩，2005年完成投资4308万元。50个牧草园区。总投资5.6亿元，工程继续实施，到2005年底，完成投资2亿元。

中石油重油深加工项目。年产量60万~90万吨，总投资8.2亿元，2005年完成投资8000万元。伊利新工业园区项目。年处理鲜奶70万吨，总投资6亿元，2005年完成投资3.6亿元。蒙丰特种无缝钢生产项目。年产120万吨无缝钢管，总投资30亿元，2005年完成投资26亿元。唐山宏文硅钙粉项目。年产11.2万吨硅钙粉，总投资20亿元，2005年完成投资2亿元。昌宇石材项目。年产荒料15万立方米，加工石材100万平方米，总投资10亿元，2005年完成投资4.9亿元。浙江升华拜克阿维菌素项目。年产120万吨阿维菌素，总投资5亿元，2005年完成投资2亿元。

内蒙古体育馆。建设面积2.8万平方米，总投资1.85亿元，到2005年底完成投资8121万元。内蒙古博物馆。建筑面积3.6万平方米，总投资3.12亿元，到2005年底完成投资1亿元。内蒙古大剧院。建筑面积1.7万平方米，总投资1.5亿元。到2005年底完成投资1亿元；呼和浩特市内蒙古风情园。总投资3.9亿元，建筑面积3.6万平方米，到2005年底完成投资3.1亿元，设计规模为年入园游客50万人次。

内蒙古民航机场扩建。扩建一座面积3.5万平方米的航站楼和扩建新建一条机场跑道，总投资10.8亿元，占地面积3.5万平方米，到2005年底完成投资1.5亿元。呼准铁路、环城高速公路等项目开工建设，新增黑色路面170公里，新改建公路718公里，其中油路170公里，通村水泥路108公里，其余沙石路440公里。

长 春 市

【经济与社会发展】 2005年，长春市经济平稳发展，全年实现GDP 1678.5亿元，同比增长8.8%。其中，第一产业增加值180亿元，增长6%；第二产业增加值786.4亿元，增长6.2%；第三产业增加值712.1亿元，增长12.5%。人均GDP 23060元，增长7.8%。全年完成固定资产投资总额650.4亿元，同比增长41.4%。

全年完成农林牧渔业总产值272.9亿元，同比增长8.2%。其中，农业130.8亿元，增长3.4%；林业2.1亿元，增长1.5倍；牧业137.3亿元，增长11.6%；渔业1.5亿元，增长1.1倍；农林牧渔服务业1.2亿元，增长8.4%。种植业结构进一步调整，全年粮食作物播种面积100.3万公顷，减少0.9%；经济作物播种面积减少1.6%，优质专用玉米、大豆、水稻播种面积30万公顷，占粮食作物播种面积的29.9%。全年粮食总产量798.4万吨，减少2.7万吨。畜禽产品产量全面增长，全年肉类总产量167.5万吨，增长6.1%；禽蛋产量38.8万吨，增长5.9%；猪、牛、鸡良种覆盖率分别达到95%、80%和100%。全市菜田面积发展到11万公顷，保护地面积1.6万公顷。无公害蔬菜工程建设快速推进，全市种植无公害蔬菜和绿色食品蔬菜4万公顷，比上年增加1.1万公顷，提供无公害蔬菜和绿色食品蔬菜11.9亿公斤。林业全年完成造林面积7000公顷。农业产业化龙头项目建设进展顺利，全市新建续建投资规模亿元以上农产品加工业重点项目7个。

工业生产运行继续保持平稳态势。全年完成全口径工业增加值651.8亿元，同比增长3.4%。规模以上工业总产值1723.8亿元，下降2.8%。工业经济效益综合指数152.7。规模以上工业企业盈亏相抵后实现利润42.4亿元。工业经济结构进一步优化，汽车、食品、光电信息、生物与医药四大主导产业完成产值1490亿元，占规模以上工业总产值的87%。40户重点工业企业完成工业总产值1364.5亿元，占工业总产值的比重达到79.2%。全年新认定高新技术企业726户，高新技术产业实现产值813亿元，增长25%。全年建筑业完成增加值134.6亿元，增长21.4%。资质以上企业完成总产值276.4亿元，增长22.9%；实现利税8.8亿元，增长39.7%。全年商品房施工面积858.5万平方米，竣工303万平方米，销售280万平方米，销售额69.4亿元，空置面积240.2万平方米。

全年实现社会消费品零售总额600.1亿元，同比增长21.1%；全年居民消费价格总指数101.7。会展经济成为新的经济增长点，全年共举办会展活动120项，直接收入7.2亿元，带动相关产业收入65亿元，实现税收6亿多元。

全年公路货物周转量35.7亿吨公里，比上年增长2.4%；旅客周转量26亿人公里，增长3.2%；全年营运收入20.5亿元，增长2.8%。民航完成货邮吞吐量3.1万吨，增长22.8%；完成旅客吞吐量175.1万人，增长15.2%；全年营运收入8713.6万元，增长34.3%。

全年完成邮电业务收入41.4亿元，增长13.2%。其中，邮政收入3.1亿元，增长8.9%；电信收入38.3亿元，增长13.5%。全市有市话用户182万户，增长24.8%；农话用户49.2万户，增长48.4%。移动电话用户439.9万户，增长26%。互联网用户32.8万户，增长103.3%。

全年完成一般预算全口径财政收入184.8亿元，同比增长23.4%。市本级全口径财政收入91亿元，增长20.1%。地方财政支出121.7亿元，增长20.7%。市本级财政支出55.7亿元，增长18.6%。年末金融机构本外币各项存款余额2065.8亿元，比年初增长12%；各项贷款余额1893.5亿元，增长7.3%。金融机构累计现金收入5141.9亿元，增长7.7%；累计现金支出5067.6亿元，增长7.8%；现金净回笼74.3亿元，增长2.1%。保险业全年承保总额2413.1亿元，下降9.9%。保费收入29.9亿元，下降19.5%，全年赔付6.7亿元，增长14.7%。

全年实现进出口总额45.4亿美元，同比减少14.6%。其中，进口32.8亿美元，下降27.1%；出口12.6亿美元，增长53%。对外承包工程与劳务合作继续展开，全年完成营业额1.7亿美元。全年接待旅游人数1229.4万人次。其中，入境游客11万人次，增长26.1%；国内旅游者1218.4万人次，增长10.7%。实现旅游总收入120.2亿元，增长24.3%。其中，旅游外汇收入5103.3万美元，增长18.8%。

城市基础建设和改造步伐加快，承载能力进一步增强。全年完成道路新建和扩建长度151.7公里。到年末，全市道路总面积3093.7万平方米，道路长度1769公里，人均道路面积9.17平方米。城市绿化水平不断提高。全市园林绿地面积达7862.5公顷，公共绿地面积2755.4公顷，建成区绿化覆盖面积达9576.5公顷，建成区绿化覆盖率41.5%。

全年列入市级以上各类科技发展计划692项。其中，国家级计划项目205项，省级计划项目253项。全年专利授权2409件，增长24.4%。全年通过鉴定、验收和认定的科技成果130项，获得市以上科技进步奖励成果154项。其中，获国家级奖励1项，省级奖励113项。

教育整体水平得到进一步提升，全市有普通全日制高等院校28所，招收本、专科学生9.2万人，在校生29.1万人。各类成人高等学校10所，招收本、专科学生3.9万人，在校生9.1万人。有中等职业技术学校52所。其中，普通中专13所，在校生2.7万人，成人中专13所，在校生8000人，职业高中26所，在校生2.2万人。普通中学374所，在校生44.6万人。其中，初中298所，在校生29.9万人；小学1730所，在校生47.6万人，小学适龄儿童入学率达99.96%。

文化事业不断进步，全市有电影放映管理机构7个，电影院10个。文化事业机构179个，其中艺术表演团体9个，剧场、影剧院9个。公共图书馆11个，总藏量262万册，其中少儿图书馆1个，藏量28万册。群众文化事业机构119个，其中乡镇文化站107个，文化馆10个，艺术馆2个。文化市场管理机构12个，其他文化事业机构19个。文物事业机构7个，其中博物馆2个。各类文化经营场所2293家，其中互联网上网服务营业场所932家，文化娱乐场所405家，演出场所36家，音像制品经营场所907家，保龄球馆（室）6家，古玩书画店7家。国家档案馆12个，馆藏档案105万卷，开放档案17万卷。长春电影制片厂全年共生产故事片13部，译制片5部，科教片6部。广播人口覆盖率、电视人口覆盖率均为100%。

卫生事业快速发展。全市有卫生医疗机构1659个，其中医院、卫生院288所，拥有医疗、疗养床位2.4万张，比上年增长4.3%。卫生技术人员为3.3万人，下降5.7%。农村设村卫生室2082个。每千人拥有执业医师和执业助理医师2.02人。大力推进社区卫生服务，已建立社区卫生服务站150个，社区卫生服务覆盖人口达到95%以上，建立家庭病床1.5万张。

体育事业蓬勃发展，群众体育取得新进展。全市行政区域内共有体育场馆39个，70%的社区都拥有健身场地和健身设施，36%的街道办事处具备了对居民开展体质监测和进行数据统计的能力。成功承办了世界杯自由式滑雪、瓦萨越野滑雪短距离赛、全国公路自行车锦标赛、全国冰雪短道汽车拉力赛等国际国内大型体育赛事17项次，其他各级各类体育赛事250余项次。竞技体育取得可喜成绩。在全国年度比赛中，获得金牌71枚、银牌61枚、铜牌62枚。

年末全市有从业人员353.9万人，城镇单位从业人员85.2万人，从事个体劳动的有27.2万人。在岗职工平均货币工资17742元，增长12.8%。全年开发各类用工岗位9.6万个，城镇新增就业8万人，安置下岗失业人员实现再就业6.5万人，再就业政策扶持到位率达100%。全年有1.3万名“4050”人员实现再就业。城镇登记失业率3.98%。

人民生活继续改善。城市居民年人均可支配收入10065元，同比增长13.1%，人均消费性支出8310元，增长10.2%，恩格尔系数为36.2%，人均住房建筑面积24.62平方米。农村居民年人均纯收入4180元，增长7%，农村恩格尔系数为45.4%，人均住房面积达到22平方米。城乡居民消费结构发生较大变化，生活质量不断提高。

社会保险保障功能得到充分发挥。全市参加基本养老保险109.2万人，参加失业保险63.6万人。全年征缴养老保险、失业保险基金29.7亿元，共为近32万名离退休人员和失业人员发放养老金、失业保险金24.9亿元。社会化管理率达98%。有93.9万名职工和退休人员参加了基本医疗保险。全年城市共有7.8万户、17.4万人得到最低生活保障，共发放保障金1.6亿元。全市共有社会福利机构202家，总床位8935张。其中国有福利机构5家，集体和民办福利机构197家，农村敬老院129所。全年销售社会福利彩票3.7亿元，筹集社会福利资金1.3亿元。全年募集善款2205万元。

【投资环境与招商引资】　长春市矿产资源比较丰富，主要有石油、天然气、煤、油页岩、石灰石、膨润土等39种矿产，开发潜力很大。长春市是重要商品粮基地，粮食年产量稳定在70亿公斤，主要作物为玉米、大豆、水稻。另外，长春市猪、牛、鸡、鹿、鹅等畜牧业发达，品种优良，数量较大。近年来，先后建成了德大、大成、皓月等一批国内最大世界领先的农副产品深加工龙头企业。

长春市是中国重要的工业基地。形成了以汽车及零部件、食品、光电信息、生物与医药四个主导行业为支撑的工业体系。中国长春第一汽车集团是全国规模最大、品种最全的汽车生产科研基地，汽车年产量占全国总产量的五分之一。长春客车厂是全国最大的铁路客车和地铁科研、生产基地，客车产量占全国近二分之一。长春在高新技术产业发展方面具有一定的比较优势，围绕光电子、微电子、软件及信息服务、现代医药、玉米深加工、绿色食品、汽车、新材料等八个重点行业，培育了一批具有较强竞争能力的高新技术企业。

长春市是中国科技文化名城。全市有独立科研与技术开发机构98个，国家重点科研实验室19个，中国科学院和工程院院士26名，各类科研技术人员41万人。在光学、精密仪器、生物制品、汽车等方面的研究居于国内领先地位。拥有著名的中国科学院长春应用化学研究所、长春光机与物理研究所、长春地理研究所、卫生部长春生物制品研究所和吉林大学、东北师范大学等27所大学。

长春市拥有高新技术产业开发区和经济技术开发区两个国家级开发区；拥有长春净月潭

森林旅游开发区、长春汽车经济贸易开发区、长江路电脑科技产品经营开发区、长春工业经济开发区等11个省级开发区，分别享受国家和省级开发区优惠政策。

长春市是东北中部的重要交通和通讯枢纽。铁路贯通东西南北，公路四通八达。长春机场是国际航空港，现已开通国内外航线40条，包括飞往日本仙台、韩国汉城、俄罗斯新西伯利亚等地的国际航线。长春城市环境优美，城市绿化覆盖率达到38.7%。

2005年，长春市招商引资成效显著。全年新批三资项目139个，其中投资总额超千万美元项目22个。全年实际利用外资11.7亿美元，增长29.8%。其中，直接利用外资4.1亿美元，增长35.3%。

【重点项目介绍】 一汽大众二期、一汽卡车基地、一汽轿车等汽车产业项目建设进展顺利；皓月肉牛、德莱鹅业、大成姚家玉米、吉林正业猪系列加工等农产品加工业项目将陆续投产；北方彩晶模块生产线、新产业大功率全固态绿色激光器、吉大正元电子商务系统等项目正在实施；生物制品所甲肝疫苗、干扰素等项目相继投产。

中国北方彩晶集团第4.5代TFT-LCD项目。生产规模为年产TFT-LCD模块3478万块。总投资10.39亿美元，投产后可实现年销售收入11亿美元，内部收益率34%，投资回收期5.8年，盈亏平衡点40.3%。项目已列入振兴东北老工业基地基本建设项目。

长春市南部新兴工业区市政基础设施工程。新建、改造城市道路18条及附属工程，全长52606米。总投资20745万美元。

【老工业基地振兴】 国有企业改革步伐加快。到2005年底，全市共有558户国有企业完成了各种形式的改革，盘活有效资产223.8亿元，筹集改制成本近22亿元，妥善安置职工22.9万人。其中，利用“并轨”政策理顺职工劳动关系，共完成“并轨”12.9万人，使用国家补贴资金4.51亿元。

项目建设有突破性进展。两年来，国家对长春市高技术产业领域累计支持项目29个，国家投资超过3.3亿元。国家批准在长春本地建设工业国债项目有14个项目，已下达资金计划并到位资金的共计11项，专项资金到位3.9亿元。2005年，共争取国家和省国债资金约4.8亿元；争取国家开发银行政府软贷款额度为100亿元，国家开发银行核准长春市近30个项目约55亿元软贷款。

产业基地建设稳步推进。国家已正式批准长春市为国家光电子产业基地和国家生物产业基地。市里成立了汽车产业开发区，为汽车产业预留了近100平方公里土地；长春玉米工业园区正式启动，已有部分项目落户区内；结合铁北老工业区改造，为经济开发区、高新开发区、净月开发区也预留了长远发展的空间。

县域经济发展较快。大力实施“县域突破”战略，有力地推进了县域经济发展。2005年，粮食产量稳定在150亿斤的阶段性水平，发展园艺特产乡20个。畜牧业保持较快增长，全市累计建设高标准牧业小区403个，发展专业养殖大户2.2万户，全市规模饲养量占总饲养量的50%以上，畜牧业占农业总产值的比重54.2%。农业产业化龙头企业不断壮大，全市农产品加工业实现产值513亿元，同比增长25.1%。劳务经济发展较快，全年实现转移输出农村劳动力90万人。

哈尔滨市

【经济与社会发展】　2005年，哈尔滨市经济较快增长，全年实现GDP 1830.4亿元，同比增长14.1%。其中，第一产业增加值299.9亿元，增长8.6%；第二产业增加值646亿元，增长16.9%；第三产业增加值884.5亿元，增长13.9%。全社会完成固定资产投资639亿元，增长20%。

农业结构调整步伐加快。全年实现农林牧渔业总产值445.1亿元，同比增长8.8%，粮食产量达到92.54亿公斤，比上年增长5%，再创历史最高水平。优质农作物品种覆盖率达98%以上，在粮食作物播种面积中，优质水稻和优质大豆种植面积均达到100%。全市有效使用无公害农产品标志139个，绿色食品标志160个，有机食品标志86个。畜牧业增加值占农林牧渔业增加值的比重达51.7%，高于种植业11.4个百分点。全市农作物播种面积2525.9万亩，其中粮食作物2317.4万亩，增长3.5%。粮食作物、经济作物和饲料作物的播种面积比例为91.8：7.1：1.1。畜牧业保持了持续稳定发展的良好势头，全年实现牧业产值199.3亿元，增长11.4%。大牲畜存栏189.5万头，增长4.3%。主要畜产品增加，肉类总产量71.8万吨，增长10.3%，牛奶产量105.5万吨，增长18.3%。奶牛存栏达到36.1万头，增长13.7%。全市拥有农业机械总动力362.8万千瓦，增长5.1%。全年免征农业税5.8亿元，拨付粮食直补资金3.16亿元，良种补贴9363万元。

工业总量继续保持高位增长，优势产业发展加快。全年实现工业增加值490.9亿元，同比增长16.2%。机械、食品、医药工业实现增加值227.7亿元，占规模以上工业的65%。全市规模以上工业实现利税88.96亿元，增长22.8%。实现利润32.3亿元，增长69.8%。综合效益指数为128.4，比上年提高18.3个百分点。全市工业产值超亿元的企业由上年的101户发展到122户，总计完成产值950.1亿元，增长23.8%，占规模以上工业总产值的87%以上。工业投资状况有所改善，全市工业投资创出新高，达到150亿元，增长29.7%。高新技术产业规模进一步壮大，高新技术产业基地辐射带动作用增强。全市现有7个高新技术产业园区，有高新技术企业1005家，全年实现高新技术产值670亿元，增长27%。

全年完成财政一般预算总收入165.5亿元，同比增长10.5%。完成地方财政一般预算收入98亿元，增长11.6%。财政一般预算支出164.6亿元，增长12.9%。货币保持回笼态势，年末金融机构本外币各项存款余额2710.6亿元，比年初增加320.2亿元，增长13.4%。

对外贸易保持平稳增长态势，外贸进出口总额（地域口径）271777万美元，同比增长29.71%。市属外贸进出口总额200925万美元，增长22.36%。其中，出口85895万美元，增长33.09%；进口115029万美元，增长15.41%。对俄经贸发展势头良好，全年对俄进出口10580万美元，增长32.73%。对俄罗斯发生贸易往来的企业发展到118户，增长45.68%。

旅游业全年接待旅游者1821.4万人次，比上年增长18.8%。其中，国内旅游者1801万人次，增长18.9%；入境游客20.4万人次，增长10.9%。实现旅游总收入122.6亿元人民币，同比增长19.9%。其中，国内旅游收入 113.2 亿元人民币，增长 18.9%；旅游外汇收入 1.15 亿美元，增长 36.6%。

消费品市场繁荣活跃，物价水平基本稳定。全年实现社会消费品零售总额 788.1 亿元，同比增长 12.7%。物价总水平涨幅全线回落，居民消费价格涨势温和，全年居民消费价格比上年上涨 0.5%，涨幅比上年回落 2.6 个百分点。

全年完成全社会货运量 9830 万吨，比上年增长 9.8%。其中，铁路 1371 万吨，增长 3.2%；公路 8148 万吨，增长 12.9%；民航 2.35 万吨，增长 18.7%；水运 309 万吨，下降 22.6%。全社会客运量完成 8044 万人次，增长 9.9%。其中，铁路 2751 万人次，增长 6.5%；公路 5135 万人次，增长 11.6%；民航 158 万人次，增长 19.7%。全市由高等级路面连通的乡镇达到 115 个，建制村 400 个。

房地产开发规模继续扩大，城市居民居住条件进一步改善，全年房地产开发投资 140.2 亿元，同比增长 16.9%。房地产施工面积 1348.4 万平方米，增长 11.9%，竣工面积 524.8 万平方米，增长 2.9%，实现商品房销售面积 513.6 万平方米，增长 11.8%，销售额 138.7 亿元，增长 21%。市区人均住房使用面积 16.69 平方米，比上年增加 0.75 平方米。

就业和再就业的政策环境不断改善，城镇登记失业人员和登记失业率得到有效控制。全年有 3.1 万人领取了《再就业优惠证》，全年累计为再就业人员减免各种税收 8290.72 万元，安置城镇下岗职工和失业人员 13.66 万人，城镇登记失业率 3.5%。年末全市城镇就业人数 214 万人，城镇三次产业就业人员比重分别为 3%、40% 和 57%。民营企业主要是个体私营企业，成为增加就业的主要领域，2005 年个体私营就业人员为 76.22 万人，比上年增加 31.3%，占二三产业就业人员总数的 25% 左右。全市拥有公共职业介绍机构和各类民办职业介绍机构 233 个，登记求职人数达到 40.16 万人次，求职成功人数达到 21.5 万。农村劳动力转移步伐加快，全年转移农村剩余劳动力 108.17 万人，比上年增加 10.1%，培训农民工 26.1 万人，实现劳务收入 43.8 亿元。

城乡居民收入稳定增长，生活水平进一步提高。年末全市户籍总人口 971.64 万人，比上年增加 1.41 万人。其中，市区人口 398.61 万人，增加 4.07 万人。人口自然增长率为 3.92‰。城市居民年人均可支配收入 10065 元，同比增长 12.6%；农村居民家庭年人均纯收入达 4006.4 元，增长 10.6%。市区居民恩格尔系数 34.4%，农村居民恩格尔系数 46.1%。人口出生强度呈减弱趋势，农村部分计划生育家庭奖励扶助制度扩大试点工作顺利开展。新型农村合作医疗试点工作稳步推进，农村新型合作医疗保险覆盖率达 12.5%。

中小学校现代远程教育发展迅速，城市 100%、农村 90% 以上学校实现了“校校通”。民办教育健康发展，全市民办中小学校 112 所，在校生 8.7 万人。数字电视平台搭建完毕，数字电视用户达 2.6 万户，全市电视综合覆盖率达 98.4%，广播综合覆盖率达 99.4%。竞技体育和群众体育取得新进步，新增 16 个社区全民健身休闲广场，配置各类健身器材 1050 件。2005 年，承办亚洲冰球联赛、全国轮滑大赛等 5 项国际比赛和 6 项国内比赛。成功获得 2009 年世界大学生冬季运动会举办权。体彩销售取得突破性进展，全年实现销售额 4.5 亿元，同比增长 131%，创历史新高。

社会保险体系建设不断完善，社会保障支出占财政支出比重的 13.3%。调整和完善了城镇企业职工基本养老保险制度，启动实施了新的养老金计发办法。为 70 万名参保职工做实了基本养老保险个人账户，基本养老金计发新办法覆盖率达到 83%。全市参加基本养老保险的职工达 107 万人，参加基本医疗保险职工达 162.8 万人，医疗保险单位参保率达 65.5%。参加失业保险职工 176 万人，城镇职工失业保险参保率已达 88%。市城镇低保人数 20.9 万人，占非农人口的 4.48%。完成国有企业下岗职工基本生活保障向失业保险并轨32.8万人。城乡社会救助体系建设实现新突破，年末全市城市享受城镇居民最低生活保障对象20.9万人，发放低保金1.83亿元；救助农村特困群众14.4万人，救助受灾群众30.07万人，对低保家庭的医疗、住房、就学、用水、用电、供暖等实施了综合救助，其中为348户人均住房使用面积6平方米以下住房困难的低保家庭解决了廉租住房实物配租和租金补贴。救助优抚对象、城市三无老人、孤残儿童、农村五保对象、流浪乞讨人员共6万人。各级慈善会和"慈善超市"救助9.89万人次，款物价值1023万元。全市农村新型合作医疗保险参保农民62.98万人，覆盖率达2.5%。

各项改革取得新进展，发展活力逐步增强。国有企业改革取得新突破，启动改制企业1510户，基本完成改制1113户，重点企业改制引入战略投资超过23亿元，转让国有资产净收益17亿元。事业单位改革稳步推进，全面实行事业单位人员聘用合同制管理和新进人员公开招聘，加快事业单位后勤服务社会化改革，优化配置了事业单位资源。基本完成商业流通体制改革，42户粮食企业完成改制。

【投资环境与招商引资】　哈尔滨市有5条国际、国内铁路干线在此交汇，7条公路呈放射状从哈尔滨通往全国各地。国际、国内空中航线58条，可办理100多个国家和地区、200多个机场配运业务。哈尔滨港位于松花江水系中心位置，与俄罗斯4个城市直接通航。经江海联运通向日本、朝鲜半岛及东南亚各港口的松花江黄金水道，是目前国内内陆一类开放口岸。"哈大齐"工业走廊哈尔滨段规划面积252平方公里，开辟五个工业园区，为国内外投资者创造良好的地域平台。每年召开"冰洽会"、"哈洽会"、"哈夏会"、"香港活动周"、"韩国活动周"等重要联谊、洽谈会，接待中外宾客和进行商务洽谈合作。

【重点项目介绍】　2005年，哈尔滨市大项目建设取得了长足进展，全市在建项目中投资亿元以上的大项目190项，比上年增加18项，完成投资297亿元，同比增长15.3%，占全市投资的46.5%。列为重点推进的项目100项，总投资644亿元。已有哈尔滨四海数控科技股份有限公司SKHS系列数控新型建筑材料制造生产线、哈航集团哈飞汽车股份有限公司HF3乘用车、哈药集团制药总厂引进膜过滤设备及POD设备改造、哈尔滨仁皇药业公司SOD、溶菌酶项目、中国蓝星哈尔滨石化有限公司苯酚丙酮扩建项目、黑龙江葵花药业有限公司固体制剂改造、太平污水处理厂工程、市传染病院扩建工程、哈尔滨同一堂药业有限公司珍芪降糖胶囊项目、哈尔滨九洲电气股份有限公司电力电子器件的专用功率模块项目、哈尔滨万达商业广场、沿江生活污水截流工程等12个项目建成投产。一批与群众生活息息相关的城建项目加快建设，启动实施了轨道交通一期、西南部集中供热和哈热电厂供热扩建等工程，磨盘山供水一期工程下闸蓄水。

【老工业基地振兴】　随着老工业基地调整改造和国企改革的深入推进，国有企业转换经营机制，卸掉包袱，活力增强。2005年，"哈大齐"工业走廊哈尔滨段五个工业园区启动建设，形成江北工业新区、平房工业新区、群力新区、香坊工业新区和太平空港经济区工业产业布局，带动了投资、促进了工业经济的增长。五个工业园区紧紧围绕建设先进制造业这条主线，加快机械制造、绿色食品、医药、高新技术产业基地和化工产业集群建设，构筑竞争新优势，逐步形成具有经济规模和特色经济的产业群。"十一五"期间，将重点建设发展20个销售收入达到30亿元以上的产业集群，其中，5个超100亿元，5个超50亿元，10个超30亿元。对销售收入超过或接近百亿元的电站设备、汽车产业和医药工业，加大产业链接力度，充分发挥其龙头牵动作用和辐射带动作用。推动哈电集团、哈航集团等一批在国内具有领先地位企业的产业链，带动更多的地方配套企业的发展，形成产业集群。依托哈大齐工业走廊规划的5个工业园区，引导企业向产业园区集聚，按照功能区的发展方向，从区域经济一体化、空间布局扩容和功能提升出发，进一步明晰各类工业园区的产业定位，增强区内企业间的产业联系，向产业集群转化。把一些大型企业的非核心的配套业务就近分立为独立的法人公司，将“大而全”的企业改组为“小而精”的企业群，不断进行产业延伸与扩展，快速发展成为新的产业集群。选择一些市场份额、销售收入和技术含量在国内居领先地位，在国际有一定影响力和知名度的企业，打造一批“哈”字号、“黑”字号企业。

合 肥 市

【经济与社会发展】 2005 年，合肥市经济快速增长，全年实现 GDP 853.6 亿元，同比增长 16.9%。实现财政收入 130.88 亿元，增长 24.2%，其中地方财政收入 57.64 亿元，增长 28.3%。全年完成全社会固定资产投资 495.27 亿元，同比增长 36.4%，其中城镇投资 480.04 亿元，增长 35.8%，农村投资 15.23 亿元，增长 58.9%。城镇居民可支配收入 9684 元，增长 12.5%，农民人均纯收入 3207 元，增长 11%。

全年实现农林牧渔业总产值 95.59 亿元，同比增长 0.8%。全年粮食产量 153.93 万吨，减产 7.6%，肉类总产量 31.34 万吨，同比增长 5.5%，禽蛋 8.45 万吨，增长 3.9%，牛奶产量 2.38 万吨，增长 5%，水产品产量 11.63 万吨，增长 3.8%。

全年全部工业完成增加值 292.16 亿元，同比增长 17.2%。其中，规模以上工业实现产值 843.09 亿元，实现增加值 263.74 亿元，增长 23.5%。重点企业、行业带动作用明显。全年完成现价工业总产值超 10 亿元的企业 19 家，共完成总产值 525.56 亿元，占规模以上工业产值的 62.3%。汽车、装备制造业、家用电器、化工及橡胶轮胎、新材料、电子信息及软件、生物技术及新医药和食品及农副产品加工业等八大重点产业完成工业总产值 658.83 亿元，实现增加值 206.75 亿元，增长 23.6%，对全市规模以上工业增长的贡献率为 78.6%。工业经济运行质量显著提高，各项经济效益指标继续向好。全年规模以上工业经济效益综合指数为 207.18，比上年提高 39.8 个百分点。产品销售收入 791.11 亿元，增长 19.4%；实现利税 93.21 亿元，增长 21.5%，其中利润总额 52.78 亿元，增长 31.1%。工业品产销衔接情况良好，全年工业产品销售率为 98.3%。建筑业保持快速发展。全年实现增加值 90.53 亿元，同比增长 32.5%，对全市经济增长的贡献率为 16.5%。三级及以上建筑企业完成总产值 302.18 亿元，增长 34.4%。全年建筑业企业人均劳动生产率为 12.3 万元，增长 31%。

全年服务业实现增加值 418.38 亿元，同比增长 16%。消费品市场繁荣活跃。全年实现社会消费品零售总额 324.39 亿元，增长 15.1%。金融保险、旅游等发展迅速，对服务业的带动力加大。年末全市金融机构各项人民币存款余额 1521.85 亿元，增长 17.3%。贷款余额 1419.87 亿元，增长 18.1%。全年保费收入 20.58 亿元，下降 11%，赔付 8.15 亿元，增长 54.6%。全年完成旅游总收入 57.23 亿元，增长 26.9%，接待国内外游客 676.42 万人次，增长 9.9%。

交通和邮电业稳定增长。全年全社会完成公路货物运输周转量 41.57 亿吨公里，比上年增长10.9%，完成旅客运输周转量58.59亿人公里，增长15.3%。全年各种运输方式完成交通货运量6133.68万吨，增长6.4%。完成旅客运输量7120.4万人，增长5.1%。全年邮电业务收入44.29亿元，增长32.8%。

全面启动了国家科技创新型试点市建设，出台并实施《试点市工作方案》，示范区已有7个项目开工建设。成功举办第5届高新技术项目——资本对接会暨中国专利20年成果展。高新技术产业快速发展，全年实现总产值、技工贸总收入分别增长31%、30%。大力推进科技兴农，组织实施粮食丰产科技工程和“农业科技专家大院”项目。“1124”信息化工程加快推进，建成全市统一电子政务专网，联合审批系统、视频会议系统等70多项电子政务项目顺利推进，农业信息网不断完善。

各类教育协调发展。义务教育成果得到巩固，全市小学、初中入学率、升学率保持较高水平。进城务工农民子女义务教育阶段入学问题初步得到解决。普通高中和职业教育协调发展，普职比趋于合理。文化事业不断发展。成功举办第16届国际美术大会。专业文艺创作精彩纷呈，群众性文化活动蓬勃开展。长江剧院重建、城隍庙修复、李鸿章故居东扩工程竣工，赖少其艺术馆建成开馆。

竞技体育和全民健身工作取得新成绩。动工兴建市体育中心、广电中心和文化艺术中心。市疾病控制中心等一批卫生建设项目基本建成。社区卫生服务网络建设加快推进，肥东和长丰县列入国家和省农村新型合作医疗试点县。开展出生人口性别比综合治理，全面实施农村部分计划生育家庭奖励扶助制度。

积极推进就业再就业和社会保障工作，全年城镇新增就业岗位5.8万个，城镇登记失业率4.4%。大力拓展“组织起来就业”新模式，通过开发社区就业岗位、建立“百帮”创业基地、托底安置“4050”人员等多种措施，解决了一大批下岗失业人员的就业问题。调整完善社保政策，激发了各类职工参保的积极性，全市社会保险5项险种参保人数较上年末增加25万人。就业和社会保障工作服务平台进一步完善，全市所有街道、乡镇全部建立了企业退休人员管理服务所（站），“退管”服务率达80%。完善最低生活保障制度，初步实行“分类施保”。在全市范围内开展了困难群体大排查，实施教育、医疗、住房等多项救助措施，保障了低收入群体的基本生活。组织实施扶贫开发“整村推进”工程，加大重点贫困村的脱贫力度。

【投资环境与招商引资】 合肥是靠近沿海地区的第一线内陆城市，承东启西、贯通南北、辐射中原，具有十分突出的经济发展战略地位。合肥市拥有全国卫生城市、全国园林城市、全国城市环境综合整治优秀城市、全国双拥模范城、全国社会治安综合治理先进单位、中国优秀旅游城市、全国科教兴市先进城市等国家级荣誉称号。合肥还是国家批准的实行沿海开放城市政策和金融对外开放城市之一。2005年，合肥在全国百强城市排名31位，综合竞争力列第36位，全国投资环境50优城市。

合肥是全国重要的科教基地，第一个全国科技创新型试点市，全国科技进步示范市，全国科技兴贸和全国知识产权保护重点城市，全国城市信息化试点城市，世界科技城市联盟会员（WTA）城市。拥有中国科学技术大学等20多所大学和中国科学院合肥分院以及各类科研机构200多家，各类专业技术人员占全市人口的比例居全国同类城市前列。合肥是以制造加工业为主的综合性工业城市，工业基础雄厚，现有34个工业行业，200多个工业门类，2000多种大类产品，已发展形成汽车及工程机械、家用电器、化工及新材料3大支柱产业及生物医药和信息产业2个新兴的高新技术产业。合肥是全国首批园林城市之一，空气质量始终保持在优良水平，是中国最适宜人类居住的城市之一。合肥是全国重要的铁路、公路、航空、信息和通讯枢纽，位于华东腹地，承东启西，是东部沿海到内地产业转移的必经之地，也是长三角经济圈重要的辐射地区。以合肥为圆心，半径为500公里的范围内有上海、南京、武汉等重要的大城市和4亿人口，交通便利，人力资源丰富，综合商务成本低，具有明显的竞争力、广阔的市场前景和突出的经济发展战略地位。

为了鼓励企业投资发展，合肥市政府还出台了一系列优惠政策，对来合肥市投资工业、高科技产业、现代农业、城市建设、商业物流、金融证券、教育、文化、体育、咨询等产业的境内外企业，除享受中国政府、安徽省赋予的各项优惠政策外，将在土地使用、费用减免、地方奖励等方面给予政策扶持。同时，设立合肥市促进工业发展专项资金，对投资合肥的支柱产业和重点工业项目的，在项目前期费用补助、固定资产投资、产业集聚、销售上台阶、名牌和驰名商标、大项目入住、企业税源、产品出口等方面，给予政策支持。

全年新批外商投资企业91户，投资总额81952万美元，同比增长39%，实际到位外资40660.19万美元，增长29%。全年引进市外内资项目1575个，其中省外投资项目892个，引进市外内资171.7亿元，其中省外资金111.6亿元。引进市外、省外资金分别增长40.7%、46.71%，全年引进总投资5000万元以上的省外项目有59个，增长34.1%。

【重点项目介绍】 2005年，全市共安排项目258个，完成投资191.04亿元，江汽集团H1车桥、合力叉车工业园、合肥海尔工业园、天威保变电力变压器、合肥微电子工程基地、合肥城区路网工程等一批重点项目建设均完成或超额完成年度投资计划，其中安能热电二期扩建工程、国风塑业BOPP薄膜、合肥烟厂技改等项目已竣工投产。

城乡基础设施建设进一步加快。合六、合淮阜高速公路建设及二环路改造稳步推进，芜湖路、飞龙路、铜陵路桥等路桥工程竣工，蔡田铺污水处理厂和二里河上游综合改造正式启动，环城水系中水回用基本实现全线贯通，完成了瓦埠湖蓄洪区一、二期工程和丰乐河18公里河段整治，改造小街巷106条，新增园林绿地213块，三国遗址公园建设进展较快，包公园、徽园被评为国家4A级旅游景区等。

南昌市

【经济与社会发展】 2005年，南昌市经济高速发展。全年GDP达1007.7亿元，同比增长16.8%。其中，第一产业增加值73.39亿元，增长5%；第二产业增加值532.13亿元，增长21.2%；第三产业增加值402.19亿元，增长13.4%；人均GDP达22390元，增长15.9%。

全年农林牧渔及其服务业现价总产值115.76亿元，同比增长5%。其中，农业产值46.31亿元，增长3.5%；林业产值1.39亿元，下降2.7%，牧业产值38.21亿元，增长3.6%；渔业产值27.34亿元，增长8.1%；支持生产发展的农业服务业产值2.51亿元，约占总产值的2%。粮食作物播种面积33.8万公顷，比上年增加3%；粮食总产量195.16万吨，增长3.3%；油料总产量7.94万吨，增长8.1%，肉类总产量24.2万吨，增长5.1%；生猪出栏数238.29万头，增长4.7%；家禽出笼3305.18万只，增长1.7%；禽蛋总产量11.58万吨，增长6.2%；奶类总产量6.45万吨，增长5.1%。水产品总产量28.4万吨，增长4.1%，其中特种水产品产量9.66万吨，增长7.9%。农业生产条件进一步改善，年末农业机械总动力209.32万千瓦，增长 20%。全年完成退耕还林还草 6662 公顷。

2005 年，南昌市继续推进全力打造现代制造业重要基地的政策措施，有力地带动了全市工业经济持续走高，呈现出生产快速增长、经济效益稳步提高的良好态势，全年实现全部工业增长值 374.93 亿元，同比增长 17.3%。规模以上工业企业完成增加值 235.78 亿元，增长 26%。全市已形成十大产品制造基地，且聚集效应进一步增强。汽车基地、空调基地、医药和医疗器械基地等十大重点发展产品制造基地共完成增加值 185.35 亿元，增长 27.4%，总量占全市规模工业的 78.6%，增幅高出全市规模工业平均水平 1.4 个百分点。其中，空调基地、造纸基地、医药和医疗器械基地、机电产品基地分别增长 5 倍、8.9 倍、42% 和 30%。工业经济效益总体水平稳步提高，规模以上工业企业经济效益综合指数为 173.99，比上年提高 14.3 个百分点。实现产品销售收入 733.33 亿元，增长 29.5%；产品销售收入率为 98.9%，比上年提高 0.2 个百分点。

建筑业稳步发展。全年完成施工产值 234.07 亿元，同比增长 30.6%，房屋施工建筑面积 2451.2 万平方米，增长 31.9%；房屋竣工建筑面积 1241 万平方米，增长 58%。房地产开发施工面积 1193 万平方米，增长 11.8%；竣工面积 426.5 万平方米，增长 63.7%。完成商品房销售额 62.47 亿元，增长 20.8%。商品房销售面积 249 万平方米，增长 17%。

消费品市场旺盛。全年实现消费品零售总额 307.49 亿元，同比增长 15.7%。其中，城市实现零售额 244.69 亿元，增长 16.8%，农村实现零售额 62.8 亿元，增长 11.6%。汽车通讯器材、文化办工用品、家用电器等仍是居民消费的热点。

城乡居民收入水平实现快速增长。城市居民年人均可支配收入达 10301 元，同比增长 17.8%；年人均消费支出 7064 元，增长 20.5%。农村居民年人均纯收入 3879 元，增长 13.6%；农村居民年人均生活消费支出 2472 元，增长 13.6%。城市居民家庭恩格尔系数 44.8%，农村居民家庭恩格尔系数 50.4%。

旅游业得到了长足发展。2005 年共接待国内游客 718.45 万人次，增长 22.4%；接待海外游客 6.52 万人次，增长 20%。实现国内旅游收入 44.79 亿元，增长 18.6%；旅游创汇 1800 万美元，增长 4.9%。全市拥有星级宾馆（饭店）40 家；拥有旅游社 150 家，其中从事国际旅游业务的旅行社 16 家；旅行社组团国内游 35.9 万人次，增长 12.7%。

城乡医疗卫生条件不断改善。全市共有医疗卫生机构 850 个，其中医院、卫生院 167 家，疾病预防控制中心 12 家，卫生监督所 3 家，妇幼卫生机构 11 家。全市医院、卫生院实有床位数 1.45 万张，平均每千人拥有医院床位 3.06 张；拥有各类卫生技术工作人员 2.06 万人，其中医生 8186 人，护师、护士 7609 人，每千人中拥有医生 1.72 人。人均期望寿命 76.7 岁。

教育事业持续发展。职业教育跻身全国“前三强”，全市小学适龄儿童入学率为 99.6%，初中入学率为 98.1%，初中毕业生升学率为 77%。普通高中在校生 9.45 万人，增长 8%；高考录取率为 69%。职业教育发展迅速。中等职业学校在校生 19.65 万人，增长 38.9%。其中普通中等专业学校 14.14 万人，增长 56.3%；职业高中 1.57 万人，增长 24.3%；技工学校在校生 3.95 万人，增长 2.6%。全市各类中等职业学校毕业生达 3.59 万人。2005 年组织实施科技项目 379 项，2 项科技成果分获中国发明展览会金奖和铜奖，2 项科技成果获省级科技成果一等奖，申报专利 1150 项。

【投资环境与招商引资】　2005 年，南昌市启动机关“效能年”活动，南昌市上上下下形成了抓服务、作风和工作效能的良好氛围。南昌市连续几年进行的优化投资环境的系统工程堪称全国首例。据统计，连续三年推出的三个大型活动，全市一共出台了80余条优化投资环境措施。削减行政审批事项694项，为全国审批事项最少城市之一。南昌市审批办证中心现在有两项全国省会城市第一，审批项目最少，办证速度最快。正是这个系统工程，让南昌的“四最”（投资成本最低、效率最高、信誉最好、回报最快）投资品牌逐渐在广大海内外客商中广为流传，让廉洁高效、文明诚信的思想深入人心，凝聚人心。2005年5月，中国社科院发布了中国城市竞争力报告，南昌市综合竞争力排名由上年度的第40位前移至30位，在中部地区六个省会城市中排名第三。在其他主要指标中，南昌市制度竞争力排名第13位，其中政府审批与管制指数排名达到第6位，在中部地区六个省会城市中排名第一；南昌市政府管理竞争力排名第8位，其中政府服务能力排名第5位，在中部地区六个省会城市中排名第一。据国家统计局公布的“2005年中国综合实力百强城市”榜单，南昌凭借在经济发展、环境保护以及循环经济和人口与劳动力利用三项指标上的高得分，位列第35位。

2005年，南昌市新批外商投资企业187家，全年协议合同外资金额11.15亿美元，同比增长6.4%；实际利用外资9.09亿美元，增长24.4%。其中，第二产业4.65亿美元；第三产业3.88亿美元。在利用内资上，全市共达成合同项目574个，其中省外资项目506个。合同引资额316.11亿元，实际进资260.5亿元，新批合同总投资额超1000万美元的大项目33个，引资额超亿元的内资项目34个。对外贸易继续增长，出口创汇增加。全年南昌地区完成进出口总额17.45亿美元，增长5.2%，其中海关出口总值12.4亿美元，增长15.4%，实现贸易顺差7.35亿美元。全市出口创汇9.18亿美元。

【重点项目介绍】 八英寸晶圆项目。由晶湛（南昌）科技有限公司建设，该公司是结合台湾、美国的技术团队及资金成立的一家高科技企业。主要建设内容八英寸晶圆封装检测中心和生产线相继建成投产，形成年产八英寸晶圆片36万片的生产能力，年产值可达2.5亿美元。第二期年产70万片八英寸晶圆片工程也将建成投产。代表了当今现代化制造业最高技术水平的微电子技术，在我国电子、电力电子、微机电子整合等领域取得领先地位，将带动南昌微电子产业兴起，产业链的形成，填补了我国中部微电子产业空白，满足此领域产品全数依赖进口之需求，促使产业升级得以实现。

年产4000万平方米新型高强度三防幕栅材料产业化项目。项目已通过国家发展和改革委员会的批准，并取得国家专项资金的支持。江西华春集团该集团组团组织中德两国科技人员历经8年的潜心研发，结合现代建筑前沿技术，以工业废弃物磷石膏为主要凝固材料，用改性糯米为特殊粘合剂，采用现代科学配方，开发成功复合装饰布替代纸面的新型墙体材料布石膏板。一条具有国际先进水平的布局石膏板生产线首期工程建成投产。产品深受国内外客商的青睐，在广交会上引起了美国、德国等10多个国家外商的关注。已有几十家外商签订了经销协议。

【一村一品】 为了大力促进农村经济发展，南昌市实施大开放战略，积极吸引市外、省外、国外客商投资南昌农业，尤其是对农村的“一村一品”工程，借助外力促进跨越式发展。2005年，南昌市农业实际引进外资5600万美元、内资1.4亿元，为“一村一品”的发展提供了充足的资金保障。“一村一品”，即是一个村根据本地特点，因地制宜，依靠本身与借引外力相结合，发展农村经济的活动。扶持龙头企业，可以有力带动“一村一品”的发展。南昌市财政每年安排1000万专项资金用于农业产业化龙头企业的贷款贴息、技术改造、品牌培植等奖励与补助。全市已创办省级农业示范园2个、市级农业示范园3个。市级以上龙头企业已发展到63家，其中，国家级龙头企业6家、省级龙头企业25家。市级以上龙头企业销售收入150.89亿元，税后利润3.59亿元，上交税收2.4亿元，出口创汇8977万美元。创中国驰名商标2个，江西知名品牌11个。各县（区）充分发挥比较优势，规划建设了一批区域性主导产业，全市特色块状经济发展格局初步形成，十大优质农产品生产基地已具规模，如50万亩优质大米生产基地、100万亩油料生产基地、15万亩无公害蔬菜生产基地、50万头瘦肉型猪生产基地等。

市财政每年都安排300多万元专项资金用于基层农技网络建设、良种良法推广、科技下乡等活动，并选派农技特派员到乡村一线推广农业实用技术。如南昌县已建立科技示范点1800多个，科技示范户3500多户，为"一村一品"工程提供技术服务。毛笔生产专业村、大闸蟹养殖专业村、藜蒿种植专业村、旅游休闲生态村、的士营运专业村、商贸工业村等已崭露头角。依靠丰富的农业资源和政府的大力扶持，以"一村一品"为特色的南昌农业在发展中崛起。全市具有产业特色的专业乡镇已经占到全市乡镇总数的60%以上，"一村一品"专业村已经发展到236个，产业分布涵盖了一、二、三产业。2005年，"一村一品"专业村农民人均纯收入为4018元，从事"一村一品"生产的农民从主导产业中获得的纯收入占家庭年经营收入的80%以上。

郑　州　市

【经济与社会发展】　2005年，郑州市GDP达到1650亿元，同比增长15.8%。其中：第一产业增加值72亿元，增长7%；第二产业增加值759.7亿元，增长20.8%；第三产业增加值706.7亿元，增长14.5%。完成财政收入151亿元，增长30.7%。年末金融机构各项存款余额3116.1亿元，增长14.4%，贷款余额2482.1亿元，增长15.7%。在国家统计局评定的2004年度中国城市综合实力百强城市中，郑州市名列第23位。

农村经济全面发展，生产生活条件进一步改善。全年农业完成增加值72亿元。其中畜牧业增加值占39.5%以上。现代农业示范区发展势头良好，建成丰乐农庄、鸿宝园林、锦绣玉泉、百果庄园等12个现代农业示范园区。农业产业化进程步伐加快，新增农业产业化经营组织150多家。农业龙头企业不断发展壮大，市级以上重点农业龙头企业达126家，其中国家级4家，省级16家，农业龙头企业年销售收入突破110亿元，带动62万农户增收致富。切实加大农村基础设施投入，新增有效灌溉面积5.5万亩、集雨节灌水窖1万个，解决农村安全饮水6万人。森林生态城工程建设进展顺利，全年新增造林面积25.6万亩。积极推进农村税费体制改革，在全市取消农业税，减免税额达9238万元。巩固和解决温饱贫困人口1.2万人。

工业结构调整步伐加快，经济效益不断提高。全年实现工业增加值759.7亿元，增长20.8%，其中规模以上工业增加值完成569.7亿元，增长24.2%。销售收入超亿元企业达到306户，比上年增加110户。工业投入创历史新高，项目投资完成300.9亿元，增长43.3%。中铝河南分公司70万吨氧化铝等78个重点工业项目竣工投产。氧化铝产量突破170万吨，位居亚洲首位；宇通公司豪华客车、城市公交客车产销量居全国第一，郑州日产高档皮卡国内市场占有率达40%；速冻食品产量达到32.3万吨，占全国总产量的50%以上。"宇通"、"三全"、"思念"成为"中国500最具价值品牌”。全年规模以上工业企业实现销售收入1673亿元，同比增长40.9%；实现利税219.9亿元，增长47.5%；工业经济效益综合指数达到195.9%，比上年提高33.7个百分点。

商贸城建设取得新进展，消费需求稳步增长。全社会消费品零售总额706.7亿元，增长14.5%。沃尔玛大型购物广场旗舰店、丹尼斯梦幻世界及花园路百货商厦等项目前期工作进展顺利，丹尼斯人民路2号馆、家世界购物广场经三路店、航海西路店相继建成开业。国际航空货运中心等现代物流工程正在加紧规划建设，郑东新区圃田物流园区控制性详规全面启动。居民消费价格水平上涨2.4%。全年共接待国内外游客1790万人，增长29%。旅游总收入178亿元，增长28.4%。

固定资产投资稳步增长，对经济的拉动作用进一步增强。全社会固定资产投资完成820亿元，增长28.6%，城镇固定资产投资完成610.2亿元，增长36%。国有及国有控股单位投资237.9亿元，增长1.7%。房地产开发完成投资168.1亿元，增长38%。城市基础设施完成投资100亿元，增长82%。全市新增公园游园50个；支路背街小巷改造完成121条；积水点改造完成37处。新增供水管道160公里，城市供水能力达到116万吨/日，污水处理能力达50万吨/日，垃圾无害化处理率达100%，集中供热面积1250万平方米，城市气化率达93%。市区人均拥有城市道路面积9平方米，中心城区建成区绿化覆盖率达34.8%。

对外开放进一步扩大。2005年市属进出口总额11亿美元，同比增长41.2%，其中出口完成7.6亿美元，增长64.2%。引进市外境内资金达102亿元。新增外商投资企业118家，入驻郑州市的世界500强企业达到16家。有13家企业进驻非洲塞拉利昂工贸园区，海外市场进一步拓展。出口加工区封关运行良好，郑东新区、高新技术产业开发区、经济技术开发区建设和发展取得新进展，加州工业城项目正在加紧推进。全年非公有制经济增加值达到875亿元，同比增长22%，占全市经济总量的比重达53%，比上年提高3个百分点。

科技教育进一步发展。全年组织实施攻关、火炬、星火等科技项目519项，其中国家级23项，省级132项，市级364项，科技进步对经济增长的贡献率达到50%。教育基础设施建设成效显著。农村义务教育“两免一补”政策得到落实，全部消除2005年以前D级危房；市区22所中小学全部建成，4所新建高中投入使用，市属技校整合工作顺利进行。中学体育设施水平跨入全国先进行列，市区中学新建6个体育场、8个体育馆、4个游泳馆，成功举办了第九届全国中学生运动会。

生态环境质量持续改善。环保投入进一步加大，环境保护投资指数已达到2%以上；万元GDP能耗基本接近全国平均水平；鼓励出租车、公交车改用天然气、液化气、电等清洁能源；大力推广乙醇汽油达40万吨；对农村能源进行改造，全市建设户用沼气池2万个。郑州市内五区共拆除、改制10蒸吨以下燃煤锅炉164台，新建2平方公里无燃煤区；机动车尾气年检车辆达到5万余辆；医疗废物集中处置率达到98.6%；郑州市建成区绿化覆盖率已超过34%，烟尘控制区覆盖率达到100%，城市集中供热率、生活垃圾无害化处理率、城市气化率、噪声达标区覆盖率大幅度提高。

公共卫生体系建设进展顺利，疾病预防控制工作成效显著。市120紧急救援指挥中心、六县（市）的疾病预防控制中心和传染病区建成投入使用。深入扎实开展防治人感染高致病性禽流感工作，艾滋病、结核病、乙肝等重大疾病的防治措施进一步落实。新建7所示范乡镇卫生院，9所中心卫生院建设项目全部完成。新型农村合作医疗制度使全市450万农民受益。农村降氟改水、疾病预防控制及针对禽流感等重大传染病的防治工作，均取得较好的成绩。

社会事业全面发展，薄弱环节得到加强。

就业和社会保障工作取得新进展，全年城镇就业再就业12.5万人，城填登记失业率为3%。建立各级农村劳动力市场14个，全市农村劳动力转移就业14.1万人。切实加强各项社会保障，全年各级财政共投入资金14.3亿元，在全国率先实行国有破产和困难企业退休人员大病统筹医疗保险。加快城乡社会救助体系建设，城市低保做到动态管理下的应保尽保，落实住房、就医、上学等各项配套政策，使广大群众享受到更多经济发展带来的成果。人民生活水平继续提高，城镇居民人均可支配收入10640元，同比增长13.6%。农民人均纯收入4774元，增长14.1%。

【投资环境与招商引资】　郑州是全国重要的枢纽城市。郑州交通、通信发达，是国家重要的铁路、公路、航空、通信、电信、邮政枢纽，贯通全国东西、南北的铁路、航空、高速公路、电力、电信主干线在此交汇，南水北调、西气东输工程在此经过。有亚洲最大的铁路编组站、全国最大的零担货物中转站和全国闻名的客运站。

郑州是全国自然资源储量丰富的城市。已探明的矿藏有煤、铝矾土、耐火粘土、油石等34种，其中煤炭探明储量50亿吨，居全省第一位；耐火粘土储量1亿吨，占全省储量的一半；铝土矿储量1亿吨，占全省储量的30%；天然油石矿质优良，是全国最大的油石基地之一。

郑州是全国优秀旅游城市。历史人文景观众多，旅游资源丰富，有以少林寺、中岳庙和嵩山国家森林公园为主的嵩山风景名胜区，以黄河风景名胜区、黄河大观和大河村原始村落遗址为主的黄河历史文化风景名胜区，有浮戏山、环翠峪、轩辕黄帝故里等名胜古迹，嵩山少林寺以佛教禅宗和少林武术闻名海内外。郑州以其独有的魅力吸引着八方来客。

郑州是极具发展活力的城市。具有较强的工业竞争力，销售收入超亿元的大型工业企业集团306户；主导产业为汽车、煤电铝、装备制造业、食品、纺织等，拥有亚洲生产规模最大、工艺技术条件最先进的客车生产企业。郑州具有较强的科技研发优势，全市科研机构近200家，普通高校48所，是国家认定的“全国制造业信息化工程重点城市”。郑州商贸优势突出，不仅是历代兵家必争之地，也是历代商家必争之地，自古就是全国重要的商品集散中心之一。1997年，被国家批准为全国商贸中心改革试点城市，现已形成批发与零售、期货与现货、传统经营与新型业态相结合的市场交易体系，郑交会是三大全国性商品交易会之一。郑州商品交易所是国务院确定的第一家期货市场，“郑州价格”已成为我国粮食生产和流通的指导价格。

加大招商引资力度，利用外资规模不断扩大。组织参加豫港投资贸易洽谈会、中国河南（旧金山）经贸文化周等经贸活动，招商活动取得明显成效。郑东新区、高新技术产业开发区、经济技术开发区招商工作取得新进展，加州工业城项目建设步伐加快，区域经济交流与合作明显加强，外商投资企业累计达到2739家，在郑州投资的世界500强企业累计达到16家。2005年，全市引进市外境内资金达102亿元，新增外商投资企业118家；实际利用外资3.4亿美元，增长38.6%。

【重点项目介绍】　2005年，郑州市重点项目建设增长势头良好，全年完成投资153.7亿元，62个项目开工建设，43个项目竣工投产。

郑州市环城高速公路、冉屯路、新柳路、燕风北路、西三环—化工路立交等项目已竣工通车；郑州市五龙口污水处理厂、城市垃圾综合处理场竣工投产；中国郑州国际会展中心建成投入使用；河南登封铁路有限公司登封铁路二期、郑州公交场站、郑州市给水管网改造、城市雨污水管网改造、西史赵城中村改造项目进展顺利。城市基础设施水平显著提高，交通出行条件明显改善，城市品位和形象得以提升。

工业、高技术、能源等项目进展顺利，中铝河南分公司70万吨氧化铝项目、郑州统一企业有限公司二期方便面生产线、河南中原铝业有限公司年产铝箔5万吨工程竣工投产；国家863中部软件产业基地、安彩集团年产400万平方米液晶玻璃基板生产线项目、郑州新力电力有限公司2×20万千瓦供热机组工程、河南新能开发公司王行庄煤矿工程顺利推进。

教育、旅游等社会事业项目建设进展迅速，第九届中学生运动会场馆、郑州商城遗址保护一期工程、河南纺织高等专科学校新校区等项目相继建成投入使用。市民生活质量和水平大幅度提高。

商贸城建设步伐加快，郑州家世界购物广场经三路店建成开业，郑州澳柯玛物流中心一期、香江现代物流商贸园区、中原数码港、大上海城等一批大型商业项目按照计划顺利推进。

农业项目建设顺利进行，新农村建设稳步推进。郑州新一代多普勒天气雷达、郑州邙山生态园、农业科技示范园区、郑州森林生态城建设项目、郑州市农产品质量检测流通中心等项目进入收尾阶段。

武　汉　市

【经济与社会发展】 2005年，武汉市经济快速发展，全年GDP达到2238亿元，同比增长14.7%。其中，第一产业增加值109.57亿元，增长4.5%；第二产业增加值1019亿元，增长17.9%；第三产业增加值1109.43亿元，增长13.1%。全市研究与试验发展（R&D）经费支出占GDP的比重为2%，比上年提高0.3个百分点。全年财政总收入389.36亿元，增长30.4%。地方财政收入170.43亿元，增长30.2%。其中，地方财政一般预算收入138.82亿元，增长31.3%。地方财政支出204.92亿元，增长23.2%。

农村经济稳定发展，全年农业总产值180.6亿元，同比增长5.5%。全年粮食总产量137.52万吨，增长4.6%；棉花产量2.77万吨，增长7.7%；油料产量19.04万吨，下降1.3%；蔬菜产量576.28万吨，增长1.6%。全年造林面积6030公顷，比上年下降26.3%；当年育苗面积3100公顷，增长2.6%；幼林作业面积13390公顷，下降6.3%；成林抚育面积39.18万公顷，增长1.6%。全年生猪出栏230.62万头，增长6.2%；家禽出笼4600.02万只，下降2.4%；牛奶产量9.28万吨，增长5.2%；禽蛋产量17.63万吨，增长1.8%；水产品产量39.43万吨，增长1.6%。

工业和建筑业快速增长，全年完成工业增加值852亿元，同比增长18.7%。其中，规模以上工业增加值730亿元，增长23.8%。规模以上工业总产值2286.69亿元，增长28.2%。钢铁、汽车、光电子等十大行业完成工业总产值1852.17亿元，增长27.6%。全年产值过亿元的企业有230家，其中5家企业过百亿元。工业产品销售率为98.26%，比上年提高0.66个百分点。全市规模以上工业企业经济效益综合指数190.6，比上年提高16点。实现产品销售收入2153.91亿元，增长28.2%；利税总额277.99亿元，增长16.6%。其中，利润总额124.08亿元，增长10.1%。全年建筑业实现增加值167亿元，增长14.1%。全年有资质的建筑企业完成建筑业总产值658.91亿元，增长12.9%。房屋建筑施工面积6444.83万平方米，比上年增加346.38万平方米。

固定资产投资增长较快，全年完成全社会固定资产投资1055.18亿元，同比增长

28.3%。全年房地产开发投资297.99亿元，同比增长27.7%，增幅回落9.9个百分点。全年房地产施工面积2749.63万平方米，竣工面积816.72万平方米，全年销售商品房681.85万平方米，商品房销售额193.75亿元，商品房空置面积162.14万平方米。

国内贸易增长快速，全年批发和零售业实现增加值239亿元，同比增长12.5%。全年实现社会消费品零售总额1128.64亿元，增长13.3%。批发零售业实现销售收入3099.24亿元，增长19.4%。居民消费价格总水平上涨2.7%，涨幅比上年回落0.6个百分点。商品零售价格上涨0.9%，回落0.1个百分点。

对外经济发展势头良好，全年实现进出口总额61.88亿美元，同比增长44%。其中，出口25.4亿美元，增长31.5%。全市有旅游景区（点）30家，旅游星级饭店120家。全年接待海外旅游者41.23万人次，增长31.1%。实现旅游总收入235.19亿元，增长16%。其中，国际旅游外汇收入1.72亿美元，增长36.5%；国内旅游收入221.22亿元，增长15.1%。

全年交通运输、仓储和邮政业实现增加值165.43亿元，同比增长6%。信息传输、计算机服务和软件业实现增加值76亿元，增长24.4%。全年完成货物周转量1277.65亿吨公里，增长6.1%。全年客运周转量507.82亿人公里，增长4.4%。全市公路通车里程4781.54公里，增长0.6%，其中等级公路4778.19公里，增长27.25%。全年完成邮电业务总量116.47亿元，增长24.4%。市话局用交换机容量233万门。年末固定电话用户数389.25万户（含小灵通用户），增长11.4%，互联网上网用户达132万户。

金融业保持稳定健康运行，年末金融机构本外币各项存款余额4084.95亿元，比年初增加521.38亿元。居民储蓄存款余额1673.17亿元。金融机构本外币各项贷款余额3170.88亿元，比年初增加417.15亿元。

教育和科学技术不断发展，全市6至11岁人口入学率达100%，6至14岁盲聋弱智人口入学率达99.7%。全市共有幼儿园608所，在园幼儿10.84万人；小学1080所，在校学生52.25万人；普通中学510所，在校学生52.76万人；中等职业学校152所（不包括技校），在校学生15.02万人；普通高等学校52所，在校学生69.35万人。成人高校在校学生数11.9万人。扩建、改造中小学危房8.88万平方米，新改扩建中小学学校竣工面积16.88万平方米。全市有科研机构106所，科技活动人员5.3万人，承担国家级科技计划项目930项。建成国家实验室1个（全国共5个）、国家重点实验室13个，国家级企业技术研发中心10个。全年科技部门实施的科技计划项目75项，登记科技成果323项，其中达到国内领先和国际先进水平的成果187项，科技创新能力跃居全国前三位。全年受理专利申请6233件，专利授权2382件。技术市场合同成交额35.3亿元，增长11%。全市现有高新技术企业2140家，增长20%，当年实现产值800亿元，增长24.8%；实现增加值288亿元，增长27.4%。

文化、卫生和体育事业蓬勃发展，全市有文化馆、群艺馆15个，公共图书馆17个，艺术表演团体15个。广播和电视人口覆盖率分别为98.4%和99.9%。全年市属艺术表演团体新排上演剧目30台，专业剧团获国家奖11个、获省级奖42个。成功主办第三届世界华文传媒论坛。全年开展群众性大型文化活动次数85次。全市共有卫生机构1887个，其中医院、卫生院241个，病床床位3.54万张；卫生技术人员4.78万人，其中医生1.97万人，护师、护士1.79万人。平均每千人拥有医生2.5人，病床3.84张。参加新型农村合作医疗74.94万人，中心城区社区卫生服务覆盖率为100%。在国内外重大比赛中，武汉市运动员共获得13枚金牌，其中世界金牌2枚，国家金牌11枚。

人民生活继续改善，城镇居民年人均可支配收入10849.72元，同比增长13.4%；恩格尔系数38.8%，下降2.2个百分点；人均住房建筑面积25.5平方米；自来水普及率100%。农村居民年人均纯收入4341元，增长9.7%；恩格尔系数47.1%，下降3个百分点；人均居住面积39.8平方米。全年人口出生率6.59‰，人口死亡率3.73‰，人口自然增长率2.86‰。计划生育率98%，比上年提高1个百分点。

社会保障事业稳步发展，城区参加社会养老保险的单位2.09万家，增长7.1%；参保职工184万人，增长10.1%；参加失业保险单位1.17万家，参保职工87万人；基本医疗保险参保176万人。城镇居民享受最低生活保障补贴户次数138.05万户次，347.56万人次，最低生活保障发放额2.89亿元，基本做到应保尽保。全年区县以上民政部门兴办福利事业单位13个，收养3816人。定期补助12357人。优抚对象6.14万户。建立各种社区服务设施2180个，其中综合性社区服务中心70个。全年销售社会福利彩票7.97亿元。年末全市从业人员421.8万人，增加4.3万人。年末城镇登记失业率4.2%，全年新增城镇就业岗位12.5万个，转移农业劳动力5.3万人。

继续大力实施“绿满滨水、显山透绿、景观道路、亲民绿化”四大工程，新、改、续建19个城市公园、15个小游园、新建园林小景35个。城区公共绿地面积达3694.92万平方米，人均公共绿地面积9.22平方米。全市森林覆盖率21.4%，建成区园林绿化覆盖率37.6%，市区垂直绿化11.2公里。

【投资环境与招商引资】　武汉市鼓励外商投资城市基础设施建设；鼓励外商投资参与国有资产重组；鼓励外商到东湖高新技术开发区和武汉经济技术开发区（以下简称开发区）投资；鼓励外商投资兴办先进技术企业和产品出口企业；鼓励外商投资农业综合开发和第三产业；鼓励跨国公司投资等。

2005年，全市新批合同外资额19.89亿美元，同比增长65.6%；实际利用外资17.4亿美元，增长14.5%。全市累计批准外商投资企业4733家，总投资202.2亿美元，合同协议外资107.2亿美元，外资实际进资94.1亿美元。千万美元以上的项目和500强企业的引进大幅增加，国内外资本聚集武汉的趋势日益明显。累计已有60家世界500强企业来武汉投资，投资项目66项。另有300多家跨国公司在武汉设立办事处，其中地区性、区域性总部达到110家。涉外税收已占全市税收的20%左右；出口总额占全市外贸出口的30%以上。

成功举办了武汉国际机电博览会、光博会、华创会、“2005香港——湖北周”、“2005中法地方政府论坛”等活动，已与12个城市结为国际友好城市。全年实现工程承包和劳务合作营业额1.5亿美元，增长41.2%。

【重点项目介绍】　2005年，武汉市55项市级重点建设项目完成投资277.4亿元。27项总投资在10亿元以上的建设项目全年完成投资237.52亿元，19项工业类大项目完成投资129.44亿元，16项城市基础设施重点项目完成投资106.87亿元，20项农林水商贸服务、社会事业重点建设项目完成投资41.09亿元。

武钢二冷轧工程。建设酸洗—冷连轧联合机组、连续退火、热镀锌机组以及彩色涂层、横切、重卷机组等。投产后形成年产能力215万吨/年，预计新增销售收入87亿元，新增利税20.1亿元。将成为我国惟一能生产冷轧薄板宽度达到2230毫米的企业，产品质量达国际先进水平。工期2003～2007年，总投资78亿元。

武钢二硅钢工程。设计规模为120万吨/年，一期工程新增46万吨无取向硅钢。新增两条连续淬火机组、四条剪切机组及两条包装机组。投产后预计新增销售收入26.94亿元，新增利税6.29亿元。使武钢逐步成为国际一流的现代化硅钢企业和国内冷轧硅钢片的重要生产基地。工期2003～2007年。总投资47.45亿元。

神龙汽车二期工程。工期2004～2007年。

形成年产30万辆整车和40万台发动机的生产能力，新增厂房69.87万平方米。总投资60亿元。

东风本田汽车生产项目。工期2003～2006年。通过改造形成焊装、涂装、总装、发动机装配及物流，年产12万辆乘用车的生产能力。总投资33亿元。

阳逻电厂三期工程。扩建2×600兆瓦发电机组及配套设施。投产后预计年供电量57亿度。总投资42.1亿元，工期2004～2006年。

龙王庙商贸广场。总建筑面积28万平方米，分A、B、C、D四块进行规划建设，A、B块为大型整体的商业中心，C地块为广场建筑，D地块为公园建筑。建成后可实现销售收入20亿元，实现利税6.5亿元。工期2004～2008年。总投资18.2亿元。

汉正街第一大道。建设20万平方米的商业中心。工期2003～2006年。总投资12亿元。提供就业岗位1000人，年税收3000万元。

琴台文化艺术中心一期工程。建设一座各种歌舞剧、音乐剧、戏剧、话剧等使用要求的多功能、综合性大剧院。建筑面积65650平方米，占地326亩，总投资15.73亿元。工期2004～2007年。

天兴洲公铁两用长江大桥。正桥全长4657米、主跨504米的斜拉桥，工期2004～2008年。总投资110.6亿元。建成后可缓解铁路过江能力紧张状况，完善铁路枢纽布局；提高城市交通设施的通行能力，改善城市交通状况。

阳逻长江公路大桥。全长10公里。其中桥长2330米，主跨1280米，双塔单跨悬索桥结构；接线长7670米。总投资19.6亿元。工期2001～2007年。

长 沙 市

【经济与社会发展】 2005年，长沙市经济总量继续保持快速增长的势头。全年实现GDP 1519.9亿元，同比增长14.9%。其中，第一产业增加值112.59亿元，增长6.9%；第二产业增加值655.27亿元，增长18.5%；第三产业增加值752.04亿元，增长13%。人均GDP 23968元，增长13.9%。完成全社会固定资产投资881.44亿元，增长31.93%。全年新增固定资产343.72亿元，增长15.2%。

2005年，全市实现农林牧渔业总产值187.2亿元，粮食种植面积39.67万公顷，比上年增长1.7%，其中稻谷播种面积34.43万公顷，增长1.3%，优质稻种植面积占稻谷种植面积的比重为65.4%。初步形成了近郊都市农业、中郊优势农业、远郊传统生态农业“三环四廊”的产业布局。农业招商引资成效显著，近3年引进农业项目862个，引资市外资金85.9亿元。农产品加工业蓬勃发展，现有农产品加工企业1825家，销售收入过亿元的41家。全年实现农产品加工销售收入190亿元。龙头企业不断发展壮大，现有市级以上龙头企业40家，其中国家级3家、省级20家。养殖规模逐步扩大。全市规模养殖户达2.1万户，增长5.7%，养殖业集约化、集团化发展趋势日益显现。全年新增花木面积280多亩，全市花木种植面积达20.6万亩，品种500多个，产值近10亿元，花木生产经营户3万余户，从业人员11万多人。花木产业已成为林业的主导产业，农业结构调整的新亮点、农民增收的新增长点。

工业化进程继续加快，全年工业实现增加值469.28亿元，同比增长17%。完成全部工业总产值1300.62亿元，增长27.3%。其中，规模以上工业企业完成工业总产值955.13亿元，增长28.1%。工业企业效益水平创历史新高，全年规模以上独立核算工业企业实现利润59.85亿元，增长25.48%。规模以上工业经济效益综合指数为186.46，比上年提高13.05个百分点。工业结构得到新提升。机械制造、电子信息和烟草食品三大支柱产业占规模工业的比重提高到48%；有规模以上工业企业1501户，其中过10亿元企业11户；高新技术规模工业总产值268.7亿元。全年，“两区六园”（省级及省级以上开发区）完成工业总产值534亿元，增长29.5%，占全市工业的比重达41%。工业贡献取得了新成就。工业对GDP增长的贡献率37%；规模工业利税156.75亿元，增长近1倍，实现利润59.85亿元，增长2.3倍。

服务业发展活力强劲，特色明显。全年服务业实现增加值752.04亿元，同比增长13%，占GDP的49.5%，对GDP贡献率为43.9%。消费市场持续旺盛。全年实现社会消费品零售总额743.43亿元，增长16.1%。房地产市场稳健发展。全年房地产投资256.35亿元。同比增长46.04%；商品房销售面积536.99万平方米，增长14.13%；住宅销售额88.41亿元，增长9%。

旅游业特色明显。“红色旅游”与“绿色旅游”交相辉映。全年接待国内旅游者2489万人次，比上年增长9.1%，接待入境旅游者25.55万人次。实现旅游总收入191.2亿元，同比增长19.6%。其中，国内旅游收入175.2亿元，增长18%；国际旅游外汇收入2.02亿美元，增长43.3%。全年实现进出口总额（海关口径）为26.83亿美元，同比增长9.3%。其中，出口15.95亿美元，增长16.7%；进口10.88亿美元，增幅与上年持平。

金融保险业健康运行。全年完成地方财政收入139.38亿元，同比增长33.56%。全年保费收入28.66亿元，同比增长4.2%。养老保险首次出现扭亏为盈局面，农民工参保政策逐步放开。覆盖城乡、层次合理、水平相当的社会保障体系逐步建立。

交通与邮电业平稳发展。全年完成公路客运量9228万人次、旅客周转量47亿人公里、货运量9834万吨、货物周转量48亿吨公里；完成水路货运量934万吨，货物周转量10亿吨公里；全年港口集装箱吞吐量达7.09万标箱。全年完成邮电业务总量47.98亿元，增长14.65%。其中，电信44.87亿元，增长14.98%。全市有本地用户218.56万户，增长15.54%；移动电话316.85万户，增长30.75%；计算机互联网用户71.71万户，增长12.16%。

会展业后劲十足。全年举办了各类会展活动223个，比上年增长47.7%。全年会展直接收入3.1亿元，带动相关产业收入28亿元。长沙市被评为2005年度中国新锐会展城市。

造林绿化项目工程稳步推进。全年完成国家和省重点工程造林3.33万亩。完成义务植树1080多万株，创建了市级花园式单位84个及一批县区级园林式单位。193万亩国家重点生态公益林进一步得到管护，森林生态效益正在显现。全市森林覆盖率为49.98%。全市有自然保护区14个，面积1.93万公顷。空气环境质量优良率67.12%。有烟尘控制区25个，烟尘控制区面积175.3平方公里。区环境噪声达标区24个，环境噪声达标区面积126.1平方公里。地表水满足Ⅲ类标准的断面比例100%。

积极推进区域科技创新体系建设，支持培育了一批自主创新能力强的高新技术项目。全年共取得省部级以上科技成果336项，“高性能碳/碳航空制动材料制备技术”获国家技术发明一等奖；专利申请4000件，比上年增长8.98%；签订技术合同1891项，成交金额16.94亿元，增长15.2%。

教育事业不断取得新成就。率先全省全面

实行义务教育阶段贫困家庭学生“两免一补”，中小学D级危房改造基本完成。小学适龄儿童入学率100%，小学升初中入学率100%。

文化、艺术事业稳步发展。广播电视事业保持较高发展水平，全市广播综合人口覆盖率96.9%，电视综合人口覆盖率97.9%，均比上年提高0.1个百分点；有线电视用户达51.5万户。

医疗卫生条件不断改善。长沙县新型农村合作医疗试点取得显著成效；新建改造25所乡镇卫生院，完成农户改厕7000多座；血吸虫病、结核病、艾滋病等重点传染病的综合防治得到加强。体育事业不断发展。全年举办县以上运动会26次。年末拥有体育运动学校80个，公共体育场馆46个。

城乡居民收入保持较快速增长势头。全年城市居民人均可支配收入12434元，剔除物价因素，实际增长10.7%。农民人均纯收入4908元，可支配收入4735元。

社会保障体系不断健全。率先中西部地区推行农村最低生活保障制度，17.8万农村困难群众享受了最低生活保障；就业和再就业工作得到加强。下岗失业人员实现再就业3.8万人，农村劳动力转移就业增加5.6万人。社会福利、劳动保险事业健康发展，社会保障体系进一步完善。参加市县两级劳动保障部门（下同）失业保险60.14万人，比上年增长8.3%；参加基本养老保险的职工65.33万人，增长10.8%，基本养老金社会化发放率100%；参加医疗保险81.6万人，增长5.6%。城镇居民得到政府最低生活保障人数29.58万人，增长1.11倍。

【投资环境与招商引资】　长沙市位于长江沿江开发带和华南经济圈的交汇点，是湖南“一点一线”（一点指长沙、株洲、湘潭城市群，一线指京广铁路沿线）区域经济发展战略的中心城市，在全国“东靠西移”、“南北对流”的战略布局中，发挥着承东启西、联南接北的枢纽作用，既得益于沿海市场的强劲辐射，又受惠于内陆市场的全面联动。加之国家目前实施的中部崛起战略，促使资金、产品、技术、信息、人才等生产要素迅速往长沙地区聚集，使之得到优先发展，成为区域经济的“发展极”。

长沙已拥有长沙高新技术产业开发区和长沙经济技术开发区两个国家级开发区，已经形成了电子信息、机械制造、烟草食品、新材料、生物医药等支柱产业。

长沙交通通讯便利，已基本形成了水陆空现代化交通体系。长沙黄花机场是国际空港，已开通39条航线，可直飞北京、上海、广州、香港、曼谷等特大城市和地区。以长沙为中心的全省高速公路网已经形成，107、319、京珠高速等公路均汇于市区，长沙已列为全国45个公路主枢纽城市之一。长沙又是全国铁路交通枢纽，京广复线贯穿南北，湘黔、浙赣、石长线连接东西；长沙港口主枢纽霞凝港区一期工程已建成投入使用，具备千吨级生产能力。长沙综合通讯能力居全国第3位，可与全国各地和世界180多个国家及地区进行通讯联系。

通过简化、规范外商投资审批程序，设立外商定点服务机构等，营造了“亲商、安商、富商”的良好环境。利用外资稳步取得进展。全年利用外资项目（企业）达150个，比上年增加16个；合同引进外商直接投资15.71亿美元，增长73.2%；实际使用外商直接投资9.02亿美元，增长80%。全年共引进美国时代华纳、百事可乐集团，日本NEC、三井，荷兰米塔尔、香港和记黄埔等六家世界500强企业及一大批战略投资者落户长沙。

【重点项目介绍】　2005年，长沙市实施重点工程项目75个，完成投资105亿元，新增城区道路83.4公里，城区道路总长达1406公里；金星大道北段、香樟路、枫林路、迎新路、韶洲路、青园路等城市道路新建改扩工程已竣工通车；二环线主线全面拉通；413条背街小巷提质改造工程全面完工，新建站厕43座；长潭高速、引水及水质环境工程、新河三角洲开发等重大项目全面启动，岳麓污水处理厂、长善垸污水处理厂、湘江防洪景观道路、霞凝港区二期工程等项目进展顺利。完成小城镇基础设施建设投入51亿元。改造县乡公路558.3公里，完成水利工程51万处，建设沼气池1.26万个，启动了18个农村小康示范村建设，农村基础设施建设得到加强。

南宁市

【经济与社会发展】 2005年，南宁市经济较快发展，全年实现GDP 722.66亿元，同比增长13.2%。其中，第一产业增加值119.57亿元，增长8.2%；第二产业增加值230.99亿元，增长15.9%；第三产业增加值372.1亿元，增长13.3%。人均GDP 11047元，增长11.62%。全年实现财政收入100.22亿元，增长20.99%。其中，一般预算收入45.2亿元，增长26.53%。财政支出73.61亿元，增长18.49%。固定资产投资大幅度增长，全年完成全社会固定资产投资362.9亿元，增长38.11%。全年城市居民人均可支配收入10323元，增长10.95%。农民人均纯收入2677元，比上年增加210元，增长8.51%。

农业产业化发展势头良好，全年粮食产量181.02万吨，增长6.45%；蔬菜产量268.5万吨，增长5.95%；水果产量71.82万吨，增长7.13%；肉类产量46.48万吨，增长10.71%；水产品产量16.73万吨，增长5.11%。一批龙头企业有效地带动了优势农产品基地建设和规模养殖业快速发展。黑五类、皇氏乳业等龙头企业的发展，带动了粮食、水果、蔬菜等生产基地、“公司+农户”养殖小区的建设和发展，同时促进了养殖标准化和无公害生产。全市新建家禽养殖小区305个，带动规模养殖户3451户；新建养羊小区42个、养殖肉牛小区和奶源生产基地15个。着力打造金坛王香蕉、隆安丁当鸡等一批名优农产品品牌，增强了农产品竞争力。

工业经济快速增长，经济效益进一步提高，全年实现工业增加值164.97亿元，同比增长15.4%，占GDP的22.83%。工业对经济增长的贡献率为26.2%。全部工业总产值489.71亿元，增长15.17%。其中规模以上工业总产值369.81亿元，增长23.32%。工业经济效益综合指数156.91，比上年提高9.35个百分点。建筑业发展较快。完成增加值66.03亿元，增长17.4%。建筑施工企业产值170.33亿元，增长18.05%。全年房屋施工面积2486.02万平方米，增长24.52%；房屋竣工面积905.84万平方米，增长10.6%。

全年完成商品销售总额1010.89亿元，同比增长8.6%。社会消费平稳较快增长，社会消费品零售总额378亿元，增长13.84%。连锁商业、电子商务、物流配送等新型现代流通方式有力地促进了销售增长，博览会效应进一步显现，会展等新型服务业快速发展。第二届中国—东盟博览会交易总额11.5亿美元，增长6%。

全年旅游业实现总收入85.29亿元，同比增长16.72%。其中，国内旅游收入83.26亿元，增长16.21%；国际旅游收入2459.93万美元，增长43.47%。全年接待国内游客1623.47万人次，增长17.06%；接待入境旅游者8.33万人次，增长27.02%。

全年公路货物运输量5728万吨，增长1.99%；水路货物运输量1074万吨，增长50.84%；民用航空货物运输量1.7万吨，增长19.72%。公路旅客运输量8418万人，增长8.52%；水路旅客运输量77万人，下降

43.38%；民用航空旅客运输量90.8万人，增长10.87%。邮电通信业稳定较快发展。全年完成邮电业务总量29.36亿元，增长18.36%。

金融保险业较快发展，年末金融机构各项存款余额1263.63亿元，同比增长14.36%。贷款余额1381.65亿元，增长17.19%。全年保费收入19.72亿元，增长14.99%。全年外贸进出口总额7.19亿美元，增长13.03%。其中出口总额5.77亿美元，增长10.1%。

全年组织实施国家级科技计划项目28个，自治区级科技计划项目48个；组织实施创新计划项目349个。取得科技成果46项。全面启动第三轮科技创新计划，连续三次获得"全国科技进步先进市"荣誉称号；承担的国家"十五"重大科技专项——全国"重要技术标准研究"专项地方试点工作以优异成绩通过国家验收；重点立项实施市本级科学研究与技术开发计划173项；签约科技合作项目55项，签约金额11.63亿元。市级科技项目总投资9.12亿元。申请专利475件，获得授权专利315件。

教育成果进一步巩固，基础教育扎实推进。"两基"攻坚工作有序开展，隆安、马山两县通过自治区基本普及九年义务教育验收，全市提前两年实现"两基"达标。服务农村、农业、农民计划和城乡帮扶计划有效实施。资助贫困生就学制度逐步完善，为7万多名贫困生和5万多名农民工子女减免学习费用6000多万元。各级各类教育进一步发展。农村中小学危房改造力度加大，完成全市改造29.23万平方米中小学D级危房任务。年末全市有普通中学413所，在校学生42.49万人，增长1.22%。高等教育生机勃勃，发展势头良好，各类高等学校建设得到较快的发展。有研究生培养单位6个，在校研究生6415人，增加1756人；有普通高等学校28所，在校学生16.01万人。

社会文化工作卓有成效，全市有县级以上公共图书馆16个，总藏书量373.2万册（件）。广播、电视人口覆盖率分别为94%、94.35%。有线电视用户40.66万户。文化遗产进一步得到保护，完成了昆仑关战役遗址、广西高等法院办公楼旧址、邕江防洪古堤城墙、双子井街景、邓颖超出生地纪念石刻等一批历史文化景观项目的建设和修缮。对外文化交流有新的拓展。第七届南宁国际民歌艺术节获得全球节庆协会节庆行业综合类铜奖。反映壮族人民不懈精神追求的大型舞剧《妈勒访天边》入选2004—2005年度国家舞台艺术精品工程十佳剧目。

全力开展对重大传染病的预防控制工作，全市无重大传染病暴发流行。农村医疗卫生状况有所改善，疾病预防控制、妇幼保健工作进一步加强。全市有各类卫生机构（不含个体）610个，医院、卫生院病床位1.73万张，各类卫生专业技术人员（不含个体）2.25万人。97.96%的行政村建立了卫生室。

群众性体育活动进一步活跃，全年开展较大的群众性体育活动615项次、体育运动竞赛91次，直接参与人数250万人次。建成区内具有一定规模的晨晚运动练习点有322个。中小学在校学生体育锻炼达标率为96%。竞技体育成绩比较突出。全年南宁市运动员创造世界记录1项、亚洲记录1项；在国际比赛中获得6枚金牌、1枚铜牌；在全国比赛中获得5枚金牌、9枚银牌、6枚铜牌。成功承办了全国龙舟月中国南宁国际龙舟邀请赛、首届中国南宁—东南亚国际围棋邀请赛、中国—东盟（10+1）国际汽车场地越野赛暨2005年全国汽车场地越野锦标赛广西南宁分站赛、全国竞走锦标赛暨全运会竞走预选赛共3项国际赛事、两项全国赛事。

人口低生育水平保持稳定，人口自然增长率6.84‰。深入开展"婚育新风进万家"活动并获得国家人口和计划生育委员会等国家十部委的奖励，启动了农村计划生育家庭奖励扶助试点工作，利益导向机制建设取得新突破。加强人口和计划生育综合治理，深入开展创建全国计划生育优质服务先进县（区）活动。

就业和社会保障工作取得新进展，全年新增城镇就业人数5.26万人；帮助1.27万下岗失业人员再就业；高等学校毕业生就业率85.21%；年末城镇登记失业人员2.85万人，城镇登记失业率3.9%；新增农村劳动力转移就业人数9.65万人。社会保险配套政策和社会化管理服务逐步完善。企业离退休人员养老金按时足额发放。符合条件的失业人员全部享受失业保险，城市居民最低生活保障、农村"五保户"供养和特困户救济得到落实。参加养老保险职工32.87万人，参加失业保险职工29.86万人，参加社会统筹的离退休10.42万人，参加基本医疗保险43.32万人。社会福利机构床位10130张，增加1450张；收养人数6902人，增长28.29%。得到抚恤、补助的各类优抚对象1.32万人。享受城镇最低生活保障7.64万人。得到社会保障救济1.19万人。

【投资环境与招商引资】　南宁是连接东南沿海与西南内陆的重要枢纽，是大西南最便捷的出海通道上的枢纽，也是西部地区惟一的近海省会（首府）城市。南宁拥有日趋完善、四通八达的水陆空立体交通运输网络。高速公路直达桂林、柳州、北海等地；内河航道通达广州、香港、澳门等地；民用航空已开通多条国内外航线，国内可直达各主要大城市，国际航班可直达泰国、越南、马来西亚等东南亚国家；纵横贯通的铁路网通达全国各大中城市。

南宁市不断改善投资环境，设立行政审批办证大厅，提供方便快捷的审批通道，采取灵活多样的方式，不断加大招商引资力度，有效地增强了对海内外资金的吸引力，促进了全市的招商引资。外商在南宁市投资办企业可以享受少数民族地区、边境地区、沿海开放城市、西部地区优惠政策和南宁市各个开发区的优惠政策。其中外商投资企业所得税为15%。新办企业享受"免五减三"，即前五年全免所得税，后三年减半征收所得税。已有来自美国、德国、泰国以及香港、台湾等30多个国家和地区的外商在南宁投资。

2005年，随着两届中国—东盟博览会在南宁成功举办，南宁市投资吸引力日趋增强。全年南宁与外地签订的投资合同资金343.72亿元，同比增加110.93亿元，增长47.65%。实际到位内资159.43亿元，增加53.4亿元，增长50.37%。外地在南宁计划投资1亿元以上的项目有80个。外资引进平稳增长。全年新签利用外资合同项目89个，增长28.99%；合同利用外资额3.17亿美元，增长13.09%。外商直接投资8600万美元，增长10.43%。年末全市有三资企业450家，建成投产385家。

【重点项目介绍】　五象大道（在建）。规划建设18公里，计划总投资13.5亿元。

6座跨越邕江大桥（在建）。凌铁大桥计划总投资7.43亿元；南宁大桥计划总投资5.52亿元；北大桥计划总投资5.48亿元；葫芦鼎大桥计划总投资4.57亿元；桃源桥计划总投资2.48亿元；仙葫大桥计划总投资2.47亿元。

竹排冲综合整治（在建）。规划建设9.5公里，总投资8.7亿元。

南宁电厂（规划中）。将分两期建设，一期、二期分别建设2×60万千瓦发电机组。最终形成4×60万千瓦发电能力，计划总投资100亿元。

高铁三水铝矿综合开发利用（规划中）。规划建成后年产值40亿元、利润3亿元，将分两期建设，其中一期氧化铝10万吨，含钒生铁14万吨；二期氧化铝40万吨，电解铝20万吨，含钒生铁52万吨。计划总投资22亿元。

南南铝业年产30万吨高精度铝板带（规划中）。建成后年产值46亿元、利润3.2亿元，将分两期建设，其中一期20万吨，计划总投资18.89亿元。

成 都 市

【经济与社会发展】 2005年，成都市经济运行保持较快增长势头。全年实现GDP 2371亿元，同比增长13.5%。人均GDP 2434美元。完成全口径财政收入366.5亿元，地方财政收入197亿元。全年完成全社会固定资产投资1457.4亿元，同比增长40.1%，全年新增固定资产443.1亿元。

农业生产平稳发展，全年实现农业总产值307.8亿元，同比增长6.7%。农业生产结构进一步调整，种植业产值所占比重由上年的50.1%下降为49.2%；畜牧业产值比重由44.5%上升为45.2%。农业产业化进程加快，全市有年产值或销售收入5000万元以上的龙头企业115个，农业产业化经营带动农户面达55%。农业生产条件继续改善。全年农村用电量达29.2亿千瓦时，增长4.2%；年末农业机械总动力240.8万千瓦，增长2.1%。

工业生产增长较快，全年工业实现增加值757.3亿元，其中规模以上工业增加值597.8亿元，增长23.7%，工业企业产品产销率为96.5%。工业集中区发展步伐加快，工业集中度达到56.2%。工业经济效益明显提高。全年规模以上工业企业综合经济效益指数为159.8，比上年提高16.4个百分点。工业结构有所改善。全市完成工业技改投资277亿元，增长64.1%。工业企业实现新产品产值260.3亿元，增长46.8%。全市规模以上工业高新技术产业实现销售收入302.3亿元，增长23.2%，高新技术产业增加值占全市规模以上工业增加值比重的21%。电子通讯产品、医药、食品饮料及烟草、机械四大支柱产业实现增加值334.6亿元，增长25.3%。建筑业保持较快增长势头。全年建筑业实现增加值250.3亿元，增长21.3%。建筑企业施工面积7141.6万平方米，竣工面积2992.4万平方米。

市场物价总体保持稳定，全年城市居民消费价格总水平比上年上涨2.3%。商品零售价格总水平比上年下降0.2%。消费需求稳中见旺。全年实现社会消费品零售总额999.2亿元，同比增长14.2%。商品交易市场平稳发展。年末共有商品交易市场739个，年成交额上亿元的商品交易市场有29个。连锁商业企业15家。房地产销售稳定增长。全市含预售在内的商品房销售面积1213.6万平方米，增长7.5%；实现销售额395.2亿元，增长29%。全年完成邮电业务总量93.3亿元，电话交换机总容量751.8万门，电话用户428.4万户，移动电话用户789.9万户。

进出口保持快速增长，全年实现进出口总额45.4亿美元，同比增长34.8%。其中，出口26.8亿美元，增长43.4%；进口18.6亿美元，增长24.1%。旅游业实现较快发展。全年接待国内游客3619.6万人次，增长12.6%；国内旅游收入272.5亿元，增长25.7%；全年接待入境旅游者50万人次，增长22.4%；旅游外汇收入1.8亿美元，增长25.7%。年末全市有旅游定点饭店204家，增加60家，其中三星级以上饭店84家，增加10家。旅行社234家，增加17家。

金融平稳运行，年末全部金融机构各项存款余额4477.5亿元，同比增长18.7%；各项贷款余额3018.7亿元，增长6.8%；金融机构现金净回笼157.7亿元。年末全市有证券营业部87个，全年证券交易额1951.8亿元。保险业务发展较快。全年保费收入75亿元，增长17.4%。各类保险赔付17.3亿元，增长10.1%。

科技事业迈出新步伐，全年组织实施科技计划项目1660项，比上年增长35.8%。年内新上科技项目438项。全年科技项目投入资金16.9亿元。新认定高新技术企业125家。全年共申请专利7241件，增长67.5%。教育事业健康发展。中小学校1097所，在校学生141.8万人；学龄儿童入学率99.96%；幼儿园1797所，在园幼儿25.8万人。

公共卫生设施投入持续增加，卫生条件不断完善。全年启动农村卫生建设项目57个，投资总额8627万元，同比增长29.5%，新型农村合作医疗参加率89.4%。年末全市有卫生机构4459个；各类卫生机构病床床位4.6万张。文化事业健康繁荣，年末全市有博物馆13个，文化馆16个，公共图书馆20个，馆藏图书382万册。年末全市拥有广播电台2座，制作节目18套；电视台2座，制作节目27套；有线电视用户208.4万户，比上年增长14.7%。体育事业蓬勃发展，2005年成都籍运动员共获得国际和全国性比赛奖牌110枚，比上年增加48枚。参与全民健身活动的人数达460万人次。

城乡人民生活水平进一步提高，全市城镇单位在岗职工平均工资19962元，同比增长13.7%。城市居民人均可支配收入11359元，增长9.3%；农民人均纯收入4485元，增长10.1%。年末城乡居民储蓄存款余额2074.1亿元，增长20.1%。

就业和再就业工作取得新进展，年末全市从业人员619万人，比上年增加15.1万人。全年城镇新增就业12万人。年末城镇登记失业率为3.05%。农村外出务工132.7万人，增加9.6万人。社会保障、社会福利不断完善。年末全市参加基本养老保险职工138.6万人；失业保险参保89万人；参加城镇基本医疗保险职工144.6万人。国有企业下岗职工的基本生活费和企业离退休人员的养老金均按时足额发放，发放率100%。最低生活保障制度不断完善。全市城乡居民最低生活保障人数达24.6万，实现了应保尽保。全年人口自然增长率为1.66‰；计划生育率为94.61%。

【投资环境和招商引资】 2005年，成都的投资环境进一步改善，招商引资水平不断得到提高。成都投资环境已具有较强的竞争力，以成都为核心的成都平原经济圈已成为外商投资中国内陆的首选地区，其投资环境已接近长江三角洲和珠江三角洲的水平。

在交通方面，双流国际机场年旅客吞吐量居全国第6位，国内通航城市近70个，国际通航城市20余个，是西南最大的航空港。宝成、成渝、成昆、成达铁路在成都交汇。6条国道公路主干线汇集成都；8条省内高速公路建成通车，市域内区（市）县1小时交通已成现实，市区相继建成了一环路、二环路、三环路、绕城高速公路等重要干道，形成了环状加放射状城市立体交通网络。全市公路里程达16676公里，其中高速公路438公里，实现村村通汽车。

投资软环境进一步优化，2005年，出台了《成都市企业投资项目核准办法》及目录、《成都市外商投资项目核准暂行办法》、《成都市公益性政府投资项目建设管理代理制管理办法》等6个投资体制改革配套文件，并制订了《成都市非经营性政府投资项目代建机构管理办法》、《成都市市级预算内基本建设项目前期工作经费管理暂行办法》、《市级预算内基本建设投资补助和贴息项目管理暂行办法》等文件。在优化办事流程方面，一般性鼓励类非政府投资（工业）项目的审查报建时间由105天压缩到33天，办事环节由13个压缩到8个；重大重要鼓励类非政府投资（工业）项目的审查报建时间由105天压缩到29天；一般政府投资类城建项目的可行性研究报告和初步设计全部实行联合审查，同步审批。

招商引资规模不断扩大，全年实际到位国内资金425.7亿元，同比增长91.9%。合同外商直接投资14.5亿美元，增长79.6%；实际利用外资5.5亿美元，增长65.8%；全年新批5000万美元以上协议外资项目13项。到年底，全市累计批准外商投资企业3455家，在蓉世界500强企业达100家，英特尔、摩托罗拉、友尼森、中芯国际等知名企业纷纷落户成都。对外交流日益扩大，已与11个外国城市建立友好关系。

【重点项目介绍】　2005年，成都市大力推进重点项目建设，工程建设进展顺利，前期工作稳步推进，一批重点项目竣工投产，取得了显著的经济和社会效益。

重大项目前期工作取得历史性突破，80万吨乙烯、成都地铁1号线一期等一批事关成都经济社会发展全局的重大项目获得国家批准。按全省首座城市生活垃圾焚烧发电厂、地铁1号线一期于2005年12月开工建设。金堂电厂、绵成峨城际客运专线、铁路集装箱中心站等一批重大项目前期工作进展顺利。

重点项目建设进展顺利，全年安排重点项目207项，完成投资523.3亿元，超过年度计划7.4%。华阳500千伏输变电站、应急联动指挥系统、光华大道青羊段、灌温公路温江段、九龙滩灌区续建配套与节水改造、玉带桥及周边路网改造等项目竣工建成；达成铁路扩建改造、县级公路网、二环路改造、中心城水环境综合整治、旅游公路网、近期农村饮水安全、退耕还林、岷江干流成都河段防洪整治工程、中西医结合医院等项目进展良好。

贵阳市

【经济与社会发展】　2005年，贵阳市经济保持了持续快速增长，全年实现GDP 525.62亿元，同比增长14.6%。其中，第一产业增加值34.8亿元，增长7.6%；第二产业增加值249.4亿元，增长16.2%；第三产业增加值241.4亿元，增长13.9%。全年完成全社会固定资产投资343.5亿元，增长17.2%；全社会消费品零售总额达到201.8亿元，增长15%；完成财政总收入133.2亿元，增长20.2%；完成地方财政收入62.5亿元，增长25.7%；城市居民人均可支配收入达到9928元，增长9.7%，农民人均纯收入达到3315元，增长7.7%。

农业生产稳步发展，结构得到优化，林业生态建设不断推进，农业生产条件继续改善。2005年粮食产量61.2万吨，油菜籽产量6.1万吨，蔬菜产量93.3万吨，退耕还林面积1500公顷，幼林抚育作业面积1.61万公顷，肉类总产量18.1万吨，全年实现机耕面积2.4万公顷。畜牧业占农业增加值的比重提高到34.4%。

工业产业发展在克服“煤、电、油、运”紧张、流动资金短缺等不利因素的影响下，加大对境内外的招商引资力度，加快产业结构和产品结构调整力度，加强产品营销工作，全市实现工业增加值213.2亿元，同比增长15.3%，突破200亿元大关，工业经济总量跃上新台阶。其中，非公有制工业增长快于公有制工业，全部非公有制工业完成工业总产值234.5亿元，增长23.2%，比公有制工业的增长速度快14.7个百分点，占全部工业总产值的37.3%。重点产业和领域成为拉动经济增长的主要因素。规模以上工业企业完成增加值196.7亿元，增长15.4%。建筑业保持稳步发展，全年实现增加值36.3亿元，同比增长24.4%。

第三产业发展加快，其社会就业的主渠道作用进一步加强，全年完成增加值241.4亿元，同比增长13.9%，是“十五”以来增长速度最快的一年。旅游业继续保持强劲的增长势头，旅游收入达到58.4亿元，旅游创汇2480.2万美元。增加了国家AAA级旅游景区两个（息烽集中营、白云公园）。全年金融机构各项存款余额达1260.4亿元，全年保费收入为15.3亿元。年末全市共有上市公司11家，股票交易户数18.8万户，全年证券交易总额为196.5亿元。

科技方面组建了10个“三农”科技专家服务中心，创建科技创新平台4个，推广了一批循环经济和生态农业科技项目，建成市科技大厦。教育工作全面实施“温馨工程”和危房改造工程，顺利实施市属23所中学移交三城区管理。文化事业方面建成美术馆、群众艺术馆并投入使用。卫生事业方面，建成贵阳市紧急救援中心、7个区（县、市）传染病区，农村新型合作医疗工作在13个乡镇展开试点，初步建立农村医疗救助制度，年末共有乡卫生院以上的卫生机构296个，平均每千人拥有卫生技术人员和医疗床位5.62人和4.37张。人口计生工作取得新成绩，人口出生率降至11.7‰，人口自然增长率控制在5.71‰。积极落实就业和再就业的各项政策措施，新增就业岗位4.16万个，城镇登记失业率控制在4.1%以内。社会保障体系进一步完善，机关事业单位医疗保险和企业工伤保险平稳启动，率先在全省建立了农村最低生活保障制度，4.4万农村贫困人口实现了最低生活保障。

环境保护工作深入进行，全市空气污染指数为66，空气质量为优或良的天数占全年天数的94.0%，达到国家环境空气质量二级标准，城市区域噪声和交通干线噪声平均值进一步下降，分别为55.6分贝和69.3分贝。我市被列为全国第一批10个循环经济试点省市之一。年末建成区园林绿地面积5127.8公顷，建成区绿地面积39.8%，绿化覆盖率40.98%，人均公共绿地面积8.31平方米。

【投资环境与招商引资】 2005年，贵阳市先后出台了《关于改善投资环境扩大招商引资工作的决定》、《关于进一步做好招商引资工作的意见》、《关于进一步加大招商引资工作力度的若干规定》等文件，为不断加快我市对外开放、招商引资工作步伐奠定了坚实的政策基础。为贯彻落实市委、市政府对外开放、招商引资工作部署，强化贵阳市人民政府“一站式服务办公室”职能，2005年11月11日贵阳市政务服务中心正式揭牌。从“创造最优越的舆论环境、创造最优良的治安环境、创造最优惠的政策环境、创造最优美的生活环境、创造最优质的服务环境”5个方面进一步改善投资环境，再创投资软环境良好氛围。

贵阳市经济技术开发区完成创建“零收费区”，开发区引进的企业，除国务院和省制定的收费项目外，其余收费一律免收。凡属于世界500强、跨国公司、国内著名的大公司或企业集团来到贵阳小河开发区投资兴业，都以最优惠的政策作特案处理。贵阳高新技术开发区出台了招商引资工作“5条禁令”，一是严禁违反“限时办理”规定的行为；二是严禁“吃、拿、卡、要”行为；三是严禁“三乱”行为；四是严禁干扰企业正常生产经营的各种行为；五是严禁不讲诚信和各种欺骗行为。进一步扩大开放，改善和优化投资环境。

2005年全市新批外商投资企业23家，合同利用外资6187万美元，实际利用外资8552万美元，同比增长5.2%，其中，直接利用外资6045万美元，增长15.4%。2005年10月开展贵阳（香港、澳门）投资旅游促进活动，期间，共签订项目35个，签约金额近20亿美元。

服务业招商引资工作实现重大突破，沃尔玛在贵阳市开设两家分店，必胜客进驻贵阳市，浙江商城一期工程11万平方米完工并进入销售尾声，息烽西望山、乌江旅游景区项目正式动工，房地产和信息服务业分别引进外资企业3家和2家。

【重点项目介绍】 2005年，贵阳市重点建设项目集中在对金阳新区的开发建设、科教文卫、交通、生态环境、基础设施建设及循环经济产业建设等方面。市区道路改造工程、金阳新区基础设施建设、贵开路、渔简河水库、清镇东郊水厂、贵阳大剧院、传染病院等重点项目进展顺利。、

金阳新区项目22个，主要是对新区17平方公里范围内进行开发建设，加快社会服务体系等功能性配套设施建设。总投资342817.75万元，累计到位资金146883.86万元，累计完成投资158718.48万元。其中续建项目10个，包括迎宾东路二期、兴筑东路二期、石林公园、行政中心健身中心等；新建项目5个，包括兴黔路、十五号路、十三号路、金西北路、金朱东路；拟建项目7个，包括观山北路、筑西路二期、金领路东段、金领路西段、体育路二期、山西路二期等。

贵阳市基础设施重点项目中续建项目5个，包括中心区道路、中心环线项目、青岩古镇、河道治污工程等，新建项目18个，包括二桥污水处理厂、贵阳大剧院、公安局办公大楼、南明河河景整治，师大人行天桥等，改造项目9个，包括团坡大沟、茶店大沟改造工程、沙冲路路灯改造等。

科教文卫项目18个，总投资72925.45万元。累计到位资金额49133万元，累计完成投资38233.24万元。交通局实施的项目11个，总投资13243.3万元。累计到位资金71504.4万元，累计完成投资8089万元。城建及交钥匙工程21个，总投资392101万元，累计到位资金284278万元，累计完成投资377643万元。城管局建设项目16个，总投资82017万元，累计到位资金65944.48万元，累计完成投资69176.7万元。林业绿化系统建设项目2个，总投资5367.38万元，累计到位资金1900万元，累计完成投资4359.09万元。其中贵阳市重点项目清镇片区5个，开阳片区2个，白云片区2个，息烽片区2个。

启动了一批循环经济试点清洁生产项目和生态工业项目。其中，山东兖矿集团与开阳磷矿集团合作，投资25亿，共同参与开阳磷煤化工（国家）生态工业示范基地的开发和建设。20多个基于循环经济理念构思的生态工业项目有了合作投资伙伴，部分项目已经开工建设，计划总投资9.1亿元人民币的这批项目中，已经落实资金4.3亿元人民币。

昆　明　市

【经济与社会发展】　2005年，昆明市呈现经济平稳较快增长，全年GDP达到1062.3亿元，同比增长11.1%；地方财政收入达到110.5亿元，增长29%；全社会固定资产投资522亿元，增长20%；社会消费品零售总额415.5亿元，增长12.2%；居民消费价格指数上涨2%；城镇居民人均可支配收入9616元，实际增长4.2%；农民人均纯收入3258元，实际增长9.3%；城镇登记失业率控制在3%以内；人口自然增长率为6.23‰。以产业为支撑，促进经济平稳快速增长。紧紧围绕现代新昆明建设这个中心，加强对经济工作的指导协调和服务，克服电力不足和运输紧张、严重干旱和禽流感疫情等不利因素影响，全市经济继续保持良好发展势头。

农业和农村经济稳步增长。从省会中心城市的特点和实际出发，推进农业结构调整，加快产业化步伐，提高农业综合生产能力，努力增加农民收入，全年第一产业增加值增长5%。粮食稳定生产，全年产量113.4万吨；中上等烟叶比例占98%；蔬菜播种面积85.3万亩；花卉种植面积8.8万亩；安排资金405

万元，扶持种禽基地8户、种畜基地9户，畜牧业占农林牧渔业总产值的比重达34.7%；洋蓟、马铃薯等特色产业种植规模扩大，并转向精深加工。市财政安排3700万元，扶持龙头企业140户和21个产业化经营项目，带动农户48万户。加强农产品安全生产和质量监管，通过认证的无公害蔬菜基地达37.4万亩，蔬菜农药残留平均超标率下降2.4%。

工业经济平稳增长。实施工业强市战略，加强工业规划布局指导，扶持企业技术改造与创新，促进资源及行业整合，积极为中央省属企业服务，全市工业增加值增长11.9%。抓紧制定工业园区规划，指导工业集中发展，争取省级资金1000万元，推进工业园区建设。市财政投入5200万元，扶持云内动力、云变、滇虹药业等一批重大技改项目。支持卷烟、机床、钢铁、电机等行业引进合作伙伴，整合企业资产。积极为中央、省属和列入省“倍增计划”的企业协调解决电力、运输供应和用地困难。重点产业和开发区支撑作用增强，卷烟、有色冶金、化工、医药和电力等产业保持较快增长，经济技术开发区、高新技术产业开发区工业增加值分别增长31.3%和20%。

商贸、旅游、房地产等服务业稳定增长。支持区域性辐射面广、带动性强的专业批发市场建设，加强房地产业调控，整顿和规范市场秩序，第三产业增加值增长9.3%。配合省做好呈贡王家营国际物流中心规划建设和空港物流园区前期工作。实施旅游二次创业，加大旅游与会展、文化产业结合，促进旅游从单一观光型向复合型转变，全市旅游业总收入138.5亿元。调整优化商品房供给结构，出台商品房预售管理办法、廉租房分配和管理工作意见，建成廉租房1800余套。加强对粮食、成品油等重要商品市场监管，开展食品、药品等市场和涉农价格收费专项整治，市场价格水平稳定，消费环境继续改善。

坚持经济与社会全面协调发展，增加公共事业和公共设施投入，着力解决人民群众关心的实际困难和问题，努力构建和谐昆明。实施科教兴市战略，推进科技进步与创新。

争取国家、省科技经费6620万元，扶持重点科技项目；支持7家企业创建技术中心，增强企业自主创新能力。实施教育综合改革，完成三个试点县第一阶段改革任务。新建高中3所；改造农村中小学危房5万平方米，农村义务教育阶段贫困家庭学生免收杂费、课本费并补助寄宿生生活费共3887万元，救助贫困学生15.8万人。

积极发展文化、广播电视、卫生等社会事业。以五华、西山、石林为试点，推行文化体制改革，12家国有文化事业单位改革全面开展。基本建成市文化艺术生产基地，建成527座农村广播电视接收站。市突发公共卫生事件指挥中心工程和15个疾病预防控制中心完工，建成24个社区卫生服务中心（站）和200个村卫生室，新型农村合作医疗制度全面启动。落实农业人口独生子女“奖优免补”政策，稳定低生育水平。加强基层公检法基础设施建设，广泛开展“平安昆明”活动。从解决群众最关心的现实问题入手，不断提高人民群众生活水平和质量。

强化就业和再就业工作，扩大就业规模。完善劳务市场基础设施建设，市劳动力市场主体工程完工；收集开发有效就业岗位7.6万多个，新增城镇就业人员6.2万人。不断扩大社会保险覆盖面，完善社会保障体系和救助体系。7万余名市属国有企业退休人员获医保补助，四城区残疾人低保金标准提高；农村社会养老保险人数达33万人。加大政府投资项目拖欠工程款清欠力度，完成2005年清欠任务。解决5.1万进城务工人员子女就学。

【投资环境与招商引资】　2005年，昆明市继续深化行政审批制度改革，清理和减少行政审批事项。加强项目跟踪服务和推进落实，实行重大项目联合审批，提高办事效率。公开办事程序，严格依法行政，推进诚信政府建设，改善投资创业环境。

全年实施国内经济合作项目481个，实际到位市外资金143亿元，增长23.8%；新批外商投资企业77户，实际利用外资8261万美元，增长32.6%。全市进出口贸易总额34.4亿美元，增长32%；高新技术产品出口增长33.8%。

【重点项目介绍】 抓好重点基础设施项目实施，推动现代新昆明建设。围绕加快新城建设、完善主城功能和加大滇池污染治理，多渠道筹措资金，协调解决建设中遇到的困难和问题，争取国家、省补助资金3.1亿元，保证了重点项目顺利实施。年初确定的38项重点项目，完成投资72亿元，其中11项完工。

新城建设初见成效。新昆洛公路朱家村至呈贡新区段建成。首批5所高校搬迁、信息产业园区和物流中心等项目开工建设，昆南集装箱中心站征地拆迁工作完成。清水海引水工程列入亚行贷款规划。空港经济区概念规划编制通过评审。主城功能得到提升。

以改善城市供水、交通和环境整治为重点，强化城市建设与管理。掌鸠河引水供水工程云龙水库蓄水3.2亿立方米，输水管及隧洞掘进超过95公里，净水厂一期投入试运行、二期工程开工建设，输配水工程基本建成。官南立交、南三环二期建成通车，东、南二环征地拆迁、朱家村立交和东三环建成，国道东连接线工程进展加快，广福路改造开工建设。主城区道路交通基础设施建设，实施“三横四纵”、60条支路和次干道整治改造，建成西昌路公交专用线和昆明火车站公交站台。积极推动东、西郊垃圾焚烧发电项目。加大城市道路综合管线规划建设管理，拆除违章建筑200万平方米，整治背街小巷、城中村和城郊结合部等卫生死角，城市面貌有较大改善。滇池污染治理力度加大。滇池北岸水环境综合治理工程通过日本国际协力银行正式评估。枧槽河综合治理工程完工，大清河综合整治和滇池西岸截污工程基本完成，宝象河系统整治工程进展顺利，船房河截污综合整治工程开工，草海污染底泥疏浚二期和乌龙河综合治理工程已开展招投标前期工作。建成农村家庭生态卫生旱厕5.3万个、公共生态卫生厕所180多座，建设湖滨生态带3.3平方公里。

【县域经济】 加强对县区的政策扶持，改善生产生活条件，抓好扶贫和农村劳动力转移输出工作，促进县域经济协调发展。将部分市级行政审批权下放呈贡新区管委会和县（市）区，规范财政转移支付制度，调动县区发展的积极性。出台加快北部县区和少数民族地区发展政策，设立1亿元发展专项资金。东川再就业特区建设加快，解决2000多人就业。

改善县区基础设施条件，昆明至轿子雪山公路大修工程建成通车，15条乡乡通油路工程基本完工，改造电网4.4万户。实施各类水利工程5759项，解决6.4万人饮水困难。加大扶贫开发力度。发放小额贷款2845万元；实施以工代赈项目11项；投入国债资金1046万元，实施东川、宜良易地扶贫搬迁969人；完成省级101个、市级200个贫困村整村推进建设任务。重视农村劳动力转移培训，全年共培训近12万人，转移输出8.4万人。

拉　萨　市

【经济与社会发展】 2005年，拉萨市紧紧围绕跨越式发展和全面建设小康社会的目标，进一步解放思想，求真务实，与时俱进，开拓创新，狠抓各项工作的落实，经济和各项社会事业继续呈现出良好的发展态势。全年GDP达到86.78亿元，同比增长14%。其中，第一产业增加值6.29亿元，增长3.5%；第二产业增加值20.09亿元，增长15.4%；第三产业增加值60.4亿元，增长15%。全年实现财政收入3.2亿元，同比增长14.57%。

农牧业结构调整取得新的成效，农牧区经济保持稳步发展。加大了农牧区水利设施、乡村公路、人畜引水、以工代赈、扶贫搬迁等基础设施建设的投入力度，有力地促进了农牧区经济的稳步发展。全年实现农牧业总产值10.3亿元，同比增长6.38%。粮食总产量16.9万吨，与上年相比下降4.51%；油菜籽产量1.8万吨，增长9.1%。

不断加大旅游基础设施建设，充分发挥首府城市和历史文化名城优势，积极做好旅游线路和景点连接线的规划建设，不断扩大旅游市场，进一步改善旅游环境和服务，全力打造拉萨旅游品牌。全年共接待国内外游客106万人次，同比增长1.04倍，其中，接待国外游客8.7万人次，增长64.15%；实现旅游总收入12亿元，增长76.47%。

积极扶持发展特色产业。在自治区发改委的大力支持下，通过藏鸡产业开发、奶牛产业开发、农区畜牧业综合开发等农牧业特色产业项目的实施建设，加快了特色农牧业、城效型农牧业、花卉园艺产业和养殖业快速发展。

充分发挥全区商贸中心和流通集散地的作用，大力发展商业特色街区、商业批发，超市连锁等商业的商业体系建设，形成了一批规模大、效益好、辐射力强的商业企业。全市居民的消费观念和消费结构发生很大变化，用于居住、汽车、教育、医疗保健支出的比例明显加大。

城乡居民生活水平稳定提高，消费保持较快增长，消费市场稳中趋活，价格小幅上涨。全年实现社会消费品零售总额30.71亿元，增长7.2%。城乡居民生活水平日益提高，收入差距进一步缩小。全市城镇居民年人均可支配收入9500元，增长2.79%。农牧民年人均纯收入2402元，增长9.2%。用于居住、教育、医院保健支出的比例明显加大，消费性支出达8579元，同比增长2.89。在促进消费的政策拉动下，全市消费品市场持续稳定增长，城乡消费品市场货源充足，购销两旺秩序良好。全年实现社会消费品零售总额32亿元，同比增长8.18%。

教育部门围绕“普九”成果，积极推进素质教育，大力开展远程教育和职业教育，教育事业全面发展，教育改革不断深化，办学条件得到显著改善。全年共安排教育项目18个，总投资7200万元。新建和改扩建校舍面积6.43万平方米。在全区率先实现“两基”目标。适龄儿童入学率达到98.79%，比上年提高0.09个百分点。

科技创新和成果转化步伐加快。全年共投入科技三项经费503.5万元，实施科技项目25项，涉及优良品种选育、旅游产品开发、地方病研究等行业和领域，取得实用科技成果12项。先进适用技术的引进和推广步伐加快，科技创新能力进一步增强，科技对经济增长的贡献率由2000年的30%提高到36%。

医疗卫生服务体系进一步改善。全年共争落实投资1271万元，实施建设了4个县级疾病预防控制中心、5个县卫生服务中心传染科、15个乡（镇）卫生院，总面积达9486平方米。完成了9所标准化乡（镇）卫生院医疗设备配置，农牧区新型农村合作医疗人口达28万人，农牧民免费医疗标准由40元提高到80元。疾病预防控制、处置突发公共卫生事件应急反应和救治能力显著增强。2005年，预计人口自然增长率6.41‰。

文化、广播事业全面发展。新建和改扩建乡村电视台（站）80座、村级有线电视站16座，完成6个村级室内电影放映点建设。在全区率先建立了村级数字无线电视转播台。随着国家在西部地区实施的“西新工程”“村村通工程”和电影“2131”工程，乡村广播电视蓬勃发展，广播及电视人口覆盖率分别达到92.6%和93.74%。到2005年底，已建成39个乡（镇）文化站、115个村文化活动室，极大地丰富了农牧民群众的文化生活。

社会保障体系逐步完善。城镇职工基本医疗保险全面启动，全市参保职工已达22362人。54家国有企业单位参加了养老保险统筹，支付养老金4410.43万元，确保了离退休人员养老金按时足额发放。社会福利、社会救济、优抚安置和帮扶、助残等社会保障事业也得到全面发展。

【投资环境与招商引资】 2005年，拉萨市的招商引资工作，在吸取过去经验教训的基础上，紧紧抓住西部大开发和青藏铁路的建设以及对口支援的历史机遇，以市场为导向，以企业为主体，以互利为目的，以效益为中心，以政府为依托，全面推进招商引资的各项工作。一年来，拉萨市进一步通过各种媒体宣传投资较硬环境的不断改善及优惠政策，扩大对内外开放，打破地域界限，组织企业针对性参加内地有关省市组织的经贸洽谈会、物资交流会、商品博览会，为拉萨市具有民族特色产品进入内地市场创造条件；利用拉萨市地域、资源和市场潜力等优势，广泛开展东西部合作，以多种方式吸引东部地区资金、技术、信息来发展拉萨市经济；在政府和经贸委的统一部署下，继续举办了节假日商品交易会，如雪顿节经贸洽谈会、名优产品展销活动；对七县一区和市直企业申报的招商引资项目，逐一进行公布前的筛选、考察、论证，使产业结构更加合理，科技含量逐步提高。

2005年，拉萨市通过进一步完善投资优惠政策，包括土地政策、财税政策、金融信贷政策、服务政策、户籍政策等，大大改善了投资环境，个体、私营等非公有制经济发展迅速，对促进经济增长、扩大就业和活跃市场等方面起到了重要作用。

【重点项目介绍】 为确保全市固定资金投资规模继续保持较快增长。2005年拉萨市固定资产投资完成22.5亿元（不包括中直和区直），同比增长26.4%，有力地促进了经济持续快速增长。

续建和新开工的拉萨柳梧大桥、当纳公路改扩建工程进展顺利。金珠西路改扩建、污水主干管网金珠西路段、曲米桥、拉萨河城区屠宰场段防洪工程、拉萨河城区段二期防洪工程、莫冲大桥、拉萨市第二高级中学、江苏中学、当雄和墨竹工卡两县中学改扩建、达孜等8县（区）人畜饮水工程、乡镇基层政权建设等一批项目已竣工投入使用。对口援助的北京大道、江苏大道已举行了开工奠基仪式，征地拆迁工作正在有序开展。政府东迁、拉萨花园工程也全面启动。同时，为迎接自治区成立40周年大庆，进一步加大城市道路及主要街道的改造整治力度，从市级预算内安排部分资金，并向银行贷款1.31亿元新建八一路，改造北京中路、林聚路、林廓东路，新建四座市民公园、新建和改造49座公厕，江苏大道征地拆迁，拉萨河南岸大桥至火车站道路及308团防洪工程、尼木县幸福路及县城给排水工程、林周县波嘎路、当雄县青藏公路县城段整治等工程、墨竹工卡县县城给排水工程。这些项目的实施，拉动了经济的快速增长，有效带动了社会投资的规模跟进。

【东西对口支援】 在受援工作中，全市紧紧围绕稳定和发展这两大主题，进一步拓展对口支援工作思路，使对口支援工作有了新举措，特别是通过双方高层互访，进一步加深了相互了解，对口支援工作向纵深和宽领域方向发展。招商引资成效显著，社会民间投资规模继续扩大。通过制定招商引资优惠政策、举办雪顿节经贸洽谈会和上海、香港的招商会，加强了与睦邻地区和城市的交往与合作，引进了香港中信集团等知名实力企业。2005年，全市招商引资签订的协议资金达40亿元，合同资金20.25亿元。

西 安 市

【经济与社会发展】 2005年，西安市经济继续保持了快速增长态势。全年实现GDP 1270.14亿元，同比增长13%。其中，第一产业增加值64.08亿元，增长7.5%；第二产业增加值539.61亿元，增长14.4%；第三产业增加值666.45亿元，增长12.7%。完成全社会固定资产投资835.1亿元，增长29.1%；实现社会消费品零售总额666.48亿元，增长15.2%；实现地方财政收入101.78亿元。

西安市制造业体系完整，覆盖全部29个制造业门类。装备制造业作为西安工业核心和主体地位进一步凸显。陕汽重型商业卡车基地、比亚迪家用轿车生产线、法士特齿轮生产等一批特大型工业项目相继竣工并投产，开始发挥效益。2005年陕汽重型汽车有限责任公司年产值50亿元，实现利税2.4亿元。陕西法士特齿轮有限责任公司年产值20亿元，实现利税6.2亿元。西安飞机工业（集团）有限责任公司年产值65亿元，实现利税1.88亿元。

高新技术产业坚持以推进西安经济社会发展为中心，以科技创新环境建设和科技发展能力建设为重点，以激励科技创新、支持科技创业、加速科技产业化为抓手，形成了以西安地区高等院校、科研院所和军工单位科技力量为依托，以中小型科技企业为支撑，官、产、学、研紧密结合的创新发展模式。航空航天、通信设备与电子元器件、光机电一体化、生物医药，已成为西安市高新技术领域四大支柱产业，年产值分别达到109亿元、106亿元、92亿元、96亿元，形成了产业集群化发展的态势。

旅游业发展势头强劲。2005年共接待海外游客77.6万人次，比上年增长19.3%。接待国内旅游者2346万人次，增长12.8%。国际旅游外汇收入4.09亿美元，国内旅游收入145.2亿元，分别增长24%和14.3%。旅游业实现总收入178.5亿元，增长15.9%，全年新增国际航线16条，总数达到25条。建成了大型皇家园林式文化主题公园——大唐芙蓉园，西安曲江海洋世界等一批重大旅游项目，丰富了西安的旅游产品，提高了西安旅游产品的档次，成为西安旅游的新亮点。

服务业规模不断扩大，现代服务业快速发展。2005年全市服务业增加值完成666.45亿元，同比增长15.2%，占全市GDP的52.5%，实现社会消费品零售总额666.48亿元，增长15.2%。会展经济快速发展。全年举办大型展会60个，成交360亿元，创造社会经济效益20亿元。

金融业长足发展，金融实力不断壮大。年末金融机构各项存款余额3599.7亿元，比年初增长16.7%。各项贷款余额2158.1亿元，增长12%。全市证券市场证券交易额1179.44亿元，代理期货交易额930亿元。年末全市有上市公司17家，总股本36.69亿元。全市有各类保险公司17家，保险中介机构37家，全年保费收入44.94亿元，比上年增加9.7%。

2005年，西安市认真组织开展全市文化市场管理工作，全面深化文化体制改革试点工作，文化市场管理工作井然有序、协调发展。群众文化活动丰富多彩，文化单位的产业意识明显增强，涌现出一批面向市场、创新发展、颇具经济实力和社会影响的文化企业和文化产业集团，成为发展壮大第三产业的一支文化生力军。全年文化产业实现增加值64.62亿元，同比增长20.34%。文化产业增加值占GDP的比重达到5.1%，比上年提高了0.2个百分点。

社会事业加快发展，和谐社会推进取得成效。社会保障制度进一步完善，城镇参加养老、医疗、失业保险的人数继续增加。全市城镇职工参加基本养老、医疗、失业、工伤保险参保人数分别为137.7万人、144.8万人、128.2万人和76万人，分别比上年增长2.4%、10.9%、1.8%和99.5%。养老保险社会化管理率100%，失业保险社会化发放率98%。促进就业取得新的成绩，全市新增就业7.5万人，下岗失业人员实现再就业4万人，城镇登记失业率4.3%。全年劳务输出35.4万人。全市拥有各级各类卫生机构5459个，其中医院、卫生院479个；拥有专业卫生技术人员4.1万人，其中执业医师1.7万人；卫生机构床位3.28万张。农村新型合作医疗覆盖面达85.3%。全市拥有普通高等学校44所，普通中学460所，小学1980所。普通高等学校毕业生11.12万人，比上年增长30.8%。小学、初中入学率分别为99.9%和99%。小学、普通中学生人均建筑面积分别达到5.69平方米和7.74平方米。

城市基础设施进一步完善。全年完成城市建设投资145.6亿元，同比增长13.7%。建设完成道路项目22个，改造背街小巷366条，城市桥梁工程11个，人行天桥及地下通道15座，新建改建公厕333座，新建、翻建改造道路及人行道128万平方米。新建、改造城市排水管道159公里，新增天然气高中压管道54公里。自来水供水综合生产能力175.31万立方米/日，人均城市道路面积8.11平方米。新建了一批绿地广场和游园绿地，新增绿地面积18万平方米。

区县经济发展步伐加快，经济快速增长。从2005年全年主要经济指标完成情况来看，全社会固定资产投资额超过60亿元的区县有6个，其中未央、雁塔两个区投资过百亿；增速高于全市社会消费品零售总额平均增长水平的有8个区县；增速超过全市地方财政收入平均增长水平的有7个区县，有5个区县地方财政收入超过5亿元。10个区县有8个区县农民人均纯收入超过3000元；13个区县全部完成利用外资目标任务。

人民生活水平明显提高。全市在岗职工年平均工资17654元，城市居民年人均可支配收入9628元，同比增长12.7%；人均生活消费支出7900元，增长6.4%；恩格尔系数为37%；人均居住面积13.85平方米。农民年人均纯收入3460元，增长10.1%；人均生活消费支出2603元，增长14.3%；恩格尔系数为36.3%；人均居住面积35.8平方米。年末城乡居民储蓄存款余额1716.76亿元，比年初增长19.8%。

【投资环境与招商引资】　西安市生产要素市场完备，区域经济腹地广阔，市场消费潜力巨大，特别是人才资源雄厚，劳动力成本较低，水、电、气供应充足，是投资兴业的理想之地。2005年，西安市在科学发展观的统领下，按照国际化、市场化、人文化、生态化的发展理念，大力改善投资环境。按照以人为本的理念建设和管理城市，开展“畅通工程”提升市民素质和城市文明形象；建设服务型政府、责任政府、法治政府，大力改善投资软环境；加强环境治理和生态保护，实施大水大绿工程，努力恢复“八水绕长安”的盛景，建设生态西安；深入开展“创建国家卫生城市”工作，环境治理取得成效，获得“省级卫生城市”称号。城市建成区绿化覆盖率30.43%；城区环境空气质量好于国家二级标准（优良）的天数达290天，比上年增加30天，占当年总天数的79.5%，优良天气率比上年提高8个百分点。生活垃圾无害化处理率达到83.4%。

2005年，首届欧亚经济论坛、国际古迹遗址理事会（ICOMOS）、中国广告节等重要活动使西安的国际知名度和美誉度进一步提升，招商引资呈现崭新局面。全市新批外商直接投资项目157个；批准合同外资额14.05亿美元，同比增长33%；外商直接投资5.71亿美元，增长1.07倍。在外商直接投资中，生产性项目所占比重大，结构不断优化。到2005年底，生产性项目累计1573项，合同外资额30.63亿美元，分别占全市总数的69.66%和55.96%。美国美光科技、康明斯集团、香港瑞安集团等一批世界500强和知名企业进入西安市。实际引进内资307亿元，同比增长1.39倍。

全年外贸进出口总额39.01亿美元，同比增长26.2%；其中出口26.34亿美元，增长29.5%。机电产品仍然是主要出口商品，出口额为10.4亿美元，增长26%，占全市出口总额的39.5%。到2005年底，全市共有各类外贸公司1002家，新增加386家。

【重点项目介绍】 2005年，西安市计划投资200亿元，安排重点建设在建项目120个，总投资1175亿元，前期项目60个，总投资933亿元。全年完成重点项目投资224.4亿元，占到全社会固定资产的26.4%。一批工业产业化项目进展较好，完成投资60.25亿元。西安伊利泰普克二期技改项目全面建成；周至县美辰药业新建药品生产线工程一期提前开工建设并投产；330千伏西北郊输变电项目竣工；西电公司800千伏断路器大容量试验系统技术改造项目进展顺利；西南郊输变电项目开工建设；陕西福天宝环保科技有限公司西安电镀总厂项目提前开工建设。西安市“大绿”工程提前全面完工，城市水环境综合治理一期工程，城北集中供热项目，西安铁路枢纽建设项目等22个项目超额完成全年的投资任务。

兰 州 市

【经济与社会发展】 2005年，兰州市经济社会健康稳定发展，经济运行的质量和效益显著提高，全年实现GDP 567.04亿元，同比增长12%。其中，第一产业增加值22.13亿元，增长4.05%；第二产业增加值249.99亿元，增长13.78%；第三产业增加值294.92亿元，增长11.17%。财政收入稳步增加，完成大口径财政收入96.13亿元，增长13.96%；一般预算收入完成28.93亿元，增长16.68%。金融运行平稳，年末金融机构存款余额1421.92亿元，贷款余额1089.42亿元，分别增长11.91%和3.26%。全社会固定资产投资完成259.59亿元，同比增长12%。

农业和农村经济运行态势良好，农业生产克服干旱、霜冻等多种自然灾害的影响，实现稳步增长。全市共完成农作物播种面积304.16万亩，其中粮食作物187.18万亩，经济作物116.98万亩。蔬菜、奶牛、肉羊等优势产业呈现良好发展势头，蔬菜产量15.3亿公斤，其中外销6.7亿公斤。农业生态环境有所改善，全年完成人工造林20.4万亩。基础设施建设不断加强，农村人畜饮水、节水灌溉、乡村道路、农村沼气等“六小工程”建设不断推进。乡镇企业发展形势较好，完成增加值96.54亿元，同比增长15.84%。扶贫工作扎实推进，整村推进力度加大，解决了8000绝对贫困人口和1.5万低收入人口的温饱问题。劳务输出迈出较大步伐，全年输出富余劳动力近30万人次。开展了农民实用技术培训，超额完成年初确定的10万名农民培训计划，培训人数达13万人。

工业经济保持快速增长，全年工业实现增加值197.7亿元，同比增长16.46%。其中，规模以上工业完成增加值181.39亿元，增长

18.36%。支柱产业特别是大中型企业对经济发展的支撑带动作用进一步增强。冶金有色、煤炭、烟草等重点产业增势强劲，电解铝、钢材、卷烟等主要工业品产量实现了较大增长。工业产销状况良好，经济效益明显改善。园区建设进一步加快，以高新区和经济技术开发区为重点，制定出台了加快高新区和经济技术开发区的政策决定，对两个国家级开发区的区域布局、产业规划作了重大调整，空港循环经济产业园全面启动。高新技术开发区和经济技术开发区技工贸收入分别达到151.5亿元和50亿元，分别增长26%和40%。非公有制经济保持良好发展势头，完成增加值143亿元，增长14%。

商贸服务业发展加快，全年实现社会消费品零售总额255.79亿元，同比增长12.18%。现代物流与配送、综合性超市、连锁经营、电子商务、社区服务等现代新兴服务业快速发展。私营经济、股份制经济发展迅速，批发零售业、餐饮业保持了较快的增长势头。旅游业继续保持良好发展态势，全年接待入境旅游者5.02万人次，接待国内旅游者288万人次，旅游业总收入10亿元。全年实现进出口贸易总额7.16亿美元，同比增长5.24%。其中，出口5.01亿美元，下降7.78%；进口2.14亿美元，增长57.29%。

科技工作突出院地校企合作、知识产权试点、科技行动计划等重点，积极创建国家科技进步先进城市并通过国家科技部验收。教育重点实施农村中小学危房改造工程，开工建设73所，交付使用51所。认真组织落实“两免一补”项目，全市共筹集资金964.2万元，对110536人次的农村小学生、56852人次的农村初中生和559名特殊教育学生实行“两免一补”。同时，全市实施了“一村一名大学生计划”，录取422名村干部和农村青年，其中各村第一名共276人享受市财政全额资助的学费、住宿费和民政部门提供的生活费补助。全市普通高中招生2.81万人，比上年增加2536人；全市普通高中入学率达57.7%，比上年提高3.43个百分点，全市普通高中在校生达到76927人。2005年全市28799人参加高考，录取15032人，录取率52.2%，录取人数比上年增加2160人。全市职业技术学校加快调整不适应市场需要的专业，新增加了机械加工技术、社区康复等8个专业，同时与50多家企业和用工单位建立用工合同和订单培养计划。

卫生疾病预防控制体系和医疗救治体系基本形成，农村卫生和社区卫生得到重视和加强，建成了皋兰、永登、安宁区等县区的疾病控制中心。积极开展了救助计划生育特殊困难家庭活动，全市共举行了5次大型救助活动，共救助800户，落实资金80万元。

文化艺术事业进一步繁荣，国家舞台艺术精品工程剧目《大梦敦煌》以完全商业运作的形式成功走向国际演出市场，赴澳大利亚悉尼和墨尔本商业演出26场。《读者》杂志发行量超过1000万册，在全国的影响力进一步扩大。成功举办了“首届兰州·中国水车节”。兰州文化艺术综合楼开工建设，申报历史文化名城工作全面启动。

城乡居民生活不断改善，城镇居民年人均可支配收入8529元，增长11.01%；农民年人均纯收入2713元，增长6.39%。劳动就业和社会保障继续推进。全年城镇新增就业人数4.1万人，安置下岗失业人员1.7万人，城镇新登记失业人员18542人，登记失业率控制在2.8%以内。全市参加养老、失业、医疗、工伤、生育保险的人数分别达到19.4万人、56.5万人、50万人、20万人、25万人。共征缴养老保险费39166万元，失业保险费10260万元，医疗保险费20308万元。发放养老保险金58718万元，失业保险金2185万元。

【投资环境与招商引资】 2005年，兰州市明确思路目标。启动实施了“3997项目攻坚计划”。即：从2005年开始，用3年时间，以项目建设为支撑，累计实现固定资产投资900亿元，加快构建兰州高新区、西固石化城等9大产业集聚区，优化发展三次产业，预期2007

年全市 GDP 达到 700 亿元。同时，制定出台了 8 个政策性配套文件，以项目谋划、土地储备、激励约束、项目管理、高效服务“五个机制”为重点，广泛发动全社会力量投身项目建设。

坚持“请进来”和“走出去”并举，加大招商引资力度，加快兰州与外地的市场对接、优势对接、资源对接、产业对接和要素对接，在引进大项目、好项目上实现了新的突破。从创新招商理念、探索招商方式、注重节会招商等关键环节着手，先后制定了《兰州市招商引资奖惩暂行办法》等政策规定，根据项目的经济效益和社会效益，把项目优惠和项目产出、项目回报结合起来，进一步完善了招商引资配套措施，充分调动了各方面招商引资的积极性和主动性。

通过实施对接沪浙战略，举办第十三届兰州投资贸易洽谈会，外引内联效果显著。全市新批外商投资企业 20 户，合同利用外资额 2.22 亿美元，同比增长 10.1%。新签国内合同项目 273 项，引进资金到位 51.65 亿元，增长 46.3%。引进了丹麦嘉士伯啤酒、中粮可口可乐、吉利汽车、康师傅方便面等世界 500 强企业和知名品牌，实现了招商引资的重大突破。

【重点项目介绍】 中石油兰州石化公司 60 万吨乙烯、120 万吨延迟焦化装置、15 万吨浓硝酸项目，酒钢集团榆中钢厂二期工程，兰州铝厂 15 万吨大型预焙槽电解铝技术改造，连城电厂二期扩建工程，兰州卷烟厂异地改造，黄河柴家峡水电站，七里河安宁污水处理，兰州至武威铁路二线工程等建设项目进展顺利。

城市基础设施建设进一步加快。全年安排建设资金 38.4 亿元，完成了酒泉路北段、武都路西段等 20 多条道路改扩建工程，整治小街巷 70 条，新建了盘旋路什字西口等 14 座天桥地道。建成雁儿湾污水厂二期扩建工程、七里河安宁污水处理厂一期工程。雁滩南河道综合治理工程全面实施，疏浚工程共征地 334 亩，拆迁 5.9 万平方米，完成了全线 8.24 公里的清淤疏浚和部分河道衬砌。雁滩南河道、西固沙井驿黄河大桥改造、污水管网配套和南昌路污水管网改造、城区老化供水管网改造、向榆中夏官营和和平地区的 6 万吨供水工程、公交加气站建设、公交双燃料汽车改造等重点项目建设进展顺利。

西　宁　市

【经济与社会发展】 2005 年，西宁市国民经济继续保持了又快又好的发展势头，全年实现 GDP 206.27 亿元，同比增长 14.8%。其中，第一产业增加值 11.50 亿元，增长 6.2%；第二产业增加值 109.78 亿元，增长 20.4%；第三产业增加值 84.99 亿元，增长 9.5%。人均 GDP 9906 元，增长 13.4%。全年实现财政一般预算收入 11.79 亿元，增长 17.5%。实现社会消费品零售总额 81.6 亿元，增长 13.9%。全年完成固定资产投资 115.63 亿元，增长 17.34%。

农牧业结构不断优化，农业综合生产能力显著提高。全年实现农林牧渔业增加值 11.5 亿元，同比增长 6.2%。粮食总产量 25.72 万吨，增长 12.36%；油料产量 10.27 万吨，增长 7.65%；蔬菜产量 35.44 万吨，增长 5.98%。肉类总产量 6.75 万吨，增长 19.91%；禽蛋产量 3994 吨，下降 15.45%；牛奶产量 7.83 万吨，增长 7.4%；水产品产量 92 吨，下降 48.31%；羊毛产量 1036 吨，增长8.25%。年末牛存栏22.9万头，下降0.04%。羊存栏60.39万只，增长9.64%；猪存栏38.31万头，下降1.24%。年内出栏牛14.65万头，增长24.57%；羊81.88万只，增长21.23%；猪47.24万头，增长12.64%。林业绿化工作有序进行，全年完成造林面积3074公顷，其中退耕造林面积257公顷，周边荒山造林面积336公顷。零星植树262.66万株，本年育苗面积251公顷。启动了大南山风景区建设，新建58处城市街头绿地，人均公共绿地面积达到7.38平方米。

工业生产速度和效益同步增长。工业经济在克服原材料价格上涨、产成品价格下降、铁路运力不足等不利因素影响下，继续保持了较快增长。全年实现工业增加值82.04亿元，同比增长24.54%，对GDP的贡献率为59.87%，拉动全市经济增长8.86个百分点。其中，规模以上工业企业实现增加值68.39亿元，增长25.91%。工业经济效益明显提高。工业经济效益综合指数161.26，增加17.18个百分点；实现产品销售收入180.82亿元，增长21.47%；实现利润11.73亿元，增长28.94%。

商品房销售快速增长。商品房施工面积382.49万平方米，增长1.51%；竣工面积97.69万平方米，下降28.8%。商品房销售面积110.88万平方米，增长50.25%；商品房销售额20.81亿元，增长63.76%。

交通运输及邮电通信业发展较快。全年货运总量2494万吨，增长5.37%，全年客运总量3349万人，增长5.37%。邮电通信业增长较快。全年完成邮电业务总量14.97亿元，增长16.24%。年末：电话装机设备容量84.89万门，增长6.26%，市话用户71.73万户，增长23.03%，互联网用户5.42万户，增长39.54%。

金融、保险业保持健康运行态势。年末金融机构各项存款余额531.9亿元，比年初增长20.66%；各项贷款余额521.8亿元，增长13.71%。金融机构现金累计收入897.97亿元，增长9.01%；现金支出913.66亿元，增长8.69%；现金净投放15.69亿元。保险收入快速增长。全年保费收入6.63亿元，增长28.97%；赔款支出1.4亿元，增长3.20%。

全年共新上科技项目30项，通过项目投资和吸引社会资金2970万元，完成科技项目25项。加大了教育投入力度，新建中学6所，完成16所学校的高中扩招。全市共有普通高校8所，在校学生32753人，增长12%；普通中学149所，在校学生131624人，增长2%；职业高中6所，在校学生2536人，增长6.15%；小学715所，在校学生155453人，下降3.1%；特殊教育学校3所，在校学生1068人，下降6.7%；幼儿园194所，在园幼儿43439人，增长6.3%。学龄儿童入学率99.99%，初中升学率77%。

卫生事业平稳发展，全市有各类医疗卫生机构447个，其中医院46个；卫生技术人员9434人，其中医生3485人；卫生机构床位8842张。每千人拥有卫生技术人员4.53人。农村新型合作医疗试点工作扎实推进，三个县医院传染病科改造项目交付使用。全市共有艺术表演团体5个；图书馆5个；博物馆4个；出版报纸15种，3056万份；杂志40种，162万册；图书598种，782万册；广播电台2座，电视台2座；广播和电视人口覆盖率分别为95.4%和97.3%；有线电视用户12.93万户。

成功举办和承办了郁金香节、青洽会、环湖自行车赛、国际藏毯展览会和民族文化旅游节等大型活动，全年共接待国内外游客416.75万人（次），比上年增长24.64%，实现旅游总收入17.88亿元，增长25.93%。其中，旅游外汇收入762.6万美元，增长20.47%。全年实现外贸进出口总额36875万美元，下降27.46%。其中，进口8594万美元，下降18.96%；出口28281万美元，下降29.71%。下降的原因是国家政策因素。

社会保障进一步完善，全年失业保险参保单位1486个、13.44万人，失业保险基金总支付2040.01万元；基本养老保险参保单位2337个、21.72万人，养老保险基金累计支出8.46亿元；参加基本医疗保险单位1802个、13.81万人，医疗保险费用支出12461.74万元；工伤保险参保单位927个、9.24万人，工伤保险费用支出1149.16万元；生育保险参保单位716个、6.72万人，生育保险费用支出422.51万元。累计城镇登记失业人数4.49万人，年末实有城镇登记失业人数2.24万人，登记失业人员就业人数2.25万人，城镇登记失业率4.15%。实施了中小城市贫困人口医疗救助项目，解决了107户“三无”低保户的住房问题和城市低保家庭的冬季取暖问题，优先安置619名“零就业”家庭成员就业。年末城市居民享受最低生活保障补贴7.6万人，全年累计兑现最低生活保障金6079万元。

城乡居民生活水平继续提高，全年全市从业人员21.95万人，比上年增长4.79%；在岗职工年平均工资17748元，增长9.72%；城镇居民年人均可支配收入8397.36元，增长10.11%；农村居民年人均纯收入2592.77元，增长11.7%。继续实施“整村推进”扶贫工程，解决了42个绝对贫困村、8300户、37693人温饱问题。全市总人口209.5万人，人口自然增长率7.18‰。

【投资环境与招商引资】 2005年，西宁市在不断改善硬环境的同时，积极改善政府服务，使投资软环境日趋完善。制定并向社会公示了《西宁市招商引资优惠政策》、《西宁市鼓励外商投资的若干规定》、《西宁市招商引资项目联合服务办公实施细则》、《西宁市建设项目集中联合审批办法（试行）》等文件。开展了“投资环境治理年”活动，出台了《西宁市人民政府关于在全市开展投资环境治理年活动的意见》和《西宁市人民政府关于印发〈西宁市投资环境治理年活动实施方案〉的通知》文件，进一步简化项目审批手续，设立办事大厅。成立了西宁市行政服务中心，施行“一站式”服务和“一条龙”办公，对招商引资项目和完全由企业自筹资金建设且符合国家和地区产业政策的项目施行项目备案制，极大地提高了行政效率，简化了项目审批手续。

2005年，西宁市加大了基础原材料、传统工业、农畜产品加工、高原生物资源加工、特色轻工业产业等方面项目的招商力度，陆续包装、谋划了一批具有优势、可谈性强的招商项目。尤其是在化工产业、生物制药、农畜产品加工、基础设施、旅游、商贸等方面狠下功夫，有的放矢的开展招商引资工作，取得了显著成绩。全年共落实项目149项，引进省外到位资金23亿元，同比增长25%；合同利用外资1亿美元。

【重点项目介绍】 西宁市南北过境公路工程。总投资58601万元，全长3.07公里，建设高架桥、南绕城立交及相配套的道路、排水、照明等辅助设施。已全部完工。

第七水源一期工程。总投资4.6亿元。建设日供水能力30万吨净水厂一座。到2005年底，厂区内所有构建筑物全面开工建设，输水管线20公里完工，累计完成投资1.61亿元。

尹家沟垃圾处理场一期工程。总投资3700万元。建成总库容量410万立方米，建设排洪管涵浇筑、垃圾拦挡坝、防渗系统等。工程已近收尾。

建国南路工程。总投资13694万元。南起南绕城路，北至八一路，建设宽45米、长1.1公里道路及配套设施，正在进行拆迁工作。青藏花园路（享堂路）。总投资3911万元。主要建成南起南绕城路，北至八一路，建设宽30米、长1.45公里道路及配套设施，已完工。

西宁市人畜饮水工程。总投资1500万元。解决4.7万人，3.17万头（只）牲畜饮水困难。全市41个村已全部完工。

西宁市光明学校。总投资1968万元，建筑面积1.05万平方米，已竣工验收。西宁市南川西路中学。建筑面积1.22万平方米，累计完成投资2016万元，已竣工验收。

西宁市南凉虎台遗址公园。总投资1150万元。建筑面积6.09万平方米，主要建设内容为虎台遗址的修复与保护、南凉王国历史文物陈列室等。工程已近收尾。

【经济园区建设】 东川工业园。重点发展资源精深加工、新型材料、盐湖化工、有色金属、石油天然气等资源精深加工产业。已初步形成了以化工、机械加工、特色资源开发、中藏药、食品等为主的产业。已形成50亿粒硬胶囊、6亿粒软胶囊、1000桶绵羊肠衣、50吨虫草菌粉、75万件量具、1400万只刃具、5兆瓦太阳能电池组件、4.5万吨电石等生产能力。

生物产业园。重点发展生物制品、中藏药、农畜产品深加工和保健食品产业。现已初步形成一批中藏药、高原动植物资源精深加工、特色轻工产品、保健食品等为主的产业。已形成5万吨液态奶、6万吨啤酒、沙棘系列产品、中藏药、5000吨菊粉、牛羊肉深加工等生产能力。

甘河工业园。重点发展铅、锌、铜等有色金属冶炼和下游加工及其他相关产业。已初步形成了冶金、化工、建材为支柱的三大工业体系。已形成11.2万吨电解铝、8万吨碳素、20万吨水泥、5万吨粗铅、9万吨电解锌、12万吨磷酸铵化肥等生产能力。

北川工业园。重点发展以电力、电解铝及深加工、机床和非标设备制造、化工等产业。已形成75万吨电解铝、10万吨铝合金大扁锭、162万吨水泥、6000吨铝型材、150台数控机床、1万吨氯酸钠等生产能力。

银　川　市

【经济与社会发展】 2005年，银川市经济持续快速健康发展。全年GDP达到288.5亿元，同比增长13%。其中，第一产业增加值19.06亿元，增长4.2%；第二产业增加值130.05亿元，增长16.8%；第三产业增加值139.39亿元，增长11%。人均GDP 20726元。地方财政收入24.93亿元，增长28.1%；地方财政支出34.36亿元，增长20.6%。金融机构存贷款规模继续扩大，年末金融机构各项存款余额612.69亿元，比年初增长16%；贷款余额551.71亿元，增长18.8%。

农业保持稳定发展，产业结构进一步优化。全年实现农业总产值35.1亿元，同比增长5.8%。其中，农业20.85亿元，林业5100万元，畜牧业10.15亿元，渔业2.71亿元。全年粮食总产量83.43万吨，增长4.1%；蔬菜产量53.28万吨，增长1.1%。肉类产量5.02万吨，下降4.6%；禽蛋产量1.13万吨，增长1.2%；牛奶产量21.33万吨，增长29%；水产品产量3.94万吨，增长4.8%。全年完成造林面积1.26万公顷，幼林抚育作业面积3.53万公顷，分别增长11.6%和11.7%。乡镇企业实现总产值132.99亿元，同比增长19%；实现利润9.1亿元，增长24.5%；上交税金5.06亿元，增长17.7%。

工业生产快速增长，企业效益有所下降。全年实现工业总产值349.24亿元，同比增长23.7%；工业增加值104.29亿元，增长20.5%。规模以上工业企业总产值318.95亿元，增长25.3%。其中，轻工业总产值70.07亿元，增长40.7%；重工业总产值248.88亿元，增长21.6%。规模以上工业企业产品销售收入300.02亿元，增长30.9%；实现利税20.49亿元，下降6.3%，其中利润6.98亿元，下降26.6%；工业经济效益综合指数为142.8%，比上年下降2.6个百分点。全市具有资质等级的建筑企业283家，实现建筑业总产值80.93亿元，增长7.4%，实现利润8000万元，增长48.1%。全市房屋建筑施工面积770.43万平方米，增长0.8%；房屋建筑竣工面积415.99万平方米，增长11.9%。

消费品市场日趋活跃。全年实现社会消费品零售总额94.52亿元，同比增长14.1%。其中，城市市场消费品零售额86.6亿元，增长14.2%；县及县以下消费品市场消费品零售额7.92亿元，增长13.1%。全市重点商品交易市场成交额75.04亿元，增长5.9%，其中亿元以上交易市场成交额72.06亿元，增长6.5%。成功举办了APEC循环经济与西部大开发会议、汽车摩托车旅游节、光彩事业银川行等大型节会。全年共接待国内外游客350万人次，实现旅游总收入13亿元，分别增长14.8%和15%。

固定资产投资稳定增长。全年完成全社会固定资产投资201.65亿元，同比增长17.4%，其中，房地产开发投资56.61亿元，增长16%。商品房销售面积264.37万平方米，下降6.8%；商品房销售额68.56亿元，增长16.7%。全年第一产业完成投资2.04亿元，下降32.8%；第二产业完成投资86.79亿元，增长84.6%；第三产业完成投资95.04亿元，下降0.4%。全年新增固定资产投资103亿元，固定资产交付使用率为56%。

社会事业稳步发展，人民生活质量进一步改善。全年共投入科技三项费用635万元，实施各类科技项目112项。各级各类教育进一步发展，全市共有高等学校9所，在校生6万人；中等专业学校12所，在校生3.07万人；技工学校6所，在校生6582人；普通中学89所，在校生10.73万人；小学293所，在校生14.25万人。全市共有艺术表演团体9个，文化馆、艺术馆7个，公共图书馆6个，博物馆1个；广播电台2座，电视台4座，广播综合人口覆盖率100%，电视综合人口覆盖率100%。全市共有医疗卫生机构158个，卫生机构床位7442张，卫生技术人员8619人，已认定医疗保险定点医疗机构76个，定点药店89个。

人民生活水平不断提高，社会保障体系不断完善。城市居民人均可支配收入8852元，同比增长10.9%；农民人均纯收入3493元，增长5.1%。城市居民人均住房使用面积18.91平方米，农村居民人均住房面积31.17平方米。年末全市参加基本养老保险职工18.17万人，比上年增长1.7%；参加基本医疗保险职工33.21万人，增长32.4%。全市拥有各类福利院、敬老院18个，共有床位910张，城乡享受最低生活保障人数为8.68万人。年末全市总人口140.6万人，其中回族人口36.43万人，人口自然增长率为6.31‰。

【投资环境与利用外资】 银川市交通运输基础设施不断改善，综合运输能力进一步提高。全市拥有各类民用汽车8.03万辆，公路客运量2468万人次，货运量2149万吨，分别比上年增长10.1%和6.7%。邮电通讯业快速发展，固定电话用户61.5万户，增长13.7%；移动电话用户85.68万户，增长21.5%；电话普及率104.68部/百人；计算机互联网用户22.17万户，增长22.1%。

城市拥有道路面积1117万平方米，比上年增长9.1%，人均拥有道路面积14.1平方米；年末公交运营线路网长度349公里，公共汽车线路30条，公交标准运营车辆794辆，出租汽车4587辆；全年供水总量10020万立方米，集中供热面积2697万平方米，城市人口用气普及率92%；建成区绿化覆盖率24.2%，人均公共绿地面积7.45平方米。空气质量达到二级和好于二级的天数为占全年总天数的88.2%，城市垃圾无害化处理率达到100%，城市污水处理率71.3%。

全年新批准外商投资企业14家，实际直接利用外资3995万美元。实现外贸进出口总额4.79亿美元，增长23.3%。其中，出口3.84亿美元，增长18%；进口9500万美元，增长44.1%。

【重点项目介绍】 蔬菜产业项目。计划建设二代节能温棚、移动温棚共15.2万间，实际建成二代温棚5.8万间、移动温棚5.3万间，完成投资11338万元。

奶产业项目。计划引进优质奶牛4000头，奶牛冻精7万枚，奶牛胚胎移植2000个，实际进口奶牛1289头，奶牛冻精7万枚，胚胎移植721枚，完成投资2731万元。

宁夏捷美化工70万吨尿素。宁夏丰友化工有限公司与（香港）捷美集团有限公司合作建设年产44万吨合成氨、年产76万吨大颗粒尿素生产线，总投资15.23亿元，基本完成“三通一平”、设备检修、公用工程，累计完成投资4.09亿元，到位资本金3.42亿元。

银西生态防护林体系工程。项目区东至西干渠、包兰铁路、赛马水泥专用线，西至贺兰山1150等高线，南至永宁县闽宁镇，北至平罗县重岗镇，绿化总面积62万亩，完成人工造林3.59万亩，围栏封育7.25万亩，完成投资5975万元。

海宝公园。总面积4849.5亩，总投资8.45亿元，已完成项目建议书、可行性研究报告及相关手续的报审工作。

湖滨东街（民族街—丽景街）。道路总长2215.51米，规划红线宽度分别为25米（民族街—中山街）和30米（中山街—丽景街），总投资3349万元。民族街—中山街段已建成通车，中山街—丽景街段正在施工，完成投资1270万元。

清和街（北塔东路—南三环）。道路长5700米，双向六车道，规划红线宽度40米，总投资6255万元，完成给排水管道安装，主车道基本通车。

银川文化艺术中心。总建筑面积2.9万平方米，投资估算8200万元，完成土地征用，并提出了功能建设方案。

会展中心。总建筑面积9万平方米，其中展览区域面积4.5万平方米，配套设施4.5万平方米，投资估算2.5亿元，完成征地拆迁和可行性研究报告。

宁东能源化工基地基础设施项目。基地总占地面积14平方公里，主要建设场内9条（总长17.395公里）道路、给排水及附属设施工程，总投资4944万元，完成投资2504万元。

宁夏哈纳斯天然气热电厂。分别在兴庆区南部和新区建设两座发电规模25兆瓦的燃气热电厂，规划供热面积400万平米，总投资4.9亿元，确定中标单位和选职方案。

景观水道绿化。绿化面积62.4公顷，总投资1.68亿元，完成绿化冬灌及越冬保护工作，累计完成投资3350万元。

凤凰南街（延宾路—胜利街）。工程分为延宾路—宝庆路（长1468米，宽30米）、宝庆路—胜利街（长2066米，宽30米）两段，总投资9207.46万元，完成投资1924万元。

城市供水管网改造。改造55条街巷的供水管道41.5公里，总投资4967.19万元，完成55条街巷供水管网改造任务，完成投资3053万元。

城市给水扩建。扩建二、三水厂，新增供水能力分别为每日4万立方米和5万立方米，敷设配水管网总长约25.35公里，工程总投资估算13488.82万元。第二水厂扩建工程已投入使用，第三水厂输水管线开始施工，累计完成投资7986万元，到位开发银行贷款资金6250万元。

第四污水处理厂。建设日处理污水20万吨，服务面积48.5平方公里，一期10万吨，服务面积26.1平方公里，总投资11893万元，完成投资8644万元。

民用天然气输配工程。建设高压环线40公里，新增中压管线182公里，新建高中压调压站6座，压缩天然气19座，总投资36987万元，完成高压管道铺设10公里，累计完成投资6741万元。

掌政镇基础设施工程。建设6条总长4.36公里道路、给排水及附属设施，总投资2005.58万元，当年完成3.07公里，累计完成投资1207万元。

丰登镇基础设施工程。建设6条总长6.5

公里的道路给排水及附属设施工程，总投资2507.32万元，当年工程基本完工，累计完成投资1542万元。

银川二中迁建。占地面积163.6亩，建筑面积69529平方米，总投资14776.73万元，已正式投入使用，累计完成投资15245万元。

市疾病预防控制中心。占地面积13412平方米，总建筑面积7700平方米，总投资1530万元，完成六层框架浇筑，完成投资927万元。

乌鲁木齐市

【经济与社会发展】 2005年，乌鲁木齐市（以下简称乌市）保持了国民经济稳步增长和社会事业的健康发展。全年GDP达到571亿元，同比增长13.6%。其中，第一产业增加值7亿元，增长2.6%；第二产业增加值229亿元，增长14.9%；第三产业增加值335亿元，增长13.1%。全年实现地方财政收入54亿元。城镇居民年人均可支配收入10510元。农牧民年人均纯收入达到4249元，增长8.06%。

大力发展现代农业，加强特色农业资源的深度开发，基本形成了设施农业、现代农业、精品农业和旅游观光农业产业体系，成为全疆现代农业发展示范地区之一。国家级农业产业化重点龙头企业6家，自治区级重点龙头企业26家，形成了“盖瑞”、“神内”、“瑞科”等一批农产品品牌，推进了农产品精深加工程度。产业结构调整步伐加快，建立无公害蔬菜生产基地25万亩，产量占全市地产蔬菜总上市量的1/4。现代畜牧业和特色养殖业快速发展，牲畜出栏率达到97%，肉产量达到2.82万吨。

工业得到快速发展。全年实现工业增加值175亿元，增长17%；规模以上企业实现利润45.82亿元，增长58.38%；完成工业投资67亿元，增长52.27%；工业在国民经济中所占的比重达到30.6%。扶持“十大产业集群”取得显著成效。一批骨干企业的竞争力明显提高，“小巨人”企业实力不断增强，年产值超亿元的工业企业达到45家。中泰化学12万吨聚氯乙烯树脂、10万吨离子膜烧碱项目，天康畜牧生物制药二期扩建项目，新疆八一钢铁集团公司热轧板带项目等一批重点项目建成投产，对拉动乌鲁木齐市工业经济增长、改善工业经济结构起到了较大作用。工业园区已成为工业发展的重要平台，米东新区化工工业园、头屯河工业园已升格为省级工业园区，经济技术开发区和高新技术产业开发区二期工程进展顺利。

第三产业先导作用得到加强。连锁经营等新型业态发展迅猛，商贸升级步伐不断加快，消费观念、消费方式发生深刻变化，八大商圈和特色街建设取得成效。中山路商业休闲一条街荣获“全国十大著名商业街”称号，二道桥民族风情一条街被评为“全国特色一条街”。华凌国际贸易城、广汇美居物流园、新疆国际大巴扎等一批重点、特色市场已成为辐射全疆乃至周边国家的区域性商品集散地。实施放心食品工程，整顿和规范市场经济秩序成效显著。会展经济长足发展，服装节、建博会、冰雪节三大品牌展会已成为乌鲁木齐市对外交流与合作的重要窗口。旅游产业规模迅速扩大，服务功能日趋完善，景区景点建设水平不断提升，全年接待国内外游客698万人次，实现旅游购物收入67.5亿元。

加快融合经济发展，积极推动乌市和昌吉

州经济一体化，逐步实现乌昌两地优势互补、资源共享、强强联合、加快发展，乌昌两地整体实力不断增强，在全疆经济发展中的辐射和带动作用进一步增强。

社会各项事业得到全面发展。科教对经济增长的贡献水平不断提高。全年投入科技三项费2263万元，组织实施科技项目60个，吸引社会投入2.35亿元，加快了科技成果转化。清洁能源行动示范城市、重要技术标准研究示范城市已通过国家验收，荣获科技部授予的“全国科技进步先进市”荣誉称号。

优化教育布局合理配置教育资源，认真落实教育优先发展战略，全面推进素质教育，大力发展民办教育，“双语”教学规模不断扩大。完成24所农牧区中小学危房改造任务。文化、卫生、体育等各项事业不断繁荣。市图书馆、博物馆、美术馆相继建成开馆，群众文化生活更加丰富。广播数字化技术改造，建成10万平方米广播中波发射基地，启动了电视数字化改造工作。医疗卫生水平明显提高。初步建立了公共卫生服务、疾病预防控制和突发公共事件医疗救治三大体系，应急处置能力得到进一步提高。社区卫生服务体系逐渐完善，覆盖人口137万人。新建济困医院4所。乌鲁木齐县、达坂城区新型合作医疗农民参合率分别达94.43%和90%，农村医疗卫生条件得到较大改善。体育事业蓬勃发展。成功举办乌鲁木齐运动会。参加自治区首届体育大会，获得金牌76枚，竞技体育水平不断提高。深入贯彻全民健身计划纲要，开展了丰富多彩的群众体育活动和“亿万农民健身活动”，进入全国群众体育工作先进城市行列。

劳动就业和社会保障事业健康发展。新增就业岗位4.37万个，实现城镇就业4.85万人，其中下岗失业人员实现再就业1.78万人，再就业率74%。托底安置就业困难人员6515人，建立和扶持再就业基地9家。完成职业技能培训7.63万人，培训各类技术工人2.45万人。养老、失业、工商、生育保险参保人数分别达到36.92万人、45.93万人、41.06万人、30.05万人、31.35万人，分别增长7.9%、13.2%、1.7%、18%、20.7%。养老金全部实现社会化发放。保障低保对象32.7万人次，发放低保金2946万元。

【投资环境与招商引资】 2005年，乌市认真贯彻实施《乌鲁木齐市投资环境保障条例》，切实保障投资人和企业的合法权益，全面优化投资环境，采取有效措施，积极促进非公经济发展，投资环境和创业环境不断改善，招商引资力度不断加大，城市基础设施成效显著，人居环境明显改善，城市管理水平进一步提高。政府部门服务意识和服务质量不断提高。乌鲁木齐市加大行政审批制度改革力度，进一步规范行政许可行为，第二批公布确认行政许可事项60项。为解决多年来乌市积存的价格矛盾，理顺价格关系，按照自治区下放的价格管理权限，召开了调整城市供水价格和公交车月票价格等方面的价格听证会，顺利完成了水价调整。乌市深入开展“人民群众满意不满意”万人评议活动，机关工作作风明显改善。

2005年，乌市进一步加强城市基础设施建设，新建、扩建北京路北延等27条城市干线道路，新建和改建巷道281条，建设县乡公路258公里。河东污水处理厂二期工程建设进展顺利，市区基本上实现了排污管道化，污水处理率达到58.98%。新建、改建环卫公厕68座，垃圾运转站3座，主要街区换位保洁基本达到日产日清，生活垃圾无害化处理率达到95.98%。

绿化荒山757公顷，新增城市绿地886.7公顷，建成区绿化覆盖率达到24.22%，人均公共绿地5.36平方米，人居环境明显改善。继续实施“蓝天工程”，拆并改造燃煤锅炉653台，新增城市集中供热面积373万平方米，集中供热普及率70%。新增天然气用户5.5万户，新建液化气、天然气加气站6座，新增燃气车辆1593辆，有效地改善了大气质量，城市空气质量达到三级以上的天数占全年的92.88%，其中二级以上天数占全年的70.14%。2005年，乌市房地产业稳步发展，新增住房面积204万平方米，人均住房建筑面积达到20.68平方米，房地产二级交易市场日趋活跃。

城市管理水平进一步提高。乌市积极推进城市土地有偿使用制度改革，累计出让土地529.93公顷，土地收益9.41亿元，实现了土地使用权转让市场化。完善土地储备制度，储备土地190.46公顷。拆除违法建筑52.15万平方米。下放61项城市管理权限，城市管理综合效能显著提高。开辟12319服务热线，进一步提高了“管理城市、服务于民”的能力。

2005年，乌市外贸进出口贸易总额增长44.43%，其中进口17.02亿美元，增长12%；出口22.45亿美元，增长70%。外贸依存度达到33.5%，提高5.3个百分点。外贸进出口商品结构不断优化，堤产品出口增长43%，工业制成品出口大幅增长。合同利用外资1.4亿美元，增长64%，引进国内外资金35.9亿元。韩国SK、法国威立雅等世界500强企业和跨国公司入驻乌鲁木齐。

【重点项目介绍】 2005年，乌市确定重点建设项目71项，总投资379亿元，年度计划投资86亿元，开工62项，实际完成投资52亿元，完成年度计划的60.7%。

重点建设项目中工业类项目15项，城建类项目11项，商贸类项目18项，旅游及环境治理类项目16项，农林水利类项目2项，文化教育类项目2项，房地产类项目7项。开工建设62项，开工率87.3%。八钢新建6号高炉、智能化计量仪器仪表生产基地建设项目（一期）、SK手机（一期）、康德天然气综合供热节能系统工程建设项目（一期）、新疆沙海绿珠世界海洋馆、金实业精品广场、大型水疗娱乐城、新疆机电市场汽配物流园建设项目、中小学危房改造等9个项目交付使用；新疆中泰聚氯乙烯专用树脂及离子膜烧碱工程（一期）、百商电线电缆项目（一期）、中亚轻工产品出口加工工业基地（一期）、托里风电厂一期工程、广场联合大厦等5个项目基本完工。

民族自治州篇

吉 林 省

延边朝鲜族自治州

【经济与社会发展】 2005年，延边朝鲜族自治州（以下简称延边州）实现GDP 212.1亿元，同比增长10%。其中，第一产业增加值29.9亿元，增长7%；第二产业增加值86.2亿元，增长12.1%；第三产业增加值96亿元，增长9%。人均GDP 9746元，增长10.2%。产业结构不断调整，三次产业呈现“三、二、一”的产业格局，第二产业比重继续上升。三次产业比重分别为14.1%、40.6%和45.3%。全年财政收入32.3亿元，增长33.1%。其中，地方财政收入13.4亿元，增长16%。完成全社会固定资产投资125亿元，增长51.3%。

全年完成农业总产值52.3亿元，同比增长9.9%。其中，种植业产值27亿元，增长9.8%；畜牧业产值12.5亿元，增长22.4%；渔业产值7000万元，增长4.8%；农林木渔服务业产值6000万元，增长3.9%。全州农业机械总动力97.3万千瓦，增长7.8%。全州农作物播种面积26.4万公顷，增长9.4%。其中，粮食作物播种面积21.8万公顷，增长8.9%。全年粮食总产量82.2万吨，增长12.3%。全年完成造林面积9000公顷，比上年增长1.6倍；零星植树84万株，下降48.2%。全年肉类总产量为8.6万吨，增长7.2%；禽蛋类产量2.9万吨，增长11%；奶类产量1.4万吨，增长8.2%。全年水产品产量为5251吨，增长0.8%；水产品养殖面积1.2万公顷，与上年持平。

全年规模以上工业企业实现增加值58.9亿元，同比增长17.6%。支柱和优势产业继续发展。食品、医药、林产和能源矿产业实现增加值41.2亿元，占规模以上工业增加值的71.3%，增长16%。工业经济效益不断提高，利税总额持续上升。全年规模以上工业企业盈亏相抵后实现利润总额5.2亿元，增长11.3%；利税总额21.2亿元，增长18.5%；销售收入132.8亿元，增长19.3%。工业企业经济效益综合指数为134.3%，比上年提高10.2个百分点。全年建筑业完成增加值13.9亿元，增长23.9%。建筑施工企业施工面积511万平方米，增长31.7%。

全年实现外贸进出口总额7.2亿美元，同比增长25.8%。其中，进口2.1亿美元；出口5.1亿美元。全年新签对外承包工程和劳务合作合同5项，合同金额2444万美元。共派出劳务人员1.6万人次，当年外派劳务人员4727人次。全年因私涉外收入达8.8亿美元，增长20.1%。

全年公路货运量2967万吨，比上年增长2.5%；铁路发送量587.6万吨，下降16.1%；民用航空进出港运输量9000吨，增长28.6%。全年公路旅客发送量3332万人次，增长2.8%；铁路旅客发送量425.3万人次，下降3.6%；民用航空进出港人数64万人次，增长15.3%。全年完成邮政业务总量2.4亿元，增长14.3%。全年发送信函219万件，特快专递物品154万件，国际包件1.2万件。

消费品市场保持增长，全年社会消费品零售总额突破100亿大关，达102.5亿元，同比增长15.8%。年末金融机构本外币各项存款余额418亿元，当年新增51.9亿元。各项贷款余额231.5亿元，新增23.8亿元。全年保险机构保费收入6.5亿元，同比增长12%。其中财险保费收入1.5亿元；寿险保费收入5亿元。

2005年，延边州受理专利申请296件，比上年增长14%，其中发明专利56件，增长22%。全年专利授权168件。全年高等院校招收研究生766人，毕业研究生425人，在校研究生2174人，当年408人被授予硕士学位，大学在校学生16526人，普通中学179所，在校生12.9万人；中等专业学校7所，在校学生7000人；小学333所，在校学生11.6万人。全州拥有文化馆8个，群众艺术馆1个，公共图书馆10个，博物馆3个，广播电台8座，电视台4座，广播人口覆盖率达99.7%，出版报纸2787万份，出版各类杂志63万册，出版图书2853万册。

全州共有各种卫生机构213个。平均每万人拥有卫生技术人员47人，拥有病床36张。全州参加基本养老保险的人数达37万人；参加失业保险的人数31.9万人。全年有13.2万名离退人员享受养老保险待遇。全州享受城镇低保人数21.6万人。

【投资环境与招商引资】　延边是全国惟一享受振兴东北老工业基地政策、西部大开发政策和边疆少数民族地区政策的地区，在土地出让、财政税收、融资、出口加工区、出口和边民互市贸易、产权出售和租赁、服务与保护以及项目中介人奖励等方面都有程度不同的优惠。

延边州现已形成了长白山区独特的优势产业，主要是以吉林敖东药业股份有限公司、长春高新华康药业股份有限公司、吉林力源药业股份有限公司为主的医药产业，以延吉卷烟厂、北京汇源饮料食品集团延边有限公司、哈尔滨啤酒（延吉）有限公司和杭州娃哈哈饮料集团公司延边分公司为主的食品产业，以延边石岘白麓纸业股份有限公司、吉林晨鸣纸业股份有限公司为主的浆纸业，以延边林业集团有限公司为主的林产工业，以珲春发电有限责任公司、珲春紫金矿业有限公司为主的能源矿产产业。农业种植业结构进行了战略性调整，普通粮食作物比重下降，经济作物和高效作物的比重上升，建设了一批有地方特色的农产品基地，效益农业、绿色农业、创汇农业不断发展。

延边州现有各级公路274条，总里程3875公里，以两条国道、三条省道为主干线的公路网遍及全州，并连接朝鲜和俄罗斯的公路。州内8个县市全部通铁路，中朝图们—南阳国际铁路和中俄珲春—卡梅绍瓦亚铁路分别与国内铁路联网并投入运营。延吉机场现开通了延吉至长春、沈阳、天津、大连、烟台、上海和北京的国内航班和延吉至汉城、海参崴的国际航班。海运线有珲春经朝鲜罗津至韩国釜山、经俄罗斯扎鲁比诺至韩国束草、经俄罗斯波谢特至日本秋田的客货联运航线。延边已进入全国自动化通讯网，县市和乡镇已普及程控电话。全州现有延吉、珲春两个本地电话网，装机容量分别为12.1万门、4.8万门。

延边州现有1个国家级开发区和4个省级开发区。各开发区已累计投资39.45亿元，已完成“七通一平”或“六通一平”的开发面积6.85平方公里。进区企业总数487户，累计实现GDP 146.47亿元，实现工业总产值146.1亿元，实际利用外资1.82亿美元，实现财政收入10.24亿元，累计出口额4.42亿美元。

延边州共有11个对外开放口岸，其中8个中朝口岸，2个对俄口岸，1个国际航空口岸，即：珲春国际客货公路运输口岸；珲春国际客货铁路运输口岸；圈河国际客货公路运输口岸；图们国际客货公路口岸；图们国际货物铁路口岸；沙坨子双边客货公路运输口岸；开山屯双边客货公路运输口岸；三合双边客货公路运输口岸；南坪双边客货公路运输口岸；古城里双边客货公路运输口岸；延吉航空口岸。

2005年，延边州与省外的国内投资商签订合同115项，计划总投资86.8亿元，实际到位资金19亿元。全年批准外商直接投资合同项目113项，吸收外资合同金额1.3亿美元；实际到位金额 5228 万美元。全年批准制造业外资合同项目 65 项，吸收外资合同金额 6660 万美元；批零贸易餐饮业项目 14 项，合同金额 813 万美元。全年批准总投资在 500 万美元以上的外商投资项目 7 项，吸收外资合同金额 10601 万美元，其中制造业 5 项，合同金额 7113 万美元。到年末，全州有注册登记外商投资企业 793 户。

【重点项目介绍】 2005 年，全州计划实施各类建设项目 156 项，总投资 226.4 亿元。其中，基本建设项目 134 项，总投资 195.4 亿元；技术改造重点项目 22 项，总投资 31 亿元。全社会固定资产投资预计完成 82.5 亿元，增长 15%。固定资产投资率达到 43.7%，投资拉动当年 GDP 增长 6 个百分点。

重点项目建设成为推动延边投资快速增长和扩大经济总量的主要动力。总投资 26 亿元的大唐珲春电厂二期扩建工程已开工建设，完成投资 4.1 亿元，总投资 7 亿元的珲春老龙口水利枢纽工程，落实国债资金 5000 万元，已做好开工前的各项准备工作。总投资 41.6 亿元的吉林敖东药业、珲春紫金、安图海沟金矿等 9 个工业项目，已列入国家振兴东北老工业基地建设计划，并相继开工建设。延吉至敦化高速公路、和龙至龙井一级公路等 26 个交通建设项目取得突破性进展，当年完成投资 19 亿元。延吉、敦化、珲春集中供热，延吉、珲春污水处理，安图、图们、汪清城市供水，龙井城区排涝及环路等城市基础设施项目进展顺利。

湖北省
恩施土家族苗族自治州

【经济与社会发展】 2005 年，恩施土家族苗族自治州（以下简称恩施州）经济平稳发展，全年实现 GDP 173 亿元，同比增长 7.7%。其中，第一产业增加值 58.51 亿元，增长 3.2%；第二产业增加值 39.02 亿元，增长 12.3%；第三产业增加值 59.5 亿元，增长 9.4%。

农业结构调整取得明显成效。全年新增优质特色农产品基地 30 万亩，全州已有 97 个特色农产品获得无公害、绿色及有机农产品标志使用权；订单农业生产基地面积达到 20 万亩，农业产业化经营取得了新进展；在夏粮夏油遭受严重自然灾害减产近两成的情况下，全年粮食总产量仍达到 153.58 万吨。

工业经济步入发展快车道。全年全部工业增加值达到 35 亿元，同比增长 12.4%，比上年增幅提高 4.8 个百分点。其中，规模以上工业 23.12 亿元，增长 22.2%，规模以上工业企业达到 171 户，净增 30 户；电力、卷烟、富硒食品、建材、医药化工等五大支柱产业完成工业产值 48.34 亿元，同比增长 22.3%，占规模以上工业总产值的 86.1%；主要工业产品产量全面增长；工业经济效益明显好转，规模以上工业企业实现利润总额 22254 万元，比上年增加 21767 万元，企业亏损面下降到 11.7%，工业经济效益综合指数比上年提高 39.93 个百分点。

固定资产投资稳步增长。全年完成全社会固定资产投资 78.07 亿元（不含归口省统计的宜万铁路和沪蓉高速公路恩施州段），同比增长 11.5%，扣除投资统计口径调整等不可比因素后，实际增长 12.2%。消费品市场平稳增长。社会消费品零售总额 54.73 亿元，增长 13.9%。市场物价略有上涨，居民消费价格总水平平均上涨2.7%，比上年低1.7个百分点。城乡居民生活不断改善，农民人均纯收入达到1643元，城镇居民人均可支配收入7063元。

外贸出口持续增长，全年外贸出口2835万美元，同比增长26.8%；全年共接待游客215万人次，其中接待外国游客和港澳台同胞12万人次，旅游总收入7.5亿元，同比增长40.7%。

财政收入快速增长，金融平稳运行。全年完成全地域财政收入21.55亿元，同比增长30.5%；年末金融机构存款余额达到148.15亿元，比年初增加23.75亿元，贷款余额102.78亿元，比年初增加17.66亿元，金融机构累计货币投放6.85亿元。

各项社会事业全面发展。九年义务教育人口覆盖率达100%，全州适龄儿童入学率达99.21%，小学毕业生升学率达99.97%，初中适龄人口入学率达92.47%。全州青壮年非盲率达98%以上，全州70%以上的残疾少年儿童能通过特校或随班就读方式接受教育。高中阶段教育稳步发展，恩施州现有普通高中24所，在校生达到48995人。有中等职业学校11所，在校生16986人。高等教育办学规模不断扩大，高校在校生达到22709人。全州有乡镇以上公立医疗机构140个，其中县级医疗卫生机构48个、乡镇卫生院83个、街道卫生院5个；卫生工作人员11844人，其中专业技术人员8468人、病床6590张；基层医疗网络不断健全，全州现有合格村卫生室1059所。

文化基础设施明显改善，全州拥有文化信息资源共享工程基层中心电子阅览室4个，电脑126台（套）、服务器4台、交换机8台；积极开展文化送下乡活动，全州各专业艺术团体完成演出1317场。

新闻出版事业稳步发展，到2005年底，全州有公开出版发行的报刊7家，省批内部资料37种，州批出版内部图书315种，图书报刊经营网点135个。

体育事业较快发展，竞技体育成果丰硕，全州有传统体育项目学校10所，我州运动员在全省各项体育比赛中获金牌12块、银牌与铜牌各19块，恩施州荣获全省年度竞技体育突出贡献奖。

【投资环境与招商引资】　恩施州具有良好的生态环境，全州森林覆盖率已达65%，特别是通过退耕还林、天然林保护、生态环境治理，重点县、城市垃圾与污水处理、城市防洪等工程的实施，全州生态环境得到进一步改善。

恩施州资源丰富多样。全州水电资源理论蕴藏量509万千瓦，可开发量349万千瓦，现只开发78万千瓦；硒、铁、煤、石煤、天然气、磷、硫铁矿、耐火粘土等8种矿产占全省第一位。恩施州素有“世界硒都”、“天然植物园”、“种质基因库”、“鄂西林海”、“烟草王国”、“华中药库”之称。

恩施州地处中西结合部，是我国中部连接东西部的咽喉，是中部与西部地区政治、经济、文化交流的桥头堡。长江黄金水道、318国道、209国道从东西南北贯穿恩施州境，恩施许家坪机场是鄂、渝、湘、黔边界区域内惟一的机场；沪渝高速公路、宜万铁路恩施州段正在加紧建设；许家坪机场扩建完成，波音737飞机开始投入运营。

通过一批重点项目特别是国债项目的实施，全州基础设施条件有了较大改善。全州大小客货运站场达36个，民用汽车保有量达到32287辆，客运量4408万人，旅客周转量15.68亿人公里，货运量587.1万吨，货运周转量7.81亿吨公里。到2005年底，全州实际拥有电站270座，523台发电机组，78.25万千瓦，2005年完成发电量19.71亿千瓦时。已建成变电站106座，变压器161台，变电总容量154万千伏安，全州乡镇通电率100%，行政村通电率100%，人口总户数通电率99.7%；邮电通讯设施条件继续得到改善，通讯能力进一步增强，全州农村电话覆盖率达到98%，广播电视光纤通乡88个，通村626个。

2005年，恩施州共实施招商引资项目130

个，实际到位资金 14 亿元。

【重点项目介绍】 宜万铁路。宜昌经恩施至万州段铁路，是铁道部规划重点建设的“八纵八横”之一的沿江铁路大通道的重要组成部分，是西南地区通向华中、华东的主通道。它西起重庆万州区（西接达万铁路），经利川、恩施、建始、巴东、长阳至宜昌，与焦枝线和长荆铁路相连。正线全长 378 公里，其中恩施州境内约 230 公里。按国铁 I 级干线标准建设，电力牵引，预计 2008 年建成通车。

沪蓉高速公路。是国家公路主骨架沪蓉国道主干线的重要组成部分，全长约 320 公里，分为宜昌长江大桥至恩施吉心（简称宜恩段）和恩施吉心至利川鱼泉口（简称恩利段）两个项目建设，2004 年 8 月，湖北沪蓉西高速公路正式开工建设。

水布垭电站。是清江干流水电三个梯级开发的龙头电站，总装机容量 160 万千瓦，安装 4 台 40 万千瓦水轮发电机组，设计多年平均发电量 39.2 亿千瓦时，总投资 106 亿元，最大坝高 233 米，是世界上最高的面板堆石坝，工期为 2002～2009 年。电站以发电、防洪为主，具有多年调节能力，承担华中电网调峰任务，为华中电网的骨干电源和主要调峰调频电站之一，同时也是三峡、葛洲坝两电站的补偿调节电站。电站的建设能有效实现华中地区能源资源的优化配置，对保护环境和可持续发展起到积极作用。

鹤峰江坪河水电站。是娄水上游的龙头电站，坝址汇流面积 2140 平方公里，总库容 14.06 亿立方米，调节库容 7.87 立方米，具有多年调节性能。总装机 50 万千瓦，多年平均发电 10.05 亿千瓦时。

【东西对口支援】 三峡工程开工以来，全国有 150 多个单位对口支援巴东。到 2005 年止，共落实对口支援项目 200 多个，到位资金 4 亿多元。2005 年，在中央和省的关心与支持下，全州共获得西部开发项目 40 多项，总投资超过 50 亿元，其中财政性资金 5.5 亿元。

【生态旅游】 恩施州境内生态环境良好，喀斯特地貌发育，溶洞众多，峡深谷幽，峰奇洞异，深山之中珍藏着无数胜景。境内三峡风光、神龙溪漂流、清江闯滩、梭布垭石林等旅游精品，与神龙架原始森林、张家界国家森林公园相互辉映，构成长江上游和清江中上游生态旅游区的黄金地段。

恩施还是一个历史文化遗迹众多的地方，生活在距今 200 万～250 万年前的“建始人”遗址——建始高坪巨猿洞是中国惟一的猿人生物化石共生地，也是中国最早的古人类遗址之一。恩施土司城、龙麟宫、梭布垭风景区被评为国家 3A 级旅游区，坪坝营国家级森林公园接受了 4A 级旅游区评审，举办了中国·恩施旅游发展高层论坛。

湖南省

湘西土家族苗族自治州

【经济与社会发展】 2005 年，湘西土家族苗族自治州（以下简称湘西州）经济运行的质量和效益稳步提高，全年实现 GDP 123.87 亿元，同比增长 10.6%。其中，第一产业增加值 26.39 亿元，增长 1.9%；第二产业增加值 44.23 亿元，增长 15.5%；第三产业增加值 53.25 亿元，增长 11.3%。全年完成财税总收入 12.05 亿元，增长 24.7%。其中地方财税收入 6.45 亿元，增长 19.4%。贷款余额 94.2 亿元，增长 5.7%。城乡居民储蓄存款余额

92.03亿元，增长17.1%。

农业产业化中的龙头企业带动效应不断扩大。加大了政策扶持力度，农业产业化企业发展到198家，农民经济合作社和专业协会达到288个，老爹农科公司等龙头企业带动作用明显增强。以烤烟为主的特色经济作物取得较大突破。烟叶产量2.4万吨，增长33.1%；水果产量33.5万吨，增长10%；肉类总产量10.9万吨，增长6%；蔬菜、中药材、茶叶等优势产业得到进一步巩固。生态环境建设继续加强，森林覆盖率达到61%。农村能源建设得到加强，新建沼气池2万个、两省灶1万个。

工业化中的优势产业集中度和支撑作用不断提高。全年完成工业增加值32.8亿元，同比增长14.4%，其中规模工业增加值23.8亿元，增长17.6%。矿产、电力生产供应、烟酒、制药、化学原料及化学制品等五大优势产业实现增加值22.4亿元，增长19.9%，占全部工业增加值的68.3%。

城镇化中的城镇基础设施建设不断加强。城镇市容市貌有了较大变化，吉首乾州新区开发等县市城镇扩容提质项目推进力度加大，垃圾和污水处理环保项目进展顺利。全州城镇化率达到29.5%，比上年提高1.7个百分点。

文化旅游产业发展不断加快。注重改善消费环境，加快旅游、通信、房地产等第三产业发展。文化旅游业高速发展。成功举办了“南方长城世界围棋巅峰对决赛”等旅游宣传活动。全年接待旅游者550万人次，实现旅游总收入20亿元，分别增长27%和19%。

信息产业高速增长，完成邮电业务总量9.8亿元，增长32.7%；移动电话、互联网和固定电话的用户分别增长23.3%、20%和7.5%。人流物流加快，客运周转量、货运周转量分别增长9.8%和7.3%。

市场消费活跃，全年实现社会消费品零售总额53.4亿元，同比增长13.8%。市场价格总体平稳。居民消费价格上涨2.8%，涨幅比上年回落1.4个百分点。商品零售价格上涨1.8%。

对外开放水平不断提高。大力创新招商方式，加强内引外联。引进内资15.8亿元，增长49.6%，增幅列全省第四。实际利用外资1729万美元。对外贸易平稳增长。全年完成进出口总额1.56亿美元，同比增长3.8%。其中，出口1.53亿美元，增长2.9%。

农村学校办学条件得到改善，对155所中小学校危房进行了改造，消除危房面积16.3万平方米，完成危改面积20.1万平方米。公共卫生体系进一步完善，完成59所乡镇卫生院建设。科技创新及成果转化得到加强，实施州级以上科技项目59个。

文化事业蓬勃发展，湘西民族文化城开工建设，全国民族民间文化遗产保护工程综合试点工作全面启动。体育、广播电视等社会事业继续保持良好的发展势头。

就业和社会保障工作取得新成效，新增农村劳动力转移就业6.51万人，新增城镇就业1.65万人，城镇登记失业率4.1%；低保覆盖面扩大，6.2万人享受了城市低保；竣工23所乡镇敬老院改扩建工程。城乡居民收入水平有了较大提高。城镇居民年人均可支配收入6529元，同比增长12%；农民年人均纯收入1766元，增加164元，增长10.2%。扶贫开发成效显著，减少农村低收入贫困人口6.64万人。人口自然增长率6.18‰。

【投资环境】　湘西州注重完善招商引资的政策措施，努力营造良好的发展环境。营造良好的政策环境。注重完善鼓励招商引资的政策环境，出台完善了《关于实施西部大开发的若干优惠政策》、《关于进一步加强招商引资工作的若干意见》、《湘西州招商引资奖励规定》和《湘西州招商引资委托代理管理办法》等政策性文件，营造良好的投资环境。注重硬件设施建设。大力加强交通、电力、城建、信息网络等基础设施建设，为外来客商投资兴业创造良好的投资环境。切实提高服务质量。充分发挥各级政府政务中心的作用，全面推行重点项目审批代理制和一个窗口对外、一票制收费、一站式审批、一条龙服务，以收到申办投资企业所需全部交付资料之日起，7个工作日内办完手续。严格责任追究。实行违反优化经济环境的举报制度和查处制度，对重点项目实行挂牌保护制度。推行行业行风民主评议和“黄牌警告”制度、“对行政执法部门和政法部门营造宽松经济发展环境民主测评”等多种行政监督制度。狠抓投资环境的专项治理，对恶意干扰投资环境的行为，做到优先立案、快速办理、切实保护外来投资者的合法权益。

【重点项目介绍】 2005年，湘西州安排重点建设项目64个，完成投资34.2亿元。

张家界至花垣高速公路。这是国家高速公路网的延伸和补充，是湖南省“五纵七横”高速公路网的重要组成部分，对于实现湖南省地级市之间的高速公路直通，加快少数民族地区的社会经济发展具有十分重要意义。工程全长153.95公里，设计时速80公里/小时，估算投资81.15亿元，计划总工期4年。

湖南湘泉制药公司新药生产线项目。湘泉制药有限公司是湘西州一家综合性制药企业，总资产1.3亿元，拥有获得批准文号的医药品种54个，有片剂、胶囊剂、颗粒剂三个剂型药品生产线，通过国家药品GMP论证，药品生产能力达20亿片/年。

湘西宏成制药公司复方桐叶烧伤油项目。宏成制药有限责任公司主要从事土家族祖传秘方天然中草药研发和生产。产品复方桐叶烧伤油已获国家“发明专利证书”，国家食品药品监督管理局颁发了国家三类“新药证书”和“药品生产注册批件”，是一种无痛治疗烧伤的新特药，与国内外同类产品相比具有治疗费用低、疗程短和治愈率高等特点，愈后恢复原样、无疤痕无色素沉着、无毒副作用等优点，解决了深二度烧烫伤治疗不需植皮的世界难题，技术达国际先进水平。建设达产后，预计年销售收入1.5亿元。吉首乾州古城旅游资源保护与利用项目。乾州古城始建于明清时期，由于历史悠久，城内名胜古迹甚多，有文庙、观音阁、杨家祠堂、杨岳斌故居，有长达3公里的古石板街。项目所在地吉首市是湘西州政治经济文化中心，地处张家界——凤凰——梵净山国际旅游精品线的中枢位置，保护与利用乾州古城旅游资源势在必行且商机无限。项目总投资1.1亿元，项目建成后，年可接待游客30万人。

【东西对口支援】 2005年，湘西州经济技术协作和对口支援工作取得了明显成效。全年共引进内资项目196个，到位资金15.78亿元，同比增长49.6%。积极开展委托招商、中介招商、网上招商、以商招商等新的招商方式。2005年4月在浙江杭州举行的“湘西自治州（杭州）招商项目投资说明会暨项目签约仪式”，是湘西州首次通过委托中介机构承办的重大招商活动，邀请到包括世界500强正大集团（中国）企业有限公司在内的70多名中外客商参会，通过音像宣传、投资说明、发布项目和对接洽谈，共签订16个意向合作协议，协议引资16.2亿元。如泸溪县与杭州康杰贸易有限公司合作的年产5000吨锌锭生产线项目于2005年10月份正式投产。招商工作力度加大。湘西州政府对招商引资目标管理先进单位、重大招商引资项目、招商项目引进人、出口创汇先进企业和服务单位进行奖励，极大地激发了全社会招商引资的热情。

【吉首德夯名胜风景区】 吉首德夯名胜风景区是湖南省名胜风景区和省级地质公园，是湖南西部旅游黄金线的中心，湖南省十大重点旅游景区和西南地区新兴的旅游热点。

德夯位于吉首市西郊24公里处，面积580平方公里。这是一片神奇的土地，是一颗巧夺天工的风景明珠！在这自然浑成的境域，溪流纵横，峡谷深壑，瀑布飞泻，群峰竞秀，古木奇花，珍禽异兽，苗族风景，皆在其中。那200多米高的流纱瀑布，400米深的玉泉门峡谷，500多米高的天险盘古峰，还有人迹未至的原始次森林，古朴优雅的苗家风景，无不千姿百态，气象万千，令人叹为观止！

“德夯”为苗语，意为“美丽的峡谷”。这里喀斯特地貌造就的无数奇峡异谷，飞泉流瀑，成为游览、观光、寻幽探险的绝好去处。在这里，淳朴、善良苗族同胞，形成了神秘古朴的苗族风情，四月八、跳鼓舞、三月三歌会、赶秋、接龙、推牛以及苗岭情歌，无不吸引着中外游客。凡游人至此，无不被德夯神奇的自然风景和浓烈的苗族风情所陶醉。

四　川　省
阿坝藏族羌族自治州

【经济与社会发展】　2005 年，阿坝藏族羌族自治州（以下简称阿坝州）国民经济快速增长。全年实现 GDP 75.2 亿元，同比增长 15%。其中，第一产业增加值 14.7 亿元，增长 4.9%；第二产业增加值 30.7 亿元，增长 27.4%；第三产业增加值 29.8 亿元，增长 8.8%。人均 GDP 跨上 1000 美元新台阶。全年完成全社会固定资产投资 78.19 亿元，增长 20.8%。

农业结构调整步伐加快，农村经济平稳发展。2005 年，国家全面停征农业税及其附加，兑现粮食直补等一系列政策极大地调动了广大农民生产积极性。阿坝州全年完成农林牧渔业增加值 14.7 亿元，同比增长 4.9%。全年粮食总产量 16.87 万吨，增长 5.8%。年末大牲畜存栏 221.1 万头，增加 2%，肉类总产量 7.74 万吨，增长 6.5%，奶类总产量 9.03 万吨，增长 6%。农民人均纯收入 1881 元，增加 247 元。农田基本建设成效明显，农村生产生活条件改善。全州新建通村公路 782.5 公里，年末通公路村达 1032 个，完成中低产田改造 4.9 万亩，新修各类水利工程 110 处，新建蓄水池 284 口 6605 立方米，新增有效灌溉面积 1350 亩，当年解决了 3.72 万人和 9.25 万头牲畜饮水困难，恢复改善了 1.4 万人和 2.43 万头牲畜饮水困难。

工业经济快速增长，经济效益指标全面提高。工业生产以培育水电、高耗能、医药和绿色食品等产业为重点，全年规模以上工业实现增加值 18.52 亿元，同比增长 41.5%。其中，国有工业实现增加值 5691 万元，下降 16.4%，股份制工业实现增加值 17.74 亿元，增长 52.5%；大中型工业企业实现增加值 4.37 亿元，增长 79%。产销衔接较好，工业产品销售率为 98.6%。工业运行质量得到进一步提高，工业利润创历史最好水平。全年规模以上工业企业中盈利企业 87 个，实现利税总额 10.7 亿元，增长 31.3%；亏损企业 37 个，盈亏相抵后实现利润总额 7.1 亿元，增长 36.8%。

加强旅游资源的开发和利用，旅游收入增幅明显。全年共接待海内外游客 664.5 万人次，实现旅游总收入 47.8 亿元人民币，分别增长 20.7% 和 21.4%，其中，接待入境游客 32.7 万人次，旅游外汇收入 8775 万美元。消费市场稳中趋旺。全年实现社会消费品零售总额 16.51 亿元，增长 15.1%。

邮电通信业持续快速发展。全年邮政电信业务总量 1.68 亿元，同比增长 35.4%；全州有固定电话用户 14 多万户，移动通信上网用户 12.7 万户，联通在网用户 3.12 万户。

劳动保障进一步加强，建立劳动保障所 121 个，职业介绍机构 17 个，就业训练中心 2 个，劳动就业服务企业、社区就业实体和生产自救基地 50 户，帮助 1777 名失业人员和下岗职工实现了就业和再就业，城镇登记失业率为 4.1%。下岗职工生活费、企业离退休人员生活费按时足额发放，全年发放国有企业下岗职工基本生活费138.7万元，代缴社会保险费72.3万元。全年为1.7万企业离退休人员发放基本养老金1.33亿元，按时足额发放率达到100%。社会保险覆盖面进一步扩大，征缴率不断提高。全州养老保险参保职工3.45万人，征缴养老保险费9467万元，缴费率91.5%。失业保险参保职工5.57万人，征缴失业保险费1444万元。全年发放失业保险救济金245万元。基本医疗保险制度改革继续推进，实施了城镇职工基本医疗保险制度。参加工伤保险职工2.59万人，参加生育保险职工1.12万人。同时建立了以医疗救助、教育救助和“五保”供养等为重点的社会救助制度。农村符合条件的“五保”对象全部纳入了供养，供养标准得到提高，并做到了按月足额发放。城镇低保实现了动态管理下的应保尽保。

集中资金加大扶贫力度，全年实施新村扶贫工程112个村，实施移民扶贫工程543户，2327人；完成教育扶贫工程修建乡镇中心校110所；实施卫生扶贫工程修建乡镇卫生院13个；完成牧区扶贫工程“人草畜”三配套提升工程175户；实施劳务扶贫工程，培训农村贫困劳动力750人；实施产业扶贫工程2个，财政扶贫资金投入120万元。启动了高半山及边远牧区基础设施建设，完成财政投入资金1000万元。

继续实施天然林保护、退耕还林、退牧还草、水土流失治理、湿地保护、草地沙化治理等工程，全年完成公益林建设8532公顷，封山育林2.55万公顷，人工退耕林4200公顷，荒山1000公顷。全州森林覆盖率达到22.8%。有县级以上各类自然保护区24个，面积204万公顷，占全州总面积的24.2%。

【投资环境与招商引资】 2005年，阿坝州交通、通讯、电力、教育、卫生和生态环境保护建设取得较大成绩，投资的大环境空前改善。全州公路通车里程达6182公里，公路等级和通行能力大幅提高，基本实现了乡乡通公路；一批大、中、小型水电站工程项目相继兴建投产，220千伏、110千伏电压等级的骨干电网建设不断深入，牧区电网二期工程进展顺利，州级供电网络日趋完善；光纤通信、卫星电视覆盖全州的所有县城和大部分乡镇。

阿坝州制定和完善了一系列鼓励外商投资的优惠政策和招商引资奖励办法，规定凡到阿坝州投资可享受国家对少数民族地区和贫困地区经济开发方面的优惠政策，享受自治州依据民族区域自治法而制定的有关土地、税收金融、财政价格和人才引进、企业用工等方面的优惠政策，推出了一批重点招商项目。同时，组建了专门的招商引资机构，成立了州工业经济开发园区管委会和阿坝青藏高原牦牛经济园区管委会，建立了“一站式”和“外来投资服务中心”，强化服务功能，为海内外客商创造一个比内地更优惠的宽松、高效、优质的投资环境。

2005年，阿坝州招商引资协议引进项目32个，协议资金21.6亿元，其中履约执行项目68个，实际到位资金36.2亿元。引进境外协议项目4个，协议资金5230万美元，履约执行项目2个，实际到位资金601万美元。

【重点项目介绍】 交通建设方面：九寨黄龙机场正式通航，结束了阿坝州没有航空运输的历史。鹧鸪山隧道和若尔盖—九寨、松潘—平武县际公路建成通车，以国道、省道为主骨架的公路交通不断向纵深延伸。都汶高速公路、郎川公路、金川至小金公路、阿坝至壤塘公路全面开工建设；农村通乡油路（水泥路）工程全面启动。重大交通项目九绵遂旅游铁路、小金巴郎山隧道、汶川至马尔康公路完成预可行性研究报告等前期工作，马尔康机场完成选址踏勘，黄土梁隧洞加快预可行性研究。

电力建设方面：以流域规划为基础的重大电源开发不断深入，骨干电网网络结构日趋完善。福堂、天龙湖、金龙潭、回龙桥电站顺利投产；狮子坪电站、薛城、古城、二道桥、黑河塘、桑坪、姜射坝、吉鱼、竹格多等一批水电站项目加快建设；黑水河干流色尔古、柳坪电站开工建设；大渡河双江口、金川电站和黑水河毛尔盖电站完成预可行性研究。全州13

个县县城电网建设全面启动，牧区电网二期工程阿坝、若尔盖110千伏变电站工程建成投入使用；福堂水电站送出工程基本建成。茂县至德阳500千伏输变电站工程加快建设步伐，黑水色尔古500千伏变电站完成选址。

旅游景区建设方面：小金县四姑娘山景区、毕棚沟、神仙池景区公路建设，双桥沟公路国债项目已竣工。松潘牟尼沟景区综合开发、达古冰川索道建设、“大唐松州”古城恢复与建设等项目进展顺利，汶川三江旅游基础设施建设正抓紧项目前期工作。

环保项目建设方面：阿坝州九寨沟景区垃圾处理厂项目中阿坝县、理县和汶川县已建成投产，马尔康县垃圾处理厂正抓紧施工。阿坝州九环线垃圾整改项目中松潘县垃圾填埋场基本竣工，进入设备调试阶段；茂县垃圾填埋场、小金县垃圾填埋场、九寨沟县垃圾处理厂建设进展顺利。阿坝州污水处理厂项目中甘海子污水处理厂、火地坝污水处理厂和马尔康污水处理厂已建成竣工。阿坝州九寨沟风景名胜区污水处理厂项目中黄龙污水处理厂已竣工进入试运行，川主寺污水处理厂和小金四姑娘山污水处理厂基本完工，漳扎污水处理厂预计2006年5月全面完工。

【东西对口支援】 阿坝州在积极开展与深圳、浙江、山东、成都等省、市对口支援的基础上，不断密切和扩大协作关系，先后与省内外各大专院校、科研单位和企业建立了长期的协作关系。主要合作开发项目：旅游方面。与四川汉龙集团联合开发四姑娘山景区，与成都星宇集团和四川浦发旅游有限公司合作建设旅游服务项目已初见成效。能源开发方面。与四川汉龙集团合资修建天龙湖电站已建成投入运行。农业开发项目方面。与州外企业合作，开发生态农业、农畜产品、药业等。

四川省
甘孜藏族自治州

【经济与社会发展】 2005年，甘孜藏族自治州（以下简称甘孜州）经济快速发展，全年实现GDP 50亿元，同比增长13.8%。其中，第一产业增加值11亿元，增长4.6%；第二产业增加值16.7亿元，增长26.2%；第三产业增加值22.3亿元，增长10.5%。

农业生产全面丰收，全年粮食总产量18.15万吨，年末牲畜存栏500.79万头（只、匹），总增率23.65%，出栏率24.68%，商品率14.93%；肉类总产量8.4万吨，增长4.81%；奶类产量达到11.4万吨，增长1.4%。全年乡镇企业实现增加值2.99亿元，同比增长12.59%。实施新村扶贫工程99个、移民扶贫工程283户，全年有2.46万绝对贫困人口基本解决温饱，1.89万相对贫困人口实现越温脱贫。生态环境保护与建设力度不断加大。完成人工造林8.13万亩，封山育林30.57万亩，飞播造林31.17万亩；退牧还草570万亩。

工业效益不断提高，支柱产业培育加快。全年规模以上工业企业实现产品销售收入14.3亿元，同比增长42.7%；实现增加值9.29亿元，增长33.8%；盈亏相抵后利润总额增长1.2倍，亏损企业亏损额下降31.6%。以生态能源和生态旅游为重点的支柱产业支撑作用明显，电站建设实现新增装机27万千瓦，在建电站装机达135万千瓦，开展“三通一平”施工准备工作的电站装机666万千瓦，装机860万千瓦的6座大型电站前期工作进展顺利。

财政收入快速增长，金融运行形势平稳。全年实现地方财政一般预算收入2.66亿元，同比增长54.79%，地方财政一般预算支出34亿元，增长21.8%。年末金融机构各项存款余额76.13亿元，比年初增长18.92%；城乡居民储蓄存款余额29.57亿元，增长13.07%；各项贷款余额27.37亿元，增长11.9%。

旅游业蓬勃发展，旅游收入大幅度增长。全年接待国内外游客231万人次，同比增长25.19%；实现旅游收入15.69亿元，增长21.44%。

固定资产投资快速增长。全年累计完成全社会固定资产投资57.65亿元，同比增长33.19%。其中，重点建设项目完成投资43.72亿元，占全社会固定资产投资总额的75.84%。全年共争取到国债等政府性资金6.1亿元，增长15.09%。国家开发银行提供2.9亿元贷款支持，实现了阿坝州政府信用贷款零的突破。

城乡居民收入增加，消费品市场稳步增长。全年价格水平保持平稳态势，市场物价稳中有升。城镇居民人均可支配收入7000元，同比增长3.8%；农牧民人均纯收入1310元，比上年增加149元；完成全社会消费品零售总额16.6亿元，增长16.82%。

深入实施教育“十年行动计划”和两基攻坚计划。“普初”、“普九”和“扫盲”工作取得实效。全州“普初”人口覆盖率达到100%，“普九”人口覆盖率达到53.6%。适龄儿童入学率达到97.5%，比上年提高1.8个百分点。对农村贫困学生实施的“两免一补”政策正式启动。引进了欧亚职业技术学校。全州广播和电视综合覆盖率分别达到82.82%和83.13%。

医疗卫生方面完成了州传染病医院（病区）建设，村级卫生机构覆盖率达44.1%，3.05万农牧民参加了农村新型合作医疗试点。人口与计划生育工作不断加强，计划生育率达98.1%，人口自然增长率为6.3‰。

就业再就业和社会保障工作不断加强，全年新增就业岗位3547个，完成计划的118%；新增再就业岗位621个，完成计划的124%；城镇失业登记率控制在5%以内；国企下岗职工基本生活费和离退休职工基本养老金按时足额发放。城镇职工基本养老保险、失业保险、基本医疗保险、工伤保险、生育保险进一步得到落实；民政工作、残疾人事业不断加强，农村低保顺利启动。

【投资环境与招商引资】 甘孜州交通条件进一步改善，公路主网框架基本形成。到2005年，州内通车里程达到9824公里，等级公路比例达到60%，通县油路工程建设全面完工，90%的乡镇实现了公路通乡通讯条件出现根本转变。邮电通信网络建设继续加强，覆盖面进一步扩大，综合通讯能力进一步提高，实现了县县通光缆，全州固定电话达到11.37部/百人，移动通信覆盖全州18个县所有乡镇。能源建设突飞猛进，全州水电装机72万千瓦，城乡电网不断完善。环贡嘎山两小时旅游经济圈和香格里拉生态旅游核心区规划建设工作得到加强，贡嘎山、稻城亚丁三怙主雪山选入全国十大名山，丹巴甲居藏寨评为全国最美村寨。城镇道路、供水、污水垃圾处理等市政环保建设力度加大，城市功能不断完善。

在投资软环境方面，甘孜州全面贯彻落实《行政许可法》，不断深化投融资体制改革，加大行政审批的清理力度，精减行政审批事项，对外开放和招商引资环境不断改善，同时进一步完善招商引资优惠政策，凡是到州投资创业，均可享受国家对少数民族地区和贫困地区经济开发方面的优惠政策，享受自治州依据国家民族区域自治法制定的有关税收、人才引进等方面的优惠政策。与此同时，各级政府积极筹建政务服务中心，进一步完善项目审批一站式服务，建立投资环境监督管理机制，为广大投资者提供最便捷和最优质高效的服务。

2005年，甘孜州引进到位州外国内资金

30.43 亿元，同比增长 58.32%。

【经济技术协作】 甘孜州对外经济协作关系不断加强，在与成都、深圳、浙江、福建等省市搞好经济技术协作的同时，还与美国、韩国、日本等国家知名企业建立了经济合作关系，并先后与省内外大专院校、科研单位和企业建立长期协作关系。大唐国际公司、华电集团、中国华能集团、四川电力公司等国家四大电力集团及西部矿业、紫金矿业、恩威集团等一批知名企业来甘孜州投资创业积极参与水电、矿产、旅游、中藏药等优势资源开发。2005 年，甘孜州结合区域发展思路，积极筹划参与了 9+2 泛珠江三角洲经济论坛和第四届西部国际博览会，主动迎接沿海和内地发达地区辐射，不断加强和发展与云南、西藏、青海等毗邻地区的横向经济技术和文化联合与协作，取得较好的效果。

【重点项目介绍】 2005 年，甘孜州完成重大项目投资 43.72 亿元，占全社会固定资产投资总额的 75.84%。

基础设施方面：国道 318 线海子山至竹巴笼改造工程，省道 211 线泸定至石棉公路甘（谷地）猫（子坪）段建设进度加快；四川康定机场试验段及土石方试验开工，争取 2006 年获得国家批准后正式开工建设；稻城亚丁至云南属都湖公路开工建设；雀儿山隧道工程前期工作进度加快，康定至石棉高速公路建设前期工作逐步开展。第二期通信扶贫到乡工程全面投产，移动通信覆盖全州 325 个乡镇。编制完成了《甘孜州生态旅游产业发展规划》、各县旅游发展规划和海螺沟、稻城亚丁、丹巴美人谷等重点景区规划，制定了四川旅游西环线、中国香格里拉（甘孜部分）规划开发建设和环贡嘎山两小时旅游经济圈方案。泸定红色旅游基础设施竣工投产，康定榆林新区基础设施开工建设，稻城亚丁旅游基础设施建设等重点项目前期工作加速推进。乡城玛依河水利工程建设加快。

能源方面：根据国家能源产业政策，依托丰富的水能资源，生态能源产业发展快速有序推进。九龙洪坝电站、湾坝二级电站等重点项目竣工投产，全年新增装机容量 27 万千瓦，在建电站装机容量达到 135 万千瓦，长河坝电站、两河口电站、泸定电站等开展“三通一平”的电站装机容量 666 万千瓦，总装机容量 860 万千瓦的猴子岩电站、黄金坪电站等 6 座大型电站前期工作进展顺利。九龙 500 千伏输变电工程预计在 2006 年开工建设；康定—泸定 500 千伏输变工程、丹巴 500 千伏输变电工程、甘孜州内骨干电网建设前期工作有序推进。

矿产方面：完成了《甘孜州优势矿产业发展规划》，白玉呷村银多金属矿建设进度加快，将于 2006 年投产；康定甲基卡锂辉矿、道孚龙戈山铅锌矿等优势矿产业资源开发加快；康东硅工业基地建设初具规模；矿产品冶炼基地建设前期工作启动。

中藏药业：编制完成了《甘孜州生态药业发展规划》、《甘孜州民族文化产业发展规划》。中藏药业基地建设面积不断扩大，以金珠制药公司为代表的中藏药生产加工企业不断壮大。

四　川　省
凉山彝族自治州

【经济与社会发展】 2005 年，凉山彝族自治州（以下简称凉山州）经济总量实现新的突破，全年实现 GDP 300.23 亿元，同比增长13.8%。其中，第一产业增加值 92.07 亿元，增长 6.9%；第二产业增加值 108.17 亿元，增长 26%；第三产业增加值 99.99 亿元，增长 9.2%。全社会固定资产投资完成 136.8 亿元，增长 41.2%。

农业结构进一步优化。在稳定粮食生产能力的前提下，大力发展经济作物及养殖业，推进农副产品深加工，努力增加农副产品附加值。畜牧业产值 63.4 亿元，同比增长11.8%，占农业总产值比重 43.6%，比上年上升 3.1 个百分点。

工业结构调整步伐加快。全部工业实现增加值 82.72 亿元，增长 25.2%，工业对经济增长的贡献率达到 42.7%，其中规模以上工业企业完成增加值 62 亿元，增长 31.7%。工业经济整体效益明显提高，规模以上工业经济效益综合指数达到 187.7，比上年上升 28.8 个百分点。水电产业、矿冶产业、绿色产业表现突出，成为工业经济的主要增长点。

以旅游业和服务业为重点的第三产业发展势头良好。全年第三产业对经济增长的贡献率达 24.9%。全年旅游收入 11.72 亿元，增长42.4%。全年外贸出口达到 1400 万美元。

民营经济快速发展，民营企业不断壮大，民营经济覆盖面不断扩大。全州民营经济实现增加值 129 亿元，增长 18.8%，占全州 GDP 的比重达到 43%，对全州经济增长的贡献率高达 56.2%。

财政收支快速增长，金融形势保持稳定。全年完成财政一般预算总收入 24.2 亿元，同比增长 32.2%。其中，地方财政一般预算收入 14.8 亿元，增长 34.4%；财政一般预算支出 60 亿元，增长 13.9%。金融创新工作扎实开展，金融管理信用服务逐步加强，年末金融机构各项存款余额 269.6 亿元，增长 22.9%；各项贷款余额 108.7 亿元，增长 8.3%。

科技教育等社会事业稳步推进，全年共推广科技成果项目 54 项，科技对经济增长的贡献率达到 38%；推进《民族地区教育发展十年行动计划》，全州“普九”地区人口覆盖率达到 79.51%；全年转移支付 5232 万元，实施“两免一补”，基本解决了农村贫困学生“上学难、上学贵”的问题。

加强公共卫生工作，建立和完善疾病预防控制体系、突发公共卫生事件医疗救治体系，开展中英合作性病、艾滋病防治工作，血吸虫病等重点传染疾病得到有效防治，启动了农村新型合作医疗试点工作。

文化、体育、信息化、环境保护、广播影视、新闻出版、国防动员等事业继续稳步发展，年末全州有线电视用户达 21.6 万户，电视综合覆盖率达到 92%，广播综合覆盖率达到 82.4%。人口自然增长率控制在 7.64‰。

社会保障体系进一步完善。落实“两个确保”和“三条保障线”的衔接，强化城镇居民最低生活保障制度，全年发放社保基金3.69 亿元。高度重视就业再就业工作。全年累计新增就业 1.2 万人，城镇登记失业率控制在 4.2%。

大力实施统筹型捆绑式扶贫攻坚战略，扶贫工作成效显著。全年共投入各类扶贫资金1.3 亿元，完成 154 个重点贫困村建设，完成5000 户移民安置，改善了 8.45 万贫困人口基本生产生活条件，解决了 5 万绝对贫困人口的温饱问题。

城乡居民生活水平有所提高。城镇居民年人均可支配收入 7496 元，增长 8.6%；农村居民人均纯收入 2438 元，增长 13.1%。

生态建设和环境保护力度加大，可持续发展能力增强。全年治理水土流失面积 3 万公顷，实施退耕还林还草和天然林保护工程，新增造林面积 2.3 万公顷，森林覆盖率达到32.06%，比上年提高 1.4 个百分点。

【投资环境与招商引资】 凉山州是西部大开发重点地区“攀西资源综合开发区”的重要组成部分，凉山州资源富集，是一块蕴含巨大开发潜力与投资价值的“宝地”。国家对凉山的发展建设历来十分关注，在西部大开发中，四川省将之定位为全省经济发展的两大开发区之一，确定为资源开发的重点地区。

凉山州有得天独厚的矿产资源。攀西是我国矿产资源的“聚宝盆”，凉山作为攀西地区的重要组成部分，稀土、铁矿石和铜铅锌锡等不仅储量大，品位高，易开发，而且综合利用价值高。是建设综合性、集团性大型钢铁、有色金属、稀土贵重金属和盐磷化工等原料工业基地的最佳地区。

凉山州有富甲天下的水能资源。金沙江、雅砻江、大渡河及其支流水能极为丰富，装机容量可达 4952 万千瓦，占全国的 13.08%，全省的 47.86%。国家在“三江”干流上规划的 14 座大型水电站，凉山州境内就有 9 座。州内现已建成电站近 700 座，装机容量 48 万千瓦，可供中外投资者采取各种形式进行合作。

凉山州有极为丰富的农业资源。凉山州日照充足、降水充沛、动植物资源丰富，有动植物“基因库”之称。安宁河谷是仅次于成都平原的四川第二大平原，被誉为“川南粮仓”，列为国家和省的农业开发重点地区。粮食作物和甘蔗、蚕茧、蔬菜、水果、花卉、烟叶、中草药、速生丰产林等经济作物具有单产高、质量优的特点，是发展立体生态农业、优质高效农业的理想地区。

凉山州有绚丽多彩的旅游资源。凉山是西南地区及四川省发展旅游业的重要基地。高科技卫星发射基地、浩瀚的邛海、秀丽的螺髻山、美姑的大风顶熊猫自然保护区、彝海结盟遗址、泸沽湖摩梭人的走婚制、彝族传统的“火把节”等自然风光、民族风情和红色旅游资源使人叹为观止，引人参与开发建设。

凉山州基础设施建设初具规模，以西昌为中心的公路、铁路、航空立体交通运输格局已经形成。成昆铁路、国道 108 线纵贯全境，成都至西昌火车已实现电气化，雅攀高速公路凉山段一期建成通车，全州公路通车里程 1.2 万公里；西昌机场为大型全天候机场，可起降包括波音 747 在内的大型客机，每天有固定航班往返成都。境内国家电网与地方电网并存，以西昌为中心的供电网络能够满足大型工业基地建设和生活用电需要。全州邮电通讯网络已经形成，C3 本地电话网已开通，移动电话 G 网和中国联通网覆盖全州各县市，通讯方便快捷。城市商业、文化、广播电视、体育、卫生、学校、旅游等公用设施较为齐全。西昌市已成为川西南的经济中心和物资集散地。

凉山州实施对内对外开放齐抓并举，全面提高对外开放水平，吸引外来资金和民间投资，形成了多元化投资拉动格局。2005 年新签约招商引资项目 56 个，实际到位资金 27 亿元，增长 29.9%；川威集团、四川宏达集团、河南豫光金铅等大型外来企业参与凉山矿业开发已全面启动，地方水电开发成为外来资金投入重点。

【重点项目介绍】　雅龚江锦屏水电站。总投资额 489 亿元，装机容量 840 万千瓦，2005 年开工建设，当年完成投资 23 亿元，电站营地建设，场内道路、对外交通等建设基本完成。工程由二滩水电开发公司承建。

金沙江溪洛渡水电站。总投资 636 亿元，装机 1260 万千瓦，2005 年开工建设，当年完成投资 26.64 亿元，对外交通、场内道路建设等现已基本完成，移民 3800 人。工程由三峡水电开发公司承建。

大渡河瀑布沟水电站。总投资 19.93 亿元，装机 330 万千瓦，2005 年完成投资 20.4 亿元，实现大江截流。工程由大渡河水电开发公司承建。

雅龚江官地水电站。总投资 104 亿元，装机 240 万千瓦，2005 年完成投资 4 亿元，前期准备工作顺利，工程由二滩水电开发公司承建。

地方中小水电开发。按照“政府主导、资源入股、企业主体、市场配置”的新模式，推动木里河、水洛河、鸭嘴河三条河流的水电资源开发建设。全年地方水电开发成为外来资金投入重点，开工建设的水电站总装机 200 万千瓦，总投资达 100 亿元以上。

【东西对口支援】　十一届三中全会以来，凉山州先后与上海、广东、浙江、福建、云南等21个省市、33个地区建立了经济技术合作协作关系。此外，浙江省杭州市对口帮助凉山州西昌市一职中、喜德县城关小学、光明小学等三所中、小学。通过无偿捐赠电脑等教学设备和开展双方互派教师学习、指导、培训等活动。

贵　州　省

黔西南布依族苗族自治州

【经济与社会发展】　2005年，黔西南州布依族苗族自治州（以下简称黔西南州）经济快速发展，全年实现GDP 119.9亿元。其中，第一产业增加值35.16亿元，第二产业增加值43.47亿元，第三产业增加值41.28亿元，人均GDP 3863元。全年完成全社会固定资产投资53.31亿元。

全年实现财政总收入16.1亿元，其中地方财政收入8.3亿元，财政支出24.95亿元。年末金融机构各项存款余额130.26亿元，各项贷款余额77.36亿元。

全年实现社会消费品零售总额36.8亿元。城乡居民收入增加，生活质量提高，全年在岗职工年人均工资13496元，其中国有单位在岗职工年人均工资14272元，城镇集体单位在岗职工年人均工资8625元。城镇居民人均可支配收入8022元，其中人均消费性支出6042元；农村居民人均纯收入1785元。全州城镇登记失业率5%左右。

科技、教育、卫生、文化、广播电视、体育等各项社会事业稳步发展。年末全州有普通高校3所，在校学生5559人，专任教师361人，毕业生1816人。中等专业学校3所，在校学生4288人，专任教师208人，毕业生1661人。普通中小学生617714人，专任教师25779人，毕业生131565万人，学龄儿童入学率98.5%。广播电视事业快速发展，2005年末全州有电视差转台281个，电视收转系统6675个，电视覆盖率89.29%。全州共有卫生事业机构182个，专业卫生技术人员5376人，拥有医疗病床4640张，全州设置村级医疗点1672个。

【投资环境与招商引资】　黔西南州交通便捷，南昆铁路和324、320国道横贯州境，州府所在地兴义市联接广西、云南、贵阳的高等级公路网络基本形成，关兴（关岭—兴义）公路、兴义飞机场、西南水运出海通道工程，西南成品油管道工程已经建设，黔西南州形成集公路、铁路、水运、航空管道运输为一体的立体交通运输网络。作为南、桂、昆经济区的中心地带，黔西南州已成为西南地区和华南地区优势互补的便捷通道和区域经济中联接各方的桥梁和纽带。“兴（义）安（龙）兴（仁）一小时经济圈”初步形成，并辐射和带动七个县城和沿南昆铁路的顶效、威舍、郑屯、德卧等一批不同功能，各具特色的小城镇。已建成的南宁至昆明光缆，贵阳至兴义光缆、贵州南部环绕光缆，均在黔西南州交汇，使黔西南州成为通信传输枢纽。全州实现了县与县交换程控化，传输光缆数字化，所有乡镇开通光缆，建成C3本地电话会议系统，南环和北环本地传输网，移动电话覆盖全州九县（市、区），通信十分方便。

黔西南州电力充足，110千伏电网已覆盖全州九县（市、区），实现了乡乡通电、村通电率达90%以上，全州农网改造全部完工。兴义市10万吨/日水厂和各县2万吨/日水厂全面投入使用，各县（市、区）新一轮城市道路改造和其他城市配套设施正在建设中。黔西南州对过去制定和出台的地方性政策规定进行了全面清理，对有碍西部大开发战略实施及影响了对外开放，吸引外来投资的全部予以取缔或重新进行修订。各县（市、区）结合自身实际相继出台了方便外来投资者的“一站制”项目审批模式。到2005年黔西南州共引进到位资金平均年增长20%左右，建成和正在建设和外来投资1000万元以上的企业35个，上亿元的企业6个，大开放促进大开发的格局初步形成。

【重点项目介绍】 兴仁500千伏换流站。是“西电东送”贵州至广州直流第二回输电工程的重点项目，输电容量为300万千瓦，总投资23亿元，建成后将承担贵州西南部兴义火电厂、光照电站、盘南电厂、发耳电厂等大型电源项目的电力外送。于2005年6月开工建设，将于2007年6月建成。

北盘江光照电站。装机容量104万千瓦，总投资52亿元，工期2003～2008年，工程正在紧张有序进行，将提前在2007年底投入运营。

北盘江马马崖电站。总库容3.67亿立方，电站装机容量60万千瓦，年均发电量20.27亿度，工期63个月，总投资30亿元。2005年10月开工建设，2006年底完成大江截流。

北盘江董菁电站。装机容量84万千瓦，库容9.72亿立方米，年发电量30.13亿度，总投资42亿元，工期55个月。2005年3月开工建设，2005年12月可实现大江截流。

兴仁紫木凼金矿。是国家高技术产业示范项目日处理原生金矿1000吨，年产黄金1.4吨，生产工艺为原生矿沸腾焙烧——氰化提金法，总投资16480万元，2005年内可建成投产。

贞丰锦丰公司烂泥沟金矿。2004年开工建设，规模为年产黄金6.25吨，总投资8.15亿元，生产工艺为微生物细菌预氧化处理原生矿选冶技术。将于2006年建成投产。

贞丰水银洞金矿。一、二期工程建设规模为年产黄金3吨，生产工艺为常温强氧化提金法，总投资1.5亿元，已全部建成投产。

安龙重化工基地。规模为年产27万吨电石，10万吨烧碱和12万吨PVC生产能力，总投资6亿元，2005年内可建成投产。

兴义2030工程。即年产20万吨碳铵、30万吨尿素，总投资4.5亿元，2006年投入生产，二期工程20万吨烧碱、20万吨聚氯乙烯项目已开工建设。

兴义火电厂。总装机240万千瓦（4×60兆瓦），总投资92亿，一期工程建设为120万千瓦（2×60兆瓦），项目可行性研究报告已通过审查，开工前的准备工作已完成。

汕昆高速公路特大桥。是汕昆高速公路的控制性工程，为双塔斜拉桥，桥长1670米，主跨840米，边跨830米，总投资3.38亿元，已开工建设，汕昆高速贵州段将于2006年内全线动工建设。

“两江一湖”（南盘江、北盘江、万峰湖）生态建设项目：这一地区生态的好坏将直接影响珠江下游地区的用水安全，2005年1月，万峰湖就承担了珠江压咸补淡任务，紧急调水5亿立方，确保珠江下游地区的生活和生产。从1998年开始，黔西南州就把珠江上游生态屏障建设放在十分重要的位置，先后启动重点生态治理工程、珠防工程、退耕还林还草工程、天然林恢复工程等，生态环境恶化的趋势得到一定的遏制。

【东西对口支援】 1996年以来，宁波市已在黔西南州实施帮扶项目408个，帮扶资金8582.28万元，目前已完成帮扶项目399项。经宁波市委、市政府牵线搭桥，宁波籍香港同胞陈延骅先生捐赠资金480万元帮助黔西南州部分贫困乡村改善基本生产生活条件，台湾朱英龙先生捐赠资金2500余万元帮助黔西南州修建了207所学校的教学楼、学生宿舍楼。宁波市拨款700万元，支持黔西南州建立对口帮扶基金和补助重大帮扶项目的资金缺口，促进了多普勒天气雷达项目的建设。宁波市市级财政拨出专款730余万元，帮助黔西南州建设州委党校综合教学楼、州劳动转移培训中心大楼、兴义一中教学楼，扩建州人民医院外科住院部大楼，改建州中医院门诊大楼和州妇幼保健院综合楼，使黔西南州的教育卫生事业得到了新的发展和壮大。

宁波市对口帮扶黔西南州6县的县直机关拨出专款4669余万元，帮扶6县投入基础设施建设，帮扶新建、改扩建中小学54所，解决9400名儿童入学困难，救助失学儿童3800名，2005年资助贫困大学生100名，新建乡镇卫生院31所，村级卫生室25所，县级人民医院12个及资助了部分医疗器材设备；投资农村通讯项目建设1个，农村广播电视网项目建设2个；水电路和基本农田等基础设施项目29个；新修农资市场5个；青少年活动中心1个；援建了黄花梨、杨梅、乌骨鸡孵化饲养、波尔山羊、种草养鹅、仔猪等种养业基地。宁波市为黔西南州培训县、乡（镇）各类干部300余名，村干部413名，派出近100名教学、医务人员到各县指导教学、医务工作，派出近100名干部到各县挂职扶贫。组织了20余名乡镇企业总裁和经理到各县进行投资考察和经贸洽谈，通过企业之间的交流，根据各县市劳务市场的供求和人才需求，接收各县输出劳务人员500名，大中专毕业生就业锻炼24名，领导干部互访73批/1100人。接受救灾捐赠款251万元，捐赠衣被204.56万件（床），有129个乡镇，2081个村，16.3万农户，62.69万贫困人口得到了救助。宁波市这十年来对黔西南州的对口帮扶、为黔西南州贫困地区脱贫致富、经济发展做了大量卓有成效的工作，取得了很好的经济效益和社会效益。

贵州省

黔东南苗族侗族自治州

【经济与社会发展】 2005年，黔东南苗族侗族自治州（以下简称黔东南州）经济发展速度加快，运行质量明显提高。全年实现GDP 144.73亿元，同比增长11.7%。其中，第一产业增加值46.41亿元，增长6.4%；第二产业增加值39.18亿元，增长11.9%；第三产业增加值59.14亿元，增长15.8%。全年全社会固定资产投资完成85.54亿元，同比增长27.9%。

农业生产稳步提高，农业生产条件不断改善。2005年，黔东南州努力克服秋季农作物受旱灾的严重影响，着力调整农业产业结构，推广良种良法，加大农业科学技术推广和运用力度，促进了农业生产的持续发展。全年实现农林牧渔业总产值748439万元，同比增长6.6%。其中，农业389420万元，增长3.9%；林业71049万元，增长7.3%；牧业252964万元，增长10.9%；渔业23661万元，增长5.6%。全年种植业实现增加值265866万元，增长3.6%。粮食种植面积30.27万公顷，增长2.3%。主要经济作物烤烟种植面积9300公顷，增长8.1%；油菜籽种植面积5.17万公顷，增长4.2%；蔬菜种植面积6.2万公顷，增长4.2%；药材种植面积6178公顷，下降2.5%。果园面积3.16万公顷，增长13.2%；茶园面积4700公顷，增长6.2%。全年实现林业增加值53151万元，增长6.7%。完成造林面积19432公顷。主要林产品产量竹笋片、棕片、小杂竹、山核桃等，与上年相比，均有不同程度的增长。全年实现畜牧业增加值121364万元，增长10.1%。肉类总产量21.53万吨，增长10.1%；禽蛋产量

7500吨，增长12.9%；牛奶产量1400吨，增长5%。全年水产品产量2.07万吨，增长5.5%。实现渔业增加值19782万元，增长5.2%。年末农业机械总动力121.06万千瓦，增长35.4%；农用排灌动力机械18055台；农用运输车4303台。农田有效灌溉面积11.33万公顷，其中当年新增有效灌溉面积2300公顷，新增节水灌溉面积2900公顷。扶贫攻坚力度加大。全年实施新增财政扶贫项目1758个，新增财政扶贫资金17299万元，贫困人口比上年有所减少。

工业生产稳中有降。全年工业实现增加值28.91亿元，同比增长11.1%。其中规模以上工业企业实现增加值21.56亿元，增长8.8%。公有制企业实现增加值10.95亿元，增长1.7%；非公有制企业实现增加值17.96亿元，增长20%。规模以上工业企业全年完成销售收入50.63亿元，增长1.2%；实现利税3.13亿元，下降26%。建筑业稳步发展。全年实现增加值20185万元，同比增长29.9%；房屋建筑施工面积256.22万平方米，增长23.4%；房屋建筑竣工面积93.81万平方米，增长9.3%。

财政收支增长较快，全年财政总收入完成13.18亿元，同比增长17.5%。其中，地方财政收入7.73亿元，增长17.4%；财政支出39.74亿元，增长30.7%。年末金融机构存款余额164.02亿元，比年初增加22.16亿元。各项贷款余额120.25亿元，比年初增加14亿元。全年保险公司全部保费收入2.9亿元，增长31.3%。财产险赔付金额6868万元，增长55.5%；人身险赔付金额1456万元，增长27.7%。

交通运输能力继续提高，邮电通信业发展迅速。黔东南州公路里程已达6766公里，全社会公路、水运货物周转量77042万吨公里，增长8.9%，旅客周转量164873万人公里，上升14%。邮电业务收入65550万元，增长27.7%。城乡电话交换机容量达72.05万门，比上年增加16.65万门，增长30%。全年办理邮政函件235.01万件，下降55.9%；全州有固定电话用户50.05万户，增长18.9%；移动电话用户39.43万户，增长9.6%；互联网宽带（ADSL）用户22410户，增长48%。

商业贸易呈现持续增长的良好态势。全年实现社会消费品零售总额48.25亿元，同比增长13.4%。居民消费价格水平总体平稳。居民消费价格总体水平与上年相比上涨0.4%。

城乡居民收入不断提高，生活水平和居住条件进一步改善。城市居民年人均可支配收入7707元，比上年实际增长8.7%；人均消费支出5731元，实际增长11.1%；人均居住面积为22.6平方米。农民年人均纯收入1728元，实际增长5.2%；人均生活消费支出1353元，增长5.8%；人均居住面积为19.75平方米。

教育事业全面发展。全州有高等专科学校3所，在校生9668人，比上年增长30.5%，有贵州师范大学凯里学院本科学生1050人；普通中学296所，在校生226484人；中等职业技术学校27所，在校生26816人；普通小学1913所，在校生465541人，小学学龄儿童入学率98.85%；幼儿园在园幼儿69586人。普及九年义务教育取得新的成绩，全州16个县市全部实现普及九年义务教育目标，全年扫除文盲29909人。

卫生事业进一步发展。全州有医疗卫生机构308个，其中医院34个，乡镇卫生院206个，街道卫生院5所，妇幼保健站17个，疾病预防控制中心17个，采供血机构6个，医学科研所1个，卫生监督所17所。有医院病床6084张；卫生技术人员7468人，社会诊所、医务室304个，村卫生室2230个。凯里市、三穗县开展了新型农村合作医疗试点工作，实际参加新型农村合作医疗的人口达26.5万人。

就业和再就业工作进一步推进，社会保障事业取得新的进展。年末全州从业人员254.09万人，比上年增长0.7%。新增就业13547人，下岗失业人员再就业7279人，“4050”下岗人员再就业1971人。年末城镇登记失业率为4.4%，与上年基本持平。全州参加社会养老保险62617人，净增1507人，参加养老保险的离退休22323人，净增855人，发放离退休养老金14969万元；失业保险参保33470人，减少2530人。全州参加基本医疗保险98347人；增加41091人，收缴基本医疗保险金8768万元，增加4079万元。全年政府发放城镇最低生活保障救济51.87万人次，增加1.13万人次，发放城镇最低生活保障金2996.6万元，增加451.6万元。

【投资环境与招商引资】 黔东南州是贵州省的东南大门，是华东和华南进入大西南的主要交通要道。湘黔电气化铁路复线、黔桂铁路及320、321国道过境，贵（阳）—新（寨）高等级公路和凯里—麻江高速公路已通车，玉屏—凯里高速公路玉屏—三穗段通车，三穗—凯里段将于2006年通车。州政府所在地凯里距贵阳机场150公里、距州境黎平支线机场270公里。16个县市实现通油路，油路通乡（镇）率40%，公路通村率80.5%。全州公路通车里程6766公里，其中四级以上3742公里。固定电话村通率67.6%，移动电话已实现村村通。全州水资源充足，水质良好。凯里市区日供水能力为8万吨，各县城都达到1万至2万吨以上，各乡镇驻地实现自来水工程，自来水受益行政村达75.1%。一、二期国网农电和县城网改造完成，国网供电自然村比重达98.1%。

为简化办事程序，提高办事效率，全州设立招商引资“一站式”服务中心，对外来投资者实行“一个窗口、一条龙”的“一站式”服务，各有关单位派员集中办公，管理和办理外来投资及企业成立前后的各有关事宜。全州还设立了外商投诉中心，受理外来投资者的投诉事宜，并进行有关政策的解答和咨询，为企业创造良好宽松的经营环境，保障投资者的权益。自治州连续多年获得全省投资软环境评比第一名。

投资环境的改善，使招商引资工作取得新的进展。2005年全年引进协作项目246项，实际完成222项，比上年增加10个项目，引进合同资金45.3亿元，实际到位42.45亿元，同比增长46.7%。

【重点项目介绍】 2005年，正式开工的重点建设项目有，天柱县清水江白市水电站，装机42万千瓦，投资31.6亿元，2008年建成。镇远青溪黔东火电厂，规划装机240千瓦。一期120万千瓦，投资48亿元，2008年建成。

【东西对口支援】 2005年，宁波市对口帮扶黔东南州项目71个，比上年增加3个，帮扶资金1021万元。帮扶项目包括文化教育、农村基础设施建设、农业实用技术推广等方面。

贵州省
黔南布依族苗族自治州

【经济与社会发展】 2005年，黔南布依族苗族自治州（以下简称黔南州）经济社会发展继续保持较快增长，全年GDP完成168.27亿元（现价，下同），同比增长11.8%。其中：第一产业增加值47.97亿元，增长7.1%；第二产业增加值62.46亿元，增长15.1%；第三产业增加值57.84亿元，增长11.9%。人均GDP 4260元，增长13.9%。

农村经济稳定发展，粮食、油菜生产创历史最高水平。全年粮食总产量128.6万吨，比上年增长3.1%；油菜籽产量达到8.38万吨，增长6.2%。收购烤烟61.93万担，增长

21.9%；担均价503.28元，增长2.1%。大牲畜年末存栏140.63万头，增长3.7%；生猪存栏246.65万头，增长13.0%；羊存栏22.1万只，增长7.0%；肉类总产量21.67万吨，增长15.8%。乡镇企业实现总收入159.57亿元，增长12.5%；乡镇企业完成增加值43.68亿元，增长16.3%。

工业经济增长质量和效益提高。规模以上工业企业完成总产值121.72亿元，同比增长22.5%。其中，州及州以下规模工业产值完成83.54亿元，增长18.6%。完成工业增加值41.22亿元，增长23.0%。主要行业中，资源采选、化工、医药、电力、轻工等行业产值实现较快增长，分别增长44.6%、31.7%、26.6%、22.1%和16.8%。

投资规模继续扩大，重点领域和薄弱环节得到加强。全社会固定资产投资完成63.27亿元，比上年净增17.7亿元，增长38.9%。固定资产投资完成39.16亿元，增长10.9%。

财政收入增长较快，金融运行保持平稳。全年财政总收入完成22.22亿元，同比增长23.4%。其中地方财政收入完成9.55亿元，增长18.9%；地方财政支出37.18亿元，增长30.1%。金融机构各项存款余额167.22亿元，增长26.7%；各项贷款余额90.5亿元，增长1.9%；现金净投放7.84亿元，增长22.5%。

对外贸易持续增长。全年进出口总额2.23亿美元，同比增长5.2%。其中，出口总额1.46亿美元，下降5.2%；进口总额7700万美元，增长32.8%。旅游业发展加快，全年共接待国内外游客291.72万人次，比上年增加69.92万人次，增长31.6%；实现旅游总收入18.7亿元，比上年增加4.11亿元，增长28.2%。城乡居民消费水平提高，全社会消费品零售总额达到38.61亿元（经济普查修正数），增长14.0%。城镇居民人均消费性支出5520.7元，增长8.2%。居民消费价格总指数为101.6%。

城乡居民收入稳定增长，生活水平和生活质量提高。城镇居民年人均可支配收入7393元，比上年增加828元，增长12.6%；农民人均纯收入1919（现价）元，比上年增加155元，增长9.3%。全年解决了7.59万农村贫困人口的温饱，新增就业1.74万人，促进持证下岗失业人员再就业6190人，促进持证"4050"人员再就业1810人，年末城镇登记失业率3.85%；全年有组织劳务输出1.63万人。"两个确保"进一步巩固，全州以基本养老、基本医疗、失业、工伤和生育保险为主要内容的社会保障体系进一步完善；全年城市低保人数达到61.3万人次，保障标准均达到130元以上。

罗甸、长顺两县"两基"通过贵州省人民政府评估验收，全州"两基"攻坚任务全面完成，普及九年义务教育人口覆盖率达到95%以上，适龄儿童入学率达到98.89%，青壮年文盲率降至5%以下。全州有幼儿园178所，学前班1110个，在园（班）幼儿6.4万人，幼儿入园（班）率37%；有普通小学1542所，教学点684个，在校生44万人；有普通初中165所，九年"一贯制"学校53所，在校生20万人，初中阶段毛入学率96.68%，有普通高中42所，高中在校生4.49万人，高中阶段毛入学率36%；有中职校16所，在校生1.47万人；有高等院校4所，在校生1.6万人。

卫生、计划生育基础设施得到加强，开工建设58个乡（镇）卫生院；独山县农村新型合作医疗试点工作顺利展开，14个乡（镇）卫生院建成投入使用；建成州紧急救援中心、传染病院及11县（市）传染病区；开工建设1个县级计生服务站、3个中心乡（镇）计生服务站，建成4个规范化计生服务站。

完成589座农村卫星广播电视收转站和1321个农村卫星地面接收站的设备安装，广播、电视覆盖率分别达到83.78%和88.33%；基本完成行政村"村村通"电话工程。全州2005年年末总人口397.36万人，人口出生率14.41‰，人口自增率8‰。

【投资环境与招商引资】 2005年，黔南州以开展“招商引资诚信创优年”活动为着力点，加大投资环境建设力度。将州级对12县（市）投资环境考评结果通过《黔南日报》向社会公布，促进了全州投资环境整治工作的开展。独山、龙里、瓮安、三都等县相继出台了服务部门工作测评制度。继续建立健全限时办结、服务承诺、首问责任、收费明白卡等一系列制度；采取“挂牌保护”、发放“贵宾卡”、实施“绿色通道”、颁发“客商证”等措施，为外来投资企业提供良好的服务和保护。对外来投资者投诉处理力度加大，投诉案件减少。全年投诉案件29宗，比上年降低了21.6%，办结率达到86.21%。

按合同约定给外来投资企业兑现扶持政策。都匀、福泉、惠水、龙里、独山等县（市）兑现了对外来投资企业的扶持奖励资金，营造了惠商、安商、稳商的良好环境，增强了投资者的信心。

2005年，黔南州进一步创新招商引资方式。继续组织外出参加节会招商，先后组织参加了“第十届中国重庆投资洽谈暨全球采购会”、“泛珠三角经贸洽谈会”、“厦门第九届投资贸易洽谈会”、“2005·中国贵州黄果树瀑布节”等一系列全国性经贸活动。同时在州内组织特色节会，举办了“2005·中国贵州龙里苗医药博览会”、“金海雪山旅游文化节”、“第五届杜鹃湖·白云山旅游节”等。全年共举办招商引资推介会或客商座谈会27场次。

通过工作方式的创新，2005年，黔南州引进到位资金比上年有较大增长，全年共引进州外投资项目633个，实际到位资金38.38亿元（新开工项目457个、20.86亿元，续建项目176个、17.52亿元），增长36.2%。其中实际引进外资1.68亿元人民币。

【重点项目介绍】 都匀市污水处理厂。工程2005年1月开工建设，建设规模为日处理污水6万吨，建集污沟（管）1.76万米。项目概算总投资1.18亿元。

蒙江双河口电站。工程位于黔南州罗甸县交砚乡，2003年12月开工建设，装机容量12万千瓦。修建高99.3米大坝一座，水库库容1.96万方。总投资8.52亿元。

惠水县摆金至平塘县通州公路。2005年2月开工建设，全长59.84公里，按四级油路标准修建。概算总投资3500万元。

都匀市生活垃圾处理工程。2002年7月动工，总投资4851万元。2005年11月通过验收并投入试生产运行。工程建设规模为新增日处理城市生活垃圾250吨卫生填埋场一座及配套设施和部分城市垃圾收集、清运设施。

【东西对口支援】 2005年，深圳市继续加大对黔南州的对口帮扶力度，全年无偿帮扶资金共2058万元。深圳市对口扶持办结合黔南州开展的“整村推进”扶贫工作，重点帮助黔南州的三都、荔波、独山、平塘、罗甸、长顺、都匀、龙里8县（市）的16个重点村加强基础设施建设，帮扶项目42个，帮扶资金1270万元。项目涉及农村人畜饮水、乡村道路、沼气建设、乡村小学、卫生所（室）、村级办公用房等。深圳龙岗区向罗甸县捐资200万元，用于贫困乡村道路、学校、小水池等基础设施建设及经果林规模发展。深圳深液集团、燃气集团向三都县捐资22万元，帮助建设三都水龙学校及资助248名贫困学生就读。深圳能源集团向平塘县捐资30万元，帮助平塘县卡蒲毛南族乡关上村建设1所希望小学。深圳盐田区、深业集团分别向独山县捐资220万元和120万元，帮助独山县修建公路、医院、学校、乡文化站和购置医院所需设备。深圳罗湖区向长顺县捐资150万元，帮助新建长顺三中。

为帮助黔南州提高干部队伍综合素质，2005年，深圳市举办了7期培训班，为黔南州培训党政干部、工商、科协、工会、妇女、医务等人员共284人。

云　南　省

文山壮族苗族自治州

【经济与社会发展】　2005年，文山壮族苗族自治州（以下简称文山州）经济继续朝着又快又好的方向发展，全年实现GDP 148.24亿元，同比增长13.1%。其中，第一产业增加值47.53亿元，增长5%；第二产业增加值45.15亿元，增长27%；第三产业增加值55.56亿元，增长10.6%。全年完成全社会固定资产投资83.2亿元，增长81.9%。

全年粮食作物播种面积564万亩，粮食产量107407万公斤，烤烟产量3569万公斤，三七产量390万公斤，辣椒产量4748万公斤，油料产量3113万公斤。粮经种植比为77.6∶22.4。全年造林合格面积44.23万亩。大牲畜出栏23.73万头，生猪出栏229.5万头，分别增长7.9%和7.8%。肉类产量2.3亿公斤，增长8.6%。

全年实现工业增加值34.82亿元，同比增长23.6%，其中，三七制药、矿冶、电力、建材、煤炭五大行业规模以上企业完成增加值16.2亿元，实现利税10亿元，分别增长32.9%和33.2%。重点行业和龙头企业拉动全州经济发展的作用明显增强。

全年完成地方财政一般预算收入7.09亿元，同比增长28.5%；一般预算支出30.78亿元，增长19.4%。年末金融机构各项存款余额132.2亿元，增长18.4%，贷款余额109.2亿元，增长12.7%。

旅游业全年接待旅游总人数268万人次，旅游总收入16.76亿元。实现外贸进出口总额3310万美元，同比增长16.4%；边贸进出口总额15.4亿元，增长35.3%。

人民生活水平不断提高，城镇居民家庭年人均可支配收入8718元，同比增长5%。农民人均纯收入1365元，增长9.5%。人口自然增长率8.47‰，年末城镇登记失业率3.3%，城镇新增就业人员6020人。新增农村劳务输出人员14.2万人。全年实现社会消费品零售总额53.4亿元，同比增长19.4%。消费已逐步成为推动经济增长的重要力量。居民消费价格指数102.2。

实施了“农村中小学危房改造”、“优质高中扩招”、“农村中小学寄宿制学校”等工程建设，全年共筹集改善办学条件资金3亿元，同比增长3.5%。改扩建中小学危房81所，新建校舍面积12万平方米，排除危房5.4万平方米。“普九”人口覆盖率达到77.2%。普通高中在校生33519人，增长17%，高中阶段毛入学率为23.7%，比上年提高了4.7个百分点。投入资金4266万元，解决了273262名贫困学生的书费及4.66万名寄宿制学生的生活补助。

全年安排1945万元资金用于实施公共卫生疾病预防控制、紧急救援体系和农村卫生基础设施建设，改扩建乡镇卫生院30所，每千人口拥有医院病床数由上年的1.37张增加到1.52张。广播、电视人口混合覆盖率分别为87.6%和88.3%，比上年分别提高了0.9和0.7个百分点。组织实施科技项目38项，申请专利92件，增长73.6%。有14510名离退休人员享受养老保险和4700名职工参加失业保险，分别增长15.7%和44%。有23331户41773人享受城镇居民最低生活保障。农村新型合作医疗试点取得成功经验。投入救灾救济资金2686万元，救灾粮食2783.8吨，灾民和困难群众的基本生活及灾后恢复生产需要得到了保障。

【投资环境及招商引资】 文山州有国家级天保口岸1个，省级口岸3个，边民互市点24个，国境线长438公里。平远至天保公路是我国通往越南的主要通道之一。文山州基础设施逐步完善，现有水电装机60万千瓦，并与云南省电网相联；323国道穿境而过，是云南省通往沿海的主要通道。全州公路通车里程1.1万公里，公路密度每百平方公里为35公里，邮电通信实现了交换数字化和传输光缆化，开通900兆赫全球通移动电话，网络覆盖全部乡镇和交通干线、重要旅游景区和口岸；城市化水平达22%，国家已批准全州八县对外国人开放。文山州设有招商局以及外商投资服务中心，实行一个窗口对外，一站式审批，为外商提供高效快捷的办事效率。

2005年，文山州招商引资工作取得新突破。全州共签订国内合作项目162个，合同协议投资总额75.99亿元，实际到位资金21.81亿元，同比增长132.18%。省外合同投资38.34亿元，实际到位资金10.2亿元；省内投资16.5亿元，实际到位资金4.82亿元。累计有50家外商企业在文山注册，实际利用外资1214万美元。

【重点项目介绍】 2005年，文山州重点建设项目竣工19个，完成投资63671万元，在建项目59个，完成投资45亿元。

衡昆高速公路平远至锁龙寺文山段，路基工程已完成92%；罗村口至富宁段，已完成37%的工程量；富宁至鸡街段，路基基本成型，完成桥梁98道459米，隧道完成948米；鸡街至砚山段，土石方完成130万立方米，桥梁完成247米，隧道完成182米。文山民用机场已完工。文山暮底河水库大坝填筑达到设计高度1339.6米高程。广南八宝水库大坝填筑至1180.5米高程。丘北至广南公路已完成土石方开挖162万立方米、挡墙14.45万立方米、涵洞101道。文山县一中优质高中建设一期工程已投入使用。云南“文山三七”6万亩GAP基地建设已竣工。百色水库云南库区移民及剥隘镇搬迁，已完成三个试点村建设。广南板蚌电站累计完成混凝土浇筑4.5万立方米，年底可投入运行。马鹿塘电站二期工程，于2005年11月开工建设。

【东西对口支援】 2005年，上海、文山双方共同确定了白玉兰扶贫开发重点村、产业扶持、教育、卫生、人力资源开发等一批帮扶项目，计划投入帮扶资金3205万元，其中上海市级财政帮扶1970万元，4区财政帮扶1235万元。

2005年实际投入帮扶资金3596万元，其中，协议内帮扶项目134个，帮扶资金3205万元，协议外帮扶项目11个，帮扶资金391万元。

白玉兰扶贫开发重点村：实际投入资金1672万元，实施白玉兰扶贫开发重点村34个；上海市侨联帮扶投入100万元，援建砚山县平远、稼依华侨农场2个；上海市政协帮扶投入50万元，援建文山县开化镇黑卡二组1个。34个白玉兰扶贫开发重点村建设完成危房改造585户；架设人畜饮水管道72KM；厩舍改造1510间；修建进村道路54KM；架设输电线路1.2公里；建青贮池320口；灌溉沟渠12公里；建卫生厕所1517间；建卫生厨房1290间；庭院环境改善663户；建小水窖102口；建节能灶232口；科技文化活动室及公厕17间2040平方米；建沼气池1000口；建卫生室17间；活动场地3020平方米。安装广播电视接收站13座。新增养猪12462头；种植经济林果1173亩；种植经济作物5982亩；实施封山育林2570亩；植树造林95亩。组织劳务输出317人。培训入党积极分子106人，新成立党支部19个，发展新党员43人；建农民经济协会23个，成立农民文艺队21支；开展科技培训102期8725人。

产业扶持项目：实际投入资金321万元，实施增收和产业开发项目28个。建设优质甘蔗基地600亩；优质水蜜桃基地210亩；良种仔猪引进和推广2188头；建设咖啡基地500亩；建设商品蔬菜基地1208亩、保鲜库1座；建设脱毒红薯基地500亩；建设高粱基地500亩；建设香蕉基地289亩；实施生猪养殖3000头；配套建设基地水浇池689口3.6万立方米、基地道路6.8公里。

教育项目：实际投入资金628万元，建设白玉兰希望学校15所4968平方米。

卫生项目：实际投入资金164万元，援建白玉兰卫生室25间，乡镇卫生院综合楼3栋。建设白玉兰卫生室及乡镇卫生院综合楼1929平方米。

人力资源开发项目：实际投入资金500万元。援建文山白玉兰技能培训中心培训楼和学员住宿楼各1栋，建筑面积6934平方米。组织邀请上海专家到文山开展企业家高级培训，培训文山企业家及行政管理干部200人。安排文山州8县35名党政干部到上海4区及工业园区挂职锻炼、28名专业技术人员、50名党政干部到上海进行培训；上海派出5名专家到文山州医院开展医疗帮扶、18名优秀教师到文山开展支教工作；实施扶贫开发科技培训4800人次。

其他项目：实际投入资金306万元，实施帮扶项目32个。实施麻栗坡县假肢站设备安装维修；开展富宁西畴2县乡镇劳务输出平台建设；富宁谷麻、者利等村通电建设；富宁龙奶等村60口沼气建设；西畴三板桥等村300口沼气建设；实施文山广南2县干部、专业技术人员培训工程；助学帮困248人；实施马关丘北2县经济社会中长期发展课题研究；实施砚山县阿基乡1.8公里集镇道路建设等项目建设。

双边交流：2005年双边的互访交流有效开展，上海市委、市政府及南汇、闸北、虹口、松江4区党政代表团分别到文山开展调查研究，检查指导工作，签署对口帮扶协议。文山州8县党政代表团、经贸考察团也到上海考察学习，开展互访交流。全年互访交流达377人次，其中上海到文山148人，文山到上海299人。

联络组办好事实事：上海第5批援滇干部驻文山联络组到文山开展工作以来，在深入调研的基础上，心系贫困群众，把文山作为第二故乡，在抓好对口帮扶协议项目的同时，积极协调联系，为当地做好事、办实事。到年底，共联系协调资金236万元，援建希望小学8所。帮助州、县对口帮扶领导小组办公室解决数码摄像机3台、电脑3台、数码照相机1台，解决县级项目管理费5万元。联络员个人还与所在单位挂钩点的贫困户开展了“一帮一”结对扶贫活动，为贫困学生和受灾群众捐款3100元；联系上海企业、机关干部等捐资救助贫困学生175名；联系上海医疗专家为文山县迷洒村小学生沙文学治疗皮肤病；联系上海益升食用菌有限公司到广南成立果蔬合作社，建立产、供、销体系。

云　南　省

红河哈尼族彝族自治州

【经济与社会发展】　2005年，红河哈尼族彝族自治州（以下简称红河州）经济持续增长，全年GDP达到308亿元，同比增长9%，人均GDP突破900美元；全社会固定资产投资完成159亿元，增长48.9%。财政总收入80.09亿元，增长10.1%。其中，地方财政总收入

26.7 亿元，增长 13.3%。进出口贸易总额突破 5 亿美元，增长 22%。城镇在岗职工年均工资收入和农民人均纯收入达 14862 元和 1991 元，分别增长 15.3% 和 10.2%；金融机构存、贷余额达到 333 亿元和 203 亿元，分别增长 13.7% 和 17.7%。

2005 年，红河州粮食总产达 125 万吨，实现农村经济总收入 172 亿元，农业总产值达 87.8 亿元。出台了涉及壮大农村集体经济、农业产业化经营、龙头企业培育、南部六县农业重点产业等一系列政策性文件。着力培植农业重点产业，发展优质粮 64 万亩，烤烟实际收购量达 161 万担，烟农售烟收入达 9 亿元；畜牧业在周边地区和越南禽流感疫情蔓延的严峻形势下，仍保持了较快的增长势头，畜牧业产值达 27.7 亿元，水果面积达 65 万亩，总产量 57 万吨。龙头企业有效培植，农业产业化龙头企业达 68 家，带动了 33 万户农户生产发展，产业化经营率比上年提高 8 个百分点，农产品交易市场达 185 个，年交易额 120 亿元。农业标准化较快发展，已执行 20 项国家农业行业无公害标准，7 项绿色食品标准，创建农业示范园区 8 个。农业科技支撑力显著增强，举办各种农业科技培训 7300 多期，培训人员 64 万人，推广杂交水稻 75 万亩，水稻生物多样性混栽 31 万亩、杂交玉米 93 万亩，实施“沃土计划” 250 万亩。农村税费改革进一步深化，8 个国家、省重点扶持县、边境县免征了农业税，其余县市农业税率降至 2%，与改革前相比，共减轻农民负担 2 亿元，化解乡镇债务 8000 万元。

工业方面突出重点，促进了红钢、解化集团 15 万吨二甲醚锡深加工及蒙自矿冶公司铟锌等一批项目开工。全年第二产业完成增加值 166.7 万元，增长 10.7%。3 年深化国企改革工作通过省级验收，制定了《关于进一步深化国有企业改革的实施意见》，完成了 2 户企业改革工作，启动了 3 户股份合作制企业省级试点和 6 户列入国家政策性破产企业的破产工作，对改制企业的“跟踪问效”工作逐步展开。

积极做好区域性辐射面广带动性大的农产品专业批发市场建设，积极培育和扶持专业化物流企业的发展，大力发展通信等现代技术，推进文化向产业化方向发展；加强了建水历史文化名城风貌恢复等一批旅游项目建设，积极拓展国内外旅游客源市场。全年第三产业完成增加值 84.4 亿元，增长 8.4%。

积极增加城乡居民收入，促进消费结构开放，提高消费在生产总值中的拉动力，引导汽车、住房、教育、文化、体育等消费健康发展，实现了城乡消费同步趋旺，价格总水平基本保持稳定，全社会消费品零售总额达 64.8 亿元，增长 13.5%，总消费需求对 GDP 增长的贡献率得到提高。

紧紧抓住中国——东盟自由贸易区和中越“两廊一圈”建设的机遇，坚持市场多元化战略，广泛加强与越南的合作，促成中越双方政府将向越北方 6 省送电项目赋予我州，达成了越老街贵沙铁矿的开发协议和河口、老街建设贸易共同体协议；切实抓好口岸基础设施建设，完成了河口河堤二期工程，开工建设中越红河公路大桥，争取国家批准了金平至金水河口岸二级公路项目，完成了河口国际口岸建设规划。招商引资工作取得新的进展，协议引资项目 90 个，项目金额 3.94 亿美元，实际到位 4000 万美元。

以滇南中心城市和县城建设为核心，利用政府信用贷款建设了蒙自天马路西延、蒙自人工防洪河、开远泸江河改造，建水大道、金平过境路等一批城市道路和垃圾处理、污水处理工程，总投资 8 亿多元；城市扩容提质工作取得新的进展，房地产建设投资达 10.24 亿元，当年开发面积 80 多万平方米，城市管理水平进一步提高。

完成了元阳县“普九”，推进了红河县“普九”工作，农村中小学危房改造，远程教育、寄宿制学校建设、职业教育等工程顺利实施，“两免一补”政策全面推进，高中阶段“1650”工程完成投资 4 亿多元，红河学院建设步伐进一步加快；开展了乡镇卫生院和新型农村合作医疗试点工作；继续实施计划生育奖优免补政策，已有38172户农业人口家庭办理了独生子女证；省12届体育运动会场馆建设有效推进，千里边疆文化长廊、两馆一站、西新工程、村村通等文化广电工程取得新的进展。

召开了全州规模最大的扶贫开发工作会议，突出了整村推进、剩余劳动力转移、产业扶贫、安居工程4项重点，继续实施好以工代赈和战区恢复建设，启动实施“兴边富民”三年行动计划，共投入各类扶贫资金4亿多元，309个重点村建设进入扫尾，实施安居工程8617户，易地安居贫困人口1600人，转移贫困地区剩余劳动力8万多人，全州解决了8万人口的温饱问题，解决了9万温饱不稳定人口的温饱。

高度重视资源节约和综合利用，土地治理整顿成效显著，通过土地开发项目的实施，实现了耕地补大于占的目标；实施了开远工业循环经济示范工作。以异龙湖为代表的高原湖泊水污染治理继续推进。以实施天然林保护和退耕还林为重点，完成造林61.97万亩，沼气建设2.2万户，山区改灶5900户，实现了连续11年未发生重大特大森林火灾的目标。

【投资环境】　红河州自然资源得天独厚。境内最高海拔3074.3米，最低海拔76.4米，从而形成了北热带、南亚热带、中亚热带、北亚热带、南温带等多元气候带。境内降水充沛，光热资源充足，是多种农作物种植的最佳适宜区；州内水能资源丰富，理论蕴藏量达500万千瓦，可开发量达300万千瓦，加之可开发的火电项目，可望形成500万千瓦的装机容量；矿产资源品种多、储量达，各种矿产资源保有储量潜在价值达4000多亿元。非金属矿如大理石、石膏、霞石、陶土等储量也十分可观。

红河州旅游资源绚丽多彩。州内历史人文、自然风光和民族风情等旅游资源众多，文明遐迩。素有“文献名邦”之称的建水、石屏两县古建筑民居群较多，历史悠久，文化底蕴深厚；以建水燕子洞、泸西阿庐古洞为代表的天然溶洞；建水国家历史文化名城、国家风景名胜区人文景观；绿春黄连山、元阳观音山、屏边大围山等自然保护区；哈尼族的梯田文化，河口亚热带风光等旅游资源。

红河州区位优势突出。红河州与越南山水相连，现有国家一类口岸2个，通往境外越南的交通十分便利。滇越铁路从河口出境经越南首都河内直达海防港仅有400多公里；昆河高等级公路与越南7号公路相接，从河口到河内当日可以抵达。随着东盟自由贸易区建设的全面启动，红河州已处于开放的前沿。

红河州基础设施得到夯实。全州交通、能源、水利、通信等基础设施不断得到夯实，“瓶颈”制约进一步缓解。公路通车里程达1.8万多公里；建成了程控电话、长途通讯数字化，初步形成了光缆、微波、程控、无线寻呼、移动电话、图文传真等内容的现代通讯系统。

红河州地方民族工业不断壮大。已形成有色金属、化工、建材、能源、食品为主导，具有33个门类的民族工业体系。蔗糖生产、葡萄酒、“两烟”已成为云南省的重要生产地，锡产量占世界产量的三分之一；锡冶炼达到世界领先水平。

【重点项目介绍】　红河工业园区。规划区面积65平方公里，其中蒙自十里铺规划15平方公里的生物资源加工区，鸡街至大屯片区规划20平方公里的冶金材料工业区，雨过铺规划10平方公里的出口加工工业区，大屯规划5平方公里的高新技术工业区，开远规划15平方公里的化学化工工业区。总投资16亿元。

个旧霞石正长岩综合利用。主要围绕个旧市储量达30亿吨的霞石资源进行开发，年产氧化铝20万吨、碳酸钾13万吨、碳酸钠6.5万吨、水泥300吨、空心砖1.3亿块。主要运用技术为俄罗斯较为成熟的技术。

【东西对口支援】　2005年，中央国家机关、上海市及“四区”等挂钩单位，深入贫困村、农户调研9121人13156次，各帮扶单位多方协调资金、补助贫困地区上项目，发展生产，共投入与引进资金5844万元（含物资折旧），协调资金655万元，种养加工项目298个，引进人才27人，引进技术16项，修建校舍25所，资助学生3150人，举办各类培训858期11万人，补助劳务输出3100人。基础设施项目45个。

云南省

西双版纳傣族自治州

【经济与社会发展】 2005年，西双版纳傣族自治州（以下简称西双版纳州）国民经济持续增长，全年完成GDP 78.82亿元，同比增长12.6%。其中，第一产业增加值26.83亿元，增长5.5%；第二产业增加值20.55亿元，增长33.9%；第三产业增加值31.44亿元，增长8.1%。全年地方财政收入38140万元，增长28.9%；地方财政支出13.55亿元，增长23.9%。全年完成社会固定资产投资56.69亿元，增长63.3%。

农村经济全面发展。全年实现现价农业总产值41.37亿元，同比增长6.3%。全年粮食产量335.31万吨，增长2%。肉类产量24652吨，增长4.7%，水产品产量11809吨，增长22.9%；干橡胶产量19.07万吨，增长13.9%；甘蔗产量99.78万吨，下降18.1%，糖12.82万吨，下降32.4%；茶叶19371吨，增长20.9%。乡镇企业营业收入22.95亿元，增长28%。

工业生产持续增长。以产权制度改革为核心的国有企业改制步伐加快，完成109户国有企业改革任务，改制面达98%。生产、销售持续增长经济效益总体水平略有好转。全年完成现价工业总产值16.26亿元，同比增长10.9%，产品销售率达97.1%。

切实加大扶贫开发工作力度。继续加大扶贫投入，抓紧做好实施国家重点扶持县及省列特困村、户安居温饱工程。搞好“两山”扶贫后续项目的上报工作，抓好易地扶贫搬迁、以工代赈、边境民族贫困乡人畜饮水工程。累计共投入扶贫资金1.3亿元，全州共有22897人脱贫，易地搬迁农户803户，3987人，促进扶贫工作再上新台阶。

旅游业健康发展。全年接待海外游客3.11万人次，比上年下降7.8%；接待国内游客269.99万人次，下降0.5%；旅游综合收入24.4亿元。全年实现对外贸易总额21.94亿元，增长10.1%。其中，进口4.65亿元，增长66%；出口10.98亿元，下降10.2%。边民互助成交额47362万元，增长17%；经济技术合作15796万元，增长83.5%。

金融服务水平提高，各项存、贷款余额继续保持较快增长。年末金融机构各项存款余额105.53亿元，同比增长18.9%；贷款余额45.1亿元，增长29.8%。市场消费平稳增长，个体私营经济发展较快。全年实现社会消费品零售总额215195万元，同比增长14.6%；城镇居民人均年可支配收入7874元，实际增长6.9%；农民人均纯收入2172元，实际增长8%。

生态环保工作稳步推进，广泛开展人工造林、封山育林、退耕还林等工程项目，积极实施甘蔗、粮食下山等管理措施，森林面积不断回升。全年完成公益林建设8.9万亩，退耕还林2.4万亩，人工造林面积4万亩，飞播种造林1万亩，封山育林9.5万亩，义务植树

141.7 万株。治理水土流失面积 35 平方公里。有效保护了天然林资源和生物多样性。

进一步加快实施“文化精品工程”，文化基础设施得到改善。全州有文化事业机构 48 个，从业人员 374 人。继续加强实施“村村通”广播电视工程，广播电视人口覆盖率进一步提高，全州 31 个乡镇全部开通了有线电视。

卫生综合服务能力进一步提高，条件得到改善，各类传染病得到有效控制。全州有卫生机构 66 个，有床位 3422 张，卫生技术人员 3230 人。加强对流动人口的管理，严格控制人口过快增长，全州总人口 88.08 万人，人口自然增长率控制在 10‰以内。社会保障事业进一步得到完善，城镇登记失业率为 3.6%。

教育事业不断发展，教育质量得到提高。全年招收各类学生 35963 人，比上年下降 3.3%。其中，高等教育（专科层次）762 人，增长 4.8%；高中阶段教育 4361 人，增长 5.1%；初中阶段教育 15542 人，下降 5.3%；小学 15398 人，下降 3.9%。各类在校学生 153697 人，下降 1.4%。其中，高等教育（专科层次）1763 人，增长 4.6%；高中阶段教育 11465 人，增长 5.2%；初中阶段教育 46127 人，下降 1.3%；小学 94342 人，下降 2.3%。各类毕业学生 33858 人，增长 1.4%。其中，高等教育 3242 人，增长 0.2%；初中阶段教育 14821 人，增长 15.8%；小学 15795 人，下降 9%。全州普及九年义务教育和扫除青壮年文盲工作得到不断加强。小学学龄儿童入学率达 93.64%，初中阶段毛入学率 98.55%，比上年上升 3.58 个百分点。青壮年文盲率下降到 0.84%，并实现了省级扫盲验收工作台目标。

【投资环境】　2005 年，西双版纳州共取消行政审批事项 397 项，取消收费项目 19 项 36 个标准。制定宽松优惠的投资政策，热忱欢迎外商外地投资者到西双版纳投资。

西双版纳州公路通车里程 6139.97 公里，实现了乡乡通、村（行政村）村通。区域内以国道 213、214 线构成与云南省、大西南公路网相联系的公路交通脊架。6 条出境公路直通老挝、缅甸，其中 4 条公路可与泰国相连。形成以景洪为中心，国道为干线，连接城乡、辐射全州，沟通省内外、邻国的公路交通网。景洪港属国家级水路口岸，自 1994 年开始建设，已初具规模。百吨级机船可直抵老挝、泰国。国内航道标准已达六级。有机动船 147 艘，总功率 1.53 万千瓦。西双版纳口岸机场属国家级航空口岸，具有全天候起降条件为 B－737型飞机起降的4c 型机场，已有至北京、上海、天津、广州、重庆、成都、昆明、大理、丽江 9 条国内航线和泰国曼谷国际航线。

西双版纳全州水电装机容量 9.89 万千瓦，并具有省级漫湾电站 220 千伏变电网。境内澜沧江段具有可供开发的景洪、橄榄坝、勐松三座大型水电站，总装机 225 万千瓦。

西双版纳口岸设施。陆路口岸磨憨为国家一类口岸，打洛、勐龙为二类口岸，均有公路与邻国相通，设有查验机构。已形成我国与老挝、缅甸、泰国及东南亚贸易往来的陆路口岸通道。磨憨口岸边境贸易区。毗邻老挝，面向东南亚，规划面积 4.623 平方公里，建立集加工贸易，通道服务，转口贸易，边境旅游等功能为一体的边境贸易区。打洛口岸边境贸易区。毗邻缅甸，面向东南亚，建立加工贸易，转口贸易，边境旅游，通道服务等功能为一体的边境贸易区。勐龙 240 边境贸易区。毗邻缅甸、建立加工贸易，转口贸易，边境旅游等功能为一体的边境贸易区。西双版纳旅游度假区。建立旅游、度假、休闲、娱乐等旅游服务功能，西双版纳民族民俗文化，热带自然风光为一体的旅游开发区。

【重点项目介绍】　勐海县大型灌区水利设施建设。工期 2002～2005 年，设计灌溉面积 31.3 万亩，新增面积 1 万亩，改善面积 7000 亩。渠道防渗加固 6.5 公里，总投资 4395 万元。人畜饮水工程。工期 2002～2008 年，解决 12.73 万人用水，总投资 5960 万元。天然林保护工程。工期 1998～2010 年，建设规模

1975万亩，其中公益林275万亩，森林管护1700万亩。总投资36306万元。退耕还林工程。工期2002～2010年，新增还林面积85万亩。总投资86694万元。

景洪电站。总装机容量175万千瓦，工期2003～2009年，总投资106亿元。县（市）城区电网、农村电网、改造工程。内容包括0.4千伏、10千伏线路改造；配电变压器改造；户表改造等，工期2005～2006年，总投资15940万元。

景洪市曼弄枫片区路网。建设36米宽道路1.65公里、24米宽道路15.15公里，16米宽道路1.5公里。工期2005～2007年，总投资1.83亿元。景洪至勐龙公路。建设61公里二级公路，工期2004～2007年，总投资4.03亿元。勐远至关累公路：工期1年，建设四级公路42公里，总投资2520万元。勐养至磨憨公路。工期2004～2007年，全长200公里，总投资64亿元。磨憨口岸城区道路。总长37188.6米，工期2005～2008年，总投资12799万元。澜沧江五级航道整治工程。工期1年，建设规模71公里。总投资9353万元。澜沧江景洪段防洪大堤一期工程。工期1998～2005年，堤防总长6334米，设计水位553.03米，地顶高程553.57米，按20年一遇洪水水位设计，总投资1.16亿元。

西双版纳州傣族园二期工程。建设景区公路、游路、供电、给排水、卫生、垃圾污水处理旅游厕所等基础设施，总投资2600万元。

珍稀药材血竭原料植物优质种源繁育基地。工期2002～2005年，建设剑叶龙血树优质种源基地200亩，标准化种植示范基地5000亩，带动发展5万亩剑叶龙血树种植，总投资5050万元。

西双版纳职业技术学院。规划占地面积158亩。规划总投资为8076万元（含教学设备投资1900万元），分三期组织实施。

云 南 省

楚雄彝族自治州

【经济与社会发展】 2005年，楚雄彝族自治州（以下简称楚雄州）经济快速发展，全年实现GDP 193.3亿元，同比增长11.9%。全年完成全社会固定资产投资72.5亿元，增长25.7%。全年新增固定资产24.2亿元，增长10.1%。非公有制经济快速发展，所有制结构调整进展明显。非公有制经济增加值占楚雄州GDP的比重为39.8%，比上年提高2.4个百分点。人民生活水平不断提高。农民年人均纯收入2223元，同比增长7%；城镇居民年人均可支配收入9195元，增长6.4%。年末全州总人口256.66万人，少数民族人口为83.76万人，占总人口的32.6%，其中彝族人口67.99万人，占总人口的26.5%。人口自然增长率为4.99‰。

全年实现农业总产值78.1亿元，同比增长7.7%。粮食作物与经济作物种植比为66.7：33.3。全年粮食种植面积296.2万亩，比上年减少2.7万亩，下降0.9%。经济作物播种面积148万亩，增加6.7万亩，增长4.7%。全年粮食产量94.3万吨，增长0.4%。其中，秋粮72万吨，与上年持平；夏粮22.3万吨，增长1.7%。

全年完成工业总产值172.9亿元，同比增长19.6%。其中，规模以上工业企业实现产值117.3亿元，增长27.1%；规模以下工业企业实现产值55.6亿元，增长6.4%。规模以上工业企业实现增加值51.5亿元，增长20.3%。烟草制品业、天然药加工业、冶金矿产业（规模以上）实现增加值42亿元，增长17%，占全部工业增加值的66.5%。规模以上冶金矿产业实现增加值14.8亿元，占全部工业增加值23.3%。全州规模以上工业企业实现利税33.86亿元，增长17%，其中实现利润10.96亿元，增长47.1%；实现税金22.9亿元，增长6.6%。烟草产业、天然药业、冶金矿产业、天然药业、绿色食品业、特色旅游业五大重点产业实现增加值92.5亿元，增长17.1%。五大产业增加值占GDP比重47.9%。全州97个有资质建筑企业，全年完成总产值14.9亿元，增长10.4%，实现利润4685万元，增长31.2%，实现税金4887万元，增长16.8%。按增加值计算的全员劳动生产率为8723元/人，下降14.1%。

全年社会消费品品零售总额55.3亿元，同比增长13.3%。全年实现外贸进出口总额3310万美元，下降47.5%。全年旅游业接待国际旅客3629人次，接待国内旅客279.7万人次，实现旅游总收入13.6亿元，增长59.4%。

财政金融运行平稳。全年完成财政总收入33.17亿元，比上年增收1.58亿元，增长5%。地方财政支出37.26亿元，增长15%。金融机构年末人民币存款余额185亿元，比年初增长11.3%，贷款余额115.8亿元，增长12.1%。金融机构净投放现金13.4亿元，增长32.8%。

2005年，楚雄州各级列入科技计划项目70项，全年获省级科技进步奖奖励8项，州级奖励40项。科技进步对国民经济增长的贡献率由上年的41.3%提高到42.3%。全年共完成167所农村中小学危房改造和远程教育工程，启动33所农村中小学危房改造工程和禄丰、南华2个职业教育国债项目；武定一中、大姚一中、姚安二中3个信用合作项目建成投入使用，天人中学正式建成招生，“两基”教育进一步巩固和提高。学龄儿童入学率94.3%，小学毕业生升学率98.7%，高中阶段学龄人口毛入学率42%。

建成“两馆一站”等文化基础设施19个，完成50户以上已通电的广播电视盲点自然村“村村通”广播电视工程190座，广播、电视人口综合覆盖率分别达到95.5%和95.6%。精心打造的中国彝族风情歌舞《太阳女》在中国第五届舞蹈“荷花奖”评选中，荣获剧目银奖、最佳服装奖、编导奖、表演银奖，实现了大型舞台艺术作品获国家级大奖零的突破。

全州11个疾控中心建设和州第二人民医院医技楼建设全面完工，并通过验收投入使用；州紧急救援中心等11个医疗救治体系建设项目已全面竣工；武定、南华县医院住院楼、门诊楼建设已竣工交付使用；牟定县医院住院综合楼、永仁县医院医技楼主体工程完工。在认真落实楚雄、禄丰两县市新型农村合作医疗试点的基础上，争取到大姚、元谋两县列入新型农村合作医疗扩大试点。

大姚、永仁、双柏3县体育馆建设主体工程基本完工；武定、元谋2县体育馆建设进入设计阶段，确保2006年顺利实施。楚雄州体育健儿参加省级以上体育竞技比赛获得奖牌92枚。

【投资环境】 2005年，楚雄州以水利、交通为重点的基础设施建设成绩显著。全州有效灌溉面积171万亩，其中节水灌溉面积46万亩。全州公路通车里程达14131公里，其中二级以上公路312公里；全年完成邮电业务总量5.38亿元。年末全州拥有固定电话和移动电话68.2万部，电话普及率达26.6部/百人。建成了宽带网，为实现电子商务、电子政务和信息化构筑了平台。

楚雄州生态环境进一步改善，污染治理取得成效，全州城市人均公共绿地面积6.02平方米；工业污染源重点考核企业如期实现达标排放。政府系统勤政廉政建设得到加强，政府职能进一步转变，驾驭市场经济的能力进一步提高。

【重点项目介绍】 2005年，楚雄州重点项目建设取得较大的进步，全年在建重点项目1009个，其中新开工784个。总投资6.74亿元的楚雄青山嘴水库建设工程，可行性研究报告已经国家发改委批准；技术难度较大的己衣水库除险加固工程已被国家发改委批准实施。永武高速公路全面开工建设，南永二级公路二期工程进展顺利，安楚高速公路全线建成通车，南华沙桥至大蛇腰、大姚至石羊、元谋至新华和双柏至新平4条县际油路全面完工投入使用；丙巷河、龙虎2座中型水库建设加快，九龙甸、白鹤2座中型水库除险加固工程基本完工，大海波、毛板桥、麻栗树3座中型水库除险加固工程通过验收，丙间、庆丰、河尾、洋派4座震损中型水库除险加固工程抓紧进行；禄丰220千伏输变电、武定110千伏输变电工程建成投产，10县市县城电网改造工程基本完工，完善西部地区农网改造抓紧进行，楚雄老城区供水管网改造进展顺利。

云 南 省

大理白族自治州

【经济与社会发展】 2005年，大理白族自治州（以下简称大理州）全年实现GDP235.18亿元，同比增长12.5%。其中，第一产业增加值67.26亿元，增长4.9%；第二产业增加值78.3亿元，增长19.8%；第三产业增加值89.62亿元，增长12.5%。全年完成财政总收入33.36亿元，增长12.8%。其中，地方一般预算收入15.75亿元，增长18.4%。全年完成固定资产投资82.87亿元，增长30%。

农村经济稳步发展。认真抓好农业税减免、粮食直补和粮种补贴等各项扶农政策的落实工作，切实减轻了农民的负担。采取有力措施，克服雪灾、旱灾等自然灾害带来的困难，努力减少损失。全年完成粮食播种面积384.21万亩，粮食产量121.38万吨，比上年增长0.1%。继续推进全州农业种植结构的调整，粮经比例调整到70∶30，农业综合生产能力进一步提高。农业产业化经营步伐加快，经济作物中蚕桑、甘蔗、亚麻、大蒜、啤饲大麦等重点产业化项目的种植面积、产量、产值均比上年有所增长。畜牧业服务体系建设、科技推广和疫病防治等工作进一步加强，畜产品外销量持续增加，成为农民增收的重要渠道。肉、奶、蛋产量分别为32.43万吨、17.84万吨、2.1万吨，分别增长7.5%、18.9%和2.1%。全州畜牧业实现现价产值39.8亿元，增长10%，占农业总产值的比重达38.3%。农村基础设施建设快速推进，全州农村人畜饮水、沼气池建设、乡村道路、农村教育和卫生院等各项工程进展顺利。全年新增灌溉面积4.45万亩，改善灌溉面积20.1万亩，解决饮水困难群众6.5万人，完成县乡村公路建设396.5公里。

工业经济快速发展。全面实施“工业发展倍增计划”，加快企业技术改造步伐，开工建设了大理来思尔乳业有限公司日处理150吨鲜奶技改等一批项目。规模以上企业和重点行业发展情况良好，工业产值快速增长，效益不断提高。全年完成现价工业总产值165.03亿元，同比增长27.3%。其中，规模以上企业完成产值106.66亿元，增长27.6%。初步形成了以烟草、建材、机械、电力、矿冶等为主体的优势产业群。各县市工业小区建设稳步推进，工业小区内经工商登记注册的企业达90

户，全年实现工业产值49.5亿元，完成工业增加值62.08亿元。全年建筑业完成产值27.92亿元，增长10%。

旅游业全年接待国内旅游者665.91万人次、海外旅游者17.39万人次，比上年分别增长12.7%和28%。实现旅游总收入49.06亿元，旅游外汇收入4328万美元，分别增长13.6%和23.6%。全年实现进出口总额4096万美元，同比增长13%。其中，出口4020万美元，增长30.4%。新增进出口企业6户，累计有进出口企业达78户。

认真落实个体私营经济发展的各项政策措施，积极为经济发展营造优良的环境，非公有制经济发展进一步加快。全州私营企业已发展到2573户，比上年增加286户，从业人员52586人，增加9542人。非公有制经济组织完成增加值94.3亿元。非公有制经济已成为促进全州经济较快发展的重要力量，为扩大就业做出了重要贡献。

城镇化进程加快。围绕把大理市建成滇西中心城市的目标，以市场化推进城镇化。全州城镇基础设施投入力度加大，一批污水处理厂、垃圾处理厂、供排水工程、城镇道路等市政基础设施项目顺利实施。城镇化率比上年提高了1.5个百分点，达到25%。

服务需求扩大，市场销售持续增长，餐饮、娱乐、旅游、信息等服务性消费支出增长加快，住宅、汽车等大宗消费品需求趋旺。全年完成社会消费品零售总额62.41亿元，同比增长11.8%。居民消费价格总指数为101.5。金融运行平稳，年末金融机构各项存、贷款余额分别为244.35亿元和158.68亿元，分别比上年末增长15.6%和6%。

按照统筹经济社会协调发展的要求，加大了对科教文卫等社会事业的投入。教育事业上，“两基”成果进一步巩固，普及率不断提高。高中阶段教育发展加快，以校长“四制”为主要内容的改革效果明显，教学质量稳步提高。全州2005年高考上线率达77.6%。全年新建中小学校舍7.5万平方米，排除D级危房7.4万平方米，教学设备得到加强，办学条件进一步改善，办学规模不断扩大，全年各类学校招生11.87万人。

卫生事业上不断加强基础设施和先进装备建设，医疗卫生条件进一步改善，疾病预防控制中心体系、医疗救治中心体系初步建立，农村卫生服务体系建设进展顺利。弥渡、宾川两县的新型农村医疗试点工作成效显著，52万参加合作医疗农民就医负担明显减轻。人口与计划生育工作进一步加强，对农村实行了计划生育家庭奖励。严格控制计划外生育、稳定低生育水平，年末全州总人口342.96万人，人口自然增长率为6.31‰。

生态建设和环境保护取得新成绩。认真实施生态建设、经济林建设和农村能源建设工程，全年完成退耕还林7.7万亩，实施森林管护2101.7万亩，完成人工造林面积22.02万亩，种植以泡核桃为主的经济林51.2万亩。完成沼气池建设2.06万户，节柴改灶6957户。执行严格的耕地保护制度，基本农田保护工作进一步得到加强。坚持以洱海保护治理为中心，不断强化生态保护和污染防治的各项措施，初步形成了较为完善的治理保护体系。随着洱海保护治理工程的实施，洱海水质趋向好转，整体已恢复到Ⅲ类水标准，流域生态环境得到逐步改善。

社会保障体系进一步完善。城镇各项社会保险的覆盖面继续扩大。全州参加养老、医疗和失业保险的职工分别为11.52万人、19.6万人和8.5万人。全年共发放失业保险金3701万元，基本养老金2.36亿元，参保企业退休人员养老金发放率达100%。社会保险基金收缴率不断提高，全年征缴各项社会保险基金3.78亿元，为“两个确保”提供了资金保障。进一步完善城镇居民最低生活保障制度，使42361户、60109人低收入群众的基本生活得到了保障。积极开展扶贫开发整村推进工作，切实加强了以安居工程、易地开发、小额信贷、劳务输出为重点的扶贫工作，扶贫开发取得新成效。

城乡居民生活继续改善。坚持劳动者自主择业、市场调节就业和政府促进就业的方针，积极开展职业技术指导和培训，多渠道扩大社会就业，使就业和再就业工作稳步推进。全年开发就业岗位1.85万个，城镇新增1.64万人就业；全年共输出劳务人员52715人；城镇登记失业率为3.1%。随着经济的快速发展和“三农”政策的贯彻落实，城乡居民收入有了较大的提高。全年城镇居民人均可支配收入8974元，比上年增加216元，增长2.5%。农村居民年人均纯收入2251元，增加160元，增长7.7%。

【重点项目介绍】 2005年，大理州确定的86项基础设施和基础产业重点建设项目，已开工70项。交通能源建设方面，祥宁公路宾祥段、宾邓公路已完工；214国道大理至凤仪段改造、祥临公路祥云至澜沧江段、永昌公路永平段、雪山河二大桥建设进展顺利；大理机场扩建工程已开工。12县市县城电网改造工程建设正抓紧实施，部分已完工。水利建设方面，巍山五茂林水库、南涧母子垦水库、云龙天池水库，祥云新兴苴水库、大理三哨水库除险加固工程等项目正抓紧施工。城建环保建设方面，宾川县城垃圾处理场工程已竣工；大理市下关老城区供水管网改造、大理市上和至灯笼河段截污管网工程、大理市东城区供排水管网二期工程等项目正抓紧实施。扶贫开发和生态建设上，生态家园建设工程和易地扶贫开发项目等正在抓紧建设。

【投资环境与招商引资】 2005年，大理州制定了整顿和规范市场经济秩序工作规则，形成了工作规范、部分协调、职责明确的工作机制。主要开展了食品安全、商业欺诈行为专项整治；保护知识产权专项行动和打破地区封锁、行业部门垄断；进一步清理和废止妨碍公平竞争、设置行政壁垒、排斥外地产品和服务的种种分割市场的规定，为发展现代流通扫除体制性、政策性障碍，同时，深入开展了“共铸诚信，建设诚信大理”的社会诚信宣传教育活动，推动社会信用体系建设。

招商引资创历史新高。全年共签订国内经济技术合作项目114项，引进国内到位资金15.9亿元，同比增长44.1%。娃哈哈、力帆骏马、嘉士伯、新希望、东亚乳业、苍海高尔夫、漾濞电站等一批企业先后落户大理。2005，大理州又成功引进了中国华能集团投资3000万元收购祥云建材集团、江西丰源实业和江西金泰实业联合投资1.6亿元开发永平县水泄铜钴矿、浙江中国广厦集团投资1.8亿元创办大理石加工和展销基地、总投资1.1亿元的大理论坛项目等一批大项目入驻大理，有力地推进了全州农业产业化、新型工业化、城镇化的进程。

云南省
德宏傣族景颇族自治州

【经济与社会发展】 2005年，德宏傣族景颇族自治州（以下简称德宏州）经济稳定发展，全年实现GDP 58.8亿元，同比增长7%。其中，第一产业增加值19.03亿元，增长9.4%；第二产业增加值13.69亿元，增长1.7%；第三产业增加值26.1亿元，增长8.5%。全年完成固定资产投资34.13亿元，增长81.8%。全年地方财政一般预算收入4.06亿元，增长24.92%；完成社会消费品零售总额22.67亿元，增长10.4%。

农业通过实施商品粮基地、糖料基地、冬大豆良种繁育基地建设，农业基础设施条件得到改善，农村经济全面发展，农业生产水平不断提高，全州耕地面积200.42万亩，高稳产农田125万亩，建成优质稻生产基地4个，农业商品率达65%。大小春粮食总产量40.27万吨。甘蔗297.4万吨，油料1.5万吨，茶叶5167吨，水果8.58万吨。全年猪牛羊肉总产量4.1万吨，增长24.4%，牛奶产量1215吨，增长12.29%。农民年人均纯收入1504元，乡镇企业保持稳定发展。年末全州有乡镇企业14681个，从业人员45578人，乡镇企业完成总产值136613万元，增长22.9%，营业收入15.55亿元，增长17.8%。利税总额1.59亿元，增长20.3%，实现增加值3.49亿元，增长25.5%。

工业充分利用和发挥热区资源优势，培育新的工业经济体系，积极调整产品结构，使工业生产高速增长，经济效益逐步好转。全年工业总产值26.94亿元，同比减少5%。完成了蔗糖“四三”工程，甘蔗日处理能力3万吨，甘蔗糖产量达31.19万吨，同时加大生物资源的开发与加工。魔芋精粉厂、剑麻制品厂、滇皂荚厂、山苍子加工厂相继建成投产，扩建了昔马电解铝厂，使德宏州工业基本形成以水电工业为基础、制糖业为支柱，建材、电冶、医药、绿色生物资源为原料的加工业组成的民族工业体系。

生物资源产业开发得到进一步提高，全州以柠檬、麻竹、咖啡、澳洲坚果、滇皂荚、山苍子、魔芋、番麻8个开发项目，2005年原料基地在25.7万亩的基础上新植5.6万亩，累计保存面积达30.95万亩。一批新的支柱产业正在兴起。

旅游业全年接待国内外游客292万人次，实现旅游总收入26.8亿元，同比增长24.4%。全年实现进出口总额39012万美元，增长34.5%。其中，出口27102万美元，增长32.4%；进口11910万美元，增长39.3%。全州有边贸企业367家，外商投资企业67家。

教育、科技、文化事业不断发展，全州有幼儿园81所、小学657所、普通初中59所、完中8所、中专4所、电大、教育学院各1所，特殊教育学校6所。实施“三免费”和“两免一补”政策，57742名学生得到救助；“两基”和“普九”成果得到巩固，幼儿入园率达42.54%，小学适龄儿童入学率93.1%，初中毛入学率101.1%，高中入学率22.9%。有艺术表演团体6个、艺术研究所1个、文化馆7个，公共图书馆7个，乡镇文化站49个。广播电台1座，广播人口覆盖率90.98%；电视台1座，电视综合人口覆盖率98.51%。出版各类报纸219.1万份，出版各类书籍9种，57.8万册。

卫生医疗及社会保障事业状况得到改善，全民健身运动蓬勃开展，各族人民健康水平明显提高。全州有各类专业技术人员17645人，2005年适龄儿童入学率93.1%，有2所普通高等院校和3所中等专业学校，全州50个乡镇有49个建立了文化站。卫生事业迅速发展，有卫生机构97个，医院床位3363张，卫生技术人员2985人，健全了卫生、防疫、保健和医疗服务综合体系，健康水平有了明显提高。

【投资环境与招商引资】　德宏州地处亚热带地区，山川秀丽，景色宜人，素有“孔雀之乡”的美誉，这里冬无严寒，夏无酷暑，花开四季，果结终年。全州森林面积585427公顷，森林覆盖率达62.79%，野生动植物资源十分丰富。德宏州水能理论蕴藏量362万千瓦，到2005年全州水电装机26.52万千瓦，开发潜力较大。

德宏州有一个3C级机场，先后开通了厦门——德宏、成都——德宏、贵阳——昆明——德宏的直达航线，近期还开通了丽江、版纳省内环线，德宏公路四通八达，公路通车里程达到4976公里，现有二级公路276公里，2004年在全省率先实现通乡公路硬化（乡乡通柏油路或弹石路）。建成了高等级的320国道德宏段，实现环州经济干线网络高等级化，在云南省率先实现了村村通公路。

德宏州邮电通讯发展迅速，电信建成了交换程控化，传输数字化的现代化电信网络，天上有微波，地下有光缆的立体现代化电信网络，实现了乡乡通光缆，村村通电话。建成开通了 CDMA 无线市话网络，网络覆盖范围通达全州各县市城区、城郊和主要发达乡镇。拥有从网络规模、技术层次到业务提供等一系列完善的通信服务体系，能为广大客户提供通达全世界的从宽带到窄带、从语音到数据、多媒体等多层次、多元化的通信服务手段。德宏移动交换机容量已突破 30 万线，在网运行基站超过 200 个，网络信号覆盖了全州所有城区、乡镇、通商口岸、主要风景区和 95% 以上公路沿线，信息快捷灵通。

德宏州发电总装机容量 26.52 万千瓦，发电量 121042 万千瓦小时，不仅满足了德宏州需要，而且还逐步向境外售电，率先实现农村初级电气化目标。

德宏州与缅甸山水相连，有通往缅甸的通道 64 条，渡口 28 个，有 5 个城镇、24 个乡镇与缅甸的 7 个城镇、29 个集镇相通，有 9 条公路直接通往缅甸北部的九谷、木姐、南坎、勐古、腊戌、八莫、密支那等重要城镇。德宏州现有瑞丽、畹町两个国家一类口岸和陇川章凤、盈江两个国家二类口岸，有 5 个边贸货场。

瑞丽姐告边境贸易区经 2000 年国务院批准设立为全国惟一实施“境内关外”特殊管理模式的边境特区，总面积 1.92 平方公里，规划建设“商贸、加工、仓储、旅游”四大功能区，实行特殊的管理模式，在投资贸易、工商管理、税收、土地、金融、外汇、出入境等方面执行特殊优惠政策。

二类口岸陇川章凤口岸是中缅边境贸易的重要通商口岸，有 10 条通道，其中章凤拉影通道与缅甸雷基（洋人街）咫尺相连，通过章凤口岸，借助缅甸北部交通枢纽及商品集散地八莫港口，利用伊洛瓦底江廉价的水上运输线，可开辟一条不绕马六甲海峡直下印度洋，通往南亚、印次大陆及欧洲大陆的最便捷的国际大通道。

盈江二类口岸是德宏州国境线最长的口岸县，有 33 条通道通往缅甸，新兴口岸—那邦是盈江口岸的重要通道，位于盈江县西部，以那邦为中心，西下缅甸八莫、北上缅甸密支那、东至盈江县城，具有特殊的边境口岸优势。此外潞西市的芒涨口岸，是潞西通往缅甸的主要通道，与缅甸掸邦第一特区（县级）勐古集市隔河相望。

德宏州经济协作立足于区位优势和资源特点，促进西部大开发和经济社会发展为目标，开展了全方位、深层次、多领域的经济技术协作。不断加大招商引资力度，多渠道筹措资金，保证基础设施建设的投入。2005 年新签约续建实施国内合作项目 106 项，协议总投资 67.69 万元，实际到位资金 13.73 亿元。建立友好州市 5 个，友好县市 15 个。通过开展横向经济技术协作，为盈江县山区群众脱贫致富发展了柑桔、荔枝、香蕉等水果生产基地 5250 亩。成功地举办了第六届“中缅胞波狂欢节”、“滇西民族艺术节”、“姐告边交会”，加强了德宏同周边国家和内地的经贸、文化交流与协作。

2005 年，德宏州内引外联成效显著，引进马来西亚资金 2.14 亿元，建成全州最大的户宋河电站，瑞丽市引进内地资金 10 亿元，使姐告成为云南省最大的内陆口岸，引进云南华丰集团股份有限公司资金 1.2 亿元，建成云南省最大的综合批发市场。

【重点项目介绍】 大盈江（梁河段）防洪治理工程。工期 2001 ~2005 年，总投资 3703 万元，项目完成后可保护农田 5.91 万亩。瑞丽江界河治理。总投资 14867 万元，项目的实施对防治国土流失、保护农田、发展旅游起到了较好的社会和经济效益。陇川县麻粟坝水库。计划投资 54672 万元，工期 2003 ~ 2007 年，是以灌溉防洪为主，结合养殖、发电、旅游等综合利用的大（二）型水利工程，设计灌溉面积 22.68 万亩。盈江灌区建设配套与节水改造项目。设计灌溉面积 33.33 万亩，计划投资

4.127亿元。盈江县回龙河水库。计划投资1.047亿元，工期2005～2007年，库容1478万立方米，改灌溉面积5.4万亩。

盈江平原至那邦二级公路。总里程92.18公里，总投资23444万元，已竣工。

德宏州体育运动中心。占地面积312.18亩，建设内容："一场三馆"即田径运动场、体育馆、游泳馆、综合训练馆。总投资1.53亿元。

【东西对口支援】　2005年，德宏州接受上海市对与潞西市三台山乡为主的德昂族进行帮扶资助每年500万元（5年共2500万元），接受建设希望小学5所，建设资金28万元，与湖南省宝庆实业有限公司签订了投资2.5亿元建瑞丽新东方珠宝城及土地开发项目。在经济技术协作中注重边疆急需的各类技术人才的培训与干部交流，共培训各类技术人才350人次，进行干部交流21人次。

云　南　省
怒江傈僳族自治州

【经济与社会发展】　2005年，怒江傈僳族自治州（以下简称怒江州）经济仍保持较高增长，全年GDP完成24亿元，同比增长14%；全社会固定资产投资完成16.2亿元，增长43.5%；社会消费品零售总额完成7.3亿元，增长13.9%；边境贸易进出口总额完成3.85亿元，增长3.3%；粮食总产量16.38万吨，增长3%；地方财政一般预算收入完成2.01亿元，增长35.6%。

全年农业实现总产值6.16亿元，同比增长1.7%。继续围绕扶贫攻坚，以增加农民收入为重点，进一步加强农业农村工作。多渠道筹措资金，增加投入，切实改善了农村生产生活条件。全年共争取落实以工代赈、人饮、退耕还林、天保、水利、农村沼气等建设项目10大项总投资33229.6万元，新增灌溉面积3600亩，改善灌溉面积15.57万亩，解决了122个自然村2.24万人的饮水困难，完成人工造林5.22万亩，退耕还林面积6000亩，继续实施1286万亩森林管护。继续实施和完善通达工程，年内新增乡村公路1248.6公里，全州行政村公路通达率达97%。加大农村劳动力转移和输出力度。全年共转移农村劳动力10790人。全年又新解决了1.5万贫困人口的温饱问题。突出科技创新，实施科技进村入户工程。把科技兴农作为促进粮食增产、农民增收、农业增效的关键措施来抓，推动科技的普及和深入，加大科技减灾增效和技术推广力度。加快发展以草食牲畜为主的畜牧业。切实加大动物疫病防治力度和科技推广力度，大力开发饲料资源，努力推进畜牧业产业化经营，不断提高畜禽的出栏率和商品率。

抓住与宏达集团合作的契机，全面启动兰坪铅锌矿开发，兰坪铅锌矿开发一期工程的建成投产和中小水电产业快速发展为全州培育支柱产业、推进产业结构调整奠定坚实的基础。与此同时，通过积极争取，兰坪列入了全省30个工业园区和两个有色金属基地之一，为德宏州建设与有色金属基地配套发展的工业群体，逐步走向工业化奠定了基础。

对内对外开放和招商引资成效显著。2005年全州共签订招商协议20项，协议引资47.9亿元，实际启动20项，引资9.7亿元，同比增长82%，其中，小水电招商引资成效尤为显著。批准投资开发项目57个，实际开工建设14个，引进投资8.45亿元。

“两基”工作取得新成绩。兰坪县已实现“普九”验收，全州“普九”地区人口覆盖率达68%；泸水和贡山两县的“普九”项目已完成初设评审，项目均进入施工阶段；全州完成农村中小学危房改造145所，面积14247平方米。学龄儿童入学率达95.25%，初中毛入学率达81.02%，普通高中毛入学率达15.96%，青壮年文盲率控制在5%以下。

公共卫生体系得到进一步加强。州人民医院住院大楼项目建成并投入使用，州中医院门诊住院综合楼已进入扫尾阶段；兰坪县和泸水县疾病预防控制中心已完成建设任务，州疾控中心、福贡和贡山县疾控中心项目建设都已基本完工；州紧急救援中心项目已竣工，州传染病区项目即将开工建设，兰坪、福贡和贡山县传染病科项目建设已完工；泸水县的7个乡镇卫生院项目建设进展顺利，福贡和贡山两县的9个乡镇卫生院项目也进入施工前准备工作；泸水县新型农村合作医疗试点工作进展顺利，参加农村合作医疗68769人，农民参加率达61%，启动了福贡县新型农村合作医疗试点工作。

文化、广电、旅游、体育、计生等基础设施有了改善。“两馆一站”建设工程进展顺利，完成新一轮50户以上已通电的自然村“村村通”工程50座，2005年广播和电视覆盖率分别达到85.76%和90.93%；州体育活动中心二期工程体育馆项目已落实，兰坪体育馆建设进展顺利；全州农业人口独生子女“奖优免补”政策得到了较好落实，新办农业人口《独生子女父母光荣证》664户，向符合条件的430户农村独生子女家庭发放了一次性奖励金，人口自然增长率控制在9.25‰，享受教育“三免费”农业人口独生子女达922名，为940人发放了养老生活补助。在省以上举办的各类运动会中共获得金牌7枚、银牌7枚、铜牌10枚；全年接待海外旅游者6692人次，增长64.54%，国内旅游者64.01万人次，增长23.93%。

切实维护劳动者合法权益，2005年完成清欠进城务工人员工资488.6万元。全年城镇新增就业和再就业3800人，其中有819名下岗职工实现再就业。城镇职工社会保险覆盖面进一步扩大，社会保险费征缴进一步规范和完善，全州参加社会保险6.99万人，其中养老保险参保1.17万人，医疗保险参保3.36万人，失业保险参保1.23万人，工伤、生育保险参保1.22万人。年末城镇登记失业率为5.9%；农民人均纯收入1034元，增长6.7%；城镇居民人均可支配收入5100元，增长8%；解决贫困人口温饱人数1.5万人，同比持平。

【投资环境】 怒江州地处青藏高原南延部份横断山脉纵谷地带，由于受地质构造运动和第四纪冰川等多重影响，形成和造就了闻名于世的高山大峡谷地貌景观和得天独厚的立体气候环境，并蕴藏着丰富的矿藏资源、生物资源、水能资源和旅游资源。这里还具有发展边境贸易的区位优势，片马口岸、亚坪通道和丹珠通道是目前怒江州边境贸易的重要载体。今非昔比的怒江州已初步形成基础扎实、服务配套、商家云集、具备开放开发条件、具有巨大发展潜力和广阔开发前景的重要地区。

【重点项目介绍】 金六二级公路。总投资9.2亿元。全年完成投资8405万元，累计完成投资2.84亿元，累计到位资金1.5亿元，怒江境内26公里完成路基工程，大理境内段已开工建设。

六库电站。装机18万千瓦，总投资14.6亿元，已做好开工准备，力争尽快开工建设。

六库新区开发。全年完成投资2800万元，累计完成投资8400万元，累计到位资金10512万元。

兰坪铅锌矿开发。一期规模为年生产10万吨电锌，总投资12亿元。全年完成投资2.63亿元，累计完成投资8.4亿元，已于年内正式竣工投产；年产6万吨硫酸厂项目已完成单机安装，正在进行联机试车工作。

丰坪水库。总投资1.6亿元。全年完成投资1436万元，累计完成投资8601万元。

城网改造。总投资2.67亿元，全年完成投资1.83亿元，累计完成投资2.55亿元，累计到位资金2.65亿元。上帕、黄木110千伏变电站建设扩容改造已经完成并投入运行；福贡上帕至兰坪黄木、亚目河至上帕110千伏输变电线路也相继完成，10千伏以下线路改造工程进展顺利。

贡山迪麻洛河电站。装机5.6万千瓦，总投资3.4亿元，全年完成投资3510万元，累计完成投资4710万元，累计到位资金7000万元。

利沙底电站。总投资7540万元，已建成投产。

贡山嘎拉博电站。装机3.2万千瓦，总投资1.01亿元。全年完成投资6100万元，累计完成投资8500万元，工程进展顺利。

州人民医院住院大楼。建筑面积8900平方米，总投资1840万元，已竣工。

云　南　省

迪庆藏族自治州

【经济与社会发展】 2005年，迪庆藏族自治州（以下简称迪庆州）经济快速发展，全年完成GDP 27.98亿元，同比增长11.5%。其中，第一产业增加值5.34亿元，增长1.4%；第二产业增加值10.71亿元，增长24.2%；第三产业增加值11.93亿元，增长6.8%。人均GDP 7727元。实现地方财政一般预算收入1.39亿元，增26.4%长。完成全社会固定资产投资31.62亿元，增长49.1%。年末金融机构各项存款余额31.3亿元。

农业基础地位得到巩固，基础设施建设成绩显著，扶贫开发取得新的成效。2005年，全州农业总产值7.5亿元，粮食总产量13万吨。农业龙头企业不断发展壮大，农业产业化经营水平不断提高。

水电、矿业、生物资源开发取得明显成效。全年工业增加值达到6.33亿元，水电总装机容量达到24.9万千瓦，羊拉和普朗铜矿开工建设；开发区老虎箐工业园区建设初具规模，矿电结合产业有新突破。

旅游、金融、电信、餐饮、商贸等服务业加快发展。全年接待游客264万人次。比上年增长35.8%。旅游总收入20.1亿元。全年实现社会消费品零售总额6.75亿元，增长17.1%。

可持续发展能力不断提高，生态建设和环境保护力度不断加大，5年完成森林管护面积2583万亩，天保工程及退耕还林新增森林面积近120万亩，其中公益林建设61.05万亩，退耕还林31.4万亩，森林覆盖率提高到66.8%。新建沼气池18575口，治理水土流失面积269平方公里。

基础设施建设成绩显著，交通、通讯、水利基础设施和城镇、农村等基础设施不断改善，全州公路通车里程3638公里，其中等级公路3267公里，实现了乡乡通公路和179个村委会通公路，村委会通车率达到97%，民航旅客运输量22万人；实现村村通电，农户通电率90%；固定电话用户3.73万户，移动电话用户8.895万户，电话普及率每百人35.4部。城市化水平17.6%。解决了10万多农村贫困人口的温饱问题，有效地改善了贫困地区生产生活条件。

社会各项事业全面进步，科技、教育、文化、卫生、广电、体育等各项事业和公共服务得到加强。全面完成“普六”任务，“普九”攻坚取得明显成效，优质高中建设迈出新步伐，就业再就业和企业基本养老保险、失业保险、医疗保险等社会保障体系不断推进。科技进步对经济增长的贡献率达到40%，初中升学率82.1%；青壮年文盲率下降到3.8%。

城乡人民生活水平不断提高。全年农民人均纯收入1425元，同比增长11.7%。城镇居民人均可支配收入9796元，增长8.9%。全年城镇登记失业率4%。人口和计划生育的管理和服务水平不断提高，年末全州总人口36.87万人（含流动人口），人口自然增长率为7.15‰。

【投资环境与招商引资】 迪庆是云南省惟一的藏族自治州。地处滇西北高原，平均海拔3380米，是云南海拔最高的地区。解放前，迪庆处于“政教合一”的封建农奴制社会。在党的民族政策和宗教政策的正确指导下，各族人民经过49年的艰苦奋斗，特别是改革开放以来的建设和发展，迪庆经济社会发生了翻天覆地的变化。到2005年末，迪庆州水电装机容量达24.9万千瓦；全州公路通车里程达3638公里，所有乡镇和179个村通公路；迪庆机场通航以来，相继开通了昆明—香格里拉、成都—昆明—香格里拉—拉萨、成都—香格里拉、广州—香格里拉—拉萨、广州—香格里拉、西双版纳—香格里拉5条往返航线；移动通信和广播电视覆盖全部乡镇，电话普及率达到每百人35.4部；县城供水、道路、垃圾和污水处理等一批城市基础设施项目相继建成投入使用，市容市貌有了明显改观，城市化水平达到17.6%。

根据国家产业政策及我州经济社会发展思路及产业重点，为进一步加快扩大对内对外开放的步伐，尽快形成全方位、多层次、宽领域的对内对外开放新格局，促进经济发展和社会进步。先后制定出台了《迪庆藏族自治州人民政府关于进一步扩大对内对外开放的若干暂行规定》、《迪庆州招商引资奖励暂行办法》和《关于加快全州水电产业发展的实施意见》，全面优化投资软环境，把招商引资优惠政策落到实处，树立你发财我发展的观念，加大招商引资和对外开放力度。

探索利用外资新方式，拓展利用外资新领域。在积极扩大外资直接投资方式的基础上，根据迪庆实际，加快外商以BOT、TOT、项目融资等方式的投资试点，同时积极探索以产业投资基金和风险投资等方式吸收外商投资。完善代理制、委托制和奖励制度。按照招商规范认真做好各类招商引资项目的前期准备和包装工作，建立招商项目库。

为了分类审批建设项目，提高审批质量，规范建设项目管理，迪庆州制定颁布了《迪庆藏族自治州建设项目管理暂行办法》，明确凡在迪庆州的引资项目实行登记备案制。根据国家和省的有关政策法规，修改完善了《迪庆州基本建设投资项目登记备案制实施细则》。强化迪庆州外来投资服务中心的服务职能，除积极帮助来迪庆州投资企业协调和解决生产经营中的困难外，还帮助外商推荐选择投资项目，并对重点项目主动配合有诚意的投资者进行实地考察和洽谈。

组织开展了“中国云南香格里拉第二届松茸交易会”、“维西香格里拉文化年”、“德钦弦子节”、“维西兰花节”等一系列活动。积极开展大型推介活动，组团参加了首届中国西部（昆明）文化产业博览会和中国国际旅游交易会，全方位、多角度地展示香格里拉奇异多姿的自然景观和丰富多彩的人文风情。获得了全国“一佳四美”桂冠，即香格里拉独克宗古城荣获中央电视台全国古镇评选“最佳民族风情魅力名镇”，梅里雪山入选中国最美十大名山、澜沧江梅里大峡谷入选中国最美的十大峡谷、白茫雪山高山杜鹃林入选中国最美的十大森林、金沙江虎跳峡入选中国最美的十大大峡谷。同时，积极开展以迪庆为中心覆盖滇川藏三省区的“中国大香格里拉生态旅游圈”建设，进一步扩大香格里拉品牌的影响，促进对外开放。

迪庆州鼓励投资方向为：农牧业、林业、水利、电力、交通、有色金属、医药、轻工、建筑建材、城市基础设施及房地产、资源综合利用和环境保护、旅游、商业、其他服务业共

82个类别。

2005年，迪庆州招商引资方式出现新的转变，开始向外主动联系，广交朋友，积极推进整体性合作和区域性合作。2005年迪庆州政府主动与国内外著名企业、知名人士和友好地区进行广泛接触，继续实施“请进来，走出去”的双向开放战略。全5年签订国内外经济合作项目93项，其中7项为外资。协议引进州外资金114.43亿元，实际到位15.57亿元，同比增长1.15倍。

【重点项目介绍】 2005年，迪庆州建设项目计划安排的重点是农业、交通、能源、市政、旅游等基础设施建设和产业建设项目，同时兼顾社会发展项目。全年共安排建设项目9类78项，其中续建45项，拟新开工33项。行业结构为：农林牧水4项，扶贫2项，市政11项，旅游7项，交通7项，社会事业12项，能源29项，工业5项，国土整治1项。全年完成投资31.62亿元，同比增长40%。在78个重点项目中德（钦）维（西）油路、香格里拉县城至碧塔海岔路口公路改造、香格里拉县一水厂改扩建、维西拉嘎洛电站、迪庆州民族中专教学楼、维西塔城生态旅游区建设设施建设等11个项目年内完工；通村公路工程、香格里拉金江公路改造、香格里拉县城次干道改造、农村饮水安全项目、农村寄宿制学校建设、农村卫生服务体系建设、德钦县垃圾处理场等一批项目进展顺利。

甘肃省

甘南藏族自治州

【经济与社会发展】 2005年，甘南藏族自治州（以下简称甘南州）实现GDP 26.1亿元，同比增长11.5%。其中，第一产业增加值8.27亿元，增长5.4%，第二产业增加值5.4亿元，增长14.9%，第三产业增加值12.43亿元，增长14.3%。

全年粮食作物播种面积63.11万亩，经济作物播种面积为28.17万亩，青饲料播种面积为9.69万亩。完成造林面积18.17万亩，退耕还林（草）面积8800亩，零星（四旁）植树176.9万株。各类牲畜年末存栏300.73万头（只），牲畜总增率27.98%、出栏率33.31%、商品率27.57%，肉产量37374吨，牛奶6.41万吨。全州拥有农业机械总动力19.86万千瓦，农用拖拉机2380台，农田有效灌溉面积21.2万亩。

全年全部工业企业实现增加值48850万元，同比增长17.7%。其中，规模以上工业企业实现增加值36741万元，分经济类型看，国有经济实现增加值3728万元，集体经济实现增加值346万元，股份制经济实现增加值31086万元。

全年完成大口径财政收入23469万元，同比增长14.5%，一般预算收入11869万元，一般预算支出156406万元；年末金融机构各项存款余额37.44亿元，各项贷款余额20.92亿元。全年实现社会消费品零售总额9.11亿元，同比增长12.4%。全年居民消费价格总指数和消费品价格指数分别为103.5和101.5。实现外贸进出口总额为1863万美元，其中出口总额为1863万美元。

加强“科教兴州”战略的实施，科技进步贡献率达到30.5%。实施了一大批教育基础设施建设项目，较大改善了办学条件，全面实现“普初”、“扫盲”目标。

人民群众的生活水平不断改善。全年城镇

居民人均可支配收入 5272 元，恩格尔系数 37.32%；农牧民人均纯收入 1514 元，恩格尔系数 59.03%。职工年人均工资 13945 元。17.64 万绝对贫困人口基本解决温饱，12.49 万低收入人口稳定解决温饱，部分乡村开始向总体小康迈进。

加强了社会保障和救济救灾工作，解决了 79.5 万（人次）灾民和城乡困难群众的生活困难问题。认真实施牧民定居点建设、灾民建房、甘南兰州住宅小区建设和城镇居民康居等工程，解决了农牧村 4.8 万人的住房困难，城镇居民人均住房面积达到 18.4 平方米。以疾病预防控制体系和医疗救治体系建设为重点，各级各类医疗卫生机构的基础条件明显改善，农牧村新型合作医疗试点工作取得了实质性进展。人口自然增长率降至 7.41‰，计划生育工作水平有了新提高。

【投资环境与招商引资】　2005 年，甘南州组建了州、县（市）两级招商机构，配备了必需的工作人员，促进了甘南州招商引资工作的顺利健康发展。使招商引资工作呈现出持续、快速、健康发展的良好局面。为不断完善"一站式"办公服务体系，推行"一站式"办公和"一条龙"服务，积极为投资者提供优质、高效、方便、快捷、周到、热情的服务，甘南州先后颁布了《甘南州关于对招商引资项目实行"一站式"服务的规定》、《甘南州招商引资项目管理暂行办法》和《甘南州招商引资中介人奖励暂行办法》。

2005 年，重点实施了一批交通、能源、水利、市政、社会事业等基础设施骨干项目。投资 19 亿元，改造和新建公路 190 条共 3064 公里，其中建成二级公路 208 公里、三级公路 524 公里，实现了县县通油路目标和境内高等级公路"零"的突破。基本形成了以州府合作市为中心，以"二纵三横"为主骨架，以县乡为支干的公路网络。甘南州 8 个县市通过国家水电农村电气化县省级验收。

甘南州旅游资源异彩纷呈，有尕海、则岔两个国家级自然保护区、莲花山和冶力关国家森林公园等几十处优美的自然景区；有全国文物保护单位的夏河拉卜楞寺等 121 座藏传费教寺院；有红军长征经历的天险腊子口、俄界会议遗址等革命历史遗迹；有香浪节、晒佛节、采花节等几十种民俗节庆活动，被誉为"中国的小西藏，甘肃的后花园"。

甘南州水能资源极为丰富。黄河、大夏河、洮河、白龙江及其 130 多条支流纵横全境，水能理论蕴藏量达 316 万千瓦，可开发利用量 215 万千瓦。甘南州矿产资源储量可观。已发现各种矿产地 270 多处，已探明储量的矿种有 22 种，黄金产量居甘肃省第 1 位，矿产潜在价值达 100 多亿元。

甘南州草原广阔，水草丰美。在 4084 万亩"亚洲第一天然牧场"上，饲养各类牲畜 300 多万头只，有"东方神骑"之称的河曲马，有"高原之舟"美誉的藏牦牛，有"世界名犬"桂冠的藏獒等闻名遐迩的优良畜种，是全国"五大牧区"之一。甘南州拥有 1382 万亩浩瀚的原始森林，是全国"六大绿色宝库"之一。林内蕴藏着 850 种藏药材、227 种特有珍贵药材和近百种山野珍品。

【重点项目介绍】　甘南州农牧互补三大产业基地建设项目。"十五"期间主要在临潭、卓尼、合作、夏河和迭部五县（市）建成牛羊、奶牛育肥基地 3170 户，暖棚 4039 座和 3013 座，1.09 万户的草产业基地种植优质牧草 31.45 万亩，总投资 5.36 亿元，2005 年完成投资 800 万元。退牧还草工程。实施退牧还草 470 万亩，其中禁牧 70 万亩、休牧 400 万亩。总投资 9400 万元，已全面完成工程建设。人饮安全工程。解决 7.5 万人的饮水困难问题，共建人畜饮水工程 167 处，总投资 3000 万元，已全面完工。长江、黄河上游水土保持项目及江河治理项目。总投资 1985 万元，已完工。

以工代赈易地搬迁项目。在玛曲、碌曲、夏河、卓尼、迭部、合作、舟曲搬迁 1332 户 8100 人，修建住宅等配套工程，总投资 12789.4 万元，到 2005 年底完成投资 7433 万元。以工代赈建设项目。共安排建设项目 45

项，总投资5821万元，共建设防护河堤17.5公里，引水渠道8.65公里，梯田400亩等；交通方面修建县乡公路58.44公里，乡村道路160.71公里，桥梁7座，累计完成投资4070万元。

甘南州城市电网改造工程。总投资6286万元，到2005年底完成投资2514万元。

续建的临潭鹿儿台，卓尼俄吾多、入吾、扎那、云江峡，碌曲阿拉山，舟曲虎家崖、立节，迭部达拉河口、尼傲加尕等12个水电站。总投资128463万元，2005年完成投资50761万元。新开工的合作安果尔、赛吾多，临潭术布，卓尼吾固，舟曲巴藏，迭部九龙峡、卡巴班九，碌曲大庄、多松多等9个水电站。2005年完成投资8330万元。

巴（仁口）代（古寺）公路（甘南段）。改建公路16.1公里，总投资2452万元。临夏至合作公路。改建二级公路73公里，总投资5亿元。合作至合政公路（甘南段）。改建二级公路16.2公里，总投资3944万元。达久滩至赛尔龙公路。改建四级公路57.95公里，总投资2915万元。

玛曲格尔珂金矿床祥查及深部探矿项目。总投资5868万元，2005年完成投资1900万元。华羚乳品集团公司牦牛乳加工利用国外政府贷款项目。新建日加工50吨液态奶生产线，总投资4344万元，2005年完成投资300万元。碌曲忠曲金矿深部探矿项目。总投资3921万元，2005年完成投资2400万元。

合作城区集中供热工程。新增供热面积80万平方米，总投资6686万元。合作污水处理工程：日处理污水7000立方米，总投资2928万元。

教育“两基”攻坚项目。总投资1.78亿元，2005年完成投资4000万元。

【东西对口支援】 2005年，甘南州及县（市）设立专门社会帮扶机构9个，参加帮扶的单位共23个共帮扶了6个贫困县，23个贫困乡，23个贫困村。共派出蹲点干部30名，派出考察人员98名，帮扶项目11个；举办培训班5期，共培训人员780次；资助学生345名。

2005年，中国作协捐赠物资10万元；中国化工建设总公司捐赠资金10万元，物资10万元；天津市捐赠物资价值146万元。兰州二热电厂资助临潭县陈旗乡中寨村贫困学生124名，建沼气池20座价值6万元；窑街矿务局资助临潭县新堡乡新堡村贫困学生32名6400元，衣物20套，新修河堤300米价值3万元，煤沫60吨；甘肃省建设厅为合作市那吾乡南木楼村修建道路投资2万元；铁道部兰州设计院为夏河县达麦乡黄茨滩村修建村道5公里，河堤150米，草场围栏100米，价值12万元；甘肃省政法学院为夏河县唐尕昂乡让吾道村修桥1座价值8000元。兰州市投资550万元建设州藏医院综合业务楼及藏医药浴中心楼；5年内筹资100万元，帮助甘南州中心小学装备60套“中国教育卫星宽带多媒体接收系统”。

2005年甘南州共派8名干部前往兰州市相关部门挂职锻炼，兰州市派出5名优秀干部到甘南州部门挂职，帮扶开展工作。

兰州市城关区帮扶舟曲县共计捐资200万元，用于舟曲县城关滨江大道建设；城关区卫生系统向舟曲县捐赠医疗设备价值39.4万元；城关区人民医院向拱坝中心卫生院捐赠了价值14516元的药品和医疗器械；兰州市城关区教育系统向舟曲县教育系统捐助总价值50万元器材的物品，培训校长14名；兰州市安宁区向夏河县捐款15万元用于采购教学设备；兰州七里河区向临潭县捐赠10万元人民币，七里河区教育局对20名教师进行了新课程改革实验培训，七里河区卫生局向临潭县捐赠摩的100辆；兰州市西固区向卓尼县先后捐资15万元，捐赠物资价值6.5万元，并在洮砚乡义诊两天，诊治患者120多人次，免费培训专业技术人员4名；西固区中医院支援扎古录镇中心卫生院专项资金1万元，并组织卓尼县57名干部赴西固区考察调研；兰石机械研究所向迭部县腊子口乡捐赠办公用品价值8万元；兰州市第二人民医院向合作市卫生单位捐赠药品医疗器械一万多元；兰州市第三人民医院和皋兰县人民医院向碌区曲县郎木寺和双岔乡中心医院捐赠医疗设备和解决了部分办公经费；兰州市妇幼保健医院、肺科医院和口腔医院分别向玛曲县曼日玛、欧拉、阿万仓三所中心卫生院，捐赠医疗设施8000元，捐赠周转资金2.7万元；兰州市科技局牵头组织了“研讨甘南州发展藏医药产业及药材深加工对接会”，为甘南州七县一市科技局捐赠价值4万多元的电脑，支援能力建设资金17万多元。兰州市19所县区医院及民营医院与甘南州19所中心卫生院组成“一对一”结队帮扶单位，已有15所医院开展了工作，共接受甘南卫生进修人员37人，组织下派医疗队2次，援助各种医疗设备102套、价值57.4万元，援助资金3.2万元。兰州市人事局和人才市场已无偿为甘南州人事局提供了60多家省内外用人单位招聘信息，涉及用工岗位3800多个。兰州市交通局向甘南州交通局捐赠价值12万元的办公设施。

甘　肃　省

临夏回族自治州

【经济与社会发展】　2005年，临夏回族自治州（以下简称临夏州）国民经济保持了快速健康发展。全年实现GDP 56.23亿元，同比增长10.5%，其中，一、二、三产业分别增长5.5%、15.5%、10.2%。

农村经济稳步发展。全年完成农业总产值23.63亿元，同比增长7.65%。粮食总产量48.5万吨，创历史最高水平。进一步做大做强畜牧产业，达到规模的养殖场640个，扶持发展规模养殖大户3.25万户，年末大牲畜存栏达33.77万头，肉类总产量达7.56万吨，分别增长8.17%和16%。特色基地建设步伐加快，马铃薯、花椒、双低油菜等优势农产品种植进一步扩大，催生了一批龙头企业，促进了农业产业化进程。乡镇企业完成总产值60.92亿元，增长15.8%。临夏州输转劳务39万人次，实现劳务收入5亿元。进一步加大扶贫开发力度，2005年有7.37万人脱贫，农民人均纯收入达到1380元。

工交财贸平稳运行。坚持实施“改革抓企业”战略，列入改制计划的104户企业中，99户已完成改制任务。工业生产效益逐步好转，交通运输业稳步发展，财政收入完成良好，消费市场活跃，全年完成工业总产值37.7亿元。完成客运量828.96万人，比上年增长10.91%；货运量332.77万吨，增长14.1%；完成大口径财政收入4.12亿元，财政支出20.47亿元；社会消费品零售总额达到16.1亿元，增长11.1%。

社会事业快速发展。统筹经济社会协调发展，加大社会事业力度。2005年共组织实施各类科技计划项目（课题）59项，其中省列15项，州列44项，上述课题中，具备国内领先水平的5项。“两基”攻坚项目，以及县（市）医院传染病区、乡镇卫生院建设，临夏、永靖、东乡三县图书馆等项目的实施，大大改善了教育、文化、卫生等基础设施建设条件。广播、电视人口覆盖率分别达到81.8%和90.7%。同时，公检法司建设项目有了新的进展。适龄儿童入学率达到97.45%，人口自增率控制在7.35‰以内。

【投资环境与招商引资】　临夏州是1984年批准设立的全国民族自治地方改革开放试验区，黄河上游多民族经济开发区和少数民族自治地方，具有其他地区无法比拟的区域政策优势。为了积极吸引内、外地客商来临夏州投资建设、干事创业，制定了《临夏回族自治州实施西部大开发战略建设全省民营经济示范区若干优惠政策》、《临夏州招商引资奖励办法》、《关于大力发展非公有制经济的规定》等一系列优惠政策，从税收、土地征用等诸多方面为投资者提供最大优惠。同时设立了临夏州政务中心，为投资者在项目审批方面提供了一条龙的便利服务。

到 2005 年底，临夏州公路里程 1999.24 公里。其中，二级以上公路 187.68 公里。横穿临夏的交通主干线兰郎公路已改造成二级公路，从兰州到临夏州府所在地仅 154 公里。县乡公路、乡村公路完成改造，实现了村村通车；电力供应充足，境内有刘家峡、盐锅峡、八盘峡三大电站，还有 44 个小水电站与之联网，炳灵峡、莲麓两座中型电站正在建设之中；邮电通讯设施完善配套，包括国际互联网在内的各种先进通讯手段一应俱全；现有各类经济园区 12 个，其中：省列重点园区 5 个，园区内均已通上下水、通路、通电、有线电视、通邮、通讯、宽带、平整土地，园区规划总面积 2829.37 公顷，建成总面积 135.807 公顷，剩余开发面积 2693.563 公顷；通过旧城改造和开发区建设，各县城及重点集镇基础设施完善，城市功能齐全。

高效农业、优势工业和特色商贸旅游业是临夏州的三大支柱产业，水电、清真牛羊肉、乳业、农副产品、毛纺地毯、皮革制品等产品行业是临夏州的优势行业。其中：畜牧产业势头发展最为强劲。截止 2005 年底，临夏州有千头牛规模养殖基地 4 个、万只羊规模养殖基地 1 个、5000 口猪规模养殖基地 1 个，有各类规模养殖场 525 个、规模养殖户 3.15 万户。建成了以康美牛业有限责任公司、八坊清河源、华安生物制品、甘肃天地乳品有限责任公司为代表的畜产品加工企业 85 个。

临夏境内河流纵横，黄河自西横贯而过，洮河、湟水河、大夏河等 30 多条河流纵横全州，水资源总量 336.51 亿立方米。除已开发利用和准备开发利用的水能资源外，还有水能理论蕴藏量 32.8 万千瓦，尚有 28.8 万千瓦可供开发利用，具有建设水电能源基地的条件和优势。

临夏州共有各类旅游景区、景点 107 处，其中人文类 76 处，自然类 31 处。国家级重点风景名胜区 1 处，国家级地质公园 1 处，国家级文物保护单位 2 处，国家级森林公园 1 处，省级文物保护单位 15 处，省级自然保护区 1 处，平均每 76 平方公里有一个景点。在甘肃省六条旅游开发专线中，东南文物古迹自然风光开发线和甘川九寨沟民俗风情自然风景开发线两条专线途经临夏。近年来，临夏州委、州政府加大开发力度，旅游产业不断壮大，已成为经济发展中的一个新亮点。

临夏州是以回族为主的少数民族聚居区，各民族团结友爱，和睦相处，民风淳朴，宗教活动规范，在长期的实践和活动中，形成了独特的饮食习惯和风味食品，色香味俱佳的清真风味食品享誉西北，在全国有一定的影响，开发清真食品加工业有着广阔的前景。

【重点项目介绍】　临夏县太子山旅游区综合开发项目。太子山又称大崎山，景区内峰、洞、谷、川与溪流、瀑布共同构成一幅秀丽的山水画。该工程规模为利用秀美险岭的旅游资源，引进先进设备。完善配套旅游设施，建成集夏季旅游、峡谷探险、避暑度假、餐饮，冬季滑冰、滑雪为一体的郊野性森林公园，计划总投资 1000 万～6000 万元。工程于 2005 年开工建设，到 2005 年底完成投资 150 万元，计划于 2010 年前完成。

临夏州农村人饮安全项目。该工程安排在和政县、康乐县、积石山县、东乡县、永靖县等 5 县的 8 个乡（镇）、25 个村实施。工程规模为共建饮水安全工程 5 项，其中截引自流工程 3 项，泵站引水工程 2 项，总投资 1200 万元，完成投资 1200 万元。已完工。

广河县电厂渠节水灌溉改建项目。广河县电厂渠始建于 20 世纪 60 年代中期，全长

12.44公里，是广河县第二大万亩灌区，灌区辖城关、祁家集两镇、九个合作社，2.4万人，现有保灌面积1.03万亩，由于运行时间长，沿途渗漏，淤积现象十分突出，不能正常通水。该工程设计灌溉面积1.48万亩，计划新建渠首、引水枢纽一座。衬砌灌渠12.44公里，维修电力提灌泵站13座、改建渠系建筑物161座，完成田间配套1.43万亩。工程总投资945万元。工程于2005年开工建设，计划2006年完工。

和政县古动物化石博物馆。和政地区发现的古生物化石资源十分丰富，占据了六项世界之最，具有极高的科研、收藏展览价值。为了加快古动物化石资源的保护和开发利用步伐，于2005年动工修建二期工程，占地44亩，总建筑面积4160.56平方米，其中土建工程和室外工程投资1315.03万元，主要建设展厅3364.12平方米、客座公寓419.44平方米、办公用房377平方米。2005年装修布展工程投资1400万元。项目计划于2006年全面完成。

永（永靖）—民（青海民和）—红（兰州红古）公路。北连国道109线，南连国道213线，全长129.5公里，是永靖县环县公路的主要组成部分，也是该县通往青海民和县、兰州市红古区的一条重要通道。建设里程53.638公里，起点王台镇蒋家铺，终点至段岭，途经该县王台、小岭、川城、新寺和青海民和县转导共5个乡（镇），受益人口26.3万人，全线采用三、四级公路标准建设，工程总投资2600万元。工程于2005年开工建设，计划2006年完成建设。

【东西对口支援】 临夏州农村社会帮扶工作，得到了中国台办、中国侨办、国家地震局等帮扶单位的大力支持，自1995年以来共得到帮扶资金4286.45万元。其中中国台办帮扶1583.49万元，中国日报社帮扶248.2万元，中国侨办帮扶1928.67万元，国家地震局帮扶180万元。

中国侨办自1998年以开始帮助临夏州积石山县以来，共落实投资、引资及物资折价1951.67万元，其中直接投资1142.17万元，（物资折价131.05万元）帮助引资769.25万元。

青海省

海北藏族自治州

【经济与社会发展】 2005年，海北藏族自治州（以下简称海北州）经济社会持续协调健康发展，全年GDP达到20亿元，同比增长12.2%。地方财政一般预算收入7918万元，增长19.4%。社会消费品零售总额达到4.1亿元，增长13.9%。州县属固定资产投资完成12.3亿元，增长27.7%。农牧民人均纯收入2084元，增长12.7%；城镇居民可支配收入7798元，增长10.6%。

农牧业的基础地位更加巩固，实现了农牧业增产增效和农牧民增收。实现第一产业增加值5.63亿元，增长13.7%，拉动经济增长3.5个百分点。以农业综合开发和“水、电、路、棚、草”为主的农牧区基础设施建设得到加强，实施各类建设项目135个，完成投资2.06亿元。农牧业获得全面丰收，繁活牲畜141.66万头只，繁活率79.55%，比上年增长5.15个百分点。总增率、出栏率、商品率分别达到41.53%、42.8%、35.38%，分别增加4.55、3.32、2.13个百分点。母畜比例达到58.18%，增加3.76个百分点。育肥销售牛羊59.24万头只，销售收入2.15亿元，贩运牛羊17.46万头只，销售收入6824万元，出售羔羊34.62万只，销售收入4391万元。粮油总产量分别达4577.6万公斤和2810.3万公斤，分别增长24.6%和61.3%。加强畜牧业种子工程建设，全州引进含1/2野血牦牛种公牛250头、藏系种公羊5000只，黄牛改良5733头，完成绵改6.6万只。草产业不断壮大，2005年农区饲草料种植面积达到14.34万亩，增加5.25万亩，增长57.8%。建成优质高产燕麦和箭舌豌豆混播示范基地1万亩。农区养殖量达到56.5万头只，增加18.5万头只，育肥牛羊33.7万头只，贩运19万头只，全年农区养殖业收入占农民人均纯收入的22%。筹资6286万元为农牧民办实事，积极改善了农村牧区水、电、路以及教育、卫生条件。落实减免农牧业税、粮食直补等一系列惠农政策，农牧民人均受益101元。全年组织劳务输出4.3万人次，创收4600万元，增长15%，劳务收入占农牧民人均纯收入的16.4%。13个贫困村整村推进扶贫项目顺利实施，解决了8173人的温饱问题。农牧区小城镇建设和城镇绿化工作得到较快发展，完成了10个建制镇总体规划和州、县府所在地城镇绿化规划，村落规划在门源、海晏两县率先起步。全州小城镇建设完成各类项目96项，完成投资1.2亿元。加快了农牧业社会化服务体系建设，年内新建、维修羊用药浴池14个、配发剪毛机和发电机58台，修建了5个配种站。在全省率先开通了农牧业经济决策信息网，为农牧业服务奠定了基础。

工业生产增势强劲，综合效益不断攀升。全州实现第二产业增加值7.8亿元，增长15.9%，拉动经济增长6.1个百分点。通过加大对煤炭、石棉、有色金属等行业的整合，工业生产保持了快速增长的势头。全年完成工业增加值3.9亿元，增长30.2%。特别是煤炭行业产量大幅增加，完成增加值1.61亿元，增长59%，占工业增加值的40%，支撑着全州工业的增长。同时，工业经济效益继续保持良好态势，工业产品销售率达到98%，同比提高3.5个百分点。

成功举办、协办了“金银滩草原之夏文化周”、第四届环湖赛等大型活动，进一步提升了海北的知名度。旅游业得到较快发展，全年共接待游客62.8万人次，旅游综合收入6348.2万元，分别增长40%和31%。

社会保障水平进一步提高，各族群众从发展中得到更多实惠。千方百计解决失业人员就业，年内安置城镇新增就业人员1856人，“4050”人员实现再就业222人，四类人员实现就业1465人，城镇登记失业率控制在4%。全州养老保险扩面621人，续保1500人，工伤保险参保2600人；符合低保条件的13949名城镇居民得到最低生活保障。全面完成了城镇低保对象分类施保和医疗救助工作，共核实分类施保对象1165人。对5970户城市低保家庭冬季取暖给予救助。建立农牧区特困人口救助制度，投入138.5万元对全州3387户特困户和655名五保户实施基本生活和大病医疗救助。调拨救灾面粉41.3万公斤，救助资金19.96万元，基本解决了37536人灾民生产生活困难问题。

坚持教育优先发展战略，大力改善教育基础设施，州民族教育发展基金从2700万元增至3100万元。总投资2951万元的民族寄宿制学校建设项目，总投资292万元的“二期义教”项目和总投资817万元的中小学“危改”项目全面启动实施。加强“两基”攻坚，海晏、祁连县“两基”顺利通过验收，刚察县“普六”通过验收。全州“普九”覆盖率达到88.6%；青壮年非文盲率达到98.8%。认真落实国家“两免一补”政策，对全州31649名贫困家庭子女免收杂费、书本费309万元，对12453名贫困学生补助生活费396万元。并设立了每年30万元的“海北州农牧区贫困学生助学工程”基金，对贫困大学生和高中生进行资助。

公共卫生体系进一步完善，初步建立了全

州疾病预防控制体系和突发公共卫生事件救治体系，171 所标准化村卫生室建设全面完成并交付使用，医疗卫生服务水平进一步提高。农牧区新型合作医疗试点参加农牧民 17.58 万人，参加率达到 93.55%，农牧民看病难的问题得到初步解决。认真部署落实各项防控措施，启动了应急预案，禽流感防控工作取得了初步成效。大力推进计划生育家庭奖励扶助和“少生快富”工程，稳定了低生育水平，全州人口自然增长率控制在 7.8‰。进一步健全完善了科技三项费用投入稳定增长的机制，科技对经济社会发展的贡献率不断提高。

【投资环境与招商引资】　西部大开发战略实施以来，海北的各项基础设施已经有了很大的改善，交通运输、电力、邮电通讯等满足海北经济发展的需求。海北交通便利，境内有 109 线、315 线、227 线等主要公路干线。全州公路通达里程 3000 公里，实现了乡乡通公路，形成了州府西海镇为中心的四通八达的公路网络。过境铁路有青藏线及其支线哈（尔盖）热（水）线；已动工建设由热水到海西木里煤田的地方铁路；海晏火车站至西海镇铁路专用线的恢复运营，为西海镇地区的工业发展与热水、江仓矿区煤炭资源开发奠定了基础。

电网覆盖不断扩大，供电可靠性提高。到 2005 年底，全州水电装机容量 10 万千瓦，火电 2.4 万千瓦；在建的水电装机容量 11 万千瓦，火电 32 万千瓦；全州运营 110 千伏变电站 7 座，总容量 33 万千伏安，2006 年新建 330 千伏西海变电站。全州电力供应充足，电网布局日趋合理，供电可靠性达到 99.82%。

中国电信、移动、联通、铁通相继在海北开展各项电讯业务，服务网络基本覆盖所有乡村。2005 年，邮电通信企业完成邮电业收入 5465 万元，增长 12%。移动用户和固定电话用户分别达到 4.1 和 2.7 万户，增长了 41.4% 和 31.3%。

海北不断加大对外开放的力度，以“青洽会”、王洛宾音乐艺术旅游节、门源油菜花节等省内外重要活动为招商平台，进一步改善投资环境，全州经济协作、招商引资工作得到了快速发展。2005 年全州新建、续建招商项目共 40 项，实际到位资金 7.3 亿元，以煤炭、水电、旅游等优势资源开发拉动了全州招商引资到位资金快速增长。

【重点项目介绍】　2005 年海北州开工建设项目 268 个，重点项目顺利推进，西海火电厂 2×13.5万千瓦火电机组主辅设备全部订货，土建工程完成总工程量的 75%；海塔尔 60 万吨、柴达尔 90 万吨矿井建设工程进展顺利；默勒矿区 105 万吨、外力哈达矿区 30 万吨、奥凯煤业江仓矿区 90 万吨矿井开工建设；仙米、玉龙滩、老虎沟二级水电站建成投产，新增发电能力 4.45 万千瓦。全年工业完成投资 7.5 亿元，占总投资的 59.5%，增长 39%。反映出投资方向更加注重于直接生产能力的提高，投资结构日趋合理。地方交通基础设施建设完成投资 5874 万元，增长 78%。特别是农村公路建设是历年来规模最大，完成投资最多的一年，建成了 190 公里通村砂路、301 公里村道硬化等一批农村交通基础设施项目。通讯、通电工程建设力度进一步加大，移动通讯覆盖全州 32 个乡镇 195 个行政村。全州 183 个行政村实现通电。黑河一期生态治理项目顺利通过验收。争取 600 万元资金落实了原铬盐化工厂一期治污项目。

【投资领域及导向】　工业：能源煤加工，海晏高载能工业区，门源农产品加工基地，祁连石棉、有色金属采选加工基地，大通河、黑河流域水电资源开发，畜产品加工业。

农牧业：冷凉高效农业示范基地建设，中藏药种植及采集加工，野生动植物资源人工驯养与种植，牛奶产业。

旅游业：沙岛、鸟岛、金银滩（原子城）景区建设，门源百里油菜花海、仙米国家森林公园、岗什卡雪峰景区建设，祁连黑河大峡谷、祁连亚洲最大半野生鹿饲养基地建设。

商贸物流业：大型连锁超市建设，农畜产品交易市场建设。

城镇基础设施：城镇集中供热，城镇供水和污水处理，工业园区基础设施建设。

青 海 省

黄南藏族自治州

【经济与社会发展】 2005年，黄南藏族自治州（以下简称黄南州）完成GDP 22.74亿元，同比增长2.1%。其中第一产业增加值6.38亿元，增长2.1%；第二产业增加值10.36亿元，下降2.8%；第三产业增加值6亿元，增长13.1%。完成地方一般预算收入7034万元，增长6.67%。

农牧业生产稳步发展。积极落实减免农牧业税、种粮互补等政策，各项惠农措施全面落实，为民办实事工程深入实施。围绕特色优势产业，积极调整优化农牧业经济结构，加快发展设施农牧业，有效促进了农牧业增效、农牧民增收步伐。以大田辣椒、蚕豆和油菜、马铃薯为主的特色农业正朝着基地化、规模化方面推进。北部黄河、隆务河谷地奶牛养殖、牛羊育肥产业有了新的发展。牧区牦牛提纯复壮、欧拉羊良种繁育和推广等良种工程建设步伐加快。全年完成农作物播种面积1.74万公顷，粮食总产量2.72万吨。畜牧业生产保持了稳步发展。草食畜存栏208.5万头（只）。牲畜总增率、商品率分别达到45.33%和43.56%。

工业生产总体运行良好。全年工业企业实现工业增加值7.42亿元，同比下降6.7%。主要工业产品产量中发电量起支撑作用，电力生产和供应业完成工业增加值7.2亿元，占全部工业增加值的97%以上，全年累计发电51.91亿度，工业品产销率为99.89%。

固定资产投资持续增长。加强和改进项目工作，积极主动争取国家和省政府支持，有力地拉动了地区经济的发展。全年固定资产投资完成11.48亿元，同比下降2.13%。共实施各类建设项目165个，其中续建项目44项，新建项目121项。主要涉及城镇、交通、农牧、水利、教育、卫生及农网改造等方面。

全州消费品市场进一步活跃，全社会消费品零售总额达到2亿元，增长15.24%。城镇居民人均可支配收入7383.87元，增长9.38%。农牧民人均纯收入1806.53元，增长8.87%。

社会保障工作得到加强。继续巩固“两个确保”成果，确保了“两金”按时足额发放。全州城镇职工基本养老保险、城镇职工失业保险扩面工作稳步推进，工伤保险启动实施。全州参加城镇职工基本养老保险6093人，参加城镇职工医疗保险14605人，参加失业保险7655人。农村新型合作医疗制度全面建立，农牧民参合率达到81.55%。全州有7414名符合低保条件的城镇居民享受到了最低生活保障。年内共下拨救灾救济款515.34万元，8.78万灾民得到了政府救助。就业和再就业工作力度进一步加大。全年实现城镇就业再就业1427人，其中安置“4050”人员112人。城镇新增就业人员1047人，城镇登记失业率控制在3.88%以内。

各项社会事业全面发展。高度重视教育事业发展，教育改革启动实施，教育基础设施建设步伐加快，义务教育阶段贫困学生“两免一补”政策全面落实，同仁、尖扎两县实现“两基”目标，河南县实现了“普六”目标。全州适龄儿童入学率达到97.5%，在校学生巩固率达到98.9%。大力实施适用技术推广和人才培训计划，精心组织文化“三下乡”活动，广泛开展广场晚会等群众性文体活动，成功举办了青海省第三届少数民族传统体育运动会。坎布拉国家地质公园正式开园，麦秀国家森林公园申报成功。人口与计划生育得到加强，计划生育率达到93%，人口出生率控制在16.67‰。继续实施广播电视“村村通”工程，全州广播、电视覆盖率分别达到74%和86%。

【投资环境与招商引资】 2005年，黄南州积极组织相关部门和企业参加省内外经贸洽谈会，全年共落实招商引资项目17项，引资总额6.4亿元。黄南铝业经产权重组成立万立铝业，同仁制毯厂等一批小型企业投产。与西部矿业公司签订了矿产资源整体开发框架协议，标志着黄南州将进入矿产资源综合开发利用时期。州肉食品集团公司、河南县优干宁电站、尖扎古浪堤电站等7户企业产权转让项目得到落实，同仁热贡家园、地下商城等招商项目开工建设。与国家开发银行签订了开发性金融合作协议，为黄南州重点项目建设和特色产业发展提供了良好的融资信用平台。组团参加了第六届青洽会，在北京举办了中国·青海热贡艺术推介会，进一步扩大了热贡文化以及黄南州的知名度和影响力。

【重点项目介绍】 尕孔水电站。总投资2.6亿元，总装机容量3万千瓦，工程2005年9月开工。尖扎县供水工程。总投资1140万元，2005年8月开工建设。同仁至河南110千伏输电线路。总投资7040万元，新建110千伏同仁—泽库—河南送变电线路120公里，新建泽库、河南变电站各1座。同仁县阳光大道。总投资1274万元，新建排水、人行道、照明等工程，项目于2005年11月开工。黄南州“三江源”生态移民工程。总投资1172万元，建设400户牧民定居点，工程已完工并交付使用。

【扶贫工作与东西对口支援】 2005年，黄南州争取各类扶贫资金和帮扶资金3518.18万元，25个贫困村实施了整村推进项目。全年扶持贫困户3972户、2.19万人，新解决了1661户、0.92万贫困人口的温饱问题。农民工培训“阳光工程”全面启动，培训农牧民1700人，劳务输出达6.57万人（次），人均达到860.34元。积极与国家建设部等帮扶单位联系，争取资金。全年争取到国家建设部援助资金70万元，为泽库、尖扎两县扩建了村级小学2所，修建村级卫生室2处。香港基督教励行会援助资金67.3万元，为尖扎、同仁两县各建希望小学一所，为泽库县30户单亲妇女家庭每户修建定居房一套。辽宁省本溪市援建市政道路资金100万元，铁岭市援建市政道路资金100万元，铁岭市与尖扎县开展的教育帮扶项目资金预计达37.89万元，同时向国家建设部、辽宁省本级及本溪、铁岭两市和香港基督教励行会推荐2006年帮扶及协作项目36项，总投资10655.5万元。

【优势资源介绍】 黄南州矿产资源丰富，到2000年底，黄南州累计发现矿产53种，探明资源储量的矿产14种。发现各类矿床、矿化点220多处，探明资源储量的矿床9处，矿点、矿化点211处。有一定储量的矿种主要是铜、铅、锌、汞、砷、金、银、泥炭等。

黄南州已发现铜矿产地30余处。其中小型铜矿床5处，矿点11处，矿化点18处。主要分布在青海南山—同仁复背斜南翼，麦加—双朋西断裂的南北两侧，其他地区零星分布。铜矿多属伴生型，主要伴生元素有金、银、铅、锌等。已累计探明铜矿储量10454.78吨，其中C+D级储量8954.07吨，远景储量1500.71吨，分布在同仁双朋西、夏布楞、旁群哇、若嘿欠和尖扎坎布拉等矿床（点）中。

铅锌矿在黄南地区分布比较广泛，是本州主要有色金属矿种之一。已发现一个中型矿床，一个小型矿床，9个矿点，21个矿化点。两地共探明铅金属储量105007.53吨，锌金属储量58698.72吨。

汞、锑矿主要分布在南黄州南部、东南和中部。河南县赫格楞汞锑矿位于河南县城东67公里的赛尔龙乡阿日赫夏—赫格楞一带。矿区共圈出31个汞矿体，7个汞锑矿体，15个锑矿体，4个砷矿体。

青　海　省

海南藏族自治州

【经济与社会发展】　2005年，海南藏族自治州（以下简称海南州）经济快速发展，全年GDP达到29.05亿元，同比增长11.3%。实现地方一般预算收入1.01亿元，增长20.2%；财政支出7.88亿元，增长17.77%。城镇居民年人均可支配收入6850元，增长8.7%，农牧民年人均纯收入2442元，增长8.15%。实现社会消费品零售总额5.55亿元，增长13.2%。

"三农"工作扎实有效，农牧区经济稳步发展。各地围绕"农牧区稳定、农牧业增效、农牧民增收"这个主题，强化对"三农"工作的支持，有效促进了农牧区经济发展。全面落实各项惠农政策，兑现种粮补贴265.7万元，免征农牧业税及附加1739万元，农牧民人均减负57.69元。积极发展特色种植业，全州播种农作物88.47万亩，比上年增长2.62%；订单农业面积达9417亩，比上年增加7175亩，增长320%；引进良种71.7万公斤。粮油总产达11.7万吨，增长17.5%。积极发展现代高寒草地畜牧业，鼓励和支持奶产业、羔羊产业、草产业发展，共引进各种优良畜种5684头（只），完成藏系羊本品种选育20.7万只；舍饲半舍饲规模达到7000余户120万头（只），完成羔（幼）羊出售43万只，生产效益稳步提高。加强农牧区基础设施建设，改扩建人畜饮水管道257.2公里，解决了2.02万人21万头（只）牲畜的饮水困难问题，改善农田灌溉面积3.32万亩；新建66个村的通村砂路966公里，硬化17个村的村道93公里；新建高标准畜棚1276座16.19万平方米，节能日光温室达到3617座1808.5亩，建成草地围栏51.23万亩，设施农牧业水平不断提高。完成农牧民技能培训4120人，输出农牧区富余劳动力8.7万人（次），比上年增长16%，实现劳务总收入1.48亿元，人均收入1700元，劳务收入占农牧民收入的比重达20%。生态保护和建设力度进一步加大，完成人工造林10万亩，退耕还林草工程14.51万亩，封山育林9.8万亩，公益生态林补偿面积98.4万亩，补偿资金达442.8万元；"三江源"生态保护建设项目稳步推进，完成休牧育草8万亩。

工业经济继续保持良好的发展势头。全年实现工业增加值5.38亿元，同比增长25.2%，工业企业产销率为99.21%，同比提高1个百分点。水电、有色金属矿产采选和硅铁、碳化硅、水泥等重点行业支撑了工业的快速增长，支柱产业占全州工业的比重达70%。尼那电站、赛什塘铜矿等股份制企业迅速发展，全州现有股份制企业达13家，占企业总数的65%，年内实现工业增加值1.21亿元，占规模以上工业增加值的25%。

固定资产投资稳步增长，全年完成固定资产投资25.8亿元，增长25.4%。重点实施了塘格木及巴仓异地扶贫、大水和娘堂病险水库加固、扶贫开发整村推进、退耕还林草、农业综合开发等农林水利工程。恰卜恰至青海湖公路、恰卜恰至姜路岭公路、贵德至循化（贵德段）公路等工程正在建设中。建成了一批文教卫生工程。

旅游业快速发展，藏族部落村、二郎剑景区祭海台、观鸟台等项目相继投入使用。贵德县梨花别墅三期和黄河民族风情园三期建设相继完成。成功举办了第二届黄河文化旅游节、第三届青海湖文化旅游节，协办了第四届环湖赛，组织旅游企业和各县旅游主管部门参加第六届“青洽会”，加大旅游项目推介力度，提高了海南的影响力和知名度。全年共接待游客64万人次，实现旅游收入6240万元，分别增长3.73%和92%。

认真实施“二期”义教、农牧区寄宿制学校、中小学危房改造和农牧区中小学远程教育四大工程，开工建设教育项目292项，总投资7492万元，实施中小学远程教育项目211项，信息技术教育覆盖面达95%。兑现“两免一补”资金800万元，其中省级308万元，有效提高了贫困地区适龄儿童、少年的入学率和巩固率。进一步加快“两基”攻坚步伐，在巩固共和、贵德“两基”成果的基础上，贵南县顺利通过省级“两基”验收。卫生工作健康发展，农牧区新型合作医疗试点覆盖全州。投资966万元，实施卫生建设项目10项，卫生基础设施条件进一步改善，地方病和传染病防治工作得到加强，应对突发公共卫生事件的能力进一步提高。人口和计划生育工作进一步加强，全年投入计划生育事业经费440万元，拨付转移支付资金116万元；全面落实计划生育奖励、扶助政策，共兑现奖励资金136.8万元，奖励面达100%。计划生育率为97.9%，人口自然增长率为8.94‰。州县电视传输网络工程顺利建成，“村村通”工程继续延伸，广播、电视覆盖率分别达到88%和87%。

社会保障体系更加完善，继续巩固“两个确保”，切实抓好“三条保障线”建设，建立企业劳动保障诚信等级评价制度，养老、医疗、失业、工伤等社会保障覆盖范围不断扩大，保障能力明显增强。全州有27012名城镇居民享受最低生活保障，19424人参加医疗保险，8719人参加养老保险，2007人参加工伤保险，社保资金发放率达100%。全面落实就业再就业工作目标责任制，在全州19个社区建立了劳动保障工作站，免费培训下岗失业人员1650人，为下岗失业人员提供用工岗位4396个。争取省再就业补助资金429万元，落实省国有企业结构调整补助资金1015万元，安置职工1256名，同比提高3%；城镇登记失业率为3.4%，比上年下降0.4%。扶贫开发整村推进项目进展顺利，受益群众2815户16693人。

【投资环境和招商引资】 2005年，海南州以“服务零障碍、环境零缺陷、办事零梗阻”为基本要求，围绕“四项清理”、“五项整顿”、“六个建立”等重点环节，着力解决投资环境建设中政策不落实、服务不到位、办事效率低等突出问题，认真组织开展了各项治理活动，基本达到了预期目标，收到了良好的效果。通过治理活动，进一步加强了政府和企业的相互交流与沟通，增进了政府与企业的相互理解与信任，有效解决了一些影响企业发展的问题和实际困难，使我州的投资环境得到了进一步改善。

2005年，先后组织各县和有关部门参加了“西交会”、“昆交会”等经贸洽谈会，在由省政府委托海南州政府组成的30多人青海省经贸代表团参加“第十六届中国哈尔滨经济贸易洽谈会”，期间成功举行了“青海省投资环境说明会”，收到较好效果。在第六届“青洽会”上，推出了涉及基础设施、生态环境保护、优势资源开发、房地产开发等30多个项目，通过与各方客商的广泛接触，日龙沟锡矿、尕干曲梯级电站、青海湖民族风情园、黄河生态旅游渡假区等18个项目分别同内蒙古、浙江、新疆、上海、江苏、山东、北京等地的客商签订了合作协议，总投资达4.9亿元。还与湖北十堰市签署了缔结友好州市的协议书，签订了《湖北省十堰市与青海省海南藏族自治州合作框架协议》，并设立海南州与十堰市友好州市工作联络处，初步议定了贵德芦花湾房地产开发、共和县东风系列车3S店建设、共和牛羊皮革加工等合作项目的意向性协议，协议资金额6500万元。在“青洽会”签约的项目中，已有9个项目开工建设，履约率达50%。已开工建设或已完工投产的包括共和宝羚墙体厂、青海湖肉业、香格里拉房地产开发、都兰电站、贵南干休所、尕曲梯级电站等9个项目，全年已到位资金4790万元。

【重点项目介绍】 共和县娘堂水库工程。总投资1428万元，库容1080万立方米，2005年7月开工建设，已累计完成投资1000万元。共和塘格木异地扶贫工程。总投资1200万元，2005年4月开工建设，已累计完成投资1000万元。海南州贫困村扶贫开发整村推进工程。总投资1430万元，2005年4月开工建设，已建成。贵南县巴仓异地扶贫移民安置项目投资2600万元，异地搬迁安置1000人，于2005年5月开工建设，已建成。

共和县恰卜恰至青海湖公路工程。总投资4000万元的，三级油路全长51公里，2005年5月开工建设，已建成通车。贵德至循化公路（贵德段）工程。总投资2200万元，三级油路全长24公里，2005年5月开工建设，已建成通车。

二郎剑输电线路工程。总投资1200万元，2005年4月开工建设，已建成。151景区供热工程。总投资1600万元，2005年4月开工建设，已建成。共和鑫绿源肉食品加工项目。总投资3500万元，年加工生产牛羊肉500吨，2005年4月开工建设。

青　海　省
果洛藏族自治州

【经济与社会发展】 2005年，果洛藏族自治州（以下简称果洛州）经济较快发展，全年GDP完成78911万元，同比增长7.3%。其中，第一产业增加值28124万元，增长4.1%；第二产业增加值11882万元，增长9.8%；第三产业增加值38905万元，增长9.1%。全年财政一般性预算收入1691万元，增长20.53%。实现社会消费品零售总额14239万元，增长13.63%；城镇居民年人均可支配收入8348.28元，增长9.3%，农牧民人均纯收入1916.86元，增长6.03%。

畜牧业生产喜获丰收。全年完成农牧业总产值37875.83万元，同比增长2.12%。繁活各类仔畜68.84万头（只），总增各类牲畜63.2万头（只），出栏各类牲畜72.48万头（只），出栏率为32.44%，同比提高2.29个百分点；出售牲畜59.72万头（只），商品率为26.73%，同比提高2.4个百分点；母畜比例为55.02%。按照“宜羊则羊，宜牛则牛”的原则，在努力提升牧业效益的同时，调整畜种畜群结构，畜种改良和土种选育取得了新进展。出台了《果洛州以草定畜办法》，举办了专业人员培训班，完成了四个试点乡的产草量测定和载畜量核定工作。年内种植牧草8.3万亩，其中种植当年生牧草5.5万亩、多年生牧草2.8万亩，种植大黄3700亩。虫草限采实行源头控制措施，取得明显成效。

进一步发展和壮大非公有制经济，加快了国有企业退出国有序列工作步伐，使非公有制经济在国民经济中的比重不断上升，经济结构调整取得初步成效。

按照国家产业政策和资金投向，加强了以生态保护和建设为重点的各类建设项目的争取和落实工作，确保了固定资产投资的持续增长。全年完成全社会固定资产投资52106万元。有力地拉动了我州国民经济的增长，极大地改善了基础设施条件，为“十一五”期间全州经济社会更好更快地发展奠定了良好的基础。

通过积极努力，久治年宝玉则地质遗迹项目被批准为国家地质公园。积极开展旅游宣传促销活动，加快旅游景区景点设施建设，完成了阿尼玛卿介绍亭建设和“阿尼玛卿神殿”设计工作。

继续以科技培训、实用技术推广、科学技术知识普及为重点，落实科技培训计划和科技富民项目为突破口，在推广蔬菜种植、畜种改良、科学养畜等方面取得了一定成效。教育工作立足果洛实际，以“两基”攻坚为目标，以提高质量，改善办学条件为重点，巩固和扩大“义教”和扫盲工作成果，稳步推进了全州民族教育事业的健康稳步发展。久治、玛沁、玛多三县通过州级“普六”验收。办学条件进一步改善，教育教学质量稳步提高，异地办班取得新进展。年内学龄儿童入学率达到94.8%，其中牧民子女入学率达到93.6%。

卫生工作着眼解决广大牧民群众看病难问题，在积极推进农牧区新型合作医疗制度建设的同时，加大了疾病预防体系建设力度，基本完成了全州疾病控制体系建设，组织实施了医疗救治体系和乡镇卫生院建设，有力改善了基层医疗条件，提高了地区医疗服务水平。计划生育工作得到加强，全州人口出生率为16.2‰，计划生育率为94%，人口自然增长率为10.5‰。

文化工作着力为全面建设小康社会和构建和谐果洛服务，积极打造玛域格萨尔文化品牌，认真开展群众喜闻乐见的文化活动，推进移民社区文化建设。广播电视“村村通”工程和“西新工程”进展顺利，2005年全州广播电视覆盖率达到58.9%。积极开展全民健身活动，组团参加了省民运会，并取得了较好成绩。

全年实现城镇新增就业702人，培训各类人员739人，组织农牧民有序流动就业5031人次，四类下岗失业人员再就业343人，城镇登记失业率控制到4%。全面启动实施工伤保险，社会保险面进一步扩大，基础工作进一步加强，按时足额发放了企业退休人员基本养老金和失业救济金，将全州365名国有关闭破产企业退休职工纳入城镇基本医疗保险范围。扩大了牧区特困人口基本生活救助范围，对城镇特困低保对象实行了分类施保。新增4个县开展农牧区新型合作医疗试点，使农牧区新型合作医疗制度覆盖全州。

扶贫工作进一步强化领导，明确责任，狠抓落实，对口帮扶取得实效，贫困地区基础设施条件和生产生活水平进一步改善，全年落实扶贫开发资金1973万元，组织实施了6县18个整村推进项目，解决了6860名贫困人口的温饱问题和9325人、13.46万头只牲畜的饮水困难。积极开展救灾救济工作，多方争取救助物资，开展扶贫济困，使贫困人群的基本生活得到保障。

【投资环境与招商引资】 近年来，果洛州的各项建设事业得到较快发展。能源、交通、通信等基础设施落后的状况有了根本改变。公路网络初具规模，214国道横贯州境，花阿、宁久两条省道联结全州6县，总长943公里。形成了以国道、省道为主骨架，州县公路为经纬支干，县乡公路为网络的上下连通、纵横交错、较为方便的运输格局，全州公路通车里程近5982公里（含简易公路）；邮电通信经过多年建设，开通了本地电话网、数字数据网、会议电视网、公众媒体通信网以及移动通讯系统和互联网宽带业务，实现了程控交换化，传输光缆化。移动通信覆盖全州主要城镇，电话交换机总容量已达1.3万门，移动通讯用户达2.1万部；能源工业从无到有，从小到大，现已建成青海东部电网—果洛大武110千伏输电线路和大武—甘德—达日35千伏输电线路，各县均建有小水电，总装机容量1万多千瓦，实现了县县通电目标，供电质量明显提高。积极参加省内外贸易投资洽谈会，全年引进利用省外资金8240万元，招商引资工作成效明显。

【重点项目介绍】 三江源总体规划实施项目。为有效遏制三江源区日益恶化的生态环境，确保地区经济协调可持续发展，经国务院批准的青海三江源自然保护区生态保护和建设总体规划在果洛州全面启动实施。总体规划主要是由生态保护与建设、农牧民生产生活基础设施建设、生态保护支撑三大类十三个重点项目组成。果洛州境内的核心区建设地点分布于4县13个乡，包括玛多县扎陵湖、鄂陵湖、星星海；玛沁县雪山、下大武乡的阿尼玛卿山流域；久治县年保叶什则等湿地生态系统保护区和班玛县知钦乡的多柯河、玛柯河流域森林与灌丛植被保护区等，加上大面积缓冲区在果洛的总投资为13多亿元。

德尔尼铜钴矿开发项目。德尔尼铜矿是我国已探明的大型铜、钴、硫矿之一，潜在经济价值约几百亿元人民币。德尔尼铜矿全矿区共圈定25个矿体，其中Ⅰ、Ⅱ、Ⅴ、Ⅶ号矿体为主矿体，其矿体分布集中、形态简单、厚度大、埋藏浅，具备露采条件。德尔尼铜矿一期工程总投资1.8亿元，日处理矿石1000吨。已累计完成投资2.2亿元，二期工程也已经省发改委批复。德尔尼铜矿的开发，将大大缓解我国铜金属的供需矛盾，对振兴果洛经济，巩固民族地区的社会稳定，加快藏区脱贫致富步伐，有着积极的作用。

【东西对口支援】　作为省外对口帮扶单位的辽宁省对国定贫困县甘德县和达日县给予了倾力相助，援助各类资金100万元，重点解决了达日县蔬菜大棚、教学实验设备、人才培训和甘德县牧民定居点建设等。省州县三级对口帮扶单位引进和捐助各类资金877.8万元，解决了部分贫困人口的温饱问题，牧民群众的生产生活条件得到了极大改善。

果洛州组团参加了第六届中国青海结构调整及投资贸易洽谈会，邀请省内外23家客商就畜产品加工、中藏药材种植、旅游及水电等优势资源开发项目进行了具体洽谈。期间，与湖北省荆州市结成友好合作城市，并在文化、卫生等领域开展了广泛的合作。同时，先后与辽宁、湖北及本省6家企业签约了6个项目的建设协议，签约资金达13.33亿元，列全省第三位。

青海省
玉树藏族自治州

【经济与社会发展】　2005年，玉树藏族自治州（以下简称玉树州）经济保持持续增长的良好势头。全年GDP达到13.94亿元，同比增长10%。其中，第一产业增加值8.85亿元，增长5%；第二产业增加值2.09亿元，增长12.2%；第三产业增加值3亿元，增长18%。

进一步加强农牧区基础设施建设和农牧业结构调整工作力度，促进了全州农牧区经济持续稳定发展。2005年全州共建成青稞生产基地8万亩，洋芋生产基地5000亩，蔬菜大棚100栋，优质饲草料基地1900亩，鲜奶供应基地3处，牛羊育肥基地3处、规模达6200头只，16亩中藏药材试种和野血牦牛提纯复壮工程试验成功。油料、蔬菜等经济作物在农作物播种面积中比重增大。全年牲畜出栏率37.66%，商品率30.21%，牲畜总增率达34.39%，年末牲畜存栏为277.88万头（只）。农业生产形势稳定，全年粮油总产量达到19888吨，比上年增长2.63%。新建人畜饮水点管道工程5处，挖井12眼，解决了3800人，14400头（只）牲畜的饮水问题。

举办编织技术、畜疫防治、畜种改良等各类培训班25期，培训农牧民实用技术人员680人。全年组织劳务输出29976人次，组织农牧区剩余劳动力开展副业生产和多种经营，人均收入776.45元，同比增长7.45%。工商、地税部门从营业税、城市维护建设税、教育费附加、所得税及税务登记证工本费等5项税费征缴上，推出了专门针对生态移民发展后续产业的税费优惠政策，为生态移民“第二次创业”提供了优惠政策。

工业生产运行平稳，电、砖、网围栏、鲜冻畜肉等主要工业产品产量稳定，实现工业增加值2578.4万元。非公有制经济得到快速发展，全州个体工商户达到2535户，注册资金3951.5万元，从业人员5016人，分别比上年增长10.6%、17.5%和11.9%；私营企业达到67家，注册资金达到5514.8万元，从业人员近891人，分别增长26.4%、23%和3.2%。非公有制经济继续保持了平稳增长的势头。

固定资产投资力度加大，基础设施建设步伐明显加快。全年共争取落实各类基础设施建设项目189个，资金总额达10.15亿元，有力地促进了全州固定资产快速增长，加快了基础设施建设步伐。全年完成全社会固定资产投资7.3亿元，增长24.71%。

旅游业快速发展。年内共接待国内外游客51420人次，实现旅游收入2570万元，两项同比均增长10%。宾馆、旅行社、餐饮业等服务业得到较快发展，接待能力逐年增强。安冲腰刀、民族服饰、陶艺、佛教工艺品、嘛呢石刻、藏式帐篷等为主要内容的“小巨人”战略逐步得到落实，开辟了农牧民增收的新途径。邮政、移动通讯、客运业稳步发展，年内实现客运量10.62万人，旅客周转量70091万人公里，比年年增长12%和6%。

扶贫开发成效明显，全年共实施整村推进项目97个，总投资达2710万元，覆盖6县29乡39村，扶持贫困人口4543户21990人。总资金规模802万元的玉树、称多两县藏茵陈保护与开发，称多县芫根饮料加工，曲麻莱县风干肉加工，称多、囊谦县异地扶贫，囊谦县娘拉蔬菜基地，玉树、囊谦县藏毯加工等7个项目实施取得实质性进展。年内可以解决9700人的温饱。人民生活水平不断提高，城镇居民可支配收入8605.01元，增长9.2%；农牧民人均纯收入1793.9元，增长7.91%。城乡市场繁荣，全年实现消费品零售总额2.3亿元，增长10.59%，居民的购买力水平逐步提高。

财政金融运行平稳，全年完成地方一般预算收入2669万元，同比增长34.8%；完成地方一般预算支出68383万元，增长28.99%。金融运行基本平稳，年末金融机构各项存款余额90171万元，比年初增加24319万元。各项贷款余额63641万元，比年初减少3631万元。

以退耕还林（草）、天然林保护、长防林建设为重点的林业生态工程顺利实施。全年共完成退耕还林还草5.7万亩（其中退耕地造林种草2.7万亩，荒山造林种草3万亩）；完成天保工程人工造林500亩，封山育林（草）1.7万亩，森林管护573万亩；育苗100亩，完成义务植树和庭院绿化、四旁植树60万株；通天河、索加、曲麻河等3个核心保护站基建已完工。

集中加强“两基”攻坚和教育基础设施建设、积极推进教育改革、调整学校布局，加大异地办学和集中办学力度等关键性措施的落实，促进了教育事业的稳步发展。认真落实“两免一补”政策，春秋两季给小学生、中学生共免费发放教课书64832套，6县减免杂费30万元，省州拨付助学金1045.88万元。拓宽了办学路子，共选送小学、初中、高中学生233名在外地接受教育。全州适龄儿童入学率86.8%，青壮年非文盲率78%，“两基”人口覆盖率22.5%，分别增长5.85%、4%和4.65%。

大力推进“文化进村”和“三下乡”等活动，落实了一批“村村通”工程项目，进一步扩大了广播电视覆盖面，广播人口覆盖面83.65%，电视人口覆盖面58.84%。总投资近5000万元的“村村通”通讯工程全面实施，年内44个乡镇和乡镇临近村实现了通移动电话。积极筹备第五届康巴文化艺术节，前期工作正在有序进行。高度重视以玉树土风歌舞为重点的“三江源”旅游文化建设，通过举办赛马节、组织专业团体和民间业余舞蹈队到省会西宁、四川九寨沟等地宣传演出，提高了玉树的知名度。

在杂多、玉树、称多、囊谦四县相继开展了农村牧区新型合作医疗试点项目，治多、曲麻莱两县也于11月纳入了试点范围，实现了新型合作医疗的全覆盖。全州共有162092名农牧民群众参加新型合作医疗，参加率达到85%以上；高度重视全州疾病预防控制体系、医疗救治体系和疫情信息网络建设，卫生基础建设投入达到928万元。继续抓紧抓好计划生育目标责任管理，积极开展计划生育巡回技术服务和计生专干培训、育龄妇女生殖健康知识培训，全州人口计划生育率达到90%，人口自然增长率控制在13‰以内。

认真落实再就业政策，多形式引导就业，多渠道增加就业。全年城镇失业人员实现就业732人，城镇新增就业人员715人，安置复员退伍军人13人，全州城镇登记失业率为2.9%，农村剩余劳动力转移就业29999人（次）。加强城镇低保和农村困难群体的救助工作，为全州9544名低保人员已发放全年保障金1694.3万元，其中低保金1542万元，冬季燃料补助款91.4万元，大病救助60.9万元。全年发放就灾资金422.2万元，救灾粮428万斤，特困人口救助体系建设框架基本形成。全年为企业离退休人员发放养老金944万元，发放率为100%，为21人发放失业金53750元。

【投资环境与招商引资】 2005年，玉树州投资环境进一步改善，交通建设已实现以结古为中心，以国道干线为主骨架，以县乡公路为辐射的公路交通网络，以府结古镇至各县县城已形成黑色化。

全州现有电站20座，总装机容量达17157千瓦。其中州级电站3座，装机容量9550千瓦，电力充足。县以上行政区与生活及生产用水均为自来水，州府结古镇已建成日供水3000吨的水厂，完全可解决城镇的生活及生产用水。邮电通讯事业快速发展。西宁至玉树长途通讯光缆实现光纤化，州府结古镇及6个县与国际国内通讯实现程控化。无线寻呼、移动通讯和联通已开通使用。目前交换机总容量2万门，实占率1500门。

通过组织参加“郁金香节·玉树宣传日”、“青洽会”和举办赛马节，积极参与各种经贸洽谈活动，大力宣传了我州的自然风光、民俗风情、优势资源、特色产品、重点项目。郁金香节签订项目合同4个，签约资金5600万元；青洽会签订项目合同8个，签约资金1.1亿元，落实项目6个，实际到位资金7800万元。

【重点项目介绍】 龙青峡水电站。主体建筑的地板、溢流坝坝体及冲砂闸闸墩已全部完成，主、副坝厂房排架柱机型车梁已完成，累计完成各项投资2916万元。拉贡电站。累计完成各项投资7057万元，引水枢纽基础开挖、平台开挖、尾水基础开挖、溢流坝、主副厂房、消力池地板、厂房枢纽导流工程等已全部完成。聂恰二级电站。设计已审查通过，工程于9月份破土动工，累计完成投资787万元。

杂多县旦云莫云公路、治多县索加公路、曲麻莱县麻多乡三条通乡公路已完成90%的施工任务、全州72条通村公路、乡村独立钢索吊桥等工程已全部建成。

三江源自然保护区生态保护和建设。总投资75亿元，生态治理面积15.23万平方公里。为组织实施好此项工作，玉树州成立了三江源自然区生态保护和建设总体规划实施领导小组。玉树州三江源生态保护区项目的实施方案的修编工作和2005年度退耕还林、水土保持、生态移民、人畜饮水、封山育林、森林草原防火、鼠害防治、小城镇移民社区和农牧民培训的实施方案的编制工作已完成。

退牧还草工程。2003年退牧还草工程已

通过省级验收。2004年的退牧还草工程已完成总工程量的50%左右，主要建设内容为围栏建设、草原改良、禁牧舍饲、技术推广等。

青 海 省

海西蒙古族藏族自治州

【经济与社会发展】 2005年，海西蒙古族藏族自治州（以下简称海西州）完成GDP134.34亿元，同比增长16%；人均GDP4000美元。实现财政一般预算收入20.15亿元，增长36.3%。其中，地方一般预算收入6.16亿元，增长36.6%；年末各类金融机构各项存款余额91.72亿元，增长19.3%；各项贷款余额44.9亿元，增长7.8%。

农村牧区经济快速发展，认真贯彻落实国家免征农牧业税及粮食直补、良种补贴等惠农政策，农牧民种植养殖和投入的积极性进一步提高，农牧民人均收入继续增加。全年农作物播种面积37.91万亩，比上年增长1%。其中，粮食播种面积22.67万亩，增长11.2%；油料播种面积11.68万亩，下降13.2%，其他作物种植面积3.55万亩，下降3.8%。畜牧业生产保持了稳定的发展势头。全年共产各类仔畜99.45万头（只），育活仔畜87.21万头（只），仔畜成活率87.69%；全地区草食牲畜总增82.73万头（只），总增率40.05%；年内出栏79.7万头（只），出栏率38.58%，商品率达32.47%。全年投入1.9亿元资金，集中解决农牧区基础设施和公共设施建设滞后问题。设施农牧业、订单农牧业快速发展。新建畜用暖棚2861栋、日光节能温室1200座，完成牛羊订单10.4万头只。全年培训农民工4076人，输出农村富余劳动力5.58万人（次），实现劳务收入8536万元。

工业运行质量大幅提升。加大了煤炭、钾肥等行业的整合力度，强化对工业运行的监测协调，加大对重点地区和企业协调服务力度，努力缓解了工业经济运行中电力、运输和资金等瓶颈制约。90万吨纯碱等一批新的工业项目陆续建成投产，工业发展后劲增强。主要工业产品产量大幅度增长，产销衔接良好，工业经济效益明显提高，全州工业保持了快速增长的态势，全年完成增加值90.13亿元，同比增长22%，产品产销率为95%，65户规模以上工业企业实现利润51.2亿元，增长88.1%。

第三产业发展势头良好。随着一批工业产品产量的大幅度增长，全州交通运输、邮电通讯、商贸饮食、旅游、文化娱乐等进一步发展，一些新的消费领域逐步扩大，经济发展的活力进一步增强。全年第三产业实现增加值29.75亿元，同比增长12.9%。

2005年，海西州加大了项目和资金争取力度。全年实施项目271个，其中新开工187个，竣工投产项目161个。完成固定资产投资72.06亿元，同比增长2.5%，其中州属完成36.45亿元，增长48.6%。柴达木循环经济试验区被列入国家第一批试点产业园区。

随着全州经济和城乡居民收入的快速增长，各类市场和服务设施的建设，以及教育、旅游、房地产、电信、个人消费信贷等消费领域的扩大，拉动了消费品市场，全州消费品市场一直保持着良好的态势。全年完成社会消费品零售总额17.82亿元，增长13.5%。

教育工作取得新进展。建成了全州12所学校教学楼、12所学校危房改造项目，开工建设了德令哈市一中扩建、幼儿园重建项目和全州中小学远程教育项目，教学条件进一步改善。落实“两免一补”政策，农牧区义务教育阶段贫困学生和城市低保家庭子女上学难的问题得到有效解决。全州“普九”人口覆盖率达到94.4%，学龄儿童入学率达到99.2%。强化了教育资源整合工作。

全面完成了海西州疾控中心、州医院门诊综合大楼及州县两级传染病区改造等项目，组织实施了医疗救治体系和乡镇卫生院建设，有力改善了基层医疗条件；农牧区新型合作医疗试点工作稳步推进。广播电视“村村通”工程进展顺利，全州广播、电视人口覆盖率分别达到90%和92%。建成德令哈市文化活动中心项目，开工建设州民族歌舞团综合楼，冷湖行委文化图书馆项目。计划生育工作继续得到加强，巩固扩大“少生快富”和“奖励扶助”双试点成果，全州人口自然增长率控制在8.4‰。

社会保障体系进一步完善，落实各项就业、再就业优惠政策，积极开发公益性岗位，优先安置城镇零就业家庭成员就业。实现城镇新增就业5235人，城镇登记失业率控制在2.74%以内。积极稳妥推进国有企业下岗职工基本生活保障向失业保障并轨，启动实施工伤保险。扩大了对农牧区特困人口基本生活救助范围，对城市低保对象实行分类施保。提高了低保标准、最低工资标准和企业离退休人员养老金标准，进一步规范津贴补贴等政策措施，增加了居民收入。

【投资环境与招商引资】　海西州基本形成了以格尔木、德令哈市为中心，以国道、省道为骨干，以县、乡、专用道路为脉络的公路交通网。加大了对邮电通讯建设的投入，努力改善通讯条件，完成了各县、市、行委市话扩容改造工程、移动通信工程、马海矿区、东西台矿区、木里矿区移动通信工程建成投入使用，引进了一批具有国际先进水平的通信设备和技术，使海西州通信网络整体水平上了一个台阶。全州固定电话用户达到16.11万户，移动电话用户达到15.3万户。实施了城市道路、集中供热、供排水、垃圾处理场、城市绿化亮化、公园广场、房地产开发、天然气管网等建设，格尔木、德令哈两市城市面貌发生了巨大变化，城市服务功能进一步增强，投资环境明显改善。全州城镇化水平已达到65%。建成了110千伏乌兰—德令哈双回路、乌兰—都兰、格尔木—锡铁山、格尔木—甘森和35千伏达布逊—东台、锡铁山—大煤沟输变电工程以及一、二期农网改造工程，开工建设了110千伏热水—江仓—木里、锡铁山—马海湖输变电工程，海西州长期缺电的历史得到了根本性的转变。

全州各地依照国家有关法律、法规，按系统对收费（基金）项目、现行收费标准、收费依据逐一进行了再次清理，进一步净化了收费（基金）的收取和管理系统。在项目的审批上，实行了按权限审批、申报和备案制度。全州坚持依法行政，坚持体制和机制创新，严格执行《行政许可法》，认真贯彻《青海省实施西部大开发政策的实施意见》等一系列优惠政策，集中开展了改善投资环境治理年，努力营造了重商、亲商、爱商的良好氛围，为招商引资和经济发展创造了良好的“软环境”。为柴达木盆地的新一轮大开发、大发展创造了良好的条件。

2005年，海西州把招商引资工作作为加快地区发展的重要举措，牢固树立“人人都是投资环境”的理念，紧抓历史机遇，谋求长远发展，全方位开展招商引资工作，组织参加“青洽会”、“夏洽会”、“中国盐湖城旅游文化节”等各类经贸洽谈会，积极引进外资。积极主动开展综合招商、定向招商、项目招商等多种招商活动。逐步建立利用外资的激励机制，加强和充实招商引资活动基金，保证招商引资活动经费开支，切实做到机构、人员和经费三落实。在宣传造势、扩大影响、凝聚力量、加强合作方面取得了重大成果，引资工作实现历史性突破。全年共签约项目119个，实施项目70个，实际到位资金50.03亿元。一大批重点项目的相继开工建设，有力地拉动了全州工业经济的快速增长和其他相关产业的迅猛发展。

【重点项目介绍】 盐湖集团钾肥综合利用一期、中信国安西台吉乃尔湖锂钾硼资源综合开发、地矿集团察尔汗盐湖霍布逊区段年产10万吨氯化钾、青海义海公司大煤沟90万吨煤炭开发、肯德柯克铁矿开发等一批新的优势资源开发项目开工建设，青海油田油气资源勘探开发、30万吨甲醇、格尔木30万吨甲醇，黄河上游水电开发公司格尔木30万千瓦天然气电厂，青海锂业盐湖提锂及综合利用产业化示范，冷湖滨地钾肥公司大盐滩钾资源开发、青海煤业鱼卡公司90万吨矿井工程等一批油气资源、盐湖化工、煤炭开发等工业项目进展顺利。青藏铁路格拉段全线铺通，西格段二线应急工程开工建设。基本建成315国道察汗诺—德令哈段、西部通道当金山—花土沟公路改造和天木公路。德令哈—乌兰、锡铁山—鱼卡、热水—江仓—木里110千伏输电工程及主要城镇道路、污水处理、供水管网等市政建设项目进展顺利。农牧区基础设施和生态环境建设快速推进。开工建设了二市、三县及柴旦行委乡村道路工程，新建四级砂路13条282.21公里，村级硬化路8条27.68公里，小桥3座104.66延米。完成德令哈、都兰11个村通电话工程及都兰县沙拐枣采种基地建设工程。德令哈市、都兰县、乌兰县三地区2568户牧民防灾基础设施建设工程、乌兰、都兰县青稞基地建设工程、乌兰县茶卡镇巴力河滩、德令哈市怀头他拉镇、格尔木农场等7个节水灌溉工程、天峻县新源镇天棚乡关角管道工程、格尔木市河东、河西地区和花土沟镇牧羊新村等11个人畜饮水工程、唐古拉山乡退牧还草及生态移民等工程基本建成。退耕还林（草）、荒山造林等建设工程稳步推进，全年完成退耕还林（草）面积63.5万亩，其中，荒山造林种草30万亩，封山（滩）育林草33.5万亩。

新疆维吾尔自治区
克孜勒苏柯尔克孜自治州

【经济和社会发展】 2005年，克孜勒苏柯尔克孜自治州（以下简称克州）经济保持了稳定增长。全年实现GDP17.47亿元，同比增长7.8%。其中，第一产业增加值5.27亿元，增长6.1%；第二产业增加值2.76亿元，增长7.7%；第三产业增加值9.44亿元，增长9%。人均GDP3654元。

农业生产和农村经济平稳发展，全年农林牧渔业总产值101442万元，同比增长7.5%。农田总播种面积65.6万亩，受国家产业政策和市场价格因素影响，粮食、蔬菜、瓜果种植面积有所增长，棉花、油料种植面积下降。粮食产量17.1万吨，增长3.3%，棉花产量7761吨，下降5.9%，油料产量954吨，下降2.6%。全年完成造林面积4.35万亩。年末实有果类面积20.04万亩，比上年增长2.8%，产量6.42万吨，增长33%。其中，葡萄面积7.44万亩，产量4.31万吨，杏面积11.27万亩，产量1.83万吨。牲畜出栏较快，牲畜商品率继续上升，年末牲畜存栏数155.99万头（只），比上年下降1.7%，肉类总产量2.71万吨，增长13.1%，奶类产量24798吨，增长5%。继续提高改良技术和改善繁殖条件，牲畜繁殖成活数100.42万头（只），繁殖成活率95%。牲畜出栏数102.9万头，增长12.9%，商品率为56.4%。

工业生产稳步增长，行业结构得到进一步调整。全年全部工业企业完成产值3.27亿元，同比增长16.4%。其中，规模以上企业完成产值2.47亿元，增长33.2%，规模以下企业完成产值8000万元，下降16%。规模以上工业企业经济效益有所增长，实现销售收入2.35亿元，增长39.9%，实现利税总额1353万元。企业亏损面35%，比上年下降8个百分点。

固定资产投资结构进一步改善。全社会固定资产投资总额完成8.42亿元，同比增长13.12%。按经济类型划分，国有经济投资5.74亿元，增长31.6%；非国有经济投资2.68亿元，下降13.1%。

旅游业发展较快，全年接待国内外游客15.82万人次，增长30%。其中，国内游客14.35万人次，增长32.4%，国外游客1.47万人次，增长9.7%，旅游总收入达3163万元，增长30%。

财政收入稳定增长。全年实现地方财政收入9420万元，同比增长18.3%。其中，实现工商税5362万元，增长25%，农牧业税76万元，下降88.6%。财政支出114077万元，增长28.4%。金融运行平稳，年末金融机构各项存款24.51亿元，比年初增加3.04亿元，增长14.17%。储蓄存款增幅显著，年末城乡居民储蓄存款余额13.67亿元，增长13.8%。各项贷款9.6亿元，增长7.1%。

社会保障事业均衡发展，人民生活水平进一步提高。年末克州总人口476051人，其中，城镇人口126588人，占26.6%；人口出生率为17.48‰，自然增长率13.65‰。城镇居民可支配收入5350元，同比增长2.9%。农牧民人均纯收入1452元，增加46元，增长3.3%。有24035城市贫困人口享受了最低生活保障，比上年增加2366人。有45407名城镇职工参加了基本医疗保险，参保率100%（在职工）；养老保险人数8662人；失业保险人数20415人。年末实有登记失业人数893人，下降55%，登记失业率3%。

【投资环境与招商引资】 2005年，克州在投资环境建设工作中，注重营造诚信氛围，丰富诚信内涵，打造诚信品牌，树立诚信形象，最大限度地追求和实现承诺与践约的有机统一。一是狠抓政策的落实到位。凡在招商引资过程中承诺的优惠政策都要不折不扣地予以兑现，由于政策原因不能落实的许诺，在积极争取政策支持的同时，在政策允许的范围内最大限度的帮助企业化解风险，帮助企业把由此造成的损失减少到最低程度。二是狠抓服务的全面到位，将服务贯穿于招商引资工作的全过程，扎实推行“一站式”服务，狠抓服务时限的缩短、服务态度的改进、服务水平的提升、服务质量的提高。三是进一步解放思想，转变观念，为招商引资落户企业提供政策、法律、金融等各方面的支持，促其超常规发展。同时，认真落实非公有制经济发展的各项政策措施，是落实好非公有制经济与公有经济享受同等待遇这一政策，鼓励、引导个体私营经济发展，努力使非公有制经济在规模和比重上有新的突破，促进经济结构多元化格局的形成。四是继续坚决制止乱收费、乱罚款、乱摊派，为非公有制经济发展创造良好的环境。

招商引资取得可喜成绩，全年引进各类项目65个，新执行项目48个，区外项目34个，合同引资35.29亿元，当年执行合同3.76亿元，同比增长16.4%。矿产资源优势转化为经济优势迈出实质性步伐。

【东西对口支援】 根据中央和自治区对口扶贫精神，2005年，在江西省对口支援克州的基础上，新增辽宁省、中国华能集团对口支援克州。为发挥辽宁、江西、华能在经济、科技、教育、人才、资金、技术、管理等方面的优势，根据自治州产业发展方向，结合《克州国民经济和社会发展“十一五”规划基本思路》，编制出《对口支援克州项目建设规划》，建立了对口支援项目信息库，在优势资源转换、基础设施建设、生态环境治理、社会事业发展等重点领域加强对口支援合作与交流，形成互惠互利的“双赢”格局，实现良性互动。

【重点项目介绍】 盖孜河布仑口—公格尔水电站。是克州及喀什地区可以共同受益的综合利用水利枢纽工程。布伦口水库是盖孜河中游河段的龙头水库，也是该河惟一具有多年调节性能的控制性水库。是具有灌溉、发电、防洪和改善生态环境等综合利用的大型水利枢纽工程。电站装机容量 4×5 万千瓦，保证出力 6.89 万千瓦，多年平均发电量 6.582 亿千瓦时，装机年利用小时数 3291 小时。总投资 17.417 亿元。项目前期核准工作已基本结束，新疆安华能源开发公司的资料已报送新疆外经贸厅预审，外方投资商已对该项目进行了评估论证。

切列克其铁矿采选项目。位于阿克陶县布伦口乡境内中巴公路 177 公里处西侧，距中巴公路 8 公里处的切列克其铁矿，矿产资源丰富，铁矿石总储量 4960 万吨。经招商引资，甘肃建新实业集团成立克州亚星矿产资源集团有限公司对该矿区进行开发。项目包括铁矿开采和选矿两部分，生产铁矿石规模为 200 万吨/年，铁精粉 114.12 万吨/年。总投资 5.38 亿元。采矿项目已完成并投产，选矿项目在建设中。

开普太希水利枢纽。项目位于乌恰县库孜洪河下游开普太西山口，坝址距已建成的库孜洪河渠道上游 2 公里，离县城 3 公里，交通便利，水资源丰富。总库容为 976 万立方米，坝高 38.4 米，总投资 7343 万元。建成后可改造低产田 2 万亩，培植经济林 5 万亩，水土开发草料基地 10 万亩，解决县城居民和黑孜苇乡的人畜饮水问题。项目前期工作已进入可行性研究报告审查、审批阶段。

克州工业园区。为新型工业化发展提供强大载体，打造发展平台，克州着手阿图什市“一园三区”建设，即：以皮革加工为主化工工业区；以有色金属冶炼、水泥建材、钢铁生产为主的重工业区；依托本地和周边特色农产品资源，以农副产品精深加工、食品加工，出口小家电生产、日用百货生产为主的轻工业加工区。化工工业区已完成水、电、路等基础设施建设，已入驻皮革厂、明胶厂；轻、重工业区已完成园区规划，园区内道路已开工建设，水、电、暖、部分道路等基础设施建设均对外招商。

【口岸建设】 通往中亚的口岸通道逐步完善，口岸经济趋于活跃，对外贸易大幅增长。伊尔克什坦口岸和吐尔尕特口岸全年进出口货物量达 63.43 万吨，增长 11.5%，进出口货值 7.37 亿美元，增长 82%；克州边贸企业进出口贸易总额 5876 万美元，同比增长 46.4%。

2005 年，克州党委、人民政府确立将克州境内的伊尔克什坦口岸由边界下迁至乌恰县城内，以将乌恰县城建设成进出口贸易基地为目标，大幅扩大畜产品及矿产进口和日用百货、电子、机械产品出口，大力发展口岸边民互市贸易和旅游购物贸易，重点发展出口至中亚国家的加工贸易。

【“十一五”发展目标】 “十一五”期间，GDP 年均增长 12%，全社会固定资产投资五年累计 70 亿元，地方财政收入年均增长 12%，城镇化水平达到 32%，口岸通关过货量达到 150 万吨，货值达到 20 亿美元；外贸进出口总额达到 1.6 亿美元，年均增长 22%，实际引进州外资金累计 50 亿元，人口控制在 52 万人以内，人口自然增长率控制在 14‰以内，森林覆盖率达到 2.84%。主要污染物排放总量控制在国家规定的标准内，全面普及九年义务教育，初中毕业升学率达到 60%，完善各级医疗卫生服务体系，全面建设乡镇级卫生院和村级卫生室，新型农牧区合作医疗基本覆盖农村居民，城镇居民人均可支配收入达到 7860 元，年均增长 8%，农牧民人均纯收入达到 1952 元，力争突破 2000 元，全州基本实现从业人员均参加基本养老保险和基本医疗保险，城市登记失业率控制在 4% 以内的发展目标。

新疆维吾尔自治区
巴音郭楞蒙古自治州

【经济与社会发展】　2005年，巴音郭楞蒙古自治州（以下简称巴州）经济快速发展，全年实现GDP325亿元，同比增长14%。其中，第一产业增加值49亿元，增长11.4%；第二产业增加值214亿元，增长17%；第三产业增加值62亿元，增长8%。全年完成地方财政收入13.23亿元，同比增长20.3%；完成全社会固定资产投资162亿元，增长6%；实现进出口总额3349.77万美元，下降11.67%；完成社会消费品零售总额41.07亿元，增长10.79%。

农业种植结构进一步优化，全年共完成各类农作物播种面积408.69万亩，比上年增长9.7%；粮食生产继续保持自给平衡，粮食作物面积99.89万亩，增长14.3%。粮食总产量40.02万吨，增长19%。经济作物面积270.33万亩，增长8.2%。畜牧业生产保持良好发展态势。年末牲畜存栏头数达到421.26万头（只），比上年增长6.1%；牲畜出栏数达到338.21万头（只），增长6.7%。肉产量11.48万吨，增长7.2%；牛奶产量10.36万吨，增长27.9%；禽蛋产量1.5万吨，增长4.9%；鹿茸产量33.6吨，增长13.4%。牧业总产值17.69亿元，增长11.1%。特色林果业建设步伐加快。以香梨、葡萄、红枣、轮南杏等为主的林果种植面积116.73万亩。主要果品总产量29.32万吨，比上年增长33.9%。当年造林面积（不包括水果林）33.28万亩。农业生产和农民生活条件较大改善。有效灌溉面积364.91万亩，增长4.5%。农村基础设施的进一步完善，农机装备水平稳步提高。年末农业机械总动力94.37万千瓦，增长7%。

石油石化、矿业、电力和农副产品加工四大产业取得新进展，工业经济保持良好发展势头。重点骨干企业运行平稳，产品产量大幅度增加，塔里木油田分公司、巴州电力、天源化工等48家重点利税企业生产运行稳定，石油、煤炭、发电量、水泥、轮胎、造纸和番茄酱等主要工业产品产量大幅增加。地方工业显著增强，发展步伐不断加快。地方工业增加值达到16亿元，同比增长19%。

第三产业和非公有制经济快速发展。全年第三产业实现增加值62亿元，吸纳就业1.47万人，占新增就业人数的62%。鼓励和支持非公有制经济加快发展。全州私营企业达3475家、个体工商户4万多户，非公有制经济占巴州GDP、地方财政收入、吸纳就业比重分别达到20%、10.6%和60%。

城乡居民生活水平稳步提高，全年城镇居民人均可支配收入8509元，增长8.1%；农村居民人均纯收入4268元，比上年增加402元；计划生育工作进一步加强，人口素质进一步提高，人口自然增长率7.99‰；共安置就业人数2.38万人，其中安置下岗失业人员6960人，年末城镇登记失业率为2.41%。

【投资环境与招商引资】　巴州在新疆具有重要的战略地位，塔里木河形成的绿色走廊维系着新疆通往祖国内地的第二条战略通道。经过长期建设，巴州已具有较好的交通条件。国家在新疆境内的7条国道有5条穿越巴州。铁路直通西安、乌鲁木齐、喀什等地。航空班机直飞北京、乌鲁木齐等城市，建成了轮南—库尔勒、库尔勒—鄯善等输油管线，巴州首府库尔勒市是南疆地区惟一具备公路、铁路、航空、管道立体运输网络的城市。

巴州能源充足，电力总装机容量45万千瓦，已形成水力、天然气、火力发电相结合的供电体系。开都河干流水能蕴藏量达150万千瓦，规划建设9级梯级电站。目前国电公司开都河中游河段水电开发工程已开始启动实施。

巴州城市功能完善，程控电话交换容量达到26.6万门，电话普及率高于全疆、全国平均水平，移动通讯、邮政传输网络已经形成。首府库尔勒市是新疆重点建设的第二大城市，基础设施建设不断加快，道路、供水、排水等城市功能已基本配套，服务功能正逐步完善。近年来，相继获得全国文明城市、国家卫生城市、全国科技工作先进市、中国优秀旅游城市和国家环保模范城、人居环境范例奖等十几项国家级荣誉。

巴州采取了一系列措施，不断营造良好的投资环境，为招商引资和经济技术协作“搭桥铺路”、“筑巢引凤”。根据西部大开发战略的深入实施和中央关于新疆发展与稳定重大战略部署，结合巴州实际，在综合考虑各方面因素的基础上，发布实施了《中共巴音郭楞蒙古自治州委员会、巴音郭楞蒙古自治州人民政府关于进一步改善投资环境的若干意见》和《中共巴音郭楞蒙古自治州委员会、巴音郭楞蒙古自治州人民政府关于扩大对内对外开放的优惠政策》、《关于理顺库尔勒经济技术开发区管理体制的决定》，对招商引资工作进行有效政策推动；把扩大对外开放、发展对外贸易及经济技术合作作为重要突破口，在全社会形成“人人关心环境、人人参与环境、人人营造环境、事事关乎环境”的浓厚氛围。

积极组团参加“乌洽会”、“西洽会”、“厦洽会”以及对油田、友好城市招商，通过招商引资活动，宣传巴州，提高巴州知名度，全州共签订招商引资内联项目130个（其中合同92个，协议38个），总投资110.8亿元，创历年最好水平。至年底到位资金94.85亿元；其中区外投资项目到位资金77.45亿元。先后有100余家外来企业落户巴州，外来投资已成为推动巴州经济社会发展的主要动力。

【重点项目介绍】 2005年，巴州进一步加大固定资产投资力度，实施重大项目领导分工责任制，确定的42个重点建设项目进展顺利。

收尾项目：东辰公司9万吨甲醇项目已投产。库尔勒集中供热工程一期（建国路）已完工，二期（石化大道）设备已安装完毕。库尔勒农产品批发交易市场完成土建工程6万平方米。库尔勒香梨物流配送中心土建工程已全部完成，气调保鲜库已投入试运行，正在进行信息管理系统、检验检测系统、自动化加工分选线及绿化、部分场地硬化等配套设施建设。

续建项目：塔河治理巴州子项目中东泵站工程主、副厂房及安装间土建主体已基本完工，主水泵固定部分安装工作已完成。库尔勒10万亩高标准节水工程、尉犁县喀尔曲尕乡移民搬迁稳步进行。巴州特色植物及林果基地2005年新定植37693亩。若羌红枣加工综合利用种植示范基地2005年新定植苗木1.2万亩。三大灌区改造工程中，博斯腾湖灌区改造中本布图镇建新渠改造已完成，迪那河灌区改造一、二期工程已完工，三期工程落实部分国债资金，正在实施中；车尔臣河灌区改造第二分水枢纽改造工程已完工。罗布泊钾盐项目4（万吨）扩8（万吨）工程试车工作已完成。香梨股份农副产品深加工项目一期工程（名优特稀水果深加工）已完工投产，二期工程（10万头肉驴深加工）已形成3万头加工能力。红帆年产20吨番茄红素油树脂项目已实现部分投产。库尔勒机场迁建工程进展顺利。察汗乌苏水电站已正式截流。国道314线和硕至库尔勒高速公路已投入运行，315线若羌至且末塔提拉乡公路已基本完工，218线新源至库尔勒公路、315线依吞不拉克至若羌段公路工程目前进展顺利。库尔勒、且末、尉犁、若羌、博湖、和静县疾控中心、博湖、轮台、和硕、焉耆、和静县医院传染病区已基本完工，其他各县的疾控中心和传染病医院正在加紧建设。

新开工项目：巴州农田水利基本建设和高标准节水灌溉示范工程。已完成高标准节水面积31.5万亩，新增干渠47.3公里，更新改造26.3公里；新增支渠484.5公里，更新改造37.3公里；新增斗渠398.5公里，更新改造48.1公里；新增农渠93.1公里，更新改造12.1公里。和静县退牧还草项目。已完成围栏1153公里，围栏面积188万亩。农村中小学危房改造累计完成新建面积166557平方米，改造面积183689平方米。

【东西对口支援】 2005年，巴州进一步加强与河北省的对口支援协作。中央国家机关第四批援疆干部和河北省第三批43名援疆干部圆满完成对巴州三年的援助工作，三年来河北第三批援疆干部牵线搭桥，促成了一批河北企业落户巴州，开展项目合作协议70项，履约37项，总资金额达6.87亿元。河北省第三批援疆干部共为巴州争取援助项目12个，无偿援助资金345万元。43名河北省第四批援疆干部已来到巴州，继续开展对巴州的援助工作。

【经济园区】 库尔勒经济技术开发区。规划面积140平方公里，已完成基础设施建设投资2.7亿元。园区内规划设立有综合服务区、工业园区、高新技术园区和现代农业示范区等四个园区。开发区已形成石油化工、果品深加工、化纤、新型建材、生物保健等产业，已入驻企业142个。2005年实现产值5.33亿元，实缴税金2400万元。

库尔勒市乡镇个体私营经济实验区。规划面积12.3平方公里，开发面积12.3平方公里，基础设施建设投资完成672万元，已入驻企业122个，以仓储和小型综合加工为主。2005年实现产值1.5亿元，税金1900万元。

尉犁县西尼尔全国乡镇企业东西合作示范区。规划面积10平方公里，开发面积4平方公里，完成基础设施投资800万元。已形成纺织、蛭石加工、机械等产业，已入驻企业20个。2005年实现产值5.65亿元，税金1800万元。

和硕县清水河工贸经济建设开发区。占地40平方公里，已完成8.5平方公里的总体规划，完成2平方公里的详细规划，已开发面积约5平方公里，园区内基本完成“五通一平”的基础设施建设，基础设施建设累计投资890万元。已形成石材、农副产品、医药等产业，工业园区内已入驻企业33个，2005年实现产值1.8亿元，税金1800万元。

轮台县拉依苏石油化工区（原名拉依苏工业园区）。规划面积14.8平方公里，完成基础设施投资1000万元，已入驻企业6个。2005年实现产值10亿元，税金1.9亿元。

轮台县红桥石油服务区（原名红桥工业园区）。规划面积10平方公里，完成建设规划面积2.5平方公里，完成基础设施总投资2255.2万元，已入驻企业29个。2005年实现产值4.63亿元，税金8812万元。

焉耆县沙河工贸园区。规划面积26426.4亩，开发面积10510亩，已完成基础设施投资1300万元，已形成七个专业批发市场和番茄加工为主农副产品加工业，已入驻企业40余个。

新疆维吾尔自治区
昌吉回族自治州

【经济与社会发展】 2005年，昌吉回族自治州（以下简称昌吉州）实现GDP251.7亿元，同比增长14%。其中：第一产业增加值79.3亿元，增长10.3%；第二产业增加值93.9亿元，增长18.8%；第三产业增加值78.4亿元，增长12.3%。完成全口径财政收入26.6亿元，同比增长29.8%，地方财政一般预算收入11.7亿元，增长16.5%。全社会固定资产投资完成74.8亿元，增长16.3%。外贸进出口总额达4.08亿美元，增长30.9%。其中，出口3.58亿美元，增长74%。社会消费品零售总额56亿元，增长17.6%。农牧民人均纯收入5161元，比上年增加449元。全年25448人实现了就业和再就业，年末实有登记失业人数6452人，登记失业率3.5%。人口自然增长率5.77‰。

农业经济发展良好，农业产业化进程加快。粮食、棉花等作物呈现平稳增长势头，粮食总产量达到84.15万吨，比上年增长18.2%，棉花产量12.3万吨，增长4.3%。畜牧业继续保持较快发展势头，畜牧业占大农业比重达到43.9%。继续深入开展了“农业产业化发展年”活动，农业产业结构得到进一步优化，龙头企业不断壮大，农企利益联结更加紧密。全力加快农村剩余劳动力转移，共转移农村剩余劳动力6.8万人（次），创收2.1亿元。

工业经济稳步增长，三产实现新的发展。植物油加工、纤维制造、建材等产业以及益海粮油、澳洋科技、天山棉纺等企业，成为拉动工业稳步增长的“主力军”，园区经济得到进一步壮大。第三产业发展取得新进展，天池旅游、农家乐旅游带动旅游业快速发展；乌昌经济一体化激活了交通运输业、仓储邮电业和房地产业，交通运输业和仓储邮电业实现收入12.2亿元，同比增长11.9%，房地产销售面积同比增长30%。

固定资产投资增势不减，企业投资自主性增强，民间投资成为投资主体。从个数看，项目多，固定资产投资施工项目有730个，比上年增加171个，增长30.4%；从项目投向看，受重点水利工程的拉动，第一产业投资增速最快，完成投资10.44亿元，同比增长64.6%；二、三产业投资比重最大，占全部投资的比重为86.1%，特别是制造业投资保持绝对优势，达到20.89亿元，占总投资的比重达到27.9%。房地产开发投资稳步增长，商品房销售趋旺。

社会事业全面发展，人民生活水平不断提高。加快推进“科教兴昌”步伐，科技投入和创新力度不断加大。教育改革不断深化，教育资源布局调整加快，教育基础设施建设进一步加强，素质教育全面推进。在新疆率先实现广播电视“村村通”，州、县（市）两级疾病预防和医疗救治体系基本建成，农村初级卫生保健工作成效显著，群众性精神文明创建活动不断深入。全面加强安全生产，督促各企业建立健全并认真落实安全生产各项制度。高度重视困难群众生产生活，促进下岗失业人员实现再就业。农牧民人均纯收入和城市居民人均可支配收入大幅度增加，人民生活质量稳步提升。

【投资环境与招商引资】 昌吉州区位优势突出，基础设施完善。从东西北三面环抱新疆首府乌鲁木齐市，拥有乌拉斯台和亚中商城两个对外通商口岸。昌吉州首府昌吉市距乌鲁木齐国际机场18公里，距乌鲁木齐市区36公里，乌昌一级公路将两个市区连为一体。境内亚欧大陆桥、312、216、217三条国道及吐—乌—大高等级公路、乌奎高速公路横贯昌吉州。亚欧光缆从境内通过，新疆最大的电力网覆盖昌吉州，通讯邮电畅通无阻，城市道路及供排水等配套设施日益完善，功能齐全，具备承接大规模投资能力。昌吉州建立健全了生产要素市场，加快了资本市场和劳务市场建设，拓宽了投融资渠道。结合农业产业化及城镇化发展进程，促进了劳动力优化组合和合理流动。规范房地产市场，进一步发展技术、信息、产权等市场，大力发展中介组织。从而使各要素市场规范化、高效运作。

为实施西部大开发战略，加快经济发展，鼓励中外企业、个人到昌吉州境内投资，开展经济技术合作，昌吉州还出台了一系列优惠政策，主要有：税收优惠政策、土地使用优惠政策、产权交易优惠政策以及简化行政审批手续等。中外投资者可以投资国家投资产业指导目录中所允许的所有产业项目，鼓励重点投资农业包括农林牧业综合开发及其产品深加工；基础产业包括水利、能源、交通、通信、环保、供电、供气、给排水等基础设施建设；化学工业包括石油化工、天然气、精细化工、农用化工；采掘业包括有色金属、黑色金属和非金属矿藏的勘探和加工；建筑工业包括新型或节能建筑、装饰材料；新型产业包括新材料、生物工程技术、节约能源开发技术、资源再生及综合利用技术；环保旅游产业及科教文体卫生娱乐咨询等行业。

对外贸易快速成长，特变电工、屯河集团依然是昌吉州出口主力军。随着昌吉州优化投资环境、加大招商引资力度政策的实施，招商引资再现佳绩，有力推动经济结构调整和产业升级。全年招商引资项目543个，落实到位资金69.8亿元，同比增长31%，其中，本期项目459个，投入资金55.93亿元，结转项目84个，投入资金13.9亿元。来自区外的资金投入43.49亿元。

【重点项目介绍】　2005年，昌吉州共安排重点建设项目30个，项目总投资67亿元，其中续建项目14个，新开工项目16个，另外安排了11个预备重点建设项目。2005年，重点建设项目完成投资12.3亿元，其中投产项目13个，完成投资7.06亿元；新开工项目8个，完成投资5.28亿元，有力拉动了昌吉州固定资产投资的快速增长。

昌吉州的米泉市污水处理工程。总投资6500万元，2003年10月开工，已累计完成投资1975万元，铺设排水管网14公里，污水处理厂厂区工程完成160万元，2005年实际完成投资468万元。

昌吉热电厂二期扩建。总投资98995万元，项目建设规模为2台125兆瓦发电机组，2005年7月开工建设，完成主厂房浇筑第一罐混凝土、主厂房1号、2号机A－C列基础浇筑、1号、2号机锅炉基础土方开挖、1号冷却塔塔基注水、晾晒等工作，完成投资6477万元。

天山纺织10万锭数字紧密纺纱项目。计划投资5.2亿元，建设10万锭数字化中长绒棉紧密纺纱生产线，2005年完成投资180万元。

“500”水库西延干渠工程。2005年4月份开工，干渠总长63.75公里及配套工程，近期引水4.27亿立方米，2005年已完成投资3.98亿元。

山东鲁能阜康发电厂。2台150兆瓦发电机组，总投资12.68亿元，部分设备订购及各项开工前准备已完成，完成投资1.46亿元。

昌吉州山区退牧还草工程。木垒县、奇台县总实施面积160万亩，对荒漠草原实施禁牧、休牧、划区轮牧围栏，恢复和保护荒漠草原，该项目属生态工程，国家投资1848万元，完成封育围栏130万亩，完成投资2112万元。

【东西对口支援】　昌吉州积极开展同沿海先进省份的交流合作，派遣干部学习、挂职，开展全方位、多层次的经济联合与协作。福建省与昌吉州为对口支援，在福建省援疆干部的帮助下，昌吉州在资金利用、技术改造、人才引进等方面取得了长足进展，扩大和加强了昌吉州在闽的影响和招商力度。

新疆维吾尔自治区博尔塔拉蒙古自治州

【经济与社会发展】 2005年，博尔塔拉蒙古自治州（以下简称博州）实现GDP54.99亿元，同比增长11.6%。其中，第一产业增加值10.29亿元，增长5.3%；第二产业增加值5.61亿元，增长9.4%；第三产业增加值26.9亿元，增长21.1%。全部工业企业完成增加值2.99亿元，增长27.8%。社会消费品零售总额10.52亿元，增长15.6%。全口径财政收入7.49亿元，增长65.2%，其中地方财政收入3.6亿元，增长40.8%。地方财政支出9.47亿元，增长25.9%。

政府加大了对农业扶持力度，农业生产在结构调整中平稳发展。农林牧渔业总产值18.78亿元。实现种植业产值13.4亿元。粮食播种面积34.34万亩，增长2.9%，粮食总产20.35万吨，增长1%；棉花播种面积47.81万亩，增长5.7%，皮棉总产6万吨，增长2.1%；油料播种面积9.8万亩，增长17%，油料总产1.81万吨，增长21.7%；甜菜播种面积3.97万亩，增长39.8%，甜菜总产13.53万吨，增长39.5%；枸杞播种面积6.09万亩，增长10.7%，枸杞总产9296吨，增长11.5%。全年实现畜牧业总产值4.6亿元。肉类总产量2.78万吨，增长8.2%；绵羊毛产量2691吨，下降2.4%；禽蛋产量1.04万吨，下降29.6%。年末牲畜存栏头数为123.29万头（只），比上年下降8.1%。农区畜牧存栏61.08万头（只），下降13.3%，占牲畜总存栏数的49.5%。

全年博州地方完成进出口贸易总额39.96亿美元。其中，进口总额29.85亿美元，出口总额10.11亿美元。博州属地管理外贸企业总计214家，其中本地企业3家，外地企业211家。国有或国有控股11家，民营企业203家。自治区批准博州两家企业拥有旅游购物出口经营权。

科技事业不断进步。全年地方用于科技项目的社会总投资达2.86亿元，科研成果不断涌现，全年已登记的重大科技进步成果17项。组织实施国家级科技项目6项其中“星火”项目3项，农业科技成果转化基金项目2项，国际科技合作项目1项；组织实施自治区级科技项目23项，其中“星火”项目1项，“火炬”项目2项，科技兴新项目6项，成果转化项目3项，新疆少数民族人才培养项目1项，地县技术开发项目2项，科技特派员创业启动项目8项。认定民营科技企业11家。

全州有中等专业学校在校学生494人，下降10.5%；职业中学在校学生1786人，下降11.4%。普通高中在校生10121人，增长5.5%；普通初中在校学生17209人，下降4.8%；小学在校学生33050人，下降0.4%。学龄儿童入学率达99.41%，提高0.28个百分点；幼儿园在园幼儿1141人，增长18.39%。

博州地方有艺术表演团体2个，乡镇文化站18个，村级文化室306个，文化馆3个，公共图书馆4个，博物馆1个，档案馆5个，已开放各类档案3296卷。广播电视台1座，电视发射台和转播台4座。其中1000瓦以上的电视发射台和转播台2座，电视节目4套，中短波广播发射台和转播台1座，完成了广播点射发射系统数字化改造，全州广播人口覆盖率97%，电视人口覆盖率94%。全年出版各种报纸184.31万份。

博州共有卫生机构70个，其中医院8个，卫生院20个，卫生防疫、防治机构4个，妇幼保健机构4个，其他卫生机构34个；拥有病床1185张，专业卫生技术人员1589人，其中执业医生1523人，执业助理医师151人，注册护士490人；乡镇卫生院20个，乡村医生和卫生员185人。

博州运动健儿在自治区青少年年度比赛中，获金牌3枚，银牌1枚，铜牌3枚。

全年农村居民人均纯收入4056元，同比增长3.9%；在岗职工工资总额5.98亿元，增长8.9%；全年在岗职工平均货币工资12133元，增长8.9%。扣除物价因素，实际增长8.5%。年末城镇居民人均居住建筑面积23.39平方米，增长2.8%；农村居民人均居住建筑面积25平方米，增长5.8%。

社会保障和福利事业取得新进展。全州有2.73万职工参加了失业保险，比上年增长3%；有2万职工参加了基本养老保险，增长5.8%；有4.22万职工参加了基本医疗保险，增长7.4%。全州得到最低生活保障救济人数23599人，增长30.6%；国家抚恤、补助各类优抚对象1051人。全州有各类社会福利院14个，床位207张，收养人数148人。全年社会销售福利彩票4300万元，增长2.14倍；筹集社会福利资金358万元，下降23%；接受社会捐赠175.6万元，增长60%。年末全州人口45.81万人，比上年增长1.4%。其中城镇人口14.32万人，乡村人口31.49万人。人口出生率12.07‰，死亡率为4.29‰，人口自然增长率为7.78‰。

【投资环境与招商引资】　2005年，博州各种交通工具完成货物周转量7.41亿吨公里，增长33.9%；完成旅客周转量4.24亿人公里，下降9.1%。阿拉山口口岸贸易高速增长。进出口货物1120万吨，比上年增长19.1%；进出口贸易货值39.96亿美元，增长40.6%；上缴关税及代征税37.54亿元，增长18.1%。完成邮电业务收入1.99亿元，比上年增长13.7%；年末固定电话用户达15.89万户；移动电话年末达14万部；全年接待国内外游客43.3万人次，增长22%，旅游收入6572万元，增长24%。成功举办了2005年博尔塔拉那达慕草原节。计算机互联网络已初具规模，形成了快速便捷的传递媒体信息网。

全年博州地方招商引资总成交额31.24亿元，已到位资金11.53亿元，签订招商引资项目合同178个，同比增长50.84%，交流各类专业技术人才450人次。

【重点项目介绍】　2005年，博州地方重点建设项目共27项，其中续建项目15项，开工建设项目15项；新开工建设项目9项，已开工建设项目6项，完成投资2.02亿元；博州县乡公路改造工程完成投资1亿元，博乐市垃圾处理厂及管网扩建工程完成投资241万元；阿拉山口环保绿化工程完成投资260万元；博州退耕还林还草工程完成投资1792万元；博州退牧还草建设项目完成投资1474万元；博河流域大型灌区续建配套及节水改造工程完成投资340万元；精河流域大型灌区续建配套及节水改造工程完成投资319万元；博州“五一”水库加固项目完成投资1446万元；赛里木湖旅游区基础设施建设完成投资150万元；博州综合体育馆项目完成投资1100万元；博州阿拉山口供水与生态建设工程项目完成投资1036万元，博州优质棉基地项目完成投资995万元，博州城、农网扩建改建工程完成投资881万元。

【东西对口支援】　2005年，湖北省无偿援助500万元拟建博州人民医院干部住院楼，从多方面对博州的大力对口支援。湖北省13个部门对博州的对口单位给予了资金和设备支持。五年来，湖北省各级各部门为博州无偿援助资金和设备已超过 2900 万元。40 名援疆干部在博期间撰写了 100 多篇工作研究文章和工作建议，撰写论文 30 篇，2004—2005 年湖北联合广告公司投资 1500 万元开发了精河县枸杞产业。为博州无偿援助医疗设备、车辆等，举办了专题学术讲座 100 余次。积极开展了“希望工程”资助贫困学生 2.3 万元。一年来，湖北派出各类代表团、考察团 6 批 58 人，来博州进行慰问、考察或商贸洽谈。

【口岸和博乐市边境经济合作区建设】 阿拉山口口岸总投资 2.5 亿元，绿化面积 5.81 平方公里，全部建筑物建筑面积 60 万平方米，常住人口 1.24 万人，过货量 1120 万吨。2005 年，阿拉山口口岸累计完成过货量 6690.67 万吨，占全疆一类口岸过货量的 98%，居全国同类口岸中排名第一位。完成关税及代征税 37.54 亿元，累计向国家上缴关税及代征税 152.95 亿元。口岸财政预算内收入为 1.2 亿元，实现财政收入 1.76 亿元，比上年增收 5600 万元。占博州地方财政收入的 48.89%。口岸委引进各类招商引资项目 23 个，计划投资总额 16.29 亿元。年底完成投资 4.4 亿元。口岸共注册企业 497 户，其中工商企业 130 户，注册资金 2.49 亿元；私营企业 367 户，注册资金 10.9 亿元；从业人员 2813 人；个体工商户 565 户，注册资金 2460 万元，就业人员 1184 人。2005 年，口岸实现 GDP12.94 亿元，同比增长 48.89%。其中，第二产业 1.14 亿元，增长 18.4%，第三产业 11.81 亿元，增长 5.71%，工业企业有 4 家监控加工企业，完成口岸全年工业增加值 9302 万元，全社会固定资产投资完成 1.04 亿元。口岸银行存款余额 8.21 亿元，比下降 41.63%。各项贷款余额 8.91 亿元，增长 1.41 倍。

博乐市边境经济合作区招商引资扩建、新建项目 85 个，已完成投资 8092 万元。辖区内累计实现生产总值 2.63 亿元，合作区现有国有企业 12 家，非公有制企业 80 家，个体工商户 467 户。1996 至 2005 年共完成税收 3.02 亿元。

新疆维吾尔自治区
伊犁哈萨克自治州

【经济与社会发展】 2005 年，伊犁哈萨克自治州（以下简称伊犁州）实现 GDP374.5 亿元，同比增长 13.4%，其中第一产业增加值 114 亿元，增长 5.5%；第二产业增加值 130.8 亿元，增长 24.2%；第三产业增加值 129.7 亿元，增长 10.8%。实现地方财政收入 17.58 亿元，增长 22.1%；财政支出 56.7 亿元，增长 13.9%。

全年农业总产值 148.8 亿元，增长 7.8%。粮食总产量 192.36 万吨，油料 21.29 万吨，棉花 11.99 万吨，甜菜 150.79 万吨，麻类 9.73 万吨，水果 11.66 万吨；年末牲畜存栏 1465.5 万头（只），肉类总产量 34.77 万吨，牛奶 53.21 万吨，绵羊毛 2.89 万吨，水产品 1.69 万吨，禽蛋 7.72 万吨，乡镇企业总产值 152.01 亿元，总收入 159.53 亿元，实现利润 9.67 亿元。

全年工业实现增加值 51.56 亿元，同比增长 35.62%。发电量 208138 万千瓦小时，生产原煤 571.51 万吨、水泥 162.19 万吨、生铁 66886 吨、纱 29864 吨、机制糖 14.77 万吨。完成固定资产投资 153.62 亿元，增长 28.41%，其中更新改造 14.12 亿元，基本建设 78.9 亿元，房地产开发投资 13.62 亿元。

全年完成对外贸易进出口总额160334万美元，同比增长1.43倍。其中，进口56051万美元，增长96.2%；出口104283万美元，增长24.6%。边民互市出口额3600万美元；接待国内外旅游购物者652万人次，旅游收入11.21亿元。

全年共安排各级科技计划项目148项，国家级项目7个，自治区科技计划项目84项，地州级科技计划项目57项。项目拨款1646万元，登记科技成果22项，申请专利56项，国家批准87项。

全州现有卫星地面接收站757座，有线电视网覆盖24个县（市）；广播人口覆盖率88.4%，电视人口覆盖率89.8%；现有艺术表演团体27个，群众艺术馆27个，公共图书馆23个，展览馆6个。有卫生机构782个，拥有病床1.44万张，专业卫生技术人员2.06万人。各种城镇社区综合服务中心84个。

全年完成社会消费品零售总额73.3亿元，同比增长14.82%，其中，城市消费品零售额27.4亿元，农村消费品零售额45.9亿元。城市居民人均消费性支出5286元，农牧民人均纯收入3285元，在岗职工平均货币工资12259元。

全州有各级环境监测站11个，各级自然保护区17个，其中国家级自然保护区2个，保护区总面积3113.834公顷。累计建成烟尘控制区12个，面积57.97平方公里。建成环境噪声达标区13个，面积54.02平方公里；全年完成环境污染限期治理项目4个，总投资2200万元。

【投资环境与招商引资】　伊犁州现辖伊宁市、奎屯市、塔城市、阿勒泰市，总人口414.58万。首府伊宁市人口42.3万，城市面积2900公顷；奎屯市人口29.92万，城市面积2300公顷，塔城市人口96.63万，城市面积1400公顷；阿勒泰市人口62.3万，城市面积858公顷。改革开放以来，伊犁州从自身实际出发，根据国家和新疆的各项方针政策，先后制定出台了促进本地区发展各项优惠政策。

全州公路通车里程已达3.9万多公里，全州221个乡镇全部开通了班车。形成了以奎屯为枢纽的大十字骨架和以伊宁、布尔津、北屯、额敏为中心的干支衔接、四通八达的公路网络。完成旅客周转量48.46亿人公里，货物周转量41.32亿吨公里；完成货物运量3000万吨，旅客运量6125万人次。

横贯伊犁州的北疆铁路在州境内长约200公里，有民用机场4个，即伊宁机场、塔城机场、阿勒泰机场和富蕴机场，四个机场与乌鲁木齐机场航线相通。年末电话用户91.21万户，移动电话普及率20.5部/百人，固定电话普及率25.5部/百人，互联网用户6.16万户，邮电和分支机构191处。计算机互联网络已初具规模，形成了电话、电报、无线寻呼、传真等多样化，快速便捷的信息传递媒体网。

伊犁州通过内联外引招商引资取得了丰硕成果，2005年乌洽会共签订各类合同417个，金额9.11亿元；内联合同166个，金额98.3亿元；外贸合同79个，金额8.21亿美元；对外经济技术合作合同3个，金额1866万美元。全州新增审批利用外资项目9个，合同金额4452.15万美元，合同利用外资金额2615.21万美元，实际利用外资436.34万美元。招商引资项目535个，金额168.52亿元，执行项目408个，金额64.03亿元。

【重点项目介绍】　2005年，伊犁州在水利、交通、生态环境建设、农村电网改造、机场等工程逐步启动，重点建设项目前期工作进展顺利，为今后西部大开发战略在伊犁州的全面实施奠定了基础。重点建设项目有：

吉林台一级水电站工程。工程位于伊犁州尼勒克县境内，伊犁河第二大支流喀什河的中游，是一座以发电为主，兼有防洪和灌溉效益的综合利用工程，总装机容量46万千瓦，总库容25.3亿立方米，静态总投资20.8亿元。

卡普其海综合水利枢纽工程。工程位于伊犁州巩留县境内，伊犁河第一大支流特克斯河的下游，是一座以灌溉为主，兼有发电和防洪等效益的水利综合利用工程，工程总库容

13.7亿立方米，总装机容量32万千瓦，其中一期为2×8万千瓦，静态总投资18.2亿元，工程全部建成配套后，可净增灌溉面积27.8万公顷，改善灌溉面积7.07万公顷。

伊犁河拦河引水枢纽及北岸干渠工程。工程全长约154公里，受益灌区总控制面积为283.6万亩，规划净灌溉面积为239.52万亩，总投资157666万元。

伊犁河流域牧区水利工程。是自治区确定的四个牧业县：昭苏县、特克斯县、新源县、尼勒克县，一个半农半牧县：巩留县，新建人工灌溉草场229.3万亩，天然灌溉草场145.54万亩，退耕还草161.88万亩，饲料地49.1万亩，总投资23亿元。

交通基础设施建设。精—伊—霍铁路建设，正线302公里，总投资60亿元，G312赛里木湖—霍尔果斯段公路，G218线清水河—伊宁段公路，G218线那拉提—巴仑台段公路，G217线奎屯—库车段公路，伊犁河大桥。

生态环境综合治理工程。包括伊犁河中上游生态环境综合治理、哈巴河县和布尔津县生态环境综合治理、哈巴河县和布尔津县生态环境综合治理。哈巴河县生态环境综合治理工程总投资2231.84万元，布尔津县生态环境综合治理工程总投资1.3亿元。

伊宁县、霍城县、巩留县、察布查尔县防风林工程。2005年天然草原退牧还草、退耕还林工程。奎屯市、伊宁市垃圾处理厂。伊宁市污水处理厂。

旅游资源开发建设。喀纳斯旅游景区建设，喀纳斯机场。纳拉提机场。霍城林则徐旅游景区基础设施建设项目。昭苏夏塔旅游风景区基础设施建设，总投资99856万元。特克斯乌孙—夏都旅游风景区基础设施建设，总投资9665.32万元，伊犁汉家公主纪念馆建设完工。

【东西对口支援】 江苏省对口支援伊犁州，2002年至2005年江苏省共投资1.2亿元，支持伊犁州的学校、医院、道路、幼儿园、博物馆建设。

【民族经济与文化】 伊犁州拥有各类专业技术人员10.01万人，其中少数民族专业技术人员6.1万人，24个县（市）已全面完成普及初等教育，在此基础上，有16个县（市）基本普及了九年制义务教育。2005年，小学毕业升学率95.54%，小学在校生38.82万人，中学在校生19.18万人，初中毕业升学率52.66%，成人高等学校在校生11821人，成人中等专业学校在校生726人。各类学校已用哈、汉、维、蒙古、锡伯、柯尔克孜、俄罗斯等7种语言文字进行教学。伊犁州从本地实际出发，坚持民族教育为重点，牧区教育为难点，优先发展民族教育，独立设置了739所民族中、小学校。在牧区采取灵活多样的办学方式，举办全寄宿制和半寄宿制学校及固定教学点，流动教学点。

伊犁州各乡镇大多数有乡文化站、村文化室，共有专业文艺工作者901人，其中少数民族782人。广大农牧区普遍有乡卫生院、村卫生所。

伊犁州民族传统体育项目在历次的新疆和全国民运会上名列前茅，2005年州直体育代表团获73枚金牌、61枚银牌、53枚铜牌的佳绩。赛马、马术、摔跤、射箭、叼羊等民族体育活动也在一些大型比赛中多次取得好成绩。

专题篇

山西省“十五”计划完成情况及“十一五”规划简介

【“十五”时期经济社会发展取得的主要成就】 “十五”时期，山西省经济总量快速增长。2005年全省GDP完成4100亿元，年均增长13%，综合经济实力不断增强。财政总收入由194.6亿元增加到747亿元，5年翻了近两番。经济结构调整取得积极成效，传统产业新型化和新兴产业规模化不断加快。粮食综合生产能力有所增强，特色农业产值比重、农产品加工转化率等明显提高。工业内部结构明显优化，传统优势行业的技术水平和产业集中度明显提高。现代服务业快速发展，旅游业正在成为重要的经济增长点。

基础设施建设成效显著。到2005年底，全省电力装机容量达到2320万千瓦。高速公路通车里程达到1686公里，人字型高速公路主骨架基本形成，实现了省会到地级市“三小时高速通达”，县际路网改造和乡村通油路工程取得了突破性进展。长治、运城、大同机场通航。万家寨引黄工程引水到太原。

改革开放取得积极进展。国有资产管理体制、行政机构和行政审批制度、投资体制、粮食流通体制、农村税费改革等取得积极进展，经济社会发展的活力进一步增强。与中部及周边其他省份的交流与合作迅速发展，与东部和西部的区域合作不断深化。对外贸易规模迅速扩大，利用外资水平稳步提高，富士康、松下、日立等世界500强企业落户山西，与德国北威州的战略合作取得突破性进展。

城乡居民收入水平和生活质量进一步提高。城镇居民人均可支配收入和农民人均纯收入保持较快增长，在全国排位明显前移。城市供水率、集中供热率、供气率明显提高，人居条件不断改善。生态环境保护取得积极进展，部分地区和重点城市环境质量有所好转。科教兴省和人才强省战略继续推进，文化、卫生、体育等社会事业较快发展，就业与社会保障体系逐步健全，安全生产状况稳定好转，公共安全保障和突发事件处置能力有所增强。社会主义民主法制和精神文明建设取得新进展。

【“十一五”经济社会发展的主要目标和发展重点】 “十一五”时期，全省GDP年均增长10%左右，到2010年人均GDP达到全国中等水平以上，年均增长9.6%。全社会固定资产投资年均增长20%。社会消费品零售总额年均增长13%。外贸进出口总额年均增长12%。外来直接投资增长率（境外、省外）达到20%，其中来自境外直接投资增长率达到25%。工业增加值年均增长14%。第三产业增加值占GDP比重达到40%以上。地区财政总收入和一般预算收入年均增长15%。居民消费价格总水平年上涨幅度控制2%～3%以内。粮食总产量稳定在90亿公斤以上。

人口自然增长率每年控制在6‰以内。城镇化率达到47%。城镇登记失业率每年控制在4%以内。高中阶段毛入学率达到85%，高等教育毛入学率达到28%。县乡村三级医疗卫生机构达标率达到80%。城镇基本社会保障覆盖率达到或超过80%。新型农村合作医疗覆盖率达到90%。公路密度达到50公里/百平方公里。每百人电话（固定+移动）拥有量达到78部。每千人计算机拥有量达到80台。每千人拥有医生数达到3.5人、病床数达到3.1张。每万人公共馆藏图书量达到4.5万册。人均公共体育场馆面积达到1平方米。煤炭生产百万吨死亡率年均下降2.5%，期末下降到0.8人/百万吨以下。亿元GDP生产安全事故死亡率年均下降8.3%，期末下降35%。财政对科技、教育、农业投入的增长幅度高于财政经常性收入增长幅度。

研究与开发经费占GDP比重提高到1.2%。高新技术产业增加值占GDP比重达到8%。每10万人专利申请数达到8.5项。新型工业化水平达到50%。

到2010年，耕地保有量保持在6000万亩左右。森林覆盖率达到18%。城市建成区绿化覆盖率年均增加一个百分点，期末达到35%。城市生活垃圾无害化处理率超过60%。城市污水处理率超过70%。万元GDP污染物排放量下降40%，年均下降10%。城市集中供热普及率达到80%以上。矿区煤炭资源回采率提高到60%以上。万元GDP综合能耗年均下降5.6%，期末共降25%。万元GDP平均耗水量年均下降8.3%，期末共降35%。

城镇居民人均可支配收入年均增长12%，农村居民人均纯收入年均增长6%～8%。占人口20%的低收入者收入增长率，城镇年均13%以上，农村年均8%以上。城镇居民人均住宅建筑面积达到30平方米，农村居民人均住宅建筑面积达到26平方米。人口期望寿命达到72.5岁。

进一步改进政府对“三农”的引导、服务和扶持方式，加快制定和实施社会主义新农村规划，力争到2010年全省农村全面小康实现程度达到50%，全省20%的农村达到新农村标准。建立城乡统一的劳动力市场，促进农村劳动力的合理流动，稳定增加农民非农收入。农村劳动力每年新增转移30万人，到2010年从事第一产业人数下降至40%以下。继续坚持开发式扶贫，力争到2010年基本解决全省贫困人口的温饱问题。

加快推进特色城镇化。顺应城镇化发展的客观规律，走出一条适应资源环境承载力、有利于产业和人口聚集的特色城镇化道路。力争到2010年，城镇体系框架基本形成，城市功能明显提升，城市综合经济实力明显增强，城乡一体化水平明显提高。

大力推进新型工业化。以传统产业新型化和新兴产业规模化为方向，走出一条具有山西特色的新型工业化道路。以七大优势产业为重点，推动产业技术升级。继续发展以煤炭为基础、以电力为中心的能源产业；发展以不锈钢和铝镁合金为主的金属材料及其制品工业；发展装备制造业；发展具有山西优势的化学和医药产业；发展新型材料产业；发展以特色农业为基础的农畜产品加工业；发展旅游文化产业和现代服务业。保持煤炭产量适度增长。严格控制新建矿井，到2010年，全省煤炭总量控制在7亿～7.5亿吨，其中晋北、晋中、晋东三大煤炭基地产量分别达到2.8亿吨、1.15亿吨和1.9亿吨，形成两个亿吨级和1～3个5000万吨级以上生产能力的大型煤炭企业集团。以保障国民经济发展为目标，实现电力适度超前发展，推动山西电力工业实现跨越式发展，成为全国电力生产和输出大省。到2010年，全省总装机容量达到5500万千瓦。合理调控钢铁产能，提高产品档次。根据市场需求和资源环境承载能力，进一步控制生铁、普钢生产总量。到2010年，全省钢产能保持在2800万吨。充分发挥铝土矿资源优势，建设晋西北等氧化铝、电解铝项目，使山西成为国家重要的铝工业基地之一。到2010年，全省氧化铝产能达到550万吨，电解铝产能100万吨，铝深加工产品60万吨，原镁产能50万吨，镁合金产能30万吨，镁合金及深加工产品10万吨，精铜产能20万吨，锌合金及深加工产品10万吨。

转变经济增长方式，建设资源节约和环境友好型社会。加强生态环境建设，重点实施蓝天碧水和造林绿化工程。大力推动生态环境整治工作，重点实施蓝天碧水和造林绿化工程，力争到2010年，11个城市空气质量二级和好于二级天数达到300天以上，主要河流监控断面劣五类水体降到40%以下。

加快发展社会事业，努力构建和谐山西。

"十一五"时期，要按照构建民主法制、公平正义、诚信友爱、充满活力、安定有序、人与自然和谐相处的要求，解决人民群众最关心、最直接、最现实的利益问题，在构建和谐山西上取得明显成效。

全方位扩大对外开放，积极发展区域经济合作。充分利用两种资源两个市场，全面扩大对内对外开放，以开放促改革、以开放促发展。以招商引资为重点，实现对外开放的新突破。以经济一体化为目标，开创区域合作的新局面。要紧紧抓住对外开放向内陆梯度推进的新形势，在用足用好国家区域政策的前提下，加快推进省内和省外经济的一体化步伐。

实施科教兴晋和人才强省战略。要提高山西省发展的核心竞争力，必须破解科教瓶颈和人才瓶颈，在科教兴晋和人才强省上有新的突破。以科技兴晋为目标，促进政府、企业、高校、科研院所之间的良性互动，基本形成创新主体明确、运行机制灵活、基础条件完备、发展环境良好、具有山西特色的科技创新体系。真正落实教育优先发展的战略地位，建设体系完整、布局合理、发展均衡的现代国民教育体系。

内蒙古自治区"十五"计划完成情况及"十一五"规划简介

【"十五"时期经济社会发展取得的主要成就】 "十五"期间，内蒙古经济社会发展取得了巨大成就。GDP年均增长16.6%，工业增加值年均增长21.5%，固定资产投资累计6918亿元，财政收入年均增长28%。城镇居民人均可支配收入年均实际增长10.5%，农牧民人均纯收入年均实际增长5%。5年累计完成退耕还林3504万亩，退牧还草1.5亿亩，生态建设取得了整体遏制、局部好转的良好效果。新增公路里程1.2万公里，其中二级以上公路7730公里，高速公路1000公里，全线打通了国道110线乌海至北京的高速公路，建成了西起阿拉善、东至呼伦贝尔贯通12个盟市的高等级公路。新增铁路里程755公里，全区铁路总里程达到7934公里。电力装机从900万千瓦增加到2100万千瓦，新增500千伏输变电线路1814公里，220千伏输变电线路5795公里。与2000年相比，牛奶的国内市场占有率从9.7%提高到25.5%；煤炭的国内市场占有率从7.3%提高到11.9%；电力的国内市场占有率从3.2%提高到4.4%，5年累计外送电力达到1349亿千瓦小时。全区的用水普及率从73.84%提高到82.44%，用气普及率从36.02%提高到60.02%，城镇人均道路铺装面积从5.66平方米提高到10.48平方米，城镇污水处理率从22.24%提高到57%，城市垃圾无害化处理率从30.67%提高到42.67%。

【"十一五"经济社会发展的主要目标和发展重点】 "十一五"时期，全区GDP年均增长13%以上，人均GDP按2005年价格计算达到2.95万元；财政总收入年均增长15%，固定资产投资年均增长18%，社会消费品零售总额年均增长16%。就业机制较为完善，城镇登记失业率控制在4.5%以内。

社会主义新农村新牧区建设取得明显成效。城镇化率达到55%左右。各具特色和优势的区域发展格局基本形成，城乡、区域间公共服务和生活水平差距扩大的趋势得到遏制。从着力调整农牧业结构、发展高产、优质高效、生态、安全农牧业，积极推进农牧业产业化经营，加强农牧业和农村牧区基础设施建设，改善农村牧区的公共服务，建立和完善农牧业保护支持体系、深化农村牧区改革、促进农牧业人口向城镇转移等方面提出了建设社会主义新农村、新牧区的途径和措施。针对农村牧区发展基础薄弱、投入不足的实际，强调要按照“多予少取放活”的方针，建立以工补农、以城带乡长效机制，各级政府要加大投入力度，确保财政用于农牧业和农村牧区的支出增长高于财政经常性收入的增长，新增教育、卫生、文化方面的财政支出主要用于农村牧区。通过多方努力，实现农牧民增收，农村牧区生产生活条件改善。农牧民看得起病、子女上得起学。

加快新型工业化进程。调整优化产业结构，提高产业层次和整体竞争力，是“十一五”期间内蒙古经济发展的中心任务。要充分发挥内蒙古的资源和区位优势，以信息化带动工业化，发展大产业，培育大集团，建设大基地，形成大集群，突出品牌经营，提高资源综合利用效率，发展循环经济，延伸产业链条，促进产业升级换代，巩固和提高能源、化工、冶金建材、农畜产品加工、装备制造和高新技术产业等特色优势的主导地位，积极发展非资源型等其他产业。产业、产品和企业组织结构更趋合理，产业集中度有效提高。自主创新能力增强，全社会研究与开发经费占 GDP 比重达到 1.5%。形成一批拥有自主知识产权和知名品牌、市场竞争力较强的优势企业。

资源开发利用效率明显提高。单位 GDP 能源消耗比 2005 年降低 25% 左右，农牧业灌溉用水有效利用率力争达到 45%，工业固体废弃物综合利用率达到 50%。

教育事业得到优先发展，“普九”人口覆盖率以旗县为单位达到 100%。覆盖城乡的社会保障体系初步建立，新型农村牧区合作医疗制度覆盖 80% 以上的农村牧区人口。贫困人口继续减少，全区农村牧区贫困人口发生率控制在 5% 以下。防灾减灾能力增强，社会治安和安全生产状况进一步好转。

建设资源节约和环境友好型社会。节约资源和保护环境对于内蒙古来讲具有十分重要的现实意义。建设资源节约和环境友好型社会，需要综合运用法律、经济和必要的行政手段，需要坚定不移地贯彻国家的宏观调控政策，实行有保有压。要通过政策导向、法制保证、体制创新，推动资源节约，保护生态环境，加强资源管理，实现低投入、高产出，低消耗、少排放，能循环、可持续。可持续发展能力增强。人口自然增长率控制在 7‰以内，总人口控制在 2480 万人以内。耕地面积保持在 667 万公顷，全区生态环境实现稳定遏制，重点治理区域全面好转，草原植被盖度和质量显著提高，森林覆盖率达到 20% 以上；主要城市空气质量达到国家二级标准的天数年平均大于 280 天，水环境质量达到水功能区划要求，“三废”处理率力争达到全国平均水平。

国有企业、行政管理、财税、投资、科技、教育、文化、卫生、社会保障和市政公用等领域的改革和制度建设取得突破，消除城镇化发展的体制性障碍取得进展。

全面提高对外开放水平，以开放促改革、促发展。统筹国内开放和对外开放，充分利用国际、国内两个市场、两种资源，发挥内蒙古比较优势，继续大范围配置资源。进一步加大招商引资力度，坚持高标准、高起点，杜绝不计成本地招商引资，防止接受落后生产力转移，严格禁止低水平、高污染的项目进入。积极实施“走出去”战略，全面加强与俄蒙的经济技术合作。大力发展对外贸易和口岸经济，促进开放型经济的发展。对外开放和对内开放更加协调，开放型经济达到新水平。外贸进出口总额达到 110 亿美元，年均增长 16% 以上。引进国内资金达到 2500 亿元左右，吸收外商直接投资达到 18 亿美元。

加快发展服务业是新型工业化不可分割的组成部分，是优化经济结构的客观要求，也是降低资源消耗、增加就业、提高人民生产生活水平的重要途径。要抓住产业和消费结构升级的机遇，大力发展服务业，提高服务业在国民经济中的比重。加快服务业市场化、产业化、社会化步伐，创新体制机制，打破行业垄断，放宽市场准入，完善竞争机制。调整服务业结构，以扩大消费和发展生产性服务业为重点，提升服务业层次和水平。

统筹城乡区域发展。要按照统筹兼顾的原则，分类指导区域发展。呼、包、鄂地区应以区域经济一体化为目标，通过统一规划和政策引导，实现生产要素的优化组合，在优化经济结构、转变增长方式、发展循环经济、加快区域创新和构建和谐社会方面率先突破，实现全面建设小康社会的目标。东部地区要抓住国家振兴东北老工业基地的发展机遇，进一步融入东北、对接京津、联通俄蒙，引进大企业，实施大项目，加快推进工业化步伐，实现与东北的良性互动，经济增长速度高于全区平均水平。县域经济要按照因地制宜、分类指导、民营主体、突出特色的原则，通过项目拉动、产业联动，做大县城，做强产业。要认真落实国家支持少数民族地区发展的各项政策，继续推进兴边富民行动，加大政策扶持和资金投入力度，促进边境、少数民族聚居地区经济社会发展迈上新台阶。

按照以人为本的要求，创造就业岗位，增加城乡居民收入，完善社会保障体系，创新社会管理体制，加强民主法制和精神文明建设，认真解决人民群众最关心、最现实的利益问题，促进和谐内蒙古建设。把扩大就业摆在经济社会发展更加突出的位置，进一步完善和实施积极的就业政策，千方百计促进就业。新增城镇就业人数100万人以上。加快建立城乡统一的劳动力市场，完善就业和创业服务体系，建设115个劳动力市场信息网络和3500个社区就业服务平台。健全劳动力市场运行的配套政策，形成市场导向的就业机制。整合培训资源，加强再就业培训。建立职业培训资质标准和认定制度，制定符合各地区实际的城乡劳动力技能培训规划，及时向社会提供就业和培训信息服务。统筹安排政府各类职业培训专项资金，推进全区高技能人才培训、农村牧区劳动力免费培训阳光工程和新技师培训计划，农牧民科技培训每年保持在350万人以上。

人民生活水平继续提高。城镇居民人均可支配收入年均实际增长10%，达到14700元；农牧民人均纯收入年均实际增长8%，达到4400元；人均期望寿命达到72岁以上；城市人均住宅建筑面积达到25平方米，农牧民钢砖混结构住房比重达到80%。民主法制和精神文明建设取得新进展。

吉林省“十五”计划完成情况及“十一五”规划简介

【“十五”时期经济社会发展取得的主要成就】“十五”期间，吉林省国民经济持续快速健康发展。2005年，全省实现GDP 3614.9亿元，同比增长12%，年均增长10.6%；人均GDP达到13328元。完成一般预算全口径财政收入418.6亿元，增长27.2%，年均增长17.9%；5年累计完成一般预算全口径财政收入1500亿元，比“九五”时期增长82.7%；财政支出631.1亿元，增长24.3%。

2005年粮食总产量达到2581.2万吨，畜牧业、农业产业化和农产品加工业较快发展，农产品加工业成为新的支柱产业，转移农村劳动力达到306.5万人。2005年实现工业增加值同比增长11%，规模以上工业增加值年均增长 15.9%，工业经济效益综合指数由 107.6%提高到 160%。

2005 年完成全社会固定资产投资 1802 亿元，当年新增投资 630 亿元，其中工业投资增长 63.6%，民间投资增长 67.7%，5 年累计固定资产投资总额 5430.3 亿元，年均增长 25.9%。2005 年实际利用外资 11.5 亿美元，全省实际利用外资和引进内资实现双翻番。2005 年实现社会消费品零售总额 1460.8 亿元，年均增长 12.5%。2005 年海关进出口总额 65.3 亿美元，年均增长 20.6%。国内旅游收入年均增长 33.4%。

5 年累计取得科技成果 2301 项，获得授权专利 8672 件。科技体制改革取得新进展。与中国农科院共建中国农业科技东北创新中心。农村教育得到加强，“两基”成果不断巩固，职业教育和高中阶段教育较快发展，高等教育规模扩大，毛入学率达到 28%。人民生活不断改善。城镇居民人均可支配收入达到 8690.6 元，年均增长 12.6%；农民人均纯收入 3264 元；年均增长 10%。城镇新增就业 170 万人。社会保险、社会福利和社会救助覆盖面不断扩大，城市低保实现应保尽保和分类施保，农村有 54 万人纳入低保。深入开展救灾、扶贫和城市解困工作。5 年减少贫困人口 30 万人。

【“十一五”经济社会发展的主要目标和发展重点】　到“十一五”期末，全省 GDP 预计达到 6400 亿元，年均增长 12% 以上；产业结构优化升级，所有制结构趋向合理，城乡和区域发展趋于协调；资源利用效率明显提高，单位 GDP 能源消耗降低 30% 左右。地方财政收入达到 400 亿元，全社会固定资金投资 5 年累计达到 15500 亿元；生态环境得到改善；自主创新能力增强，科技成果转化明显加快；对外开放达到新水平，实际利用外资 5 年累计预计达到 100 亿美元，外贸进出口总额达到 110 亿美元；经济社会协调发展，城镇就业岗位持续增加，5 年累计向城镇转移农村劳动力 100 万人；城乡居民生活有较大改善，城镇人均可支配收入 15000 元，农民人均纯收入 4350 元。

发展重点：认真解决“三农”问题，扎实推进社会主义新农村建设。进一步完善加强农业、支持农村、保护农民合法权益的政策措施。加快商品粮基地和优质粮产业工程建设，启动高标准农田示范区建设。实施一批大型水利工程。全面推广先进适用技术。大力推进农业产业化经营，提高农产品加工转化能力。深入实施“粮变肉”工程，做强做大畜牧业。加强农业标准化工作。加快农田防护林更新改造步伐，启动东部速生丰产林建设工程。推进农村公路建设。选择 30 个镇、100 个行政村作为试点，先行启动。实施农村义务教育经费保障机制，到 2007 年全省农村中小学生全部免收学杂费，逐步扩大免费教科书范围。3 年内完成县乡两级医疗机构和公共卫生体系建设，率先建立覆盖全省农村的新型合作医疗制度。推动文化信息资源共享工程覆盖乡村，加快推进广播电视“村村通”工程。继续深化农村综合改革，完善粮食流通体制改革。积极发展农村各类合作经济组织。把培育新农民与促进劳动力转移结合起来，实施“一推双带”，建立农民收入持续稳定增长的机制，推动农民增收致富。深入推进县域突破战略，实现县域经济整体跨越。

坚持走新型工业化道路，壮大提升产业综合竞争力。推动体制创新、产业创新和技术创新，实现老工业基地向新型工业基地的转变。进一步发展壮大支柱、优势和特色产业，推动产业集聚，形成产业集群。以一汽为龙头，着力提高自主创新能力、整车生产能力和零部件配套能力，建设具有国际竞争力的汽车产业基地。以吉化和油田为依托，加快推进原料路线多元化、产品加工精深化、产业发展延伸化，建设全国综合性石化产业基地。充分利用丰富的农产品资源和生态资源，建设全国最具竞争力的农产品加工基地。积极发展医药、电子信息等优势产业，培育发展能源、冶金、建材、纺织和旅游等特色产业，做大人参、矿泉水产业。加快发展高新技术产业，振兴装备制造业，大力发展轻工业。

继续实施投资拉动，加强基础设施建设。围绕提升重点产业水平和基础设施承载能力，进一步加大投入。重点加大工业项目、技术改造、高新技术和基础产业、基础设施投资。加快实施一汽“五大”工程、吉化百万吨乙烯扩建、吉林油田油气勘探开发、通钢1000万吨钢、长春大成300万吨化工醇等一批关系全局的重大项目建设。加快城乡电网建设改造，加强大中型煤矿开发建设。全省新增发电装机达到700万千瓦，基本形成省内500千伏电网骨架。实施铁路网建设改造计划，新建改建铁路1300公里。完善“五纵五横”公路网，高速公路通车里程争取达到2000公里，基本实现省会长春与各市州所在地、出海入关通道和重点开发区域的高速公路联结。

深入实施科教兴省和人才兴业战略，着力提高自主创新能力。把增强自主创新能力放在更加突出的位置，为经济社会更快更好发展提供强大动力。充分发挥科技、教育和人力资源优势，实施一批重大基础科学研究、前沿技术研究、产业技术攻关和科技基础设施建设项目，推进原始创新、集成创新和引进消化吸收再创新。加快科技成果向现实生产力转化。深化教育改革，加大教育投入，全面推进素质教育，巩固发展义务教育，大力发展职业教育，提高高等教育质量，构建现代国民教育体系和终身学习体系。推进人才兴业战略，加强人才资源开发和人才能力建设，为经济社会发展提供人才保障和智力支撑。

深化重点领域改革，全方位扩大开放。着力推进行政管理体制改革，更好地履行经济调节、市场监管、社会管理和公共服务职能。坚持和完善基本经济制度，加快推进国有经济布局和结构的战略性调整，全面完成国有企业改革任务。深入推动全民创业，大力发展非公有制经济和中小企业，做大总量，做强企业，抢占新一轮发展的战略制高点。调整财政支出结构，建立公共财政体系。加快发展土地、资本、技术和劳动力等要素市场。建立完善现代市场体系。

实施开放带动战略，进一步提高对内对外开放水平。大力开展招商引资，打造东北亚投资贸易博览会和汽博会、农博会等品牌，更加积极有效地利用外资和引进内资。加强开发区和工业集中区建设，完善基础设施和配套服务，增强产业集聚和资本吸纳能力。实施以质取胜、市场多元化和科技兴贸战略，积极发展对外贸易。加强对俄“路港关”一体化、对朝“路港区”一体化和中俄、中朝边境经济合作区建设，推进大图们江区域开发开放。

建设和谐吉林，实现协调发展。坚持率先发展和协调发展相结合，明确中部、东部、西部区域功能定位和发展方向，支持少数民族、贫困和边境地区加快发展，推进长春、吉林两个特大城市更快更好地发展，带动和促进大中小城市（镇）协调发展。建设资源节约型和环境友好型社会。实施一批资源节约重点工程、循环经济示范工程、生态保护和环境治理工程。坚持把扩大就业摆在经济社会发展更加突出的位置，增加就业岗位，完善就业服务，3年内开发10万个公益性就业岗位，重点解决困难群众的就业问题。进一步完善养老、失业、医疗、工伤、生育等保险制度。加强城乡社会救助体系建设。

大力发展文化事业和文化产业，加大文化体制改革力度，广播、电视人口覆盖率分别达到98%和99%。到2010年，全省总人口控制在2745万人以内。加强医疗卫生服务体系建设，认真研究解决群众看病难、看病贵的问题。大力开展全民健身运动，全力办好第六届亚冬会。

黑龙江省“十五”计划完成情况及“十一五”规划简介

【“十五”时期经济社会发展取得的主要成就】“十五”期间，黑龙江省国民经济保持持续较快增长，综合实力进一步增强。2005 年 GDP 达到 5510 亿元，年均增长 10.6%。人均 GDP 达到 1762 美元。财政收入增长较快，2005 年财政一般预算收入 318.2 亿元，年均增长 11.4%。固定资产投资稳定增长，2005 年全社会固定资产投资总额 1794.2 亿元，年均增长 15.9%。

农业基础地位得到巩固。绿色农产品、畜牧业等优质高效农业快速发展，农业产业化经营、标准化生产和社会化服务规模不断扩大，农田水利、通县乡公路和农具装备等基础建设力度明显加大，2005 年全省粮食总产量创历史最好水平，达到 720 亿斤。

工业结构调整步伐加快，整体素质和竞争力进一步加强。机械、石化、食品和医药等结构调整重点发展行业不断壮大，成为工业经济增长的主导力量。高技术产业化群体正逐步形成。服务业平稳增长。旅游业发展较快，对服务业发展的牵动作用增强。基础设施建设力度明显加大。水利方面，开工建设投产了一批控制性工程，以松嫩干流堤防为骨干的防洪体系基本形成。交通方面，“OK”型公路主架基本形成，“一环五射”的高速公路网正在构建，完成了佳木斯机场和黑河机场改扩建。电力方面，形成了以 500 千伏和 220 千伏电压等级的主干电网，全省发电装机容量达到 1237.5 万千瓦。

城乡居民收入增长加快。2005 年全省城镇居民人均可支配收入和农民人均纯收入达到 8273 元和 3221 元，分别年均增长 11% 和 8.4%。2005 年社会消费品零售额 1760 亿元，年均增长 10%。居民消费结构不断优化，教育、文化娱乐、医疗保健、住房购车、休闲旅游等消费支出不断增加。就业和再就业工作得到加强，2005 年新增就业岗位 69.1 万个。完善城镇社会保障体系试点进展顺利，社会保障体系框架初步形成。

资源和环境保护工作力度加大，生态示范省建设全面启动。严格控制占用耕地，全省耕地连年实现占补平衡。取缔和关闭非法开采的小煤矿。全面实行矿产资源有偿使用制度。“天保工程”和采煤沉陷区治理工程进展顺利。建成投产了一批环境污染治理项目，水土流失、草地三化、江河污染、资源浪费和生态环境脆弱得到初步缓解。生态农业及生态示范区建设呈现区域化发展趋势，自然保护区建设和生物多样性保护工作得到加强。主要工业污染物基本实现达标排放。

所有制结构调整力度加大，个体私营等非公有制经济加速发展。国有企业改革不断深化。国有大中型企业产权制度改革，已由大型企业扩展到特大型企业，由单一企业改制扩展到集团化改制改组。一批国有困难企业通过政策性破产顺利退出国有。分离企业办社会和辅业改制积极推进。国有中小企业的资本退出步伐加快，90% 的中小企业完成了产权制度改革。农村家庭承包经营、统分结合的土地双层经营体制建立完善，农村税费改革不断深化，农民生产积极性明显提高。商品市场不断完善。事业单位改革开始启动。政府机构改革、投融资体制改革以及粮食流通体制改革等各项改革取得积极成效。

对外开放进一步扩大，全方位、多层次、宽领域的对外开放格局初步形成。“十五”以来，巩固和扩大了俄罗斯、日本、韩国等传统市场，拓展了中东、南美等新市场，外贸进出口总额大幅度增长。2005 年，实现进出口总额 95.7 亿美元，比 2000 年年均增长 26.2%。外贸基础设施得到加强。利用外资取得新进展，2005 年实际利用外资达到 15.2 亿美元。优势行业对外资的吸引力增强。国内经济技术合作规模不断扩大，与国内发达地区的合作向纵深领域发展。“走出去”战略实施逐步深入，境外投资迅速增加。

【“十一五”经济社会发展的主要目标和发展重点】 “十一五”时期，全省 GDP 年均增长 10% 以上，到 2010 年力争达到 1 万亿元；人均 GDP 2007 年比 2000 年翻一番，2010 年力争达到 3000 美元。财政一般预算收入年均增长 11% 以上。5 年固定资产投资总规模达到 1.7 万亿元，年均增长 20% 以上。

经济增长方式进一步转变。资源利用效率显著提高，单位 GDP 能源消耗比 2005 年降低 20% 左右，万元工业增加值用水量降低 25%，农业灌溉水利用系数提高到 0.5；自主创新能力增强，研究与发展经费相当于 GDP 比例提高 0.5 个百分点。产业结构进一步优化。一、二、三次产业比例调整为 8：54：38，现代农业初具规模，六大基地基本形成，旅游业和现代服务业进一步发展，基础设施建设得到加强，形成一批拥有自主知识产权和知名品牌、竞争力较强的优势企业，产业竞争力总体水平明显提升。

社会全面进步，民生民计得到较大幅度改善。社会主义新农村建设取得明显成效，城镇化水平提高到 56%，城乡面貌显著改善；城镇居民人均可支配收入和农村居民人均纯收入分别达到 12160 元和 4520 元，分别年均增长 8% 和 7%；城乡就业水平提高，城镇登记失业率控制在 5%，五年累计增加城镇就业 300 万人，“十一五”期末转移农村劳动力 600 万人；社会保障体系比较健全，贫困人口继续减少；公共服务体系更加健全，国民受教育年限提高到 9.5 年，新型农村合作医疗覆盖率达到 80%；防灾减灾能力增强，安全生产和社会治安状况进一步好转。可持续发展能力增强。人口自然增长率控制在 5‰以内，耕地保有量控制在 1171 万公顷，森林覆盖率提高到 47%，主要污染物排放总量减少 10%，资源过度消耗和生态环境恶化趋势得到遏制。

改革开放取得新进展。所有制结构进一步优化，个体私营等非公有制经济比重提高到 50% 以上；行政管理、国有企业、财税、科技、教育、卫生、社会保障和城乡管理体制改革取得突破性进展；经济的外向度明显提高，进出口总额达到 240 亿美元，年均增长 20%；累计实际利用外资争取达到 100 亿美元，年均增长 12%。

大力发展现代农业。积极发展优质粮食和绿色农产品生产，深入实施国家优质粮食产业工程。大力推进农业科技进步，建设和完善农业科技创新体系。发展“订单”农业，发展农产品精深加工，延伸产业链。进一步加强农田水利建设，充分开发利用地表水资源，扩大农田灌溉面积，提高农田防灾能力。加快垦区农业现代化步伐，发挥垦区发展现代农业的龙头作用，搞好场县共建。千方百计增加农民收入。充分挖掘农业内部增收潜力，延长农产品产业链条，加快附加值高的名特优新农产品生产。发展国际化、外向型农业，提高农业的外向度。大力发展农村二、三产业和多种经营，支持乡镇企业发展农产品加工业和服务业，培育新的经济增长点。进一步推动农村劳动力转移，加强农村富余劳动力职业技能培训，改善农民进城务工环境，维护农民工合法权益。继续坚持开发式扶贫工作方针，重点加强贫困地区的基础设施建设，加大整村脱贫推进力度。

依托大型骨干企业和企业集团，推进装备制造业的成套化、高技术化和国产化，加快重点产业专业配套协作生产体系建设；大力发展石油化工、天然气化工、煤化工，积极发展粮食化工等生物质化工；进一步发展能源工业，加大能源资源勘探开发力度，强化节约和高效利用的政策导向，优化能源结构，提高能源利用效率；采用先进适用技术和高新技术，加快食品工业产业升级步伐；做大做强医药产业，加快推进中药现代化，建设我国北药生产基地。充分发挥黑龙江省森林资源优势和对俄森工经贸合作优势，利用好境内、境外两种资源、两个市场，建设以木材和非林木产品精深加工并重的新型林业产业体系，建成国内最大的山特产品生产加工基地。大力发展高新技术产业，充分挖掘技术、人才潜力，整合科技资源，按照产业集聚、规模发展和扩大国际合作的要求，提高自主创新能力，加快创新体系建设和产业化步伐，培育更多新的增长点。

健全金融体系，加强金融监管，防范化解金融风险，完善服务网络，优化金融生态环境，加快发展保险业，形成多渠道、多形式、多层次的保险业务体系。拓宽保险服务领域，提高保险服务质量。有序发展房地产业，调整房地产业结构，提高普通商品住房、经济适用住房和廉租住房供给比例。积极推进政府、企业、社会公众信息资源的开发和利用，加快信息服务业发展。积极承办各类国际国内会议，发展国际化、专业化、贸易型为主的会展。积极培育企业化经营、规范化管理、社会化服务的中介服务机构。

加快发展文化和体育产业。大力培育文化产业主体，鼓励民营资本投资兴办文化企业和各类非企业文化机构，支持民营资本参与国有文化单位的改制、兼并和重组。加快体育社会化和产业化进程，鼓励和引导社会、企业、个人投资兴办体育产业。进一步发展社区服务业和商贸服务业。鼓励兴办多种所有制的社区服务业，加快社区服务的社会化、产业化步伐，继续发展和完善商品市场体系。鼓励和支持经营业态创新，加快连锁经营、特许经营、代理制、电子商务等现代营销方式和组织形式的发展。

加快综合交通网络建设。统筹规划、合理布局，有机衔接各种运输方式，发挥组合效率和整体优势，形成便捷、通畅、高效、安全的综合交通运输体系。加强与俄罗斯和东北亚国际经贸大通道相连的铁路、公路、干流航道、开放港口、重要口岸、枢纽机场等主骨架交通设施建设。加强水利设施建设。坚持可持续发展治水思路，继续巩固和加强水利基础设施建设，强化对涉水事务的社会管理和公共服务，不断提高水资源利用效率和效益。进一步加强城市、重要地区和山洪灾害重点防治区的防洪工程和防洪体系中的骨干工程建设。

强化城市基础设施建设。进一步发挥政府投资在城市基础设施建设领域的导向性作用，积极推动各项价格改革，努力实现投资主体多元化、投资形式多样化以及投资项目产业化，使城市基础设施建设逐步走上良性发展轨道。加强区域规划建设。建设哈大齐工业走廊，努力把哈大齐工业走廊建成一个以高新技术为引领，多种产业相互协调配套，结构合理，集约发展，新体制、高科技、生态化、外向型的新型工业为主体的经济区域。构筑东部煤电化基地。进一步发挥资源优势，走煤电化一体化发展的路子，努力使之成为我国重要的煤电化基地和全省重要经济增长板块。建设大、小兴安岭重要生态功能区和生态经济区。依托资源优势，因地制宜地发展本地可承载的生态特色产业。辟建沿边开放带。以推进对俄经贸科技合作战略升级为契机，加快沿边地区的对外开放与开发建设，发展外向型经济。加快发展县域经济。坚持走优势产业立县、工业经济强县、基础产业稳县、招商引资兴县、民营经济活县的多样化发展路子，全面提升县域经济活力和竞争力，形成强县开始进入全国百强行列、中等县迅速崛起、国家和省扶贫开发工作重点县基本脱贫的发展格局。

加快生态省建设。坚持预防为主、综合治理，强化从源头防治污染和保护生态，着力改善重点区域环境质量，实施重点流域水质和污染控制，加强与上游跨省的协调沟通。加强生态系统保护与恢复，搞好各类生态功能区建设。坚持资源开发与保护并重，延伸加工与替代产业发展并举的原则，强化资源循环利用，实现资源型城市经济由资源导向型向市场导向型、由产业单一型向多元发展型转化。

着力推进行政管理体制改革。合理界定政府职责范围，推进政企分开、政资分开、政事分开、政府与市场中介组织分开，强化社会管理和公共服务职能。深化投资体制改革，落实企业投资自主权，健全投资项目核准制和备案制。规范、搞活、发展事业单位。深化国有企业和国有资产管理体制改革，按照有进有退、有所为有所不为的原则，完善国有资本有进有退、合理流动的机制，增强国有经济的控制力。大力发展非公有制经济。拓展非公有制经济发展空间，放宽准入领域，鼓励和引导非公有制经济参与六大基地和哈大齐工业走廊建设。深化财税金融管理体制改革。继续推进财源建设工作，缓解县乡财政困难；调整和优化财政支出结构，加快公共财政体系建设；深化部门预算、国库集中收付、政府采购、收支两条线和乡村财政财务管理方式改革，提高财政管理水平；完善转移支付制度，理顺省级以下财政管理体制，积极探索实行省级对县的管理体制；强化审计监督，提高财政资金使用效益。

建设现代市场体系。进一步打破行政垄断和地区封锁，着力建设统一、开放、竞争、有序的现代市场体系，推行现代流通方式。推进对俄经贸科技合作战略升级，加快大通道和重点口岸基础设施建设，培育和做强对俄合作主体，拓宽贸易渠道，改善贸易结构，扩大合作领域，促进对俄经贸科技合作向规范化、规模化方向发展，实现对俄经贸科技合作的更高层次跨越。发展多元化对外贸易新格局，深入实施“科技兴贸”战略，提高产品的科技含量。实施市场多元化战略，培育壮大贸易主体，引进一批有实力的大企业，实现经贸主体的产业化和本地化。

提高利用外资的质量和水平。积极探索利用外资的新方式、新途径，改进利用外资工作机制，完善外商投资信息服务平台，努力扩大利用外资规模，提高利用外资水平。大力实施“走出去”战略。积极推进对外投资，支持和鼓励各种所有制企业进行对外投资，鼓励企业以并购、租赁、境外上市、设立研发中心等形式到发达国家和发展中国家开拓市场，形成跨国经营群体优势，扩大境外投资的规模。积极开展对外工程承包和劳务合作。

加强国内经济技术合作。坚持对内对外开放并举，充分发挥优势，广泛开展与东部沿海省市、东北地区和中西部地区的合作与交流，优化资源配置，积极承接东部沿海省市的产业转移，加强东北地区的合作与交流，促进企业资产重组，整合壮大一批企业集团。

加快科学技术创新。全面提高自主创新能力，加强科学研究与开发，选择若干有基础、有优势、有重大带动作用的关键领域项目进行攻关，取得突破，争取达到国际先进水平。实行激励企业自主创新政策，实施企业技术创新能力专项工程，建立以企业为主体、市场为导向、产学研相结合的技术创新体系。调整科技结构，整合科技资源，构建以高等院校和科研机构为主体的知识创新体系。

优先发展教育事业。深化教育体制改革，全面实施素质教育。全面巩固提高普及九年义务教育和扫除青壮年文盲成果。稳步发展高中教育，大力发展中高等职业教育。加强高水平大学和重点学科建设，提高高等教育质量。实施人才强省战略。努力创新人才工作机制，调整优化人才结构，充分发挥现有人才作用，大力培养、积极引进、合理使用各类人才。加强人力资源能力建设，实施人才培养工程，抓紧培养专业化高技能人才和农村实用人才。

加强和谐社会建设。坚持劳动者自主择业、市场调节就业和政府促进就业的方针，努力实现充分就业。建立健全与经济发展水平相适应的多支柱、分层次、广覆盖的社会保障体系，合理确定保障标准和方式。建立城乡医疗救助体系，将城市最低生活保障对象、农村贫困人口和五保供养对象纳入救助范围。改善国民收入分配结构，合理调节收入分配，着力提高低收入者收入水平，逐步扩大中等收入者比重。认真解决低收入群众的住房、医疗和子女就学困难问题。增强居民特别是农村居民和城镇低收入者的消费能力。完善农村销售网点和服务设施，改善消费环境，扩大农村居民消费。

安徽省“十五”计划完成情况及“十一五”规划简介

【“十五”时期经济社会发展取得的主要成就】“十五”时期GDP年均增长10.6%，2005年经济总量达到5375.8亿元，人均GDP超过1000美元；完成财政收入656.4亿元；有效供给能力显著增强，粮食综合生产能力稳定在550亿斤左右，棉花、油料产量继续保持全国前列，汽车、水泥、钢铁、有色、煤炭、电力等主要工业品生产能力不断增加。

2005年三次产业结构比例为17.9∶41.6∶40.5，二、三产业比重分别上升5.2和2.5个百分点。产业内部结构继续优化，重化工业成为主导产业，技术密集型产业方兴未艾，年销售收入超百亿元的工业企业达到9家；现代服务业加速成长，年均增速保持在10%以上；养殖业占农业比重提高到45%左右。城镇化水平不断提高，城镇化率年均提高约1.4个百分点，是改革开放以来发展最快的时期。市场化步伐加快，非公有制经济成为安徽经济的重要组成部分。

产权制度改革进一步深化，国有企业和国有资产管理体制改革取得明显进展，国有大中型企业基本完成了公司制改革。农村各项改革特别是农村税费改革成效明显，在全省范围内免除了农业税。公共财政支出改革全面展开。投资、金融、流通、价格等改革继续深化。行政管理体制改革加快。全方位、多层次、宽领域的对外开放格局初步形成，融入长江三角洲经济区步伐加快，经济外向度明显提高。2005年进出口总额达到91.2亿美元，其中出口近60亿美元；五年累计利用外资53.7亿美元。一批有影响的国内外大企业、大集团落户我省，与沿海及发达国家和地区的经济技术合作进一步加强。开发区成为重要的经济增长点。

以“861”行动计划实施为核心展开了大规模建设，五年累计完成固定资产投资超过8000亿元，是预期目标的1.25倍。建成了临淮岗洪水控制等一批治淮骨干工程、奇瑞轿车二期、合徐高速、徽杭高速、沿江高速马芜段、安庆长江大桥、宁西铁路安徽段等重大项目，在建合宁铁路、合武铁路、铜九铁路、蚌宁高速、合铜黄高速、马钢薄板、江汽轿车等重大项目。五年新修长江、淮河干堤1500公里，改造中低产田280万亩，新建高速公路1130公里，改造和新建农村公路2万公里。新增城镇供水能力70.2万吨/日，污水处理能力125.3万吨/日，垃圾处理能力1232吨/日，天然气用气人口236.1万人。新增发电装机容量400万千瓦，新增500千伏输电线路556公里，新增煤炭生产能力3000万吨，建成了一批高技术产业化和重大装备国产化项目。可持续发展战略继续推进，生态省建设全面展开，人口、资源、环境、生态的关系有所改善。

各级各类教育快速发展。分级管理、以县为主的农村义务教育管理体制初步建立，全省“两基”达标任务全面实现。2005年高中阶段毛入学率达到45%，职业学校在校生超过60万人；在校大学生58.9万人，比期初增加40万人；高等教育毛入学率达到17%，比期初提高8.5个百分点。科技事业取得新的成就，科技创新能力进一步提高。公共卫生体系框架基本建立，新型农村合作医疗制度试点初见成效。人口出生率控制在7‰以内。

5年累计城镇新增就业100万人。城乡居民收入持续增加，2005年城镇居民人均可支配收入和农民人均纯收入达到8470.7元和2641元。城镇养老、失业、医疗、工伤、生育、居民最低生活保障等社会保障覆盖率和保障水平继续提高，农村社会养老保险开始启动。社会弱势群体权益得到保护。公共产品和公共服务投资力度加大。居民消费结构明显升级，住房、交通、通讯、旅游等成为新的消费热点。

文化、体育、广播、影视、新闻、出版等事业进一步繁荣。民族、宗教、外事、侨务、对台、气象、地震、档案、文物、地方志等工作取得新成效。妇女儿童、老年人、残疾人权益得到保障。社会主义民主法制进一步健全，地方法规体系继续完善，依法行政得到加强。“平安安徽”建设启动，社会治安综合治理成效显著，进一步加强和改进了信访工作，“双拥”工作和国防动员体系建设取得新的进展。保持共产党员先进性教育活动成效突出。

【“十一五”经济社会发展的主要目标和发展重点】 到2010年GDP达到1万亿元（当年价，下同），年均增长10%以上；人均GDP 1.55万元。财政收入1300亿元，年均增长15%。社会消费品零售总额3000亿元，年均增长12%。进出口总额180亿美元，年均增长15%。城镇居民人均可支配收入1.2万元，农村居民人均纯收入3800元。5年累计完成全社会固定资产投资2万亿元，年均增长18%。5年城镇新增就业200万人，5年转移农业劳动力300万人。

大力发展汽车、化工、装备制造等先进制造业；发展信息、生物等高新技术产业；发展钢材和铜材精深加工、新型建材等材料产业；发展家电、食品、纺织、造纸等轻纺产业；以产业结构优化升级为重点，支持发展先进生产能力，增加自主品牌和高端产品比重，以信息化带动工业化，加快产业技术进步；促进产业集群和企业集聚，发挥大企业的辐射、带动作用，做强骨干大企业，做多民营中小企业，发展块状经济。

发展现代农业，优化农产品区域布局，建成我国重要的优质农产品生产和加工基地；加大各级政府投入力度，硬件、软件一起抓，发展农村公共事业，实施“千村百镇示范工程”，大力改善农业和农村基础设施建设，发展农村社会事业；千方百计增加农民的经营性收入、劳务收入，加快扶贫开发步伐；全面深化农村改革，完善农村基本经营制度，建立农村基层工作和农村公共产品供给新机制。

加快发展服务业。生产性服务业努力建设对接长三角的现代物流体系；建成具有重要影响的区域性银行，提高直接融资规模，形成各类金融机构竞相发展、资本市场比较活跃的良好局面；大力发展会计、审计、法律、广告等各类商务服务。生活性服务业培育一批新兴文化产业，加快文化强省建设步伐；加快建设以黄山为重点，以“两山一湖”为中心的皖南旅游区，为尽快建成旅游大省奠定坚实的基础；建立合理的住房供应体系，有序发展房地产业；加快发展社区服务业和体育产业等。同时，继续以市场化、产业化、社会化为方向，建立公开、平等、规范的行业准入制度，完善服务业发展政策。

加强基础产业建设。交通方面，要加快公路、铁路、航运、航空、管道和城乡交通网络建设，全面构筑对接长三角的现代化综合交通体系。“十一五”期间，新建铁路1000公里以上，新增高速公路2000公里以上，新增港口吞吐能力1.3亿吨，增加机场吞吐能力一倍以上，改造和新建农村公路6万公里以上，建成油气管道近2000公里。

能源建设方面，大力发展煤炭，积极发展电力，推进“皖电东送”，开发新能源。“十一五”期间，全省将新增原煤生产能力8000万吨，总生产能力达到1.5亿吨；新增电力装机1800万千瓦以上（其中火电装机1700万千瓦以上），总装机2800万千瓦以上。皖电东送规模力争达到800万至1000万千瓦。

水利建设方面，以防洪抗旱、排涝减灾和供水安全为重点，构筑水利支撑体系。到2010年，长江干流主要堤防能安全防御1954年型洪水，淮北大堤及沿淮城市圈堤防洪能力达到100年一遇，国家重点城市防洪标准达到100年一遇，重点低洼地排涝标准初步达到5年一遇以上，全省年供水能力新增45亿立方米。

信息化建设方面，加强信息基础设施建设，基本建成“数字安徽”框架体系。

加快城镇化进程、促进区域协调发展。按照合理布局、节约土地、集约发展的原则，统筹做好区域规划、城市规划和土地利用规划，强化中心城市产业支撑力、综合承载力和对人才的吸引力，增强辐射带动作用，形成合理的城镇体系。

对县域经济发展，要进一步简政放权，加大扶持力度，加快工业化进程，实现县域经济的良性发展，力争到“十一五”末建成一批经济强县，有的县进入全国百强县行列。

“十一五”期间重点抓好五项改革：一是深化行政管理体制改革，加快转变政府职能。深化投资体制改革。二是以省属大企业为重点，以产权制度改革为核心，进一步推进国有企业和国有资产管理体制改革。三是大力发展非公有制经济。四是深化财政体制改革。五是着力发展资本市场，深化价格体制改革，维护市场经济秩序，完善现代市场体系。

推进东向发展、提高对外开放水平。一是加速融入长三角经济圈。提出把工作重点放在经济运行机制接轨、基础设施对接、产业互补发展、市场一体化等方面，使安徽成为长江三角洲经济圈加工制造业基地的重要组成部分、原材料工业基地以及主要面向长江三角洲经济圈的能源基地、配套产品基地、农副产品供应基地、旅游休闲目的地和劳务输出基地，形成互利双赢的开放格局。二是继续把招商引资作为经济工作的重中之重，提高利用外资水平。办好各类开发区，更好地发挥示范带动作用。三是进一步扩大对外贸易，大力推动企业“走出去”，完善外经贸促进政策。

大力发展科技教育。一是在建立科技创新体系方面，积极推动自主创新和技术进步，努力形成以企业为主体、市场为导向、产学研相结合的技术创新体系。着力提高企业自主创新能力。抓好合肥国家科技创新型试点市建设。深化科技体制改革，加强创新环境建设。二是优先发展教育。全面实施素质教育，加快建设现代国民教育体系。强化政府对义务教育的保障责任，加强和巩固义务教育。把职业教育放到突出位置。基本普及高中阶段教育。实施高等教育“双百工程”，进一步提高质量、优化结构。三是推动人才强省，培养一大批高层次人才、高技能人才和农村实用人才。

建设资源节约型、环境友好型社会。一是以节能、节水、节地、节材为重点，全面厉行资源节约，减少资源消耗。二是以水资源、土地资源、矿产资源、气象资源为重点，加强资源管理和综合利用。三是发展循环经济，以冶金、化工、轻工、煤炭、电力、建材等行业为重点，积极开展循环经济型企业、园区、城市和农村等试点，促进资源循环式利用，鼓励企业循环式生产。四是建设“生态安徽”，继续完善生态保护体系，建立生态补偿机制，加大淮河、巢湖流域污染治理和长江中下游地区酸雨控制等项目建设。

按照构建民主法治、公平正义、诚信友爱、充满活力、安定有序、人与自然和谐相处的总体要求，从解决关系人民群众切身利益的现实问题入手，突出抓好十个方面工作：大力促进就业，把失业率控制在社会可承受的限度之内；建立健全与经济发展水平相适应的社会保障体系；合理调节收入分配；健全公共卫生体系；切实做好人口工作；基本建成“信用安徽”框架体系；全面建设平安安徽；加强民主政治建设；加强思想道德建设；完善社会管理体制。

江西省“十五”计划完成情况及“十一五”规划简介

【“十五”时期经济社会发展取得的主要成就】“十五”期间，江西省经济进入快速发展新阶段。全省GDP上升到4056.2亿元，年均增长11.6%，是历次五年计划中增长最快的速度，人均收入达到9439元，按当年平均汇率换算，突破1000美元大关。财政总收入由171.7亿元上升到425.9亿元，增长1.48倍，年均增长19.9%，全社会固定资产投资由548.2亿元上升到2293亿元，翻了两番，增长3.18倍，年均增长33.5%，也是历次五年计划中增长最快的速度。

经济结构明显改善。国民经济三大产业的比例由24.2∶35∶40.8调整为19∶47.2∶33.8。工业化进程加快，工业在全省经济总量中的比重由27%上升到33.7%。农业基础地位更加巩固，2005年粮食生产达到370.8亿斤，创历史最高记录。服务繁荣兴旺，商贸旅游业蓬勃发展，2005年全省接待的旅游人次达到5095万，超过全省总人口。所有制结构进一步改善，个体私营经济占全省GDP的比重由13%上升到36.1%。城镇化步伐加快，城市化率由27.7%上升到37%，每年增加城镇人口85万人。

改革开放取得明显成效。农村税费改革、行政审批制度改革、财政体制改革、投资体制改革、国有企业改革、国家资产管理体制改革等取得重要进展。对外开放成效显著，开放型经济发展取得重大突破，五年引进外资75.7亿美元，超过2000年之前20多年的总和(46.6亿美元)。已有美国福特、日本五十铃、日本铃木等20家世界500强的跨国公司进入江西。对外贸易较快发展，外贸出口年均增长15.3%，2005年达到24.4亿美元，出口的产品结构和企业结构有重大改善，生产企业出口、外资企业自营出口的比重上升。

发展环境发生巨大变化。城乡建设加快，城市面貌有明显改善，农村面貌也正在发生新的变化。交通、能源的保障水平大幅提高，高速公路由420公里上升到1580公里，出省主要通道和省会到各设区市的公路全部高速化，并改造农村公路3.4万公里，新增电力装机225万千瓦。生态环境得到有效保护，森林覆盖率达到60.05%，全省赣、抚、信、饶、修五大河流中Ⅰ至Ⅲ级水质占76.4%。软环境建设取得实效，“成本低、回报快、信誉好、效率高”的投资环境已得海内外许多人士的认可。

人民生活水平进一步提高。城镇居民人均可支配收入由5104元增加到8620元，农民人均纯收入由2135元增加到3266元，年均分别增长11.1%和8.9%。价格总水平基本稳定，居民消费价格年均上涨1.1%。就业、社会保障和扶贫工作都富有成效，5年中创造了400多万个新的就业机会，城镇登记失业率控制在4%以内，对城市的生活困难居民全部实行了最低生活保障，在农村开展多种多样的扶贫开发和救助制度。

社会事业全面发展。在科教领域取得了一批重大科研成果，科研成果的产业化步伐正在加快。在教育方面，农村中小学办学条件明显改革，职业教育发展迅速，高等院校规模明显扩大，在校生由14.43万人上升到64.6万人。人才工作明显加强，人才流进流出基本平衡，全省人才进出比例由1∶1.7转变为1∶1.04。

城乡居民的医疗条件都有较大改观。全省疾病预防体系和医疗救治体系得到加强。人口增长继续控制在较低水平，人口自然增长率已下降到8‰。社会治安和安全生产形势较好，社会保持稳定。

【“十一五”经济社会发展的主要目标和发展重点】 到2010年，全省GDP达到8000亿元以上，年均增长11%。财政总收入达到856亿元，年均增长15%。全社会固定投资达到4800多亿元，年均增长16%。全社会消费品零售总额达到2200多亿元，年均增长13%，物价保持稳定，价格总水平上涨幅度控制在年均3%左右。

经济增长质量明显改善。资源的利用效率有明显提高，单位生产总值的能源消耗五年降低20%。自主创新能力得到增强，科研成果的产业化步伐加快，科技进步对经济增长的贡献率由45.6%提高到50%以上。

经济结构继续优化。农业综合生产能力进一步提高，工业增加值占全省生产总值的比重由33.7%进一步上升到40%以上，服务业的发展水平进一步提高，国民经济三大产业的比例调整为13:52:35。

市场经济体制比较完善。行政管理、国有企业、财税、金融、科技、教育、文化等领域的改革取得新突破。对外开放进一步扩大，实际利用外资年均增长10%，五年达到160亿美元。外贸出口年均增长15%，五年实现180亿美元。

统筹城乡发展取得重大进展。大中小城市和小城镇布局合理，城市化率由37%提高到45%。逐步消除城乡二元结构，在建设社会主义新农村中取得明显实效。

公共服务更加健全。在教育方面，使九年义务教育继续普及和巩固，职业教育的规模进一步扩大，高等教育质量明显提高，高等教育毛入学率由20.5%提高到25%。在就业方面，五年新增城镇就业230万人，城镇登记失业率控制在5%以内。在社会保障方面，基本养老保险覆盖面由387万人扩大到550万人，新型农村合作医疗覆盖率由12.5%扩大到80%以上。

人民生活水平进一步提高。城镇居民人均可支配收入达到1.3万元，农民人均纯收入达到4600元。城镇居住面积由32平方米增加到35平方米。同时，城乡居民的文化生活更加丰富。

可持续发展能力进一步增加。人口自然增长率控制在8‰以内，全省人口总数到2010年控制在4500万人以内。耕地总量占补平衡，保持在4300万亩（287万公顷）。全省森林面积再增加750万亩（50万公顷），森林覆盖率达到63%。各类污染物的排放得到有效控制和治理，城镇生活污水集中处理率达到60%，城镇生活垃圾无害化处理率达到70%，中心城市空气质量达到国家二级标准，使江西环境优美、山清水秀，成为我国独具特色魅力的生态强省。

推进农业农村现代化。全面发展农村经济，加快传统农业向现代农业转变，扎实开展社会主义新农村建设。巩固提高粮食生产能力。严格保护耕地，加强农田改造和水利建设，扩大农田有效灌溉面积，使全省粮食综合生产能力保持在400亿斤以上。

推进新型工业化。在依靠科技进步、降低资源消耗、保护环境的基础上扩大工业规模，调整工业结构，使全省工业增加值年均增长15%以上，由当前的1370亿元上升到3200亿元。

推进新型城镇化。坚持大中小城市和小城镇合理分布，在产业集聚、完善功能、节约土地、改善环境的过程中做到科学发展，5年中使城镇人口从1600万人增加到2000万人，使农村人口从2700万人减少到2500万人。

推进经济国际化。继续实施大开放主战略，加快“对接长珠闽、联结港澳台、融入全球化”的进程。主动对接国际经济，加快资本集聚、资源利用、市场开拓、技术引进的国际化进程。积极有效开展区域合作，加快与沿海地区体制机制接轨、产业合理分工、基础设施互通、人才交通互动，提高开放经济对江西发展的贡献率。

推进经济市场化。坚持社会主义市场经济的改革方向，以更大的力度清除制约经济社会发展的体制机制障碍，把行之有效的改革措施规范化、制度化和法制化。重点是进行行政管理体制改革、国有企业改革、财政体制改革、投资体制改革，发展非公有制经济，以及加快建立现代市场体系等。

建设创新创业江西。将从培养人才、建立机制、营造环境等方面下功夫。又大力发展职业教育，提高高等教育质量，使中等职业教育规模由64.28万人达到90万人，高等职业教育规模由38.31万人达到60万人，使高等教育规模由70万人达到100万人。

建设绿色生态江西。就是推行有利于节约资源和保护环境的生产模式、消费模式、城乡建设模式，加强生态建设，进一步巩固和提升江西的生态优势。

建设和谐平安江西。坚持以人为本，实现好、维护好、发展好人民群众的根本利益。更加注重社会发展、注重社会公平，突出解决好劳动就业、社会保障、收入分配、医疗卫生和公共安全等人民群众切身利益问题。注重提高人民群众健康素质、丰富人民群众文化生活、加强社会主义民主政治建设，促进人的全面发展。

增强基础设施对经济社会发展的支撑能力。按照统筹规划、合理布局、量力而行、适度超前的原则，通过多种渠道筹集资金，进一步加强基础设施建设。建设快速便捷的综合交通体系。其中建设高速公路1500公里，使总里程达到3000多公里，同时使乡村公路基本都改造成油路或水泥路。建成南昌至九江城际快速铁路、南昌至福建莆田铁路、九江至安徽铜陵铁路、赣州至广东韶关铁路、井冈山铁路。加强赣江、信江等水运航道改造，发展长江航运。扩建南昌昌北机场，新建赣东、赣西两个支线机场。

建设安全可靠的能源保障体系。加强煤矿的改造和更新，使原煤产量稳定在2500万吨，加强电力建设，使电力装机由700多万千瓦增加到1200万千瓦，并积极筹建江西九江核电站、鄱阳湖地区的风力发电站。

增强服务业对工农业生产和人民生活的支撑能力。顺应需求结构变化和产业结构调整的趋势，加快提升传统服务业，大力发展新兴服务业。

河南省“十五”计划完成情况及“十一五”规划简介

【“十五”时期经济社会发展取得的主要成就】“十五”期间，河南省综合经济实力显著增强。保持了较高的增长速度和较高的增长质量。2005年GDP达到10578亿元，“十五”期间年均增长11.4%；人均GDP达到11346元，超额完成“十五”计划目标。财政一般预算收入538亿元，比2000年翻一番以上，财政支持经济社会发展的能力明显提高。金融机构各项存款余额突破1万亿元。全社会固定资产投资五年累计达到13249亿元，年均增长24.3%。

结构调整迈出实质性步伐。二、三产业比重达到82.1%，比2000年提高4.7个百分点。农业结构调整继续推进，粮食生产能力稳定在4000万吨以上，优质粮食和畜产品生产加工基地初步形成。工业产业结构、产品结构调整取得明显成效，2005 年规模以上工业增加值达到 3200 亿元，实现利润达到 643 亿元，新兴工业大省的地位基本确立。所有制结构调整取得新进展，非公有制经济增加值比重达到 50%，提高 15.5 个百分点。城镇化进程加快，城镇化率达到 30.7，比 2000 年提高 7.5 个百分点。人才培养结构发生较大变化，高等教育毛入学率达到 17%，提高 8.3 个百分点。

基础设施建设成效显著。一大批农林水利、交通能源、城市建设、生态环保等基础设施项目建成投用，薄弱环节明显加强。五年新增高速公路通车里程 2173 公里，实现 17 个省辖市、1 个省管市全部通高速，出省通道全部打通，中原交通运输大通道框架基本形成。城乡电网得到全面改造，新增发电装机容量 1349.3 万千瓦，火电基地建设初具规模。新增有效灌溉面积 11.2 万公顷和城市污水日处理能力 270 万吨。

改革开放深入推进。国有企业、行政管理、投资、交通、农村税费、粮食流通、城市公用事业等体制改革取得重大进展，资源整合取得阶段性成果。社会主义市场经济体制进一步完善，市场在资源配置中的基础性作用明显增强。开放型经济较快发展，东引西进成效显著，进出口总额年均增长 27.7%，五年累计实际利用外资 50 亿美元。

社会事业全面发展。基础教育进一步加强，五年改造农村中小学 D 级危房 596.9 万平方米。高素质人才培养能力迅速提高，普通高校在校生规模达到 85.2 万人，比 2000 年增加 59 万人。科技进步对经济增长的推动作用增强。改造建设了覆盖全省的疾病预防控制和医疗救治体系，集中改造了 1107 所乡镇卫生院，在 25 个县开展了新型农村合作医疗试点。文化产业和文化事业快速发展，体育、广播电视、新闻出版等社会事业全面进步。人口年自然增长率均控制在 7‰以内。精神文明和民主法制建设取得新成果。

人民生活水平进一步提高。城镇居民人均可支配收入、农民人均纯收入年均实际增长 10.6% 和 5%。全面取消农业税，对种粮农民实行了直接补贴和良种、农机具购置补贴，对农村义务教育阶段贫困家庭学生实行了“两免一补”。解决了重污染地区 152.5 万农村人口的安全饮水问题，全省共有 400 万农村贫困人口脱贫。五年累计新增城镇就业 422 万人，累计转移农业劳动力 870 多万人，城镇登记失业率控制在 3.5% 以下。社会保障覆盖面逐步扩大。

【“十一五”经济社会发展的主要目标和发展重点】 “十一五”期间，全省 GDP 年均增长 10% 左右，2010 年达到 1.7 万亿元，人均达到 1.81 万元；财政一般预算内收入达到 900 亿元；全社会固定资产投资达到 8810 亿元；单位 GDP 能耗比 2005 年降低 20% 左右；城镇化水平达到 40% 左右。

促进工业结构优化升级。重点培育壮大郑州、洛阳、新乡、许昌、安阳、鹤壁六个高新技术产业集群，逐步形成安阳—许昌沿京广高新技术产业带，力争 2010 年高新技术产业增加值占工业增加值的比重达到 25% 以上。做大做强食品、有色、化工、汽车及零部件、装备制造、纺织服装等六大优势产业，建设一批在全国有较强影响力的产业基地和大型企业。

加快全省城镇化进程。突出抓好中原城市群建设，把中原城市群建成带动中原崛起、促进中部崛起的重要增长极。2010 年区域 GDP 突破 1 万亿元，占全省的比重达到 60% 左右，城镇化率达到 50% 左右。继续加快其他地区性中心城市的开放发步伐，发展各具特色的县域经济，积极推进鹤壁、济源、巩义、义马、舞钢、偃师、新等 7 个市城乡一体化的试点工作，努力实现城乡、区域协调发展的新格局。

扎实推进社会主义新农村建设。力争 2010 年，粮食生产能力稳定在 4000 万吨以上，畜牧业产值占农业总产值的比重达到 45% 以上；转移农业劳动力总数达到 2300 万人；实现村村通电话、乡乡通“宽带”；完成乡镇卫生院改造。2007 年起对所有农村中小学生免收杂费，2008 年全省基本普及新型农村合作医疗制度。五年新建和改造农村公路9万公里，90%以上的县道达到三级及以上公路标准，乡道和村道达到四级以上公路标准，全省所有行政村和大部分自然村通水泥路（油路）；五年再解决900万左右农村人口的安全饮水问题，400万人口的脱贫问题。

加快发展服务业。全面加快服务业发展，拓宽领域、提高水平、扩大就业规模和产值比重。力争2010年文化产业、旅游业成为河南省重要的支柱产业，现代物流业发展成为优势产业。

优先发展教育。坚持把教育摆在优先发展的战略地位，巩固提高基础教育，大力发展职业教育和技能培训，继续扩大高层次人才培养规模，为经济社会发展提供人才和智力保障。2010年，初中三年保留率达到95%；高中阶段毛入学率由2005年的48.3%提高到80%；中等职业教育招生规模达到60万人，与普通高中招生规模大体相当；高等教育毛入学率由2005年的17%提高到23%，普通高校在校生规模达到130万人以上。

继续加强水利建设，缓解洪涝灾害威胁和水资源制约。坚持兴利除害结合、开源节流并重、防洪抗旱并举，以水资源保护与合理开发利用为重点，着力构建防洪减灾体系和水资源保障体系。完成南水北调中线工程和受水区配套工程，五年新增年供水能力37.69亿立方米。实施一批治淮、治黄骨干工程，加快洪水控制工程和骨干河道治理。所有省辖市防洪标准达到50年一遇以上。

建设现代综合运输体系，构筑交通区位新优势。继续加强公路、铁路、航空枢纽和通道建设，推进交通系统的网络化、智能化，形成现代综合运输体系。2010年全省公路通车总里程达到8.5万公里，其中高速公路达到5000公里以上；五年新增铁路客运专线880公里左右；完成郑州新郑国际机场改扩建工程，建成国内重要的区域性枢纽机场和航空物流集散中心。

加强全国大型煤炭基地和火电基地建设，增强能源保障能力。加强煤炭资源勘探，整合煤炭资源，加快大中型矿井建设，全省煤炭生产能力稳定在1.5亿吨左右。重点建设沿陇海、豫北和豫中南火电集群，扩大电力外送规模。大力开发新能源和可再生能源，建成供应充足、结构合理，清洁能源占主体，具有一定外输能力的能源供应体系。2010年全省发电装机达到4500万千瓦以上。

建设资源节约型和环境友好型社会。到2010年，万元GDP能耗降低20%左右，万元工业增加值用水量降低30%，农业灌溉用水有效利用系数由2005年的0.48提高到0.52；在煤炭、有色、电力、食品等行业建成100家循环经济示范企业；建成安阳高新技术园区、登封工业园区等20个循环型产业示范园区；在鹤壁等城市进行试点，创建一批资源节约型示范城市。城市污水处理率达到80%，城市生活垃圾无害化处理率达到60%以上；工业固体废物综合利用率提高到70%，二氧化硫和化学需氧量排放量五年分别减少14%和10.8%；林木覆盖率提高到26%。

扎实推进和谐社会建设。按照“民主法制、公平正义、诚信友爱、充满活力、安定有序、人与自然和谐相处”的要求，千方百计扩大就业，健全公共服务、公共安全、社会管理和社会保障体系，正确处理各种社会矛盾，大力促进社会和谐。力争五年新增城镇就业450万人左右，城镇居民人均可支配收入、农村居民人均纯收入年均分别增长8%和6%。

湖北省“十五”计划完成情况及“十一五”规划简介

【“十五”时期经济社会发展取得的主要成就】“十五”期间，全省GDP年均增长10.1%，人均GDP突破万元大关。农业综合生产能力增强。粮食总产量达到2177.4万吨，主要经济作物产量刷新历史纪录，工业经济持续快速增长。大力推进“三个三工程”、八大行业结构调整和高新技术产业化，实施全省新型工业化规划纲要卓有成效。高新技术产业增加值完成630亿元，年均增长16.2%，建成100多个国家高技术产业发展项目，工业经济效益综合指数达到166.12，创历史新高。服务业迅速发展。以大型综合性超市、仓储式购物中心、连锁经营店为代表的新型流通方式和新型业态快速发展，社会消费品零售总额年均增长11%。全口径财政收入突破千亿元大关。武汉城市圈建设加快推进，基础设施、区域市场、产业布局、城乡建设四个一体化启动。民营经济已成为县域经济的主体，经济实力和活力显著提高。

经济发展后劲明显增强。5年全社会固定资产投资总额完成10321.7亿元，年均增长14.8%。投资结构进一步优化，农业基础设施、基础产业、先进制造业等领域投资力度大为加强，亿元以上重大项目完成投资占全社会固定资产投资的比重达到40%以上。全省公路通车里程达到9.2万公里，其中高速公路1649公里，分别比2000年增加34150公里和1080公里；武九铁路增二线工程、武汉轻轨一期工程和恩施机场扩建工程建成，宜万、武广、武合、武安等铁路和武汉天河机场扩建工程开工建设。整治长江干堤及汉江遥堤达标长度1636公里，新增发电装机1250万千瓦（含三峡电站980万千瓦），增加发电量728亿千瓦时（含三峡电站486亿千瓦时）。

社会发展水平显著提高。教育快速发展。农村义务教育实现以政府投入为主的历史性转变，高等教育进入快速发展时期和大众化阶段，毛入学率比全国平均水平高近5个百分点。科技实力增强，科技人员总量和国家重点实验室数量位居全国前列。文化事业、文化产业发展加快，全省广播、电视人口综合覆盖率均达到96%以上。卫生事业实现前所未有的大发展，全省市州、县（市）疾病预防控制和医疗救治体系基本建立。旅游业快速发展，基础设施建设显著加强，接待旅游总人数、旅游总收入均创历史最高水平。强化环境综合治理，依法整顿关闭了一批污染严重的企业。就业规模扩大，5年全省城镇新增就业人员达到248万人，2005年城镇登记失业率控制在4.3%。城镇社会保障体系框架初步建立，城镇居民最低生活保障基本实现应保尽保。扶贫开发成效显著，五年贫困人口减少270万人。城乡居民生活水平提高。城镇居民人均可支配收入、农村居民人均纯收入分别达到8786元和3099元，年均分别增长9.7%和6.4%。

改革开放迈出新步伐。农村改革全面展开，税费改革、乡镇综合配套改革、国有农场管理体制改革进展顺利，提前实现免征农业税。国企改革进一步深化，“三个一批”企业中已有30户大型国有骨干企业改制为混合所有制企业，100户国家骨干企业改制为民营企业，国有中小企业基本实现民营化。省级国有资产监督管理体制基本建立。以部门预算、国库集中支付、政府采购、收支两条线为主要内容的财政体制改革逐步深入，实行了省对县的财政直管。行政审批制度改革卓有成效，对32个扩权县（市）下放239项行政审批、审核权限。投资体制改革取得实质性进展，对不使用政府投资的项目一律不再审批，已全面实行备案制和核准制。对外开放水平进一步提高，五年实现出口总额达到143.8亿美元，年均增长18.2%；吸收外商投资总额达到102.9亿美元，年均增长20.2%，落户湖北的全球500强企业已超过60家。

【“十一五”经济社会发展的主要目标和发展重点】 “十一五”时期，全省力争GDP年均增长10%以上，提前实现人均GDP比2000年翻一番；地方财政一般预算收入年均增长12%；力争全社会固定资产投资年均增长15%，投资总额达21000亿元以上；全省单位生产总值能源消耗比“十五”期末降低20%左右；城镇化水平达到50%；城镇登记失业率控制在4.5%左右；保持价格总水平基本稳定；全省城镇居民人均可支配收入年均增长8%，农村居民人均纯收入年均增长6%。

实施“工业兴省”战略，走新型工业化道路，一是加快发展以电子信息、生物技术与新医药、新材料、光机电一体化为重点的高新技术产业，力争高新技术产业增加值占GDP的比重达到10%。二是做大做强汽车、钢铁、石化等支柱产业。三是改造提升装备制造、食品、纺织、建材等优势产业。四是着力建好武汉石化工业园、十堰汽车工业园、仙桃无纺布工业园等若干工业园区。力争形成销售收入过千亿元的产业4～6个、过100亿元的大企业10家、过50亿元的30家、过10亿元的60家。

按照生产发展、生活宽裕、乡风文明、村容整洁、管理民主的总体要求，因地制宜，突出重点，尊重民意，以“百镇千村”工程为示范，扎实稳步推进社会主义新农村建设。稳定发展粮食生产，继续推进农业结构战略性调整，推进农业产业化经营，加强农业基础设施建设，稳步提高农业综合生产能力。突出抓好100个重点镇建设，建成一批产业兴旺、设施配套、环境优美、文化繁荣的新型小城镇；以1000个示范村建设为重点；支持农户建沼气池、改厨、改厕、改圈。进一步巩固和提高农村义务教育，两年内实行对农村学生免收杂费。全面推进新型农村合作医疗，实行农村重大疾病医疗救助制度。增加财政支农资金投入，逐步健全对农民收入的直接补贴制度。执行国家和省实行的粮食“三补”政策及稻谷最低收购价政策。积极实施农民职业技术培训“阳光工程”，提供就业信息和中介服务。坚决维护农民工合法权益。

充分发挥悠久厚重的荆楚文化优势和山水人文丰富的旅游资源优势，大力发展现代服务业。“十一五”时期，突破性发展现代物流、金融、信息等现代服务业。加快建设武汉物流圈、宜（昌）荆（州）荆（门）物流圈和襄（樊）十（堰）随（州）物流圈，形成三大区域物流中心。大力培育文化、旅游等需求潜力大的服务业。突出发展报刊出版、广播影视、文博演艺以及动画游戏等一批优势文化产业，旅游业重点建设“一江两山”、武汉城市圈旅游区、特色旅游区、生态旅游区和红色旅游区。改造提升商贸、餐饮等传统服务业。

以电力、铁路、公路及航运三个投资过千亿元的工程建设为重点，加强基础产业和基础设施建设。能源建设方面，有序开发水电、适度发展煤电，加快发展核电，积极消纳三峡电站和省外电力，配套电网建设。因地制宜发展其他再生能源、能源战略储备和农村能源。交通建设方面，坚持高速公路与农村公路并举，市州全部通达高速公路，县市基本通达一级以上公路，总里程达到3400公里，实现市州全部通铁路，将武汉建成全国铁路主要路网中心之一、长江中游航运中心，将天河机场建成全国大型枢纽机场。

充分发挥武汉市的“龙头”作用，积极推动武汉城市圈建设，形成以武汉为中心，以襄樊和宜昌为副中心，以及黄石、十堰、荆州等六个大城市为支撑，以县域经济为基础，竞相发展、互相促进的区域经济格局。武汉城市圈建设重点是推进“四个一体化”进程、整合圈内九市资源，促进圈内产业融合和企业重组。到2010年，武汉城市圈GDP增长幅度高于全省平均水平2～3个百分点。县域经济发展重点是坚持“一主三化”方针，加快民营经济的发展。每个县市形成1～2个竞争力强的支柱产业，多数县市有若干税收过千万元的骨干企业。

“十一五”时期要在严格控制人口增长、提高人口素质的同时，着重搞好环境保护和大力发展循环经济。从解决影响经济社会发展特别是严重危害人民健康的突出问题入手。以水资源的保护和水污染治理为重点，保障饮水安全。积极防治农业面源污染，保障食品安全。加强生态工程建设、强化环境保护。大力推进节能节水节地节材，加强资源综合利用，提高再生资源循环利用水平，全面推进清洁生产。

以转变政府职能和深化农村、国有企业、财税、社会事业等改革为重点，形成有利于落实科学发展观的体制机制。着力推进行政管理体制改革；巩固农村税费改革成果，全面推进农村综合改革；坚持和完善基本经济制度，优化公有制布局和结构，鼓励非公有制经济发展等。积极引进国外资金、技术和人才。五年吸纳外商投资100亿美元；大力开拓国际市场，实现出口总额90亿美元以上；鼓励有条件的企业积极稳妥地实施“走出去”战略；大力开展国内经济技术合作，重点是加强与中部省份实施国家“促进中部地区崛起”战略的互动。加快实施“体制创新、行政提速、信用湖北、优质服务”四大环境创新工程。

提高科技创新能力和教育水平，特别是要大力提升自主创新能力。建立以企业为主体、市场为导向、产学研相结合的技术创新体系。加强基础与应用研究，开展科技攻关，实现“三个一批”。即掌握一批核心技术，取得一批重大创新成果和发明专利。拥有一批自主知识产权。坚持教育优先发展，巩固提高基本普及九年义务教育，把重点放在农村，认真解决“上学远、住宿挤”等问题。坚持以人力资源建设为核心，培养、使用好各类人才，不断扩大人才队伍。

以解决关系群众切身利益的问题为切入点，全面推进和谐湖北建设。要千方百计扩大就业的同时，实现“零就业家庭”至少有一人就业。完善城镇职工基本医疗、工伤、失业、生育保险制度，稳妥开展农村社会保险工作，力争五年内参加城镇企业职工基本养老保险人数达到1040万人。搞好疾病预防控制，突出做好血吸虫病、艾滋病、人畜共患等重大传染病、地方病防治工作，全面实施儿童计划免疫免费接种。切实解决群众看病难、看病贵的问题。不断提高人民群众的收入水平。着力提高低收入者的收入，逐步扩大中等收入者比重，有效调节过高收入。建立职工收入与经济效益同步增长的机制。丰富人民群众精神文化生活。加大政府对文化事业的投入，建设一批标志性文化工程、一批基层文化设施、一批文化基础工程、一批文化产业示范基地，形成覆盖全社会的较为完备的公共文化服务体系。努力促进社会稳定与和谐。完善社会管理的领导体制和机制，加强社会主义民主政治建设，完善社会利益协调和社会纠纷调处机制，提高应对和处置突发事件的能力，加强安全生产管理。加强社会主义精神文明建设。依法打击各种犯罪活动，维护国家安全和社会稳定，保障人民群众安居乐业。

湖南省“十五”计划完成情况及“十一五”规划简介

【“十五”时期经济社会发展取得的主要成就】“十五”时期，湖南省经济总量快速增长，质量和效益登上新台阶。2005年全省GDP达到6474亿元，年均增长10.2%，人均GDP达到10366元（按常住人口计算），年均增长9.8%。经济效益持续好转，财政总收入达到738亿元，在2000年基础上翻了一番，年均增长18.1%；规模工业上缴税金达345亿元，相当于2000年的2倍。投入力度明显加大，5年累计全社会固定资产投资8645亿元，是“九五”的两倍，年均增长17.6%。

经济结构不断优化，“三化”进程迈出新步伐。三次产业结构发生积极变化，由2000年的21.3∶39.6∶39.1调整为19.4∶40.2∶40.4。工业化进程取得重大进展，2005年完成工业增加值2200亿元，拉动全省GDP增长5.1个百分点，其中十大优势产业完成增加值1175亿元，占工业增加值总量的53.4%；核心企业规模不断壮大，华菱集团等7户企业销售收入超过百亿元；高新技术产业发展迅速，实现增加值473亿元，占GDP的7.3%。农业基础地位继续巩固，2005年粮食播种面积7823万亩，总产量571亿斤；农产品区域布局进一步优化，初步形成了优质稻米、柑橘等十大优势农产品产业带和粮油棉麻、肉奶水产等五大产业链，各类农产品基地达3300万亩；农产品精深加工度提高，农业产业化龙头企业进一步发展壮大。城镇建设步伐加快，城镇化水平稳步提高，转移农村人口大幅增加。2005年城镇化率达到37%，年均增长1.45%，明显高于“九五”期间的年均增长速度0.33%，已初步形成由长株潭城市群为核心、一点一线地区为主发展轴的城镇网络化发展格局。工业化、农业产业化、城镇化“三化”战略的实施，带动物流、金融、保险、会展等现代服务业迅速发展，传统服务业得到改造提升，2005年旅游业实现总收入450亿元，相当于全省国内生产总值的6.9%。

经济增长空间进一步拓展，外向型经济、非公有制经济和劳务经济迸发新活力。外向型经济全方位拓展，经济外向度不断提高，2005年进出口总额60亿美元，年均增长21.8%，其中出口37.5亿美元，年均增长19.9%；5年累计实际利用外资83亿美元，引进内资1778亿元，年均分别增长16%和77.6%。非公有制经济长足发展，2005年全省私营企业突破8万户，比2000年增加近6万户；非公有制经济增加值3231亿元，完成投资1212亿元，分别占全省的49.9%、50.5%，提供了80%以上的新增就业岗位。2005年全省农村外出务工人员920万人，实现劳务收入552亿元。

投入不断加大，基础设施建设取得新成就。高速公路逐步成网，总里程达到1403公里，5年新增954公里；电力供给能力提高，新增发电装机容量471万千瓦、35千伏及以上输电线路10168公里。邮电通信能力保持领先水平，固定电话和移动电话均达到1000万门以上。农村基础设施继续改善，5年洞庭湖治理、城市防洪建设和四水治理等防洪工程共投入140亿元，完成重点大中型病险水库除险加固135座；退耕还林、乡村道路、人畜饮水、电网改造、小水电和沼气等工程建设步伐加快；新建、改造县级和县到乡镇公路9000

多公里，通村公路14000多公里。

各项改革深入推进，体制机制转换有新突破。省属国有企业改革全面启动，基本完成改制的企业达40%；主辅分离、辅业改制及分离企业办社会职能工作加快推进；市、县属国有企业改革改制面分别达60%和90%以上。农村税费改革取得显著成效，2004年取消了除烟叶外的农业特产税，2005年又在省本级财力紧张的情况下，自筹5亿多元，全部免征农业税，加上对种粮农民的种粮直补、良种补贴和农机具补贴，农民共得实惠55.8亿元。资本、土地、技术、劳动力等要素市场逐步完善。整顿、规范市场经济秩序力度加大，优化经济发展环境取得明显成效。行政审批、财税、金融、投资、粮食流通体制等改革深入开展。

充分发挥地区优势和特色，区域发展形成新格局。以长株潭为龙头的京广铁路沿线"一点一线"地区聚集生产要素、带动全省经济发展的能力不断增强。2005年，"一点一线"6市GSP占全省的62.1%，拉动全省经济增长7.9个百分点。湘西地区开发战略初见成效，经济增长提速，自主发展能力增强，2005年完成GDP 690亿元，增长10.8%，连续两年实现两位数增长。洛湛铁路、潭邵等高速公路建成通车，极大地促进了沿线地区经济发展，新的经济增长带正在形成。县域经济的特色产业加快集聚，"专精特新"产业化集群初具规模，品牌效应明显增强。

高度关注和解决民生问题，城乡居民生活水平得到新提高。城乡居民收入快速增长，2005年城镇居民人均可支配收入9524元，农民人均纯收入3118元，分别比2000年增加3305元和921元。就业再就业规模扩大，5年新增城镇就业266万人，其中下岗失业人员再就业126万人。城镇年登记失业率在4.3%以内，实现了控制目标。加大了农村剩余劳动力转移就业的力度，劳务经济快速发展。农村劳务输出人数912.23万人，为2000年的1.66倍，年均增加72.8万人；2005年劳务总收入590亿元，是2000年的3.64倍。通过劳务输出，缓解了农民就业问题，增加了农民收入。社会保障覆盖面拓宽，"两个确保"全面落实，5年发放国有企业下岗职工基本生活保障资金64亿元、离退休人员基本养老金425亿元，城镇职工基本养老、医疗以及失业、工伤、生育保险全面实施；城乡大病医疗救助和最低保障工作稳步推进。救灾救济成效明显，5年累计投入救灾资金13.5亿元；投入扶贫开发资金52亿元，帮助55万人解决了温饱或越过了贫困线。消费市场日趋活跃，2005年社会消费品零售总额2370亿元，年均增长11.7%。

经济社会协调发展，各项社会事业获得新成果。科技对经济的支撑作用增强，贡献率提高到47%，5年共取得各类科技成果4780项，袁隆平院士获首届国家科学技术最高奖，黄伯云院士获国家技术发明一等奖。应用型科技成果转化率达到78%。各级各类教育得到发展，"普九"目标基本实现，"两免一补"等政策得到落实，初中毕业生升学率达到70%，高等教育毛入学率达到19.3%。公共卫生体系建设加强，成功战胜非典疫情，艾滋病、结核病、血吸虫病等重大疾病防治成效显著，控制高致病性禽流感取得成效，城乡卫生服务和医疗条件逐步改善。人口与计划生育工作加强，人口自然增长率稳定在6.5‰以内，农村计划生育家庭奖励扶助制度全面推行。

【"十一五"经济社会发展的主要目标和发展重点】 "十一五"时期，全省GDP年均增长10%以上，到2010年，总量突破1万亿元，力争缩小人均GDP与全国平均水平的差距。财政总收入达到1300亿元，社会消费品零售总额达到4160亿元，进出口总额超过100亿美元，5年累计完成固定资产投资16500亿元，价格总水平基本稳定，城镇登记失业率控制在4.5%。三次产业结构调整为14∶44.5∶41.5。高新技术产业增加值1230亿元，占工业增加值比重超过30%。城镇化率达到45%左右，城乡、地区收入差距扩大的趋势得到缓解。所有制结构更趋合理，非公有制经济比重达到70%左右。万元GDP能源消耗降低20%，低于全国平均水平。农业灌溉用水有效利用系数达到0.48，工业固体废物综合利用率达到80%。全面普及和巩固九年义务教育，初中3年保留率超过95%，高中和高等教育毛入学率分别达到75%和25%左右。新型农村合作医疗保险参合率达到80%。研究与开发经费占GDP比重力争达到2%。应急体系比较健全，防灾减灾能力明显提高，安全生产重特大事故得到有效遏制，公共安全状况进一步好转。生态环境恶化趋势基本得到遏制，主要污染物排放总量减少10%，城市污水处理率不低于70%，生活垃圾无害化处理率不低于60%。森林覆盖率提高到57%左右。严格控制非农建设占用耕地，水资源、能源和重要矿产资源保障程度提高，全社会节约意识普遍增强。行政管理、国有企业、财税、科技、教育、卫生等领域的改革和制度建设取得突破，城乡二元结构矛盾逐步缓解，非公有制经济发展环境不断优化，市场配置资源的机制逐步完善。城镇居民人均可支配收入和农村居民人均纯收入年均分别增长7%和6%。5年新增城镇就业和转移农业劳动力分别达到300万人和400万人。更多的居民享有社会保障。人口自然增长率控制在7.5‰以内。城乡居民的人居环境、出行条件、健康保障等有较大改善，精神文化生活更加丰富。

坚持不懈地推进以工业化为核心的“三化”进程。以信息化带动工业化，以工业化提升农业产业化、促进城镇化，引导农村富余劳动力向非农产业转移、向城镇集中，以众多的县域经济增长点，辐射广大农村，真正实现工业反哺农业、城市支持农村。

坚持不懈地推进结构战略性调整。加强地区之间经济协作，促进优势互补、共同发展；做强工业，做优农业，提升服务业，实现三次产业相互促进、互为支撑；加快所有制结构调整，大力发展非公有制经济；引导投资方向，增加有效供给，努力扩大消费，实现结构合理、和谐高效地发展。

坚持不懈地推进经济增长方式的转变。不断提高经济增长的科技含量，提高自主创新能力，依靠产业技术进步，促进资源集约使用，发展循环经济，倡导生态文明，在发展中保护环境，实现速度与质量、效益的有机统一，实现人与自然的和谐发展。

坚持不懈地推进体制机制创新。注重把行之有效的改革措施规范化、制度化、法制化，在体制机制改革上取得突破性进展。抓住行政体制改革这个关键环节，着力建立推进各项改革的长效机制，为贯彻落实科学发展观提供体制保障。

坚持不懈地推进“和谐湖南”建设。坚持以人为本，顺应民心、体察民情、维护民安、丰富民乐、排解民忧，加强民主法制建设，积极化解社会矛盾，提高公共服务水平，营造和谐生活环境，实现好、维护好、发展好人民群众的根本利益。

广西壮族自治区“十五”计划完成情况及“十一五”规划简介

【“十五”时期经济社会发展取得的主要成就】“十五”时期，全区GDP由2000年的2080亿元增加到2005年的4016亿元，增加1936亿元，年均增长10.6%；财政收入由2000的

220亿元增加到2005年的475.39亿元，增加255.39亿元，年均增长16.7%；2005年人均GDP越过1000美元，人均财政收入越过1000元人民币。第一产业增加值年均增长5.3%，第二产业增加值年均增长14%，第三产业增加值年均增长10.8%。三次产业结构由2000年的26.3∶35.2∶38.5调整到2005年的22.3∶39∶38.7。

农林牧渔业总产值年均增长6.1%，主要农产品生产能力明显提高，农业基础地位更加巩固，特色农业加快发展，农业产业化初具规模，县域经济发展态势良好；工业增加值年均增长13.6%，工业对经济增长的贡献率年均达到40%，规模以上工业企业盈亏相抵后实现利润总额年均增长28.5%，优势产业迅速成长，强优企业数量增加，工业成为经济增长的主导力量；服务业结构进一步优化，旅游业、交通运输业、商贸业、房地产业和会展业等取得长足发展；各经济区特色经济加快发展，区域特色经济格局进一步形成；城镇化进程进一步加快，2005年城镇化率达到33%，比2000年提高约5个百分点。

“十五”时期全社会固定资产投资年均增长20.8%，累计完成5517亿元，比“九五”时期增加近1倍，投资对经济增长的贡献率年均超过60%；新开工规模以上项目2.8万个，比“九五”时期增加1倍多；新增高速公路598公里，新增沿海港口吞吐能力1416万吨，新增发电装机容量338万千瓦。南宁至友谊关高速公路全线贯通，沿海基础设施建设大会战初显成效，一批交通、能源、水利、通信、城市设施等基础设施日趋完善，经济加快发展的基础进一步夯实，广西作为连接中国与东盟国际大通道作用进一步显现。

“十五”期间全区规模以上国有企业产权制度改革基本完成，体制机制创新取得新进展；2004年取消除烟叶以外的特产税和降低农业税税率，2005年提前一年免征农业税，农村税费改革步伐加快，财税、金融、投资等方面的改革扎实推进；非公有制经济快速发展，规模进一步扩大，2005年非公有制经济完成增加值占全区的47%，比2000年提高6个百分点。“十五”时期全区外贸进出口总额年均增长20.5%，其中出口总额年均增长14%；五年实际利用外资39.5亿美元，引进外资项目1500多个；引进内资项目超过1万个，实际到位资金897亿元，开放型经济加快推进。

“十五”时期城镇居民人均可支配收入年均增长8.8%，农民人均纯收入年均增长6%，社会消费品零售总额年均增长11.5%；就业和再就业工作进一步加强，社会保障体系初步建立，扶贫开发深入推进，五年累计新增城镇就业102万人，城镇登记失业率控制在4.6%以内，农村未解决温饱贫困人口减少64万人，低收入贫困人口减少324万人，累计建成5589个五保村，解决了8万多个五保对象住房难问题，城乡居民生活质量明显提高，生活水平实现了由温饱到总体小康的历史性跨越。

“十五”期间全区“普九”攻坚和“两基”巩固提高工作迈上新台阶，各级各类教育事业改革发展取得新成效；科技进步贡献率、科技活动产出水平、科技环境改善指标以及科技创新能力进一步提高，累计取得自治区级科技成果1629项；公共卫生体系进一步健全，突发公共卫生事件应急防控能力有新提高，非典、禽流感等重大疾病和疫情得到有效防治；人才强桂战略全面实施，干部人事制度改革取得新进展，人才队伍整体实力持续提升；文化基础设施和公共文化服务体系建设进一步加强，广播电视覆盖率达到91%，“村村通”阶段性目标全面实现，舞台艺术精品工程成果喜人，群众性文化活动广泛开展；群众性体育活动和竞技体育运动取得新成绩；人口和计划生育工作扎实开展，资源合理开发、环境保护和生态建设得到加强，环境质量总体保持稳定；安全生产工作进一步加强，社会治安综合治理取得明显成效，妇女儿童、老龄、残疾人事业等方面的工作取得新成绩，群众性精神文明创建活动深入开展，公民思想道德素质和城乡文明程度进一步提高。

【"十一五"经济社会发展的主要目标和发展重点】 经济总量不断壮大。GDP 年平均增长 10% 左右，2010 年人均 GDP 比 2000 年翻一番以上，经济增长速度高于全国水平；财政收入年平均增长 14% 左右，全社会固定资产投资年平均增长 16% 左右。

经济结构调整优化。期末工业增加值占 GDP 的比重提高到 39%，城镇化率达到 40%，非公有制经济占全区经济总量的比重有较大幅度提高；资源利用效率明显提高，期末万元 GDP 能源消耗降低 10%，万元工业增加值用水量降低 36%，农业灌溉用水有效利用系数提高到 0.45，工业固体废物综合利用率达到 70%。

县域经济加快发展。期末县域单位平均 GDP 30 亿元以上，其中 10 个以上县域单位超过 80 亿元；工业增加值占县域 GDP 的比重提高到 30% 以上，大多数县（市）财政保障水平进一步提高，社会主义新农村建设取得明显成效。

基本公共服务比较健全。期末国民平均受教育年限提高到 9 年，城镇企业职工基本养老保险覆盖率达到 90%，城镇职工失业保险覆盖率达到 80%，城镇职工基本医疗保险覆盖率达到 80%，新型农村合作医疗以县为单位覆盖率达到 100%，农民参加合作医疗率达到 70%；贫困人口继续减少，防灾减灾能力增强，社会治安和安全生产状况进一步好转。

可持续发展能力明显增强。期末全区总人口控制在 5200 万人以内，重点污染源工业废水废气排放达标率 95% 以上，森林覆盖率达到 46%，耕地保有量保持稳定，生态环境进一步好转。

市场经济体制比较完善。与市场经济相适应的行政管理、国有企业、财税、金融、科技、教育、文化、卫生、社会保障、人口和计划生育等改革和制度建设取得突破，城镇化发展的体制性障碍基本消除取，市场化程度和开放型经济达到新水平。

人民生活水平继续提高。城镇登记失业率控制在 5% 以内，5 年城镇新增就业人数 120 万人，农村劳动力转移人数 300 万人，城镇居民人均可支配收入年平均增长 6% 左右，农民人均纯收入年平均增长 5% 左右，物价总水平基本稳定，城乡居民生活质量普遍提高，居住、交通、教育、文化、卫生、体育和环境等方面的条件较大改善，社会主义民主法制和精神文明建设不断加强，构建和谐广西取得新进展。

重庆市"十五"计划完成情况及"十一五"规划简介

【"十五"时期经济社会发展取得的主要成就】 "十五"期间，重庆市 GDP 年均增长 10.9%，2005 年达到 3069 亿元；人均 GDP 年均增长 10.6%，达到 10978 元；全社会固定资产投资达到 2006 亿元，比 2000 年增长 2 倍；地方财政收入达到 395 亿元，比 2000 年增长 2.8 倍；社会消费品零售总额达到 1216 亿元，比 2000 年增长 89%。2005 年城镇居民人均可支配收入和农村居民人均纯收入分别达到 10244 元和 2809 元，年均分别增长 10.6% 和 8.2%。

基础设施建设取得明显成效，城乡面貌焕然一新。综合交通枢纽雏形基本形成。"8 小时重庆"全面建成，以国道干线为骨架、省道一级和二级公路为主体的放射状公路网基本形成。2005年底，全市公路通车里程达到36535公里，其中高速公路通车里程748公里，比2000年增加516公里。建成达万、遂渝、渝怀3条铁路，新增铁路通车里程599公里。内河通航里程2570公里，万吨级船队可直达重庆港。“一大两小”机场格局正在形成，开通国际国内航线110多条。

能源保障体系显著增强，电力装机容量545万千瓦，在建电力装机容量584万千瓦。电力网络快速扩展，横贯重庆境内的500千伏超高压输电线路联通四川和三峡，形成“西电东送”的中通道，220千伏电网基本覆盖全市。农村电网和城市电网改造取得阶段性成果，基本实现城乡同网同价。

农林水利基础设施建设得到加强。基本完成“九五”期间开工的17座中型水库；实施农村“六小”工程，解决223.8万农村人口的饮水困难。以光缆为主的大容量、高速率的现代化通信网络初步形成，信息基础设施建设处于全国领先水平。市政基础设施承载力大大提高。轻轨二号线通车，“半小时主城”基本完工，一批城市滨江（河）路、桥梁、市民广场建成投用，建成国际会展中心、湖广会馆和城市规划展览馆。

生态建设进展良好，环境保护力度加大。以主城区为重点的“山水园林城市工程”和以三峡库区为重点的“青山绿水工程”加快推进，全市生态建设和环境保护明显加强。退耕还林和三峡水库周边绿化带建设工程加快实施，“十五”累计完成退耕还林1389万亩，全市森林覆盖率达到30%，比2000年提高7个百分点。长江、嘉陵江和乌江干流断面水质均满足地表水环境质量Ⅲ类标准要求。2005年主城区空气质量优良天数比例达到72.9%，比2000年提高21.8个百分点。

经济结构加快优化，产业新格局正在形成。“十五”以来，重庆市经济结构调整取得重大进展。与2000年比较，2005年非农产业增加值比重提高2.2个百分点，非公有制经济增加值占GDP的比重提高15个百分点，常住人口城镇化率达到45%，区域经济开始呈现出各具特色的发展态势。

汽车摩托车、装备制造业、资源加工业、高新技术产业加快发展。2005年全市工业增加值1023亿元，比2000年增长94%；高新技术产品产值占工业总产值的比重达到20.4%，比2000年提高7.7个百分点。柑桔等“农业产业化百万工程”进展顺利，2005年农业产业化龙头企业总数达2100多家，比2000年增长1.8倍。全市共建设各类优质商品生产基地1200万亩，初步形成优质柑橘、榨菜、花椒、生猪、中药材等商品生产基地。

商业业态调整步伐加快，连锁经营、物流配送等新兴业态得到发展。区域性市场加快发展，全市已形成81个成交额上亿元的大型交易市场。启动建设10大旅游精品系列工程，旅游业规模迅速扩大。

体制改革不断深化，对外开放持续扩大。“十五”期间，重庆市以建立和完善社会主义市场经济体制为目标，扎实推进各重点领域和关键环节的改革，取得了较大进展。深化行政管理体制改革，大力推进政务公开，实施建设领域行政审批制度改革，提高行政审批效率和决策的科学性、民主性。大力推进投融资体制改革，全面推行企业自主投资项目核准、备案制，培育壮大八大建设性投资集团。大力推动国有企业改革，市级175户国有大中型企业75%以上完成股份制改制，国有小企业改革基本完成。

全方位、多层次、宽领域的对外开放格局基本形成。成功举办了亚洲议会和平协会（AAPP）第三届年会、第五届亚太城市市长峰会等一系列活动，建立了渝港“9+1”、渝澳“8+1”经贸合作。“十五”期间，累计实际利用外商直接投资17.7亿美元，年均增长16.2%；累计完成出口83.9亿美元，年均增长20.4%。加强区域合作，积极吸引内资，“十五”期间累计利用内资448亿元。

一、二期移民任务圆满完成，扶贫开发取得突破性进展。二期移民迁建任务圆满完成，一次性通过国家验收，满足了三峡工程按期蓄水、通航、发电的需要。经过10年艰苦奋斗，到2005年底，累计搬迁安置移民94.1万人，其中“十五”期间搬迁安置73.3万人。初步探索出了一条“综合开发、成片治理、产业带动、整体推进”的扶贫开发路子。全市绝对贫困人口由2000年底的140万减少到2005年底的55万，贫困地区交通通讯、农田水利和教育卫生等生产生活条件得到很大改善。

“科教兴渝”和人才强市战略进一步推进。科技进步对经济社会的支撑作用进一步增强，取得了绘制家蚕基因框架图谱、研制超声聚焦刀、3G手机芯片等重大科技成果。整体教育水平持续提高，九年制义务教育普及率、高中阶段毛入学率、高等教育毛入学率分别由2000年的85%、44%和12%提高到2005年的97.6%、60.1%和21%。

【“十一五”经济社会发展的主要目标和发展重点】 “十一五”时期，全市GDP年均增长10%，2010年达到5000亿元，“十一五”期末城镇化率达到52%，万元GDP能源消耗降低20%（5年累计），城乡居民收入分别达到1.5万元和4100元等。

全面完成三峡工程移民迁建任务，发展库区特色产业初见成效。基本完成国有企业改革，主城核心区“退二进三”总体调整到位，产业新格局大体形成，老工业基地焕发活力。社会主义新农村建设迈出实质性步伐，农村交通、水利、电网、人畜饮水、卫生厕所、沼气等建设取得重大进展，全面普及农村义务教育，基本解决农村绝对贫困人口温饱问题。基本形成防治水环境污染、大气环境污染、水土流失、地质灾害等生态环保体系，基本遏制生态环境恶化的趋势。

基本建成长江上游经济中心的总体框架。形成比较完善的交通、能源、水利、信息、市政等基础设施体系，总体缓解基础设施“瓶颈”制约，水陆空通道互动、节点有机衔接、网络合理布局的长江上游综合交通枢纽和安全、便捷、互通互联的长江上游通信枢纽基本建成。北部新区、高新技术产业开发区、经济技术开发区、长寿化工园区、西永微电子工业园和特色工业园区为主体的园区经济架构大体形成；以汽车摩托车、装备制造、资源加工、高技术四大重点产业，商贸、物流、金融、房地产和建筑、信息和中介、旅游和文化六大优势产业，以及规模种植业和集约养殖业为主体的长江上游现代产业基地基本建成。以大都市区为龙头，区域性中心城市相呼应，若干中小城市和小城镇共同发展的城镇体系基本形成；多层次商业服务网络和购物中心、现代物流基地、电子商务平台、现代市场体系等构成的长江上游商贸中心框架大体形成。中央商务区加快发展，构建规范化、多品种、区域性金融市场取得明显进展，长江上游金融中心的各项基础工作总体完成。区域创新体系、现代教育体系、文化与信息研发体系建设取得较快进展，长江上游科教文化信息中心轮廓显现。

全面建设小康社会取得重要阶段性进展。贫困地区和少数民族地区生产生活条件明显改善，三大经济区发展趋于协调。社会基本公共服务基本健全均衡。义务教育和职业教育、公共卫生和基本医疗、社会保障和社会救助、就业服务、公共安全、公共文化网络总体形成。经济体制改革在转变政府职能、构建公共财政、促进城乡协调、打破行业垄断、健全市场体系等关键领域取得重大突破。民主法制建设和精神文明建设取得新进展，社会治安和安全生产状况持续好转，构建和谐社会取得新的进步。

建设社会主义新农村。要加强农村基本生产生活设施建设，加快发展现代农业，千方百计增加农民收入，改善农村社会组织结构，强化农村扶贫开发，推进农村综合改革。

建设现代制造业基地。重点发展汽车摩托车、装备制造、资源加工和高技术产业，着力培育新的支柱产业，努力改变工业支撑比较单一的局面。引导加工业与农业、制造业与生产性服务业、能源工业与矿产资源加工业的紧密链结，形成相互支撑、相互促进的跨领域链条式发展模式，构筑新型工业基地。

加快发展服务业。努力消除服务业发展的政策、体制制约，着力推动商贸、物流、金融、房地产、信息和中介服务、旅游和文化行业做大做强，提升服务业核心竞争能力和城市整体服务功能。

构建三大经济区区域协调发展格局。促进都市发达经济圈率先发展，基本形成长江上游经济中心核心区，在全面建设小康社会中起到先行示范作用，紧跟东部地区平均水平。促进渝西经济走廊尽快崛起，加快形成新型中小城市群和新兴工业密集区、集约高效农业区，跨上全国平均发展水平。推动三峡库区生态经济区充分发挥后发优势，促进提速提档，加快发展，跟上西部地区平均水平。

三峡库区移民迁建和安稳致富。坚持开发性移民方针，移民迁建和安稳致富两手抓，全面完成移民任务，着力培育库区特色优势产业体系，积极做好移民后期扶持工作，加强库区生态环保建设，实现移民安置、经济发展和社会稳定的协调统一。

完善基础设施体系。按照国家西部大开发战略提出的在基础设施建设方面取得突破性进展的要求，继续加大交通、水利、能源、信息和市政等基础设施的建设力度，基本解除瓶颈制约，为建设长江上游经济中心和全面建设小康社会构筑起基础性支撑平台。

建设资源节约型和环境友好型社会。从加快发展循环经济、提高资源利用率、加大环境保护和生态建设力度等多方面着手，建设资源节约型和环境友好型社会，努力缓解人口密度大、资源相对不足、生态环境脆弱等制约，提高可持续发展能力。

深化体制改革。坚持社会主义市场经济改革方向，以更大决心加大改革攻坚力度，使关系经济社会发展全局的重大体制改革取得突破性进展，基本消除制约重庆市经济社会发展的重大体制障碍。

扩大开放与区域合作。提高对外开放水平和质量，大力改善投资环境，创新招商引资方式，扩大利用外资规模；继续实施出口主体、出口商品、市场和方式多元化战略，转变外贸增长方式，着力提高对外贸易的质量和效益；增强区域经济意识，发挥生产要素相对优势，加强双边多边区域合作。

实施科教兴渝和人才强市战略。树立人力资源是第一资源的观念，把人力资源开发作为促进人的全面发展的关键措施，把发展科技和人才作为提升全社会生产力的核心，依靠科技进步和劳动力素质的提高实现长期持续发展。

构建和谐重庆。按照以人为本的要求，更加注重促进人的全面发展，更加注重经济社会协调发展，更加注重社会公平，更加注重民主法制建设，认真解决人民群众最关心、最直接、最现实的利益问题，促进社会和谐进步。

四川省“十五”计划完成情况及“十一五”规划简介

【“十五”时期经济社会发展取得的主要成就】 “十五”期间，四川省抓住西部大开发机遇，实施跨越式发展战略，与时俱进，开拓创新，经济社会发展取得重大成就，5年间，全省GDP年均增长11.2%，2005年达到7385.1亿元（现价，下同），人均GDP达到9060元。地方财政一般预算收入达到479.5亿元，在2000年基础上翻一番。经济结构调整取得重要进展，农业基础地位得到巩固和加强，工业化、城镇化进程加快，旅游等服务业发展迅速，三次产业结构由2000年的24.1∶36.5∶39.4调整为20.2∶41.6∶38.2，城镇化水平由2000年的26.7%上升到33%。交通、能源、水利、通信、市政、环保等基础设施建设成绩显著，发展的基础条件进一步改善。长江上游生态屏障建设取得明显成效，累计完成退耕还林1318.5万亩，其中“十五”期间累计完成退耕还林1018万亩，退牧还草3840万亩，2005年森林覆盖率达到28.98%。外经外贸和利用外资规模扩大，经济体制改革不断向纵深推进。市场繁荣，人民生活水平明显提高，2005年城镇居民人均可支配收入8386元，农民人均纯收入达到2803元，分别比2000年增加2492元和899元。科技、教育、文化、卫生等社会事业全面发展。精神文明与民主法制建设得到加强，民族团结，社会稳定。这些都为“十一五”的发展奠定了坚实基础。

但是，也必须清醒地认识到，四川省仍处在低水平、不全面、发展很不平衡的阶段，存在着许多制约发展的因素。经济总量不大、质量不高，城乡二元结构矛盾突出，地区差距十分明显，经济增长方式粗放，资源环境对发展的约束日益加剧，破除经济社会发展的深层次、结构性、体制性障碍任务繁重，这些都为四川省实现又快又好发展提出了严峻的挑战。

【“十一五”经济社会发展的主要目标和发展重点】 “十一五”期间，全省经济快速健康发展。在提高经济增长质量和效益的基础上，全省GDP年均增长9%左右，2010年超过1.2万亿元，地方财政一般预算收入达到750亿元，人均GDP达到1.4万元以上。

工业化水平进一步提高。在新型工业化道路上迈出重要步伐，二产业增加值比重达到44.5%，其中工业增加值比重达到39%；服务业增加值比重达到40%；非农就业比重达到52%。自主创新能力增强，研究与开发经费占全省GDP的比例提高到2%左右，形成一批自主创新能力和国际竞争力较强的优势企业。

城镇化进程明显加快。社会主义新农村建设取得明显进展，城镇化率达到38%以上，成都市辐射和带动作用显著增强，初步形成成都平原、川南、川东北三个各具特色的城市群。小城镇建设取得新进展。城乡、区域间公共服务、人均收入和生活水平差距扩大的趋势得到控制。

可持续发展能力增强。单位生产总值能源消耗比2005年降低20%左右，万元工业增加值用水量降低到200立方米以下，工业固体废弃物综合利用率提高到75%，资源利用效率明显提高。耕地保有量控制在572.9万公顷左右。天然林保护进一步加强，退耕还林、退牧还草基本完成，森林覆盖率达到33%以上。城市污水处理率达到70%左右，城市生活垃圾处理率达到75%左右。大中城市空气质量基本达到II级标准，集中饮用水源地水质全面达标。

改革开放不断深化。社会主义市场经济体制进一步完善，非公有制经济比重提高到50%以上，消除城乡二元结构的体制性障碍取得实质性突破。对外贸易和利用外资规模明显增加，外贸出口达到100亿美元。

人民生活不断改善。全省总人口控制在8900万人左右。各级各类教育加速发展，国民平均受教育年限提高到9年。公共卫生和医疗服务体系更加完善，实现人人享有初级卫生保健目标。城镇登记失业率控制在5%以内。社会保障体系进一步健全，基本医疗保险扩大到所有城镇居民。城镇居民人均可支配收入达到1.1万元，农民人均纯收入达到3750元。贫困地区整体解决温饱问题，基本实现脱贫。

坚持把发展农业生产力作为社会主义新农村建设的重要任务，努力实现传统农业向现代农业的转变，“十一五”期间，农业增加值年均增长4%以上。严格保护耕地，努力稳定粮食生产，把全省粮食生产总量保持在3500万吨左右。加快科技进步，提高农业综合生产能力，优化农业结构，大力发展生猪、草食牲畜、家禽等特色畜牧业，积极发展水产业。到2010年，畜牧业产值占农业总产值的比重提高到55%左右。优化作物结构，大力发展油菜籽、蔬菜、水果、茶叶、中药材、花卉和林竹等特色高效种植业。建立健全农村信息和农业服务体系，加快农村市场体系和流通网络建设。坚持把增加农民收入作为社会主义新农村建设的中心环节。努力改善农村面貌。“十一五”期间建成通乡公路11250公里，90%的乡实现通油路或水泥路。95%的行政村通电话，逐步解决全省800万农村居民饮水卫生和严重缺水问题。到2010年，完成4100个乡（镇）卫生院的建设，全面实施20户以上自然村广播电视“村村通”工程，构建县、乡（镇）、村三级农村公共文化服务网络，实现县有文化馆和图书馆、乡镇有综合文化馆、行政村有文化活动室。积极建立农村居民最低生活保障，建立农村社会保障制度。

坚持走新型工业化道路，以市场需求为导向，以提高产业核心竞争力为中心，着力增强自主创新能力，大力发展特色优势产业和产业集群，为推进工业化进程和建设西部经济强省提供产业支撑。“十一五”期间，工业增加值年均增长速度达到12%以上。

要把四川省建设成为在全国有突出地位并有国际竞争力的发电设备、重大装备、工程机械制造基地。发电设备以水电、火电、燃气和核电机组为重点，重点开发大型水电机组，大功率超临界和超超临界火电机组、100万千瓦及以上等级的核电关键设备。重型装备重点开发煤液化和石油化工等重型设备，加氢反应器和核电等重型容器，超临界、超超临界和核电机组配套大型铸锻件。工程机械重点开发全断面掘进机、大型液压挖掘机等拳头产品，提升产品的研发和制造能力，实现机电液一体化和智能化。其他装备制造业要进一步整合优势，掌握关键核心技术，形成自主知识产权。

以加快水电和天然气开发为重点，建成全国最大的清洁能源基地。到2010年，清洁能源占全省一次能源的比重由目前的44%提高到60%以上，清洁能源占全国的比重在目前24%的基础上进一步明显提高。

加强电力建设，2010年全省发电装机容量超过4000万千瓦，其中水电装机容量超过2500万千瓦。大力开发水电，加快建设瀑布沟、锦屏、溪洛渡、向家坝等一批大型水电站，积极推进中型电站的梯级开发，因地制宜建设中小水电项目。优化发展煤电，加快建设坑口电站，积极发展煤矸石发电。适度发展气电，根据接近负荷中心和气源可靠的原则，适度建设天然气调峰电厂，改善能源生产结构。积极推动核电站前期工作，争取早日立项。同时坚持电网建设与电源点建设并重。

坚持“勘探、开发、利用”并举的方针，全面加快以达州、广安为重点的川东北天然气开发，2010年四川盆地天然气产量达到250亿立方米以上。推动筠连矿区、古叙矿区等大型煤炭基地开发建设，“十一五”期间，新增煤炭生产能力1000万吨，到2010年全省原煤产量达到9500万吨，原煤入洗率达到40%以上。大力开发经济、清洁、可再生的新能源。扩大农村沼气利用，加快发展风能、生物质能和太阳能等可再生能源。

以大企业、大集团为龙头，以各类开发区和工业集中发展区为依托，促进我省相关制造业区域化集聚、专业化分工和社会化协作，提升在国内外市场的竞争能力。在全省发展一批集聚同类和相关企业在10户以上、年销售收入在1亿元以上的小型产业集群，发展若干个集聚同类和相关企业在50户以上、年销售收入在100亿元以上的大型产业集群。发展企业集团，打造一批拥有自主知识产权和国际竞争力的大企业、大集团。到2010年，形成50个销售收入在10亿元以上、20个在50亿元以上、10个在100亿元以上的企业集团。

全面繁荣服务业。大力发展具有资源优势和市场需求的现代服务业，运用现代经营方式和信息技术改造提高传统服务业，“十一五”期间，服务业增加值年均增长速度达到10%

左右。

加强基础设施建设。坚持统筹规划、适度超前的方针，以提升网络化和现代化水平为中心，进一步优化结构，改善布局，提高工程质量和效益，把基础设施建设提高到一个新水平，增强对长远发展的支撑和保障能力。发挥综合运输方式的整体优势，形成便捷、通畅、高效、安全的综合交通运输体系。到2010年，全省旅客周转量达到1212亿人公里，货物周转量达到1060亿吨公里。公路按外接周边，内联市州，通乡达县，提高等级的要求，“十一五”期间，新增高速公路1342公里，到2010年高速公路总里程达3100公里。加快建设宜宾—水富、攀枝花—田房、邻水—垫江等11条进出川通道，到2010年，全面形成13条进出川大通道。要完善路网，建设雅安—泸沽、广元—巴中、乐山—宜宾等高速公路，基本形成市州通往省会城市的快速通道。同时加快地方公路建设和农村公路建设与改造，完善大件公路运输体系。铁路要扩大出川通道，加快襄渝增建二线工程建设，建设兰渝铁路和遂渝二线，争取成昆铁路复线和隆黄铁路早日建设。要完善省内铁路网络，加快达成铁路扩能工程建设，建设绵阳—德阳—成都—峨眉—乐山客运专线和其他中等铁路。抓紧峨眉—宜宾铁路、巴中—达州等一批铁路的前期工作。到2010年，全省铁路营业里程达到3500公里。航空要强化枢纽，干支结合，优化航线，改善网络。建设成都双流国际机场第二跑道和新候机楼，扩建九寨黄龙机场，新建康定机场。到2010年，全省民用机场增加到11个。水运要加快长江水运主通道建设，配合水电开发完成嘉陵江航道川境段渠化。提高岷江通航能力和大件运输能力。进一步加强泸州、宜宾和乐山的港口功能。管道要配合川东北天然气资源开发，以“北二环”输气管道建设为重点，加快全省天然气管网建设和改造，提高“东气西调南送”能力。配合四川石化基地建设，积极争取铺设原油入川管道。

坚持“大中小微结合、蓄引提防并举、新建与挖潜并重”的方针，全面加快水利建设步伐。“十一五”期间，全省新增供水能力15亿立方米，新增农田有效灌溉面积150万亩。要狠抓水利骨干工程建设，建成紫坪铺水利枢纽和武都水库，开工建设亭子口水利枢纽，在盆地和盆周山区建成一批中型骨干蓄水工程，继续进行都江堰、升钟二期、玉溪河、九龙滩、大桥水库等大型灌区的续建配套和节水改造。“十一五”期间基本解决丘陵地区、盆周山区和安宁河谷平原地区严重缺水问题。积极扶持边远山区、民族地区、旱区和牧区中小型水利工程建设，加强长江、金沙江、嘉陵江、岷江、沱江和安宁河等“五江一河”的水系综合整治。

围绕建设长江上游生态屏障和资源节约型、环境友好型社会的目标，着力抓好生态经济、生态环境、生态文化3大战略工程，努力保护修复自然生态，加大环境保护力度，加强资源管理，推动资源节约和循环利用，使经济社会发展与资源、环境承载力相适应，促进经济社会可持续发展。

要加强科技创新，把加强自主创新作为我省科学技术发展的战略基点，大力提高自主创新能力，建设区域创新体系，增强科技在国民经济中的支撑引领作用。要加大政府科技创新投入，5年累计地方财政一般预算科技支出82亿元，年均增长10%。努力把四川省建成国家重要的创新型区域和高新技术集聚区，实现科技强省。优先发展教育，全面普及和巩固九年制义务教育，大力发展职业教育，基本普及城市和经济发达地区的高中教育，加快农村、民族地区和边远地区高中阶段教育发展。积极发展高等教育，到2010年，各类高等教育在校生人数达到160万人，其中研究生人数达到8万人，高等教育毛入学率达到25%。强化政府对义务教育的保障责任，5年累计地方财政一般预算教育支出917亿元，年均增长10%。

在抓住机遇加快发展的同时，从人民群众最关心、最直接、最现实的问题入手，建立健全利益均衡、利益表达、利益分配三大机制。

要方百计扩大就业，调节收入分配，建立健全城乡统筹的社会保障体系，丰富人民文化生活，提高人民健康水平，加强公共安全，加强民主法制和精神文明建设，让全省人民共享改革发展的成果，努力构建一个民主法制、公平正义、诚信友爱、充满活力、安定有序、人与自然和谐相处的和谐社会。

云南省“十五”计划完成情况及“十一五”规划简介

【“十五”时期经济社会发展取得的主要成就】 云南省“十五”初期开局不利，2001 年经济增长速度下降到 1990 年以来的最低点（6.5%），2002 年止跌回升，2003 年巩固发展，2004 年实现了加快发展，经济增长速度达到了 11.5%。2005 年，GDP 登上 3100 亿元的新台阶，同比增长 10%，全社会固定资产总额增长 30%，社会消费品零售总额增长 12.5%。“十五”期间，全省 GDP 年均增长 8.9%。全省经济总量快速扩张，5 年净增 1300 多亿元，比“九五”时期多增加了 550 多亿元，综合经济实力走在西部前列。

农业发展取得良好成绩。2005 年全省农业增加值比上年增长 5%，“十五”期间年均增长 4.8%；农民人均纯收入突破 2000 元。粮食连年增产，2005 年总产量 1512 万吨。农业产业化经营步伐加快，获得国家认证的重点龙头企业 13 家，全省建成农业产业化经营生产基地 1200 多万亩，带动 360 万户农民从事农业产业化生产。

工业经济实现了速度效益同步快速增长。2005 年工业经济比上年增长 10.3%，5 年年均增长 9.6%，工业增加值 1161 亿元，占 GDP 的比重达到 36.4%。产业结构更趋合理，支柱产业建设成效显著。工业企业效益大幅度提高，2004 年，全省规模以上工业企业经济效益综合指数为 218.66，比“九五”末提高 75 个百分点。产品销售收入、利税、利润分别比 2000 年增长 84.3%、67.4%、269%。

第三产业增加值 2005 年比 2004 年增长 8.5%，5 年平均增长 9.6%。2004 年全省旅游业完成的增加值占当年全省 GDP 比重的 5.9%。预计 2005 年全省接待海外旅游者 140 万人次；旅游外汇收入达到 5 亿美元，比 2000 年增长 47%；接待国内旅游者 6600 万人次，国内旅游收入 360 亿元，比 2000 年增长 89%。

固定资产投资呈现出投资规模、速度、结构和效益同步发展的良好势头。2004 年全省全社会固定资产投资达到 1330.6 亿元，预计 2005 年全省全社会固定资产投资将达到 1729 亿元，年均增长 19.9%，“十五”期间全省全社会固定资产投资累计将完成 5644 亿元，是“九五”时期的 1.83 倍。

水利基础设施建设有所增强。建成昭通渔洞、昆明柴石滩、曲靖水城等大中小型水库 145 件，对 67 件中型病险水库进行了除险加固，新开工建设 21 件大中型水库。新增蓄水库容 16 亿立方米，水利工程蓄水总库容突破 100 亿立方米；新增万亩以上灌区 3 个；新增有效灌溉面积 200 万亩，治理水土流失面积 1.2 万平方公里，解决和改善 500 多万人饮水困难。

全面推进铁路、公路、民航、水运建设，中越、中老、中缅三大出境通道及滇桂、滇黔、滇川、滇藏四个方向的出省通道正逐步完善。公路国道主干线和西部开发通道建设加快，预计5年完成公路建设投资750亿元，全省公路通车里程达16.8万公里，比2000年末增加5.9万公里，增长54%；全省二级及以上高等级公路里程达4790公里，其中高速公路1421公里，比2000年末分别增加2474公里和904公里，建成县级油路4522公里。到2004年末，全省铁路营业总里程达2327.3公里，比2000年增加238.3公里，增长12%。铁路建设突破徘徊局面，大丽铁路、沾昆二线、昆铁枢纽等建设顺利，西南进出境国际铁路通道东、中、西线项目前期工作加快。完成版纳、迪庆、思茅等机场的改扩建工程，昆明新机场、腾冲机场建设前期工作取得新进展，文山机场开工建设，航线网络进一步发展。抓好以整治澜沧江和金沙江出境、出省航道及主要码头为重点的水运建设项目，完成国际大通道重大项目—上湄公河航道改善工程。2001～2004年，全省内河航运通航里程增加1184公里，其中四级航道348公里，五级航道158公里。

电力建设从“九五”的低迷状况转为高速发展，正在成长为新的支柱产业。预计2005年全省装机容量为1291万千瓦，年发电量587亿千瓦时。“十五”期间电源建设投产装机531.6万千瓦，是“九五”的2.8倍，在建规模3780.85万千瓦，为2000年以前50年装机总规模的5.14倍，完成了500千伏送电广东的超高压输变电工程和省内500千伏骨干网架；基本实现了220千伏联接各州市的全省联网。

“十五”期间，按照统筹经济社会发展的要求，围绕人人享有基本公共服务的目标，紧紧抓住农村社会事业等薄弱环节，扎实有效的开展工作。预计“十五”计划纲要确定的社会发展指标基本能够完成，各项社会事业呈现良好发展态势。

科技对经济的支撑作用有所增强。“十五”以来，一批具有国际国内先进水平的科技项目和关键技术取得重大突破。2001～2004年，全省取得2049项科技成果，部分研究成果的水平处于国际领先。共获得国家科学技术奖15项，获得省科学技术奖917项。积极争取到国家“973”、“863”、国家科技攻关、科技兴贸等重大科技项目515项；国家高技术产业化重大专项和示范工程39项。全省重大科技成果应用达2134项；全省专利申请量达7671件，专利授权量4952件。

义务教育的实施水平得到了巩固和提高，预计到2005年底，全省“普九”县达到112个，“普九”人口覆盖率达到85%，青壮年文盲率下降到5%以下。全省小学毕业生升学率达到88.85%，初中毕业生升学率为44.47%。全面推行义务教育阶段公办学校“一费制”收费方法。对农村贫困学生实行“两免一补”政策，使257万贫困学生受益。累计排除中小学危房380万平方米。高中阶段教育有了突破性进展，普通高中办学规模和水平迅速提高，2004年毛入学率为29.85%。中等职业教育在深化改革、调整布局和结构、优化教育资源配置中不断发展。高等教育发展迅速，毛入学率达到11.2%，在校生达21.63万人。

计划生育工作实现了跨越式发展，2003年开始实施对农业人口独生子女家庭“奖、优、免、补”政策，农业人口自愿放弃再生育指标，新办《独生子女父母光荣证》27.2万户，是过去24年累计办证户数的1.93倍；全省农村独生子女累计领证已有38.3万户，领证率27.7%。2003年，人口自然增长率已降到10‰以下，达到9.8‰，测算2005年降到9‰以内。

坚持把就业和再就业工作摆在更加突出的位置，5年累计城镇新增就业68.09万人，新增转移农村劳动力约200万人。“十五”期间每年城镇登记失业率均未超过4.6%。社会保障体系框架初步形成。养老、医疗、失业、工伤、生育保险、城市居民最低生活保障和农村养老保险等社会保障工作稳步发展。加强了疾病预防控制体系、医疗救治体系、卫生和食品药品执法监督体系、重大疫情信息网络体系建设。加快改造建设了乡镇卫生院、村卫生室(所)，5年建成700多所乡镇卫生院。20个县新型农村合作医疗试点成效明显，参加新型农村合作医疗的农民650万人。

“十五”时期城乡居民收入快速提高，预计2005年全省城镇居民人均可支配收入达到9580元，农民人均纯收入超过2000元，年均分别增长7.9%和5.8%。城乡居民生活设施更为完备，城镇建成各种社区服务设施709个，便民、利民服务网络1537个。有98%的行政村通电、通公路，92%的行政村通了电话，农村生产生活条件得到进一步改善。社会保障体系初步建立，城镇养老、失业、医疗保险覆盖面扩大，资金筹措机制初步建立，基本做到“两个确保”，国企下岗职工基本生活得到保障和企业离退休人员按时领到养老金比例均达到100%。2001～2004年共投入扶贫资金145.53亿元，以工代赈、易地扶贫、安居温饱、龙头企业带动扶贫、边境民族地区综合扶贫工程、小额信贷扶贫成效显著。至2004年建成2234个安居温饱村；24.6万特困农户告别了茅草房，实施了329674人的易地搬迁，组织贫困地区劳动力输出28万人。2001～2004年的4年时间，全省低收入人口和绝对贫困人口分别减少了199.5万人、161.1万人。5年完成农村电网改造投资129.8亿元，45个县实现了城乡同网同价，有450多万农户、约2000多万农村人口受益，减轻农民用电负担6亿元；降低农村电话月基本费，实现通话费城乡同网同价，年减轻农民负担2.4亿元。2000～2004年，城镇居民消费水平由5282元提高到6837元；农村居民消费水平由1271元提高到1570元。预计“十五”期间全社会消费品零售总额年均增长11.2%。

积极实施城镇化战略，城镇化进程加快，预计2005年城镇化水平达到29.5%以上。全省行政区化得到重大调整，顺利完成撤地设市，并开始乡镇行政体制改革，撤并了部分乡镇。实施“走出去”开放战略和“兴边富民工程”等重大部署。进一步加速沿边地区发展进程，对25个边境县实施“兴边富民工程”，一系列重大项目已进入实施程序。采取特殊扶持措施，加大资金、技术和人才的支持力度，推动民族自治地方经济社会发展，“十五”期间民族自治地方经济发展速度高于全省平均水平。

以增加绿色覆盖为主，控制水土流失为重点，加强森林资源管理、天然林保护、封山育林。开展大规模的造林绿化、水土流失治理、农田基本建设、退耕还林还草，积极推进生态农业、生态示范区和农村能源建设，生态环境建设取得了很大成绩。5年累计造林3277.5万亩，封山育林近2.5亿亩，治理水土流失1.2万多平方公里，森林覆盖率由44.3%提高到50%，实现有林地面积和蓄积量的持续双增长。设立各级自然保护区共186个，比2000年增加65个，总面积340.5万公顷，比2000年新增保护区面积100万公顷以上。全省大部分地区生态状况有所改善，动植物资源得到恢复性发展。

进一步改善对外开放环境。预计2005年外贸进出口总额达到41.25亿美元，年均增长17.9%。实施“走出去”战略步伐加快，境外投资快速增长，外经发展水平继续保持在全国前列。预计“十五”期间境外投资签约项目可达55项。利用外资的总量不断增长、领域不断扩宽，预计全省可批准外商投资企业790家，合同利用外商直接投资额18.8亿美元，比“九五”增长30%；实际利用外商直接投资额6.6亿美元。共批准借用国外贷款项目44个，贷款额9.4亿美元，预计全省实际利用国外贷款6.3亿美元。2002年至2005年6月，全省开工建设了边境口岸联检（楼）查验配套设施项目82个，投入国家和省级资金共计8226万元，到2005年底，将有16个口岸联检楼可投入使用。

改革不断深化，全面完成国企三年改革任务，全省列入考核范围的2546户企业的改制面达到90%以上，国有中小企业公司制和股份制改造基本完成。非公有制经济飞速发展，预计到2005年末，非公有制经济占全省GDP的比重比2000年提高16个百分点，农村税费改革稳步推进，88个国家和省重点扶持县及边境县的农业税实行了全免，其余41个县的农业税税率降低到2%，农村各项配套改革稳步推进，农民直接减负12多亿元，人均减负32.85元，加上其他减负等共计20多亿元，减负率为63.8%。

【“十一五”经济社会发展的主要目标和发展重点】 继续加快推进绿色经济强省、民族文化大省和中国连接东南亚、南亚国际大通道建设步伐，着力推进自主创新，到2010年，在优化结构、提高效益和降低消耗的基础上，人均GDP比2000年翻一番以上，GDPO年均增长8.5%以上，全社会固定资产投资年均增长13%以上，单位GDP能源消耗比2005年降低12%以上，城镇登记失业率控制在5%以内，人口自然增长率下降到6.08‰。

提出了全面推进社会主义新农村建设；继续推进新型工业化；大力发展现代服务业；大力加强基础设施和基础产业建设；促进城乡和区域协调发展；建设资源节约型、环境友好型社会；深化体制改革，扩大对内对外开放；努力构建平安和谐云南九个方面的任务。

贵州省“十五”计划完成情况及“十一五”规划简介

【“十五”时期经济社会发展取得的主要成就】 “十五”期间，贵州省国民经济保持了持续较快增长的势头，经济增长速度逐年加快。全省GDP达到1910亿元，年均增长10.2%。2005年地方财政收入达182.5亿元，比2000年增长1.14倍，2005年全省地方财政收入占GDP的比重为9.4%，比2000年高1.1个百分点。“十五”期间，全省工业增加值达到2518382亿元，比“九五”时期增长1.83倍。2005年，全省规模以上工业经济效益综合指数为150.04，比2000年提高74.32点。

“十五”期间，农业继续向优化种植业、增强畜牧业的方向推进。经过几年的努力，2005年畜牧业总产值达到194.2亿元，畜牧业增加值占农业增加值的比重达到33.1%，特色优势作物对农业增长的贡献率上升到23.7%。

“十五”期间，全省利用资源优势，加大工业结构调整力度。电力、黑色金属冶炼及压延加工业、化学颜料及化学制品制造业、食品制造业、饮料制造业、采掘业、有色金属冶炼及压延加工业等行业所占比重增加，烟草加工业、非金属矿物制造业、橡胶制造业和电气机械及器材制造业所占产值比重下降。

在西部大开发战略的支持下，全省固定资产投资保持了持续快速增长势头。5年累计全社会固定资产投资达3804.84亿元，是“九五”时期的2.5倍，年平均增长22%。投资成为推动经济增长的主导力量。平均每年拉动GDP增长5个百分点左右。

“十五”期间，贵州投资外向度有所提高，投资增长的内生机制逐渐形成。招商引资及经济协作成效明显，引进国外资金快速增长。2005年，实际利用外资19568万美元，其中外商直接投资10768万美元，年末实有外商投资企业649个。引进国际跨国公司、优强公司企业取得重大突破，沃尔玛、日本京瓷株式会社等世界500强企业进入贵州。从经济类型看，非国有投资势头迅猛。“十五”期间，非国有投资增速一直超过国家投资，年平均增长26.2%，比国有投资高出8个百分点。

“西电东送”工程取得阶段性成果，能源工业成为新兴支柱产业。第一批“四水四火”电源项目陆续建成投产，第二批“四水六火”电源项目建设全面启动，贵州电网装机容量达到1324万千瓦，5年新增装机容量834万千瓦。“西电东送”促进了能源工业的快速发展，“十五”期间，全省累计发电3163.8亿千瓦时，比“九五”期间增长2倍。“十五”期间原煤产量达到36920万吨，比“九五”期间增长36.72%。

铝、磷等优势原材料工业进一步壮大。按照建设我国南方重要原材料工业基地的目标，大力发展铝及铝加工和磷及磷化工。以贵阳和遵义铝工业基地建设为重点，积极推进铝工业的合理布局。“十五”时期，铝和磷矿石的总产量达到187.2万吨和3863.6万吨，分别比“九五”时期增长67.1%和56%。

烟、酒支柱产业地位得到巩固。烟叶生产布局进一步调整，烟叶质量有较大幅度提高，“十五”期间，烤烟总产量可达到150.18万吨，卷烟总量945.3万箱，与“九五”时期基本持平。卷烟产品结构有大的突破，效益明显提高。围绕市场需求，重点发展名优白酒，随着茅台酒厂万吨扩能工程全面投产，白酒工业的优势更加明显，白酒产量在全国和西部地区的排位由中下游水平升至前列。

旅游业发展取得新进展，把旅游业培育成为后续支柱产业的步伐加快，按照实施旅游精品战略的要求，突出了旅游区（点）的发展重点，用创新的思路促进旅游资源的保护与开发迈出了新的步伐，体制和机制的创新为旅游业的快速发展创造了条件。“十五”期间，全省入境旅游人数达到101.78万人次，5年实现旅游外汇总收入35879.4万美元。

高等级公路主骨架的建设步伐加快，贵毕、贵新、镇水、关兴等干线公路建成通车，除铜仁地区外，实现了各市（州、地）政府所在城市与省会贵阳的高等级公路连接；通过实施油路到县和公路到乡等工程，完善了路网结构，提高了公路通达深度，实现了县县通油路、乡乡通公路。到2005年底，全省公路里程4.69万公里，比2000年增长35.9%。全省等级公路占公路总里程的比重提高到75.59%；2005年全省公路路网密度将达到2661公里/万平方公里，比2000年增加730公里/万平方公里。

随着株六复线、内昆铁路、水柏铁路和渝怀铁路建成通车，贵州境内“十”字型铁路网架日益完善，铁路运输能力有了较大提高。到2005年末，铁路营业里程达到1470公里，比2000年增长15.9%，其中复线里程553公里。铁路路网密度达到170.9公里/万平方公里，比2000年增加75.8公里/万平方公里。

以贵阳机场为中心，以铜仁、兴义、安顺、黎平和荔波等五个支线机场为支撑的机场网络正在形成。2005年，全省民航旅客吞吐量达到307.75万人次，比2000年净增160万人次。

国内外贸易实现平稳快速增长。2005年全省实现社会消费品零售总额606.92亿元，是2000年的1.7倍。对外贸易实现大幅度增长。2005年完成进出口总额14亿美元，是2000年的2.1倍。其中，进口5.41亿美元，出口8.59亿美元。“十五”期间，全省累计进出口总额达52.44亿美元，比“九五”时期增长66.54%。

“十五”期间累计增加就业达86万人，城镇登记失业率自2001年来，一直在4%与4.2%之间波动，控制在5%左右的“十五”调控目标内。2005年全省人口城镇化率为27%，比2000年高2.9个百分点。

按照以解决贫困人口温饱为重点，以贫困村为主战场，坚持分类指导、重点推进的原则，突出抓好帮助贫困群众改善基本生产生活条件、拓宽基本增收门路、提高基本素质等“三个基本”问题。通过加强交通、水利、电力、基本农田、沼气工程等基础设施建设，不断改善农村生产、生活条件。基本实现了村村通电、通广播电视，通过加大“两基”攻坚及利用远程教育等，每年对农民进行农用技术培训700万人次左右，增强了贫困地区自我发展能力。

2005年新增10个县实现“两基”，“两基”人口覆盖率达到90%以上，农村中小学现代远程教育网络覆盖面进一步扩大。中等职业教育超额完成扩招任务。高中阶段教育毛入学率达到34.6%，比上年提高3.64个百分点。普通高校招生规模达到6.86万人，比上年增长13.2%。2005年适龄儿童入学率为98.33%，初中阶段毛入学率提高到98.7%。组建了新的贵州大学，并成功进入了国家“211工程”，填补了贵州无重点大学的空白。

“十五”期间，研究与试验发展经费支出呈每年递增之势。新建国家重点实验室和工程技术研究中心2个，国家级省部共建重点实验室培育基地1个，填补了贵州无国家重点实验室的空白。2005年，高新技术工业增加值达到57.62亿元，占GDP比重为2.97%。

公共卫生事业快速发展。财政用于公共卫生等方面的投入力度持续加大，医疗卫生条件有较大改善，疾病预防控制能力和医疗救治能力不断提高。到2005年，全省拥有卫生技术人员7.78万人，医院床位达到6.17万张，分别比2000年增加44%和34.8%，基本实现了人人享有初级卫生保健的阶段性目标，居民平均期望寿命基本稳定在67岁。随着人口与计划生育政策的进一步贯彻落实，人口自然增长率逐年递减，从2000年的13.06‰下降到2005年的7.38‰。2005年全省总人口为3931万人。

文化事业和社会保障事业全面发展。广播人口覆盖率、电视人口分别达到83.3%和90.5%。养老、医疗、失业等社会保障事业稳步推进，“三条保障线”制度逐年完善，“两个确保”于2001年实现100%后得到进一步巩固。

综合治理水土流失、植树造林、建立自然保护区等生态保护工作全面展开，到2005年，已建立自然保护区130个，其中国家级自然保护区7个，自然保护区面积96.1万公顷，占全省土地总面积的5.5%。2005年，完成营造林面积400.95万亩，全省森林覆盖率达到35%。

农村居民人均纯收入由恢复性增长向较快增长转变。2005年农村居民人均纯收入达到1876.96元，年均增长4.8%。城镇居民收入快速增长。2005年城镇居民人均可支配收入达到8147.13元，年均增长8.3%。2005年城镇和农村居民恩格尔系数为39.91%和52.81%，比2000年分别降低3.09和9.88个百分点。

【“十一五”经济社会发展的主要目标和发展重点】 到2010年，全省GDP达到3400亿元以上，年均增长10%以上；地方财政收入年均增长12%左右，全社会固定资产投资年均增长15%左右；城镇新增就业80万人以上，城镇登记失业率控制在5%以内；价格总水平控制在全国水平范围内。三次产业结构调整为13：44.8：42.2，第三产业从业人员比重提高到26%左右；高技术产业增加值占GDP的比重提高到6%左右。工业固体废物综合利用率达到40%，工业用水重复利用率达到60%以上；矿产资源综合回收率提高5个百分点以上，确保基本农田面积达到360万公顷。新增转移农村富余劳动力180万人左右，城镇化水平提高到35%左右；民族地区经济增长速度达到年均11%以上，贫困地区经济社会发展步伐加快。

2007年普及九年制义务教育人口覆盖率达到100%；2010年高中阶段和高等教育毛入学率分别达到50%左右和15%左右；科技自主创新能力明显提高，全社会科技研发投入占GDP的比重达到1.2%；公共卫生设施条件得到较大改善，农村初级卫生保健合格率达到97%，主要卫生指标力争达到西部地区平均水平。

森林覆盖率提高到40%以上，县城以上城镇建成区绿化覆盖率提高到34%以上；矿山生态恢复治理率达到40%以上；石漠化治理取得新进展，初步遏制水土流失和石漠化扩大的趋势；重点区域和城市环境质量得到明显改善，主要污染物排放控制在国家下达的指标范围内。

深化政府行政管理体制改革取得积极成效，规范实施并基本完成国有企业改革改制，非公有制经济占GDP的比重提高到35%以上；招商引资到位资金保持两位数增长，引进省外资金年均增长20%以上；外商直接投资累计达到4亿美元；货物进出口总额年均增长8%左右，2010年进出口总额达到20亿美元以上。

到2010年，人口自然增长率下降到6‰左右，总人口控制在4090万人左右；城镇居民人均可支配收入年均实际增长7%，农民人均纯收入年均实际增长5%以上；稳定确保农村人口粮食基本自给，三分之二以上的农户达到小康生活水平，基本解决现有农村贫困人口的温饱问题；初步实现城镇各类从业人员平等享有社会保障，基本建立城乡特困群众社会救助体系；人均预期寿命提高到69岁以上。

安全生产状况进一步好转，全社会亿元生产总值死亡率下降到1人以下，工矿商贸从业人员10万人死亡率下降到10人以下，万车死亡率下降到12人以下，百万吨煤炭死亡率下降到3人左右。

西藏自治区“十五”计划完成情况及“十一五”规划简介

【“十五”时期经济社会发展取得的主要成就】“十五”期间，西藏经济社会发展成绩显著，城乡面貌发生明显变化。现代产业建设开始起步，各项社会事业全面发展，改革不断深化，对外开放水平进一步提高，人民生活明显改善，民族团结进一步增强，社会局势更加平稳有序。经济总量迈上新台阶。GDP由2000年的117.8亿元增加到2005年的250亿元以上，连续5年保持12%以上的增长速度；人均GDP 2003年达到800美元，2005年突破1000美元。地方财政一般预算收入由2000年的5.4亿元增加到2005年的12亿元以上。

基础设施条件进一步改善。“十五”期间全社会固定资产投资累计完成689亿元，是“九五”期间的3倍，其中国家投资508亿元。公路建设步伐加快，通车里程达4.37万公里，其中沥青路3288公里。历史性地开工建设青藏铁路，并已提前全线铺通。林芝机场、直孔水电站、狮泉河水电站、金河水电站等重大项目进展顺利。电力装机容量达到50万千瓦。水利基础设施明显改善，新增加改善灌溉面积5.5万公顷，新建重要防洪堤247公里，解决了58.8万农牧民饮水困难问题。全区基本实现县县通光缆、乡乡通电话。生产环境保护与建设力度继续加大。

结构调整成效明显。农牧业基础地位得到巩固，粮油肉继续保持基本自给；第二产业比重明显提高，首次超过第一产业；第三产业快速发展，在GDP中的比重超过50%，形成了“三、二、一”的产业结构。优势产业和特色经济发展较快，自我发展能力开始增强。城镇化水平有所提高，城化率达到19.8%。

社会事业全面发展。“两基”攻坚取得实质性进展，基本普及九年义务教育，“普六”人口覆盖率达到94.9%；40个县普及九年义务教育，“普九”人口覆盖率达到59.4%，青壮年文盲率下降到15%。高中教育、职业教育、高等教育较快发展，西藏大学改扩建进展顺利。卫生基础设施得到改善，疾病预防控制体系和医疗救治体的基础设施建设基本完成，每千人拥有卫生技术人员 2.93 人、医院标准病床数 1.5 张。以免费医疗为基础的农牧区医疗制度全面建立，农牧民免费医疗政府补助标准由 2000 年的 15 元提高到 80 元。人口素质不断提高。基本实现广播电视“村村通”，广播、电视人口覆盖率分别达到 84.87% 和 85.97% 。科技、文化、新闻出版等社会事业取得新进展。

各项改革稳步推进。投资、财税、住房等项改革取得可喜成绩。农牧区改革不断深化。行政管理体制改革和政府机构改革取得新进展，取消和调整了 156 个行政审批项目。社会保障体系初步建立，基本养老保险制度进一步完善，基本医疗保险制度改革试点扩面工作进展顺利，失业保险覆盖面逐步扩大，工伤保险制度稳步推进。

对外开放水平进一步提高。发展环境进一步改善，对外贸易逐步活跃，进出口贸易总额累计达到 8.1 亿美元，比“九五”期间增长 30% 。区域经济交流与合作进一步加强。对口援藏工作机制进一步完善，领域不断拓宽，内容不断丰富在，一大批援藏项目相继建成并发挥重要作用，累计受援 49 亿元，比“九五”期间增加 30 亿元。

人民生活明显改善。五年城镇新增就业 6.4 万人，城镇失业率控制在 4.3% 以内。2005 年城镇居民人均可支配收入和农牧民人均纯收入预计分别达到 8411 元和 2075 元，比 2000 年分别增长 30.4% 和 55.9% 。绝大多数贫困群众的温饱问题基本解决，部分群众生活达到小康。建立了城镇居民最低生活保障制度和农牧区特困群众生活救助、医疗救助制度，城镇居民最低生活保障覆盖面不断扩大，保障标准不断提高。居民的特质生活、精神文化生活日趋丰富，健康水平不断提高，各族群众安居乐业。

社会局势更加稳定。坚持对达赖集团斗争的基本方针，加强领导，完善机制，严密防范和严厉打击境外敌对势力特别是达赖集团的各种渗透破坏活动，牢牢掌握反分裂斗争主动权。加强了社会治安综合治理，妥善处理人民内部矛盾，社会局势更加稳定。

【“十一五”经济社会发展的主要目标和发展重点】 “十一五”时期，继续保持“十五”时期 GDP 和农牧民人均纯收较快增长的态势，为到 2020 年实现全面建设小康社会的目标，在本世纪中叶同全国人民一道基本实现现代化打下坚实基础。综合经济实力进一步增强。力争 GDP 年均增长 12% ，到 2010 年人均 GDP 进入全国中等行列。地方财政一般预算收入年均增长 15% 以上。

人民生活显著改善。力争农牧民人均纯收入年均增长 13% ，到 2010 年进入全国中等行列，城乡居民消费能力增强。消费价格保持在合理水平。社会就业扩大，城镇登记失业率控制在 5% 以内，5 年城镇新增就业 8 万人。社会保障体系进一步完善，依法促进劳动关系和谐稳定。

基础设施继续完善。全社会固定资产投资继续保持较高水平。到 2010 年，基本实现干线公路路面黑色化，县通沥青路力争达到 80% 以上，乡镇和 80% 的建制村通公路。电力装机容量和建设规模达到 120 万千瓦，电力覆盖人口比率达到 90% 以上，基本消除无电乡（镇）、无电村，基本解决农牧民用电问题。冬春草场基本建设围栏草场。灌溉体系比较完备，主要江河防洪能力得到巩固和提高，基本解决人畜饮水和饮水安全问题。

产业建设取得突破。大力提高第一产业，有重点地发展第二产业，加快发展第三产业。第二产业增加值占 GDP 的比重年均提高 1 个百分点，力争到 2010 年达到 30% 。特色产品和特色产业初步形成规模，市场竞争力明显增强。

城乡和区域发展更协调。拉萨市和各地区行署所在地城镇建设得到加强，县城所在地为重点的小城镇及边境城镇建设取得较大进展，城镇综合服务功能提高，城镇化率达到 25% 。

发挥优势并各具特色的区域发展格局基础形成。

社会事业进一步发展。全面完成“两基”攻坚目标，到2010年，初中适龄人口入学率达到95%，高中阶段入学率达到60%，高等教育毛入学率达到18%，人均受教育年限达到7年。公共卫生建设特别是农牧区医疗卫生基础设施建设进一步加强，2010年每千人拥有卫生技术人员3.48人，医院标准病床数2.5张。先进适用技术推广和科技创新工作得到加强。文化事业和文化产业健康发展。

改革开放步伐进一步加快。在投资、财税、企业改革等方面进行综合配套改革，宏观经济管理体制和机制得到改善。加快推进行政管理体制改革，进一步转变政府职能。继续调整所有制结构，提高非公有制经济比重。进一步扩大对内对外开放，提高外来资金、技术的利用水平，促进生产要素流动。积极参与国内统一大市场的合作与竞争。

可持续发展能力增强。耕地保有最保持在31万公顷，自然资源利用更加合理。大气、水环境质量继续保持优良状态。城市空气质量保持二级标准。控制和减少水土流失。城镇垃圾处理率达到80%，万元GDP能耗控制在国家规划指标内。

推进和谐西藏建设进程。坚持和完善民族区域自治制度，巩固和发展平等、团结、互助、和谐的社会主义民族关系。积极引导宗教与社会主义社会相适应。民主法制建设和精神文明建设取得新进展。反分裂斗争工作机制进一步健全和完善，社会治安综合治理进一步加强，国家安全和社会稳定得到有效保障，人民群众安居乐业。构建民主法治、公平正义、诚信友爱、充满活力、安定有序、人与自然和谐相处的和谐西藏。

陕西省“十五”计划完成情况及“十一五”规划简介

【“十五”时期经济社会发展取得的主要成就】“十五”期间，陕西省经济持续快速健康发展。GDP年均增长11.5%，比“九五”提高了0.7个百分点，增长速度逐年加快，经济运行质量不断提高。人均GDP达到全国平均水平的72%，比2000年提高8个百分点。全社会固定资产投资累计完成6598亿元，是“九五”的2.4倍。

经济结构调整取得新进展。六大特色产业增势强劲，占GDP的比重不断提高；四大基地建设取得新突破，初步形成各具特色的区域经济发展格局；三次产业结构由16.8∶44.1∶39.1调整为11.4∶50.3∶38.3，工业占GDP比重提高近5个百分点；城镇化水平由32.3%提高到37.23%。

基础设施建设迈上新台阶。新增高速公路871公里，累计通车里程达到1300公里，“米”字型公路主骨架和“两纵五横四个枢纽”的铁路骨架日趋完善；西安咸阳国际机场新航站楼投入运营。市政设施、水利、通信、城乡电网等基础建设取得新进展。生态环境建设成效显著，5年完成退耕还林1100万亩，每年治理水土流失面积6400平方公里。

改革开放取得新突破。70%的国有企业完成了公司制改革，投资、财税、金融、行政审批等体制改革不断深化。民营科技企业发展到1.2万家，非公有制经济比重由31%提高到45%。五年累计利用外资36亿美元，其中吸收外商直接投资24亿美元，世界500强企业中有50家来陕发展；5年进出口总额累计达到152.9亿美元。

和谐社会建设迈出新步伐。各级各类教育全面发展，又有21个县完成“普九”任务，“普九”人口覆盖率达到97%。以中小学危房改造、远程教学等为重点的教育设施建设成效显著，职业教育、高等教育特别是民办高等教育快速发展；医疗救助体系和疾病预防控制体系建设取得突破性进展；文化产业加快发展、文化事业进一步繁荣。人口自然增长率由5‰降到4.01‰；累计新增就业人数96万，社会保障体系不断完善，覆盖面进一步扩大；社会主义民主法制和精神文明建设继续加强。

城乡居民生活水平明显提高。2005年城镇居民人均可支配收入和农民人均纯收入分别比2000年增加3148元和582元。城乡居民居住、出行、通信等条件明显改善，消费结构逐步升级。解决了193万贫困人口温饱问题，293万人口实现脱贫。

【“十一五”经济社会发展的主要目标和发展重点】 到2010年，GDP达到6000亿元，年均增长11%左右，人均GDP1.6万元；财政收入年均增长15%，突破1000亿元；全社会固定资产投资累计达到1.7万亿元；单位GDP能源消耗降低20%左右；城镇化水平达到45%；人口自然增长率不超过6‰；城镇登记失业率控制在5%以内，累计增加城镇就业125万人，转移农村劳动力450万人；城镇居民人均可支配收入达到1.25万元，农民人均纯收入达到3300元。

扎实推进社会主义新农村建设。始终把“三农”问题放在重中之重，实行工业反哺农业、城市支持农村和“多予少取放活”的方针，按照“生产发展、生活宽裕、乡风文明、村容整洁、管理民主”的要求，稳步推进新农村建设。坚持农村基本经营制度，全面落实各项支农政策，推进现代农业建设，积极调整农业结构，加快基础设施建设，加强农村民主政治建设和精神文明建设，大力发展社会事业，深化农村综合改革，促进农民持续增收，使广大农村经济社会面貌发生明显变化。

大力突破水资源和交通瓶颈制约。统筹水资源开发利用，全面节水、严格保水、多方找水、科学治水、依法管水。加快建设以“两引八库”为重点的骨干水源工程，为可持续发展提供可靠的水资源支撑。进一步加快铁路、公路和机场建设，全面建成“两纵五横四个枢纽”铁路网构架和“米”字型高速公路主骨架，加快建设新规划高速公路和“一纵三横两环”次骨架公路，积极发展城市公共交通，构建“一主四辅”航空运输格局，形成省内连接市县乡村、省外通江达海的交通网络。

加快经济结构调整和增长方式转变。深入实施科教兴陕和人才强省战略，培育创新人才，优化创新环境，增强自主创新能力，切实把经济增长转变到依靠科技进步和提高劳动者素质上来，努力建设创新型陕西。加快“一线两带”建设，继续发展壮大支柱产业和优势特色产业。走新型工业化道路，加快工业化进程，优先发展先进制造业、高技术产业、能源化工产业，加快传统产业改造，着力培育成长性强的新兴产业、骨干企业和名牌产品。大力发展非公有制经济。加快发展现代服务业。逐步调整投资和消费关系，更多地依靠扩大消费需求拉动经济增长。

继续深化改革扩大开放。以理顺产权关系为重点，打好国有企业改革攻坚战。积极稳妥推进行政管理体制改革，加快转变政府职能，提高行政效率，形成有利于转变经济增长方式、促进全面协调可持续发展的机制。深化财税体制改革，建设公共财政体系。以完善市场功能为重点，推进现代市场体系建设，加快市场化进程。继续实施开放带动和项目带动战略，以优化投资环境为重点，扩大招商引资，坚持对外开放与对内开放并重、引进来与走出去并举，推动全省开放型经济发展进入新阶段。

建设资源节约型、环境友好型社会。以节

约使用资源和提高资源利用效率为核心，以节能、节水、节材、节地和资源综合利用为重点，尽快建立健全促进节约型社会建设的体制机制，逐步形成节约型的增长方式和消费模式，努力实现节约发展、清洁发展、安全发展。加大污染治理和环境保护力度，加强生态修复工作，不断改善生态环境，实现可持续发展。

促进城乡区域协调发展。积极推进城镇化进程，加快建设以西安为核心的关中城市群，积极发展陕北能源化工基地城镇体系和陕南汉江城镇带。大力推进县城和重点镇建设，引导乡镇企业和民营企业向城镇聚集，加快县域经济发展。推进特大城市、大中小城市和小城镇协调发展，力争全省城镇化水平达到45%左右。加快关中先进制造业、陕北能源化工、陕南绿色产业、渭北果业四大基地建设，形成关中率先发展、陕北跨越发展、陕南突破发展，布局合理、特色鲜明、优势互补的新格局，逐步缩小区域发展差距。

积极推动和谐社会建设。切实解决人民群众最关心、最直接、最现实的问题，真正做到发展为了人民、发展依靠人民、发展成果人民共享。实施积极的就业政策，努力增加城乡居民收入。协调好各种利益关系，合理调节分配，更加关注困难群众和弱势群体，把财力更多地投向农村和社会事业，维护社会公平公正。完善社会保障制度，加大扶贫开发、救济救助和防灾减灾工作力度。强化安全生产责任制，切实抓好安全生产。创建平安陕西，确保社会稳定。加强精神文明和民主法制建设，营造人民安居乐业、和谐相处、健康向上的社会氛围。

甘肃省“十五”计划完成情况及“十一五”规划简介

【“十五”时期经济社会发展取得的主要成就】 2005年，甘肃省GDP达到1928.14亿元，“十五”时期年均增长10.7%；人均GDP达到7341元，年均增长10.17%。三次产业结构由2000年的19.7∶44.7∶35.6调整为2005年的15.6∶43.4∶41，石油化工、有色冶金等支柱产业进一步壮大，骨干企业效益明显改善。全省大口径财政收入达到254.6亿元，比2000年增长1.3倍，年均增长18.8%；地方财政收入达到123.4亿元，比2000年增长96%，年均增长15%。

西部开发取得新进展。“十五”时期全省高速公路通车里程由2000年的13公里增加到2005年的1006公里，电力装机容量由655万千瓦增加到1000万千瓦。生态环境建设初见成效，实现了6000多万亩国有天然林全面禁伐和封山禁牧，完成退耕还林1930.7万亩、退牧还草2280万亩，治理水土流失面积1.6万平方公里。5年来甘肃省争取国债项目建设资金240多亿元，项目总投资1000多亿元；5年累计完成固定资产投资3372亿元，相当于“九五”时期的2.1倍，年均增长14.7%，年均拉动经济增长5.23个百分点，成为全省经济快速发展的重要推动力量。

改革开放实现新突破。甘肃省从下放省属国有工业企业管理权入手，加大了国有企业改革力度，使得一大批国有工业企业通过改制和重组焕发了新的生机。以行政审批制度和投资体制改革为重点，进一步推进行政管理体制改革，促进了政府职能转变。把推进产权多元化同大力发展非公有制经济结合起来，通过落实政策、优化环境，使非公有制经济有了较快发展，非公有制经济比重由2000年的24%提高到2005年的36.2%。对外贸易增长较快，进出口总额达到25亿美元，5年增长3.39倍，年均增长34.4%。

社会事业迈出新步伐。按照统筹经济社会发展的要求，甘肃省在重点推进经济工作的同时，认真研究解决教育、科技、文化、卫生、环保、体育和计划生育等社会事业发展问题，促进了社会事业的较快发展。全省68个县区整体实现了“两基”目标，高中阶段教育继续加强，高等教育规模进一步扩大，教育基础设施有较大改善，疾病预防控制体系全部建成使用，医疗救治体系建设基本完成，农村三级卫生保健网络初步形成，广播、电视覆盖率由2000年的80.6%、81.9%增加到2005年的90%以上。

人民生活达到新水平。“十五”期间，甘肃省城镇居民人均可支配收入净增3124元，增长63.5%，年均递增10.3%；农民人均纯收入净增534元，增长37.4%，年均递增6.56%；有47.2万绝对贫困人口基本解决温饱、202万低收入人口稳定解决温饱，农村贫困面下降到25%左右。

【“十一五”经济社会发展的主要目标和发展重点】 “十一五”时期，全省GDP年均增长10%，2007年实现人均GDP比2000年翻一番；2010年GDP达到3000亿元以上，人均GDP达到1万元以上。全社会固定资产投资年均增长15%；财政收入增长高于生产总值增长速度；五年城镇新增就业80万人，城镇登记失业率控制在4.6%左右；物价总水平保持基本稳定。

工业化进程进一步加快，农业产业化和市场化水平提高，服务业发展壮大。2010年三次产业结构调整为12.5：46：41.5，工业增加值占GDP的比重提高到40%以上。研究与试验发展经费占GDP的比重达到1.5%左右，科技创新能力增强。城镇化水平提高到35%以上。

全面实现普及九年义务教育目标，高中阶段教育和高等教育毛入学率分别达到50%和20%以上，职业教育加快发展，人均受教育年限与全国平均水平进一步缩小。城市和农村医疗服务设施继续改善，新型农村合作医疗基本覆盖全省农村居民，公共产品和服务供给能力不断增强，社会保障体系不断完善。贫困人口继续减少。防灾减灾能力增强，社会治安和安全生产状况进一步好转。

节约型社会建设取得重要进展，万元GDP能源消耗比2005年降低20%以上，万元工业增加值用水量降低30%以上，工业固体废物综合利用率提高到50%以上；人口自然增长率控制在7‰左右；努力遏制生态环境恶化的趋势，森林覆盖率提高到16%左右；城市环境质量和重点地区生态环境得到改善，主要污染物排放控制在国家指标范围内。

国有企业改革攻坚的阶段性任务基本完成，行政管理体制等重大改革取得新进展，要素市场建设有新突破；市场投资主体进一步多元化，非公有制经济占GDP比重提高到40%以上；利用外资规模不断扩大，进出口总额年均增长15%，开放型经济提高到新水平。

城镇居民人均可支配收入年均增长8%，农民人均纯收入年均增长6%左右，城乡居民生活质量普遍提高，生活环境不断改善。民族团结进一步增强，民主法制建设、精神文明建设取得新进展。

继续加强基础设施和生态环境建设，夯实发展基础。基础设施建设和生态环境建设，是发展的内容，更是发展的基础和环境。围绕城镇化和重点产业发展，加快跨区域公路、铁路、民航、管道建设，实现公路国道主干线高速化、省际通道高等级化、县乡公路畅通化，提高综合运输能力和服务水平。以建设节水型社会为目标，把重大工程建设和流域治理、优化水资源配置和生态环境保护结合起来，促进水资源的合理开发、高效利用和有效保护。要继续加强生态环境保护力度，实施分流域治理与重大工程相配套的模式，积极推进石羊河流域生态环境综合治理和甘南黄河重要水源供给区生态环境保护与建设。“十一五”期间，甘肃省力争新增高速公路1000公里以上、电力装机规模1000万千瓦以上、煤炭生产能力1500万吨。

培育发展特色优势产业，大力实施工业强省战略。依托现有的产业基础和资源优势，进一步做大做强石油化工、能源、有色冶金、装备制造、农产品加工、制药等特色优势产业，积极发展新材料、生物和信息技术等高新技术产业，大力培育新的经济增长点。采用先进技术和装备，加大对传统支柱产业的改造提升力度，通过实施兰州石化大乙烯及其深加工、酒钢公司产品结构调整、金川公司镍铜冶炼能力及深加工、兰铝和连铝“冶—电—加”一体化、华亭“煤—电—化—运”综合开发等“超百亿工程”，力争使甘肃省特色优势产业更快发展，从而推动全省经济持续稳定发展。

推进社会主义新农村建设，着力解决“三农”问题。建设社会主义新农村，是中央加强“三农”工作的重要战略部署。要按照生产发展、生活宽裕、乡风文明、村容整洁、管理民主的二十字要求，搞好总体规划和具体部署，抓好试点示范，有步骤、有计划、有重点地逐步推进。这几年，甘肃省在整村扶贫推进和生态文明小康示范村建设等方面，取得了一些成效，这是新农村建设的一种非常好的形式，要不断总结经验，完善提高。要继续加强农村基础设施建设，以“六小工程”为依托，强化水、电、路、梯田、通讯、广播电视等建设，努力改善农村生产生活条件。要坚持以发展农村经济为中心任务，协调推进农村经济建设、政治建设、文化建设、社会建设，着力解决广大农民生产生活中最迫切的实际问题，推进社会主义新农村建设。

加快经济结构的战略性调整，转变经济增长方式。按照逐步形成以农业为基础、以高新技术产业为先导、以基础产业和制造业为支撑、服务业全面发展的产业格局，大力调整经济结构。坚持节约发展、清洁发展、安全发展和可持续发展，走出一条“科技含量高、经济效益好、资源消耗低、环境污染少、安全有保障，人力资源优势得到充分发挥”的发展道路，努力推进经济增长方式的根本性转变。2010年甘肃省万元GDP能耗要降低20%以上，年均下降4.6%。转变经济增长方式，要大力推动技术创新，建立全社会的节约机制，发展循环经济，促进资源型城市转型，使经济增长方式由粗放向集约、由外延向内涵转变。要在打破行业垄断，调整资源定价机制，严格执行环境监督制度，完善地方政绩考核综合指标体系等方面有所突破，努力使甘肃省经济社会发展走上结构合理、持续增长、生活富裕、生态良好的发展道路。

加快城镇化进程，统筹区域协调发展。按照西部大开发关于西陇海兰新经济带甘肃段建设的要求，结合“一肩挑两头，一带促两翼”的思路，以中心城市发展和产业聚集带动为突破口，努力提高城镇综合承载能力，加快形成以兰州为中心、东西为两翼、市州为组团，辐射带动全省的城镇化协调发展格局。立足于促进区域经济发展，打破行政界限，逐步改变一个地方关起门来搞发展的现象，不搞地区封锁，走加强区域合作、优势互补、互利共赢的路子。争取通过区域经济合作和协调发展的方式，进一步提高各地经济的特色优势，增强甘肃省经济的综合实力和竞争力。要根据各地的区位优势、基础设施和产业发展的配套性，逐步形成城市群体和区域特色产业，更好地发挥区域经济中心的辐射带动作用。在区域发展中，要特别做好老区和少数民族地区的工作。区域协调发展，还要根据不同地区资源环境承载能力和发展潜力，按照国家关于优化开发、重点开发、限制开发和禁止开发的不同主体功能区的要求，明确不同地区的功能定位和发展模式。

优先发展科技教育，促进社会全面进步。在坚持加快经济发展的同时，着力解决社会事业发展滞后的问题。坚持把科技进步和创新作为经济发展的推动力，强化应用研究，突出集成创新和引进消化吸收再创新，建立和完善以企业为主体、市场为导向、产学研相结合的技术创新体系，加速高新技术产业发展。优先发展教育事业，缩小城乡义务教育差距，构建以就业为导向、以培养实用型人才为目标的职业教育体系，全面提升高等教育水平，促进各类教育协调发展。要深化卫生体制改革，建立和完善医疗卫生服务体系，健全突发公共卫生事件应急体系、疾病预防控制体系，提高公共卫生综合应急能力，加快发展农村合作医疗，切实解决群众看病难、看病贵的问题。坚持把就业作为民生之本，千方百计创造更多的就业机会。坚持用发展的思路和办法来解决就业问题，加快发展就业容量大的劳动密集型产业和中小企业；完善就业服务体系，加强就业技能培训。要加快完善社会保障体系，扩大城镇社会保障覆盖面，探索解决进城务工人员社会保障问题的途径，有效解决“三无”农民的生活保障问题，探索建立农村社会保障制度。合理调节收入分配，健全最低工资保障制度和最低工资标准调整机制。

加快改革创新，扩大对内对外开放。力争“十一五”期间在一些重要领域和关键环节取得新的突破。完成国有大中型工业企业改革攻坚任务，全面启动并努力完成农垦、粮食、流通和公路交通等领域的国有企业改革以及相关管理体制的配套改革。健全国有资产监管体制，依法加强国有资产监督管理。大力发展非公有制经济。加快行政管理体制改革，创新管理方式，强化经济调节、市场监管、社会管理和公共服务职能，搞好事业单位的改革。继续深化投资体制改革和财税体制改革，加快建立和完善公共财政体制。积极培育和构建现代市场体系，着力推进资本、土地、劳动力、技术等要素市场建设，加快建设社会信用体系。推进社会领域的改革。进一步扩大全方位的对外开放。积极推进对外贸易和利用外资增长方式的转变，继续瞄准国内外大公司大集团和拥有先进专利技术的中小企业开展招商，吸引东部沿海地区企业到甘肃省投资建立面向西部和中亚的外向型生产加工基地，支持企业与国内大型企业集团或原料基地合资合作，支持和鼓励甘肃省有实力的企业开展跨国生产经营。

青海省“十五”计划完成情况及“十一五”规划简介

【“十五”时期经济社会发展取得的主要成就】“十五”时期，青海省国民经济持续快速增长，综合实力明显增强。2005 年 GDP 达到 543 亿元，年均增长 12%；财政一般预算收入达到 63.3 亿元，年均增长 19.4%；地方财政一般预算收入达到 33.7 亿元，年均增长 15.2%。

固定资产投资成倍增长，基础设施和生态环境建设取得突破性进展。5 年间全省固定资产投资累计完成 1417 亿元，是“九五”的 2.5 倍，新增公路通车里程 1.1 万公里，建成高速公路 196 公里，省会、州府、县城之间全部通油路，实现乡乡通公路，行政村基本通公路。举世瞩目的青藏铁路全线铺通，兰青铁路、青藏铁路西格段和西宁、格尔木机场扩能改造顺利完成。建成公伯峡水电站、桥电二期和官亭至兰州东 750 千伏、乌兰至格尔木 330 千伏输电线路等重点电源电网工程，新增电力装机容量 174 万千瓦。建成黑泉水库和一批人畜饮水工程，解决了农牧区 118 万人、400 多万头只牲畜的饮水困难。新建光缆 1.6 万公里，固定电话和移动通信用户分别突破百万户，实现了乡乡通电话。完成一批城市道路、供排水、集中供热和农牧区电网改造、送电到乡等公共设施建设，城镇功能不断增强，镇容镇貌变化显著。退耕还林草、退牧还草、天然林保护、人工增雨、防污治污等一批生态环境治理工程取得较大进展，总投资 75 亿元的三江源自然保护区生态保护和建设工程启动实施。森林覆盖率比 2000 年提高 1.3 个百分点。

结构调整迈出较大步伐，特色经济框架初步形成。三次产业比例由2000年的14.9∶45.6∶39.5调整为 11.6∶48.7∶39.7。农牧业和农牧区经济结构呈现积极变化。2005 年，薯、油、豆、药、菜等特色作物种植面积比重由 2000 年的 55% 提高到 65%。设施农牧业、农区畜牧业、农牧业产业化有了较快发展。劳务输出规模 5 年翻了两番，2005 年达到 89 万人次。依托优势资源，建成百万吨钾肥、90 万吨纯碱、铝电联营、涩宁兰天然气输送管道等重点工业项目。2005 年完成工业增加值 204 亿元，占 GDP 的比重比 2000 年提高 4.6 个百分点，工业成为带动经济增长的主导力量。盐湖化工、电力、石油天然气、有色金属四大支柱产业进一步壮大，冶金、医药、建材、农畜产品加工四大优势产业持续发展，占工业增加值的比重分别达到 56% 和 29%。高原旅游业蓬勃发展，5 年累计接待国内外游客 2341 万人次，实现旅游业收入 88 亿元，分别是“九五”时期的 2.5 倍和 3.2 倍。服务业稳步发展，2005 年实现社会消费品零售总额 160.5 亿元，年均增长 11.9%。

全面取消了农牧业税，农牧区税费改革取得重要进展，农牧民负担比 2000 年人均减少 78 元。推进国有企业改革和国有资本战略性重组，国有企业基本实现产权结构和投资主体多元化，国有资产在改革发展中保值增值，整体效益明显提高。2004 年省属国有企业和国有控股企业净资产达到 120 亿元，比 2000 年增长 1.38 倍。预计 2005 年工业企业实现利润 70 亿元，年均增长 1.5 倍。制定和落实支持非公有制经济加快发展的政策措施，非公有制经济在全省经济总量中的比重由 2000 年的 18% 提高到 23%。“青洽会”、藏毯国际展览会等大型经贸活动的影响逐年扩大，成为青海招商引资、对外交流的重要平台。对外开放的层次和水平不断提高。5 年累计完成外贸进出口总额 17 亿美元，合同利用外资 14 亿美元，引进省外资金 317 亿元，分别是“九五”的 2.2 倍、5.4 倍和 4 倍。出口超千万美元的企业发展到 10 家。

调整教育布局，组织实施寄宿制学校建设、高校基础设施、现代远程教育等项目，城乡办学条件得到改善。全面实施“两免一补”政策，农牧区义务教育阶段贫困生和城镇低保家庭子女上学难问题得到解决。“普九”教育人口覆盖率由 2000 年的 70.7% 提高到 86.8%，青壮年非文盲率由 82% 提高到 93%。

“西新”工程和“村村通”工程进展顺利，广播、电视综合人口覆盖率分别达到 86.5% 和 92.5%，比 2000 年分别提高 23.5 和 6.5 个百分点。环青海湖国际公路自行车赛、郁金香节、民族文化旅游节等文化活动水平逐年提高。多巴国家级高原体育训练基地基本建成，群众体育活动设施得到改善。疾病预防控制、医疗救治体系基本建立，各族群众主要健康指标显著提高。实施计划生育奖励扶助政策和“少生快富”试点工程，人口年均自然增长率为 11‰。

城乡居民生活水平明显提高，精神面貌呈现可喜变化。2005 年全省城镇居民人均可支配收入 8058 元，农牧民人均纯收入 2165 元，扣除价格因素，年均分别实际增长 8.4% 和 5.5%。城镇居民人均住房使用面积由 2000 年的 12.1 平方米增加到 2005 年的 18.3 平方米，农牧民人均居住面积由 15.3 平方米增加到 18 平方米。社会保障体系框架基本建立，城镇养老、失业、医疗、工伤等社会保险不断推进，农牧区新型合作医疗制度覆盖全省。对城市低保对象实行分类施保、医疗救助和冬季取暖救助，城乡特困群众救助体系初步建立。5年城镇新增就业15.2万人，减少农牧区贫困人口77万人。

【“十一五”经济社会发展的主要目标和发展重点】 “十一五”期间，全省GDP年均增长10%以上，人均GDP比2000年翻一番以上，财政一般预算收入年均增长13%，全社会固定资产投资5年累计达到2500亿元，城镇居民人均可支配收入年均增长8%，农牧民人均纯收入年均增长7%，城镇登记失业率控制在5%以内，人口年均自然增长率控制在9.8‰以内。

扎实推进社会主义新农村建设，提高农牧业整体素质和农牧民收入水平。坚持加大政府支持力度与激发农牧区内部活力相结合，加快农牧区经济发展与促进农牧区社会进步相结合，遵循客观规律与尊重农牧民意愿相结合，推动传统农牧业向现代农牧业转变，加快发展农牧区基础设施和公共事业，确保实现农牧民增收目标。力争“十一五”期间培训农牧民100万人次，到2010年输出农牧区富余劳动力100万人次；农村牧区贫困人口基本解决温饱。

实施资源转换战略，壮大和提升特色产业。促进盐湖化工向规模化、集约化、精细化方向发展，加快开发系列产品。发展油气化工延伸产品与盐湖资源相结合的精细化工产品，推动天然气化工与盐湖化工、煤化工与有色金属工业融合发展。推进煤炭深加工和综合利用，积极发展煤焦化和煤化工产业，使煤炭工业逐步成为新的支柱产业。立足水电资源优势，促进电力工业和有色金属工业的联合，壮大铝、铅、锌、铜等有色金属生产与加工基地，做精做强钢铁产业，发展硅系列新材料产品，发展符合环保要求的高载能工业和新型建材工业。以中藏药为重点，加快制药企业整合，努力开发新品种，促进传统医药工业向现代产业方向发展；加快特色农畜产品、高原生物资源的精深加工。进一步整合发展轻纺、机械等传统产业，推动产品结构调整和技术进步，提高竞争力。到2010年，建成钾钠镁锂锶硼6个系列产品生产基地，形成纯碱、电解铝等8个百万吨级生产能力和煤炭、油气等4个千万级生产能力。“十一五”期间，工业增加值年均增长15%。

以特色旅游为引领，促进服务业快速发展。旅游总收入年均增长20%，努力把青海省建设成为全国著名的高原旅游目的地。大力发展生产服务业，改造提升生活服务业，鼓励发展劳动密集型服务业，精心培育大型连锁经营龙头企业。以西宁、格尔木、德令哈等为重点，加快发展新型流通业态，扩大连锁经营、电子商务和第三方物流，形成覆盖全省、融合青藏、连接内地的现代物流网络。加大仓储、运输、销售设施建设，加强农畜产品批发市场、农牧业生产资料市场建设。积极发展金融、保险、信息、中介服务、社区服务等服务业。5年间全省服务业增加值年均增长10%。

积极扩大投资，加强基础设施和基础产业建设。坚持统筹规划，适度超前，优化结构，全面提升，多渠道加大投入，提高基础设施的网络化和现代化水平，为全省长远发展提供可靠保障。

加强生态环境建设，促进人口资源环境协调发展。到2010年，治理水土流失面积35万公顷、草场退化面积1300万公顷，新增人工造林面积16万公顷，飞播、封山育林43万公顷。坚持控制人口增长的计划生育政策，进一步完善奖励扶助制度，实施少生快富工程，解决好独生子女和双女户家庭养老问题，引导农牧民群众少生优生，确保平稳渡过新的生育高峰期。深入实施科教兴青战略，推进科技进步和创新。坚持把教育和科技作为社会发展的中心环节和经济发展的战略基点。深入实施科教兴青战略和人才强省战略，大力提高劳动者的科技文化素质与创业创新能力。

稳步推进城镇化。以发展现有城镇为重点，合理布局，循序渐进，提高水平。加强市政设施建设，提高承载能力，增强服务功能，促进产业集聚和人口稳定就业定居。到2010

年，全省城镇化水平提高到44%。

深化经济体制改革。一是深化国有企业改革，调整优化国有经济布局和产权结构，完善国有资本有进有退、合理流动的机制，确保国有资产保值增值。二是大力促进非公有制经济发展，力争5年内非公有制经济总量翻一番。三是深化农牧区综合改革，稳妥推进土地和草场流转，支持农牧民以土地、草场使用权依法入股、转让等方式参与收益，发展适度规模经营。全面推进农牧区综合改革，基本完成乡镇机构、农牧区义务教育和县乡财政管理体制等综合配套改革，建立巩固和深化农村税费改革成果的长效机制。四是推进财税体制改革，规范财政转移支付，稳步推行"省管县"和"乡财县管"财政体制，建立缓解县乡财政困难的有效机制，促进公共财政体制建设，增加对"三农"和教育、公共卫生等社会事业的财政投入。五是推进投融资体制改革，严格执行企业投资项目核准制和备案制，规范政府投资行为，改进投资调控。

提高对外开放水平，扩大与东中部地区的合作规模和领域，调整外贸主体结构、出口产品结构和出口市场结构，扩大优势特色产品出口规模，鼓励和支持有条件的企业走出去投资创业。力争利用外资和进出口总额年均保持两位数增长。

坚持以人为本，积极推进和谐社会建设。千方百计扩大就业。加大政策扶持、就业援助、就业指导、技能培训、劳动保护和劳动执法监管力度，建立就业援助基金和创业基金。鼓励劳动者尤其是高校毕业生自主创业和灵活就业，支持农牧民转移就业。5年新增城镇就业15万人。

完善社会保障体系。继续完善企业职工基本养老、基本医疗、失业、工伤和生育保险制度。健全城市居民最低生活保障制度，探索建立农牧区最低生活保障制度。完善贫困群众教育、医疗、住房、司法等救助制度。发展社会福利事业，提高老年人、残疾人的福利服务水平。保障妇女、未成年人的合法权益。

加快医疗卫生体制改革，强化政府在提供公共卫生和基本医疗服务中的责任，完善农村牧区新型合作医疗制度，健全疾病预防控制、医疗急救救援、突发卫生医疗事件救助和地方病防治体系。加强城乡体育设施建设，构建面向大众的群众性健身服务体系。

完善国有企事业单位职工收入分配监管机制，加强劳动保障监察，协调劳动关系，完善最低工资制度，调整和执行月最低工资标准，建立小时最低工资标准。加强对个人收入的税收征管，调节过高收入。通过发展经济、增加就业、创业致富，不断提高各族人民生活水平和生活质量。

宁夏回族自治区"十五"计划完成情况及"十一五"规划简介

【"十五"时期经济社会发展取得的主要成就】"十五"期间，宁夏回族自治区（以下简称宁夏）国民经济发展加速，人均水平与全国的差距缩小。2005年GDP达到599.4亿元，年均增长10.9%，人均GDP突破万元大关，达到10127元（1242美元），与全国人均GDP的差距比2000年缩小了近10个百分点。地方财政收入保持稳定快速增长，2005年达到47.71亿元，年均增长18.03%。5年累计完成全社会固定资产投资1570亿元，是"九五”时期的2.8倍，年均增长23%，其中累计争取国债资金超过100亿元。

基础设施显著改善，生态建设迈出较大步伐。交通建设方面。两条国道主干线即丹东至拉萨公路、青岛至银川公路宁夏境内段和西部大通道银川至武汉公路桃山口至固原段全部建成高速公路。实施了通县油路、县际公路、农村公路改造及通达工程等，大大改善了县乡公路落后的面貌。公路通车里程达到1.3万公里，比2000年增加2400公里，其中高速公路670公里，增加587公里。完成了大古铁路部分改造，对河东机场设施进行了配套完善。能源发展方面。建成羊场湾等煤矿，新增原煤生产能力1000万吨。建成石嘴山二电厂、中宁电厂、贺兰山风电厂等电源项目，实施了大规模城乡电网改造和宁夏与西北第三、第四回330千伏联络线等电网项目，新增发电装机271万千瓦，发电量、煤炭产量分别比2000年增长1.09倍和64.4%。自然村通电率达到100%。水利建设方面。建成黄河沙坡头水利枢纽、宁夏扶贫扬黄灌溉一期主体工程、黄河宁夏段防洪一期工程、盐环定扬水宁夏专用工程、长城塬引水工程、农村饮水解困一、二期工程等，加固改造了一批病险水库。宁夏新增灌溉面积4.7万公顷，解决了97万人的饮水困难，增加和恢复水库库容1.8亿立方米。信息化发展：电信业务总量保持平均30%以上高速增长，固定和移动电话用户普及率分别达24线/百人和31部/百人。宁夏互联网用户达到59万户，比2000年增长13.8倍，电子政务、企业信息化与电子商务等稳步推进。生态建设方面。完成人工造林83万公顷（其中退耕地造林29万公顷），是“九五”的3.5倍，森林覆盖率由8.4%提高到10.5%。通过实施全面禁牧和天然草场退牧还草工程、“百万亩人工种草工程”等，人工种草留床面积累计45.3万公顷，天然草原围栏达到100万公顷，草原生态得到初步恢复。

优势特色产业壮大，工业化城市化进程出现加速势头。产业结构进一步优化，三次产业增加值结构调整为12：46：42，第二产业比重上升。就业结构发生明显变化，第一产业就业比重下降，第三产业成为新增就业的主渠道。

畜牧业占农业增加值比重由2000年的28.5%提高到2005年的33.5%，农产品加工产值占农业总产值比重比“九五”提高了10个百分点。肉、奶产量分别增加42%和1.2倍，设施蔬菜和枸杞种植面积分别增长1.5倍和1.45倍。粮食产量稳定在28亿公斤以上。

建设宁东能源化工基地的重大战略决策已经起步实施。新材料产业、农副产品加工业等发展势头良好。宁夏工业经济整体呈现快速增长、效益明显提高的态势。工业增加值年均增长15.2%，经济效益指数提高52.6个百分点，非公有制工业企业增加值占宁夏工业的比重达到40%左右。

人口向城镇转移速度明显加快，宁夏城镇化率达到42%，比2000年提高9.1个百分点。“大银川”建设迈出可喜步伐，城镇面貌显著改观。宁夏建成污水处理厂13座，日处理污水能力65.5万吨。建成生活垃圾处理厂11座，日处理垃圾能力3020吨。新增日供水能力近30万吨，新增供热面积近2000万平方米。

农村税费改革取得重大进展，在全国率先以省为单位采取“一卡通”方式兑现粮食直接补贴，大大减轻了农民负担。国有企业改革进一步深入，现代企业制度框架基本建立，非公有制经济发展较快。全面启动了事业单位聘用制改革和公益类科研院所的改革。行政管理体制改革稳步推进，大幅度减少了行政审批事项，对社会投资项目实施了核准制、备案制改革。对行政区划进行合理调整，进行较大规模的撤乡并镇。

2005年宁夏外贸进出口总额达到9.7亿美元，其中出口6.9亿美元，年均增长16%。“十五”期间，宁夏累计实际利用外资3.9亿美元，比“九五”增长46.8%。其中借用国外贷款19000万美元，吸收外商直接投资2亿美元。与东部省区特别是福建、山东等省区的经济技术合作与交流不断向纵深发展。

人民生活改善，各项社会事业全面发展。2005 年城镇居民人均可支配收入达到 8094 元，年均增长 10.5%，农民人均纯收入 2509 元，年均增长 7.8%。城镇登记失业率为 4.6%，城镇职工基本养老、基本医疗和失业保险的覆盖面继续扩大，分别达到 78%、50% 和 63%，社会救助体系正在形成。居民住房条件得到很大改善，五年城镇住宅建筑面积 2260 万平方米。物价总体稳定，居民消费价格水平年均上涨 1.8%。南部山区扶贫开发取得新成效，山区未解决温饱的贫困人口由 2001 年的 52.7 万人减少到 2004 年的 15.2 万人，累计搬迁安置易地移民 11.8 万人。开展了大规模的劳务输出。

“十五”期间，宁夏累计取得科技成果 543 项，申请专利 2255 项，实施国家高技术产业化示范工程 7 个，建成 12 个省部共建和自治区级重点实验室、工程技术研究中心，建成国家级和自治区级企业技术中心 23 个、农业科技示范园区 11 个、科技孵化器和生产力促进组织 12 个，以企业为主体的科技创新体系框架初步形成。

南部山区全面完成了普及初等义务教育的历史性任务，宁夏普及九年义务教育人口覆盖率（以县为单位）达到 70%，比 2000 年提高 15 个百分点。大规模实施了“中小学危房改造”、“农村寄宿制学校建设”等工程，农村中小学办学条件得到显著改善。建成银川一中、吴忠高级中学、石嘴山三中、六盘山高中等一批优质高中学校，高中阶段毛入学率达到 58.1%，提高 25 个百分点。高等教育实现了跨越式发展，普通高等教育本专科在校生达到 4.1 万人，比 2000 年增加 2.6 万人，高等教育毛入学率达到 19.2%，迈进了高等教育大众化阶段，各级普通教育学校少数民族在校生占在校生总数的 35.7%。

新建改扩建疾病控制中心、传染病院（区）、紧急救援中心项目 36 个，形成了区、市、县三级公共卫生预防和救治体系。以新型农村合作医疗制度建设试点为突破口，加强了农村卫生服务体系和乡镇卫生院建设。有效推进了城镇社区卫生发展。妇幼保健覆盖率扩大，城乡居民健康水平进一步提高，人均期望寿命达到 71.7 岁。

成功举办第十三届金鸡百花电影节、第一届宁夏文化艺术节、“北京·宁夏文化周”、中央电视台“心连心”和“同一首歌”宁夏演出等重大文化活动。编辑出版了《今我宁夏》、《宁夏历史名人》等一批精品图书，创作演出和制作了一批具有浓郁民族地方特色的文艺作品。新建、翻建、扩建了一批县乡宣传文化中心，维修改建了 20 个县文化馆、图书馆，改善了基层文化条件。实施“村村通工程”、“西新工程”和“农村广播影视服务公共体系建设工程”，广播电视人口覆盖率分别提高到 81.6% 和 92.8%，80% 的农民可收看到 8 套电视节目。

成功举办第 7 届全国少数民族传统体育运动会，新建银川新城体育馆、河东训练基地、沙湖龙舟赛场和赛马场等。经常参加体育健身活动的人数增加，竞技体育水平有所提高。

南部山区“少生快富”工程全面启动，建立了计划生育奖励激励机制，人口过快增长的势头得到有效的遏制。2005 年宁夏总人口为 596 万人，人口自然增长率控制在 11‰以内，比 2000 年降低 0.9 个千分点。

产业结构调整、经济增长方式转变取得明显进展。产业、产品和企业组织结构更趋合理，服务业就业人员占全社会就业人员的比重提高，第一产业劳动力占全社会劳动力比重降到 45% 以下。五大优势特色产业快速发展，初步形成体系。基础设施进一步完善，铁路运输等紧张局面得到缓解。自主创新能力增强，资源利用效率提高。单位 GDP 能源消耗降低 15%，单位工业增加值用水量降低 27%，农业灌溉用水有效利用系数提高到 0.5。

公共服务与全国平均水平的差距缩小。五年城镇新增就业 30 万人，登记失业率控制在

5%以内，新增转移农村劳动力30万人。城镇社会保险覆盖面达到90%以上，农村基本建立新型合作医疗、贫困救助制度。城乡居民住房、环境状况明显改善。宁夏以县为单位全部普及九年义务教育，川区基本普及高中阶段教育，高等教育毛入学率达到25%。公共卫生体系进一步完善。公共文化设施明显改善，防灾减灾能力提高，社会应急体系健全。

【“十一五”经济社会发展的主要目标和发展重点】 “十一五”时期，宁夏经济保持持续快速增长，力争发展速度高于全国平均水平。到2010年按2005年价格计算的GDP突破1000亿元，年均增长10%以上。其中，第一产业85亿元，年均增长4%；第二产业518亿元，年均增长14%；第三产业397亿元，年均增长9.5%。人均GDP达到15850元左右，年均增长9.4%。地方财政一般预算收入达到85亿元，年均增长12%。全社会固定资产投资总规模5年累计3300亿～3500亿元，年均增长14%～16%。

社会治安和安全生产状况进一步好转。民主法制建设和精神文明建设取得新进展。城乡区域基本协调发展，可持续发展能力增强。生态环境进一步改善，森林覆盖率达到18%。社会主义新农村建设取得积极成效，城镇化率达到47%。人口自然增长率降到9‰以下，宁夏总人口控制在635万人以内。县域经济有较大发展，涌现一批特色鲜明、发展势头好、增长后劲足的强县，争取有1～2个县进入“全国百强”，有3～5个县进入“西部百强”。城乡和区域之间公共服务、人均收入和生活水平差距扩大的趋势得到初步遏制。

改革开放进一步推进。行政体制、国有企业、财税、科技、教育、文化、卫生、社会保障等领域的改革和制度建设取得新的突破。对外开放和东西合作达到新的水平，宁夏外贸出口额达到11亿美元，5年利用外资9亿美元。

人民生活由初步小康过渡到比较宽裕小康。到2010年城镇居民人均可支配收入达到11100元，年均增长6.5%。农民人均纯收入达到3250元，年均增长5%以上，稳定解决山区绝对贫困人口的温饱。居民消费价格年均上涨幅度控制在2%以内。

新疆维吾尔自治区“十五”计划完成情况及“十一五”规划简介

【“十五”时期经济社会发展取得的主要成就】 “十五”期间，全区GDP年均增长10.1%，高于“九五”时期平均增速2.4个百分点，三次产业结构由2000年的21.1∶39.5∶39.4调整为2005年的19∶44.7∶36.3。2005年，实现地方财政收入220亿元，年均增长18.2%，其中地方财政一般预算收入180亿元，年均增长17.9%；全社会固定资产投资1352亿元，年均增长17.2%；全社会消费品零售总额638亿元，年均增长11.2%。

“十五”期间，农林牧渔业总产值年均增长6%。粮食产量比2000年增加68.61万吨，年均增长1.6%；棉花产量增加45.7万吨，年均增长5.5%；水果产量增加209.01万吨，年均增长11.1%；肉类总产量增加51万吨，年均增长9.5%。畜牧业在农业中的比重逐年提高，由“九五”末的23.5%提高到2005年的25.7%，2005年肉类总产量141万吨，比“九五”末增长57%，细羊毛产量占全国同类产品比重超过30%。

“十五”期间，工业增加值年均增长11.4%，比“九五”时期提高5.5个百分点。2005年，工业增加值1010亿元，年均增长11.5%。全社会固定资产累计投资达到5034.95亿元，相当于“九五”时期的2倍，五年间投资年均增长17.2%，比“九五”时期提高4.3个百分点。货物运输周转量年均增长9.3%，旅客运输周转量年均增长9.3%，分别比“九五”时期提高2.5和1.9个百分点。邮电通信以光缆为主、数字微波和卫星通讯为辅的现代化传输网络覆盖全疆，已建成了程控交换、光纤通信、数字微波、卫星通信、移动通信等完整的现代化通讯体系。

“十五”期间，实施了天然林保护、水土保持、退耕还林、野生动植物保护和自然保护区建设、退牧还草，以及重点区域生态环境综合治理等重大生态建设工程和“三北”防护林工程，森林资源量稳步增长，土地沙漠化有所控制，泥石流、滑坡等地质灾害防治取得成效。完成水土流失治理面积为5367.5平方公里。到2005年森林覆盖率达到2.94%；城市绿化覆盖率31.8%。加强博斯腾湖、艾比湖的生态环境治理与保护，突出抓好塔里木河流域生态环境综合治理工程。

积极的就业政策取得实效，五年累计实现城镇就业再就业171万人。城镇登记失业率均控制在4%以内。城镇化率由2000年的33.75%提高到2005年的36%。社会保障体系初步建立，社会保险覆盖范围进一步扩大。人口增长得到进一步控制，人口出生率、自然增长率连续五年保持平稳态势。

【“十一五”经济社会发展的主要目标和发展重点】　“十一五”时期，全区GDP年均增长9%，力争实现两位数增长，人均GDP比2000年翻一番以上；全社会固定资产投资年均增长16%以上；地方财政一般预算收入年均增长16%以上；外贸进出口总额年均增长18%以上；全社会消费品零售总额年均增长12%以上；价格总水平保持基本稳定；城镇化率提高到42%；城镇居民人均可支配收入年均增长8%左右，农牧民人均纯收入年均增长6%以上；城镇登记失业率控制在4%以内；万元GDP能耗降低20%左右，森林覆盖率达到3.2%，人口自然增长率控制在11‰以内。

加快建设“四大基地”，全面推进农业产业化。巩固发展全国最大的优质商品棉生产基地，提高棉花产业综合竞争力。着力建设优质商品粮基地，确保粮食安全。积极推进特色林果产品生产基地建设。大力建设现代优质畜产品基地，加快传统畜牧业向现代畜牧业转变。发展特色林果、特色畜产品和特色农作物精深加工，扶持和引进一批有基础、有潜力的龙头企业，加强农业服务体系建设，全面推进农业产业化。

加强农业基础设施和农村公共事业建设。加强农田基本建设、中低产田改造、农牧区水利设施、节水灌溉等农业基础设施建设，从改善农牧民住房条件、加快农村公路建设、开展村庄街道整治、加强农村饮水安全工程建设、改善农村用电条件、加快实施农村广播、电视、电信村村通工程、普及巩固农村九年义务教育、全面开展农村合作医疗、加强农村计划生育工作等方面，推进农村公共事业发展。

做大做强石油石化工业。加快石油天然气资源的勘探开发，进一步提高油气资源在我区加工的数量和深度，集中力量建设好独山子—克拉玛依、乌鲁木齐、南疆和吐哈等四大石化基地，把新疆建成国家最大的石油天然气生产基地、国家能源陆上安全大通道和西部地区重要的石油化工基地。

大力发展煤炭、煤化工和电力工业。加快煤炭资源的勘探开发利用，提高煤炭产业集中度、技术装备水平和煤炭回采率，加强矿区规划建设，力争2010年原煤产量达到1亿吨。发展以大型高效发电机组为主的电源建设，到2010年全区发电装机容量达到1000万千瓦以上。加强电网主网架建设，全面实现全疆联网。

加快优势矿产资源勘查开发。进一步加大铜、镍、铅锌等有色金属，铁等黑色金属，金、银等贵金属和钾盐，石材等特色非金属矿产资源勘查开发力度。加快建设罗布泊年产120万吨钾肥一期工程、喀拉通克铍铜材深加工、阜康冶炼中心铜镍锌冶炼等项目，把新疆建设成为国家重要的矿产资源生产加工基地。

扶持壮大特色农副产品精深加工业。积极支持无公害食品、绿色食品和有机食品工业发展，把新疆建设成为具有较强竞争力的特色食品加工生产基地。积极发展高新技术产业。重点发展生物、新能源、新材料、电子信息等产业，构建以乌鲁木齐、昌吉、石河子等为重点的高新技术产业聚集区。改造提升传统工业。利用高新技术、信息技术、环保技术和先进适用技术改造提升纺织、建材、轻工、化工、机电、冶金等骨干企业，坚决淘汰落后的工艺技术，打造品牌，提高企业的技术、装备水平和产品市场竞争力。

着力推进工业园区建设。高起点、高标准地规划建设一批特色鲜明、产业关联度高、辐射带动力强的工业园区，优化投资环境，聚集生产力要素，形成发展高地，为新型工业化发展提供强大的载体。

重点培育和壮大旅游业，做好旅游景区（点）和线路的规划布局，加强旅游商品服务体系和旅游基础设施建设，把旅游业培育成为我区重要的支柱产业。大力发展现代流通业，积极培育现代物流产业体系。加强农村商品流通设施、商业网点和特色农副产品仓储保鲜设施建设，努力扩大农村消费。加快发展社区服务、金融保险、培训、中介服务、房地产等新兴服务业，不断提升我区服务业发展水平。

水利工程建设要加快重点河流重大控制性水利枢纽和跨流域调水工程建设进度，加强流域、区域水资源的管理，合理开发、优化配置、高效利用水资源。到2010年，新增供水量30亿立方米，同时还要加强农田水利基本建设，扩大有效灌溉面积，进一步完善防洪减灾体系，加快病险水库的除险加固，提高水利工程完好率、蓄水保障能力和防洪减灾能力。

交通建设以完善新疆与中、东部地区以及连接周边国家运输大通道和交通枢纽建设为重点。到2010年力争公路总里程达到11万公里。铁路建设以新线建设和现有铁路干线改造为重点，进一步提高运输能力和技术装备水平。到2010年铁路营业里程达到4000公里。民航建设以完善枢纽机场功能、积极打造干线机场、大力开辟新航线为重点，新建与改扩建、迁建相结合，扩大机场网络规模。

加快以向西开放为重点的对外开放步伐。充分发挥我区向西开放的地缘优势，推进与中亚、西亚、南亚、东欧及俄罗斯等国的经贸合作，重点加强与周边国家进行以资源互补为主的深层次合作，逐步建立向西出口加工基地、商品集散地和国家能源、资源陆上安全大通道。

加大招商引资力度。进一步改善和优化投资环境，围绕特色优势资源开发，加大宣传、推介力度，吸引有经济实力大企业、大集团，借助他们在市场、资金、管理、技术、人才等方面的优势，提升壮大优势产业。

突出重点，扶优扶强，统筹区域协调发展。优化发展乌鲁木齐—克拉玛依—阿拉山口的天山北坡经济带，全力推进乌昌经济一体化，积极推动南疆石油天然气化工带发展。加大扶贫开发和以工代赈资金投入，积极扶持贫困地区发展。各地要结合自身优势和特点，坚持有所为、有所不为，积极发展各具特色的区域经济。

坚持工业反哺农业、城市支持农村，积极稳妥地推进城镇化，努力改变城乡二元结构，坚持走以大中城市、区域中心城市以及重点小城镇协调发展的多元城镇化发展道路，构建以乌鲁木齐城市圈为中心的天山北坡经济带城市群，加强城镇基础设施和公共服务设施建设，提高城镇服务功能和综合承载能力。汇聚各方面力量，积极协调好地方与兵团、中央驻疆单位的关系，大力发展融合经济。

积极推进科技进步，优先发展应用于优势资源转换的科学技术，坚持科技创新与技术引进相结合，加速科技成果向现实生产力转化。

坚持把教育摆在优先发展的战略地位，全面推进素质教育。普及和巩固九年义务教育，扎实推进农村基础教育发展，大力发展职业教育，统筹各级各类教育协调发展，加快推进“双语”教学，全面提高教师队伍素质。围绕经济社会发展的需要，利用多种形式，培养用得上、留得住的各类实用型人才。

大力节约资源，发展循环经济。引导全社会树立节约资源的意识，结合新疆实际，以节水、节能、节材、节地为重点，努力建设节约型社会。加强资源综合开发和合理利用，提高煤矿回采率和矿产资源采出率。以促进废弃物减量化、再利用和资源化为重点，大力发展循环经济。

加强生态建设与环境保护。以林业重点生态工程、水土流失防治、小流域综合治理和荒漠化防治为重点，努力改善绿洲内部生态环境。努力控制污染物排放总量，降低污染排放强度，变被动末端治理为主动源头控制，稳步提高环境质量，改善人居环境，高度重视对重大环境污染事件的应急处理，保护人民群众的健康和安全。

新疆生产建设兵团“十五”计划完成情况及“十一五”规划简介

【“十五”时期经济社会发展取得的主要成就】 2005年，全兵团GDP达到331.12亿元（当年价，下同），“十五”期间年均增长11.3%。其中，三次产业分别递增9.7%、9.6%和14.5%。三次产业结构由2000年的41∶27∶32调整到40∶25∶35。人均GDP达到1.29万元。结构调整不断推进，特色经济发展取得新成效。农业逐步向种植业、畜牧业、果蔬园艺业“三足鼎立”方向发展，工业形成了农产品加工、氯碱化工、节水器材等支柱产业和一批龙头企业，金融、旅游、房地产等现代服务业快速发展；城乡结构有较大改善，阿拉尔、五家渠、图木舒克三个城市正式成立；非公有制经济发展有了新起色。

2005年，兵团完成农林牧渔业总产值273.52亿元，“十五”时期年均增长8.2%。播种面积98.58万公顷，增加7.6万公顷。粮、棉、油、糖四大作物播种面积占总播种面积的比重由2000年的24∶45∶9∶2调整到23∶48∶5∶2。2005年兵团棉花产量达98.68万吨，比2000年增长42.2%，年均增长7.3%，占全国棉花产量17.2%。随着农业科技含量和生产技术装备水平的进一步提高，主要作物单产水平均有大幅度提高，与2000年相比，棉花、粮食、油料和甜菜单产分别提高23.8%、22%、14.7%和11.4%。

2005年，兵团实现工业增加值56.5亿元，比2000年增长64.9%，“十五”时期年均增长10.5%，比“九五”平均增长速度提高了4.4个百分点。“十五”完成工业总产值175.64亿元，年均增长12.9%，比“九五”平均增速提高了5.4个百分点。食品、纺织、塑料制品、电力热力生产供应等行业的工业产值占到工业总产值的67.2%，初步形成以食品加工制造、纺织、塑料制品、能源等行业为支撑的工业体系。

2005年，兵团实现全社会消费品零售总额93.38亿元，比2000年增长72.9%。对外贸易发展迅速，出口商品结构进一步优化，棉花产品、番茄酱及特色瓜果成为出口创汇的拳头产品。“十五”期间累计完成进出口总额85.99万元，比“九五”时期增长3.5倍，年均增长32.8%，累计出口棉花15.51万吨，棉纱7794吨，棉布2334万米，番茄酱81.63万吨；旅游业快速增长，2005年旅游总收入5.87亿元，比2000年增长40.1%；接待游客227.54万人次，比2000年增长70.9%。

金融和保险业实现较好经营业绩，2005年，各项本币存款余额358.17亿元，比2000年增长106.4%，其中居民储蓄存款180.14亿元，增长98.5%；保险业经营区域和业务收入超常规扩大增长，仅2005年新增机构614家，业务遍及全国25个省（区、市），实现保险业务收入105.42亿元，比2000年增长26.5倍。

“十五”期间，一大批水利、交通、农电网能源、城镇基础设施项目以及农业产业化项目和优势资源转换项目相继建成。固定资产投资以年均15.5%的速度持续增长，高于“九五”平均增速1.9个百分点。五年累计完成固定资产投资579.52亿元，是“九五”时期的2.1倍。其中：农业基础设施建设总投资143.73亿元，比“九五”时期增长61.5%；工业累计投资148.6亿元，增长1.6倍；水利建设累计投资110亿元，增长48%；公路建设累计投资62.97亿元，是“九五”时期的2.3倍。

“十五”期间，相继完成了50万吨优质商品棉基地和一批特色畜产品、瓜果蔬菜及农产品出口基地建设；实施了16个大型灌区续建配套与节水改造；解决了117.13万人饮水困难；农十四师皮墨垦区开发建设初具规模。建成了一批工业骨干企业，累计新增20万吨聚氯乙烯、8万吨葡萄酒、50万吨番茄制品、环纺锭24万锭、气流纺8000头的产品生产能力。发电机装机容量达到70.5万千瓦。38个重点城镇基础设施建设项目、20.4万户农牧职工危旧住房改造工程全部完工。

科学研究和技术开发取得新的成果，科技对农业、工业的贡献率分别达到51%和36%。共有259项次成果获奖，其中获得国家科技进步二等奖1项，达到国内先进水平的项目136项，其中4项研究达到国际先进水平，21项达到国内领先水平。

文化、教育、卫生事业健康发展。2005年，175个团场全部通过国家“两基”验收，“两基”人口覆盖100%；广播覆盖率92.3%、电视覆盖率96.1%，均比2000年提高5.2个百分点；拥有各类卫生医疗机构673个，比2000年增加8个。其中医院225个，增加4个，床位总数16654张，减少599张。卫生人员24332人，减少3304人，其中卫生技术人员20617人，减少2047人。

2005年，兵团城镇居民年人均可支配收入8353元，与2000年相比，增加2895元，增长53%，年均增长8.9%，团场农牧工人均收入4105元，与2000年相比，增加1382元，年均增长8.6%。人口出生继续保持低生育水平，兵团人口256.98万人，人口自然增长率为1.73‰。“十五”期间新增就业23.9万人。2005年，全社会就业人员98.81万人，比2000年增加6.2万人。城镇登记失业率2.84%，比2000年上升了0.94个百分点。社会保障进一步加强。2005年参加基本养老保险人数75.52万人，比2000年增加5.17万人。参加失业保险61.65万人；参加基本医疗保险109.23万人，其中在岗职工66万人，退休43万人，比2000年增加13.75万人；参加生育保险职工59.59万人，比2000年增加21.82万人。企业退休人员实行社会化管理人数达到37万人，覆盖率97%，养老保险按时足额发放。

【“十一五”经济社会发展的主要目标和发展重点】 到2010年，兵团GDP达到560亿元，年均增长10%以上；人均GDP达到2万元。全社会固定资产投资5年累计达到1200亿元左右，比“十五”期间翻一番；工业投入、科技创新投入占总投资比重显著增加。初步建成与社会主义市场经济相适应的管理体制和运行机制。对外开放尤其是向西开放优势开始显现，进出口总额达53亿美元，年均增长12%；社会消费品零售总额达160亿元，年均增长11%。城镇登记失业率控制在3.5%之内。经济效益稳步提升。

经济结构更趋合理。农业生产水平和效益全面提高，农业现代化走在全国前列；工业发展滞后的状况得到较大改变，农产品精深加工和重化工业实现新的突破；现代服务业快速发展，领域逐步拓宽。三次产业结构由“十五”末40:25:35调整为30:32:38，其中工业增加值比重由17%上升到24%左右。石河子市成为区域性中心城市，新建城市功能不断完善，重点城镇基础设施条件进一步改善，城镇化水平由40%提高到50%。非公有制经济比重由21.4%上升到35%以上。

社会事业健康发展，资源得到合理配置。全面普及九年义务教育，高中阶段入学率达到90%。综合科技能力显著增强，研发经费占生产总值比重逐年提高。公共卫生体系逐步完善，职工群众普遍享有基本医疗和公共卫生服务。文化体育事业加快发展。安全应急救援体系初步建立。

社会保障体系逐步完善，实现应保尽保，人人老有所养、病有所医、弱有所助、贫有所济。职工思想道德、科学文化、军事素质和健康水平显著提高。职工收入进一步增加，农牧工家庭人均纯收入达到6000元，年均增长8%左右；城镇居民人均可支配收入达到万元，年均增长5%左右。人均期望寿命76岁。人居环境逐步改善，大部分职工群众过上较富足的生活。

资源利用率和资源保障能力有一定提高，循环经济得到较快发展。生态环境有较大改善，垦区荒漠化趋势得到有效遏制。人口自然增长率控制在较低水平，人与自然和谐相处的发展格局初步形成。到2010年，垦区森林覆盖率达到7%，其中绿洲森林覆盖率达到21%；总人口达到276万人；主要污染物基本实现达标排放。

研究篇

“十五”西部大开发的资金、政策、公共服务及收入水平差距评估

在党中央、国务院提出实施西部大开发战略后，国家研究制定了《“十五”西部开发总体规划》，并出台了一系列促进西部地区发展的政策措施。发展规划和政策措施对推动西部大开发战略的实施起到了重要作用，西部地区经济发展速度明显加快。为了进一步提高西部大开发战略实施的成效，有必要对“十五”期间西部大开发的实施情况进行评估。

根据《“十五”西部开发总体规划》的主要内容，并按照科学发展观的要求和国家“十一五”规划纲要的精神，对“十五”时期西部大开发战略的资金、政策以及西部地区在基本公共服务水平和城乡居民生活水平方面与全国和东部地区的差距进行了评估。在此基础上，提出了“十一五”时期推进西部大开发战略的一些建议。

一、“十五”西部大开发战略的资金及政策评估

(一)“十五”期间因实施西部大开发战略国家在西部地区增加的资金投入相当大

1. 投资：

(1) 中央财政性建设资金。国办发［2001］73号文件提出，“提高中央财政性建设资金包括中央基本建设投资资金、建设国债资金用于西部地区的比例。”从国家预算内经常性建设投资看，2000年至2003年，用于西部地区的规模分别为71亿元、68亿元、70亿元、76亿元，均占全国的25%；2004年为76亿元，占全国的21%，国家预算内经常性建设投资用于西部地区的比例呈现出稳定并略有下降的趋势。从长期建设国债资金情况看，2000年至2004年，用于西部地区的规模分别为334亿元、615亿元、630亿元、602亿元、486亿元，分别占全国的22%、41%、42%、43%、44%，长期建设国债资金用于西部地区的比例呈现出逐年提高的趋势。从两项合计情况看，用于西部地区的比例从2000年到2003年呈上升趋势，2004年略有下降。

表1 2000~2004年国家预算内经常性建设资金和长期建设国债用于西部地区的情况

年 份	2000年	2001年	2002年	2003年	2004年
全国长期建设国债(亿元)	1518	1500	1500	1400	1100
用于西部地区的国债(亿元)	334	615	630	602	486
国家预算内经常性建设投资(亿元)	284	272	280	304	354
用于西部地区的建设投资(亿元)	71	68	70	76	76
用于西部地区的综合比重(%)	22.48	38.54	39.33	39.79	38.65

资料来源：引自国务院西部开发综合规划组、国家发改委国土开发与地区经济研究所课题组：《建立长期稳定西部开发资金渠道研究》课题报告。

(2) 专项资金。国办发［2001］73号文件提出，“铁道、交通、水利、农业、林业、信息产业等部门在安排建设资金时，要继续提高用于西部地区重点项目的比重。”

2000年到2004年，公路基金、铁路基金、民航基金、水利基金和三峡基金等五项国家专项建设资金年用于西部地区分别为

169.44 亿元、264.74 亿元、334.12 亿元、396.87 亿元和 416 亿元，占全国的比重分别为 43%、49%、52%、58% 和 52%。西部地区五项专项建设投资基金使用占全国比重前四年呈上升趋势，只有 2004 年略有下降。

表 2　2000～2004 年国家五大专项建设基金用于西部地区的情况

项目	年份	合计	公路基金	铁路基金	民航基金	水利基金	三峡基金
全国（亿元）	2000	392.77	164.26	150.61	22	14	41.9
	2001	537.17	236.67	213.28	21.78	14	51.44
	2002	636.65	324.7	248.19	21	14	28.76
	2003	690.16	423	189	18.66	14	45.5
	2004	798.8	463	230	33	14	58.8
	合计	2256.75	1148.63	1031	83.44	56	167.6
西部地区（亿元）	2000	169.44	48.53	73.9	5.11		41.9
	2001	264.74	80.24	128.02	5.04		51.44
	2002	334.12	177.9	120.03	7.43		28.76
	2003	396.87	239	105	5.97	1.4	45.5
	2004	416	261	87	7.8	1.4	58.8
	合计	1581.17	806.67	513.95	31.35	2.8	226.4
比例（%）	2000	43%	30%	49%	23%	0%	100%
	2001	49%	34%	60%	23%	0%	100%
	2002	52%	55%	48%	35%	0%	100%
	2003	58%	57%	56%	32%	10%	100%
	2004	52%	56%	38%	24%	10%	100%

资料来源：同表 1。

2. 财政转移支付：

（1）一般性转移支付。国办发［2001］73 号文件提出，"加大对西部地区特别是民族地区（指民族自治区、享受民族自治区同等待遇的省和非民族省份的民族自治州）一般性转移支付的力度。"从 2000 年到 2004 年，中央财政对西部地区的一般性转移支付分别是 78 亿元、108.64 亿元、194.2 亿元、225.37 亿元、352 亿元，呈逐年增加趋势。

（2）专项资金补助。国办发［2001］73 号文件提出，"中央对地方专项资金补助向西部地区倾斜。""中央补助地方国有企业下岗职工基本生活费、企业离退休人员基本养老金和城镇居民最低生活保障金支出，适当向西部地区倾斜。教育、科技、卫生、政法、文化、文物等专项资金补助的分配，也要向西部地区倾斜。""十五"期间，国家及国家有关部门都按照上述要求对西部地区给予了多种专项资金补助支持。其中，2002 年开始实施的国家贫困地区义务教育工程"二期计划"在西部地区中央专款控制数为 36.7 亿元。

（3）扶贫资金。国办发［2001］73 号文件提出，"中央财政扶贫资金重点用于西部贫困地区。"

国家于 1980 年开始设立财政扶贫专项资金，中央财政安排的扶贫资金规模由最初的每年 5 亿元逐步增加到了 2004 年的 122 亿元。24 年间中央财政累计安排扶贫资金 1200 多亿元。2000 到 2004 年，中央财政投入西部地区的扶贫资金分别为 55.28 亿元、58.43 亿元、61.23 亿元、70.6 亿元、75.6 亿元，占全国的比重均在 62% 以上。

表 3　2000～2004 年中央财政扶贫资金用于西部地区的情况

年　　份	2000	2001	2002	2003	2004
中央财政扶贫资金（亿元）	86	90	96	104	122
用于西部地区的扶贫资金（亿元）	55.28	58.43	61.23	70.6	75.6
用于西部地区的比例（%）	64.28	64.92	63.78	67.88	62

资料来源：同表 1。

3. 投资与财政转移支付混合类：

（1）天然林保护。国办发［2001］73 号文件提出，"实施天然林保护工程，国家在安排基建投资、财政专项补助资金和对地方财政减收补助资金等方面给予支持。"

（2）退耕还林还草。根据有关规划，西部省（区）2001～2010 年计划退耕地造林 1.41 亿亩，宜林荒山荒地造林 1.77 亿亩。

1999～2004年完成退耕地造林和宜林荒山荒地造林2.88亿亩。国家对每亩退耕地每年补助100或150公斤粮食、每公斤原粮1.4元、生活费补助每亩每年20元、种苗费补助每亩50元。另外，退牧还草工程已安排治理严重退化草原1.9亿亩。

2000～2004年，中央财政在西部地区共安排天然林保护工程、退耕地还林（含荒山荒地造林等）工程、退牧还草工程的资金分别为385亿元、751亿元和41亿元，共1177亿元。

总之，从实施西部大开发战略以来，用于西部地区的中央资金主要包括长期建设国债、国家预算内经常性建设投资、专项基金、财政扶贫资金、一般性转移支付等。分项看，2000年长期建设国债资金用于西部地区的比例为22%，2001年至2004年其用于西部地区的比例有不同程度的提高，因比例提高而对西部地区多增加的国债总量合计为1129亿元，占同期国债总量21%。2000年国家预算内经常性建设投资西部地区所占比重为25%，2001～2004年比例没有因为实施西部大开发战略而变化。

从专项基金看，2000年公路基金、铁路基金、民航基金用于西部地区的比例分别为30%、49%、23%，2001～2004年这些基金用于西部地区的比例也均有不同程度的提高，由此对西部地区多增加的资金投入分别为324亿元、9亿元和5亿元，分别占同期各基金总量33%、1%和8%。三项基金合计增加338亿元，占同期总量的18%。水利基金基本不用于西部地区，三峡基金用于西部地区的比例近些年没有变化。

2000年财政扶贫资金用于西部地区的比例为64.28%，2001～2004年用于西部地区的比例不同年份有升有降，四年累计增加量不足1亿元。

2000年中央财政对西部地区的一般性转移支付是78亿元，2001～2004年，扣除正常增加（按照中央财政支出年增长率10%估算）的部分后，中央财政对西部地区的一般性转移支付累计增加724亿元。

据上面的测算，2001～2004年，因实施西部大开发战略上述资金渠道国家合计多增投入约2192亿元，占同期上述资金渠道国家在西部地区累计投入5181亿元的42%，这说明实施西部大开发战略后，国家对西部地区增加的资金投入是相当大的。

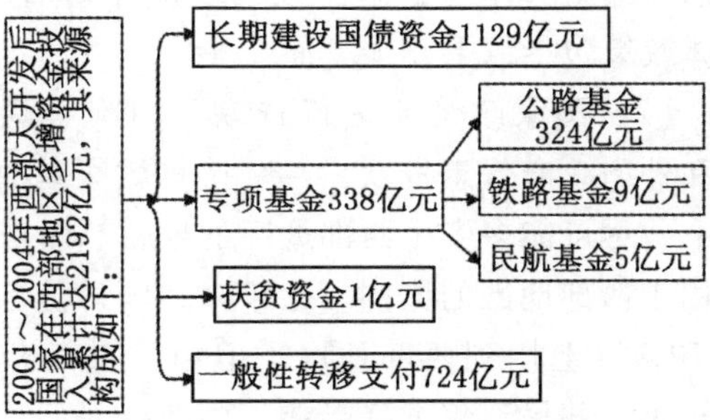

图1　2001～2004年中央财政多增用于西部地区的资金来源构成

（二）优惠政策惠及面广而力度不足

1. 税收政策。2001年国务院西部办《关于西部大开发若干政策措施的实施意见》（以下简称实施意见）中做出了税收优惠的规定。自2001～2010年的10年间，支持西部地区的税收优惠政策主要有：

（1）所得税政策：①对设在西部地区国家鼓励类的内资企业和外商投资企业，减按15%的税率征收企业所得税。②民族自治地方的内资企业可以定期减征或免征企业所得税，外商投资企业可以减征或免征地方所得税。③在西部地区新办交通、电力、水利、邮政、广播电视企业，给予内资企业自经营年度起“两免三减半”企业所得税的优惠。外商投资企业经营期在10年以上的，自获利年度起，“两免三减半”企业所得税的优惠。

（2）耕地占用税：西部地区公路国道、省道建设用地，比照铁路、民航建设用地，免征耕地占用税。

（3）关税和进口环节增值税：西部地区内资鼓励类产业、外商投资鼓励类产业的项目在投资总额内进口自用设备，除《国内投资项目不予免税的进口商品目录（2000 年修订）》和《外商投资项目不予免税的进口商品目录》所列商品外，免征关税和进口环节增值税。

据估计，2000～2002 年，税收优惠政策对西部企业的支持力度累计达到 45 亿元左右。

2. 信贷政策。银行贷款发放遵循商业原则，而对西部地区的信贷政策总体来说是指导性的，约束力不强，因而政策效应相对有限。具体政策包括以下几个方面：

（1）国家政策性银行贷款、国际金融组织和外国政府优惠贷款，在坚持贷款原则的条件下，尽可能多安排西部地区的项目，争取提高用于西部地区的比例。近年来，国外优惠贷款 70% 以上用到西部地区，但由于其总规模比较小，并呈逐年下降趋势，因此，对西部开发的作用十分有限。

（2）国家开发银行对西部地区高速公路项目、水电项目、“西电东送”非水电项目、城市基础设施项目、其他基础设施项目的贷款期限适当延长的优惠。

（3）扩大以基础设施项目收益权或收费权为质押发放贷款的范围。从农村电网、公路逐步扩大到城市供水、供热、公交、电信、水利开发和城市环保。

（4）对电力、天然气、旅游和生物资源合理开发等优势产业贷款金额较大的重点项目，可以由商业银行总行直贷解决，贷款不纳入当地分行存贷比或限额考核范围。西部地区农村电网改造贷款，由中国农业银行总行统一安排贷款计划和资金。同时，对西部地区企业技术改造、高新技术企业和中小企业发展，也要给予信贷支持。增加农业、生态建设的信贷投入。

3. 外资外贸政策：

（1）外资政策。对外商投资西部地区基础设施和优势产业项目，视不同行业适当放宽对外商投资的股比限制。对外商投资西部地区商业项目，经营年限可放宽至 40 年，比东部地区延长 10 年；注册资本可放宽至 3000 万元，比东部地区降低 2000 万元。在华外资企业和中外合资合作企业向西部地区投资，被投资企业注册资本中外资比例不低于 25% 的，享受外商投资企业待遇。对外商投资西部地区基础设施和优势产业项目，适当放宽国内银行提供固定资产投资人民币贷款的比例，中外合资合作项目一般放宽到中方出资比例的 120%，外商独资项目扩大到外方注册资本的 100%。对属于《外商投资产业指导目录》鼓励类和《中西部地区外商投资优势产业目录》的项目，外商具有良好信誉、贷款用于购买项目所需的国产设备材料及支付国内工程承包费用的，国内银行向其提供固定资产投资人民币贷款可不受上述比例限制，由银行独立评估，自主确定。允许外商投资项目开展包括人民币在内的项目融资。对西部地区利用国外优惠贷款建设的一些项目，允许适当提高项目总投资中利用国外优惠贷款的比例。对西部地区基础设施建设、生态环境建设、扶贫开发等领域的项目，根据项目的偿还能力，从一般要求国外优惠贷款占项目总投资的比例不超过 50%，提高到最高可达 70%，有限制采购条件或贷款机构对贷款比例另有规定的除外。

（2）外贸政策。降低西部地区生产企业申请自营进出口经营权的标准，注册资金由 300 万元调整到 200 万元，科研院所、高新技术企业和机电产品生产企业的注册资金由 200 万元调整到 100 万元。私营生产企业申请自营进出口经营权的标准，按国有、集体生产企业的条件、标准和办法办理。西部地区外贸企业申请对外劳务经营权的标准，调整为上年进出口总额达到 5000 万美元，或出口额达到 3000 万美元。在未设立外经窗口公司的地（市），可由该地（市）成立一家国有窗口公司，或指定一家国有外经贸公司申请对外劳务合作经营资格。

此外，鼓励西部地区企业开展对外承包工程和劳务合作、到境外投资办厂、鼓励西部优势产品出口、对西部地区进口实行优惠等政策。

4. 其他类政策。对包括土地使用优惠政策、矿产资源优惠政策、价格和收费政策、对口支援政策、人才政策、改善投资软环境、科技教育文化卫生等社会事业政策。

综上所述，国家在实施西部大开发战略后，国家在多个方面给了西部地区一些优惠政策。但与当年国家实施沿海开放战略时在经济特区、沿海开放城市、沿海开放地区实施的税收、外资外贸政策相比，西部开发的政策力度是偏小的。同时，与东北地区等老工业基地振兴中实施的增值税转型、完善社会保障体系等政策相比，在西部地区的政策力度也是不够的。

二、“十五”西部地区基本公共服务水平和城乡居民生活水平的评估

（一）西部地区基本公共服务水平与全国及东部地区差距在扩大

1. 西部地区交通基础设施建设的增长速度低于全国及东部地区。2004 年西部地区每万人铁路营业里程为 0.73 公里，分别比全国和东部地区高 0.16 公里和 0.36 公里。西部地区每百平方公里铁路营业里程为 0.48 公里，分别比全国和东部地区低 0.3 公里和 1.35 公里。西部地区每万人公路里程为 19.40 公里，分别比全国和东部地区高 5.01 公里和 8.42 公里。西部地区每百平方公里公路里程为 12.64 公里，分别比全国和东部地区低 6.75 公里和 41.11 公里。与西部大开发实施初的 2000 年相比较，西部地区铁路和公路的人均拥有量高而地均占有量低的格局保持不变，这是由西部地区地广人稀的基本特点所决定的，今后相当长时期内也不会发生根本性改变。

从 2000 年到 2004 年的铁路和公路长度的增长情况看，西部地区铁路营业里程增长 22.40%，分别比全国和东部地区低 4 个和 27 个百分点。西部地区公路里程增长 12.96%，分别比全国和东部地区低 20 个和 11 个百分点。交通基础设施建设是西部大开发的重点任务，但从上述数据来看，“十五”时期西部地区交通基础设施建设的增长速度仍然低于全国及东部地区。

表 4　2000 年和 2004 年全国、东部与西部地区交通基础设施情况

项　目	2004 年			2000 年		
	全国	东部	西部	全国	东部	西部
人均铁路营业里程（公里/万人）	0.57	0.37	0.73	0.5	0.26	0.62
人均公路长度（公里/万人）	14.39	10.98	19.40	11.1	9.32	17.71
人均等级公路里程（公里/万人）	11.66	9.88	14.78	9.6	8.56	12.43
铁路密度（公里/百平方公里）	0.78	1.83	0.48	0.6	1.23	0.39
公路密度（公里/百平方公里）	19.49	53.75	12.64	14.6	43.50	11.19

数据来源：2001 年和 2005 年中国统计年鉴，新中国五十五年统计资料汇编。西部地区没有包括西藏的数据。

表 5　2000 年和 2004 年西部地区与全国及东部地区交通基础设施的差距

项　目	2004 年		2000 年	
	西部—全国	西部—东部	西部—全国	西部—东部
人均铁路营业里程（公里/万人）	0.16	0.36	0.16	0.36
人均拥有公路长度（公里/万人）	5.01	8.42	6.65	8.39
人均拥有等级公路里程（公里/万人）	3.12	4.90	2.83	3.87
铁路密度（公里/百平方公里）	-0.30	-1.35	-0.22	-0.84
公路密度（公里/百平方公里）	-6.85	-41.11	-3.42	-32.31

数据来源：同表 4。西部地区没有包括西藏的数据。

2. 西部地区电话普及率、人均教育经费、每万人在校大学生数、每万人医生数与全国及东部地区的差距继续扩大。2004 年，西部地区电话普及率为每百人 34 部，分别比全国和东部地区低 16 部和 37 部，不足东部地区的一

半。西部地区广播、电视覆盖率分别为90.67%和92.81%，比东部地区低6个和4个百分点。西部地区人均教育经费支出354元，分别比全国和东部地区低120元和340元，仅相当于东部地区的一半。西部地区每万人口在校大学生数为77人，分别比全国和东部地区少26人和49人。西部地区每万人口医生数和床位数为14人和23床，分别比全国少1人和1床；比东部地区少2人和4床。

表6　2004年与2000年交通基础设施的比较

项　目	2004年—2000年			2004年比2000年增长（%）		
	全国	东部	西部	全国	东部	西部
铁路营业里程（公里）	15751.8	5561.3	4952.6	26.85	49.22	22.40
公路里程（公里）	467963	94370	82029	33.36	23.58	12.96
人均铁路营业里程（公里/万人）	0.11	0.11	0.12	23.69	42.33	18.70
人均公路长度（公里/万人）	3.32	1.67	1.69	30.03	17.87	9.54
等级公路比重（%）	-5.66	-1.91	6.01	-6.53	-2.08	8.57
铁路密度（公里/百平方公里）	0.16	0.60	0.09	26.85	49.22	22.40
公路密度（公里/百平方公里）	4.87	10.26	1.45	33.36	23.58	12.96

数据来源：同表4。西部地区没有包括西藏的数据。

2000~2004年，西部地区的广播覆盖率、电视覆盖率、每万人床位数提高幅度高于全国及东部地区，广播、电视覆盖率与东部地区的差距分别缩小了3个百分点和2个百分点，每万人床位数与全国和东部地区的差距缩小了2床和1床。

西部地区的电话普及率、人均教育经费、每万人在校大学生数的增长幅度均高于全国及东部地区，但与全国及东部地区的绝对差距仍在扩大。与2000年相比，西部地区电话普及率与全国的差距扩大了6部，与东部的差距扩大了18部。西部地区人均教育经费支出与全国的差距扩大了40元，与东部地区的差距扩大了114元。西部地区每万人口在校大学生数与全国的差距扩大了14人，与东部地区的差距扩大了27人。

由于统计上的原因，2004年的医生数为登记注册的执业医师数，与2000年相比，全国及各地区每万人医生数都不同程度地减少，但西部地区减少的幅度更大，与全国及东部地区的差距扩大了1人和3人。

表7　2000年和2004年全国、东部与西部地区基本公共服务情况

项　目	2004年			2000年		
	全国	东部	西部	全国	东部	西部
人均教育经费支出（元/人）	477.60	698.71	353.94	303.7	451.26	220.15
每万人口在校大学生数（人/万人）	103.20	126.60	77.21	43.9	54.26	32.34
电话普及率（部/百人）	50.30	71.35	34.00	20.1	29.74	10.51
广播人口覆盖率（%）	—	97.15	90.67	0	96.38	87.21
电视人口覆盖率（%）	—	97.17	92.81	0	96.27	89.84
每万人口医生数（人/万人）	15.00	16.37	13.72	16.8	17.11	17.03
每万人口床位数（床/万人）	24.00	26.68	22.56	23.8	25.39	20.64

数据来源：同表4。西部地区没有包括西藏的数据，教育经费为2003年数据。

表8　2000年和2004年西部地区基本公共服务与全国及东部地区的差距

项　目	2004年		2000年	
	西部—全国	西部—东部	西部—全国	西部—东部
人均教育经费支出（元/人）	-123.66	-344.77	-83.54	-231.11
每万人口在校大学生数（人/百万人）	-25.99	-49.39	-11.56	-21.92

续表

项　目	2004 年		2000 年	
	西部—全国	西部—东部	西部—全国	西部—东部
电话普及率（部/百人）	-16.03	-37.35	-9.59	-19.23
广播人口覆盖率（%）	—	-6.48	—	-9.16
电视人口覆盖率（%）	—	-4.37	—	-6.42
每万人口医生数（人/万人）	-1.28	-2.64	0.23	-0.08
每万人口床位数（床/万人）	-1.44	-4.11	-3.16	-4.74

数据来源：同表 4。西部地区没有包括西藏的数据，教育经费为 2003 年数据。

表 9　　2004 年与 2000 年基本公共服务水平的比较

项　目	2004 年—2000 年			2004 年比 2000 年增长（%）		
	全国	东部	西部	全国	东部	西部
教育经费支出（亿元）	2359	1208	517	61.29	62.33	65.79
人均教育经费支出（元）	173.91	247.45	133.80	57.27	54.84	60.78
每万人口在校大学生数（人）	59.30	72.34	44.87	135.08	133.33	138.77
电话普及率（部/百人）	29.93	41.62	23.49	148.91	139.96	223.62
广播人口覆盖率（%）	—	0.77	3.45	—	0.80	3.96
电视人口覆盖率（%）	—	0.91	2.96	—	0.94	3.30
每万人口医生数（人）	-1.80	-0.74	-3.30	-10.71	-4.34	-19.39
每万人口床位数（人）	0.20	1.29	1.92	0.84	5.08	9.31

数据来源：同表 4。西部地区没有包括西藏的数据，教育经费为 2003 年数据。

（二）西部地区城乡居民生活水平与全国及东部地区的差距也在扩大

1. 西部地区城镇居民收入水平与全国及东部地区的差距仍在扩大。2000 年，西部地区（西部 12 个省区市）城镇居民人均可支配收入为 5643 元，东部地区（东部 11 个沿海省市）为 7938 元，全国为 6280 元。西部地区比东部地区及全国平均水平分别低 2295 元、637 元，西部地区分别相当于东部地区及全国的 71%、90%。2004 年，西部地区城镇居民人均可支配收入为 8040 元，东部地区为 11625 元，全国为 8040 元。西部地区分别比东部地区及全国低 3585 元、1382 元，西部地区分别相当于东部地区及全国的 69%、85%。

2004 年和 2000 年相比较，西部地区城镇居民人均可支配收入与东部地区及全国的绝对差距分别扩大了 1290 元、745 元，相对差距分别扩大了 2 个百分点、5 个百分点。

由此可见，“十五”期间，尽管国家采取了一系列措施支持西部地区的发展，但西部地区的城镇居民人均可支配收入与东部及全国的差距在继续扩大。

2. 与“九五”相比，“十五”西部地区城镇居民人均可支配收入与东部及全国的相对差距呈逆向变动的特征。在改革开放以来的五个“五年计划”期，西部地区城镇居民人均可支配收入与东部地区及全国的绝对差距在不断扩大，但相对差距呈现出“六五”缩小、“七五”和“八五”扩大、“九五”缩小、“十五”扩大的总体态势。特别需要指出的是，实施西部大开发战略以后的“十五”期间，西部与东部及全国的相对差距呈扩大的趋势，这与西部大开发战略实施前的“九五”期间形成鲜明对照。“九五”期间，西部地区与东部和全国之比分别由 69% 和 82% 上升为 71% 和 90%，相对差距分别缩小了 2 个和 8 个百分点。“十五”期间西部地区与东部和全国的相对差距却分别扩大了 2 个和 5 个百分点。这个变化趋势值得有关部门关注和重视。

3. 西部地区农村居民人均纯收入与东部及全国的差距继续扩大。2004 年，西部地区农村居民人均纯收入为 2182 元，东部地区和全国分别为 4085 元、2936 元。西部地区比东部地区低 1903 元，相当于东部地区的 53%，大约二分之一。西部地区比全国平均水平低 754 元，相当于全国平均水平的 70%，约为三分之二。

表 10　城镇居民人均可支配收入西部地区与东部沿海地区差距情况

年　份	1980	1985	1990	1995	2000	2004
①西部城镇居民人均可支配收入（元/人）	375	657	1297	3456	5643	8040
②东部城镇居民人均可支配收入（元/人）	448	787	1678	5013	7938	11625
③全国城镇居民人均可支配收入（元/人）	439	685	1387	4283	6280	9422
④东部西部绝对差距（元/人）：②-①	73	130	381	1557	2295	3585
⑤全国西部绝对差距（元/人）：③-①	64	27	90	827	637	1382
⑥东部西部相对差距（%）：①/②	84	84	77	69	71	69
⑦全国西部相对差距（%）：①/③	85	96	94	82	90	85

数据来源：相关年份《中国统计年鉴》及《改革开放十七年的中国地区经济》，中国统计出版社。

2000 年，西部农村居民人均纯收入为 1685 元，东部地区和全国分别为 3136 元、2253 元。西部地区比东部地区低 1451 元，相当于东部地区的 54%。西部地区比全国平均水平低 568 元，相当于全国的 78%。

与 2000 年相比，2004 年西部地区农村居民人均纯收入与东部地区和全国的差距分别扩大了 452 元、186 元。相对差距分别扩大了 1 个百分点和 8 个百分点。

与城镇居民人均可支配收入差距相比，西部地区农村居民与东部地区及全国的绝对差距要小一些，而相对差距更大。

4. 与“九五”相比，“十五”西部地区农村居民人均纯收入与东部及全国的相对差距也呈逆向变动的特征。在改革开放以来的五个“五年计划”期，西部地区农村居民人均纯收入与东部地区及全国的绝对差距在不断扩大，但与东部地区的相对差距呈现出“六五”、“七五”和“八五”均扩大、“九五”缩小、“十五”又扩大的总体态势。与全国的相对差距呈现出“六五”扩大、“七五”缩小、“八五”扩大、“九五”缩小、“十五”扩大的交替变化态势。与城镇居民人均可支配收入情况相似，“十五”和“九五”相比，西部地区农村居民人均纯收入与东部及全国的相对差距也呈逆向变动的特征。

“九五”期间，西部地区与东部和全国之比分别由 52% 和 71% 上升为 54% 和 78%，相对差距分别缩小了 2 个和 7 个百分点。“十五”期间西部地区与东部和全国的相对差距却分别扩大了 1 个和 8 个百分点。这个变化趋势同样值得有关部门关注和重视。

表 11　农村居民人均纯收入西部地区与东部沿海地区差距情况

年　份	1980	1985	1990	1995	2000	2004
①西部农村居民人均纯收入（元/人）	169	314	550	1129	1685	2182
②东部农村居民人均纯收入（元/人）	217	456	847	2155	3136	4085
③全国农村居民人均纯收入（元/人）	191	398	686	1578	2253	2936
④东部西部绝对差距（元/人）：②-①	48	142	297	1026	1451	1903
⑤全国西部绝对差距（元/人）：③-①	22	84	136	449	568	754
⑥东部西部相对差距（%）：①/②	78	69	65	52	54	53
⑦全国西部相对差距（%）：①/③	88	79	80	71	78	70

数据来源：相关年份《中国统计年鉴》及《改革开放十七年的中国地区经济》，中国统计出版社。

三、"十一五"推进西部大开发的四点建议

（一）加强西部大开发的组织机构建设

西部地区是我国落后地区、民族地区、边境地区、生态屏障地区集中分布的地区，西部大开发的组织机构建设工作十分重要。

西部地区的经济社会文化落后，不属于阶段性经济衰退的地区，也不属于经济地位阶段性下降的地区，在很大程度上是由其自然、历史条件特别是自然条件造成的。要改变西部地区长期落后的面貌，需要几十年甚至上百年、几代人甚至十几代人的不懈努力。因此，西部大开发战略是一个时间跨度很长的国家战略。同时，西部地区有广大的边境地区，是少数民族人口聚居的地区，是我国的生态屏障地区，对我国国家安全、民族团结、边疆稳定和生态保障具有十分重要的意义。基于上述分析，我们认为西部大开发组织机构的健全和完善不仅是推动西部地区经济发展的需要，而且还具有更深刻的政治意义，组织机构建设需要进一步加强。

关于国务院西部开发办的职能问题。现在的定位是办事机构，对于推动西部大开发战略的实施起到了积极作用。但从完成西部大开发任务和实现预定目标看，还应该赋予西部开发办更多的监督实施和某些重要的专项任务组织实施的职能。一方面，国务院西部开发办要负责监督各部门、各地区对经国务院批准的西部开发五年规划和年度计划的落实情况；另一方面，选择某些与国务院职能部门交叉重复少、并且对西部地区长远发展有重要推动作用的工作作为国务院西部开发办的专项任务，如边境地区发展问题、西部地区增长极培育问题等。

（二）尽快落实西部开发的专项资金

2001 年到 2004 年，长期建设国债、国家预算内经常性建设投资、专项基金、财政扶贫资金、一般性转移支付五大资金渠道国家累计多增投入约 2192 亿元，占同期上述资金渠道国家在西部地区合计投入 5181 亿元的 42%，这说明实施西部大开发战略以来，国家对西部地区多增加的资金投入是相当大的。但进一步分析会发现，在上述多增加资金的类型中，长期建设国债资金占 52%，转移支付占 33%，三项专项建设基金占 15%。长期建设国债规模是随着宏观经济形势的变化而变化的，带有不确定性；专项建设基金是我国筹集建设资金的阶段性措施，将随着经济体制改革的深入和经济形势的变化而逐步退出；财政转移支付缺乏体制性保障。由此可见，增加西部投入的上述三大资金来源都是不稳定的，亟需建立长期稳定的西部大开发资金渠道。

众所周知，促进欠发达地区的发展既要靠市场，又要靠政府，并且政府要起主导作用。比如，日本中央政府目前用于北海道开发的资金要占到其财政支出的 10% 左右，可见其开发北海道的力度之大。在我国西部大开发实施过程中，党中央、国务院的文件中多次提到"建立长期稳定的西部开发资金渠道"，但至今尚未落实。建议解决建立长期稳定的西部开发资金渠道，近期可以从以下两个方面入手，一是国务院各部门掌握的资金应该体现向西部地区倾斜，在年度计划和五年规划中都要有明确的规定；二是在中央财政预算中设立西部开发财政专项，启动规模可以考虑按 2001—2004 年国家对西部地区多增加投入的长期建设国债和专项基金年均规模约 360 亿元的 1/3 计算，也即为 120 亿元，然后根据长期建设国债和专项基金减少的情况相应地扩大，达到 500 亿元后保持相对稳定。

（三）逐步缩小西部地区与全国在基本公共服务和城乡居民生活水平方面的差距

"十五"时期，国家在交通等基础设施建设和生态环境建设等方面投入较大，但是在教育、医疗、卫生等公共服务以及城乡居民收入方面，西部地区与全国及东部地区的差距仍在继续扩大。特别是在城乡居民收入方面，"九五"时期西部地区与全国及东部地区的相对差距已经在缩小，而到了"十五"时期反而扩大了。"十一五"时期应按照科学发展观的要求，把缩小地区差距的着重点从经济发展方

面转到基本公共服务和城乡居民生活水平方面。从以往的规划、政策文件来看，对这类目标的表述往往是模糊不清、过于笼统，“十一五”应作为约束性目标提出来。缩小地区差距的着重点从经济发展方面转到基本公共服务和城乡居民生活水平方面，是因为缩小地区间经济发展差距是一个长期任务，且在中央政府现有投资所占比重很小的情况下，短期内中央政府难以实现缩小地区间经济发展差距的预期目标，而实现地区间基本公共服务和城乡居民生活水平的均等化是政府应该做且通过公共资源的配置能够做得到的。

根据对“十五”时期西部地区与全国在公共服务和人民生活水平差距的评估，以及“十一五”期间缩小地区间差距的要求，我们初步测算得出2010年西部地区公共服务和人民生活水平的目标，这些目标应相当于全国平均水平的：电话普及率80%，广播电视覆盖率100%，人均教育经费支出80%，每万人医生数和床位数100%；城镇居民可支配收入90%以上，农村居民纯收入80%，即达到2000年时西部与全国之比的水平。

（四）加快培育增长极推动特色优势产业发展

“十五”期间，在西部大开发中，西部地区的基础设施建设、退耕还林还草以及教育科技等国家投资力度较大，成效比较显著，但其特色优势产业的发展相对缓慢。究其原因，西部地区的面积较大，接近700万平方公里，超过了全国总面积的70%，国家在如此大的国土上实施非常优惠的政策是不合适的。正因为如此，现行的西部大开发政策对企业的吸引力有限，难以将大量企业吸引到西部地区去。如果将培育西部特色优势产业的区域范围大大缩小，而政策优惠的幅度适当提高，则西部地区特色优势产业的发展肯定会快一些。因此，应在西部开发三大重点经济地带（区）的基础上，进一步明确培育特色优势产业的增长极，对增长极进行重点扶持，以此带动西部地区的特色优势产业发展。这一做法是我国改革开放初期加快沿海地区发展的成功经验，符合西部地区目前所处发展阶段的特征。除了极少数城市密集区外，西部地区的绝大部分区域的城市与城市之间的距离比较长，并且多为崇山峻岭或大漠荒地所阻隔，适宜点状开发，而难以形成增长轴，更难形成增长区。因此，西部地区应加快培育增长极，以推动特色优势产业的发展。

（王青云　国家发展和改革委员会国土开发与地区经济研究所研究员、副所长、博士；陈龙桂　国土开发与地区经济研究所副研究员、博士；李忠　国土开发与地区经济研究所副研究员、副处长；刘通　国土开发与地区经济研究所助理研究员、博士）

参考文献：

1. 国务院西部地区开发领导小组办公室编：《实施西部大开发总体规划和政策措施》，中国计划出版社，2002年版；

2. 国务院西部开发办综合规划组、国家发改委国土开发与地区经济研究所课题组：《建立长期稳定资金渠道研究》（内部研究报告），2005年版。

建设新疆油气生产基地和能源安全大通道
保障国家能源安全和经济安全

随着我国国民经济持续较快增长，工业化、城镇化的加快，城乡居民消费结构升级，经济和社会发展对能源的需求越来越突出，能源供需形势更加严峻。资源约束逐渐成为我国经济发展的瓶颈。新疆资源十分丰富，同时，新疆周边国家能源、资源也十分丰富。大力实施向西开放的全方位开放战略，建设新疆国家特大型能源生产、加工基地和能源陆路大通道，对保障国家能源安全、经济安全具有重大的战略意义。

一、我国能源供需的新形势和新问题

党的三代中央领导集体和以胡锦涛同志为总书记的党中央，都把能源作为关系经济发展、国家安全和民族根本利益的重大战略问题，摆在重要地位，倾注了大量心血。在党中央、国务院的正确领导下，在各地区、各部门长期的、共同的努力下，我国能源工业的发展取得了举世瞩目的成就。但也要看到，随着经济社会快速发展，多年积累的矛盾和问题进一步凸显，我国能源人均占有量比较低，保障程度不高；近期供求矛盾已经很大，未来资源瓶颈更为突出；以新疆油气资源开发为突破口，千方百计缓解能源瓶颈约束，事关全局，刻不容缓。

（一）国内油气资源相对不足，增储、稳产难度大

根据新一轮油气资源评价结果，我国石油可采储量为212亿吨，探明可采储量近70亿吨，其中累计采出约45亿吨，剩余可采储量为25亿吨，待发现可采资源量142亿吨，平均探明率32.8%，低于世界平均水平，处于勘探中期阶段。

目前，我国石油勘探难度不断加大，新增储量质量差，经过努力做到稳产、小幅增长尚有可能，但大幅增长的可能性不大。特别是目前我国陆上主力油田已进入中后期开发阶段。东部油田逐年减产，松辽、渤海湾等东部盆地已经进入勘探开发中后期。待发现石油资源主要集中在我国西部地区，大的含油盆地包括塔里木、准噶尔和鄂尔多斯等，资源丰富，但探明程度低，处于勘探开发早期，未能形成产区的战略接替。海上油气产量较低，油气稳产难度加大。

我国天然气可采资源量为22万亿立方米，截至2005年底，已探明天然气可采储量3.5万亿立方米，平均探明率为15.9%。从整体上看，我国天然气勘探开发潜力大，处于勘探早期阶段，储量产量将快速增长。塔里木盆地的库车地区，鄂尔多斯盆地及周边古生界，四川盆地川东、川西北地区和川西前陆盆地，柴达木盆地涩北和台南地区，东海海域，莺歌海、琼东南等是今后勘探开发的重点区域。但是快速增长的天然气生产，难以满足更快的需求增长。

（二）石油、天然气供需缺口加大，进口依存度进一步提高

我国的石油产量从总量上呈现逐年递增趋势，由1949年的12万吨，发展到2005年的1.81亿吨。20世纪90年代以来，我国石油消费开始进入快速增长阶段。2005年国内原油消费量达到3亿吨，对外依存度达到42.9%。

同样，我国天然气产量和消费量也呈现出与石油相似的增长态势。1949年，天然气产量为700万立方米，2005年，天然气产量达到500亿立方米，同年消费量达到500亿立方米，供需基本持平，但需求量较上年增长20.6%，增加趋势强劲。

预测到2010年、2020年石油需求量将分别达到3亿吨、3.8亿吨；天然气需求量也将分别达到1200亿立方米、2000亿立方米。如果同期我国油气资源得不到重大的发现，国内石油生产能力将保持在1.8亿～2亿吨之间，缺口分别为1亿～1.2亿吨、1.8亿～2亿吨；国内天然气生产能力大约为1000亿立方米、1500亿～1600亿立方米，缺口分别为200亿立方米、400亿～500亿立方米。据此测算，2010年国内石油、天然气产量对需求的保障程度分别可50%、70%左右；2020年到本世纪中叶，供需缺口还将继续加大。

（三）新疆油气资源的开发，将成为立足国内、缓解我国能源紧缺的关键所在

新疆油气资源丰富，拥有准噶尔、塔里木、吐哈三个大中型富油气盆地和焉耆、三塘湖等16个中小型含油气盆地。截至2004年底，全区已查明油田100处，其中大型4处，中型40处，小型56处。查明天然气田93处，其中大型7处，中型31处，小型55处；累计探明石油地质储量31.01亿吨，居全国陆上石油地质储量第二位；累计探明天然气地质储量1.06万亿立方米，居全国陆上天然气地质储量首位。且探明的石油和天然气储量仅占蕴藏量的14.9%和10.3%，远低于全国陆上油气资源平均探明程度，新疆油气资源勘探开发潜力巨大。

目前，新疆已形成以准噶尔、塔里木、吐哈三大石油天然气生产基地，以及独山子—克拉玛依—乌鲁木齐、库车—库尔勒—泽普两个石化产业带构成的能源基地的基本格局。同时，油气资源勘探开发不断取得突破性进展，石油、天然气探明储量和产量持续增长，从1990年到2005年连续16年，新疆原油产量年均递增超过110万吨，增长速度位居全国第一，截至2005年底，新疆累计生产原油3亿吨，累计生产天然气500亿立方米，成为全国第三大原油和天然气生产省区，已成为我国西部最重要的油气生产和化工基地。

新疆作为我国向西开放的重要省区，周边国家油气资源十分丰富，在世界能源市场占据重要地位。新疆具有承担国家充分利用“两个市场、两种资源”的优势和条件，中哈石油管道的建设，为我国建设西部能源运输大通道奠定了基础，将为我国陆上油气运输开创新的局面。新疆自身的资源优势和地缘优势，使其成为我国能源安全重要的生产基地和重要的战略储备区，对缓解我国未来能源紧缺的状况起到重要的战略作用。

二、新疆建设国家能源生产基地和陆上能源安全大通道的基础和条件

新疆地处祖国西北边陲，与8个国家接壤，是连接中亚、西亚、南亚乃至东欧最为便捷的陆上通道之一，也是利用周边国家资源和市场最为便捷的省区之一。其地缘优势在国家全方位对外开放战略中，具有特殊的重要战略地位。同时，新疆矿产资源极为丰富，已发现矿产138种，储量居全国前10位的达50种，特别是石油和天然气资源的储量极为可观，是目前国内最具开发前景的区域。石油预测总资源量为208.6亿吨，约占全国陆上石油总资源量的30%。天然气预测资源量10.3万亿立方米，约占全国陆上天然气总资源量的34%；煤炭储量2.19万亿吨，占全国预测资源量的40%，居全国第一位。镍、铬、铜钾肥等探明储量均占全国前五位。

新疆能源资源经过几十年的勘探开发，产业大发展的格局已经形成，能源产业不仅成为新疆最重要的支柱产业，而且为国家的能源安全做出了重要贡献。据统计，1951年～2004年，新疆已累计生产原油31160万吨，其中东运量占到了80%以上。2005年，新疆原油产量已达2408万吨，天然气产量106亿立方米，均居全国第三位。其中原油产量自1990年以来，年均增加114万吨，原油新增量已连续15年位居全国第一。预计到2010年，原油产量将超过大庆油田，成为全国第一；天然气也将成为全国最大产区。目前，新疆已形成原油加工2030万吨、合成氨103万吨、尿素178万吨、乙烯22万吨等生产能力。

新疆油气管道建设进展较快，1958年，建成了当时全国最长的克拉玛依至独山子原油管道，之后，相继建成了克拉玛依至独山子管道复线、克拉玛依至乌鲁木齐（双线）、轮南至库尔勒、鄯善至乌鲁木齐等输油和输气管道。2004年底，绵延3900公里、跨越10个省区市的西气东输全线贯通，年设计年输气量120亿立方米，并可以稳定供气30年以上，2005年一年已输送39亿立方米。至2004年底，新疆管道里程达到3003公里，年输送原油和天然气2100万吨。目前，独山子至兰州成品油管道、轮南至兰州原油管道全面贯通。中哈原油管道一期工程已贯通，2006年5月

份油头已抵达新疆阿拉山口口岸，并将通过管道输送至新疆独山子。新疆内通外连油气管道网络建设，已基本形成了国家陆上能源安全大通道的框架。无论从资源优势，还是从油气输送条件等多方面，新疆已经具备了承担国家未来能源安全重任的基础和条件。

三、新疆与周边国家能源合作开发的前景

新疆周边国家有着丰富的油气和重要矿产资源，有许多世界级的特大型矿床，尤其是里海周边国家是石油和天然气的富产区，被誉为第二个中东，在世界占据重要地位。据有关资料显示，中亚五国能源的预测资源量为：石油大于240亿吨，天然气大于35万亿立方米，煤大于2000亿吨。其中，哈萨克斯坦石油预测资源量120亿吨，煤1400亿吨，天然气5万亿立方米，油气储量占世界的0.8%和1.1%。土库曼斯坦石油预测资源量120亿吨，天然气25万亿立方米，发现144个油气田，开发潜力大。乌兹别克斯坦有168个油气田，天然气预测资源量5万亿立方米，煤约40亿吨。吉尔吉斯斯坦煤预测资源量70亿吨。塔吉克斯坦天然气储量丰富，是铀矿主要生产国，煤预测资源量50亿吨。目前，中亚五国探明天然气储量7.9万亿立方米，排世界第三，石油储量27.3亿吨，煤573亿多吨。其他大型固体矿产资源也十分丰富。已探明世界级大型固体矿产地32个，品位高、规模大。铀、铬铁矿和磷矿储量为59.87万吨、4.1亿吨和25亿吨，居世界第二。黄金、铜、锑资源储量为5900吨、4250万吨、55万吨，居世界第四。铁矿石储量360亿吨。铅锌资源储量大于5000万吨，镍超过130万吨，锡90万吨，铝土矿21亿吨。还有银、钾盐、铂族等资源量较丰富。这为新疆开展国际能源合作提供了基础平台和未来能源开发空间。特别是俄罗斯具备丰富天然气、石油资源是世界油气生产的重要产区。

中亚五国丰富的矿产资源大部分尚处于待未开发状态，是全球资源开发最具前景的地区之一。2004年原油产量7702万吨、天然气1386亿立方米、原煤8928万吨，分别占预测资源量的0.4%、0.04%和0.3%。随着上海合作组织合作范围的进一步扩展和我国能源多元化战略的实施，我们积极参与中亚国家的能源合作，与相关国家达成了一些能源合作框架协议，与哈萨克斯坦、吉尔吉斯斯坦等国家已有具体的合作，中石油先后购买哈萨克斯坦阿克纠宾油田85.4%的股份、卡布扎奇油田100%的股份，并成功收购哈萨克斯坦PK石油公司。而且仅此合作涉及的领域不多、深度不够，后续合作开发的潜力仍然巨大，这为新疆与中亚国家的能源合作提供了良好的环境支持和开发基础，显示出新疆作为我国重要的能源战略基地和能源大通道、开展国际合作、实施国家战略的前景十分广阔。

四、建设新疆能源生产基地和陆上能源安全大通道的构想

改革开放以来，特别是国家实施西部大开发以来，新疆经济和社会面貌发生了巨大变化，综合经济实力不断增强，基础设施、基础产业条件进一步改善，人民生活水平稳定提高，民族团结、社会稳定的大好局面不断巩固。目前，新疆加快发展的条件已经成熟，在“十一五”期间，将驶入加快发展的轨道，“十二五”期间，将实现跨越式发展，必将成为我国经济增长的重要支点。新疆在“十一五”期间，GDP年均将增长9%，力争实现两位数增长。将进一步加快石油天然气资源的勘探开发，积极利用周边国家的油气资源，到2010年，力争油气当量达到6000万吨，石油石化工业增加值占全区规模以上工业增加值的比重超过70%，建成国家最大的石油天然气生产基地和国家能源陆上安全大通道。这一目标的实现，亟待从三个方面共同努力。

（一）确立新疆在国家特殊重要的能源战略地位

新疆丰富的能源资源和独特的地缘优势，为新疆能源产业的大发展，提供了优越的条

件，但是资源优势、区位优势要变成经济优势，成为现实的生产力，更离不开国家的大力支持。因此，建议国家从能源战略的高度，明确新疆的特殊地位，并重视新疆能源生产基地建设。一方面在政策、资金方面予以更大的倾斜。加大石油、天然气、煤炭等能源资源的勘探开发投入力度，不断增加石油、天然气、煤炭的探明储量和产量；另一方面，研究在新疆建立石油储备机制；同时将新疆煤炭资源的开发利用纳入国家的统一规划，作为国家煤炭资源开发利用的重点区域，尽快启动煤变油、煤化工项目，为国家提供新的能源途径，促进煤炭资源的开发利用。特别是国家通过政府引导，鼓励企业以多种方式参与以新疆为平台的中亚各国的能源合作，实现互利共赢，这不仅是促进新疆经济发展的大跨越、维护边疆稳定的迫切需要，而且对于构建我国能源安全战略体系，确保我国经济持续健康发展，将发挥重要的战略作用。

（二）加快石油天然气生产和加工基地建设

新疆石油、天然气资源丰富，勘探开发的空间十分广阔。“十一五”期间，新疆将全力以赴支持中石油、中石化和中国化工集团等大企业集团，不断加大区内油气勘探开发力度，确保油气产量稳步增长，同时提高油气资源在新疆加工的数量和深度，最大限度地延伸石油天然气产业链，做大做强下游产品的精深加工，并创造条件鼓励区内外有实力的企业和社会资本以多种形式与石油企业融合联动，共同发展石油天然气下游产品加工业。集中力量建设好独山子—克拉玛依、乌鲁木齐、南疆和吐哈等四大石化基地，支持新疆发展大乙烯、大芳烃和其下游石油产品，及大化肥、甲醇为主的天然气化工产品和精细化工系列产品，建设大型石油炼制、大型乙烯、大型芳烃、大型聚氯乙烯、大型氮肥、大型甲醇加工、天然气电力、民用天然气、油气管道及煤液化等十大工程。特别是利用周边国家的石油天然气资源，在新疆天山北坡经济带和南坡建设大型石油化工基地，尽快形成有规模化的石油石化产业集群，全面推动中国石油天然气化工业的高速发展。

（三）建设并尽快发挥陆上能源安全大通道的作用

新疆石油、天然气管线建设，将在全面完成已有管网完善的基础上，重点建设中哈、中俄原油、天然气管道，中哈原油管道一期工程已完工，油头已抵达新疆，近期输送能力将达到2000万吨，最终将达到3000万～5000万吨以上的输送能力。中俄天然气管道将从俄罗斯西伯利亚开始，直通新疆边境城市阿勒泰，建成第二条“西气东输”管线将天然气输送到内地省市区。但从我国能源国际合作战略的需要出发，十分有必要再规划建设中国——吐库曼斯坦天然气管道，建成第三条“西气东输”管道。改变我国石油进口运输渠道的战略格局，建立以新疆为核心的我国面向中亚、俄罗斯和中东地区的陆路能源输送网络，保证我国国家安全和能源需求。同时，考虑巴基斯坦与伊朗、阿联酋、巴林、沙特、土库曼斯坦等原油输出国相近，建议国家从长期发展战略考虑，建立新疆—巴基斯坦“能源走廊”，使中国进口石油的运输可以绕开波斯湾霍尔木兹海峡和马六甲海峡，通过巴基斯坦瓜达尔港经由陆路或管道运输至新疆后输送到内地，最终建成安全、便捷的石油陆上安全大通道。

（新疆发展和改革委员会主任　刘晏良）

狠抓落实 扎扎实实
推进吉林生态省建设

一、吉林生态省建设取得了明显的阶段性成果

2001年，吉林省委、省政府做出了建设生态省，发展生态环保型效益经济的重大战略决策。5年来，生态省建设启动期的各项任务全面完成，初步建立了生态环保型效益经济基本框架，绿色品牌大省形象逐步确立，取得了令人瞩目的可喜成绩。

（一）生态环保型效益经济发展成效显著

5年来，全省充分发挥环境和资源优势，以绿色名牌产品为先导，调整和完善生态经济产业结构，大力发展可持续效益农业，生态林草、旅游，绿色食品、汽车、化工，清洁能源、环保以及高新技术等11个重点生态产业，加快了支柱产业和优势产业的生态化步伐，初步确立起生态环保型效益主体产业的基本框架。

一是实施一批重大生态优先项目建设。在第一阶段，生态省建设完成了吉林燃料乙醇、辽河流域水污染防治工程以及净月潭旅游区等233个项目，实现投资1915亿元，完成计划102%。这些重大生态优先项目的实施，使得环境污染得到有效治理，生态产业总体布局基本形成。

二是全力打造绿色品牌。围绕第一阶段确立绿色品牌大省形象的目标，大力发展绿色食品等资源优势产业，打造了一批知名品牌。“泉阳泉”矿泉水、“查干湖”分割鱼、“长白山”葡萄酒、“丹华”精缩木耳等一批品牌已经产生较大影响，得到国内外市场的认可。到2005年底，经国家认证中心认证的绿色农产品达1301个，认证产地501个，认证面积2520万亩，在12个县开展了绿色农产品生产区域环境监测与评价，超额完成了生态省建设第一阶段确定的全省新增加绿色名牌产品50个发展目标。为提升产品知名度，促进生态产品做大做强，已在全省主要城市和上海、北京、南京、深圳建立了17个生态食品营销中心，组织了省内57家企业首次以生态食品概念参加对外展销，共签订各类项目合同24个，总额近17亿元，推动了全省绿色产业的发展。

三是加强重点生态经济区域合作。按照市场经济规律和强化区域内专业化协作、密切经济联系的原则，从有利于整合资源，发挥区域资源整体优势出发，组建了长白山生态经济合作区。连续召开了三届中国长白山生态经济合作会议，研究制定发展区域生态经济的措施，制定了长白山生态食品管理办法，开展了标准化生产示范区建设，进行统一的区域空间规划和专业化分工，强化了区域产业合作、市场合作和人力资源合作，促进了产业整合、产业集聚和经济规模扩张，有力地推动了长白山区域生态经济的发展。组织开展循环经济示范区和示范项目建设，开展资源节约和综合利用。推进企业开展清洁生产，创建了10个生态工业示范园区。

（二）生态环境建设取得积极进展

坚持科学运作生态资本与培育优质资源相结合，坚持生态环境的恢复和建设同转变生产方式相结合，实施区域推进战略，加快生态环境的恢复和建设。东部生态经济区，实施长白山天然林保护工程和退耕还林工程，对重点生态功能区实行强制性保护。到2005年底，累

计完成退耕还林1113万亩，调减木材产量171万立方米，全省森林覆盖率达到42.5%，森林植被、林相结构和生物多样性明显改善；东中部生态经济区，实施水资源保护工程，坚持兴利与除害结合、开源节流并重、防洪抗旱并举的方针，由工程水利向生态资源水利转变，加快水土流失治理工程和小流域综合治理工程建设，五年共治理水土流失面积692万亩；中部生态经济区，实施松辽平原保护工程，进行土地污染治理试点，对黑土地进行积极性保护，主要产粮区基本农田面积稳定在7000万亩；西部草原湿地生态区，围绕西部生态环境的修复和整治，重点实施西部治碱工程和生态草建设工程。到2005年底，各方面累计投资4亿元，完成盐碱地治理面积763万亩，占盐碱化草原总面积1453万亩的52%。西部盐碱地植被明显恢复，生态环境明显改善，牧草产量明显增加，有力地促进了畜牧业经济发展。加大重点功能区保护力度。实施了向海、波罗湖等湿地恢复工程，白山、靖宇矿泉水水源地保护工程，四平二龙湖水库污染治理工程。与此同时，切实加强了对各类自然保护区的管理。全省自然保护区面积已达到221万公顷，占全省面积的11.83%。

此外，为改善城镇生态经济环境，实施蓝天、碧水、绿色工程，加快生态经济城镇体系建设。加大城市环境综合整治力度。连续三年开展了打击违法排污企业、保障群众健康专项行动。积极推进松花江和辽河流域城市污水处理厂和垃圾处理厂以及医疗废物、危险废物处理设施建设，污染防治能力不断提高。加强集中供热、热电联供和城市噪声管理，启动了环境在线监测控制与预警系统建设，城市空气和环境质量有了较大改善。

（三）生态文明建设扎实推进

全省各级党委政府始终把生态文明建设作为生态省建设的一项基础工作，不断加大力度，讲求实效，努力为生态省建设营造良好的思想基础和文化氛围，不断提高生态文明水平。

一是深入开展生态省建设基础教育。组织编写了学龄前、小学、中学、大学系列教材，有组织地列入教学计划。《吉林省生态省建设公民读本》、《吉林省生态省建设基本知识》、《吉林省生态环境建设理论与实践》、《吉林省生态环保型效益经济理论与实践》等系列书籍在全省生态文化建设中发挥了十分重要的作用。

二是广泛开展生态省建设的社会宣传活动。在全省范围内开展生态省建设宣讲活动，举办了《建设中的吉林生态省》科普展览。利用省内外新闻媒体，以专题、专版等形式广泛进行了生态省建设和节能、节水、节材、节地、资源综合利用、清洁生产、生态工业园区、循环经济发展等方面的宣传。吉林日报出刊《生态吉林》专刊238期，《东西南北·生态天地》、《经济视角》设立生态专栏，吉林电视台制作播放了20集《生态吉林》宣传片。中央电视台等全国十家电视台拍摄了吉林省生态省建设十部专题片，在国内外进行播出；按照国家发展和改革委员会要求，组织学校、工厂等部门开展了“节能宣传周”活动，在社会产生了较大反响。

三是动员社会各界积极参与生态省建设，提高全省公民生态省建设意识。团省委和有关部门联合开展了“建设生态吉林·青少年活动月”。多层次、多领域开展了生态省建设知识培训，省妇联分期培训生态省建设妇女骨干2500人。组织开展了生态省建设有关政策、技术研究和学术研讨活动。

四是在农村开展农村环境治理和环境建设试点；在城市开展文明工厂、文明社区、文明学校创建活动。

五是积极参与2005国家建设节约型社会展览会工作。于12月17日至26日在北京展览馆举办了展览。

通过五年来生态省建设的实践，各地各部门都感到，生态省建设已经成为构建社会主义和谐社会的重要途径。总结五年来的工作，各地各部门还积累了一些经验和作法。一是生态省建设必须坚持以科学发展观和可持续发展战略为指导，把环境保护和节约资源、能源结合起来，大力发展生态环保效益型经济和循环经济，用高新技术改造和提升企业，延长生态产业链条，重视经济发展由粗放型向集约型转变、由直线型向循环型转变、由污染型向综合利用和清洁生产型转变。二是各级党委、政府高度重视，各有关部门密切配合、通力协作是生态省建设的必要条件；三是依法建设生态省，将其纳入法制化的轨道，是保证生态省建设长期持久、健康发展的基本保障；四是动员社会各界广泛参与是生态省建设的根本动力。

二、理清思路，狠抓落实，努力完成生态省建设各项目标任务

按照《吉林省生态省建设总体规划纲要》（以下简称《纲要》）的安排，从2006年开始，吉林省生态省建设将由第一阶段的启动期进入第二阶段的发展期。这一时期是生态省建设关键阶段。这一阶段要10年左右的时间，重点完成好四大任务：第一项任务，以扩大绿色产品市场占有率为重点，加快绿色品牌系列开发、产品创新和技术创新，形成绿色产品加工制造技术、生物技术、清洁生产技术和其他高新技术为主的技术创新体系，建设系列化的绿色汽车、绿色化工、绿色食品等国家级生产基地，做大绿色产业规模，提升档次，提高经济效益。第二项任务，以建设优良生态环境为重点，运用市场机制和法律手段，继续加大生态建设投入，实现人工定向培育优质资源的规模化、标准化、产业化和法治化。第三项任务，以重大工程建设为重点，调整全省资源、产业、人口的空间布局。加快长吉生态经济带建设，构筑吉林省中部生态经济城市圈，提高长春、吉林两市及中间交通走廊地带的环境承载力和经济、人口集聚程度，辐射带动全省经济的发展。第四项任务，基本建成“数字吉林”，形成连接全国和世界的现代信息网络系统。完成上述任务，“十一五”期间重点抓好以下几方面的工作：

（一）进一步加强生态环境建设

生态环境建设方面，吉林省按生态省建设要求仍存在较大差距，比如森林采育失调、垦殖过度、西部草原“三化”日趋严重等等。因此，要全面启动“十一五”生态环境保护工程，进一步加强生态环境的恢复和建设。

首先，要进一步对生态脆弱区实行抢救性保护。继续抓好西部治碱工程，采取工程的、生物的、管理的等各项措施，对盐碱地进行综合治理。要形成企业投入为核心，科研部门与企业合作并提供技术支撑，政府扶持引导的格局。同时，西部草原地区要因地制宜转变经营方式，有计划地实行季节性禁牧、轮牧，推广舍饲圈养等方法把盐碱地治理同发展草业经济结合起来，由放牧草场向生态草业经济转变。

其次，对重点生态功能区实行主动性保护。加大对二龙湖等水源地保护和监管力度，95%以上水源地达到水域功能标准。有计划地退耕还林还草，开展人工种草，继续实施天然林保护工程和水土保持工程，搞好小流域综合治理。2005年，治理水土流失面积要达到170万亩，治理“三化”面积100万亩。建立科学合理的自然保护区网络，优化自然保护区体系的空间布局和类型结构，提高自然保护区规范化建设水平和管理能力，现有9个国家级自然保护区要实现规范化管理，力争早日达到国家验收标准。

第三，对城市环境实行综合性整治。坚持污染防治与生态保护并重，进行环境综合整治。建立并完善城市空气质量自动监测系统，不断提高城市空气质量。继续推进城市污水处理和垃圾处理产业化，城市污水处理率达到40%以上，实现危险废物、医疗废物和放射性废物的安全贮存和处置。重点引导工业企业加快技术改造步伐，走新型工业化道路，全过程控制环境污染。

（二）大力发展生态环保型效益经济，努力提高经济发展质量

“十一五”生态省建设要进一步突出生态环保型效益经济这条主线，集中力量推进生态

经济的发展。要统筹规划，科学布局，精心组织，加大投入。集中力量培育一批名牌绿色产品，以名牌产品为龙头创建生产基地，以基地为依托扩大生产规模，实行集约化生产和市场化经营，推进产业集聚和产业扩张，形成具有吉林省特点的生态经济优势产业和特色经济。一是要以扩大绿色产品市场占有率为重点，做大绿色产业规模，提高经济效益，尽快形成绿色经济产业集群。发展生态林地经济，鼓励长白山生态产品生产和营销的整合，扩大长白山品牌的知名度。建设绿色产品的安全营销网络，引导公民健康消费，在消费层面拉动绿色经济快速增长。二是要加快生态经济城镇建设步伐。重点加快长吉生态经济带建设，构筑以长吉生态带为中心的吉林省中部生态城市圈，辐射、带动全省经济发展。要加快发展生态工业，推动绿色工业产业市场化、国际化步伐，启动生态工业园区示范工程。三是要努力建设社会主义新农村。加速推进农业产业带和现代化进程，发展绿色产品和绿色产业，促进农业增效、农民增收。

（三）大力发展循环经济，建设资源节约型和环境友好型社会

要在企业内部全面推行清洁生产，减少或避免污染物的产生，实现由末端治理向污染预防的转变。在生产、流通和消费的各个领域，建立比较完善的节能、节水、节材、节地等节约资源、减少消耗、废旧资源回收利用的循环经济体系，促进传统产业向循环型可持续发展产业转型，推进共伴生矿产资源和工业废物的综合开发利用，实现再生资源的回收利用和农作物、畜禽动物废弃物综合利用。开发和建立包括环境工程技术、废物资源化技术、清洁生产技术等在内的“绿色技术”体系，向节约发展、清洁发展、安全发展和可持续发展方向转变。要对全省具有重要示范效应的资源综合利用和循环经济项目给予重点扶持。

（四）强化生态省建设宣传，进一步提高全社会生态文明水平

要在全社会广泛进行生态文明教育，普及生态省建设知识。继续深入开展生态省建设基础教育工作，组织开展相关知识培训，组织开展丰富多彩的宣传活动。

三、生态省建设中需要把握的几个问题

（一）要坚持运用科学发展观指导生态省建设

建设生态省，要坚持以人为本，注重经济与社会、人与自然、资源与环境协调发展，真正把加快发展建立在科学发展的基础上。

（二）要加强行政推动，协调各部门，调动社会各方面参与生态省建设

各地、各部门要切实把生态省建设摆在重要议事日程，实行主要领导负责制，要把生态省建设工作任务进行分解，做到领导到位、责任到位、措施到位。

（三）要树立正确的政绩观，以生态环保型效益经济核算指标考核工作业绩

研究制定生态环保型效益经济核算指标，以此考核各级领导干部工作业绩。要将尽快出台相关奖惩办法，对既保护生态环境，经济发展又快又好地给予奖励，对以牺牲环境为代价，只求经济发展的要给予严惩。

（四）要努力建设资源节约型、环境友好型社会

《吉林省建设节约型社会实施方案》已经下发，要抓好落实。要在生产、建设、流通、消费各领域节约资源，提高资源利用效率。以节能、节水、节材、节地、资源综合利用为重点，逐步形成节约型的增长方式和消费模式，以资源的高效和循环利用，促进经济社会可持续发展。要大力推进能源节约。抓好重点耗能行业和企业节能，推进交通运输和农业机械节能，推动新建住宅和公共建筑节能，引导商业和民用节能，开发利用可再生能源。要全面节约用水。加大节水设备和器具的推广力度，推动公共建筑、住宅节水和中水回用设施建设；推进污水处理及再生利用，加快城市供水和污水处理市场的改革，努力创建节水型城市；加强地下水资源管理。要积极推进原材料节约。

加强重点行业原材料消耗管理，延长材料使用寿命，推广木材节约和木材替代技术，提高原材料利用率，实施节约包装材料的政策措施。要强化节约和集约利用土地。完善土地使用市场准入制度，按规定时限坚决禁止毁田烧砖，鼓励发展节能省地型建筑。要加强资源综合利用。推进共伴生矿产资源的综合开发利用和工业废物综合利用，做好再生资源回收利用工作，开展秸秆、畜禽粪便综合利用，推行农资节约。改革资源管理体制，完善政策措施。通过价格、税收等经济办法，健全资源有偿使用和合理补偿的机制，形成能全面反映资源状况的价格机制。要创建一批节约型城市、节约型政府机构、节约型企业和节约型社区。

（五）要搞好生态经济城镇建设

生态经济城镇是发展生态经济的重要载体，是生态产业群集聚的重要平台。《纲要》规划的特大、大、中、小生态经济城镇，要按照“生态环境优良，经济繁荣发达，城市功能完备，社会和谐文明”的标准进行建设。加快构筑生态经济走廊的集聚功能，加快生态经济城镇平台建设，以城镇主导产业和龙头企业建设为重点，促进生态产业聚集发展。加快生态经济城镇基础设施建设，开展生态经济城镇环境综合整治，完善城镇功能，发挥辐射作用。

（六）要强化法制建设

进一步加大环境执法力度，保障生态省建设顺利进行。认真组织贯彻实施《西部生态治理条例》、《长白山生态食品管理办法》，进一步研究和制定促进区域生态环境建设和生态经济发展的地方性法规和规章；研究和制定资源节约、发展循环经济的配套政策措施。要充分发挥好各级人大、政协对生态省建设的监督，发挥新闻媒体及社会舆论的监督，使生态省建设在法制轨道上不断深入下去。

（七）要广泛开展国内外交流与合作

引进环境保护和发展生态经济方面的先进技术，学习科学的管理经验，借鉴成熟的法规和制度。针对建设资金短缺的矛盾，加强与国际有关基金组织的合作，争取国际资金的援助。加强与国内外企业的合资合作，通过招商引资等途径，吸引国内外企业参与吉林生态省建设。通过加强与国内外多层次、多领域的交流与合作，实现资源互补，项目互补、资金技术互补。

（八）要强化生态省建设宣传教育

各地要将生态省建设、循环经济、资源节约型和环境友好型社会知识和法律常识纳入宣传教育计划，充分发挥当地各种新闻媒体的作用，广泛开展多层次、多种形式的舆论宣传和科普教育，及时报道先进典型，公开揭露和批评破坏生态环境的违法违规行为。各级党校、行政学院，都要设置与循环经济和生态省建设相关的课程，提高各级领导干部和各类管理人员的环境资源意识和环境与发展综合决策能力。

（吉林省发展和改革委员会副主任　贾广和）

鄂尔多斯市生态建设情况调研报告

近期，我们对鄂尔多斯市生态建设情况进行了调研。总的看，鄂尔多斯市经过多年的努力，特别是借助实施西部大开发战略的春风，生态建设取得了明显的成效，生态状况实现了由“整体恶化”向“整体遏制、局部好转”的重大转变。同时，农牧业结构得到有力的调整，农牧民增收明显，探索出一条生态改善、农牧业增效、农牧民增收的“多赢”之路。

一、鄂尔多斯市生态建设取得的成效

鄂尔多斯市位于内蒙古自治区西南部，辖7旗1区，总面积8.68万平方公里。该市地处黄土高原，气候属于典型的温带大陆性气候，降雨量少而集中，蒸发量大，年降水量在180～350毫米之间，年蒸发量2000～2800毫米；风大沙多，全年8级以上大风日数在40天以上。水土流失严重，十年九旱，植被稀疏，自然灾害频繁。以毛乌素、库布其沙漠为主体的沙漠化土地面积4.25万平方公里，占全市总面积的49%，堪称“世界水土流失之最”的砒砂岩裸露区2万平方公里，侵蚀模数高达每年每平方公里4万吨，被专家称为“地球环境的癌症”。据监测，20世纪90年代，全市每年向黄河输入泥沙1.6亿吨左右，约占输入黄河中上游地区泥沙总量的1/10，危害严重。恶劣的生态环境不仅给当地人民群众生产生活造成极大影响，制约着本地区经济社会的稳定发展，而且还严重威胁着黄河下游地区的生态安全，甚至直接影响到首都北京的生态安全。

实施西部大开发战略以来，鄂尔多斯市抓住国家加大生态建设投入的机遇，适时地提出了“建设绿色大市、畜牧业强市”的发展思路，在国家的大力支持下，鄂尔多斯市相继实施退耕还林、退牧还草等生态建设重点工程，以前所未有的气势和规模开展了生态综合治理。到2005年，全市累计完成生态投资16.11亿元，完成退耕还林还草425.2万亩，退牧还草2083万亩。经过六年坚持不懈地努力，全市森林覆盖率明显提高，由1999年的12.18%提高到2005年的16.2%，植被覆盖度由1999年的30%提高到2005年的73%，草原平均产草量提高了35%；入黄河的泥沙量比1999年减少了12.5%，沙尘暴发生次数明显减少，生态环境实现了由严重恶化向整体遏制、局部好转的历史性转变，水草丰美景象逐步再现。

在生态建设取得较大成效的同时，鄂尔多斯市农牧业生产结构也出现了可喜的变化，粮食产量由2000年的6.5亿公斤增加到2005年的11.5亿公斤，牲畜头数由615万头只增长到1498万头只；2005年全市农牧民人均纯收入达到4601元，比2000年翻了一番还多。

二、鄂尔多斯市生态建设的主要经验和作法

总结鄂尔多斯市生态建设的成功经验和作法，可以看到鄂尔多斯市在认真落实国家生态建设重点工程各项政策措施，严把工程质量关，确保工程建设成效的同时，还关键在于：全市上下加强生态建设的认识统一，不等不靠；以后续产业培育为重点，把生态环境建设与农牧业结构调整、农牧民增收紧密结合起来，在逐步“绿起来”的同时，努力做到“稳得住”和“富起来”，充分调动了全市各族群众和社会方方面面积极参与生态建设的积极性。

（一）认识统一，措施得力

鄂尔多斯市委、市政府把生态建设作为各项工作的重中之重，提出“生态环境建设是鄂尔多斯最大的基础建设，是立市之本”，将生态建设与“三农三牧”问题通盘考虑、统筹解决。下决心和花大力气从两方面着手解决生态环境恢复与建设问题，一是从减轻生态压力着手，实施了扶贫移民、生态移民工程，大规模转移农牧民，减轻了天然草原的承载压力。二是从变革生产方式上促进生态恢复，率先在全国实行禁牧、休牧和划区轮牧，合理确定草牧场载畜量，积极推广舍饲圈养。六年来全市禁牧封闭草原面积2810万亩，占全市草原面积38%；休牧涉及2.1万农牧户、204万头只牲畜；以草定畜、划区轮牧涉及19万农牧户、136万头只牲畜；291万头只牲畜实现了舍饲，涉及19.3万农牧民。这是畜牧业生产方式的一次重大变革，既促进了农牧业结构调整，又解决了超载过牧对草原的破坏。

（二）积极培育和发展生态建设后续产业，保护好、调动好和发挥好农牧民参与生态

环境建设的积极性

鄂尔多斯市在生态建设过程中，不仅把实施好退耕还林、退牧还草作为改善生态环境的根本性举措，还将其作为加快发展绿色产业的契机，积极培育生态建设后续产业，壮大龙头企业，逆向拉动生态建设，努力实现生态效益与经济效益“双赢”。一是鄂尔多斯市结合退耕还林、退牧还草等生态建设重点工程的实施，根据不同的自然条件，建立和培育了五大生产基地。在库布其沙漠，涉及4旗1区，建设以速生杨、沙柳等为主的造纸、制板原料基地；在杭锦旗、鄂托克旗、鄂托克前旗，种植甘草、枸杞、麻黄、苦豆、有毒灌草等中药材，重点建设药材生产基地；在准格尔旗、东胜区、达拉特旗、伊金霍洛旗，以种植山杏、沙棘、葡萄、苹果梨等经济林果为主，建设经济林基地；在牧业四旗退化沙化草原上，种植紫花苜蓿、柠条、杨柴、沙打旺，建设饲草料基地；在达拉特旗、杭锦旗，以柠条、枸杞、甘草等种植为主，建设沙生灌木种子基地。二是鄂尔多斯市着眼于完整的林沙产业链条，依托退耕还林、退牧还草所形成的丰富林草资源，引导和鼓励企业进入林沙产业加工领域，加快林草资源转化利用，将生态建设成果转化为经济效益。目前，全市已培育和吸引林沙产业、饲草料加工企业120多家，年产人造板17万立方米、饲草料50万吨，造纸7.5万吨。如东达蒙古王集团实施的沙柳产业化工程，采取“公司加基地，基地带农户”的形式，带动了库布其沙漠300多万亩沙柳基地的建设，项目覆盖了3个旗县15个乡镇，使20多万户农牧民受益。整个项目完成后，农牧民可直接增收3亿元，人均增收1500元。鄂尔多斯市正是采取这样的“公司+基地+农户”的新型生态建设模式和产业发展模式，收到了可观的经济、生态、社会效益，为林、草、沙产业的发展起到了示范带动作用。在生态环境得到显著改善的同时，农牧民也从生态建设中增加了收入，据统计，2005年全市农牧民通过参与到林沙草产业链条中，人均收入达到484元，占当年农牧民人均纯收入的10.5%。

（三）抓好上中下游配套措施协同推进，确保生态建设成果的长久稳固

鄂尔多斯市在推进全市禁牧舍饲的过程中，为了达到“禁得住、不反弹”和农牧民收入不降低的双重目标，重点抓好了三个环节，帮助农牧民发展生产。

一是抓好源头——提高饲草料供应能力。鄂尔多斯市在饲草料“开源节流”上做文章，取得了较好的效果。“开源”就是扩大饲草料种植面积，改良饲草料种植品种，提高单位面积产草量；“节流”就是提高饲草料加工技术和利用率。到2005年，鄂尔多斯市共新增柠条种植面积400多万亩，飞播草场600多万亩，建设人工基本草场400万亩：推广青贮养畜，使之成为全市农牧民必备的一项基本的常规技术，同时，购进饲草料加工机具1万台套，饲草料利用率达到85%以上。

二是抓好主体——提高牲畜质量。鄂尔多斯市从2000年开始积极引进高产、优质、高效种羊，特别是近两年逐步加大力度，年均引进种羊近2000只，与当地的肉羊进行杂交，生产优质肉羊。利用胚胎移植技术，加快优质种畜扩繁，2005年就分别完成奶牛、肉羊和绒山羊胚胎移植300枚、1万枚、1万枚。加强当地名种阿尔巴斯绒山羊选育，提高个体产量和绒质，发展育种核心群400群。强制淘汰劣质种公畜，使大小畜改良率达到97%。

三是抓好发展——提高畜牧业产业化经营水平。鄂尔多斯在继续壮大原有龙头企业的基础上，积极培育和引进新的龙头企业，使全市农畜产品加工流通企业发展到1000多家，带动了农牧户近8万户，建设骨干农畜产品交易市场98处，日交易额380多万元。发展各类专业协会达到240多个，农牧民经纪人2000多名，加快了产业化经营格局的形成，提高了畜牧业的经济效益。

（四）以养殖小区建设为推进舍饲圈养的突破口，充分发挥典型示范的带动作用

通过多年摸索，鄂尔多斯市以捆绑、组合

养殖适用技术为手段，积极推动建设“十有六化”养殖小区。“十有”即有一定的饲养规模、有标准化棚圈、有贮草窖、有饲料加工机具、有优质牧草和青贮玉米种植地、有“标准化饲养管理技术操作规程”、有配种站、有兽医防疫体系、有专业协会；“六化”即品种良种化、饲喂方式配方化、饲养管理标准化、防疫检疫制度化、经营管理组织化、效益实现最大化。2005 年全市已建立养殖小区 240 个，带动了科学饲养水平和养殖效益的提高。

（内蒙古自治区西部开发办　吴铁林）

湖北省磷矿资源开发利用研究报告

湖北省是磷矿资源大省，探明的磷资源保有储量为 23 亿吨，居全国第三位。磷矿直接经济价值在 2 万亿元以上，磷矿加工潜在产值在 20 万亿元以上。自 20 世纪 80 年代始，随着磷矿资源的开发利用，在磷化工产业发展壮大的同时，为地方经济做出了贡献。但是，湖北省磷矿资源的开发利用存在矿山布局不合理、采富弃贫、超量开采、原矿外销、资源浪费严重；产品结构不合理，采选加工不配套，资源综合利用率不高；矿山生态环境破坏严重等诸多影响和制约资源可持续利用的问题。磷矿资源是一种不可再生的战略性资源，也是支撑湖北省磷化产业发展壮大的重要物质基础。省委、省政府高度重视磷矿资源的开发利用，明确要求要认真贯彻落实科学的发展观，采取切实可行的措施，有效遏制磷矿资源浪费与破坏严重的问题。

湖北省发展和改革委员会在省国土资源厅、省经委等有关部门的大力配合支持下，通过广泛学习和借鉴云南、贵州等兄弟省成功经验和作法，深入开展省内调查研究，对全省磷矿资源基本现状及发展潜力进行了全面分析，提出了磷矿（化工）企业优化整合及布局、科技创新及生态环境治理等发展思路、重点，并有针对性提出了促进磷矿资源合理开发利用的政策措施和建议。为合理引导和配置全省磷化产业布局与生产，建立规范的磷矿开发与磷化产业发展秩序，促进湖北省磷矿资源开发利用持续健康发展做了初步探索。

一、全省磷矿资源开发利用现状

（一）基本情况

全省已查明的磷矿资源储量估算为 30.39 亿吨，列全国第三位；现有矿山企业 147 家，设计开采能力 1790 吨/年；现有磷化企业 110 家，其中规模以上磷化企业 98 家，磷化工产值 78.51 亿元。

1. 资源总量丰富。到 2004 年底，全省磷矿保有资源/储量估算为 23.11 亿吨，其中经济基础储量占 30.95%、边际经济储量占 10.16%、次边际经济资源/储量占 46.33%、内蕴经济资源/储量占 12.56%，保有资源/储量占全国的 17.49%，仅次于云南、贵州。全省已发现磷矿床（区）135 处。其中大型矿床 28 处、中型矿床 41 处、小型矿床 27 处、小矿 39 处，大、中、小矿床保有资源/储量分别占全省的 88.3%、10.9% 和 0.6%。

2. 矿产分布相对集中。全省磷矿主要成片聚集分布于宜昌、荆襄、保康、兴神、鹤峰、大悟、黄梅—武穴等七个地区，其磷矿保有资源/储量分别为 8.53 亿吨、9.26 亿吨、2.5 亿吨、9400 万吨、504 万吨、1.23 亿吨和 2938 万吨，分别占全省磷矿保有资源/储量的 37.05%、40.23%、10.86%、4.07%、0.23%、

5.34%和1.27%。尤以宜昌、荆襄为集中分布，磷矿保有资源/储量占全省近80%。

3. 矿石类型多。全省磷矿石的自然类型以隐晶质、显微晶质磷灰石磷块岩矿石和显晶质磷灰石磷灰岩矿石为主。相应的工业矿石类型有硅—钙混合型、碳酸盐型和硅酸盐型。它们除适合于用作磷肥生产矿物原料外，还是生产黄磷、精细磷化工产品的优质矿物原料。

4. 富矿少、贫矿多。全省磷矿石以中低品位为主，高品位（P_2O_5 含量≥30%）矿石仅占资源/总量10%以内。在沉积型磷块岩矿床中，以 P_2O_5 含量15%～29%为主，在沉积变质型磷灰岩矿床中，以 P_2O_5 含量8%～15%为主。全省磷矿床又以沉积型磷块岩矿床为主，选矿难度大，选矿成本高。

5. 勘查程度适中。全省达到勘探和详查工作程度的矿区59个，占已发现矿床的44%。其中大型矿区18个、占31%，中型矿区27个、占46%，小型矿区14个、占24%。全省磷矿勘查程度不均衡。荆襄磷矿聚集区、宜昌磷矿聚集区勘查工作程度相对较高，达到详查、勘探程度的矿区分别占86%、61%；保康、大悟磷矿聚集区，达到详查、勘探程度的矿区分别占43%、37%；兴—神、鹤峰两磷矿聚集区勘查工作程度较低，达到详查、勘探程度的矿区分别仅占17%、13%。

6. 开采规模大。到2004年底，全省有矿山企业147家，其中大型矿山企业4家（正常生产1家），中型矿山5家（正常生产4家），小型矿山（含小矿山）138家；按企业经济性质划分，国营矿山11家，从业人员1161人，其他经济性质矿山136家，从业人员11245人。2004年全省开采磷矿石1026万吨，产值12.5亿元。全省磷矿开采占用资源/储量具有二个特点：一是占用率较高。磷矿山企业占用磷矿石储量总计14.01亿吨，占全省已上表保有储量的61%，实际已消耗储量4.25亿吨；二是占用面广。资源质量较好、交通较方便的矿区，基本没有未占用的整装矿床，包括一些国家规划矿区，周边也遭到蚕食。未占用的整装矿区，全为中小型矿床，大多处于交通闭塞或品位十分低，目前难以开发利用。

7. 选矿发展缓慢。全省仅有4家选矿企业，且均为20世纪80年代及90年代初建设。其中：王集选矿厂、大峪口选矿厂，建成总能力为采选磷矿石200万吨/年，目前一直处于停产状态；花果树重介质选矿厂，设计能力20万吨/年，试生产后一直未能转入正式生产，现主要用来加工磷矿粉；黄麦岭选矿厂设计能力120万吨/年，运行正常。

8. 加工规模总量大。全省现有规模以上磷化工企业98家，其中磷肥生产企业78家，精细磷化工企业28家（含黄磷生产企业15家，部分企业也生产磷肥），这些企业中有大型企业7家，中型企业17家，上市公司3家。2004年，全省开采磷矿石1136万吨，其中省内加工利用磷矿石570万吨，磷化工产值78.51亿元，占全省化工产值22%，实现利税8.42亿元。磷化工产品年出口创汇1亿美元以上。其中：磷肥总规模为1045.7万吨（折纯211.43万吨），占全国磷肥生产能力的17%，产量在全国排第二位；精细磷化工企业28家，其主要产品三聚磷酸钠、六偏磷酸钠、次磷酸钠、有机磷农药等产品规模和产量均居全国第一；黄磷生产能力20万吨，占全国生产能力的20%；磷酸盐生产能力103万吨，占全国生产能力的20%。

9. 产品门类多。磷肥是湖北省磷化工产业的主要产品，省内生产有磷酸一铵、磷酸二铵、普通过磷酸钙、钙镁磷肥及复合肥等。2004年底全省磷肥产量211.43万吨，其中高浓度磷复肥超过50%，均占全国1/5以上；精细磷化工基本形成基础原料、精细磷酸盐及有机磷系产品链，生产产品有20多个品种、30多种规格，加工能力达到35万吨 P_2O_5；磷酸钠盐是具有湖北省特色的优势产品，2004年全省三聚磷酸钠生产能力达47.5万吨，占全国总产量的23.5%；有机磷农药原药产量达3万吨。

10. 骨干企业发展较快。除大峪口、黄麦岭两个矿肥结合工程由国家重点投资建设外，湖北省磷化工产业也得到了长足的发展和进步，产品种类、生产能力在全国都占有重要地位。2004年，黄麦岭、宜化（楚星）、洋丰、祥云四个企业生产高浓度磷肥（P_2O_5）56.2万吨，占全省高浓度磷肥总量的88%；2004年，全省精细磷化产品总量51.46万吨，其中75%为兴发集团生产。兴发集团2004年黄磷产量7万吨，列全国同行业第二，三聚磷酸钠产量占全国总产值22.69%，居全国同行第一。

（二）开发利用的有利条件

湖北省磷矿资源开发利用具备区位及交通条件较好、产业规模较大、相关产业配套基础较好、骨干加工业企业布局比较合理、产品研发能力强等明显优势。

1. 区位及交通优势明显。湖北磷矿产区主要集中分布在长江、汉江中游，又紧临我国南北大通道焦枝、京广铁路，具有通江达海、沟通南北的交通优势，且地处我国中部，较之云贵产磷大省更靠近我国广大北方磷肥的消费地区。一方面，运力可得到充分保证，且有便捷之优势；另一方面，磷产品的运输成本大大低于云贵两省。据综合测算，高浓度磷复肥运至石家庄、沈阳两大北方消费市场中心，湖北省运输成本均比云南、贵州低50元/吨左右。

2. 产业配套能力较强。湖北省是全国的老工业基地，相关产业基础较好，主要配套产品硫酸、合成氨、联碱及氯碱工业已形成规模。黄麦岭磷化工集团公司、洋丰集团、祥云集团、襄樊丽明化工公司、大冶有色金属公司等硫酸总生产能力达500多万吨；宜化集团年产合成氨80万吨、湖北化肥厂年产合成氨30万吨；湖北双环化工集团年产纯碱60万吨；宜化集团、沙隆达公司、葛化集团公司、江汉油田盐化总厂等烧碱总能力达43万吨，氯气近40万吨。与此同时，在发展高浓度磷肥过程中，湖北省大多数磷化工企业充分利用原有硫酸装置进行配套，并与当地合成氨企业联合，生产磷铵，以最小的投资，很快形成了规模效益。如宜化集团充分利用原有硫酸和合成氨装置，配套形成了40万吨/年生产能力的磷铵，祥云集团、襄樊丽明都是利用现有生产硫酸普钙装置发展磷铵。

3. 产业布局趋于合理。湖北省磷化产业在资源优势和市场需求的拉动下，通过市场竞争、科技创新，从无到有、从小到大，形成了一批优势骨干企业，这批优势企业基本集中在宜昌、荆襄、襄樊、大悟等磷矿资源聚集地，形成了以兴发集团为主体的精细磷化工生产基地，以宜化、洋丰、大峪口、黄麦岭、祥云等企业为主体的高浓度磷复肥生产基地，以沙隆达公司为主体的有机磷产品生产基地。

宜昌猇亭磷化工业园，保康马桥矿化工业园、胡集磷化工业园、夷陵—远安精细磷化工业园等一批各具功能特色的磷化工业园区正在建设，即将发挥作用。这些基地和工业园区的建设和建成，会进一步提高湖北省磷化工的产业规模，实现全省磷化工产业的集约化发展。

4. 技术开发力量雄厚。一是研发力量强。华中师范大学、武汉工程大学、武汉理工大学、五环科技股份公司、省化工研究设计院等大专院校和科研设计单位技术力量雄厚，并在磷产品开发、选矿技术研究、工程设计和专业人才培养等方面在我国同行业中具有较强实力和领先水平；二是企业创新机制初步建立。一些大型磷化企业建成了一批企业技术中心，包括沙隆达公司国家级企业技术中心，兴发集团、宜化集团、黄麦岭磷化工公司、祥云集团等省级企业技术中心，促进了产学研联合；三是企业技术进步加快。兴发集团的黄磷装置“三相电极电流平衡”核心技术、黄麦岭磷化工集团“中和沉降法治理选矿废水”系列技术、洋丰集团的磷酸装置多格方槽工艺和复合肥装置的氨化料浆喷浆造粒技术、沙隆达公司的三氯化磷装置冷凝技术等新技术的应用在提高产品产量、改善品质、节能降耗和减少污染等方面取得了巨大的经济社会效益。四是科研开发水平不断提高。荆襄磷矿成功开发出钙镁磷肥品种及其生产工艺，黄麦岭磷化工集团成功将品位仅9%～12% P_2O_5 矿选到 $P_2O_5$35%以上的精矿，同时一批湿法磷酸净化技术、胶磷矿选矿技术、窑法磷酸生产技术将开辟湖北省中低品位磷矿利用新途径。

（三）存在的问题

1. 采富弃贫问题突出，资源破坏浪费严重。目前，除黄麦岭矿肥结合工程开采利用低品位矿石，选矿后生产磷酸二铵，荆襄地区部分矿山开采少量 P_2O_5 品位在20%～24%左右的矿石生产钙镁磷肥外，其他近90%矿山都是开采 P_2O_5 大于28%的高品位富矿石，或只开采 P_2O_5 大于30%以上的富矿，造成中低品位的磷矿资源被大量丢弃。此外，省内部分磷肥企业直接用富矿生产磷肥，形成磷肥企业与矿山企业联手采富弃贫、优质低用的局面，资源浪费现象十分严重，特别是一些小磷肥厂，直接用30%以上高品位富矿石生产普钙、钙镁磷肥。根据调查，2004年湖北省生产普钙、钙镁磷肥用原矿348万吨，其中50%是利用28%和30%以上的高品位富矿石。

2. 矿山生态环境恶化，地质灾害隐患突出。地面环境方面：至2004年，全省现有矿山企业147家，矿山开采活动累计占用土地面积411.61公顷，其中大悟黄麦岭磷矿等5个露天开采矿山露天采场占用土地103.6公顷，其他矿山固体废石压占土地308.01公顷（占用耕地85.89公顷、林地160.15公顷、草地及其他用地61.97公顷）。因采矿活动造成的环境问题而破坏的土地面积达1193.03公顷（水土流失面积501.3公顷、地质灾害破坏土地面积691.73公顷）。地质灾害方面：因采矿而诱发的地质灾害主要有塌陷、山体开裂、崩塌、滑坡、泥石流等。其中：采空塌陷达58处，山体开裂达55处，崩塌达16处，滑坡14处，岩溶塌陷16处，泥石流3处。水环境方面：2004年度全省磷矿山因采磷矿疏排地下水100431万立方米，疏干漏斗面积15.7平方公里。其中，钟祥市熊家湾矿段年疏排地下水量1971万立方米，地下水降落漏斗面积9平方公里，漏斗中心最大水位降深216.5米；白竹矿区年疏排地下水量373.6万立方米。2004年度全省磷矿山废水排放量2221万立方米，其中选矿废水370万立方米。宜昌华青磷矿开采前地下水水质类型背景值为HCO3－SO4型，现检测为SO4型；钟祥市龙会山矿段地下水中亚硝酸盐氮含量为7.9mg/升；郑家河磷矿矿坑排水中氟化物含量1.68mg～1.8mg/升；黄家台磷矿废水中磷酸盐含量为0.145mg/升。

3. 开采量严重大于加工需求量，优矿低用，资源综合效益低下。湖北省磷矿资源丰富，开采量严重大于加工需求量，在附加值不高的产品消耗大量优质资源的同时、大量富矿的外销，导致综合经济效益低下，据统计，2004年，本省自用磷矿石614万吨（标矿），占2004年矿石产量的54.63%。其中，精细磷化工用矿136万吨，高浓度磷肥用矿211万吨，低浓度磷肥用矿267万吨。销往外省磷矿石313万吨（标矿），磷矿粉41万吨，主要销往江苏、山东、安徽、河南、河北、甘肃、湖南、内蒙等省（区）。出口磷矿石99万吨（$P_2O_5 \geqslant 30\%$），出口国家有孟加拉国、泰国、韩国、日本等。2004年高浓度磷肥磷铵的产量占50%，低于全国平均54%的比例，更低于国外高浓度磷肥约占80%的比例。精细磷化工企业生产模式比较简单，大多数企业基本是黄磷—热法磷酸—三聚磷酸钠，生产品种单一，产品规格少，多为普通工业品，尤其是专用品更少。湖北省磷化工产业基本处于原料型、粗加工型，产品附加值低，经济效益不高。

4. 企业规模偏小，竞争力不强。湖北省矿山企业设计生产能力达100万吨仅两家，而全省采矿和加工企业总数却居全国首位。全省磷肥企业78家，平均生产能力为13万吨/年（2.5万吨 P_2O_5）。磷铵企业13家，总能力266.7万吨/年，平均20万吨/年，其中达到30万吨以上的企业只有4家。而云南已建成投产的云天化集团则达60万吨，并同时在建

60万吨生产线。贵州省最大单套装置能力为80万吨。美国磷化企业最大生产能力达300万吨。黄磷企业15家，总能力20.18万吨/年，其中兴发集团为湖北省最大黄磷企业，生产能力约8万吨/年。全省黄磷生产能力在1.5万吨以上的企业有5家，最大单套装置是1万吨，其他装置多为2000～3000吨/年。而云南马龙集团总规模是15万吨，其单套最大装置是3万吨。相比之下，湖北省磷化产业规模明显偏低，且装备落后、消耗高，效益差，导致成本高，缺乏市场竞争力。

5. 宏观调控乏力，影响协调发展。受资源供给的刚性约束，以及资源配置体制的双重影响，形成了采矿、选矿、加工相脱节，能力不配套，局部利益与全局利益相冲突，眼前利益与长远发展相矛盾。一是采矿企业追求利益最大化，采富弃贫，多采快挖；二是加工企业选矿的技术经济障碍大，嫌贫爱富，加剧了采富弃贫。同时，为抢占资源，大量分散布局。三是各级地方政府要求就地加工转化升值的要求极为强劲，由于缺乏规划指导和约束，难以统一协调发展，导致企业分散，规模偏小，技术水平低下，产品重复单一，造成全省磷矿资源开采加工无序扩张甚至低水平重复建设，严重影响磷矿资源合理有效利用，造成环境破坏严重，资源优势没有得到很好的发挥，制约全省磷化产业持续健康发展。

二、磷资源的发展形势、需求及潜力探析

（一）发展形势

1. 世界各有磷国陆续控制磷矿出口。根据2004年的《Mineral Commodity Summaries》资料统计，到2003年底，世界磷酸盐岩总储量为180亿吨，储量基础为500亿吨，主要集中在中国（占世界总储量的36.67%）、摩洛哥及西撒哈拉沙漠（31.67%）、南非（8.33%）、美国（7.78%）、和约旦（5%）等国家，其五国储量合计占世界总量的89.45%。2002年世界磷矿石出口国主要有摩洛哥、中国、俄罗斯、突尼斯、约旦等五国，进口国有韩国、印度、菲律宾、日本、印度尼西亚等国。美国已从磷矿石出口国变成世界第二大磷矿石进口国，近几年其磷矿石进口量连年增长，2003年达到250万吨。日本、韩国、印度等国大量从我国进口磷矿石，用于高浓度磷复肥生产后出口，甚至大量储备。摩洛哥磷矿石的出口贸易占世界磷矿石贸易总额的35%以上，但也在逐步减少磷矿石的出口。

2. 国家极有可能严格限制磷矿和磷肥出口。从国家粮食长远安全考虑，化肥对粮食生产的贡献率在35%左右。目前，我国耕地潜在肥力不足，全国土壤结构呈现多氮缺磷少钾的局面，磷肥施用量占化肥用量的22%，并低于农业部氮、磷、钾施用比例1:0.37:0.05的标准，磷及磷肥产业的发展直接影响到国家的粮食安全，由此国家极有可能严格限制磷矿和磷肥出口。从磷矿作为不可再生战略性资源考虑，为保护有限的磷矿资源，我国自2004年1月1日起取消了磷矿石13%的出口退税。同时，国家已着手研究磷矿开发利用的产业政策问题，可能出台限制磷产品出口政策。

3. 切实保护与合理利用磷矿资源是贯彻科学发展观客观要求。湖北省是磷矿资源大省，磷矿直接经济价值在2万亿以上，磷矿加工潜在产值在20万亿以上，但目前实际磷矿开采与加工产值不足100亿元。资源利用粗放，且破坏与浪费严重，切实保护与合理利用有限磷矿资源，制止无证开采、乱采滥挖、解决好采富弃贫问题，引导产业优化整合与提高，把湖北省建成全国重要的精细磷化工和高浓度磷复肥生产基地，培植有竞争力的优势产业，既是湖北省发展的需要，又是贯彻科学发展观的客观要求。

4. “十一五”期间中国DAP市场可能出现供过于求的局面。我国高浓度磷复肥经过10多年的高速发展，已有DAP装置能力640万吨，加上云、贵、川、鄂等磷矿资源省已在建的2005年底就能投产的新增能力320万吨，到2005年底，我国DAP的生产能力就达到

960 万吨，按 2004 年装置发挥水平 75% 计算，2006 年的 DAP 实际产量将有可能达到 700 万吨左右。至此，据中国化肥协会有关专家分析，我国的磷复肥产量将达到饱和，并已到了必须要限制的时候了。

（二）国内外市场需求情况

1. 磷肥需求预测：2004 年全国生产磷肥 1011.5 万吨 P_2O_5，进口 135 万吨 P_2O_5，出口 71 万吨 P_2O_5，净进口 64 万吨 P_2O_5。根据国际化肥协会研究预测，未来 10 年，世界对磷肥的需求年平均增长率为 2%，其中东南亚的增长率将高达 4%，磷肥消费的增长主要来自亚太地区。国际化肥协会预测中国未来 10 年磷肥消费量中高浓度磷肥将占 60%，低浓度磷肥占 40%，每年需求将以 4.4% 的速率递增。根据我国国情和国民经济发展计划，综合原农业部、经委贸、农科院、中咨公司、磷肥协会等部门资料，我国未来 10 年磷肥需求预测见下表。

2. 黄磷需求预测：根据欧、美权威机构预测，世界磷酸盐将以每年 4% 的速率增长。黄磷是磷酸盐工业的基础产品。我国黄磷主要用于热法磷酸生产精细磷化工产品，其消费量占黄磷总消费量的 70% 左右。2004 年国内消费已接近 60 万吨。出口是另一主要需求，近 5 年出口量在 11 万 ~16.57 万吨间徘徊。我国磷酸盐工业发展正处于一个上升时期，因此，国内黄磷市场预测未来 10 年平均增长速率在 2% 左右，2005 年总需求量达到 80 万吨左右，2010 年需求达 90 万吨左右，到 2015 年将达到 95 万吨左右。

3. 磷酸盐饲钙需求预测：根据国家饲料发展规划和目前磷酸盐饲料生产发展速度，预计到 2007 年国内饲钙需求量将达 168 万吨，2010 年达 216 万吨，至 2015 年将增长至 350 万吨，年增长速率达到 18%。我国饲钙除国内消费高增长外，出口市场也十分看好，发展前景广阔，需求量预测见下表。

4. 磷矿石消费总量预测：基于上述磷矿石的主要消费产品磷肥、黄磷、磷酸盐饲料需求总量分析，结合今后 10 年磷矿石出口量分析，剔减磷肥的进口因素，预测我国 2005 年、2007 年、2010 年、2015 年磷矿石标矿需求量分别达到：4260 万吨、4820 万吨、5360 万吨、5953 万吨。具体预测见下表。

中国磷矿资源及磷矿产品供需预测表

单位：万吨

预测内容		2004 年表现消费量				产量、需求量预测			
						2005 年	2007 年	2010 年	2015 年
		国内	进口量	出口量	表现消	国内	国内	国内	国内
磷肥	磷肥（P_2O_5）	1017.45	140.52	78.85	1079.12	1120	1180	1240	1340
	磷矿石需求量（标矿 30% P_2O_5）	2825				3740	3940	4140	4475
黄磷	黄磷（实物）	75	0.03	10.99	59.44	80	85	90	95
	磷矿石需求量（标矿 30% P_2O_5）	626				660	705	750	784
饲钙	饲钙（实物）	155		25	130	120	168	216	350
	富磷矿石需求量（标矿 30% P_2O_5）	279				220	305	390	644
原矿出口预测（标矿 30% P_2O_5）		312				100	90	80	50
磷矿石消费总量预测（标矿 30% P_2O_5）		4042				4260	4820	5360	5953

（三）省内市场供需情况

由于磷矿 80% 左右用于磷肥生产，主要从磷肥情况考察。据国际化肥协会预测，未来十年世界磷肥需求年平均增长率为 2%，我国年均增长 4.4%。国家有关部委及研究机构分析，我国至 2020 年磷肥年需求增长率为

1.9%～2.2%。2004年，我国磷肥市场大体平衡，进口磷肥折 P_2O_5 约60万吨。为保护磷矿战略资源，我国取消了磷矿石13%的出口退税，同时国家有关部门已着手研究限制磷矿和磷肥出口政策。基于以上分析判断，湖北省可发挥区位和交通优势，立足于占领国内市场份额，保持磷矿资源开发和磷化产业适度增长。具体预测详见下表：

湖北省磷矿资源及磷矿产品产量预测表

单位：万吨

类别		2004年	2005年	2007年	2010年	2015年
磷肥	磷肥（P_2O_5）	143.65	160	200	250	300
	磷矿石需求量（标矿30% P_2O_5）	479.77	535	660	833	1000
黄磷	黄磷（实物）	12.05	13	15	20	20
	磷矿石需求量（标矿30% P_2O_5）	99.58	110	130	180	180
饲钙	饲钙（实物）	8.7	9	10	40	80
	磷富矿石需求量（标矿30% P_2O_5）	16	17	18	80	160
原矿出口、出省预测（标矿30% P_2O_5）		412.03	100	60	50	50
全省磷矿石消费总量预测（标矿30% P_2O_5）		908	762	870	1143	1390

（四）资源保障情况

1. 资源勘查潜力。根据湖北磷矿资源勘查与开发利用成果资料，结合分析研究已掌握的磷矿成矿地质条件和现有区域地质、矿床地质特征资料认为，无论是沉积型磷块岩矿床还是沉积变质型磷灰岩矿床，在湖北省七大磷矿产区外围及深部，都具有成矿和赋存条件，通过调查评价与勘查工作，有一定的扩大资源/储量潜力。初步分析预测：宜昌磷矿聚集区的北部和东部，通过勘查可新增资源/储量5亿～8亿吨左右；兴—神磷矿聚集区阳日镇北部苦水一带、阳日镇以南武山磷矿以东一带、兴山瓦屋磷矿的延深部位、保康磷矿聚集区的西北部及马桥以北地区、白竹磷矿区的外围及延深部位，通过勘查可新增资源/储量5亿吨左右；荆襄磷矿聚集区胡集矿区西部延深部位及南部，通过勘查可新增资源/储量2亿吨左右；鹤峰磷矿聚集区通过勘查，可将预测资源量提高为查明资源/储量。综合分析，通过勘查全省可新增资源/储量约15亿～20亿吨。在现有12.35亿吨可供设计开发利用的资源/储量基础上，具有再提高50%～80%资源/储量的地质依据。

2. 开发利用保障程度。湖北磷矿资源保有储量23.11亿吨，可供设计开发利用的（基础储量、内蕴经济的资源量）为12.35亿吨（其中 $P_2O_5 \geqslant 30\%$ 的富矿约1.2亿～1.4亿吨），按照目前的开采方式，每采1吨富矿消耗浪费中低品位矿石6～8吨左右，以目前省内磷化工企业年消耗富矿石量＋销外省量＋出口量的实际年开采数为1100万～1200万吨核算，湖北省磷矿保有资源/储量仅供开采11.66年。但若推行采选、矿肥、矿化、肥化结合，特别是加强对中低品位磷矿石的选矿，做到贫富兼采，则全省现有保有储量可供开采50年以上。同时，随着规划期磷矿资源调查与勘查规划的实施，湖北的磷矿资源保证程度可达80年以上。

三、磷矿资源合理开发利用的思路、重点及保障措施

（一）思路原则

以科学发展观统领全局，坚持可持续发展和构建节约型社会的思路，发挥政府宏观调控的主导性作用与市场配置资源的基础性作用，严格控制磷矿开采总量，大力整顿磷矿开采秩序，优化资源配置，推进矿山企业之间、加工企业之间、采选加工企业之间的有机整合和采

选加工一体化，构建“采选结合、矿肥结合、矿化结合、肥化结合”的发展模式，壮大磷化产业集群，加快磷矿资源的深度加工和系列产品开发，提高磷矿资源的综合利用效率和效益。并坚持以下原则：

1. 坚持政府宏观可控性原则。维护矿产资源国家所有者权益，科学制定并严格执行全省磷矿资源开发利用规划，充分利用法律、经济、技术和必要的行政等手段，实施总量控制与适度平衡的优化资源和产业配置政策；

2. 坚持磷化产业主导性原则。发挥市场在资源配置中的基础性作用，加强宏观引导和服务，以采选为基础，加工为龙头，实现有序、有机的优化整合，扶优扶强各类市场主体；

3. 坚持资源节约与综合利用原则。以技术攻关为基础，加强综合勘查和采选的引导扶持力度，同时开展磷矿资源开采秩序的专项治理整顿，坚决关停违法违规开采矿山，禁止采富弃贫、采易弃难、浪费资源等掠夺式开采行为；

4. 坚持开发与保护并重原则。严格磷矿资源的勘查开采准入条件，科学合理组织资源的战略储备，控制开采总量，降低资源耗竭速度。采取切实可行的措施，防治环境污染和矿山生态破坏。

（二）目标定位

1. 发展目标定位：改变磷矿资源管理方式和开发利用方式，实现勘查、采选和加工的有效衔接，达到开采有序、矿尽其用、布局合理、结构优化、保护有力、保障有度的磷矿资源开发利用新格局，促进湖北省由磷矿资源大省向磷化工产业强省的转变。到2010年，全省年磷矿石开采总量控制在1000万吨左右；选矿比例达到80%以上；采矿权减少到80家以内；磷矿石加工能力达到1000万吨，其中深加工的比例进一步提高到90%左右。全省磷化工总产值由2004年78亿元，到2010年达到200亿元左右，年均增长速度保持17%。到2015年，磷化工总产值力争达到400亿元，年均增长12%。

2. 主要产品预测：（1）磷肥。根据我国国民经济发展态势，结合农业规划目标，预计到2010年，国内磷肥消费总量将达到1150万～1200万吨（折纯）。综合分析湖北省资源、技术、能源等条件，确定湖北省磷肥发展总目标为320万吨（以 P_2O_5 计）左右，其中高浓度磷肥占80%以上，低浓度磷肥占20%左右。（2）精细磷化工。湖北省现有精细磷化工产品20多种（包括基础原料黄磷等），预计到2010年磷化工产品品种达到60多种，年生产能力达300万吨；到2015年力争达到100个品种，年生产能力达到500万吨。主要磷化工产品质量和国际全面接轨，绝大部分磷化工产品质量标准采用国际通用标准。（3）技术进步。实现一批具有自主知识产权的技术创新成果，尤其是在中低品位磷矿综合利用技术上有所突破。例如，开发出1～2种新的高效选矿药剂，并投入工业应用，具有自主知识产权。新型湿法磷酸技术力争完成中试，尽快形成生产能力。窑法磷酸技术在工业示范装置基础上，完善生产工艺，搞好综合利用，实现工业规模生产。磷化工整体技术和装置水平达到国内先进水平。淘汰一批消耗高、污染大的落后技术和装备。应用循环经济理念，在降低能耗和环境保护方面有明显的改善。

（三）重点布局

1. 在勘查区划划分方面。勘查区划分为调查评价区、鼓励勘查区、限制勘查区、禁止勘查区四类。调查评价区是在1：25万和1：5万区域地质调查资料的基础上，调查具有找磷前景的地区，并在此基础上，查证有稳定工业磷矿床地层层位分布，成矿条件较优的地区。鼓励勘查规划区是在变质磷灰岩含矿层分布区，具有地质构造条件有利、并在地表有矿体出露并有向深部延伸，具备扩大资源条件的地区。限制勘查规划区为沉积磷块岩矿区外围或深部，具有地质构造简单、开采条件较好、提高勘查程度后，获取新资源/储量把握较大的地区。禁止勘查规划区是根据国家、省有关法律和省矿产资源总体规划规定的军事禁区、省级以上自然保护区、风景名胜区、历史文物、名胜古迹所在地、重要堤坝、水库、河流、铁路及国道两侧一定距离、地质灾害易发（危险）区。

根据全省磷矿资源分布状况，全省共划分19片磷矿资源调查评价区，划定104个勘查项目，其中普查项目57个、面积1036平方公里，详查项目44个、面积449平方公里，勘探项目3个、面积32平方公里。

调查评价区。划定19个磷矿资源调查评价规划区，总面积约7264平方公里。包括：两郧背斜区、青峰褶皱区、过风垭区、随南柳林区、京山牛头寨区、天台山区、神农架穹窿西南区、建始背斜区、神山区、乐乡关区、桐柏山背斜东南区、孝昌双峰区、南河—孙冲区、黄陵区、梨花坪区、天池区、洪山区等调查调评价区。

鼓励勘查规划区。划定9个鼓励勘查规划区。包括：广水市严家湾、大悟县泉水寨—余家南湾、大悟县陈茨园—陶家湾、大悟县阳平、大悟县大杨家湾—大义尖、大悟县严家稻场、大悟县大兴脑、孝昌县熊家畈、黄梅县停前等勘查区。

限制勘查规划区。划定36个限制勘查区，总面积约1517平方公里。包括：宜昌磷矿聚集区及外围的兴山县孟家河、张家湾勘查区，宜昌桃水河、肖家河、张家扁、虎头包勘查区，远安县苏家河勘查区，宜昌殷家坪矿段、杉树垭、栗西、栗林河东侧矿段、砦沟矿段和远安县盘古矿段、殷家沟勘查区，宜昌交战垭、晓峰勘查区；荆襄磷矿聚集区及外围的胡集矿区、朱堡埠—冷水矿区勘查区；兴—神、保康磷矿聚集区及外围的房县黄保山—火石沟勘查区，神农架林区马湾—大白莲、白鱼洞—保康莱子岭、火炼坡—保康黑虎跑勘查区，保康县石灰山—房县、保康县观音岩、白竹（东）勘查区，神农架林区宋洛—武山、柳树袍、黎家湾—园岭、西陵观（张家垭）勘查区，兴山县瓦屋湾南、簸箕山、平水勘查区。鹤峰磷矿聚集区及外围划分10个勘查区块，其中详查6个，普查4个。其他零散分布勘查区有南漳邓家崖、大洪山西部梅树岩、建始长梁子—恩施白杨勘查区。

禁止勘查规划区。全省划定11个禁止勘查规划区。包括：宜昌市大老岭国家森林公园、秭归县野猫面临近长江三峡库区、杭州—兰州高速公路宜昌段拟建高速公路通过区、胡集熊家湾东铁路线两侧、神农架林区苦水河拟建209国道通过地段、神农架林区武山湖风景区和地质灾害易发区、神农架林区新华拟建209国道通过地段、竹溪县十八里长峡省级自然保护区、神农架林区自然保护区、板桥国家级自然保护区、兴山县龙门河国家森林公园、大洪山省级自然保护区等。

2. 在开采区划划分方面。把全省磷矿开采区划分为限制开采区、禁止开采区两类，并在限制开采区内进一步划分规划开采区块。限制开采区是针对湖北省磷矿以中低品位为主的特点，且选矿经济技术尚未成熟的情况下，为了合理开发利用与保护磷矿资源，将全省6个磷矿区列为限制开采区；禁止开采区是将军事禁区、省级以上自然保护区、风景名胜区、历史文物、名胜古迹所在地、重要堤坝、水库、河流、铁路及国道两侧一定距离、地质灾害易发（危险）区规划为禁止开采区。

将保康西部磷矿资源开发利用区，神农架林区东、北部开发利用区，宜昌磷矿开发利用区，荆襄磷矿开发利用区，大悟磷矿开发利用区，鹤峰磷矿开发利用区，黄梅—武穴开发利用区等划分为限制开采区。将神农架自然保护区及板桥、神农架林区新华乡和苦水河209国道（规划）两侧、神农架林区武山湖、竹溪十八里长峡、宜昌大老岭国家森林公园、三峡库区上游秭归县野猫面、杭（州）—兰（州）高速（规划）公路宜昌段两侧、兴山县西龙门河森林公园、胡集磷矿熊家湾（东）铁路两侧、大洪山（自然保护区）等划分为禁止开采区。

3. 在选矿布局方面。在全省布局7个选矿基地，改造和新建10个左右选矿厂。主要包括宜昌花果树、董家河、苟家垭、兴山、保康白竹（马桥）、钟祥王集、大峪口、大悟黄麦岭等选矿厂。其中：黄麦岭技术改造达到120万吨/年规模，大峪口、王集技术改造恢复生产，花果树改造建设达100万吨/年规模，保康中期建设60万吨/年规模，其他新建规划点其规模在100万吨/年左右。以确保到2010年各大中型矿区基本做到开采与选矿相配套。

4. 在加工布局方面。按照初级品向磷矿资源产地聚集，磷肥和大宗磷化学品向交通集散地靠拢，下游深加工精细磷化学品向用户市场发展的基本原则，围绕发展高浓度磷肥和精细磷化工两类主业产品作为湖北省磷矿资源开发利用的发展方向，以优势磷化工集团为主体，形成以高新技术为主导、特色鲜明的磷化工产业群，创建磷化工大省的发展新格局。

重点支持以宜昌（猇亭—白洋）高浓度磷肥基地、荆襄（荆门—钟祥）高浓度磷复肥NPK基地、鄂东（大悟—武穴）高浓度磷肥基地为主的磷肥工业。支持以兴山—保康精细磷酸盐化工基地、荆州精细有机磷化工基地、武汉高新精细磷化工产业基地、襄樊精细磷化工产业群为主的精细磷化工。并在磷矿资源集中分布、区位条件好、交通便利和有一定基础的地方设立5个磷化专业园区：宜昌白洋磷化工业园，主要建设高浓度磷复肥和精细磷化工项目；荆门胡集磷化工业园，主要建设高浓度磷复肥项目；孝感黄麦岭磷化工业园，主要建设高浓度磷复肥项目；襄樊磷化工业园，主要建设精细磷化工项目；黄冈磷化工业园，主要建设高浓度磷复肥项目。

5. 在重点领域发展方面：一是支持发展高浓度磷复肥。重点发展磷酸一铵（MAP）和磷酸二铵（DAP）。依托宜化、洋丰、大峪口化工、黄麦岭、祥云等集团，突出特色，做大做强。在发展磷铵类肥料中，根据湖北省磷矿资源的特点，推广料浆法，优先发展磷酸一铵（MAP）；磷酸二铵（DAP）推广黄麦岭磷化工集团包覆粒化技术，提高氮磷资源利用率。以磷铵类肥料为基础，积极开发适应不同技术要求、不同土质和不同农作物精细生产所需要的高浓度多元素专用复合肥。科学配方，合理设计，提高专用磷复肥的科技含量和市场竞争力。

二是支持发展磷酸盐化工。做强做优三聚磷酸钠（STPP）和六偏磷酸钠（SHMP）等大宗磷酸盐产品，适当发展湿法磷酸工艺技术，发展多规格系列产品；次磷酸钠的发展，重在质量，以优为主、适度做大；三偏磷酸钠$(NaPO_3)_3$用于改性淀粉的生产，具有良好的市场前景；特种磷酸盐应加强研究开发，做好技术储备。黄磷作为磷酸盐化工的基础原料，可在现有基础上适度发展，开发精制技术，发展高纯级、电子级、专用级黄磷。黄磷生产向优势骨干企业聚集，形成经济规模化，生产基地化。磷酸作为磷酸盐化工的重要中间体和产品，应加强精制技术研究，发展食品级、电子级、医药级等不同规格系列产品。尤其应加强湿法磷酸精制技术开发，由肥料级磷酸制备工业用磷酸，实现磷酸生产从热法向湿法的转变，大幅度降低生产成本。

三是支持发展高新精细磷化工。精细磷化工是指以磷为原料生产的一大类具有高技术含量、高市场需求、高附加值的精细磷化学品，是磷化工发展的重点，尤其是高新精细磷化工是高技术发展的支撑。重点研发生产食品磷酸盐、磷酸盐材料、磷系阻燃剂、磷系化合物、磷系抗氧化剂、磷系抗静电剂、添加剂以及有机磷农药等高附加值的精细磷化工产品。

四是支持配套产业壮大。发展原辅料生产，科学规划，合理配置，做实产业基础。重点发展硫磺制酸、加强冶炼烟气制酸、发展硫铁矿制酸；加快湖北化肥厂合成氨建设，满足全省发展磷复肥用氨的需求；对精细磷化工的重要中间体三氯化磷所需要的液氯，由省内氯碱企业配套，支持扩大氯碱规模，搞好氯气的供需平衡。

（四）保障措施

1. 结构调整和优化整合：一是对矿石开采总量进行调控。磷矿属保护性限采矿种，为确保湖北省经济社会发展对磷矿资源的需求，保持磷矿资源开发总量与社会经济水平相适应，确定全省在近期（2007年）开采总量（标矿）900万吨以内，其中Ⅰ级品矿（P_2O_5 ≥30%）约360万吨，Ⅱ、Ⅲ级品矿（P_2O_5 ≥15%～29%）900万吨；中期（2010年）开采总量（标矿）1000万吨以内，其中Ⅰ级品矿约200万吨，Ⅱ、Ⅲ级品矿1360万吨；远期（2015年）开采总量（标矿）1200万吨以内，其中Ⅰ级品矿约240万吨，Ⅱ、Ⅲ级品矿1650万吨。预测省内需求总量（标矿）：2007年800万～840万吨、2010年900万～940万吨、2015年1100万～1150万吨。主要供省内磷化工生产用矿；省外销售控制指标（标矿）在60万吨以内。

二是对矿山开发利用进行结构调整。(1)新建矿山最低开采规模：大型矿区（资源/储量≥5000万吨）100万吨/年；中型矿区（500万吨≤资源/储量<5000万吨=50万吨/年；小型矿区（资源/储量<500万吨=10万吨/年；露天开采小型矿区15万吨/年。(2)现有矿山办理延续最低开采规模：大型矿区：近期30万吨/年，中远期50万吨/年；中型矿区：近期20万吨/年，中远期30万吨/年；小型矿区：近期10万吨/年，中远期20万吨/年。在建矿山应根据总量需求合理确定开采规模，但不允许将大矿山分割成小矿山开采，也不允许小矿山超规模开采。(3)采矿技术结构调整：推进采矿技术、工艺、设备更新，中型以上矿山，实现轨道运输，改变单台动力车井下运输形式；综合利用，提高回采率，合理设计下贫矿、中富矿、上贫矿的开采方式。加速建设磷矿石选矿厂，实现磷矿采选能力的基本合理配套。(4)选矿技术结构调整：根据不同类型的矿石，分别采用重介质选矿法、直接浮选选矿法、单一反浮选选矿法、重介质联合流程选矿法（重介质+反浮选）、擦洗脱泥选矿技术手段。

三是对加工业进行结构优化。鼓励磷矿企业延长产业链，发展磷矿产品深加工，限制磷矿石和磷矿粉外销，禁止磷矿石和粗加工产品出口。主要磷矿加工业结构调整方向是：(1)磷肥类：鼓励扶持高浓度磷肥、磷复肥，重点是以一铵、二铵、磷复肥为主，积极开发多元高浓度磷复合肥；限制发展低浓度磷肥，产量在2004年的基础上下降10%，稳定在50万～70万吨（P_2O_5）左右。对于现有普钙、钙镁磷肥生产企业，要进行整顿，关小限劣，减少资源浪费。(2)精细磷化工：重点是进一步发展精加工产品，向“高、精、专、特”方向发展，包括高纯的、晶型单一化的、超细和环保型产品，加大有机磷化物新领域的开发，要大力研究湿法磷酸提纯技术，作为磷产品精细化工发展的战略来抓。(3)商品磷酸：由于我国磷矿资源产地比较集中，不少省份主要靠从开采磷矿地区调运矿石。在国内进行矿产资源合理调度是市场经济发展的要求，在解决全国矿产资源共享的同时，又要解决好开采磷矿地区采富弃贫，只能加大新产品开发工作力度，生产商品磷酸，由向外省供应原矿改为供应商品磷酸。

2. 科技创新和技术攻关。研究和解决中、低品位磷矿选矿技术；新型磷酸制取技术和开发新型精细磷化工产品，对湖北省磷资源的综合开发利用，提高效益和产出，具有重要的战略意义。

一是中低品位磷矿加工利用技术。中低品位磷矿比重大是我国尤其是湖北省磷矿资源的主要特点，湖北省中低品位磷矿占93.37%，而且随着富矿的不断开采日渐耗竭，磷矿资源的贫化问题必将进一步突显出来，中低品位磷矿的加工利用将是制约我国和湖北省磷化工可持续发展的“瓶颈”。因此，搞好中低品位磷矿加工利用是关系到湖北省磷化工发展目标实现的关键，意义重大。(1)选矿技术。加强磷矿选矿技术开发关键是高效选矿药剂的开发，支持磷矿浮选装置的建设与技术改造，提高磷精矿的回收率和磷矿资源的综合利用率，降低生产成本。(2)窑法磷酸技术。窑法磷酸是美国西方研究公司（ORC）在20世纪80年代开发的利用中低品位磷矿制取工业磷酸的一种新方法，我国在跟踪研究的基础上，开发出双层冷固复合球团通过回转窑生产磷酸新工艺，解决了制约窑法磷酸工业化的关键技术难题，取得重大技术突破。关键是提高磷的还原率，提高炉气中 P_2O_5 的浓度，获得高质量的磷酸，热能的充分利用和回收，以及三废治理和综合利用等。（3）新型湿法技术。由中低品位磷矿直接制取湿法磷酸技术，属于原创技术，应充分利用现代科学技术，加强研究开发，可以大幅度降低生产成本，将是中低品位磷矿合理利用的又一条有效途径。应组织有关科研院校和企业，形成产学研一体化，联合攻关，突破关键技术，搞好产业化。盐酸法分解磷矿制取湿法磷酸，是其中的一种有效方法，省化学研究院做过一些有益的探索（CY 流程），应给予支持，使其尽快完成中试，转化为生产力。

二是湿法磷酸精制技术。湿法磷酸的净化是举世瞩目的重大课题，精制湿法磷酸生产成本比热法磷酸要低 30% 左右，具有明显的竞争优势。湿法磷酸净化方法按照原理可分为物理净化、化学沉淀净化和物理化学净化三种类型。具体净化方法包括化学沉淀法、溶剂萃取法、溶剂沉淀法、结晶法、离子交换法、电渗析法等。国外研究开发和应用的情况表明，溶剂萃取法是当今工业上应用较多的净化方法。目前一些单位正在和国外大公司谈判，准备引进湿法磷酸精制技术，应鼓励企业引进技术，支持高等院校和科研机构帮助消化技术。可采取引进和自主开发相结合，在引进中加强消化吸收，在开发中加强自主创新，以开发出具有中国特色的湿法磷酸精制技术。

三是精细磷化工绿色合成技术。绿色技术是当今世界产业技术发展的方向，属于可持续发展技术，是对人体健康无害、对环境无任何影响、对社会安全的环境友好技术。全球磷化工发展的重要趋势是产品的精细化和专用化，合成技术的绿色化。特别是含磷药物和中间体的绿色合成技术，由黄磷直接合成亚磷酸和磷酸酯的绿色催化技术，以及电子化学品六氟磷酸锂、次磷酸钠的开发和应用技术，高纯黄磷的精制技术等都是高新精细磷化工研究的热点和关键技术，具有前瞻性，应积极支持和加强研究开发，搞好产学研结合，使其尽快转化为生产力。

四是专用设备和自动化技术。应用自动化和计算机应用技术等先进适用技术，实现传统工艺技术升级，可大幅度降低磷化工产品的能耗和提高产品质量，提高磷化工行业整体技术水平。采用专用材料，开发磷化工专用设备，也有利于节能和产品质量的提高。特别是微反应器技术的应用，可以实现特种磷化学品的精细合成和生产全过程在线监控。

五是废弃物再资源化技术。加强磷化工“三废”治理和综合利用，搞好废弃物的再资源化，这是发展循环经济，实现可持续发展的重要一环。例如，黄磷尾气深加工技术，黄磷炉渣的综合利用技术，湿法磷酸氟的回收和加工利用技术，磷石膏加工利用和制酸技术等，有利于节省资源，消除污染，提高经济效益。

3. 生态恢复与环境治理。一是矿山环境保护与恢复治理要认真贯彻《中华人民共和国矿产资源法》、《中华人民共和国环境保护法》、《中华人民共和国环境影响评价法》和《地质灾害防治条例》等相关法律法规，以及省矿产资源总体规划。坚持“在保护中开发，在开发中保护”的原则；坚持“预防为主、防治结合”的原则；坚持“谁开发谁保护、谁破坏谁治理”；坚持“全面规划、合理布局、突出重点、因地制宜”的原则；坚持“科学性、前瞻性和实用性相统一”的原则。确保全省磷矿山环境问题和地质灾害明显减少，矿山环境状况初步改善。逐步建立矿山环境保护管理与监督体系；实行地质灾害防治、矿山环境保护与恢复治理保证金制度；建全和完善管理体系与监测网络，使矿山“三废”综合利用率、处理率显著提高。

二是加强对现有矿山环境进行保护与恢复治理。湖北省现有开采矿山地质环境影响评估区 28 个，其中宜昌磷矿聚集区 10 个；兴—

神、保磷矿聚集区12个；荆襄磷矿聚集区4个，大悟磷矿聚集区1个；鹤峰磷矿聚集区1个。矿山环境治理与土地复垦重点项目12个。其中宜昌磷矿聚集区2个；兴—神、保磷矿聚集区6个；荆襄磷矿聚集区3个；鹤峰磷矿聚集区1个。国家投资正在治理的地质环境治理与土地复垦重点项目3个，其中宜昌磷矿聚集区1个，荆襄磷矿聚集区1个，大悟磷矿聚集区1个。治理过程中要加大对现有矿山企业的监督管理力度，加大对破坏矿山环境的各种现象的处罚力度，严重者应实行限产或关闭。要依据《地质灾害防治条例》、《湖北省地质环境管理条例》，对危害严重的各类地质灾害点及隐患区，建立地质环境监测网络，做好预测预警，并加大对重点地质灾害的治理力度。要注重矿山环境恢复治理与土地复垦。坚持“谁破坏谁治理”的原则，并适当给予优惠鼓励政策，调动矿山企业的积极性，推动治理工程的实施，因地制宜地推行矿山环境恢复治理与土地复垦相结合、治理与开发相结合以期获得良好的经济效益和环境效益。督促和引导矿山企业在矿山环境保护方面加大研究与开发、技术改造的资金和科技投入，采用先进适用的生产工艺、技术和设备，改进管理措施，提高“三废”排放达标率和综合利用率，达到矿山废石渣、尾矿资源化，避免或尽可能地减少环境污染；研究与开发预防或减少矿山地质灾害发生的方法与工艺，以及矿山地质灾害监测、预警与治理的新技术新方法。

三是加强新建矿山环境的保护。严格矿山环境保护准入条件。依法将地质灾害危险性评估和矿山地质环境影响评估，作为新建磷矿山（包括筹建、改扩建的矿山）项目可行性论证的依据之一；依法进行矿山设计，确保设计质量。新建矿山的设计应是布局合理、技术先进、环保达标的综合性设计，应充分体现经济效益、社会效益和环境效益三者的和谐统一；加大矿山建设期间的监督管理力度。矿山生产设施建设、生活区建设应与环境保护工程设施的建设同步进行，统筹兼顾，合理布置各项工程设施，施工完工后各项设施一并验收；禁止在国家、省级保护区进行采矿活动。禁止在自然保护区和重要地质遗迹保护区、国家级森林公园、地质灾害危险区、重要交通设施、河流沿岸等区内开采磷矿资源。

四是加强闭坑矿山环境的恢复治理。严格矿山闭坑工作的审查与管理。矿山闭坑时必须提交矿山闭坑报告，报告应包括矿山环境问题和地质灾害的数量及危害、矿山环境恢复治理的对策措施及复垦治理计划和资金保证等内容。闭坑矿山，矿山环境恢复治理率应达到35%，并取得效果后才能批准其正式闭坑。要提高恢复治理工程的技术水平与效果，鼓励矿山企业进行矿山环境恢复治理，采取使用备用金或优惠政策和资金扶持，全面推进矿山环境恢复治理工程的开展，提高矿山企业开展环境恢复治理的积极性与主动性。制定科学的、合理的矿山环境恢复治理工程计划，使其与当地的自然环境相协调，并促进农、林、牧、渔业的发展。开展已闭坑矿山治理示范工程的试点，取得经验后，全面推广实施，提高湖北省恢复治理的技术水平与效果。建立多元化、多渠道、多种形式的矿山环境恢复治理的投资机制，形成多方投资、共同治理、多方受益的良好局面，不断改善矿山环境，提升其功能，提高土地价值，变单一的土地绿化复垦为经济效益型复垦。同时，要注重对久已闭坑的矿山环境恢复治理。对那些对环境造成极大破坏、对工农业生产和经济发展造成较大影响的无法找到责任人的矿山，按照以当地政府为主导，多方筹资，包括向国家争取矿山环境治理项目、向省里申请矿业权价款专项资金项目等，按照谁投资、谁受益，轻重缓急，分阶段实施的原则，对历史遗留的矿山环境进行恢复治理。

五是加强三废处理和综合利用。磷化学工业不仅是能源消耗大、废弃物量大的产业，也是技术创新快，发展潜力大的产业。应用循环经济理念，改变传统经济“资源—产品—废弃物排放”的增长办法，实现“资源—产品—再生资源”的循环经济增长模式，做到磷化工生产和消费“污染排放最小化、废弃物资源化和无害化”。例如，磷石膏是湿法磷酸不可避免的副产物，黄麦岭磷化工公司利用磷石膏开发纸面石膏板装饰材料；祥云集团与华新亚东水泥厂合作，利用磷石膏替代天然石膏作为水泥生产的缓凝剂矿化剂，用于生产各种建筑材料。利用磷石膏制硫酸，国内外都有成功的实例，可适度发展磷石膏制酸。利用黄磷炉渣生产微晶玻璃和纤维棉隔热吸音材料，省内一些单位做过一些工作，应进一步扩大试验，将科研成果转化为生产力。利用黄磷尾气生产甲酸、草酸、甲醇等，可获得良好的经济效益。硫酸矿渣的利用大有可为，如黄麦岭磷化工公司利用硫酸矿渣制成高铁球团提供炼铁厂，每年为公司新增销售收入 9000 万元。利用硫酸矿渣可生产聚合硫酸铁水处理剂以及氧化铁系颜料，应加紧研究开发，逐步形成产业化。

四、有关政策建议

磷矿资源是不可再生资源，是湖北省的优势矿产资源，必须综合运用法律、行政、经济、技术等多种手段，以促进磷矿资源的合理利用，实现磷化工业的可持续发展。

（一）加强领导，提高思想认识和明确工作责任制

加强全省磷矿资源管理，建立新的磷矿资源勘查和开发利用与保护新格局，建成磷化工产业及磷化产品生产强省，是一项复杂的系统工程。一是加强领导，统一管理、部署。省磷矿资源管理和开发利用工作领导小组负责议订重大政策意见，领导小组办公室负责检查、督管、协调、服务；由磷矿聚集区有关市、县成立相应的领导小组和领导小组办公室，负责管辖区内的领导和部署工作。二是明确责任，实行责任追究制度。磷矿资源管理和开发利用工作领导小组及领导小组办公室的工作责任重大，任务艰巨，因此必须建立有序的工作秩序，明确省、市、县领导小组及领导小组办公室的工作责任、实行责任追究制；明确磷矿开采企业及磷化工企业负责人的工作责任、建立经济奖惩责任制。三是抓好落实，推进磷化产业发展。领导小组及领导小组办公室，要按照分工负责的要求，改善管理和服务方式，不断提高政策水平和服务水平，不断提高管理能力和工作效率，提升磷矿资源合理开发利用的管理水平。四是深入开展有关矿产资源法律、法规和管理政策的宣传。树立正确的发展观、资源观、环境观，提高社会对合理开发利用和保护矿产资源重要性的认识。增强矿产资源忧患意识、合理开发利用意识、保护和节约意识。通过宣传，使社会各界充分认识到：磷矿资源不可再生，宁可不挖，不可滥挖，不能以获得眼前利益而吃了子孙的饭。

（二）出台政策，建立和完善管理体系和管理制度

各级人民政府应积极研究出台相应政策，建立和完善对磷矿资源开发利用与保护的管理体系和管理制度，整顿和规范磷矿资源管理秩序。一是制定《湖北省磷矿资源开发与利用规划》（2006～2015 年），明确全省磷矿资源开发利用总体目标、发展方向和对湖北省磷化产业发展有重要影响的经济区布局。通过有效实施矿产资源管理政策，最大限度地发挥磷矿资源的经济效益、社会效益和环境效益；要加大磷矿资源的勘查力度，促进磷矿区域勘查的合理布局；要加快磷矿资源开发利用结构调整，促进采选加工协调发展，提高资源综合利用率，保证湖北省磷矿资源的可持续利用和磷化产业的可持续发展。二是完善矿业权投放管理办法：按照有利于资源可持续利用的原则，促进公益性地质调查评价与商业性矿产勘查工作协调发展。合理设置磷矿资源勘查和开发的准入条件，科学调节探矿权投放，要严格控制新获得探矿权人的资质、资金、技术、诚信等方面的条件，改变勘查、开采利用布局不合理、资源配置无序的状态。要按照“有序有偿、供需平衡、结构优化、集约高效”的要求，严格控制采矿权投放，加大现有开采企业的联合、重组和兼并、收购的工作力度，推动磷矿资源开发利用的“采选结合、矿肥结合、

矿化结合、肥化结合”，促进磷矿产业经济增长方式从粗放型向集约型转变。三是制定矿山企业、磷化工企业生产技术经济评价指标体系，建立扶优去劣的考核管理办法。要改变采富弃贫，资源浪费现象严重的现状，必须采用技术、经济、行政手段，运用矿山开采生产规模、产品方案、开采方式和采矿“三率”、矿山环境保护与治理等技术经济指标，进行定期不定期的考核来关停布局不合理、严重浪费资源、破坏、污染矿山环境和不具备安全生产条件的矿山，引导布点过密的小型矿山联合办矿、集约开发利用磷矿资源，调整、优化磷矿资源开发利用结构和布局，提高资源利用率。四是利用和制定优惠税费政策，加快磷矿资源开发利用与保护科技创新的步伐。要建立政府引导、政策推动和市场为导向、企业为主体的科技创新机制，充分利用现有的优惠税费政策，充分调动有关各方积极性，围绕解决中低品位磷矿的利用，积极组织科技攻关。加强磷矿资源调查评价、勘查开发利用与保护、矿山环境保护与治理的新理论、新技术、新方法、新工艺、新设备的研究、开发和推广应用，全面推进技术创新和技术进步。

（三）有效监督，增强对磷矿资源利用的调控能力

磷矿资源主管部门要切实发挥部门职能，针对存在的问题认真研究解决对策。一是加强开采总量监督工作，合理调控开采总量，有效遏制计划外开采，严格控制磷矿石优质低用。要根据全省磷化工企业生产经营情况，开展经常性的磷矿石供需预测分析，有效监测年度矿石开采利用供需变化和矿石质量供求变化，科学制定年度矿石开采总量和矿石销售与出口计划，严格控制原矿对外销售与出口。二是加强对矿业权人监督工作，严格推行矿业权人定期报告和定期督查制度。要采用地质资料汇交、储量申报审核、矿山年检、矿产资源利用水平审核、矿产资源补偿费收管理办法，加大对勘查、开采活动的监督检查工作力度；要做好事前监督，严格审查矿业权人的勘查计划或矿产资源开发利用方案，有效制止违反政策法规和不按规划实施的行为；要充分发挥矿山所在地区主管部门和矿山督察员的作用，定期检查矿业权人的生产经营工作，切实维护正常的矿业秩序和做好资源勘查开发利用的监督管理工作。三是加强分区和分类勘查开发监督工作，提高磷矿资源开发利用与保护工作水平。要重点监测和监督现有矿山资源挖潜勘查区、提高地质可靠程度勘查区的矿产勘查和矿产开发工作情况，掌握比较系统的矿产勘查技术经济评价资料，为提高磷矿资源开发利用与保护工作水平提供技术支撑。四是加强对矿山地质灾害的监督管理，消除矿山地质灾害隐患。要按照《地质灾害防治条例》的规定，建立矿山环境与地质灾害监测网络，进行矿山环境检测、预测、预报报警，为矿山环境保护与恢复治理提供依据。

（四）强化管理，实现对磷矿资源的可持续利用

为了推进磷矿资源勘查开发、采矿选矿、磷化产业一体化，提高磷矿资源开发利用效益，加快磷化产业发展。一是加大执法工作力度，整顿磷矿开发矿业秩序。要切实组织力量，严厉打击无证开采、失效开采和违法转包、分包等违法行为，没收采出的矿产品和违法所得；要加强矿政管理，严厉处罚乱采滥挖、采富弃贫和“小矿大开”、“一矿多开”等破坏浪费资源行为，并按资源损失价值予以罚款。二是加大整合工作力度，推进磷矿资源的有效配置。要按照“一矿一权”的原则，合理规划引导矿山企业重组联合，鼓励采取兼并、收购、股权转让等方式有偿整合现有矿山；要按照“控制总量、节约资源、调整结构、合理布局”的原则，推进资源有效配置，提高资源利用效益；要按照“采矿结合、矿肥结合、矿化结合、肥化结合”的原则，加强选矿环节的链接工作，积极支持磷化企业规模化、集团化发展，鼓励重点磷化企业集团主导产业格局，实行磷化产业一体化。三是加大协调工作力度，规范磷矿资源开发市场。要以

县（区）为基本单元，充分考虑矿集区、磷化企业所在地的现状，认真协调地方政府、采矿企业、磷化企业之间的税收和经济关系，创造良好的内外部环境，促进磷化产业的合理布局；要以确定的勘查规划区、开发规划区、磷化产业规划区为基本依据，以统一政策促进市场、以主导产业激活市场、以品牌效应催生市场，规范磷矿资源开发市场行为，促进全省磷化产业市场一体化。四是严格市场准入条件，淘汰落后的生产装置和技术，提高产业集中度，增强行业竞争力。要建立健全磷化工行业市场准入制度，对在建和拟建项目要按照《国务院关于投资体制改革的决定》中《政府核准的投资项目目录》“磷钾矿肥项目由地方政府投资主管部门核准”严格按准入条件实施“核准制”。对已投产的企业要按照市场准入条件进行清理整顿。鼓励优势企业通过资产重组、联合并购等多种形式整合一批中小企业，加快推进中小企业联合重组和技术改造，走市场化运作、规模化发展之路；对达不到准入条件、又无能力进行技术改造且没有联合重组的企业予以关闭。

（五）加大投入，保证磷化工发展资金需要

拓宽资金来源，是加速磷化工产业发展的重要条件。扩大社会的参与度，形成多元化的投入机制，逐步建立起以政府为导向，企业为主体，银行为后盾的投入体系。一是加大政府投资力度。积极争取国家对湖北省磷化工项目的支持。作为引导性投入，建议省财政每年拿出2000万元专项用于支持磷化工企业技术改造贴息，拿出1000万元专项用于支持磷化工科技开发，特别是中低品位磷矿综合利用技术攻关。地方政府也应根据本级财政状况给予必要的引导资金，支持磷化工产业的发展。二是加快对磷化工企业进行股份制改造，多渠道筹资。优先安排股票上市，发行可转让债券，通过资本市场直接筹资；通过银行融资。对优势企业和优势项目积极提供政策性贷款、商业贷款和外国政府贷款、外资银行贷款及国际金融组织贷款；吸收民间资本，引进战略合作伙伴。三是建立磷化工产业发展基金。基金由政府和民间共同出资，性质为开放型基金，采取商业化运作方式，其操作由领导小组委托的证券公司或专门的基金组织负责。基金采取参股、提供贷款、购买债券以及合作等形式向高等院校、科研院所的磷化工研究项目及磷化工中试基地和工程中心提供资金支持，其收益来源于股权收益、债券收益或成果转让费等，以保证有基金支持磷化工产业的发展。四是加快发展风险投资，完善中小企业信用担保体系。加快风险投资机制和中小企业信用担保体系建设，加以充分利用，拓宽中小企业融资渠道和担保途径，促进科技型中小企业发展。

（六）重视人才，提供充足的磷化工发展人力资本

人力资本是持久的竞争优势。湖北省磷化工产业的发展不仅需要一大批精通磷化工的专业人才，更需要一大批复合型人才。为此，一是要将教育、科研和生产有机地结合起来，在已设有涉磷专业的高校如武汉工程大学、华中师范大学和武汉理工大学以及有化学化工专业的在鄂重点高校培养一批磷化工研究和开发急需的高级人才，并选派到相关企业和科研单位。二是要发挥湖北省高校优势，大力开展继续教育工程，为磷化工企业在职职工进行多层次培训。开设在职职工磷化工技术工程硕士班，挑选一批企业技术骨干进行培训，硕士论文选题来源于生产实际。省重点支持的大型磷化工企业，有条件的要建立博士后工作站，在攻克重大关键技术难题的同时，培养一批拔尖人才。三是积极引进国内外优秀科技人才，要做到引得进，留得住，为他们创造良好的生活环境。四是鼓励开展合作研究、联合开发和合作经营以及创办精细磷化工企业等形式的国际国内合作，把握世界磷化工技术前沿发展动态，全面促进湖北省磷化工产业的发展。

（湖北省发展和改革委员会课题组）

云南省实施西部大开发战略的回顾与展望

西部大开发战略实施6年来，在党中央、国务院和社会各界的关心、支持和帮助下，云南省按照建设绿色经济强省，民族文化大省，中国连接东南亚、南亚国际大道的战略目标和扎扎实实打基础、突出重点抓生态、调整结构创特色、依靠科技增效益、改革开放促发展的基本思路，全力推进西部大开发各项工作，有力地促进了云南经济社会发展。“十五”期间，全省GDP年均增长8.4%；固定资产投资年均增长16.8%。2005年，城镇居民人均可支配收入9265.9元，农民人均纯收入2041.79元，分别比2000年增长1.53倍和35.3%；地方财政收入同比增长66%。西部大开发促进了云南经济社会发展，使云南各族人民看到了发展的希望，增强了全面建设小康社会的信心和决心。实践证明，党中央、国务院关于实施西部大开发的战略决策是完全正确的，确定的重点任务和采取的政策措施是符合西部实际的。

一、西部大开发中取得的主要成效和仍然面临的主要问题

（一）云南在西部大开发中取得的主要成效

2000年10月26日，国家发布了《国务院关于实施西部大开发若干政策措施的通知》，就西部大开发的思路、原则、重点和资金投入、改善投资环境等方面的问题作了规范，提出了西部大开发战略实施初期的五大重点：一是加强基础设施建设，二是加强生态环境保护和建设，三是加快经济结构调整，四是促进科技教育卫生文化事业发展，五是深化改革开放。云南根据国家西部大开发战略部署，结合实际，扎实推进西部大开发各项工作，取得的成效主要体现在“三个加强、两个突破”。

1. 加强了基础设施和基础产业建设。在6年内累计269亿元国债资金带动下，云南省共完成全社会固定资产投资6224亿元。公路建设投资由原来的每年60亿元左右，增加到近3年的每年200亿元以上，已建成二级以上高等级公路4994公里，其中，高速公路1421公里，以昆明为中心的高等级公路网已初步形成。建成通县油路3500公里，县际油路4500公里。成昆、盘西铁路电气化改造顺利完成，内昆铁路建成并投入营运，新增铁路238公里。澜沧江—湄公河国际航运正式开通。改扩建昆明国际机场，新建临沧和文山机场，使云南的机场发展到11个，基本形成以昆明为中心面向全国并逐步向国外延伸的航空网络。“西电东送”工程完成投资223亿元，新增装机159万千瓦，2003年至2005年底已向广东送电193亿千瓦时。一批水库和大型灌区建成，新增供水能力20亿立方米，新增有效灌溉面积258万亩，同时，解决和改善了638万农村人口饮水困难，农业水利化程度进一步提高，农村生产生活条件得到改善。

2. 生态环境保护和建设力度加强。6年来，全省完成天保工程管护面积17966万亩，完成公益林建设1454万亩；退耕还林1337万亩，其中退耕地还林518万亩，荒山荒地造林729万亩，封山育林90万亩，工程覆盖全省129个县（市区），涉及退耕农户累计达139万户，579万人。退耕农户户均从退耕还林补助中直接获得收入3554元。各地通过合理选

择造林树种、优化造林技术模式，突出地方特色和优势，加大退耕还林工程与林业产业发展结合的力度，为培植后续产业打下了良好的基础。农村沼气、节柴灶建设惠及897万农户，每年减少薪材消耗1243万立方米。九大高原湖泊污染综合治理取得新进展，湖泊水质清洁、较清洁的比例上升到50%；新增国家级自然保护区6个，增加面积39万公顷；企业污染源控制已取得初步成效，生态环境恶化趋势得到有效遏制。通过天保工程、退耕还林、防护林建设等重点生态工程的实施，工程区生态环境得到了明显改善，全省森林覆盖率提高到50%。

3. 教育、科技、文化、医疗卫生事业得到加强。按照“五个统筹”的要求，促进经济与社会和人口、资源、环境的协调发展。“两基”攻坚稳步推进，6年累计投入教育489亿元以上，扫除文盲152万人，“普九”覆盖率达到86%。实施了边境乡镇中小学生“三免费”教育工程；农村中小学危房改造进度加快。从1999年至2005年高校扩招近35万人。大力实施人才工程，公务员、专业技术人员、企业经营管理人员在职培训人数达77万人次。国家和省加大了科技和社会事业投入，全省取得重大科技成果2600项，建成一批科技创新基础设施；卫生、计划生育、文化、广电等社会事业快速发展，涌现出以“云南映象”为代表的一批文艺精品，文化产业发展势头方兴未艾，成为云南经济社会发展的新亮点。全面推行了农业人口独生子女“奖、优、免、补”政策，人口自然增长率降低到8‰。疾防疾控体系得到加强，社会发展滞后的状况有了初步改观。

4. 特色优势产业发展有新突破。实施西部大开发战略以来，云南省加快推进工业强省战略，一批重点行业快速发展，“西电东送”确立了电力支柱产业的地位，以水电为主的能源产业发展势头良好。电力工业增长2.1倍。以磷化工、有色金属为重点的矿产业已形成了基本配套的产业体系，初步建成了滇中、滇东北、滇西等各具特色的矿业基地，矿产业支柱地位得到提高，冶金工业增长4.2倍，有色工业增长1.6倍，煤炭工业增长2.6倍。烟草产业继续发挥支柱作用，2005年烟草产业实现利税476亿元，再创历史新高。花卉、天然药物、生物化工、绿色保健食品等生物资源产业成为新的经济增长点。轻重工业比重由2000年的66.3：33.7调整到2005年的52.5：47.5。按照建设全国旅游强省和国际著名旅游区的思路，加强旅游基础设施和精品工程建设，云南已步入旅游大省行列，以旅游业为主的第三产业实现快速增长，旅游总收入突破400亿元。

5. 对外开放有新突破。省委、省政府为了贯彻落实以开放促开发，以开放促发展的工作思路，制定了《关于进一步改善投资环境，扩大开放，全面实施西部大开发战略的若干意见》等一系列政策措施，取消和精减行政审批事项443项。6年完成外贸进出口总额164亿美元，特别是2004年以来改变了多年年均外贸进出口总额在20亿美元以下徘徊的局面，增长水平大幅度提高。对外承包工程和劳务合作，完成营业额等各项指标进入全国外经10强之列。实施省际间各类联合协作项目2000多项，引进省外合作项目到位资金200多亿元。继续推进“澜沧江—湄公河”、“中印缅孟”两个次区域合作，推进“六省七方”、泛珠三角、滇—沪、滇—浙等区域合作，对外开放水平有了提高。

（二）仍然面临的主要问题

西部大开发6年来虽然取得了喜人的成绩，但毕竟还只是起步阶段，离实现西部大开发的战略目标还有很大距离，加快西部地区的发展需要继续坚定不移地实施西部大开发战略，推进西部大开发战略需要长期坚持不懈的努力。由于历史和客观原因，推进西部大开发仍然面临以下问题。

1. 西部大开发战略缺乏法律保障。实施西部大开发是一项长期的艰巨任务。西部地区要实现经济社会的全面发展与繁荣，逐步缩小与东部沿海地区之间的差距，至少需要几十年的时间。在这样一个大跨度的时间范围内，为使西部大开发战略能够有效的贯彻实施，并做到有计划分阶段地稳步推进，就必须有一个健全的法律制度保障，做到有法可依。从国外的经验看，中央政府对落后地区的开发一般经历研究、立法、设立机构、财政拨款、开发实施这样的过程、各项重大举措的变动也需要经过立法程序来完成。而我国的西部大开发已经进行了六年多的时间，仍没有法律制度保障。

2. 西部大开发的政策亟待完善。第一，西部大开发一些政策缺乏配套操作措施。从1999年中央正式提出实施西部大开发战略以来，国家先后颁布了《国务院关于实施西部大开发若干政策措施的通知》、《国务院办公厅转发国务院西部开发办关于西部大开发若干政策措施实施意见的通知》等重要文件，这些文件是中央实施西部大开发的主要政策依据。但是，在加快西部地区经济结构调整、加大社会事业发展投入和促进对外开放等方面则缺乏具体的配套政策措施。第二，国家宏观经济政策没有很好体现有保有压。与东部发达地区相比，西部地区总体上还处于工业化初期的资本积累阶段，企业和产业的自我发展能力弱，对国家阶段性经济政策容易表现出明显的滞后效应。在历次宏观调控中，尽管中央强调“不搞一刀切”，但实际运行的结果对西部发展没有体现有保有压、区别对待的政策。例如在东部地区开发区建设规模不断扩大，开发区建设已经与城市新城区建设连为一体的情况下，国家提出开发区整顿、关紧信贷和土地两个阀门等调整政策，造成城市化水平远远落后于东部、正在加快基础设施建设的西部地区普遍感到资金和用地紧张。

3. 西部大开发缺乏稳定的资金渠道。西部地区在未来10年（2006—2015年）间，资金需求总额约20万亿元。由于各方面原因，长期以来，西部地区存贷差一直是个突出的问题。一方面，西部地区投资缺乏，另一方面，又通过金融机构运营将资金大量投向经济较发达的中东部地区。从2003年以来，中央财政政策由积极转向稳健，国债发行规模缩减，直接导致拉动银行贷款减少，致使对西部资金投入总量锐减，如果不尽快建立长期稳定的西部开发建设资金渠道，将会大大影响西部地区基础设施、生态环境建设和社会事业等薄弱环节的发展。

4. 基础设施仍然制约着经济社会发展。第一，交通不便仍是云南省经济社会发展的一大障碍。全省高等级公路只占路网的3%，出省通边的交通网络尚未形成，通县油路、县际公路以及大量的农村公路等级低、通行条件差，改造和建设的任务仍然很重；交通建设资金严重匮乏，省级仅公路建设负债就高达500多亿，一些重点工程和州、市建设项目因资本金不到位面临停工局面；农村公路管护滞后的问题突出，养护资金严重缺乏。第二，水资源开发利用程度低，供需矛盾大。云南水资源总量为2222亿立方米，但降水时空分布极不均匀，资源性、工程性、水质性缺水并存，尤以工程性缺水最为突出，河道水资源开发利用率仅6%，不到全国平均水平的1/3；农田有效灌溉面积2228万亩，仅占全省耕地面积的35%；预计到2010年全省生产、生活总需水量将达到223亿立方米，正常年景供需缺口为83亿立方米，干旱年份，缺口更大，水资源开发利用要求紧迫，任务繁重。

5. 生态环境建设任重道远。第一，自然灾害严重。据《云南省土壤侵蚀遥感调查报告》，全省水土流失面积14万平方公里，占国土面积的37%，属全国水土流失严重的省份之一。土地石漠化严重，云南省岩溶面积达3.5万平方公里，遍及全省16个州市119个县市区。由于生态脆弱，干旱、洪涝、滑坡、泥石流、崩塌为主的自然灾害频繁，对农田、道路、电站、水库、电网和村庄、城镇造成严重损失，给人民群众的生产生活带来巨大危害。仅2003年全省洪涝、干旱、地质、地震等自然灾害造成的损失共计60亿元，193人死亡，农作物受灾23万公顷，减收粮食21万吨。第二，退耕还林任务艰巨，而且后续产业发展不平衡。云南有25度以上坡耕地1287万亩，除了已实施518万亩退耕还林外，还有769万亩需要继续推进退耕还林工程。而国家今年以来，大幅度地缩减退耕还林面积指标，使云南省生态建设任务实施难度加大，云南由于受海拔、气候等多种自然因素的影响，选择兼顾生态、经济效益的树种较为困难。高寒山区造林树种因生长周期长，国家8年补助期满后退耕农户还难以从退耕地中获取直接收益。因此，国家补助政策到期后，部分地区的退耕农户生计仍然存在一定困难。第三，退牧还草任务较重。云南属于农牧间作地区，有草地面积2亿亩，大多数少数民族都有放牧养殖习惯，而国家到2005年底仅在迪庆州安排退牧还草试点任务400万亩，草地建设速度跟不上草地的“退化、沙化”速度，大部分天然草地因过度放牧，加上毒害草大量侵入而严重退化。

6. 资源优势难以转化为经济优势。云南是西部最具经济发展潜力的省份之一，具有丰富的自然资源。全省共有高等植物1.8万多种，占全国的63%；已发现矿产142种，有52种矿产储量居全国前10位，其中铅、锌等8种居全国第一位；水能资源蕴藏量达1亿千瓦，水电可开发装机容量9000万千瓦，占全国可开发水能资源的21%。但是，由于云南在全国产业分工格局中长期处于资源供给地位，远离产品消费中心，资源产品增值空间有限，而且国家现行的资源开发补偿机制不健全，利益分配没有充分考虑到资源所在地可持续发展需要，使云南资源优势难以转化为经济优势。

二、新形势下以科学发展观为统领，对西部大开发战略的再认识

经过改革开放20多年的发展，我国经济总量已经位列世界第4位，人均GDP达到1720美元，云南省人均GDP也超过900美元。党的十六大确立了新世纪初我国全面建设小康社会的宏伟目标，提出了坚持以人为本的科学发展观，使我国的发展站到了新的历史起点上。在新形势下深入推进西部大开发战略，一是在具体政策取向上，要求政府要坚持公平、公正的原则，坚持以人为本，一方面努力促进并保护市场经济制度下的自由竞争，另一方面，也要通过实施有效的公共政策、城乡政策、地区政策、社会政策、可持续发展等政策，提供充足的公共产品和公共服务，为那些相对落后的地区和弱势群体提供更多的扶助和支持，使他们能够分享到改革开放和经济发展的成果。二是在经济社会发展中要改变过去过分强调经济发展而忽视社会发展，过分追求经济发展速度而忽视经济增长质量的做法。三是在西部大开发中应更加注重经济与社会协调发展、城乡协调发展、地区协调发展、更加关注民族与贫困问题。

1. 继续坚定不移地实施西部大开发战略。西部大开发是国家发展战略而不是一般意义的经济区发展问题。第一，是贯彻落实邓小平同志“两个大局”战略设想的具体实践。在我国改革开放初期，邓小平同志根据非均衡发展理论在生产力不发达国家运用的成功经验，提出让条件较好的东部沿海地区率先发展，让一部份人先富起来。当东部地区发展起来之后，也要支持西部等欠发达地区的发展，实现共同富裕。这是中国发展的“两个大局”，一切要服从“两个大局”的安排。改革开放20多年来，东部沿海地区已积累了相当规模的经济实力，国际、国内形势也正在发生新的重大变化，这一切都将西部大开发提到了我国经济社会发展的重要战略地位。第二，西部大开发是改善我国生态环境的客观需要。西部地处长江、黄河的发源地和上游，生态环境保护建设意义重大，任务艰巨，历史上非理性的过度开发造成今天黄河频繁断流和长江水患，荒漠化、石漠化、沙尘暴、泥石流等重大灾害不断发生，不仅对西部，而且对全国可持续发展都带来重大影响。第三，西部大开发是保障国家安全，促进民族团结的重大举措。西部地区国

土面积占全国的70%，人口占全国的30%左右，其中少数民族人口占全国的50%以上。但是，西部GDP仅占全国的20%左右，全国贫困人口绝大多数分布在西部。东、西部经济发展差距仍在扩大，长此以往，经济差距有可能演变为政治问题。西部地区陆地边境线长1万多公里，与15个国家接壤，其战略和国防地位突出；20多个少数民族跨境而居，国门形象十分重要，西部开发关系国家安全和社会稳定。在新形势下，应该继续加强西部大开发战略实施力度，增强政策的针对性，坚持以人为本的科学发展观，让西部大开发的成效惠及广大群众。

2. 推进经济社会协调发展，满足以人为本的发展需要。西部地区社会发展严重滞后，社会资源总量不足，分配不公，西部大开发至今，用于社会事业发展的国债资金投入严重不足。云南人均受教育年限仅为7.3年，比全国平均水平低1.3年。由于云南地处边疆，经济欠发达，贫困面大，基础教育底子薄，条件差，在实施“两基”规划的过程中，面临着较大困难。到目前为止，全省还有17个县未实现“普九”，已实现的也只是低水平的普及，“普九”欠债已高达50亿元。职业教育基础薄弱，办学体制单一，经费渠道狭窄，投入严重不足。《职业教育法》和《职业教育条例》关于职业教育经费投入的若干规定无法落实。高等院校和科研机构的科研设施十分落后。全省每千人拥有病床2.15张，在总量不足的情况下，卫生资源又主要集中在城市，73%的农村人口仅占有不到20%的卫生资源，城乡差距高达5倍之多。特别是云南紧邻“金三角”，是毒品过境的重要通道，长期以来吸毒和艾滋病两个社会毒瘤一直困扰着云南的健康发展。城乡社会保障体系不健全。仅以农村合作医疗为例，覆盖面小、水平低，80%以上的乡镇和农民没有参加合作医疗。实施西部大开发战略必须确立政府在发展社会事业中的主导地位，更加注重履行社会管理和公共服务职能，把更多的力量放在发展社会事业和解决与人民生活密切相关的问题上。

3. 缩小城乡差距，推进协调发展。一方面，云南城市化进程明显滞后，而且城市结构不合理，除了昆明市，缺乏其他大中型城市，城市的聚集和辐射带动作用难以发挥。另一方面，由于基础设施和公共服务设施落后，农业长期投入不足，云南2005年农业人均GDP仅为3406元。城镇居民人均可支配收入与农民人均纯收入差距为4.5倍。所以，在云南城市化水平低和城乡差距大是经济社会发展中同时并存的两大问题，在今后实施西部大开发战略中，既要加快城市化进程，又要扎实推进社会主义新农村建设，逐步缩小城乡差距，推进协调发展。

4. 创造均衡发展机遇，促进省内区域协调发展。云南有4061公里边境线，有25个边境县（市），分别与越南、老挝、缅甸接壤，有10个国家级一类口岸和9个二类口岸，具有“接3国、近8国”的特点，是集边疆、民族、贫困、山区为一体的特殊经济带。边境地区基础设施投入明显不足，经济社会发展水平严重滞后，与省内其他地区的差距日益拉大。口岸城市建设与其所应发挥的对外开放窗口功能作用十分不协调，来料加工和出口产品加工区建设几乎处于空白。为了贯彻落实党的十六届五中全会和中央关于在边境地区实行“巩固边防、睦邻友好、兴边富民、维护稳定”的方针，进一步加快沿边地区发展，急需建设一批对边境地区经济发展具有重大影响的交通、能源、水利、口岸等基础设施项目，实施一批改善边境地区农民生产生活条件的扶贫项目，完成一批提高边境地区教育、卫生、文化发展水平的社会事业项目。要发挥口岸城市区域增长极的作用，塑造国门形象。通过持续不断的努力，逐步缩小边境地区与内地的发展差距，实现边境地区经济社会可持续发展。

5. 高度关注少数民族和贫困问题。西部是我国少数民族的聚集地。云南省少数民族人口占全省4450万总人口的33%，在全国人口较少的22个民族中，有7个分布在云南。同时，景颇、傈僳、独龙、基诺、怒族、德昂、佤族、布朗等少数民族在20世纪50年代初期，从原始社会末期直接过渡到社会主义，这部分“直过区”少数民族农民人均纯收入仅为全国平均水平的27%，为全省平均水平的41%，生产方式仍以传统农业为主，人均受教育年限仅4年，他们主要居住在云南最贫困地区，是最弱势群体，最特殊的民族。全省农村还有绝对贫困人口248万人、低收入贫困人口489万人，分别占全国的11%和12%。“十一五”是云南省建设小康社会的关键时期，也是扶贫攻坚的决战期。在西部大开发中要加大对人口较少民族和“直过区”少数民族的扶持力度，切实解决饮水、居住、医疗卫生、教育、基本农田建设等生活和生产问题，同时也要考虑生产关系与生产力的适当配置问题，为少数民族群众脱贫致富创造条件。

（云南省西部办综合处处长　耿霁）

关于政府转型与建设和谐平安江西的研究

一、政府转型对构建和谐平安江西具有重大意义

从本质上讲，建设和谐社会就是在一定的生产力发展水平的基础上，妥善处理人与人、人与社会、人与自然的关系，处理人们之间的利益差异，尽量减少由于政府政策形成的差异。因此，在构建和谐平安江西的进程中，政府规制的权威调控不可或缺。作为拥有公共权力、管理公共事务、代表公共利益、承担公共责任的特殊社会组织，政府既可以通过控制意识形态和公共传播媒体来引导、营造社会的思想、文化和舆论，又可以通过制定和实施法律规范及公共政策来影响和调节社会利益关系，还可以通过社会动员、社会协调、社会强制等多种方式来整合各种力量。显然，政府作为一种公共权威，其对社会稳定和发展的作用是其他任何社会组织无法替代的。在各种矛盾和冲突日益突出的变革时代和社会转型期，就必须拥有一个整合力、感召力、高效能、服务型的政府，来履行维护社会稳定和发展的基本职能，并发挥其在构建和谐平安社会中的作用。

当前，江西省正处于体制转轨、社会转型的历史阶段，改革已进入到以政府转型为重点的攻坚阶段。这个时期既是必须紧紧抓住并且可以大有作为的重要战略机遇期，也是各种社会矛盾交织的敏感期，如何缓解人民群众反映强烈的一些体制性、机制性、社会性矛盾，解决好各种不和谐问题，考验着各级政府的执政能力。而政府转型的目标之一就是把政府职能转到经济调节、市场监管、社会管理、公共服务上来，建设一个和谐的社会，一个民主法治、公平正义、诚信友爱、充满活力、安定有序、人与自然和谐相处的社会。因此，推进政府转型在建设和谐平安江西中具有非常重要的意义，主要体现在以下几方面：

（一）构建和谐平安江西需要通过政府转型来创造平等竞争的市场环境

在构建和谐平安江西的过程中，通过加快以公共服务为中心的政府转型，能为“以经济建设为中心”提供有效的服务和保障。市场经济需要政府监管，通过有效的监管来维护公平、公正的市场秩序，创造平等竞争的环境。政府大力规范和整顿市场经济秩序，打破部门、行业垄断和地区封锁，清除市场分割的体制障碍和政策规定，加快统一市场的形成；

加强对垄断行业的监管，通过拆分、重组等手段引入竞争机制，通过对投资、分配、服务等环节的监管，促进其提高效率、降低成本和改进服务，进而实现行业间、产业间的均衡发展。

（二）构建和谐平安江西需要通过政府转型来营造公平、公正和正义的社会环境

当前社会公共需求和公共服务方面面临着公共服务基础不能满足公共需求、城乡二元结构显性化、贫富二元断层显性化等方面的问题。通过政府转型，实现由经济管制型政府转变为公共服务型政府的职能转变，公共政府存在的基础是“弥补市场失灵”，而弥补市场失灵的重要手段就是提供公共产品和公共服务。同时，启动公共服务的问责制，从义务教育、公共医疗、房地产、群体事件等关系老百姓切身利益的事情开始，对履行公共服务职能决策失误和不作为的政府官员追究责任。政府通过完善分税制，规范对贫困地区和贫困人口的转移支付制度，完善社会保障事业，形成较为完整的多层次的社会保障体系，努力实现社会的公正、公平。

（三）构建和谐平安江西需要通过政府转型来提供高效的社会管理水平

构建和谐平安江西，必须建立健全社会预警及保障体系和不断创新社会管理体制。通过政府转型，可建立健全社会预警体系，提高保障公共安全和处置突发事件的能力；适应构建和谐平安江西的需要，不断创新社会管理体制，进一步提高社会控制和社会管理水平；加强法律制度和法治化建设，把社会控制、社会管理、公共服务纳入法制化轨道；强化危机管理，应对各种突发事件，保障公民合法权益，解决人民群众关注的热点难点问题；用法律来推进和落实社会保障机制，加大对收入分配的调节力度，促进合理的社会阶层结构的形成，提高政府依靠法律管理社会的能力和水平，保持社会管理的连续性和稳定性。

（四）构建和谐平安江西需要通过政府转型来建设公开、透明、高效的政务环境

运用行政权力办理的与人民群众利益相关的各类事项，只要不属于党和国家机密，都要向社会公开。通过政府转型，可建立和完善信息公开制度，扩大社会公众知情权。事实表明，建立政务信息公开制度是大势所趋，人心所向，有利于提高政府的公信力和透明度，有利于企业和市民监督政府部门的工作，是政府部门实践“三个代表”的重要体现。同时，政府不断优化发展环境，为企业和投资者提供更大方便。通过建立规范化的可操作的信息公开制度，为企业和投资者进行生产经营和资本运营活动最大限度地提供可预测的发展前景，创造公平、公正、公开的竞争环境。通过整合政务信息资源，实现政府职能转变，可打破部门之间的信息壁垒，逐步实现由“管理型政府”向“服务型政府”的转变，从思维模式、工作方式、工作流程等方面都进行全方位的改革创新。

（五）构建和谐平安江西需要通过政府转型来提高行政管理能力

建设和谐平安江西，必须提高各级政府构建社会主义和谐社会的能力，不断加强政府自身建设。面对新形势的要求，抓好公务员队伍建设，增强公务员事业心和责任感，进一步提高公务员的思想理论水平、依法执政能力和解决复杂矛盾的本领。同时，改进政府管理方式，提高行政效率，降低行政成本，形成行为规范、运转协调、公正透明、廉洁高效的行政管理体制，改变部门之间职能配置不尽科学，还存在层次过多、职能交叉、权责脱节和多重多头执法等问题。

二、建设和谐平安江西的发展现状

省委、省政府提出着力建设“和谐平安江西”的战略举措，正是党中央提出的构建社会主义和谐社会和科学发展观理论在江西省的生动实践和具体体现。近年来，江西省坚持以人为本、统筹兼顾、标本兼治，全力以赴开展“和谐平安江西”创建工作，先后出台了一系列相关政策措施，在保持经济快速发展的

同时，有效地促进了社会的和谐稳定。

（一）建设和谐平安江西的思想观念不断完善

新世纪伊始，新一届江西省委、省政府在赣鄱大地上掀起了新一轮解放思想学习教育活动，组织加快发展大讨论，转变传统的思维方式，增强开放意识、机遇意识、创新意识，树立科学发展观，弘扬井冈山精神，走符合江西发展的新路。第十一次党代会确立了“以加快工业化为核心，以大开放为主战略，以体制创新和科技创新为强动力，大力推进农业产业化和农村工业化，加快推进城市化和城市工业现代化，不失时机地推进信息化，全面提升综合竞争力，实现经济和社会可持续发展”的战略思路，并根据江西自身的发展水平和沿海产业升级的态势，确立了“三个基地，一个后花园”的战略定位和率先实现“在中部地区崛起”的战略目标。同时，坚持可持续发展战略，并结合江西省情提出了“既要金山银山，更要绿水青山”的发展思想，在经济建设取得突破性发展的同时，较好地实现了经济、社会、资源、环境的全面、协调、可持续发展。江西省“十一五”规划《纲要》明确提出统筹经济社会发展，建设和谐平安江西，并将其作为“十一五”时期推进“五化”、建设“三个江西”总体发展目标的重要组成部分，坚持把实现好、维护好、发展好人民群众的根本利益作为一切工作的根本出发点和落脚点。通过不断解放思想，制定科学合理的发展战略，大力推进各项改革，不断优化发展环境，完善发展思路、创新发展举措、提高操作水平，从而使江西经济社会发展呈现出蓬勃生机，并逐渐步入快速、和谐发展的轨道。

（二）建设和谐平安江西的经济实力显著增强

新世纪以来，江西紧紧抓住发展不放松，全力推进经济建设，经济实力、经济水平迈上新台阶，全面和超额完成“十五”时期的主要经济发展目标。以人均 GDP 突破 1000 美元为主要标志，全省经济发展实现了一个历史性跨越，一些重要的发展指标在中部地区和全国位次前移或进入前列，为建设和谐平安江西奠定了更加坚实的物质基础。2005 年，全省 GDP 突破 4000 亿元，达到 4056.2 亿元，经济总量在全国各省市区中的位置由 2000 年的第 17 位前移到第 16 位。2000 年，江西人均 GDP4851 元，比全国落后 5 年，2005 年达到 9439 元，比全国落后 2 年，经过 5 年努力，江西人均 GDP 与全国的差距缩短了 3 年。工业成为推动全省经济快速增长的主导力量。2005 年，全部工业增加值占 GDP 的比重达到 35.9%，比 2000 年提高 8.9 个百分点；规模以上工业企业的实现增加值 828.50 亿元。销售收入 2883.1 亿元和利税 275.63 亿元，三大指标都提前两年实现比 2001 年翻一番的目标。财政蛋糕不断做大做强，社会和谐有了更多的财力支撑。2005 年，全省财政总收入突破 400 亿元，达到 425.7 亿元，比 2000 年翻一番，比“十五”计划超额 150.7 亿元，年均增长 19.9%；财政收入超亿元的县（市、区）达到 84 个，比 2000 年增加 63 个。

（三）人民群众生活质量和安全感明显提高

新世纪以来，全省经济快速发展为社会创造了更多财富，居民衣食住行显著改善，社会更加安定有序、充满活力。2005 年，全省城镇居民人均收入可支配收入达 8620 元，比 2000 年增长 68.9%；五年年均增长 11%，超过“十五”计划目标 1460 元。农民人均纯收入 3266 元，比 2000 年增长 52.9%；五年年均增长 8.9%，超过“十五”计划目标 336 元。全省城镇居民人均住房使用面积 27.9 平方米，比 2001 年增加 3.6 平方米，农村居民人均住房面积 34.1 平方米，比 2000 年增加 6.3 平方米。安定有序还体现在安全生产形势总体平稳、社会治安综合治理取得成效、人民的健康、生命和财产得到更好保护上，全省每万人火灾、交通事故死亡人数 0.65 人，比 2000 年下降 18.8%，5 岁以下儿童死亡率为 27.1‰，比 2000 年下降 16.3 个千分点。

（四）城乡统筹发展步伐加快

江西适时利用加快发展的成果，积极统筹城乡发展，努力促进“以工促农”，在改变二元经济社会结构、促进社会和谐上，取得显著成效。新世纪以来，江西在提高城镇社会保障水平的同时，不断加大农村扶贫工作力度。2002年开始，全省对1200个贫困村进行重点扶贫开发，目前基本完成解决温饱问题，2004年重点村的农民人均纯收入比2002年增长35.5%，高于同期城乡居民收入的增幅，三年间全省投入财政扶贫资金约10亿元，年均增长14.6%。由于政策好等因素支撑，“三农”问题的解决不断向好，城乡居民收入差距持续缩小，农村居民内部收入差距也在保持社会能够承受的区域。2005年江西城乡居民收入的差距为2.6：1，不仅低于2003年的2.8：1，更低于全国同期的3.2：1；2001～2005年全省农村居民收入基尼系数处于0.27～0.29之间，低于全国平均水平。

（五）人与自然更加和谐相处

江西坚持“既要金山银山，更要绿水青山”的发展思路，在加快发展中注重人口、资源、环境相协调，追求天人合一的境界。2005年，在全省对空气质量进行监测的11个城市中，有9个城市空气质量达到二级标准，比2001年增加5个城市，占监测城市数的81.8%；有2个城市达到三级标准，占监测城市数的18.2%。全省建成了54个烟尘控制区，面积达803平方公里，比2001年增长91.6%。全省森林覆盖率达到60.05%，列全国第2位。建成国家级自然保护区5个，建成省级自然保护区25个，分别比2001年增加2个和6个；自然保护区面积达到9016.3平方公里，比2001年末增加4232.6平方公里，增长88.5%，占全省国土面积的5.4%，比2001年提高1.7个百分点。全省环保投入占生产总值的比重达到1.2%，比2000年提高0.6个百分点。天蓝、水碧、山青的江西，正以环境优美、资源丰富、生活舒适、适宜人居的生态家园呈现在世人面前。

（六）社会保障工作取得新成效

社会保障工作是构建和谐平安江西的重要内容，与整个构建和谐社会息息相关。从江西这几年的情况来看，社会保障在促进社会和谐稳定方面发挥了积极的作用。特别是2001年以来，省委、省政府始终坚持以人为本，不断完善就业和社会保障体系，切实维护群众利益和社会和谐稳定。2005年末全省就业人员达2276.7万人，其中城镇就业人员637.9万人，五年累计新增城镇就业186万人；城镇人口登记失业率为3.48%，处于调控指标以内。全年共发放再就业小额贷款4.8亿元，比上年增加2.2亿元，增长84.6%，累计发放小额贷款8.8亿元，总量创历史最高。

三、推进江西政府转型的内外环境和目标原则

（一）建设和谐平安江西中政府转型面临的环境

一是科学发展观为推动政府转型奠定了思想理论基础。近年来，在科学发展观的指导下，江西对经济、政治、社会、自然发展规律的认识，有了新的飞跃。首先是坚持发展是硬道理的战略思想，始终把发展作为解决一切问题的关键。江西仍然是一个中部地区经济欠发达省份，发展不够、发展不充分仍然是面临的主要矛盾。必须始终坚持抓好发展的这个第一要务不动摇，立足于科学发展，切实把经济社会发展转入全面协调可持续发展的轨道。其次是更加注重城乡统筹发展，更加注重发展人文内涵，更加注重发展的持久永续。贯彻“以人为本”的要求，坚持发展为了人民、发展成果由人民共享。始终把人民群众作为经济社会发展的主体，以富民及实现人的全面发展为目标，从人民群众的根本利益出发谋发展、促发展，不断满足人民群众日益增长的物质文化需求，让经济社会发展的成果惠及最广大人民群众，不断增强全社会的创造活力，形成加快崛起、富民兴赣的强大的合力，逐步实现全体人民的共同富裕。

二是国内外的良好发展态势为江西建设和谐社会、推进政府转型营造了宽松的外部环境。从国际环境看，虽然国际上出现不确定因素增多，世界经济发展不平衡加剧，南北差距进一步拉大，各主要经济体之间的发展也很不均衡。但总体上对我国经济发展仍然有利，蕴藏着不少发展机遇，机遇大于挑战。从国内形势看，中央提出科学发展观和建设社会主义和谐社会的重大战略思想，为我们指明了发展方向；中央调控宏观经济的政策更加科学稳健；促进中部地区崛起战略进入实施阶段，国家对中部地区的支持力度必然加大。江西省这几年打下了比较扎实的基础，积蓄了相当的发展能量。

综合国际国内各种因素，应该说未来五年乃至较长一段时期内，我们仍然面临较大的发展机遇，这为江西构建和谐平安社会，推进政府转型提供了较为宽松的国内外发展环境。

（二）推进江西政府转型的总体目标和基本原则

在构建和谐平安江西中，全省推进政府转型的总体目标应是：充分履行经济调节、市场监管、社会管理和公共服务“四位一体”职能的责任政府；提供优质公共产品、创造良好经济社会环境、维护人民群众利益的服务政府；依法行政、严格执法的法治政府。

为此，必须遵守以下基本原则：

第一，紧紧把握政府职能转变这个核心。通过政府转型，切实把政府职能转到“经济调节、市场监管、社会管理、公共服务”上来。要加强某些与市场经济相适应，有助于促进市场经济发展，有助于促进统筹城乡发展、统筹区域发展、统筹经济社会发展、统筹人与自然和谐发展、统筹国内发展和对外开放的职能；同时要尽量减少行政干预，把本应由市场调节、公民自治、社会中介管理加以解决，且市场调节、公民自治、社会中介管理能够解决好，甚至能够解决得比政府更好的事交给市场、公民和社会，不再“越位”和“错位”。

第二，始终抓住提供公共服务这个中心。随着现代社会的发展，公共支出和公共部门的扩大是经济社会发展的客观趋势。努力实现以公共服务为中心的政府转型，既是落实以人为本的科学发展观的重要保障，又是在宏观调控中推进改革，保持经济持续增长的重要举措。在市场经济条件下，政府要通过提供公共服务和基本的公共产品，用以解决每一独立的市场主体所不能解决的许多公共问题，包括公共政策、公共设施、公共安全、公共卫生等等，保证和维护正常的社会经济秩序，实现经济社会的协调发展。

第三，坚持从江西省情出发，遵循经济社会发展规律。要立足省情，从实际出发，总结本省的实践经验，不断开拓创新；同时认真吸取和合理借鉴其他省市甚至是国外公共管理的有益经验，防止关门搞改革的倾向。按照建设精干、高效、廉洁、诚信、服务型政府的要求，始终把减少政府占用的社会资源、简化行政程序、提高政府提供社会公共产品的水平、增强企业和市场的能动性作为改革的着眼点和出发点。

第四，实现政府转型与其他改革的有机协调。政府转型不能脱离改革的总体部署，要认真分析政府转型与其他改革之间的辩证关系，处理好局部与全局的关系，实现政府转型与其他改革的协调推进。同时，要根据政府转型在国家整个改革与建设事业中的特殊地位，善于利用政府转型的成果整体性地推进各项改革与建设事业。

第五，坚持循序渐进、积极稳妥。政府转型涉及利益和权力格局的调整，涉及许多部门、许多干部职工的切身利益，直接影响着经济发展和社会稳定。因此，在改革中，要加强领导、统筹规划、精心组织、妥善安排，将不良效应和负面影响减少到最低程度。

四、推进政府转型、建设和谐平安江西的政策措施

（一）推进行政管理体制改革，切实转变政府职能

要实现政府转型，关键是转变政府职能。一是转变经济调节职能，要求政府对全省社会总需求和总供给进行总量调控，并促进经济结构调整和优化，保持经济持续快速协调健康发展；二是转变市场监管职能，要求政府依法对市场主体及其行为进行监督和管理，维护公平竞争的市场秩序，形成统一、开放、竞争、有序的现代市场体系；三是加强社会管理职能，制定社会政策和法规，依法管理和规范社会组织、社会事务，化解社会矛盾，调节收入分配，维护社会公共、社会秩序和社会稳定；四是强化公共服务职能，加强城乡公共设施建设，发展社会就业、社会保障服务和教育、科技、文化、卫生、体育等公共事业，发布公共信息，为社会公众提供优质高效的公共产品和服务。同时要进一步推进政企分开、政资分开、政事分开、政府与中介组织分开，理顺政府与企业、市场和社会的关系。

（二）推进财政税收体制改革，进一步转变财政职能

要进一步明确财政职能的合理范围和财政在提供半公共品或混合产品方面的支出职责，紧密联系财政职能实现方式的创新，实现财政职能调整，优化财政支出结构。一是加大对农业和农村的投入，省级财政新增用于教育、卫生等方面的投入主要用于农村，使农村农业逐步融入到城乡一体化发展的格局当中。二是加大财政对教育、医疗卫生、社会保障等社会事业的支持力度，推进社会事业的投入、建设和管理体制创新，建立较为发达的公共教育体系、公共卫生体系和文化事业体系，尽可能地解决老百姓教育、医疗卫生和社会保障等方面的问题。三是大力支持环境保护和生态建设，抓紧研究采取相关财税政策措施，大力发展循环经济和绿色经济，形成有利于节约资源、减少污染的生产模式和消费模式，逐步建立森林生态效益补偿机制，促进森林生态保护工作走上可持续的良性发展轨道。

（三）创新和完善政府管理方式

以深化行政审批制度改革、完善科学民主决策机制、推行政务公开为重点，不断创新和完善政府管理方式，是实现政府转型，加快和谐平安江西建设的重要内容。一要深化行政审批制度改革，在贯彻《行政许可法》已取得阶段性成果的基础上，进一步减少和规范行政审批。二是完善科学民主决策机制，制定重大决策的规则和程序，通过多种渠道和形式广泛集中民智，使决策真正建立在科学、民主的基础上。三是坚持“严格依法、全面真实、及时便民”的原则，全面推行政务公开，把政务公开纳入行政机关目标考核的重要内容，使其成为各级政府施政的一项基本制度，不断提高政府工作的透明度，切实保障人民群众的知情权、参与权和监督权等民主权利。

（四）转变政府的管理理念

实现经济、社会事业和人的全面协调发展，是构建和谐平安江西的重要内容，也是政府管理理念创新的主要内容之一。一是树立正确的经济社会发展理念，既要把发展作为构建和谐平安江西的第一要务，又要把科学发展观的理念贯穿到发展的全过程，大力推进农业农村现代化、新型工业化、新型城镇化、经济国际化和市场化，加快创新创业江西、绿色生态江西、和谐平安江西建设。二是进一步转变机关作风，不断提升政府形象。要在全省范围深化开展政风群众评议活动，通过发放调查问卷，网上民意测评，召开座谈会以及组织明察暗访活动，科学量化测评结果，排出名次，明确奖惩制度；在全省范围内加强公务员业务水平和服务能力培训，通过举办信息化培训班，邀请专家专题报告，境内外考察学习等形式提高公务员运用电子技术的能力和科学管理的水平。开展规范公务用语，文明服务系列活动，提高公务员服务意识和服务水平；要根据地方实际，出台有关服务承诺规定，比如限时办结制，首问负责制等。

（五）加快推进和完善垄断行业改革

首先，对于尚未进行政企分开的垄断行业，如铁路、邮政、城市公用事业、盐业等，改革的重点是尽早推行政企分开。其次，对于

电力、电信、民航等政企分开基本完成的垄断行业，改革的重点是要在原来的独家经营变成多个国有企业多家经营的基础上，逐渐推进到国有企业和非国有企业在同一个领域的竞争，引入新的市场主体。第三，区分垄断行业中的自然垄断业务和非自然垄断业务、核心业务和辅助业务、普通服务业务和其他业务，清楚界定政府的不同职能。对于非自然垄断业务，改革的方向是形成一个充分竞争的市场格局，政府将逐渐放松准入等方面的监管，主要以一般性的反垄断法律法规约束企业的市场经营行为。对于仍然具有垄断性质的业务，改革的方向应该是加强监管，同时改变监管方式，以准入监管为主转变为以激励性监管为主。

（六）促进公有制经济与非公有制经济和谐发展

政府职能转变滞后，不少政府部门仍习惯于以公有制经济为主要服务对象，尚未真正做到进行社会公共管理，即面向全社会各类所有制企业，而且一视同仁。这就迫切需要进一步完善非公有制经济发展的体制和政策环境，促进公有制经济与非公有制经济的和谐发展。一要进一步放宽非公有制经济市场准入，消除歧视性政策，确保非公有制经济享受平等待遇，拓展非公有制经济发展空间。二要加快完善非公有制经济企业公共服务体系，建立并完善面向非公有制经济的社会服务体系，加大对中小企业及服务体系的财税金融支持力度，拓宽中小企业直接融资渠道。三要积极引导非公有制企业依靠制度创新，不断加快管理创新和技术创新步伐，提高其自身素质，增强其竞争实力。四要加强和改进对非公有制企业的监督和管理，将政府职能从非公有制企业发展初期的直接管理向间接管理转变，从以管理为主向以主动服务和积极引导转变，不断改进对非公有制企业的监管方式，提高监管水平。

（七）不断丰富公共政策的制定和实施内涵

在公共政策的制定和实施中，要转变为围绕公正、公平和正义的目标，抓好社会稳定、社会保障和社会矛盾化解三大社会支撑。社会稳定、社会保障和社会矛盾化解是加强社会管理、构建和谐社会的重要任务。一是加强和谐社区建设，倡导人与人和谐相处，增强社会和谐基础；二是正确处理新形势下的人民内部矛盾，完善社会纠纷调处机制；三是加强社会治安综合治理，推进社会治安防控体系建设，保障人民群众安居乐业；四是健全覆盖全省的统一的社会保险、社会救助、社会福利和慈善事业相衔接的社会保障体系。

（八）保护和发展好得天独厚的生态环境

生态环境是人类生存和发展的基本条件，是经济、社会发展的基础。任何时候，保护和发展好江西优良的生态环境，实现经济社会可持续发展和人与自然和谐发展，都是江西省各级政府的重要职责和发展一切事业的前提。一要按照科学发展观的要求，科学、合理地编制江西省生态环境建设和保护规划，进一步完善资源、生态、环境与经济协调发展的科学咨询和综合决策机制。二要制定生态环境建设和保护目标责任制、问责制、行政责任追究制和行政监察制度，定期检查和监督各级政府和有关部门生态环境建设和保护目标责任书的完成情况，并作为领导干部政绩考核、选拔任用和奖惩的重要依据。三要逐年增加各级政府对公益性生态环境建设和保护项目的投资，将生态环境建设和保护投资列入各级财政预算的正常支出科目，足额保证政府投资各类建设项目中的生态环境保护、治理工程投资。四要制定有利于生态环境建设和保护的环境经济政策。按照“谁受益、谁补偿，谁破坏、谁恢复”的原则，建立和完善资源补偿制度和生态环境补偿制度。

（九）加快社会主义新农村建设，大力加强农村公共服务

建设社会主义新农村，是党中央按照科学发展观做出的重大战略部署，是我国现代化进程中的一项重要历史使命，事关我国改革开放和现代化建设的大局，已经成为全党全社会的共同认识和共同行动，更是全省各级政府转

型、建设和谐平安江西的重要的内容。一是加大农村基础设施建设支持力度，不断改善农村生产生活条件。加快农村公路建设；实施农村饮水安全工程；积极发展农村清洁能源，大力普及农村沼气；继续推进水电农村电气化县建设不断提高农村电气化水平；加大改水改厕力度。二是加强农村社会公益事业发展，切实提高农民综合素质和生活质量。大力发展农村教育事业，普及和巩固农村九年义务教育，对农村免收杂费，对贫困家庭学生提供免费课本和寄宿生活费补助；加强农村公共卫生和基本医疗服务体系建设，巩固和健全县乡村三级农村医疗卫生服务体系，提高乡镇卫生院服务能力和水平；加强农村文化工作，健全农村公共文化服务网络，实现县有文化馆、图书馆、乡镇有综合文化站、行政村有文化活动室；实施新一轮自然村广播电视“村村通”工程；大力倡导文明新风，培养有文化、讲道德、守法纪、懂技术、会经营的新型农民。

（十）努力打造诚信江西，强化政府的公共权威

政府的公共权威是政府实施有效管理的基础和前提。一要提高政府公信度，在服务、决策、执行、监督等方面规范行为，遵守信用，带动全社会打造江西诚信品牌。二要加快金融、税务、工商、环保、质监、海关、社保、建设、安全等部门同业征信系统和企业、个人信用信息系统建设，实现跨部门、跨行业企业信用信息交换，构建全省企业信用信息共享平台，建立企业信用信息查询发布系统，依法披露信用担保制度。三要加强公民诚信教育，加快建立个人信用信息数据库，强化行为约束，使良好的个人信用成为建设诚信江西的基础。提倡做有爱心、讲情操、守法纪的公务员，广泛开展社会公德、职业道德、家庭美德教育，弘扬井冈山精神和革命老区精神，在全社会形成团结互助、平等友爱、共同前进的社会氛围和人际关系。

（十一）建立健全以利益协调机制为核心的社会控制机制，有效防范和化解影响社会安定的不和谐因素

建立健全包括利益引导机制、利益约束机制、利益调节机制和利益补偿机制等在内的社会利益协调机制，引导公众以理性合法的形式表达利益要求、解决利益矛盾，妥善处理不同利益主体之间的利益关系。在推进改革和发展中，要坚持把最广大人民的根本利益作为制定政策、开展工作的出发点和落脚点，正确反映和兼顾不同方面群众的利益，同时要高度重视和维护人民群众最现实、最关心、最直接的利益，坚决纠正各种损害群众利益的行为。尤其要特别关心弱势群体的生产生活，建立更加有效的社会支持系统，提供实实在在的制度性保障，切实解决他们的实际困难，使改革发展的成果能够惠及全体人民。

（江西省发展和改革委员会课题组）

参考文献：

［1］谢建社主编《新产业工人阶层——社会转型中的“农民工”》（2005年）

［2］《中国精心设计“深水区改革”》（摘自《经济参考报》）

［3］《政府工作报告》2005年

［4］《关于2005年深化经济体制改革的意见》（国务院2005年9号文）

［5］中国社会科学院刘国元著《读政府职能与财政职能的转变》

［6］《中共中央关于制定国民经济和社会发展第十一五年规划的建议》（2005年）

［7］卢淳杰著《20世纪美国的政府改革历程与启示》（选自《学术研究》2004年第5期）

［8］陈雪莲著《公共行政体制的创新——深圳市行政审批制度改革》2005年

［9］钟开斌著《理念、范式、制度：面对社会矛盾纠纷的政府选择》

［10］陈家刚著《以制度创新推动地方治理转型——海口市推行“三制”实践的个案分析》

［11］胡锦涛《积极稳定要推进行政管理体制改革加快转变政府职能提高行政效率》（2005年12月2日在中共中央政治局第27次集体学习）

［12］《改革攻坚的进程与建议——2005年上半年改革形势分析与综述》（中改院）

[13] 黄智权《在全省领导干部会议上的讲话》(2005年)

[14] 中国(海南)改革发展研究院:《加快建设公共服务型政府》

[15] 汪玉凯著《构建和谐社会关键在于公共治理》

[16]《政府转型是建设和谐社会的关键》(2005年3月16日《决策》)

[17] 迟福林著《中国改革阶段的政府转型》(2005年)

[18]《上海巨变的启迪——改革和创新的实践与探索》(周太彤主编,上海人民出版社出版)

[19]《公共管理原理》(陈振明编著,中国人民大学出版社出版)

[20]《中国经济增长:制度因素分析》(社会科学文献出版社出版)

[21]《2005年中国改革评估报告》(迟福林主编,外文出版社出版)

宁夏回族自治区
社会主义新农村建设规划纲要

(2006—2010年)

为了扎实有序地推进的社会主义新农村建设,按照中央的总体部署和要求,结合宁夏回族自治区党委、政府《关于全面推进社会主义新农村建设切实做好2006年农业农村工作》和《自治区国民经济和社会发展第十一个五年规划纲要》,制定宁夏回族自治区社会主义新农村建设"十一五"规划纲要。

一、指导思想

建设社会主义新农村,必须坚持以邓小平理论和"三个代表"重要思想为指导,以科学发展观为统领,按照"生产发展、生活宽裕、乡风文明、村容整洁、管理民主"的总体要求,以发展农村经济和增加农民收入为中心,以提高农业综合生产能力、建设现代农业、加快基础设施建设和社会事业发展、解决农民最为关切的实际问题为着力点,深化农村改革,实现体制创新,坚持从实际出发、因地制宜、科学规划,推动宁夏农村经济、政治、文化、社会建设和党的建设协调发展。

二、基本原则

坚持城乡统筹、共同发展。坚持科学的发展观,统筹城乡经济社会发展,贯彻工业反哺农业、城市支持农村的方针,加大"三农"工作的力度,投资重点转向农村。在推进社会主义新农村建设的同时,加快推进城市化,增强城市的辐射带动作用,带动农村发展,形成城乡良性互动、协调发展的格局。

坚持发展生产、富裕农民。以发展农村经济为中心,进一步解放和发展农村生产力,夯实社会主义新农村建设的产业基础,拓宽农民增收渠道促进农民持续增收。

坚持改革推动、创新机制。扎实推进以乡镇机构、农村义务教育和县乡财政管理体制改革为主要内容的农村综合改革,巩固农村税费改革成果。总结经验,把握规律,创新新农村建设的体制机制,确保社会主义新农村建设有力有序有效地推进。

坚持因地制宜、循序推进。从各地自然条件、经济基础、收入水平、社会发育状况出发,抓住重点,突出特色,因地制宜,循序推进，不搞一个标准、一个进度、一种模式，逐步探索和形成各具特色的发展道路和建设模式。

坚持农民为主、政府引导。农民是新农村建设的直接受益者，也是新农村建设的主体力量。要充分激发和调动广大农民群众自力更生、艰苦奋斗、建设家园的积极性、主动性和创造性。政府通过多种形式的引导，从农民最需要的事情办起，用农民看得见、用得上、真正得实惠的建设项目，吸引广大农民群众自愿投资投劳，发展生产，增加收入，改善居住环境和农村面貌。

三、建设目标

经过五年的努力，到 2010 年，力争使灌区三分之一的行政村（农垦农场）、山区三分之一的自然村，经济社会发展水平整体明显提高；灌区 80% 的村民、山区 60% 的村民能够享受到自治区规划建设的特色优势产业基地，教育、科技、文化、卫生、社保等社会事业的辐射，宁夏基本达到“产业发展形成新格局，农民生活实现新提高，乡风民俗倡导新风尚，村容村貌发生新变化，民主管理形成新机制”的目标。

四、主要任务

“十一五”期间，自治区将动员全社会力量重点实施八大工程，全面推进社会主义新农村建设。

（一）特色产业发展工程

按照现代农业发展的本质要求，加快实施宁夏特色优势农产品区域布局及发展规划，大力调整农业结构，稳步发展传统基础产业，着力发展区域特色产业。到 2010 年，宁夏粮食种植面积稳定在 1200 万亩，粮食产量稳定在 300 万吨左右；新增蔬菜、水产养殖面积，使蔬菜种植达到 130 万亩，淡水鱼达到 30 万亩，外销率分别达到 40% 和 70% 以上；新增枸杞、西甜瓜、马铃薯、红枣、葡萄种植面积，加大奶牛、肉牛、肉羊产量，形成 50 万亩枸杞、100 万亩西甜瓜、300 万亩马铃薯、30 万亩优质葡萄、60 万亩红枣、50 万头奶牛、100 万头肉牛、万只肉羊等 8 个区域化、规模化、专业化程度较高的特色农产品产业带，畜牧业产值占农业总产值的比重提高到 45% 以上，农产品加工业产值 230 亿元，90% 以上的农产品实现标准化生产，主要农产品全部实现产业化经营，使宁夏农业增加值达到 85 亿元，年均递增 4%，农民人均纯收入达到 3250 元，年均增长 5% 以上。

（二）农业综合生产力上台阶工程

加强农田水利基本建设，提高现有耕地质量，开发后备耕地资源，继续实施“581 工程”、引黄灌区续建配套和节水改造工程，抓好农业综合开发项目建设。到 2010 年，增加灌溉面积 100 万亩，改善中低产田 100 万亩，使宁夏有效灌溉面积达到 600 万亩；兴修旱作基本农田 150 万亩，开发井灌区 20 万亩，改造库井灌区。大力发展农业机械，宁夏农机总动力达到 650 万千瓦，农作物综合机械化水平明显提高。

（三）乡村人居环境建设工程

实施村容村貌“千村整治”工程，每年整治 350 个左右的示范村庄，力争用 3 年时间初步完成 1000 个村庄的整治工作，到 2010 年，宁夏村庄综合整治率达到 50% 以上。引黄灌区规划整治的村庄（农垦农场），以完成改水、改厕、改灶、改路和清理围墙院落、清理垃圾粪便、清理边沟污泥、清理乱堆乱建（四改四清）为主要任务。继续实施塞上农民新居及南部山区特困灾民危窑危房改造工程，完成川区农民新居和山区危窑危房五年建设与改造规划，2010 年，引黄灌区 50% 以上的农宅达到安全、舒适，改造山区危房危窑 4 万户。

加强农村道路、供电、能源、安全饮水、绿化等与农民人居环境密切相关的基础设施建设。

抓住国家实施农村“千亿元”公路工程的有利时机，新建、改建各种农村公路 7700

公里，重点使500个行政村通等级公路、500个行政村通油路，实现宁夏100%的行政村通等级公路，80%的行政村通油路的目标，彻底改善农村的道路状况。

完成农村电网改造的续建配套工程，优化农村中低压电网，进一步提高农村供电能力，到2010年，农户通电率达到99%，基本满足农村未来10～15年对电的发展需求。

加大农村能源建设力度，农村沼气入户率达到30%，山区太阳能入户率达到50%，基本普及节能灶炕，农村卫生厕所普及率达到45%。

加快农村安全饮水工程建设，解决宁夏100万人、中部干旱带41万人的饮水安全问题，灌区村普及自来水，农村安全饮用水普及率达到72%。

搞好房前屋后绿化，村庄绿化覆盖率达到20%以上。按照“户集、村收、乡镇处理”的方式，集中建设一批乡村垃圾处理中心，基本消除生活垃圾及污水对农村环境造成的污染。

（四）社会事业发展工程

大力发展农村教育、文化、卫生、社会保障等社会公共事业，加快建立和完善村镇社区服务体系，保障农村基本社会功能，做到“一村（行政村）、一园（幼儿园）、一校（小学校）、一所（卫生与计生服务所）、一中心（文体活动中心）”。

大力普及和巩固农村义务教育，加快发展农村职业教育，山区全面普及九年义务教育，川区基本普及高中阶段教育，宁夏“两基”人口覆盖率达到85%。调整学校布局，集中建设农村寄宿制初中，认真落实“一费制”、“两免一补”等政策，加大城镇教师支援农村教育的力度，加强农村薄弱学校改造，完成中小学危房改造，完善现代远程教育，宁夏农村中小学网上远程教育覆盖面达到100%。

加强农村公共文化建设，推动文化资源向农村倾斜。加快县文化馆、图书馆和乡镇文化站、村文化室等公共文化设施建设，构建农村公共文化服务网络。继续实施广播电视“村村通”工程，80%的乡镇通有线电视，90%的农民免费收看到8套以上的电视节目。积极开展多种形式的群众喜闻乐见、寓教于乐的文体活动，保护和发展有地方特色的优秀传统文化，引导文化工作者深入乡村，满足农民群众多层次、多方面的精神文化需求。

加强农村卫生工作。完善县、乡、村三级农村卫生服务网络，重点支持乡镇卫生院和村组卫生室的建设，用3年时间完成宁夏188个乡镇卫生院和2536个村卫生室的设备配置与建设任务，每个行政村建成一个规范的卫生室，基本做到小病不出村。乡、村卫生机构要有用房、有设备、有人员、有经费，用药实行零利润，对乡村骨干医师、医技和公共卫生人员的培训予以补助。进一步完善农村医疗救助制度，全面实行农村新型合作医疗改革。

重视人口和计划生育工作。稳定和完善现行的生育政策，完善“少生快富”工程奖励扶助机制，积极开展农村二女户养老保险。加强农村计划生育服务设施建设，村一级实行卫生室与计生服务站共建共用，“十一五”末宁夏人口自然增长率降到9‰以下。

建立农村社会保障制度。积极稳妥地推进农村养老保险、最低生活保障制度建设，探索建立农民工养老、医疗、工伤保险制度。逐步建立就业救助、教育救助、住房救助、司法救助等社会救助制度。加快农村敬老院建设，用3年左右时间，对宁夏农村敬老院进行改扩建。

（五）生态环境治理建设工程

继续实施好退耕还林还草、“三北”防护林、天然林保护、水源涵养林、荒漠化土地治理等工程，新增造林面积60万公顷，累计治理沙质荒漠化土地面积60万公顷。加强自然保护区建设及黄河湿地保护，自然保护区面积达到63.9万公顷。加快小流域综合治理，实现水土流失的有效防治和水土资源的可持续利用，治理水土流失面积50万公顷。搞好灌区农田林网建设和环村庄绿化，实施大六盘生态经济圈建设规划，构建六盘山森林生态系统。继续全面实施禁牧封育，切实加强草原的保护和建设，围栏改良草场66.7万公顷。加强林木抚育管护、森林防火和病虫害防治，加大依法治林和科技兴林力度，确保森林草原植被有效恢复。加快培育生态建设后续产业，巩固退耕还林（草）成果，逐步建立稳定的生态建设长效机制。

（六）扶贫开发解困工程

继续坚持开发式扶贫的方针，加强整村推进、区域特色优势产业开发和劳务输出工作，改善生产生活条件，提高贫困人口素质，拓宽增收脱贫渠道，稳定地解决贫困地区的温饱问题，贫困地区农民人均纯收入达到2000元以上，正常年景返贫率控制在5%以下。对缺乏生存条件地区的贫困人口实行易地搬迁，对丧失劳动能力的贫困人口实行政府救助，对引黄灌区的低收入户实行结对帮贫，动员全社会的力量参与扶贫开发。

（七）乡风文明建设工程

加强农村精神文明建设，深入推进文明村镇、和谐村组、和谐家庭等形式多样的创建活动，形成农村家庭和睦、团结友善、勤俭自强、诚信守法的新风尚，90%以上的村达到文明村标准。认真实施公民道德建设工程，开展“政策、科技、道德、法律、产业发展项目”五到户活动，引导广大农民崇尚科学，遵纪守法，热爱劳动，艰苦奋斗，爱党爱国，移风易俗，形成文明、科学、健康的生活方式，创建农民群众安居乐业、和谐友好的新村庄。

（八）管理民主推进工程

加强农村基层领导班子、党员队伍建设和基层组织的阵地建设，搞好农村党员干部教育培训，增强农村基层干部带领群众增收致富、建设社会主义新农村的能力。继续开展农村党的建设“三级联创”活动，充分发挥农村共青团和妇联组织的作用，建立完善农村建设指导员制度，重点抓好农村基层组织建设指导员、农业科技指导员、村镇规划指导员的下派工作，逐年扩大下派面。转变乡镇政府职能，提高农村公共服务、公共产品供给能力。进一步推进村民自治，加强村务公开和民主议事，完善村民会议或村民代表会议制度、村民议事制度、年终总结报告制度、评议党员干部制度、财务管理公开监督制度，使民主决策、民主管理、民主监督能力明显增强。

五、分区建设

针对宁夏实际，新农村建设要从川区（农垦农场）、中部干旱带、南部山区的实际出发，因地制宜，各有侧重，分类推进。

引黄灌区具有较好的基础条件和发展潜力，在推进社会主义新农村建设的过程中，要以提高农产品竞争力、促进农民收入较快增长为目标，以设施农业为突破口，大力推进现代农业发展，强化新农村建设的产业支撑，提高农业产业的集约化、规模化、市场化、科技化和产业化水平。加强基础设施建设和农村社会事业发展，整治村容村貌“脏、乱、差”现象，建设“塞上江南”新景观。2010年，灌区基本做到户均一亩设施农业，或一亩特色高效农作物，农民人均纯收入增加2000元，收入水平达到5500元，城市化率达到60%以上，基础设施配套，建立起功能基本完备的农村社会服务体系。

中部风沙干旱带是宁夏生态环境最为脆弱、生活环境最为艰苦的地区，要把解决广大农民群众生产生活最迫切的农村人畜饮水、生态建设、吃饭花钱等问题作为今后五年新农村建设的首要任务。继续抓住国家大规模实施退牧还草的有利时机，切实搞好草场植被恢复与保护，巩固封山禁牧成果。按照“生态优先、草畜为主、特色种植、产业开发”的发展思路，大力发展草畜产业、马铃薯、西甜瓜、枸杞等特色产业，力争农民人均纯收入年均提高5%以上。在中央的支持下，通过多种措施从根本上解决人畜饮水问题，对建设成本大，居住分散的农牧民实行移民搬迁。

南部黄土丘陵山区具有发展农业的潜力和优势，要通过扶贫开发带动农业和农村各项事业的发展。充分利用六盘山系山高雨多的有利条件，通过水源涵养林、退耕还林、退牧还草、荒山造林、天然林保护、小流域治理、生态移民等项目的配套实施，尽快构建大六盘生态经济圈生态支撑体系。以基本农田建设为中心，坚持流域治理和生态建设相结合，继续改善农业生产条件，努力提高农业的综合生产能力。大力发展马铃薯、劳务、草畜、旅游、小杂粮等特色产业，发展退耕还林后续产业，五年内，初步建立起生态系统与经济发展良性互动的发展框架，实现人均三亩高标准基本农田，户均一名劳务输出人员，农民人均纯收入达到2500元，基础设施和农村公共事业得到发展。

六、保障措施

（一）科学制定规划

社会主义新农村建设涉及经济、政治、文化、社会和党的建设各个方面，必须结合各地、各部门的实际，制定科学务实的建设规划。

县一级是社会主义新农村建设规划的重点。要按照统筹城乡经济社会发展的要求，根据经济实力、村镇现状、人口结构、风俗习惯等方面的具体情况，对产业发展、生产生活设施改善、生态环境建设、社会事业发展等全面进行规划，制定新农村建设的目标任务，明确工作重点，落实发展项目，确立政策措施，有计划、有步骤地逐步推进。

编制村庄规划。村庄是新农村建设的载体，具体体现新农村建设成果，村庄的规划建设水平直接关系到新农村建设的整体水平。各地和自治区有关部门要联手抓紧编制村庄布局规划和建设规划，一村一策，村村建档。村庄规划要着眼于长远和未来，统筹经济和社会发展，从实际出发，因地制宜，充分考虑农民的意愿和承受能力，要突出特色。村庄规划必须经村民大会或村民代表会议讨论通过，乡镇审核批准后才能实施。严禁未规划先建设、边规划边建设、违反规划乱拆乱建等现象。

部门规划和行业规划是落实自治区社会主义新农村建设各项目标任务的重要保证。自治区有关部门要结合自身实际制定相应的配套规划。

（二）增加政府投入

“十一五”期间，自治区财政将进一步扩大支农资金，提高预算内资金用于农村建设的比重，不断加大对农业特色优势产业、基础设施、农业科技、农民培训、农村社会事业、农村社会化服务体系等方面的投入力度，形成新农村建设稳定的资金来源。市、县（市、区）两级财政也要形成稳定的财政投入机制，新增教育、卫生、文化等事业经费主要用于农村，基本建设资金增量主要用于农村，政府征用土地出让收益主要用于农村。按照自治区、市、县分级负责的原则，加大预算内村镇基础设施建设投入。

（三）开展试点示范

“十一五”期间，经过行政村申报，自治区选择基础条件好、村党支部班子强、农民积极性较高的120个行政村（农场）开展创建试点示范活动。示范村（农场）要围绕产业发展和农民增收，积极探索不同类型地区促进产业发展、增加农民收入的长效机制，探索政府支持和引导农民开展新农村建设的方式和方法，探索涉农项目资金整合的路子和办法，探索村务活动民主管理的有效机制，发挥试点的典型示范作用，指导宁夏面上工作。要充分发挥政府的支持、引导作用，积极调动农民群众的积极性和创造性，使试点村（农场）的公共基础设施基本完善，社会事业基本配套，农村整体面貌有较大改观。

自治区每年安排一定的资金，用于试点单位以奖代补，并按年度安排一定数量的建设物资，支持试点单位用于改造住房和公益事业发展。各地要抓紧制定试点工作具体操作方案，进一步明确村庄的规划布局、改造内容、建设标准、相关政策、组织领导、实施步骤，并在资金、实物等方面给予扶持。试点地区的建设项目原则上由所在市、县（市、区）负责安排。要认真总结成功经验，推广好的典型，充分发挥典型的示范引导作用，推动面上工作开展。

（四）实行整村推进

新农村建设既要按照各个部门、地区的规划全面建设，也要按照新农村建设的内容整合各方面的项目资金，以村集中布局，统一建设，整体推进，提高村庄建设的整体效果。根据新农村建设规划的重点项目，加强各部门、各方面项目协调和整合力度，在不改变资金用途和管理渠道的前提下，集中向农村投入，提高资金使用效率。自治区将整合“十一五”规划提出的特色农业发展、农民新居、农村人畜饮水解困、农村道路畅通、电视通信村村通、农村清洁能源、农民初级卫生保健、扶贫开发、农村义务教育、农村社会保障等工程项目，优先覆盖新农村建设的试点示范村，集中力量推进新农村建设。各地要结合制定村级建设规划，确定年度整村推进建设目标。今后，凡是新安排的农村建设项目，包括产业、水利、供水、排污、交通、绿化等，都要进行项目整合。

（五）深化农村改革

按照中央统一部署搞好农村综合配套改革，重点推进乡镇机构、农村义务教育和县乡财政体制改革，巩固农村税费改革成果。要切实转变乡镇政府职能，精简机构人员，加强政府社会管理和公共服务职能。要建立和完善各级政府责任明确、财政分级投入、经费稳定增长、管理以县为主的农村义务教育管理体制，逐步将农村义务教育全面纳入公共财政保障范围，构建起农村义务教育经费保障新机制。全面推行“乡财县管乡用”的财政管理方式，逐步化解乡村债务。

统筹推进农村其他改革。改革完善农村基层服务体系，提高为农民综合服务的水平。加快兽医管理体制改革，建立健全动物疫病防控体系。深化粮食流通体制改革，建立并完善粮食行政管理、储备管理和购销市场体系，加强对粮食市场的宏观调控。继续推进灌区供水体制和水费管理制度改革。加快国有农林牧场体制改革，转变经营机制，建立现代企业制度。加快供销合作社改革，搞活内部经营，建设现代经营网络。改革土地补偿办法，提高土地补偿费用标准。加快推进农村金融改革，强化支农服务功能。进一步推进林权制度改革，实行林业分类经营。

（六）加强民主管理

完善和落实村民民主选举、民主决策、民主管理和民主监督机制，抓好村民自治，凡是涉及村民利益的大事必须经村民会议或村民代表大会讨论决定，做到让村民自我管理、自我教育、自我服务。在自然村建立新农村建设理事会，通过理事会发动组织群众参加新农村建设，对新村庄进行管理。健全村务公开制度，把群众关心的村级财务收支、宅基地的分配、粮食直补金、征地补偿款的发放、计划生育指标的领取、村干部的工资补贴、集体企业的承包、公益事业的花费等情况，实行全面公开，做到民财民理、民事民议。

七、组织领导

社会主义新农村建设是一项长期而繁重的历史任务，各级党委、政府要全面理解和把握新农村建设的内涵和要求，把新农村建设摆上重要议事日程，加强领导，认真规划，统筹安排，精心组织，狠抓落实，扎实有效推进新农村建设。

强化组织协调。自治区党委农村工作领导小组负责宁夏社会主义新农村建设，所辖办公室负责新农村建设工作的组织、协调、督查、总结工作，自治区农牧厅负责创建社会主义新农村建设的示范试点活动。领导小组各成员单位要明确在社会主义新农村建设中的职责和任务，完善工作思路，制定具体方案，抓好组织落实。各地要明确新农村建设的组织机构，做到有人抓、有人管、有人督促检查和考核，通过制定具体的工作规划和实施细则，使新农村建设的各项目标任务落在实处。各级党政领导干部要深入农村第一线，掌握新农村建设的进展情况，协调解决新农村建设中存在的困难与问题，要建立领导干部联系村制度。

调动县级积极性。县一级是新农村建设的直接组织者，是落实社会主义新农村建设各项目标任务及措施的关键。要按照“省级规划、部门帮助、县级主抓、行动在村”的原则，强化县一级的责任。县级财政要逐步增加对新农村建设的投入，积极调动和吸引社会资金参与新农村建设，着力支持解决农民生产、生活中最紧迫的实际问题。加强县级规划，制定近中远期目标，逐村落实规划任务。自治区通过科学的考核办法，对社会主义新农村目标任务完成情况进行综合考评，加强对县一级工作的督促检查。

加强舆论宣传。充分利用报纸、广播、电视等新闻媒体和农村文化阵地，开辟专题专栏，广泛开展新农村建设宣传活动，及时报道新农村的建设成果、成功经验、先进典型，不断激发社会各方面的建设热情，推动新农村建设不断深入，努力营造全社会关心、支持和参与新农村建设的浓厚氛围，使建设社会主义新农村成为宁夏上下的共同认识和共同行动。

动员社会力量参与。充分发挥和调动农民群众的积极性、主动性和创造性，增强农民的自我发展能力，引导农民投身于社会主义新农村建设。在制定规划、开展建设、实施项目时，要广泛征求农民群众意见，尊重农民意愿，反映农民要求。充分发挥城市带动农村的作用，加大城市生产要素对农村的辐射与支持，加强各项为农服务。广泛发动群众，引导党政机关、人民团体、企事业单位和社会各界人士投身社会主义新农村建设。

（宁夏回族自治区党委政策研究室、宁夏回族自治区发展和改革委员会）

统计资料篇

2005 年全国各地区国内生产总值综合分析表

地区	国内生产总值（亿元）		占全国比重（%）		占全国比重位次		同比增长速度（%）		增长速度位次		增减幅度	
	2005 年	2004 年	2005 年	2004 年	2005 年	2004 年	2005 年	2004 年	2005 年	2004 年	±百分点	位次
北京	6814.53	4283.31	3.47	2.62	10	15	11.10	13.20	26	10	-2.10	29
天津	3663.86	2931.88	1.86	1.80	21	21	14.50	15.70	3	2	-1.20	25
河北	10116.56	8768.79	5.15	5.37	6	6	13.40	12.50	6	15	0.90	2
山西	4121.18	3042.41	2.10	1.86	16	18	12.50	14.10	11	7	-1.60	26
内蒙古	3822.77	2712.08	1.94	1.66	19	23	21.60	19.40	1	1	2.20	1
辽宁	8005.01	6872.65	4.07	4.21	8	8	12.30	12.80	14	13	-0.50	19
吉林	3614.92	2958.21	1.84	1.81	22	20	12.00	12.20	17	18	-0.20	13
黑龙江	5510.00	5303.00	2.80	3.25	14	13	11.60	11.70	20	24	-0.10	9
上海	9143.95	7450.27	4.65	4.56	7	7	11.10	13.60	26	9	-2.50	30
江苏	18272.12	15403.16	9.30	9.44	3	3	14.50	14.90	3	4	-0.40	17
浙江	13365.00	11243.00	6.80	6.89	4	4	12.40	14.30	13	5	-1.90	28
安徽	5375.84	4812.68	2.73	2.95	15	14	11.80	12.50	18	15	-0.70	20
福建	6560.07	6053.14	3.34	3.71	11	11	11.30	12.10	25	21	-0.80	22
江西	4056.16	3495.94	2.06	2.14	18	16	12.80	13.20	7	10	-0.40	16
山东	18468.29	15490.73	9.40	9.49	2	2	15.20	15.30	2	3	-0.10	11
河南	10535.20	8815.09	5.36	5.40	5	5	14.30	13.70	5	8	0.60	5
湖北	6484.50	6309.92	3.30	3.87	12	10	11.40	11.30	23	27	0.10	6
湖南	6473.61	5612.26	3.29	3.44	13	12	11.60	12.00	20	22	-0.40	17
广东	21701.28	16039.46	11.04	9.83	1	1	12.50	14.20	11	6	-1.70	27
广西	4063.25	3320.10	2.07	2.03	17	17	12.70	11.80	8	23	0.90	3

续表

地　区	国内生产总值(亿元)		占全国比重(%)		占全国比重位次		同比增长速度(%)		增长速度位次		增减幅度	
	2005 年	2004 年	2005 年	2004 年	2005 年	2004 年	2005 年	2004 年	2005 年	2004 年	±百分点	位次
海南	893.14	769.36	0.45	0.47	28	28	10.10	10.40	30	31	-0.30	14
重庆	3069.10	2665.39	1.56	1.63	24	24	11.40	12.20	23	18	-0.80	22
四川	7385.11	6556.01	3.76	4.02	9	9	12.60	12.70	9	14	-0.10	9
贵州	1942.00	1591.90	0.99	0.98	26	26	11.50	11.40	22	26	0.10	6
云南	3472.34	2959.48	1.77	1.81	23	19	9.00	11.50	31	25	-2.50	30
西藏	250.60	211.50	0.13	0.13	31	31	12.20	12.20	15	18	0.00	8
陕西	3674.75	2883.51	1.87	1.77	20	22	12.60	12.90	9	12	-0.30	14
甘肃	1928.14	1558.93	0.98	0.95	27	27	11.70	10.90	19	30	0.80	4
青海	543.20	465.73	0.28	0.29	30	29	12.20	12.30	15	17	-0.10	11
宁夏	599.40	460.35	0.30	0.28	29	30	10.30	11.00	28	29	-0.70	20
新疆	2639.60	2200.15	1.34	1.35	25	25	10.20	11.10	29	28	-0.90	24
东部地区	**121067.06**	**98625.85**	**61.59**	**60.42**		**13.00**	**13.06**	**13.96**	**14.0**		**-0.90**	**-1.00**
中部地区	**49994.18**	**43061.59**	**25.43**	**26.38**		**13.00**	**13.13**	**12.99**	**12.9**		**0.14**	**0.10**
西部地区	**25504.24**	**21552.95**	**12.97**	**13.20**		**11.50**	**11.50**	**12.06**	**12.1**		**-0.56**	**-0.60**
全国	**182321.00**	**136875.90**					**9.90**	**9.50**			**0.40**	
全国合计	196565.48	163240.39		黑体数据为统计局提供			12.88	13.45			-0.57	
西部大开发区	**33390.26**	**27585.13**	**16.99**	**16.90**	**0.09**	**12.7**	**12.80**	**12.75**	**12.7**		**0.05**	**0.0**
东北三省	**17129.93**	**15133.86**	**8.71**	**9.27**	**-0.56**	**12.0**	**12.01**	**12.30**	**12.3**		**-0.29**	**-0.3**
中部崛起区	**37046.49**	**32088.30**	**18.85**	**19.66**	**-0.81**	12.5	**12.59**	**12.73**	**12.7**		**-0.14**	**-0.2**
东部10省区	**108998.80**	**88433.10**	**55.45**	**54.17**	**1.28**	**13.1**	**13.13**	**14.13**	**14.1**		**-1.00**	**-1.0**

2005年全国各地区第一产业增加值综合分析表

地区	第一产业增加值(亿元)		占全国比重(%)		占全国比重位次		同比增长速度(%)		增长速度位次		增减幅度	
	2005年	2004年	2005年	2004年	2005年	2004年	2005年	2004年	2005年	2004年	±百分点	位次
北京	95.67	102.90	0.42	0.49	27	26	-0.90	1.90	29	30	-2.80	25
天津	109.42	102.29	0.48	0.49	26	27	4.30	5.10	21	20	-0.80	15
河北	1453.87	1370.40	6.44	6.56	4	4	5.60	6.70	15	12	-1.10	17
山西	257.90	253.37	1.14	1.21	25	25	-5.40	4.50	30	24	-9.90	31
内蒙古	600.09	506.07	2.66	2.42	18	18	12.70	11.70	1	3	1.00	4
辽宁	853.60	769.90	3.78	3.68	12	13	7.30	7.90	6	9	-0.60	13
吉林	607.00	560.96	2.69	2.68	17	17	8.30	8.00	3	6	0.30	6
黑龙江	672.50	587.76	2.98	2.81	15	16	9.20	12.20	2	2	-3.00	26
上海	79.65	96.71	0.35	0.46	28	28	-9.70	-5.00	31	31	-4.70	28
江苏	1388.58	1315.38	6.15	6.29	5	5	2.80	6.00	26	15	-3.20	27
浙江	872.55	816.00	3.86	3.90	11	10	1.60	3.70	27	29	-2.10	22
安徽	940.65	932.42	4.17	4.46	9	9	1.00	8.60	28	5	-7.60	30
福建	828.76	777.87	3.67	3.72	13	12	4.00	4.50	22	24	-0.50	11
江西	770.01	711.70	3.41	3.41	14	14	6.50	8.00	8	6	-1.50	18
山东	1927.60	1778.30	8.54	8.51	1	1	4.70	6.90	19	11	-2.20	23
河南	1843.04	1647.48	8.16	7.88	2	2	7.50	12.80	5	1	-5.30	29
湖北	1069.81	1020.09	4.74	4.88	8	8	4.00	6.50	22	13	-2.50	24
湖南	1254.98	1155.85	5.56	5.53	7	7	5.70	7.40	14	10	-1.70	19
广东	1374.59	1245.42	6.09	5.96	6	6	3.20	4.20	25	26	-1.00	16
广西	902.56	811.38	4.00	3.88	10	11	6.90	5.40	7	18	1.50	1

续表

地区	第一产业增加值(亿元)		占全国比重(%)		占全国比重位次		同比增长速度(%)		增长速度位次		增减幅度	
	2005年	2004年	2005年	2004年	2005年	2004年	2005年	2004年	2005年	2004年	±百分点	位次
海南	301.10	283.84	1.33	1.36	23	23	6.00	8.00	11	6	-2.00	21
重庆	463.42	431.32	2.05	2.06	20	20	4.50	4.70	20	23	-0.20	9
四川	1495.65	1394.26	6.62	6.67	3	3	5.80	5.90	12	16	-0.10	7
贵州	359.18	334.11	1.59	1.60	22	22	5.10	5.30	17	19	-0.20	9
云南	656.18	604.33	2.91	2.89	16	15	6.30	5.60	10	17	0.70	5
西藏	47.87	43.33	0.21	0.21	31	31	4.80	4.90	18	22	-0.10	7
陕西	418.60	394.98	1.85	1.89	21	21	7.90	9.80	4	4	-1.90	20
甘肃	300.00	281.40	1.33	1.35	24	24	5.80	6.50	12	13	-0.70	14
青海	62.79	57.81	0.28	0.28	30	30	5.30	3.80	16	27	1.50	1
宁夏	69.78	65.13	0.31	0.31	29	29	3.30	3.80	24	27	-0.50	11
新疆	506.17	444.70	2.24	2.13	19	19	6.50	5.10	8	20	1.40	3
东部地区	**10187.95**	9470.39	**45.11**	**45.32**		**4.2**	**4.33**	**5.71**	**5.7**		**-1.38**	**-1.5**
中部地区	**8015.98**	7375.70	**35.49**	**35.29**		**6.0**	**6.07**	**9.31**	**9.3**		**-3.24**	**-3.3**
西部地区	**4379.64**	4051.37	**19.39**	**19.39**		**5.9**	**5.90**	**5.94**	**5.9**		**-0.05**	**0.0**
全国	**22718.00**	20768.10					**5.20**	**6.30**			**-1.10**	
全国合计	22583.57	20897.46			黑体数据为统计局提供		5.25	7.03			-1.78	
西部大开发区	**5882.29**	**5368.82**	**26.05**	**25.69**	**0.36**	**6.7**	**6.75**	**6.40**	**6.4**		**0.35**	**0.3**
东北三省	**2133.10**	**1918.62**	**9.45**	**9.18**	**0.26**	**8.2**	**8.18**	**9.25**	**9.3**		**-1.06**	**-1.1**
中部崛起区	**6136.39**	**5720.91**	**27.17**	**27.38**	**-0.20**	4.7	**4.86**	**8.94**	**8.9**		**-4.08**	**-4.2**
东部10省区	**8431.79**	**7889.11**	**37.34**	**37.75**	**-0.42**	3.7	**3.75**	**5.53**	**5.5**		**-1.78**	**-1.8**

2005 年全国各地区第二产业增加值综合分析表

地区	第二产业增加值(亿元)		占全国比重(%)		占全国比重位次		同比增长速度(%)		增长速度位次		增减幅度	
	2005 年	2004 年	2005 年	2004 年	2005 年	2004 年	2005 年	2004 年	2005 年	2004 年	±百分点	位次
北京	2100.50	1610.37	2.18	1.95	16	16	11.70	16.70	30	12	-5.00	30
天津	2050.34	1560.16	2.13	1.89	17	18	17.50	19.80	7	2	-2.30	23
河北	5324.18	4635.23	5.52	5.62	6	5	15.60	14.20	15	25	1.40	4
山西	2307.87	1810.08	2.39	2.20	14	15	15.90	16.80	12	10	-0.90	14
内蒙古	1685.13	1332.47	1.75	1.62	20	21	29.00	27.50	1	1	1.50	3
辽宁	3906.76	3278.88	4.05	3.98	8	8	16.60	16.00	9	18	0.60	6
吉林	1605.13	1379.31	1.67	1.67	21	20	13.30	14.80	22	23	-1.50	20
黑龙江	2970.80	3155.33	3.08	3.83	11	9	12.60	12.90	27	30	-0.30	12
上海	4475.92	3788.22	4.64	4.59	7	7	12.10	14.90	29	22	-2.80	25
江苏	10342.67	8716.11	10.73	10.57	3	3	16.00	17.10	11	8	-1.10	17
浙江	7147.30	6045.00	7.41	7.33	4	4	12.30	16.20	28	14	-3.90	28
安徽	2234.23	2169.82	2.32	2.63	15	14	18.80	13.80	2	29	5.00	1
福建	3224.91	2950.33	3.35	3.58	9	11	13.30	15.20	22	20	-1.90	22
江西	1914.87	1595.74	1.99	1.94	18	17	17.10	18.60	8	4	-1.50	20
山东	10620.26	8724.52	11.02	10.58	2	2	17.90	19.20	5	3	-1.30	19
河南	5539.33	4515.35	5.75	5.48	5	6	18.00	16.20	4	14	1.80	2
湖北	2774.37	2994.67	2.88	3.63	12	10	13.70	13.90	19	28	-0.20	11
湖南	2604.57	2214.41	2.70	2.69	13	13	13.90	16.20	18	14	-2.30	23
广东	10747.25	8890.29	11.15	10.78	1	1	15.00	18.40	16	5	-3.40	26
广西	1505.04	1288.26	1.56	1.56	22	23	18.50	17.10	3	8	1.40	4

续表

地区	第二产业增加值(亿元)		占全国比重(%)		占全国比重位次		同比增长速度(%)		增长速度位次		增减幅度	
	2005年	2004年	2005年	2004年	2005年	2004年	2005年	2004年	2005年	2004年	±百分点	位次
海南	218.45	180.41	0.23	0.22	30	30	16.10	15.80	10	19	0.30	7
重庆	1258.32	1181.24	1.31	1.43	24	24	12.80	16.20	26	14	-3.40	26
四川	3052.73	2690.00	3.17	3.26	10	12	17.80	17.70	6	6	0.10	10
贵州	822.83	714.66	0.85	0.87	27	27	13.10	14.20	24	25	-1.10	17
云南	1449.71	1314.19	1.50	1.59	23	22	8.50	15.00	31	21	-6.50	31
西藏	59.45	57.61	0.06	0.07	31	31	13.50	17.40	20	7	-3.90	28
陕西	1848.97	1416.82	1.92	1.72	19	19	15.90	16.80	12	10	-0.90	14
甘肃	836.55	758.18	0.87	0.92	26	26	12.90	12.60	25	31	0.30	7
青海	264.61	227.06	0.27	0.28	29	29	15.90	16.40	12	13	-0.50	13
宁夏	277.82	239.42	0.29	0.29	28	28	14.30	14.10	17	27	0.20	9
新疆	1225.48	1010.07	1.27	1.23	25	25	13.40	14.30	21	24	-0.90	14
东部地区	**61663.58**	**51667.78**	**63.97**	**62.67**		**15.2**	**15.27**	**17.04**	17.0		**-1.77**	**-1.8**
中部地区	**23636.30**	**21167.18**	**24.52**	**25.67**		**16.4**	**16.63**	**15.99**	15.9		**0.64**	**0.5**
西部地区	**11096.47**	**9609.25**	**11.51**	**11.66**		**14.3**	**14.34**	**15.87**	15.8		**-1.53**	**-1.5**
全国	**86208.00**	**72387.20**					**11.40**	**11.10**			**0.30**	
全国合计	96396.35	82444.21			黑体数据为统计局提供		15.5	16.63			-1.13	
西部大开发区	**14286.64**	**12229.98**	**14.82**	**14.83**	**-0.01**	**16.3**	**16.51**	**17.27**	17.2		**-0.76**	**-0.9**
东北三省	**8482.69**	**7813.52**	**8.80**	**9.48**	**-0.68**	**14.4**	**14.57**	**14.54**	14.5		**0.04**	**-0.1**
中部崛起区	**17375.24**	**15300.07**	**18.02**	**18.56**	**-0.53**	16.3	**16.42**	**15.73**	15.7		**0.69**	**0.6**
东部10省区	**56251.78**	**47100.64**	**58.35**	**57.13**	**1.22**	**15.0**	**15.09**	**17.11**	17.0		**-2.02**	**-2.0**

2005年全国各地区第三产业增加值综合分析表

地区	第三产业增加值(亿元)		占全国比重(%)		占全国比重位次		同比增长速度(%)		增长速度位次		增减幅度	
	2005年	2004年	2005年	2004年	2005年	2004年	2005年	2004年	2005年	2004年	±百分点	位次
北京	4618.36	2570.04	5.95	4.29	5	9	11.20	11.60	17	12	-0.40	24
天津	1504.10	1269.43	1.94	2.12	19	16	11.40	11.70	15	11	-0.30	23
河北	3338.51	2763.16	4.30	4.61	7	7	13.40	12.50	6	8	0.90	15
山西	1555.41	978.96	2.00	1.63	17	23	11.60	12.70	14	7	-1.10	26
内蒙古	1537.55	873.53	1.98	1.46	18	24	18.00	13.40	1	3	4.60	1
辽宁	3244.64	2823.87	4.18	4.71	8	6	9.20	10.70	29	17	-1.50	27
吉林	1402.79	1017.94	1.81	1.70	21	22	12.30	11.10	10	13	1.20	11
黑龙江	1866.70	1559.92	2.41	2.60	15	15	10.70	9.30	21	31	1.40	9
上海	4588.38	3565.34	5.91	5.95	6	5	10.50	12.90	23	5	-2.40	30
江苏	6540.87	5371.68	8.43	8.97	2	2	14.80	13.70	4	2	1.10	13
浙江	5345.15	4382.00	6.89	7.32	4	4	14.90	13.90	2	1	1.00	14
安徽	2200.96	1710.44	2.84	2.86	14	14	9.90	13.00	28	4	-3.10	31
福建	2506.40	2324.94	3.23	3.88	13	11	11.30	10.80	16	16	0.50	17
江西	1371.28	1188.50	1.77	1.98	22	18	10.80	9.60	18	27	1.20	11
山东	5920.43	4987.91	7.63	8.33	3	3	14.50	12.30	5	9	2.20	3
河南	3152.83	2652.26	4.06	4.43	9	8	12.60	10.60	9	19	2.00	5
湖北	2640.32	2295.16	3.40	3.83	11	12	11.80	9.50	12	29	2.30	2
湖南	2614.06	2242.00	3.37	3.74	12	13	11.80	10.20	12	24	1.60	8
广东	9579.44	5903.75	12.35	9.86	1	1	10.80	10.40	18	21	0.40	19
广西	1655.65	1220.46	2.13	2.04	16	17	10.20	10.60	24	19	-0.40	24

续表

地区	第三产业增加值(亿元)		占全国比重(%)		占全国比重位次		同比增长速度(%)		增长速度位次		增减幅度	
	2005年	2004年	2005年	2004年	2005年	2004年	2005年	2004年	2005年	2004年	±百分点	位次
海南	373.59	305.11	0.48	0.51	28	28	10.20	9.60	24	27	0.60	16
重庆	1347.36	1052.83	1.74	1.76	24	20	12.30	10.40	10	21	1.90	6
四川	2836.73	2471.76	3.66	4.13	10	10	10.70	10.90	21	15	-0.20	22
贵州	759.99	543.13	0.98	0.91	27	26	13.30	12.00	7	10	1.30	10
云南	1366.45	1040.96	1.76	1.74	23	21	10.80	10.70	18	17	0.10	20
西藏	143.28	110.60	0.18	0.18	31	31	14.90	12.80	2	6	2.10	4
陕西	1407.18	1071.71	1.81	1.79	20	19	10.00	9.50	26	29	0.50	17
甘肃	791.59	519.35	1.02	0.87	26	27	12.80	11.00	8	14	1.80	7
青海	215.80	180.86	0.28	0.30	30	29	10.00	10.20	26	24	-0.20	21
宁夏	251.80	155.80	0.32	0.26	29	30	8.30	9.80	31	26	-1.50	27
新疆	907.95	745.38	1.17	1.24	25	25	8.50	10.40	30	21	-1.90	29
东部地区	**49215.52**	**37487.69**	**63.43**	**62.59**		**12.2**	**12.32**	**12.10**	12.1		**0.22**	0.1
中部地区	**18341.90**	**14518.71**	**23.64**	**24.24**		**12.0**	**12.06**	**10.77**	10.7		**1.29**	1.3
西部地区	**10028.13**	**7892.38**	**12.93**	**13.18**		**10.9**	**10.98**	**10.64**	10.6		**0.37**	0.3
全国	**73395.00**	**43384.00**					**9.60**	**8.30**			**1.30**	
全国合计	77585.55	59898.78			黑体数据为统计局提供		12.09	11.59			0.51	
西部大开发区	**13221.33**	**9986.37**	**17.04**	**16.67**	**0.37**	**11.6**	**11.70**	**10.88**	10.8		**0.82**	0.8
东北三省	**6514.13**	**5401.73**	**8.40**	**9.02**	**-0.62**	**10.3**	**10.30**	**10.37**	10.3		**-0.07**	0.0
中部崛起区	**13534.86**	**11067.32**	**17.45**	**18.48**	**-1.03**	11.5	**11.55**	**10.74**	10.7		**0.81**	0.8
东部10省区	**44315.23**	**33443.36**	**57.12**	**55.83**	**1.28**	**12.6**	**12.63**	**12.27**	12.2		**0.36**	0.4

2005年全国各地区工业增加值综合分析表

地区	工业增加值(亿元)		占全国比重(%)		占全国比重位次		同比增长速度(%)		增长速度位次		增减幅度	
	2005年	2004年	2005年	2004年	2005年	2004年	2005年	2004年	2005年	2004年	±百分点	位次
北京	1705.40	1507.87	2.47	2.30	15	14	13.10	19.90	28	23	-6.80	27
天津	1783.00	1480.90	2.58	2.55	13	13	20.40	26.50	12	2	-6.10	23
河北	3219.00	2619.20	4.66	4.49	7	6	22.90	22.20	6	19	0.70	5
山西	1712.00	1435.04	2.48	2.27	14	15	19.30	21.20	14	20	-1.90	11
内蒙古	1135.50	867.46	1.64	1.42	20	21	30.90	38.50	1	1	-7.60	29
辽宁	3007.40	2504.08	4.35	4.12	8	8	20.10	23.40	13	13	-3.30	18
吉林	1200.80	1081.80	1.74	1.81	19	18	11.00	18.60	30	25	-7.60	29
黑龙江	2166.30	1878.84	3.13	2.96	10	11	15.30	15.30	26	29	0.00	7
上海	3994.70	3550.84	5.78	6.25	5	5	12.50	19.00	29	24	-6.50	26
江苏	8054.00	6574.69	11.65	11.76	3	3	22.50	23.40	10	13	-0.90	10
浙江	4904.70	4153.01	7.09	7.61	4	4	18.10	21.10	20	21	-3.00	16
安徽	1373.90	1119.72	1.99	1.97	17	17	22.70	25.10	8	7	-2.40	13
福建	2235.20	1903.92	3.23	3.37	9	9	17.40	23.50	22	11	-6.10	23
江西	828.50	670.31	1.20	1.13	24	22	23.60	26.10	3	4	-2.50	14
山东	8411.90	6551.32	12.17	11.86	1	2	28.40	26.50	2	2	1.90	3
河南	3228.00	2618.00	4.67	4.26	6	7	23.30	23.60	4	10	-0.30	9
湖北	1847.90	1548.95	2.67	3.04	12	10	19.30	22.80	14	16	-3.50	19
湖南	1535.90	1273.55	2.22	2.19	16	16	20.60	24.10	11	9	-3.50	19
广东	8290.00	7085.47	11.99	12.93	2	1	17.00	22.40	24	18	-5.40	22
广西	833.10	678.42	1.20	1.09	23	24	22.80	22.80	7	16	0.00	7

续表

地　区	工业增加值(亿元)		占全国比重(%)		占全国比重位次		同比增长速度(%)		增长速度位次		增减幅度	
	2005 年	2004 年	2005 年	2004 年	2005 年	2004 年	2005 年	2004 年	2005 年	2004 年	±百分点	位次
海南	138.00	116.36	0.20	0.19	30	30	18.60	18.40	17	26	0.20	6
重庆	716.40	611.78	1.04	1.06	25	25	17.10	23.50	23	11	-6.40	25
四川	2034.40	1653.98	2.94	2.82	11	12	23.00	25.80	5	5	-2.80	15
贵州	561.60	480.00	0.81	0.80	27	27	17.00	20.10	24	22	-3.10	17
云南	1018.10	939.21	1.47	1.61	21	19	8.40	16.60	31	27	-8.20	31
西藏	17.40	15.14	0.03	0.03	31	31	14.90	14.10	27	31	0.80	4
陕西	1267.20	1067.57	1.83	1.59	18	20	18.70	22.90	16	15	-4.20	21
甘肃	601.80	507.42	0.87	0.92	26	26	18.60	15.70	17	28	2.90	2
青海	179.50	146.29	0.26	0.24	29	29	22.70	24.80	8	8	-2.10	12
宁夏	202.30	170.72	0.29	0.27	28	28	18.50	25.80	19	5	-7.30	28
新疆	933.30	792.28	1.35	1.13	22	23	17.80	14.40	21	30	3.40	1
东部地区	46576.40	38665.45	67.37	68.51			20.46	22.99			-2.53	
中部地区	15028.80	12474.10	21.74	21.04			20.48	22.96			-2.48	
西部地区	7532.00	6374.95	10.89	10.46			18.15	21.11			-2.96	
全国	66425.20	57066.32					16.40	16.70			-0.30	
全国合计	69137.20	57513.68					20.21	22.79			-2.58	
西部大开发区	**9500.60**	**7930.26**	**13.74**	**13.79**	**-0.05**		**19.80**	**23.10**			**-3.30**	
东北三省	**6374.50**	**5464.72**	**9.22**	**9.50**	**-0.28**		**16.65**	**19.66**			**-3.02**	
中部崛起区	**10526.20**	**8665.57**	**15.23**	**15.07**	**0.16**		**21.47**	**23.52**			**-2.05**	
东部10省区	**42735.90**	**35543.58**	**61.81**	**61.80**	**0.01**		**20.24**	**22.94**			**-2.71**	

2005 年全国各地区城镇固定资产投资综合分析表

地　区	固定资产投资(亿元)		占全国比重(%)		占全国比重位次		同比增长速度(%)		增长速度位次		增减幅度	
	2005 年	2004 年	2005 年	2004 年	2005 年	2004 年	2005 年	2004 年	2005 年	2004 年	±百分点	位次
北京	2595.41	2334.00	3.52	4.05	10	9	11.2	16.7	31	28	-5.5	24
天津	1367.48	1128.28	1.86	1.96	24	21	21.2	21.4	20	24	-0.2	12
河北	3361.65	2441.29	4.57	4.23	7	7	37.7	37.6	7	4	0.1	11
山西	1671.91	1315.43	2.27	2.28	19	20	27.1	31.7	15	10	-4.6	22
内蒙古	2563.54	1707.89	3.48	2.96	11	12	50.1	55.6	2	1	-5.5	24
辽宁	3669.71	2580.67	4.98	4.47	5	6	42.2	45.7	4	2	-3.5	19
吉林	1595.92	1059.00	2.17	1.84	21	24	50.7	21.6	1	23	29.1	1
黑龙江	1638.17	1316.86	2.22	2.28	20	19	24.4	23.1	16	21	1.3	6
上海	3198.57	2863.54	4.34	4.96	8	5	11.7	27.5	30	14	-15.8	31
江苏	6211.87	5009.57	8.44	8.69	2	2	24	23.8	17	20	0.2	10
浙江	4756.95	3997.44	6.46	6.88	4	4	19	24.1	24	19	-5.1	23
安徽	2140.03	1612.68	2.91	2.79	14	14	32.7	35.6	9	7	-2.9	18
福建	1970.12	1593.95	2.68	2.77	15	15	23.6	29.7	18	11	-6.1	26
江西	1933.93	1477.41	2.63	2.58	16	16	30.9	35.4	10	8	-4.5	21
山东	7274.83	5416.85	9.88	9.4	1	1	34.3	28.3	8	13	6	3
河南	3528.29	2434.98	4.79	4.22	6	8	44.9	45.2	3	3	-0.3	13
湖北	2433.23	2005.96	3.3	3.48	12	11	21.3	27.4	19	15	-6.1	26
湖南	2174.91	1679.47	2.95	2.91	13	13	29.5	36	11	6	-6.5	28
广东	5760.73	5031.21	7.82	8.51	3	3	14.5	18.3	29	27	-3.8	20
广西	1554.25	1094.54	2.11	1.92	22	22	42	36.2	5	5	5.8	4

续表

地　区	固定资产投资(亿元)		占全国比重(%)		占全国比重位次		同比增长速度(%)		增长速度位次		增减幅度	
	2005 年	2004 年	2005 年	2004 年	2005 年	2004 年	2005 年	2004 年	2005 年	2004 年	±百分点	位次
海南	351.51	290.99	0.48	0.52	29	29	20.8	21.7	21	22	-0.9	15
重庆	1786.43	1401.12	2.43	2.43	17	17	27.5	34.6	14	9	-7.1	29
四川	2989.60	2322.92	4.06	4.03	9	10	28.7	26.6	12	17	2.1	5
贵州	916.09	780.32	1.24	1.35	26	26	17.4	16.2	25	30	1.2	8
云南	1550.18	1112.84	2.11	1.85	23	23	39.3	27	6	16	12.3	2
西藏	187.22	162.38	0.25	0.29	31	31	15.3	25.2	27	18	-9.9	30
陕西	1761.18	1378.08	2.39	2.39	18	18	27.8	28.7	13	12	-0.9	15
甘肃	790.22	660.72	1.07	1.15	27	27	19.6	19.3	23	26	0.3	9
青海	312.56	272.74	0.42	0.48	30	30	14.6	16.2	28	30	-1.6	17
宁夏	382.71	316.81	0.52	0.55	28	28	20.8	19.5	21	25	1.3	6
新疆	1210.09	1046.79	1.64	1.8	25	25	15.6	16.3	26	29	-0.7	14
东部地区	42073.08	33782.32	57.13	58.40	-1.27		24.54	26.39			-1.85	
中部地区	19679.93	14609.68	26.72	25.26	1.46		34.70	35.22			-0.52	
西部地区	11886.28	9454.71	16.14	16.34	-0.20		25.72	24.77			-1.31	
全国	75096.48	58620.28					27.20	27.60			-0.40	
全国合计	73639.29	57846.71					27.30	28.24			-1.28	
西部大开发区	**16004.07**	**12257.14**	**21.73**	**21.19**	**0.54**		**30.57**	**29.33**			**1.24**	
东北三省	**6903.80**	**4956.53**	**9.38**	**8.57**	**0.81**		**39.29**	**33.52**			**5.76**	
中部崛起区	**13882.30**	**10525.93**	**18.85**	**18.20**	**0.66**		**31.89**	**35.54**			**-3.66**	
东部10省区	**36849.12**	**30107.11**	**50.04**	**52.05**	**-2.01**		**22.39**	**24.64**			**-2.25**	

2005年全国各地区建筑安装工程投资综合分析表

地区	建筑安装工程投资(亿元)		占全国比重(%)		占全国比重位次		同比增长速度(%)		增长速度位次		增减幅度	
	2005年	2004年	2005年	2004年	2005年	2004年	2005年	2004年	2005年	2004年	±百分点	位次
北京	1430.96	1324.96	3.13	3.71	12	10	8	16.9	31	24	-8.9	25
天津	856.68	682.07	1.88	1.91	25	24	25.6	15.6	15	26	10	5
河北	2025.65	1510.55	4.44	4.22	7	8	34.1	41	8	4	-6.9	19
山西	1010.80	813.19	2.21	2.27	22	20	24.3	33.1	17	10	-8.8	24
内蒙古	1783.14	1176.21	3.91	3.29	9	11	51.6	59.6	1	1	-8	22
辽宁	2163.02	1569.68	4.74	4.39	6	6	37.8	48.2	6	2	-10.4	27
吉林	963.63	678.61	2.11	1.89	23	25	42	11.8	5	29	30.2	1
黑龙江	1072.38	848.40	2.35	2.37	19	19	26.4	20.1	13	23	6.3	7
上海	1859.51	1561.30	4.07	4.37	8	7	19.1	28.9	23	16	-9.8	26
江苏	3701.86	3019.46	8.11	8.45	2	2	22.6	29.5	18	14	-6.9	19
浙江	2914.11	2432.48	6.38	6.81	4	4	19.8	33.4	22	8	-13.6	30
安徽	1300.64	967.74	2.85	2.69	14	15	34.4	33.4	7	8	1	15
福建	1098.90	948.14	2.41	2.65	17	16	15.9	27.2	27	18	-11.3	28
江西	1246.89	992.75	2.73	2.79	15	14	25.6	32.5	15	13	-6.9	19
山东	4480.52	3384.08	9.81	9.45	1	1	32.4	29.3	9	15	3.1	10
河南	2385.67	1590.45	5.22	4.43	5	5	50	45.8	3	3	4.2	9
湖北	1435.19	1170.63	3.14	3.27	11	12	22.6	35.6	18	6	-13	29
湖南	1397.78	1091.16	3.06	3.05	13	13	28.1	34.2	10	7	-6.1	17
广东	3569.18	3111.75	7.82	8.38	3	3	14.7	16.8	29	25	-2.1	16
广西	1036.79	685.71	2.27	1.94	21	23	51.2	37.6	2	5	13.6	2

续表

地　区	建筑安装工程投资(亿元)		占全国比重(%)		占全国比重位次		同比增长速度(%)		增长速度位次		增减幅度	
	2005 年	2004 年	2005 年	2004 年	2005 年	2004 年	2005 年	2004 年	2005 年	2004 年	±百分点	位次
海南	210.47	172.38	0.46	0.5	30	30	22.1	28.4	20	17	-6.3	18
重庆	1085.25	851.18	2.38	2.38	18	18	27.5	25.4	11	20	2.1	12
四川	1759.17	1392.85	3.85	3.89	10	9	26.3	24	14	22	2.3	11
贵州	555.96	479.28	1.22	1.33	26	26	16	14.6	26	28	1.4	13
云南	1063.51	736.50	2.33	2.01	20	22	44.4	32.8	4	12	11.6	3
西藏	163.80	145.99	0.36	0.44	31	31	12.2	33	30	11	-20.8	31
陕西	1194.92	938.66	2.62	2.62	16	17	27.3	25.9	12	19	1.4	13
甘肃	547.38	472.29	1.2	1.32	27	27	15.9	24.4	27	21	-8.5	23
青海	230.44	197.29	0.5	0.56	29	29	16.8	7.2	25	30	9.6	6
宁夏	245.23	207.65	0.54	0.57	28	28	18.1	7.1	24	31	11	4
新疆	873.20	727.67	1.91	2.03	24	21	20	15.1	21	27	4.9	8
东部地区	25347.65	20402.57	55.51	56.76			24.24	28.56			-4.32	
中部地区	12596.12	9329.14	27.59	26.07			35.02	35.14			-0.12	
西部地区	7718.86	6149.35	16.90	17.16			25.52	22.50			3.02	
全国	46429.63	36197.54					27.10	28.50			-1.40	
全国合计	45662.63	35881.06					27.26	29.10			-1.84	
西部大开发区	**10538.79**	**8011.27**	**23.08**	**22.33**	**0.75**		**31.55**	**28.09**			**3.46**	
东北三省	**4199.03**	**3096.70**	**9.20**	**8.63**	**0.57**		**35.60**	**30.53**			**5.06**	
中部崛起区	**8776.97**	**6625.92**	**19.22**	**18.47**	**0.76**		**32.46**	**36.53**			**-4.06**	
东部10省区	**22147.84**	**18147.18**	**48.50**	**50.58**	**-2.07**		**22.05**	**26.78**			**-4.73**	

2005 年全国各地区设备工器具投资综合分析表

地区	设备工器具投资(亿元)		占全国比重(%)		占全国比重位次		同比增长速度(%)		增长速度位次		增减幅度	
	2005 年	2004 年	2005 年	2004 年	2005 年	2004 年	2005 年	2004 年	2005 年	2004 年	±百分点	位次
北京	320.46	257.60	2.03	2.15	19	19	24.40	31.50	18	17	-7.10	17
天津	265.06	233.74	1.68	1.96	23	20	13.40	49.60	29	8	-36.20	29
河北	898.92	606.97	5.71	5.04	4	4	48.10	33.60	4	15	14.50	5
山西	505.56	371.74	3.21	3.10	12	12	36.00	37.30	9	14	-1.30	14
内蒙古	554.05	373.35	3.52	3.11	9	11	48.40	63.60	3	2	-15.20	21
辽宁	881.62	592.49	5.60	4.94	5	5	48.80	57.80	2	5	-9.00	19
吉林	451.13	260.92	2.86	2.18	14	18	72.90	58.20	1	4	14.70	4
黑龙江	366.64	298.81	2.33	2.49	18	17	22.70	29.80	22	20	-7.10	17
上海	520.11	539.53	3.30	4.49	11	7	-3.60	28.10	31	22	-31.70	27
江苏	1453.44	1141.74	9.23	9.52	2	2	27.30	24.50	15	24	2.80	9
浙江	786.41	601.69	4.99	4.82	6	6	30.70	30.00	13	19	0.70	13
安徽	453.28	348.95	2.88	2.91	13	14	29.90	28.90	14	21	1.00	12
福建	434.14	355.56	2.76	2.96	15	13	22.10	38.20	23	13	-16.10	22
江西	415.96	303.18	2.64	2.55	16	16	37.20	42.90	7	12	-5.70	16
山东	1960.04	1419.29	12.44	11.91	1	1	38.10	33.30	6	16	4.80	8
河南	748.26	535.24	4.75	4.47	7	8	39.80	56.10	5	6	-16.30	23
湖北	538.98	444.34	3.42	3.70	10	10	21.30	19.10	25	26	2.20	10
湖南	415.16	310.98	2.64	2.59	17	15	33.50	47.00	10	9	-13.50	20
广东	1307.83	1028.17	8.30	8.50	3	3	27.20	25.50	16	23	1.70	11
广西	273.71	215.86	1.74	1.81	21	23	26.80	31.30	17	18	-4.50	15

续表

地区	设备工器具投资（亿元）		占全国比重（%）		占全国比重位次		同比增长速度（%）		增长速度位次		增减幅度	
	2005年	2004年	2005年	2004年	2005年	2004年	2005年	2004年	2005年	2004年	±百分点	位次
海南	93.28	77.28	0.59	0.64	28	28	20.70	2.80	26	30	17.90	3
重庆	267.82	219.70	1.70	1.83	22	22	21.90	59.20	24	3	-37.30	31
四川	570.40	459.63	3.62	3.83	8	9	24.10	44.50	19	10	-20.40	26
贵州	199.60	161.10	1.27	1.32	26	26	23.90	13.40	20	27	10.50	6
云南	236.24	197.36	1.50	1.46	24	25	19.70	12.90	27	28	6.80	7
西藏	15.55	11.73	0.10	0.06	31	31	32.60	-47.40	12	31	80.00	1
陕西	289.36	233.92	1.84	1.95	20	21	23.70	43.00	21	11	-19.30	25
甘肃	164.36	123.49	1.04	1.03	27	27	33.10	8.40	11	29	24.70	2
青海	55.61	47.49	0.35	0.41	30	30	17.10	54.20	28	7	-37.10	30
宁夏	92.47	67.84	0.59	0.57	29	29	36.30	68.40	8	1	-32.10	28
新疆	217.31	205.98	1.38	1.68	25	24	5.50	23.10	30	25	-17.60	24
东部地区	**9195.02**	7069.93	**58.37**	**58.75**			**30.06**	**31.83**			**-1.77**	
中部地区	**4449.02**	3247.49	**28.24**	**27.11**			**37.00**	**40.93**			**-3.93**	
西部地区	**2108.72**	1728.24	**13.39**	**14.14**			**22.02**	**32.73**			**-10.71**	
全国	**16255.39**	**12392.88**					**30.50**	**33.20**			**-2.70**	
全国合计	15752.76	12045.66					**30.78**	34.31			**-3.53**	
西部大开发区	**2936.48**	**2317.45**	**18.64**	**19.24**	**-0.60**		**26.71**	36.80			**-10.09**	
东北三省	**1699.39**	**1152.22**	**10.79**	**9.57**	**1.22**		**47.49**	49.53			**-2.04**	
中部崛起区	**3077.20**	**2314.41**	**19.53**	**19.21**	**0.32**		**32.96**	37.69			**-4.73**	
东部10省区	**8039.69**	**6261.58**	**51.04**	**51.98**	**-0.95**		**28.40**	29.82			**-1.42**	

2005年全国各地区全社会消费品零售总额综合分析表

地区	全社会商品零售总额(亿元)		占全国比重(%)		占全国比重位次	名义同比增长速度(%)		商品零售价格指数		实际增长速度	
	2005年	2004年	2005年	2004年	2005年	2005年	2004年	2005年	2004年	2005年	2004年
北京	2902.80	2626.60	4.27	4.03	11	10.50	14.40	99.7	99.2	10.83	15.32
天津	1190.10	1044.80	1.75	1.93	23	13.90	14.10	99.9	100.8	14.01	13.19
河北	2952.90	2576.40	4.35	4.63	10	14.60	15.80	101.1	103.2	13.35	12.21
山西	1401.20	1219.10	2.06	1.62	17	14.90	21.30	100.3	103.1	14.56	17.65
内蒙古	1344.10	1160.70	1.98	1.64	19	15.80	22.70	101.5	102.7	14.09	19.47
辽宁	2999.00	2642.80	4.41	4.85	6	13.50	13.40	100.1	101.9	13.39	11.29
吉林	1460.80	1286.90	2.15	2.30	16	13.50	12.80	101.1	103.5	12.27	8.99
黑龙江	1760.10	1557.30	2.59	2.86	15	13.00	13.00	100.4	102.8	12.55	9.92
上海	2973.00	2656.90	4.37	4.51	8	11.90	10.50	99.4	100.9	12.58	9.51
江苏	5699.90	4892.20	8.39	7.64	3	16.00	16.60	100.3	102.2	15.65	14.09
浙江	4631.70	4055.50	6.82	6.70	4	14.20	15.50	100.9	102.7	13.18	12.46
安徽	1765.00	1557.40	2.60	2.76	14	13.30	12.90	100.6	102.7	12.62	9.93
福建	2345.80	2062.00	3.45	3.67	13	13.80	14.70	100.6	102.7	13.12	11.68
江西	1236.20	1074.50	1.82	1.95	21	15.00	14.80	100.9	103.0	13.97	11.46
山东	6126.40	5290.50	9.01	8.23	2	15.80	13.90	100.6	102.8	15.11	10.80
河南	3358.40	2938.30	4.94	5.16	5	14.30	15.70	101.7	105.7	12.39	9.46
湖北	2964.60	2619.50	4.36	4.90	9	13.20	13.10	102.1	104.1	10.87	8.65
湖南	2459.10	2149.60	3.62	3.80	12	14.40	14.00	102.3	103.9	11.83	9.72
广东	7882.60	6852.00	11.60	11.70	1	15.00	13.60	101.8	102.9	12.97	10.40
广西	1397.00	1222.20	2.06	1.79	18	14.30	13.50	101.1	103.9	13.06	9.24

续表

地　　区	全社会商品零售总额(亿元)		占全国比重(%)		占全国比重位次	名义同比增长速度(%)		商品零售价格指数		实际增长速度	
	2005 年	2004 年	2005 年	2004 年	2005 年	2005 年	2004 年	2005 年	2004 年	2005 年	2004 年
海南	268.60	236.80	0.40	0.40	28	13.40	14.90	100.9	103.4	12.39	11.12
重庆	1215.80	1068.30	1.79	1.75	22	13.80	14.30	98.7	101.4	15.30	12.72
四川	2981.40	2615.20	4.39	4.38	7	14.00	14.00	100.6	103.7	13.32	9.93
贵州	606.90	535.30	0.89	0.95	27	13.40	12.80	101.3	103.2	11.94	9.30
云南	1034.40	915.30	1.52	1.63	24	13.00	13.10	100.1	104.7	12.89	8.02
西藏	73.10	63.20	0.11	0.12	31	15.70	9.30	100.8	100.7	14.78	8.54
陕西	1322.40	1162.80	1.95	1.78	20	13.70	13.30	100.1	102.5	13.59	10.54
甘肃	632.80	560.60	0.93	0.98	26	12.90	12.90	99.9	102.1	13.01	10.58
青海	160.50	141.20	0.24	0.21	30	13.70	12.60	100.7	102.6	12.91	9.75
宁夏	174.30	153.50	0.26	0.25	29	13.60	14.10	100.4	102.8	13.15	10.99
新疆	637.80	563.40	0.94	0.89	25	13.20	14.50	99.4	100.7	13.88	13.70
东部地区	41369.80	36158.70	60.87	60.08		14.41	14.28	100.67	102.27	13.60	11.79
中部地区	17749.50	15563.30	26.12	26.99		14.05	14.80	101.38	103.82	12.50	10.94
西部地区	8839.40	7778.80	13.01	12.93		13.63	13.63	100.12	102.92	13.51	10.46
全国	**67176.60**	**59501.00**				**12.90**	13.30	100.80	102.80	12.00	10.20
地区合计	67958.70	59500.80				14.21	14.33	100.78	102.77	13.30	11.40
西部大开发区	**11580.50**	**10161.70**	**17.04**	**17.08**	**-0.04**	13.96	14.46	100.40	103.01		
东北三省	**6219.90**	**5487.00**	**9.15**	**9.22**	**-0.07**	13.36	13.15	100.42	102.52		
中部崛起区	**13184.50**	**11558.40**	**19.40**	**19.43**	**-0.02**	14.07	14.69	101.53	104.09		
东部 10 省区	**36973.80**	**32293.70**	**54.41**	**54.27**	**0.13**	14.49	14.38	100.70	102.25		

2004 年数据按统计局快报数据修改，增长速度按算术平均法计算。

2005年全国各地区进出口综合分析表

地区	进出口总额(亿美元)		占全国比重(%)		占全国比重位次		同比增长速度(%)		增长速度位次		增减幅度	
	2005年	2004年	2005年	2004年	2005年	2004年	2005年	2004年	2005年	2004年	±百分点	位次
北京	1255.71	**945.56**	8.83	8.19	4	4	32.80	38.2	6	16	-5.27	8
天津	533.05	420.39	3.75	3.64	8	8	26.80	43.3	8	9	-16.44	17
河北	160.71	135.28	1.13	1.17	10	10	18.80	50.7	17	4	-31.86	24
山西	55.46	53.84	0.39	0.47	19	19	3.00	74.2	26	1	-71.17	29
内蒙古	48.71	37.21	0.34	0.32	21	23	30.90	31.6	7	22	-0.67	6
辽宁	410.13	344.07	2.88	2.98	9	9	19.20	29.9	16	24	-10.61	12
吉林	65.28	67.93	0.46	0.59	17	13	-3.90	10.5	28	31	-14.34	16
黑龙江	95.7	67.87	0.67	0.59	11	14	41.00	27.4	2	25	13.60	3
上海	1863.44	1599.52	13.10	13.86	3	3	16.50	42.4	19	10	-25.93	23
江苏	2279.41	1708.70	16.03	14.80	2	2	33.40	50.4	5	5	-16.97	18
浙江	1073.89	852.29	7.55	7.38	5	5	26.00	38.8	12	15	-12.75	13
安徽	91.19	72.14	0.64	0.62	12	11	26.40	21.2	11	29	5.15	4
福建	544.28	475.35	3.83	4.12	7	7	14.50	34.6	22	18	-20.04	19
江西	40.59	35.26	0.29	0.31	25	25	15.10	39.6	20	13	-24.46	22
山东	767.43	606.66	5.40	5.25	6	6	26.50	35.9	10	17	-9.39	11
河南	77.27	66.21	0.54	0.57	16	16	16.70	40.5	18	11	-23.79	21
湖北	90.55	67.68	0.64	0.59	13	15	33.80	32.5	4	21	1.37	5
湖南	60.01	54.46	0.42	0.47	18	18	10.20	45.6	24	8	-35.67	26
广东	4279.81	3572.46	30.09	30.93	1	1	19.80	26	15	26	-6.16	9
广西	51.82	42.76	0.36	0.37	20	20	21.20	34.2	14	19	-13.00	14

续表

地　　区	进出口总额(亿美元)		占全国比重(%)		占全国比重位次		同比增长速度(%)		增长速度位次		增减幅度	
	2005年	2004年	2005年	2004年	2005年	2004年	2005年	2004年	2005年	2004年	±百分点	位次
海南	25.92	34.02	0.18	0.29	27	26	-23.80	49.5	30	6	-73.34	30
重庆	42.93	38.57	0.30	0.33	24	21	11.30	48.7	23	7	-37.33	27
四川	79.05	68.68	0.56	0.59	15	12	15.10	22	20	28	-6.78	10
贵州	14.03	15.13	0.10	0.13	28	28	-7.30	53.8	29	3	-61.16	28
云南	47.42	37.40	0.33	0.32	22	22	26.80	40.5	8	12	-13.36	15
西藏	2.05	1.99	0.01	0.02	31	31	2.80	25	27	27	-22.20	20
陕西	45.77	36.41	0.32	0.32	23	24	25.70	30.9	13	23	-5.17	7
甘肃	26.33	17.62	0.19	0.15	26	27	49.40	33.6	1	20	16.54	2
青海	4.13	5.75	0.03	0.05	30	30	-28.20	69.7	31	2	-98.11	31
宁夏	9.67	9.09	0.07	0.08	29	29	6.40	39	25	14	-32.65	25
新疆	79.42	56.33	0.56	0.49	14	17	41.00	18.2	2	30	22.87	1
东部地区	13245.6	10737.07	93.14	92.99			**23.36**	**36.00**			-12.64	
中部地区	624.77	522.61	4.39	4.53			19.55	**32.53**			-12.98	
西部地区	350.81	286.98	2.47	2.49			22.24	**31.12**			-8.87	
全国	14221.18	11545.54					23.20	**35.70**			-12.50	
全国合计	14221.18	11546.66					23.16	**35.71**			-12.55	
西部大开发区	**451.33**	**366.95**	**3.17**	**3.18**	**0.00**		23.00	**31.52**			-8.52	
东北三省	**571.11**	**479.87**	**4.02**	**4.16**	**-0.14**		19.01	**26.41**			-7.40	
中部崛起区	**415.07**	**349.60**	**2.92**	**3.03**	**-0.11**		18.73	**39.11**			-20.38	
东部10省区	**12783.65**	**10350.24**	**89.89**	**89.64**	**0.25**		**23.51**	**36.22**			-12.71	

2004年总量数据按2005年增长速度推算修改，增长速度按算术平均法计算。

2005年全国各地区出口综合分析表

地区	出口总额(万美元)		占全国比重(%)		占全国比重位次		同比增长速度(%)		增长速度位次		增减幅度	
	2005年	2004年	2005年	2004年	2005年	2004年	2005年	2004年	2005年	2004年	±百分点	位次
北京	308.71	205.67	4.05	3.47	7	8	50.10	21.80	3	25	28.30	4
天津	273.85	208.57	3.59	3.51	8	7	31.30	45.32	8	7	-14.02	20
河北	109.27	93.39	1.43	1.57	10	10	17.00	57.54	25	3	-40.54	28
山西	35.29	40.33	0.46	0.68	18	12	-12.50	77.55	30	1	-90.05	30
内蒙古	17.71	13.55	0.23	0.23	25	25	30.70	17.13	10	28	13.57	6
辽宁	234.39	189.18	3.08	3.19	9	9	23.90	29.73	15	17	-5.83	12
吉林	24.67	17.14	0.32	0.29	23	24	43.90	-21.40	4	31	65.30	1
黑龙江	60.71	36.81	0.80	0.62	11	15	64.90	28.08	2	19	36.82	3
上海	907.20	735.17	11.91	12.39	3	3	23.40	51.70	16	4	-28.30	26
江苏	1229.82	874.70	16.14	14.75	2	2	40.60	48.01	5	5	-7.41	15
浙江	768.03	581.40	10.08	9.80	4	4	32.10	39.77	6	10	-7.67	16
安徽	51.89	39.37	0.68	0.66	12	14	31.80	28.49	7	18	3.31	8
福建	348.45	294.05	4.57	4.95	6	6	18.50	39.10	22	11	-20.60	24
江西	24.39	19.95	0.32	0.34	24	23	22.30	32.56	17	15	-10.26	18
山东	461.28	358.42	6.05	6.04	5	5	28.70	34.97	11	13	-6.27	14
河南	50.90	41.76	0.67	0.70	13	11	21.90	40.15	18	9	-18.25	22
湖北	44.29	33.83	0.58	0.57	16	16	30.90	27.38	9	20	3.52	7
湖南	37.48	31.08	0.49	0.52	17	17	20.60	44.73	19	8	-24.13	25
广东	2381.63	1916.03	31.26	32.29	1	1	24.30	25.33	14	23	-1.03	10
广西	28.77	23.85	0.38	0.40	20	20	20.60	21.12	19	26	-0.52	9

续表

地区	出口总额（万美元）		占全国比重（%）		占全国比重位次		同比增长速度（%）		增长速度位次		增减幅度	
	2005 年	2004 年	2005 年	2004 年	2005 年	2004 年	2005 年	2004 年	2005 年	2004 年	±百分点	位次
海南	10.23	10.92	0.13	0.18	27	26	-6.40	26.21	29	21	-32.61	27
重庆	25.21	20.90	0.33	0.35	22	22	20.60	31.92	19	16	-11.32	19
四川	47.01	39.80	0.62	0.67	15	13	18.10	24.03	23	24	-5.93	13
贵州	8.59	8.67	0.11	0.15	28	28	-0.90	47.45	28	6	-48.35	29
云南	26.42	22.39	0.35	0.38	21	21	18.00	33.51	24	14	-15.51	21
西藏	1.65	1.30	0.02	0.02	31	31	27.00	7.44	13	30	19.56	5
陕西	30.77	23.96	0.40	0.40	19	19	28.40	38.24	12	12	-9.84	17
甘肃	10.91	9.96	0.14	0.17	26	27	9.50	13.57	26	29	-4.07	11
青海	3.23	4.55	0.04	0.08	30	30	-28.90	66.06	31	2	-94.96	31
宁夏	6.87	6.46	0.09	0.11	29	29	6.40	26.17	27	22	-19.77	23
新疆	50.40	30.45	0.66	0.51	14	18	65.50	19.87	1	27	45.63	2
东部地区	7061.61	5491.34	92.67	92.55			**28.60**	**35.82**			**-7.22**	
中部地区	347.32	273.82	4.56	4.61			26.84	**31.40**			**-4.56**	
西部地区	211.06	168.45	2.77	2.84			25.30	**28.46**			**-3.17**	
全国	7619.99	5934.57					28.40	**35.40**			**-7.00**	
全国合计	7619.99	5933.60					28.42	**35.39**			**-6.97**	
西部大开发区	**257.53**	**205.85**	**3.38**	**3.47**	**-0.09**		25.11	**26.78**			**-1.67**	
东北三省	**319.77**	**243.14**	**4.20**	**4.10**	**0.10**		31.52	**23.86**			**7.66**	
中部崛起区	**244.24**	**206.31**	**3.21**	**3.48**	**-0.27**		18.38	**41.04**			**-22.66**	
东部10省区	**6798.45**	**5278.31**	**89.22**	**88.96**	**0.26**		**28.80**	**36.12**			**-7.32**	

2005 年全国各地区进口综合分析表

地区	进口总额(亿美元)		占全国比重(%)		占全国比重位次		同比增长速度(%)		增长速度位次		增减幅度	
	2005 年	2004 年	2005 年	2004 年	2005 年	2004 年	2005 年	2004 年	2005 年	2004 年	±百分点	位次
北京	947.01	**739.85**	14.35	13.19	4	4	28.00	43.39	6	14	-15.39	14
天津	259.20	**211.76**	3.93	3.77	7	7	22.40	41.25	10	16	-18.85	16
河北	51.44	**41.86**	0.78	0.75	10	11	22.90	37.23	9	20	-14.33	12
山西	20.17	**13.48**	0.31	0.24	22	25	49.60	64.79	2	6	-15.19	13
内蒙古	31.00	**23.66**	0.47	0.42	16	18	31.00	41.48	5	15	-10.48	7
辽宁	175.74	**154.97**	2.66	2.76	9	9	13.40	29.90	15	23	-16.50	15
吉林	40.61	**50.76**	0.62	0.90	12	10	-20.00	27.99	28	24	-47.99	24
黑龙江	35.00	**31.08**	0.53	0.55	14	14	12.60	26.60	17	27	-14.00	11
上海	956.24	**865.38**	14.49	15.41	3	2	10.50	35.40	20	22	-24.90	19
江苏	1049.59	**833.67**	15.90	14.85	2	3	25.90	52.93	7	10	-27.03	20
浙江	305.87	**270.68**	4.63	4.82	6	5	13.00	36.59	16	21	-23.59	18
安徽	39.30	**32.75**	0.60	0.58	13	13	20.00	13.56	13	31	6.44	2
福建	195.84	**181.33**	2.97	3.23	8	8	8.00	27.74	21	25	-19.74	17
江西	16.20	**15.33**	0.25	0.27	24	23	5.70	49.85	24	12	-44.15	23
山东	306.14	**248.09**	4.64	4.42	5	6	23.40	37.25	8	19	-13.85	10
河南	26.37	**24.44**	0.40	0.44	18	17	7.90	41.08	22	17	-33.18	21
湖北	46.26	**33.84**	0.70	0.60	11	12	36.70	37.90	4	18	-1.20	4
湖南	22.53	**23.37**	0.34	0.42	20	19	-3.60	47.26	26	13	-50.86	25
广东	1898.18	**1654.91**	28.76	29.50	1	1	14.70	26.69	14	26	-11.99	9
广西	23.05	**18.91**	0.35	0.34	19	21	21.90	55.46	11	9	-33.56	22

续表

地区	进口总额(亿美元)		占全国比重(%)		占全国比重位次		同比增长速度(%)		增长速度位次		增减幅度	
	2005年	2004年	2005年	2004年	2005年	2004年	2005年	2004年	2005年	2004年	±百分点	位次
海南	15.69	**23.07**	0.24	0.41	25	20	-32.00	63.88	30	7	-95.88	29
重庆	17.72	**17.67**	0.27	0.31	23	22	0.30	74.85	25	4	-74.55	26
四川	32.04	**28.86**	0.49	0.51	15	15	11.00	19.00	19	28	-8.00	6
贵州	5.45	**6.47**	0.08	0.12	28	28	-15.80	63.38	27	8	-79.18	27
云南	21	**15.02**	0.32	0.27	21	24	39.80	51.36	3	11	-11.56	8
西藏	0.4	**0.70**	0.01	0.01	31	31	-42.50	79.49	31	3	-121.99	31
陕西	15	**12.46**	0.23	0.22	27	26	20.40	18.89	12	29	1.51	3
甘肃	15.42	**7.66**	0.23	0.14	26	27	101.20	70.44	1	5	30.76	1
青海	0.9	**1.21**	0.01	0.02	30	30	-25.40	86.15	29	1	-111.55	30
宁夏	2.79	**2.62**	0.04	0.05	29	29	6.60	85.82	23	2	-79.22	28
新疆	29.02	**25.89**	0.44	0.46	17	16	12.10	16.11	18	30	-4.01	5
东部地区	6183.99	5244.48	**93.68**	**93.46**			**17.91**	**36.13**			**-18.22**	
中部地区	277.44	248.72	**4.20**	**4.43**			11.55	**33.81**			**-22.26**	
西部地区	139.74	118.56	**2.12**	**2.11**			17.87	**35.02**			**-17.15**	
全国	**6601.18**	**5612.29**					**17.60**	**36.00**			**-18.40**	
全国合计	6601.17	5611.76					18	**36.00**			**-18.37**	
西部大开发区	**193.79**	**161.13**	**2.94**	**2.87**	**0.06**		20.27	**38.08**			**-17.81**	
东北三省	**251.35**	**236.82**	**3.81**	**4.22**	**-0.41**		6.14	**29.19**			**-23.06**	
中部崛起区	**170.83**	**143.21**	**2.59**	**2.55**	**0.04**		19.29	**36.44**			**-17.15**	
东部10省区	**5985.20**	**5070.60**	**90.67**	**90.36**	**0.31**		**18.04**	**36.26**			**-18.23**	

统计资料篇稿件由国家发展和改革委员会地区经济司提供。

附录

部分地区招商引资项目简介

【吉林省东风公司高性能复合材料汽车零部件技术改造】 项目材料均为热压模具成型材料，具有重量轻、强度高、易成型等特点，是当前世界上应用最广的替代金属材料的高性能复合材料。项目是根据国内卡车及轿车生产的总体需求而确定的，一汽集团2005换代卡车驾驶室20多种零部件采用了SMC材料，而一汽大众和上海大众的多款车型均大量的采用了GMT材料。随着新车型的不断推出，卡车SMC零部件和轿车GMT零部件每年的需求量也成倍增加，而目前国内SMC零部件的生产能力严重不足，急需扩大生产能力满足主机厂配套要求。急需国内生产厂商引进技术实现本地化生产。

总投资：3560万美元。合作方式：合资。需要外方投资内容：资金。建设地点：吉林市龙潭黎明路145号。预计经济效益：年产值7090万美元，利税1500万美元。预计投资回收期：4年。现已开发完成16套模具，并开始样件的装车试验。中方企业名称：吉林省东风化工有限责任公司。地址：吉林市龙潭黎明路145号。法人代表：张敦旭。所有制形式：有限责任公司。

【长春市绿色环保汽车空调项目】 该产品采用的层叠式蒸发器、平行流冷凝器是一项自主研制开发的、具有全部知识产权和民族品牌的新技术，该工艺技术还可以应用汽车用中间产品冷却器、全铝散热器（水箱、暖风）、机油冷却器、别墅空调等高科技产品。具有体积紧凑、节能特点，比目前常用的管带式两器提高制冷效率15%以上。可以使经济型轿车的装车空调达到大排量车的空调效果。

市场分析：目前国内少数合资高档品牌安装的进口空调已经采用了此技术。随着汽车市场竞争日益激烈，特别是此项技术大幅度的降低了高端空调产品的成本，未来5年内将迅速占领国内重型车、家用轿车、微型车装机市场。目前，已经为一汽、吉林市、哈尔滨等主机厂开发配套产品。

生产规模：年产层叠式蒸发器、平行流冷凝器30万套，散热器10万套，中间冷却器10万套。原料来源：全部采用国产原材料。合作方式：合资、合作。项目总投资：2500万美元。合作方式：中方：技术、关键设备、市场渠道；外方：资金。建设地点：长春国家高新技术产业开发区汽车产业园。占地面积：5000平方米。建筑面积：4000平方米。经济指标：年销售收入2750万美元，年利润1160万美元。产品已经在改装车市场获得好评。最近，公司与主机厂签订了空调系统开发协议，年设计纲领15万辆。该项目已经完成商业计划书。中方企业名称：长春馨鹤汽车零部件有限公司。所有制结构：民营。企业法人：王国玉。地址：火炬路388号。

【吉林省白山市汽车用工程塑料及深加工建设项目】 近年来随着汽车工业的高速发展，汽车工程塑料在汽车配件中所占的比重逐年提高，发达国家已达到30%～40%，而我国不到20%。由于通用塑料基本上不能满足汽车生产的需要，必须对其改性才能达到使用要求，所以改性汽车工程塑料及橡胶在当前我国汽车工业高速发展的今天具有广阔的发展空间，可以替代进口同类产品。该项目拟购置安装设备32台（套），建成汽车用改性工程塑料5000吨，高压阻尼点火线总成100万套，聚丙烯阻燃汽车线束管1000吨，汽车保险杠

20万套的生产线。

总投资：3.26亿元，其中：中方30%，外方70%。合作方式：合资、合作。合作方投资内容：资金、设备。建设地点：白山市喜丰路9号，建筑面积1.5万平方米。预计达产后，年实现销售收入4.8亿元，利润9600万元，税金5600万元。项目建议书已由吉林省轻工设计研究院编制完成。中方企业名称：白山市喜丰汽车工程塑料厂，地址：白山市喜丰路9号，法定代表人：张钦堂。所有制形式：国有。

【吉林市年产20万吨环氧丙烷项目】　环氧丙烷（PO）是一种重要的有机化工产品，在丙烯的重要衍生物中是仅次于聚丙烯和丙烯腈的第三大品种。环氧丙烷主要用于生产聚醚。聚醚最大用途是生产聚氨酯塑料；其次用作表面活性剂，如泡沫稳定剂、造纸工业消泡剂、原油破乳剂、油井酸处理润湿剂及高效低泡洗涤剂等；也用做润滑剂、液压流体、热交换流体及淬火剂、乳胶发泡剂、多种切削和牵伸剂组分及专用溶剂等。环氧丙烷还用来生产丙二醇。丙二醇是不饱和聚酯树脂的主要原料，在食品工业中，丙二醇脂肪酸酯可作食品乳化剂，丙二醇还是调味和色素的优良溶剂；在医药工业中，丙二醇广泛用作液体或油膏形式药品的赋形剂和保湿剂，丙二醇还可用于烟草增湿剂、香味增浓剂、烟草防霉剂及化妆品等。生产建设规模：年产20万吨。

总投资：1.8亿美元。建设方式：独资。建设地点：吉林市龙潭区。经济效益预计：年总成本：1.47亿美元；年销售收入1.93亿美元；年利润总额1927万美元；年均利税总额4518万美元。已完成项目建议书。

【吉林粮食集团马铃薯及浓缩蔬菜汁项目】当前国内马铃薯淀粉年需求量为70多万吨，我国现有淀粉生产5000吨以上规模的厂家只有10家，达到一极品的产量仅5万多吨，约占国内需求总量的7%，每年通过各种渠道进口20多万吨，国内市场尚缺口40多万吨。缺口部分主要由低档产品或其他产品替代；近年来，国际马铃薯变性淀粉生产和应用发展较快，而我国目前变性淀粉生产还很少，全国年总产量仅为5万吨左右。而变性淀粉的应用途径广阔，需求量大，国内生产供不应求；近几年来国际市场对果蔬汁的需求发展迅速，尤其是经济发达国家对胡萝卜汁等果蔬饮料的消费量巨大。蔬菜汁这一新型饮料正受到越来越多的消费者的青睐。

生产规模：年加工马铃薯18.5万吨，浓缩蔬菜汁1万吨。主要产品：马铃薯淀粉1万吨；预糊化淀粉1万吨；酸变性淀粉5000吨；氧化淀粉5000吨；粉渣蛋白饲料1万吨；浓缩胡萝卜汁6000吨；浓缩芹菜汁1000吨；浓缩番茄汁2000吨；浓缩黄瓜汁1000吨。

合作方式：合资。总投资：3900万美元。出资方式：中方：设备、技术；外方：资金。建设地点：吉林省德惠市。占地面积：6万平方米。建筑面积：5.65万平方米。项目投产后，正常年产品销售收入为4756万美元，投资利润率为29.7%，投资利税率为40.6%。税后财务内部收益率23.4%，投资回收期5.8年（含建设期2年）。项目已经在省内申报立项，做为老工业基地改造重点项目正向国家申报中。中方企业名称：吉林粮食集团储运公司。所有制结构：国有。企业法人：孙晓平。法定地址：吉林省长春市建设街1307号。

【吉林省通化市浓缩山葡萄汁和山葡萄综合利用技术改造项目】　为充分发挥长白山野生果品的资源优势。采用先进工艺技术与装备，生产出纯天然绿色食品，深入的研究开发新产品，提高产品档次，形成具有地方特色的品牌产品，变资源优势为经济优势，实现更大的经济效益。产品主要销往国内。项目内容：年产浓缩山葡萄汁5000吨、山葡萄酒1.5吨、山珍果品系列酒5000吨、饮料1万吨、葡萄籽油500吨、花青素10吨、逆转醇10吨。

合作方式：合资、合作。总投资：6500万美元，企业自筹1500万美元。建设地点：吉林省柳河县柳河镇站前路586号。基本建设：厂房3万平方米，设备688台套，葡萄基地 3000 公顷。中方提供：场地、水电及其他基础设施。现已完成投资 8 万美元，项目建议书已编制完毕，可研正在编制中。效益预测：项目达到设计规模后，可实现销售收入 7125 万美元，利润 2375 万美元，税金 424 万美元。中方企业名称：通化华龙山葡萄有限公司。企业性质：有限公司。

【吉林省长双鹿业优质鹿产品出口基地建设项目】　中国双阳梅花鹿是国际上第一个人工培育的鹿科动物优良品种，双阳梅花鹿产业是吉林省和长春市最具优势的特色产业。建设吉林省长双鹿业优质鹿产品出口基地，是适应我国加入 WTO 和建立外向型鹿产业的需要。该项目产品成本低廉，双阳型梅花鹿资源主要集中在双阳区，占全国的 20%，具有明显的资源优势；另外，其产品技术先进，由吉林省医药及食品卫生分析检测中心监制，中国太平洋保险公司质量承保，突出“长双鹿业”品牌，在国内外保真经营，因此具有广阔的市场前景。

生产规模：年产梅花鹿深加工产品 660 万吨，基因营养液 500 吨，梅花鹿生长因子基因工程新药 4.8 万盒。合作方式：合资、合作。总投资：5086 万美元。出资方式：中方：场地和技术；外方：现金。建设地点：长春市双阳区。占地面积：3.8 万平方米。建筑面积：3 万平方米。达产后，年销售收入 15114 万美元，其中龙头企业 9646 万美元；年利税总额 6560 万美元，其中龙头企业上缴税金 1289 万美元。项目进展情况：正在进行双阳梅花鹿生长因子（FGF）基因工程新药中试和申报国家一类准字号新药的报批准备工作。中方企业名称：长春市长双鹿业有限责任公司。所有制结构：有限责任。企业法人：睢建春。法定地址：吉林省长春鹿业经济开发区。

【吉林粮食集团玉米精深加工综合开发项目】

当前国内淀粉工业发展很快，但淀粉深加工还是比较薄弱，因此调整淀粉产品结构，加大淀粉的深加工力度是淀粉工业的发展方向。高科技含量淀粉加工产品的研究开发工作取得了新的进展，使得淀粉深加工产品的应用不断扩大，需求量越来越大。L－乳酸产品当前在国际市场上属于紧缺品种，产品的需求量与日俱增，市场前景十分广阔：玉米胚芽制品、变性淀粉等作为淀粉深加工产品是具有高附加值的产品，在很多领域都有广泛的应用，随着全球对环保要求的提高，各个国家对于利用变性淀粉产品替代传统产品已经作了大量工作，因此本项目涉及的产品不但提高农产品附加值推动农业产业化有重要作用，而且产品规模的形成将对当前市场格局产生深远的影响。有着良好的发展前景。

生产规模：年加工玉米 100 万吨。主要产品包括：玉米胚芽乳粉、玉米胚芽饮料、玉米油、纤维饲料、玉米蛋白饲料、淀粉、变性淀粉、L－乳酸、酶制剂。原料来源：本地。合作方式：合资。项目总投资：9036 万美元。出资方式：中方：厂房、场地；外方：资金。建设地点：吉林省榆树市。占地面积 100 万平方米。建筑面积 204686 平方米。

经济指标：正常年销售收入为 20481 万美元，税金为 1446 万美元，利润 1566 万元。项目进展情况：变性淀粉及酶制剂产品已投放市场，扩建及其他产品开发项目已完成项目建议书。中方企业名称：吉林粮食集团收储经销有限公司。所有制结构：国有。企业法人：朱铁军。法定地址：长春市经济开发区金川街 6 号。

【珲春市 500 万平方米三层复合地板项目】

珲春地处吉林省东部木材资源丰富，而且与木材资源丰富的黑龙江省和俄罗斯相邻，有充足木材来源。目前珲春拥有兴业地板、森林王地板、亚兴地板等三家复合地板生产企业，生产规模达到 200 万平方米，其中珲春兴业木业有限公司的规模较大，年生产 70 万平方米复合地板，产品全部出口到欧、美国家，供不应求。建设本项目的目的是利用珲春木材资源和周边地区的木材资源，采用国外的先进技术和设备，扩大 300 万平方米复合地板生产量，形成规模化、产业化，使本地区成为覆盖国内、外复合地板市场的生产基地。三层实木复合地板的表层是柞木、枫木、桦木、竹子等珍贵树种，芯板是松木、小叶杨、椴木等软木，底层是杨木。

总投资：3000 万美元。需要外方投资内容：生产设备和厂房建设资金 2400 万美元。建设地点：珲春合作区。占地面积和建筑面积：占地面积 15 万平方米、建筑面积 12 万平方米。预计经济效益：销售收入 4.2 亿元，利润 9200 万元，税金 3200 万元。预计投资回收期：4 年。项目已完成项目可行性研究报告。中方招商引资单位：珲春边境经济合作区。地址：珲春边境经济合作区 2 号小区。

【吉林省北方工业硅集团变形镁合金项目】 拟引进新型设备，采用俄罗斯技术年生产变形镁合金系列产品 6000 吨。合作方式：合资、合作。总投资：25780 万元。需要外方投资内容：资金。项目建设地点：工业硅厂院内。预计经济效益：达产后可实现销售收入 44604 万元，利润 12364 万元，税金 6285 万元。预计投资利润率和投资回收期：投资利润率为 47.96%，投资回收期为 4 年。项目进展情况：申请立项。中方企业：吉林省北方工业硅集团公司。地址：吉林省辽源市国庆路 2 号。法人代表：宋德中。

【东丰县 10 万亩中药材种植项目】 种植北龙胆草、北柴胡、细率、防风等 10 万亩。合作方式：合资、合作。总投资：32038 万元。需外方投资内容：资金。建设地点：吉林省东丰县拉拉河镇等。占地面积：10 万亩。预计经济效益：利润：35578 万元。预计投资利润率和投资回收期：利润率 111%，投资回收期 5 年。项目进展情况：已经省科技厅立项。项目单位：东丰县中药材办公室。法定代表：崔金。法定地址：吉林省东丰县。

【长春达兴药业注射用蚓激酶（冻干粉针）项目】 注射用蚓激酶为国内首创药品，该药品的研制开发必将带来良好的经济效益和社会效益。注射用蚓激酶是治疗心肌梗塞、脑血栓、冠心病等心脑血管系统疾病的溶栓生物制剂。该产品克服了口服溶栓酶药物易被胃酸破坏，生物利用度低的缺点，同时攻克了其他注射用溶栓药物在溶栓时造成的出血、过敏及热原反应的难题。可用于血栓疾病的急性期、抢救和后遗症的治疗，具有广阔的市场前景。

生产规模：年产注射用蚓激酶 200 万支。原料来源：国内。合作方式：合资、合作。总投资：3600 万美元。出资方式：中方：厂房、技术、部分资金；外方：资金。建设地点：长春市高新技术产业开发区创举街 655 号。占地面积：1000 平方米。建筑面积：2200 平方米（已完工）。预计经济效益：年产值 4819 万美元，利税 1807 万美元。预计投资利润率 200%，投资回收期 2 年。项目进展情况：已完成临床前研究工作，全部资料上报国家药品监督管理局新药审批中心，近期可获临床批文，进入二期临床。

中方企业：长春达兴药业股份有限公司。所有制形式：股份制。企业法人：冯振文。法定地址：长春市高新技术产业开发区创举街 655 号。

【辽源市得亨公司年产 10000 吨差别化高性能氨纶工程项目】 为了满足国内对差别化氨纶不断增长的需求，辽源得亨公司采用仅次于杜邦的日本日清纺与 MRE 共同研制的和 MRE 共同研制的半连续法生产技术建设 1 万吨/年以耐高温、易染、透明、耐氯为特点的差别化高性能氨纶，符合国家投资产业政策和振兴东北老工业基地的政策。

合作意向：合资、合作。项目总投资：总投资 10.8 亿元。需要外方投资内容：资金。项目建设地点：辽源市福兴路 3 号。预计经济效益：年销售收入 18 亿万元。预计投资回收期：4.5 年。项目进展情况：项目已立项。中方企业：辽源得亨股份有限公司。法定代表：孟祥杰。法定地址：辽源市福兴路 3 号。

【珲春出口加工区纺织品印染加工项目】 中国是纺织品出口大国，但纺织品的印染质量、品质、种类与其他国家相比技术上相差较远。出口产品所用的印染面料中 60% 的面料依靠进口，其主要原因是我国的面料印染设备落后，设计水平较低，特别是印染技术落后。该项目以欧、美国家从2005年起取消对中国的纺织品配额为契机，引进韩国的先进设备和技术，印染中、高档出口用纺织品面料，提高中国纺织品的品位，提高国际竞争力，填补印染行业空白。

总投资：2800万美元。需要外方投资的内容：配套设施费用800万美元。建设地点：珲春合作区出口加工区。占地面积和建筑面积：占地面积10万平方米、建筑面积3万平方米。预计经济效益：销售收入：7亿元，利润：7800万元，税金：出口加工区免征增值税。预计投资和回收期：为3年。项目进展情况：中方完成2万平方米厂房。

招商单位：珲春边境经济合作区。法定地址：珲春边境经济合作区2号小区。可为项目提供的建设和生产条件：本项目是珲春边境经济合作区招商引资项目，以优惠的条件提供土地和2万平方米厂房。

【安图县四湖沟水利枢纽工程】　四湖沟水利枢纽工程位于吉林省延边朝鲜族自治州安图县境内，是第二松花江上游，二道松花江干流上规划的枢纽工程，是吉林省“十五”计划确定兴建的调峰电源项目。该项目主要以发电为主，兼有旅游和水产养殖作用，总装机容量150兆瓦，年平均发电量3.15亿千瓦时。合作方式：独资、合资、合作。项目总投资：123311万元。经济效益分析：年销售收入1.6亿元，税金1920万元，利润：1.28亿元，投资回收期为12年。

项目进展情况：四湖沟水利枢纽工程电力上网、电量销售以及上网电价等均取得了吉林省政府主管部门及省电力公司的正式批准意见。项目单位：吉林省长明水电集团有限公司。地址：吉林省安图县明月镇九龙街80号。项目联系人：金圣杰董事长。联系电话：0086－433－5823521。传真：0086－433－5821133。

【吉林省江源县金属镁开发项目】　经初探江源县白云岩资源丰富，储量达到11亿吨，仅湾沟小西岔白云岩矿床已探明储量达到775.9万吨，由吉林有色地质勘查局六〇二队做出了地质勘探报告，并通过了吉林省矿产储量委员会的审查批准。

合作方式：独资、合作。项目总投资：4.6亿元。需外方投资内容：资金、设备。项目规模：年产金属镁锭25万吨、金属压铸件300万件、镁合金1万吨、镁粉4000吨。建设地点：江源县湾沟镇。预计经济效益：项目建成后，年可实现销售收入12亿元，利润2亿元，税金1亿元。项目进展情况：已完成项目初步可行性研究报告，计划申报2005年老工业基地调整改造项目。中方单位名称：江源县湾沟镇人民政府。地址：江源县湾沟镇。可为项目提供的建设条件：土地及优惠政策。

【吉林市五星级饭店建设项目】　吉林市以山水、冰雪为特色的自然、人文景观互相映衬，加之悠久的历史文化，构成得天独厚的观光、休闲、度假、民俗风情等旅游比较优势，被国家纳入14个重点旅游区之一的东北旅游黄金线路，并跻身于全国31个重点旅游城市行列。全市总面积27120平方公里，其中城市行政面积3894平方公里。总人口448万多人，其中市区常住人口178万余人。

合作方式：独资或合作。总投资：5亿元。需外方投资内容：资金。建设地点：吉林市吉林大桥北端，吉林大街东侧，靠近江城广场东侧。占地面积4万平方米，建筑面积6万平方米。预计经济效益：收入共计2.05亿元。预计投资利润率和回收期：投资利润率17.5%，回收期5.71年。项目进展情况：完成项目编制。中方单位：吉林市旅游局。法定地址：吉林市江湾路4号。法定代表：张炜。

【云南景颇园(陇川)】　规划占地面积450亩，建设内容：景颇山寨、目脑纵歌场、传统工艺作坊、景颇餐饮城、民风民俗展示馆及附属设施等。已完成可行性研究报告、单体设计，估算总投资1500万元，其中：固定资产投资1300万元，流动资金200万元。土地价格（参考）：8.5万元/亩，合作方式：对外招商融资、合作、合资均可。项目联系单位：德宏州陇川县招商局，联系人：章斌，电话：0692－7172741。

【德宏州梁河县南甸宣抚司署建设】 南甸宣抚司署是全国保存最完整的傣族土司府衙古建筑群，是国家级文物重点保护单位，4A级旅游景点，具有较大的旅游商业开发价值。建设内容及规模：旅游商品开发区、民族餐饮开发区。总投资3600万元。合作方式：对外招商融资、独资、合作、合资均可。联系人：江朝湛，联系电话：0692－6165787，传真：0692－6161190。

【德宏州潞西市弄么民族文化生态村】 建设内容及规模：以民族文化为主题，集交通、旅游、傣戏、歌舞、剪纸、雕刻、竹编、织锦、餐饮、田园风光等为一体。已完成可行性研究报告。估算总投资8000万元（按规划分项投资建设）。投资额及占股比例：若合作开发，则按股份分配利润。对外招商融资，独资或合资均可。联系单位：潞西市文化产业办公室，联系人：陆金华，联系电话：0692－2139602。

【德宏州低热值燃料及伴生资源综合开发利用】 德宏州拥有一定规模储量的原炼燃砂床储量。已探明原煤储量近1千万吨，估计储量约3千万吨以上，低热值发热量约1800kcal/kg，资源综合开发利用具有很好的开发前景。欢迎业主以合资方式投资。

【德宏州林纸一体化项目】 拟建设20万吨林竹、蔗渣浆工厂及10万吨纸厂，并建设20万亩竹林（纤维）基地。估算投资8亿元，投产后年工业产值18亿元，缴税1.6亿元以上。欢迎业主以独资或合资方式投资。

【德宏水牛产业开发】 计划投资8000万元，规模30万头，建设年限2005年至2007年，开发水牛奶肉制品系列产品。合作方式：对外招商融资、独资、合资均可。

【德宏州国家级口岸物流中心】 占地517亩，地点：畹町经济开发区，总投资6677.65万元人民币，现已完成可行性研究报告，欢迎业主以独资方式投资。

【德宏州年产3万吨咖啡精加工厂】 德宏州现有咖啡种植3.4万亩，计划总投资1.2亿元，其中：扩大种植投资1亿元，改扩建加工厂1500万元，流动资金500万元。合作方式：对外招商融资、独资或合资均可。

【德宏州潞西高纯多晶硅厂】 建设规模850吨/年，计划投资85481万元，建设年限2005年至2007年，主要生产电池用多晶硅片。合作方式：对外招商融资、独资或合资均可。

【德宏州潞西市东山乡万亩生态茶园】 建设万亩茶园（现已经开发种植2000亩茶园）。估算总投资2300万元，建设地点：东山乡辖翁角弄丘、拱岭村、帮达。合作方式：对外招商融资、独资或合资均可（公司＋基地＋农户）。

【德宏州甾体激素药物原料产业化示范工程】 估算总投资4235万元，拟建6万亩番麻种植基地（现有原料基地6000亩），麻膏加工点、皂素、二烯物、三烯物、环氧物、氧桥酰化物生产线建设。建设地点：潞西市。合作方式：对外招商融资、合资或独资。

【伊犁双新焦化厂年产80万吨焦炭焦炉改扩建项目】 新疆生产建设兵团农四师伊犁双新焦化厂位于新疆尼勒克县恰特布拉克煤矿区，沿218国道西行200公里至伊宁市，沿315、217国道东行240公里可达独山子，交通便利。双新焦化厂是一个集采煤、炼焦、发电为一体的综合企业，隶属于兵团农四师71团，下辖两个煤矿、一个炼焦分厂和一个发电站，目前年产煤炭40万吨，焦炭6.5万吨。

项目建设规模和主要建设内容：建设TJL4350D型捣固焦炉一座，炉组规模2×63孔，配套建设选煤、备煤、筛煤、筛贮焦、冷鼓、电捕、脱硫及硫回收、蒸氨、洗脱苯、粗苯精制装置建设。焦油配套焦油蒸馏、洗涤分解、工业奈、中温沥青、粗蒽等生产工艺建设，工业用水及处理系统建设。生产规模为年产80万吨焦炭、5万吨焦油及深加工。

总投资：76353.36万元。其中固定资产投资71052.32万元，建设期利息3101.67万元，铺底流动资金2199.37万元。效益估算：年销售收入93286.74万元，利润26346.69万元，税后内部收益率23.38%，投资回收期5.92年。项目合作方式：合资、合作。

联系单位：新疆兵团农四师发改委。地址：新疆伊宁市解放路219号。邮政编码：835000。联系人：李新民、安文学。联系电话：0999－8182426、8182424。传真电话：0999－8182426、8182424。

【石河子市年产60万吨煤制甲醇建设项目】 新疆是我国煤炭资源最丰富的地区，以煤为原料生产甲醇，进行深加工或用作甲醇燃料，为我国石油短缺开辟了一个新的途径，对减少我国能源对于进口石油的依赖具有重要意义。

项目建设内容：年产甲醇60万吨生产装置，配套公共工程设施，占地面积375亩。项目总投资：20亿元，其中建设投资为17.8亿元。项目效益估算：本项目甲醇定价1500元/吨，项目建成后年均销售收入9亿元。投资利税率17.74%，投资利润率11.52%，投资回收期7.49年。合作方式：独资、合资、合作等经营方式。

联系单位：新疆石河子经济技术开发区招商中心。联系人：孔石泉、黄治平。联系电话：0993－2620856、13999732168、13909932535。传真：0993－2622081。地址：新疆石河子北四东路56号小区。邮政编码：832014。邮箱：kongshiquan@setd.gov.cn。网址：http://www.setd.gov.cn

【图木舒克市2×13.5兆瓦热电联产建设项目】 新疆兵团农三师图木舒克市距新疆喀什市398公里，东北距阿克苏市235公里，314国道和南疆铁路由市域北部通过。按自治区电力建设整体发展规划，同时考虑到图市介于喀什和阿克苏之间（分别为300公里）的实际情况，计划在图市建设支撑电源点，以缓解阿克苏、喀什和克孜勒苏自治州电力供应紧张局面。图木舒克市供电区，2001～2009年供电量增长率为27.22%，2001～2005年供电量年均增长率也达到27.1%。中心城区一般以煤炭为原料，分散取暖；供热区域内正在拟建较大的工业设施。因此，近期供热面积按100万平方米，远期规划采暖面积为145.2万平方米。

项目建设规模为2×13.5兆瓦，电厂为新建，按以热定电、热电联产，建设城市集中供热工程。项目总投资：16.6亿元。投产后，全部投资的内部收益率为8.02%，全部投资可望在10.98年内收回。合作方式：独资、合作。

联系单位：新疆兵团三师发改委。联系人：邹玉民、陈立。联系电话：0998－2533312、6186067。传真电话：0998－2522951。邮政编码：844000。地址：新疆喀什市克孜都维路440号。邮箱：nssfgw@163.com。

【图木舒克市棉纺织厂建设项目】 新疆兵团农三师图木舒克市有效积温高，无霜期长（225天），全年日照时数为2500～3000小时，日照率80%。丰富的光热资源有利于多类型优质棉生产，是优良的植棉区域；同时土地资源丰富，土质适宜棉花生长。新疆图木舒克市辖区长绒棉单产高，品质好，一级、二级棉花占90%以上，是精纺高支纱的优质原料。2004年新疆喀什地区皮棉总量为600万担，其中图木舒克市皮棉产量210万担，其中长绒棉1.92万吨。

项目建设内容：新建20万锭纺纱厂，总投资10亿元。其中一期规模5万锭，投资3亿元。项目效益估算：每7万锭投资利润率在17%左右。合作方式：合资、合作、独资。

联系单位：新疆图木舒克市招商局。联系人：曹开军、罗后盾。联系电话：0998－6186078、13999082686、1399964033。传真电话：0998－6186123、6186055。邮政编码：843900。邮箱：Zsj－7@163.com。chengjunfang123@sohu.com。

【五家渠市青湖风景区旅游景点开发项目】 新疆兵团农六师五家渠市是距乌鲁木齐市最近

的城市，地理位置优越，交通便利，环境优美。五家渠青格达湖面积17平方公里，风景区距乌鲁木齐市32公里、昌吉市23公里、米泉市27公里、阜康市50公里，辐射范围总人口可达300万人，是天山北麓城市带中开发较早、面积最大的湖泊型的游憩地。湖岸有约20平方公里的林带与湿地，现已形成可观的湿地候鸟栖息地约7.22平方公里。湖周可供旅游开发用地约15平方公里，生态环境良好。

项目建设内容：建设湖心岛、水上游乐项目、住宿、餐饮等设施。项目总投资：5000万元。项目效益估算：投资利润率18%，预计5.5年可回收全部收入。合作方式：合资、合作、独资。

联系单位：五家渠市招商局。联系人：王培香、赵志清、葛玉红。联系电话：0994－5808687。传真：0994－5843855。地址：五家渠市振兴路。邮政编码：831300。网址：www.wjq.cn。